Eva Bachofner

Die Mieterausweisung

Eva Bachofner
Dr. iur.

Die Mieterausweisung

Rechtsschutz in klaren und in weniger klaren Fällen

DIKE

BASLER DISSERTATION 2017

Bibliografische Information der Deutschen Nationalbibliothek
Die Deutsche Nationalbibliothek verzeichnet diese Publikation in der Deutschen Nationalbibliografie; detaillierte bibliografische Daten sind im Internet über http://dnb.dnb.de abrufbar.

ISBN 978-3-03751-990-5

www.dike.ch

Vorwort

Die Anfänge dieses Buches reichen ins Jahr 2011 zurück. Damals konnte ich als Gerichtsschreiberin am Zivilgericht Basel-Stadt die Einführung der Schweizerischen Zivilprozessordnung und die mit der Aufhebung der bewährten kantonalen und mietrechtlichen Bestimmungen verbundenen Schwierigkeiten im Zusammenhang mit den Ausweisungsverfahren mitverfolgen. Dies hat in mir die Motivation für vorliegende Arbeit geweckt. Seither habe ich an mehreren hundert Ausweisungsverfahren mitgewirkt, grösstenteils als Mitglied des Gerichts, vereinzelt auch in meiner Zeit als prozessierende Anwältin. Vorliegendes Werk ist aus der Praxis für die Praxis geschrieben. Es wurde im September 2017 mit «summa cum laude» von der juristischen Fakultät der Universität Basel als Dissertation angenommen. Für die Publikation wurde zusätzlich die bis im Sommer 2018 ergangene bundesgerichtliche Rechtsprechung berücksichtigt.

Allen voran möchte ich meinem Doktorvater Prof. Dr. Daniel Staehelin danken, der mich akademisch und auch als Advokatin bei Kellerhals Anwälte Basel stets gefordert und gefördert hat und mich meinen eigenen Weg gehen liess. Ich danke auch Prof. Dr. Thomas Sutter-Somm und Prof. Dr. Roland Fankhauser, LL.M., für das anregende Kolloquium. Ein grosses Dankeschön geht ausserdem an Prof. Dr. Pascal Grolimund, LL.M., für die zahlreichen gemeinsamen kleineren und grösseren wissenschaftlichen Projekte und die vielen motivierenden Gespräche.

Am Zivilgericht Basel-Stadt danke ich im Besonderen den Gerichtspräsidenten Dr. Matthias Stein-Wigger, Andreas Schmidlin, Patrik Müller sowie Dr. Hardo Loehr für ihre Unterstützung und den Gerichtsschreiberinnen und Gerichtsschreibern für ihre Kollegialität und den juristischen Austausch. Einen besonderen Dank möchte ich schliesslich meinem sehr geschätzten Kollegen Tobias Heer und meiner guten Studienfreundin Rechtsanwältin Ursula Suter aussprechen für die sorgfältige Durchsicht des Manuskripts und für ihr Feedback.

Diese Arbeit ist den Gerichtsweibeln des Zivilgerichts Basel-Stadt gewidmet und allen Räumungsvollzugsbeamten in der Schweiz, die ihre anspruchsvolle Aufgabe mit Herz und Verstand und mit dem nötigen Fingerspitzengefühl wahrnehmen.

Basel, im Oktober 2018 Eva Bachofner

Inhaltsübersicht

Inhaltsverzeichnis

Abkürzungsverzeichnis

a	(vor einem Erlass oder Gesetzesartikel) alte bzw. aufgehobene Fassung
a.A.	anderer Ansicht
a.a.O.	am angeführten Ort
Abs.	Absatz
AG	Aargau
AGE	Entscheid des Appellationsgerichts (BS)
AGer	Appellationsgericht (BS)
AGS	Aargauische Gesetzessammlung
aLugÜ	Übereinkommen über die gerichtliche Zuständigkeit und die Vollstreckung gerichtlicher Entscheidungen in Zivil- und Handelssachen vom 16. September 1988 (SR 0.275.11)
AnwHV	Verordnung über die Honorare der Anwälte (AnwHV, AI, SG 177.410)
Art.	Artikel
Aufl.	Auflage
BBl	Bundesblatt
BGE	Bundesgerichtsentscheid
BGFA	Bundesgesetz über die Freizügigkeit der Anwältinnen und Anwälte vom 23. Juni 2000 (Anwaltsgesetz, SR 935.61)
BGer	Bundesgericht / unpublizierter Bundesgerichtsentscheid
BL	Basel-Landschaft
BK	Berner Kommentar
BS	Basel-Stadt
BSK	Basler Kommentar
bspw.	beispielsweise
bzw.	beziehungsweise
CAN	Zeitschrift für kantonale Rechtsprechung, Zürich
CHK	Handkommentar zum Schweizer Privatrecht
CPC TI	Codice di procedura civile vom 17. Februar 1971 (Tessin, RL 3.3.2.1, ausser Kraft, Stand Ende 2010)
CPC NE	Code de procédure civile vom 30. September 1991 (Neuenburg, SG 251.1, ausser Kraft, Stand Ende 2010).

Ders.	Derselbe
Dies.	Dieselbe(n)
Diss.	Dissertation
EG	Einführungsgesetz
EG	Erdgeschoss
EGMR	Europäischer Gerichtshof für Menschenrechte
EG ZPO	Einführungsgesetz zur ZPO
EG ZSJ	Einführungsgesetz zur Zivilprozessordnung, zur Strafprozessordnung und zur Jugendstrafprozessordnung (BE, SG 271.1).
EGzOR SZ	Kantonale Vollzugsverordnung zum Schweizerischen Obligationenrecht und zu den dazugehörenden Ergänzungs- und Ausführungserlassen (Kanton Schwyz, SG 217.110)
EGzZPO	Einführungsgesetz zur Schweizerischen Zivilprozessordnung (GR, SG 320.100)
EMRK	Konvention zum Schutz der Menschenrechte und Grundfreiheiten, abgeschlossen in Rom am 4. November 1950 (Europäische Menschenrechtskonvention, SR 0.101)
erg.	Ergänzung durch die Verfasserin (in Zitaten)
EuGH	Europäischer Gerichtshof
EuGVÜ	Übereinkommen über die gerichtliche Zuständigkeit und die Vollstreckung gerichtlicher Entscheidungen in Zivil- und Handelssachen vom 27. September 1968 (Brüsseler Übereinkommen)
EuGVVO	Verordnung (EG) Nr. 44/2001 des Rates vom 22. Dezember 2000 über die gerichtliche Zuständigkeit und die Anerkennung und Vollstreckung von Entscheidungen in Zivil- und Handelssachen
Evt.	eventuell
E ZPO	Entwurf der Schweizerischen ZPO, BBl 2006 7413 ff.
f./ff.	folgende/fortfolgende
Fn	Fussnote
FusG	Bundesgesetz über Fusion, Spaltung, Umwandlung und Vermögensübertragung vom 3. Oktober 2003 (SR 221.301)
GBV	Grundbuchverordnung vom 23. September 2011 (SR 211.432.1)
GebO OG	Gebührenordnung Gebührenordnung für die Rechtspflege vom 28. September 1973 (OW, SG 134.15)
GebT SZ	Gebührentarif Gebührentarif für Rechtsanwälte vom 27. Januar 1975 (SZ, SG 280.411)

GebV	Gebührenverordnung
GebV OG ZH	Gebührenverordnung des Obergerichts Zürich (SG 211.11)
GerG NW	Gesetz über die Gerichte und die Justizbehörden (Gerichtsgesetz, NW, SG 261.1)
GestG	Bundesgesetz vom 24. März 2000 über den Gerichtsstand in Zivilsachen (Gerichtsstandsgesetz, ehemals SR 272, aufgehoben am 1. Januar 2011)
ggf.	gegebenenfalls
GGR	Gerichtsgebührenreglement Basel-Stadt (SG 154.810)
gl. M.	gleicher Meinung
GO	Gesetz über die Gerichtsorganisation (SO, SG 125.12)
GOG	Gerichtsorganisationsgesetz
grds.	grundsätzlich
HGer	Handelsgericht
HRegV	Handelsregisterverordnung vom 17. Oktober 2007 (SR 221.411)
HonorarO	Honorarordnung für die Anwältinnen und Anwälte des Kantons Basel-Stadt (vom 29. Dezember 2010, SG 291.400)
i.d.F.	in der Fassung
i.d.R.	in der Regel
i.f.	in fine
insb.	insbesondere
IPRG	Bundesgesetz über das Internationale Privatrecht vom 18. Dezember 1987 (SR 291)
i.S.v.	im Sinne von
i.V.m.	in Verbindung mit
JG	Justizgesetz (AR, SG 145.31; FR, SG 130.1)
JR	Justizreglement (FR, SG 130.11)
JV	Justizverordnung (SZ, SG 231.110)
KESB	Kindes- und Erwachsenenschutzbehörde
KGer	Kantonsgericht
LaCC	Loi d'application du code civil suisse et d'autres lois fédérales an matière civile vom 11. Oktober 2012 (GE, E 1 05)
LPEBL	Loi sur la procédure d'expulsion en matière de baux à loyer et à ferme vom 18. Mai 1955 (VD, SG 221.305, aufgehoben)
LGT	Legge sulla tariffa giudiziaria (vom 30. November 2010) (Tessin, RL 3.1.1.5)

LGVE	Luzerner Gerichts- und Verwaltungsentscheide
LICO NE	Loi d'introduction des titres huitième et huitième bis du code des obligations (bail à loyer et bail à ferme) vom 28. Juni 1993 (Neuenburg, SG 224.1, Stand Ende 2010)
lit.	litera (Ziffer)
LJB	Loi sur la jurisdiction en matière de bail vom 9. November 2010 (Waadt, 173.655)
LOG	Legge sull'organizzazione giudiziaria vom 10. Mai 2006 (Tessin, SG 3.1.1.1)
LOJ GE	Loi sur l'organisation judicaire vom 26. September 2010 (Genf, SG E 2 05)
LPC GE	Loi de procédure civile vom 10. April 1987 (Genf, SG E 3 05, ausser Kraft)
LTBlf	Loi instituant le Tribunal des baux à loyer et à ferme du 30 juin 1983 (JU, SG 182.35)
LugÜ	Übereinkommen vom 30. Oktober 2007 über die gerichtliche Zuständigkeit und die Anerkennung und Vollstreckung von Entscheidungen in Zivil- und Handelssachen (Lugano-Übereinkommen, SR 0.275.12)
m.E.	meines Erachtens
m.Hinw.	mit Hinweisen
m.Hinw.a.	mit Hinweis auf
m.w.Hinw.	mit weiteren Hinweisen
m.Nachw.	mit Nachweisen
MPVG FR	Ausführungsgesetz vom 9. Mai 1996 über den Mietvertrag und den nichtlandwirtschaftlichen Pachtvertrag (Kanton Freiburg, SG 222.3.1)
Mp	mietrechtspraxis (Zeitschrift für schweizerisches Mietrecht), Zürich
MRA	MietRecht Aktuell
N	Note(n)
NR	Nationalrat/Nationalrätin
OG	Bundesgesetz über die Organisation der Bundesrechtspflege vom 16. Dezember 1943 (ehemals SR 173.110, aufgehoben am 1. Januar 2007, BS 3 531)
OG	Obergeschoss
OGer	Obergericht
OJN	Loi d'organisation judicaire neuchâteloise du 27 janvier 2010 (SG 161.1)

OR	Bundesgesetz vom 30. März 1911 betreffend die Ergänzung des Schweizerischen Zivilgesetzbuches (fünfter Teil: Obligationenrecht, SR 220)
PKoG	Gesetz über die Kosten im Verfahren vor den Gerichten und den Justizbehörden (Prozesskostengesetz) vom 19. Oktober 2011 (NW, SG 261.2)
PKV	Verordnung über die Bemessung des Parteikostenersatzes (Parteikostenverordnung, BE, BSG 168.811)
Pra	Die Praxis des Bundesgerichts (Basel)
RL	Raccolta delle leggi (Gesetzessammlung Tessin)
RS	recueil systématique (systematische Sammlung)
Rz.	Randziffer
SchKG	Bundesgesetz über Schuldbetreibung und Konkurs vom 11. April 1889 (SR 281.1)
S.	Seite
SG	Systematische Gesetzessammlung
sog.	sogenannt
SPR	Schweizer Privatrecht (Helbing, Basel)
SR	Systematische Sammlung
SR	Ständerat/Ständerätin
StGB	Schweizerisches Strafgesetzbuch vom 21. Dezember 1937 (SR 311.0)
SZZP	Schweizerische Zeitschrift für Zivilprozessrecht
V	Verordnung
VE	Vorentwurf
VE ZPO	Vorentwurf der Expertenkommission zur Schweizerischen Zivilprozessordnung, ZPO, Juni 2003
vgl.	vergleiche
VMWG	Verordnung über die Miete von Wohn- und Geschäftsräumen vom 9. Mai 1990 (SR 221.213.11)
Vorb.	Vorbemerkung(en)
VVO	(aargauische) Vollziehungsverordnung zum Bundesgesetz über die Änderung des Obligationenrechts (Miete und Pacht) vom 25. Juni 1990, AGS 210.221.
Ziff.	Ziffer
ZGB	Schweizerisches Zivilgesetzbuch vom 10. Dezember 1907 (SR 210)
ZK	Zürcher Kommentar
ZMP	Zürcher Mietrechtspraxis

ZPO	Schweizerische Zivilprozessordnung vom 19. Dezember 2008 (Zivilprozessordnung), SR 272
ZPO AG	Zivilrechtspflegegesetz (Zivilprozessordnung) vom 18. Dezember 1984 (Aargau, SG 221.100, ausser Kraft, Stand Ende 2010)
ZPO AR	Zivilprozessordnung für den Kanton Appenzell A. Rh. vom 27. April 1980 (SG 231.1, ausser Kraft, Stand Ende 2010)
ZPO BE	Gesetz über die Zivilprozessordnung vom 7. Juli 1918 (Bern, SG 271.1, ausser Kraft, Stand Ende 2010)
ZPO BL	Gesetz betreffend die Zivilprozessordnung vom 21. September 1961 (Basel-Landschaft, SG 221, ausser Kraft, Stand Ende 2010)
ZPO BS	Zivilprozessordnung vom 8. Februar 1875 (Basel-Stadt, SG 221.100, ausser Kraft, Stand Ende 2010)
ZPO GL	Zivilprozessordnung des Kanton Glarus vom 6. Mai 2001 (Glarus, SG III C/1, ausser Kraft, Stand Ende 2010)
ZPO GR	Zivilprozessordnung des Kantons Graubünden vom 1. Dezember 1985 (SG 320.000, ausser Kraft, Stand Ende 2010)
ZPO LU	Gesetz über die Zivilprozessordnung vom 27. Juni 1997 (Luzern, SRL Nr. 260a, ausser Kraft, Stand Ende 2010)
ZPO SH	Zivilprozessordnung für den Kanton Schaffhausen vom 3. September 1951 (SG 273.100, ausser Kraft, Stand Ende 2010)
ZPO TG	Gesetz über die Zivilrechtspflege (Zivilprozessordnung) vom 6. Juli 1988 (Thurgau, SG 271, ausser Kraft, Stand Ende 2010)
ZPO ZH	Zivilprozessordnung vom 13. Juni 1976 (Zürich, SG 271, ausser Kraft, Stand Ende 2010)
ZSRG	Gesetz über die Zivil- und Strafrechtspflege vom 17. Juni 2009 (TG, SG 271.1)
ZZZ	Schweizerische Zeitschrift für Zivilprozess- und Zwangsvollstreckung

Literaturverzeichnis

ADDOR FELIX	Die Gegenstandslosigkeit des Rechtsstreits, Diss. Bern 1997
AMONN KURT / WALTHER FRIDOLIN	Grundriss des Schuldbetreibungs- und Konkursrechts, 9. vollständig aktualisierte Aufl., Bern 2013
VON ARX GREGOR	Der Streitgegenstand im schweizerischen Zivilprozess. Unter Berücksichtigung seiner Auswirkungen auf ausgewählte zivilprozessuale Institute, Diss. Basel 2006, Basel 2007
BACHOFNER EVA	Zur Streitwertberechnung der Mieterausweisung im Verfahren um Rechtsschutz in klaren Fällen: löst ein gescheitertes Ausweisungsgesuch im Verfahren um Rechtsschutz in klaren Fällen eine Sperrfrist nach Art. 271a Abs. 1 lit. e OR aus? in: MRA 2017, S. 55–67
BACHOFNER EVA	Zur Streitwertberechnung der Mieterausweisung im Verfahren um Rechtsschutz in klaren Fällen, MRA 2017, S. 55–67
BAECKERT ANDREAS	Der Rechtsschutz in klaren Fällen – ausgewählte Fragen, ZZZ 2013, S. 140 ff.
BARTELS TOBIAS	Die Fristwahrung im Mietrecht – insbesondere bei empfangsbedürftigen Willenserklärungen, MRA 2002, S. 1 ff.
BÄRTSCHI HARALD / ACKEMANN RUEDI	Verspätete Anfechtung einer Kündigung im Mietrecht, in: Jusletter 14. Juli 2014
BECKER H.	Berner Kommentar zum Schweizerischen Zivilgesetzbuch, Obligationenrecht, II. Abteilung, Die einzelnen Vertragsverhältnisse, Art. 184–551, Bern 1934
BERGER BERNHARD / GÜNGERICH ANDREAS	Zivilprozessrecht, Bern 2008
BERTI STEPHEN V.	Zur materiellen Rechtskraft nach schweizerischem Zivilprozessrecht, in: Felix Bommer/Stephen V. Berti (Hrsg.), Verfahrensrecht am Beginn einer neuen Epoche, Festgabe zum Schweizerischen Juristentag 2011, Zürich 2011, S. 225 ff.
BERTI STEPHEN V.	Besondere Verfahrensarten gemäss dem bundesrätlichen Entwurf für eine schweizerische Zivilprozessordnung, ZZZ 2007, S. 339–351.
BERTI STEPHEN V.	Neue Gedanken zum Streit- und Prozessgegenstand, SZZP 2008, S. 193 ff.
BERTOSSA BERNARD	Exécution forcée des obligations de faire, in: Rita Trigo Trindade/Jeandin Nicolas (Hrsg.), Unification de la procédure civile: Présentation et critique de l'Avant-projet de Loi fédérale de procédure civile suisse: journée en l'honneur

du Professeur François Perret, Basel/Genf/Zürich, 2004, S. 119 ff.

BISANG RAYMOND — Neue Zivilprozessordnung: Neuerungen im Schlichtungsverfahren bzw. Mietprozess unter besonderer Berücksichtigung der Ausweisung, MRA 2010, S. 101–115

BK ZPO-BEARBEITER — Alvarez Cipriano / Berger Bernhard / Berger-Steiner Isabelle / Brönnimann Jürgen / Bühler Alfred / Emch Daniel / Frei Nina J. / Gross Balz / Güngerich Andreas / Hurni Christoph / Kellerhals Franz / Killias Laurent / Markus Alexander R. / Marti Mario / Peter James T. / Rüetschi David / Rüetschi Sven / Spycher Annette / Sterchi Martin H. / Walpen Adrian / Walther Fridolin / Zingg Simon / Zuber Roger, Berner Kommentar, Kommentar zum Schweizerischen Privatrecht, Schweizerische Zivilprozessordnung, Band I, Art. 1–149 ZPO, Bern 2012, und Band II Art. 150–352, Art. 400–406, Bern 2012

BSK BGG-BEARBEITER — Niggli Marcel / Uebersax Peter / Wiprächtiger Hans (Hrsg.), Basler Kommentar Bundesgerichtsgesetz, 2. Aufl., Basel 2011

BSK IPRG-BEARBEITER — Honsell Heinrich / Vogt Nedim Peter / Schnyder Anton K. / Berti Stephen V. (Hrsg.), Basler Kommentar Internationales Privatrecht, 3. Aufl., Basel 2013

BSK LUGÜ-BEARBEITER — Oetiker Christoph / Weibel Thomas (Hrsg.), Basler Kommentar Lugano-Übereinkommen, 2. Aufl., Basel 2016

BSK OR I-BEARBEITER — Honsell Heinrich / Vogt Nedim Peter / Watter Rolf (Hrsg.), Basler Kommentar Obligationenrecht I, Art. 1–529 OR, 6. Aufl., Basel 2015

BSK OR II-BEARBEITER — Honsell Heinrich / Vogt Nedim Peter / Watter Rolf (Hrsg.), Basler Kommentar Obligationenrecht II, Art. 530–964 OR, Art. 1–6 SchlT AG, Art. 1–11 ÜBest GmbH, 5. Aufl., Basel 2016

BSK SCHKG I-BEARBEITER — Staehelin Adrian / Bauer Thomas / Staehelin Daniel (Hrsg.), Basler Kommentar, Bundesgesetz über Schuldbetreibung und Konkurs I, Art. 1–158 SchKG, 2. Aufl., Basel 2010

BSK SCHKG II-BEARBEITER — Staehelin Adrian / Bauer Thomas / Staehelin Daniel (Hrsg.), Basler Kommentar, Bundesgesetz über Schuldbetreibung und Konkurs II, Art. 159–352 SchKG, 2. Aufl., Basel 2010

BSK SCHKG EB-BEARBEITER — Bauer Thomas / Staehelin Daniel (Hrsg.), Basler Kommentar, Bundesgesetz über Schuldbetreibung und Konkurs, Ergänzungsband zur 2. Aufl., Basel 2017

BSK STGB-BEARBEITER — Niggli Marcel Alexander / Wiprächtiger Hans (Hrsg.), Basler Kommentar Strafrecht II, Art. 111–392 StGB, 3. Aufl. Basel 2013

BSK ZGB I-BEARBEITER	Honsell Heinrich / Vogt Nedim Peter / Geiser Thomas (Hrsg.), Basler Kommentar Zivilgesetzbuch, Art. 1–456 ZGB, 5. Aufl., Basel 2014
BSK ZGB II-BEARBEITER	Honsell Heinrich / Vogt Nedim Peter / Geiser Thomas (Hrsg.), Basler Kommentar Zivilgesetzbuch, Art. 457–977 ZGB und Art. 1–61 SchlT ZGB, 5. Aufl., Basel 2015
BSK ZPO-BEARBEITER	Spühler Karl / Tenchio Luca / Infanger Dominik (Hrsg.), Basler Kommentar Schweizerische Zivilprozessordnung, 2. Aufl., Basel 2013
BLUMENSTEIN ERNST	Handbuch des Schweizerischen Schuldbetreibungsrechtes, Bern 1911
BLUMER MAJA	Gebrauchsüberlassungsverträge (Miete/Pacht), Basel 2012
BOHNET FRANÇOIS	Procédure civile, Basel 2011
BOHNET FRANÇOIS	La procédure sommaire: cas clair – Mesures provisionnelles – Mis à ban, in: François Bohnet (Hrsg.), Procédure civile suisse: les grands thèmes pour le praticien, Genf 2010, S. 193 ff.
BOHNET FRANÇOIS	Le droit du bail en procédure civile suisse, in: François Bohnet (Hrsg.), 16e Séminaire sur le droit du bail, Neuchâtel 2010, S. 1 ff.
BOHNET FRANÇOIS	Das mietrechtliche Schlichtungsverfahren im schweizerischen Zivilprozessrecht, SZZP 2010, S. 419 ff.
BOHNET FRANÇOIS	La procédure sommaire selon le Code de procédure civile suisse, RJJ 2008, S. 263 ff.
BOHNET FRANÇOIS	Les procédures spéciales, in: Lukic Suzana (Hrsg.), Le projet de Code de procédure civile fédérale, Lausanne 2008, S. 269 ff.
BOHNET FRANÇOIS	Anmerkungen zu BGer 4A_501/2011 vom 15.11.2011, SZZP 2012, S. 107 f.
BOHNET FRANÇOIS / CONOD PHILIPPE	La fin du bail et l'expulsion du locataire, 18e Séminaire sur le droit du bail, 2014, S. 79 ff.
BRUNNER ALEXANDER	Das Doppelinstanzprinzip und seine scheinbar unbegrenzten Umgehungsmöglichkeiten nach Art. 6 Abs. 3 ZPO, SJZ 108 (2012), S. 25–30
BRUNNER ALEXANDER	Was ist Handelsrecht?, AJP 2010, S. 1529 ff.
BÜHLER ALFRED / EDELMANN ANDREAS / KILLER ALBERT	Kommentar zur aargauischen Zivilprozessordnung, 2. Auflage, Aarau 1998
BULACHER PETER	Die Realexekution nach den Zivilprozessordnungen der Kantone Basel-Stadt und Basel-Landschaft, Diss. Basel 1988

CALAMO CHRISTIAN	Die missbräuchliche Kündigung der Miete von Wohnräumen, Diss., Bern 1994
CERUTTI ROMEO	Der Untervertrag, Diss. Freiburg 1990
CHK-BEARBEITER	Handkommentar zum Schweizer Privatrecht, 3. Aufl., Zürich/Basel/Genf 2016
	Breitschmid Peter /Jungo Alexandra (Hrsg.), Personen- und Familienrecht, Partnerschaftsgesetz (Art. 1–456 ZGB, PartG)
	Müller-Chen Markus / Huegenin Claire (Hrsg.), Vertragsverhältnisse Teil 1: Innominatkontrakte, Kauf, Tausch, Schenkung, Miete, Leihe (Art. 184–318 OR)
	Roberto Vito / Trüeb Hans Rudolf (Hrsg.), GmbH, Genossenschaft, Handelsregister und Wertpapiere, Bucheffektengesetz (Art. 772–1186 OR, BEG)
COCCHI BRUNO / TREZZINI FRANCESCO	Codice di procedura civile ticinese, massimato e commentato, Lugano 2000
COCCHI BRUNO / TREZZINI FRANCESCO	Codice di procedura civile ticinese, massimato e commentato, Appendice 2000 / 2004, Lugano 2005
COCCHI ET AL. CPC-BEARBEITER	Cocchi Bruno / Trezzini Francesco / Bernasconi Giorgio A. (Hrsg.), Commentario al Codice di diritto processuale civile svizzero, Lugano 2011
COLOMBINI JEAN-LUC	Note sur quelques questions liées à la procédure d'expulsion, in JdT 2011 III 85
CORBOZ	La nature du jugement d'évacuation pour défaut de paiement du loyer, SJ 1989. S. 585 ff.
CP BAIL-BEARBEITER	Bohnet François / Carron Blaise / Montini Marino (Hrsg.), Commentaire pratique, Droit du bail à loyer et à ferme, 2. Aufl., Basel 2016
CR CPC-BEARBEITER	Bohnet François / Haldy Jacques / Jeandin Nicolas / Schweizer Philippe / Tappy Denis, CPC, Code procédure civile commenté, Basel 2011
DASSER/OBERHAMMER LUGÜ-BEARBEITER	Dasser Felix / Oberhammer Paul (Hrsg.), Kommentar zum Lugano Übereinkommen (LugÜ), 2. Aufl., Bern 2011
DIEM PETER	Das Vollzugsverfahren nach der St. Gallischen Zivilprozessordnung von 1939, Diss. Zürich 1946
DIETSCHY-MARTENET PATRICIA	Le bail d'habitation des concubins, Basel 2014
DIKE BGG-BEARBEITER	Spühler Karl / Aemisegger Heinz / Dolge Annette / Vock Dominik (Hrsg.), Bundesgerichtsgesetz (BGG) Praxiskommentar, 2. Aufl., Zürich/St. Gallen 2013

DIKE LUGÜ-BEARBEITER — Schnyder Anton K. (Hrsg.), Lugano-Übereinkommen (LugÜ) zum internationalen Zivilverfahrensrecht, Kommentar, Zürich/St. Gallen, 2011

DIKE ZPO-BEARBEITER — Brunner Alexamder / Gasser Dominik / Schander Ivo (Hrsg.), ZPO Schweizerische Zivilprozessordnung, Kommentar, 2. Aufl., Zürich/St. Gallen 2016

DOLGE ANNETTE / INFANGER DOMINIK — Schlichtungsverfahren nach Schweizerischer Zivilprozessordnung, Zürich 2012

DUCROT MICHEL — L'expulsion du locataire, in: 9e Séminaire sur le droit du bail, Neuchâtel 1996, S. 1–38 (zit. DUCROT 1996)

DUCROT MICHEL — La procédure d'expulsion du locataire ou du fermier non agricole: quelques législations cantonales au regard du droit fédéral, Diss. Genf, Genf/Zürich/Basel 2005 (zit. DUCROT 2005)

DUCROT MICHEL — Des usagers indésirables dans les locaux d'habitations ou commerciaux: le locataire après la fin du bail et le souslocataire non autorisé, in: 14e Séminaire sur le droit du bail, Neuchâtel 2006 (zit. DUCROT 2006)

FRANK RICHARD / STRÄULI HANS / MESSMER GEORG — Kommentar zur zürcherischen Zivilprozessordnung, 3. Auflage, Zürich 1997 (und Ergänzungsband Frank Richard, Zürich 2000)

FRECH ANNEMARIE HILDE — Der Besitzdiener, Diss. Basel 1984

FRITZSCHE HANS — Schuldbetreibung und Konkurs nach Schweizerischem Recht, 2. Halbband, 2. Aufl., Zürich 1968

FUCHS NICOLAS — Die Kündigungsanfechtung bei Familienwohnungen – Aspekte der Prozesstandschaft, BJM 2017, S. 11 ff.

FÜLLEMANN DANIEL — Das erstinstanzliche Novenrecht der ZPO, in: Franco Lorandi/Daniel Staehelin (Hrsg), Innovatives Recht, Festschrift für Ivo Schwander, Zürich/St. Gallen, 2011, S. 863 ff.

GASSER DOMINIK — Die Vollstreckung nach der Schweizerischen ZPO, Anwaltsrevue 8/2008, S. 340 ff. (zit. GASSER, Vollstreckung)

GASSER DOMINIK — Aspekte eines sozialen Zivilprozesses, in: Jametti Greiner Monique/Berger Bernhard/Güngerich Andreas (Hrsg.), Rechtsetzung und Rechtsdurchsetzung – zivil- und schiedsverfahrensrechtliche Aspekte – Festschrift für Franz Kellerhals zum 65. Geburtstag, Bern 2005, S. 279 ff.

GASSER DOMINIK — Das vereinfachte Verfahren, in: Sutter-Somm Thomas/Hasenböhler Franz (Hrsg.), Die künftige schweizerische Zivilprozessordnung – Mitglieder der Expertenkommission erläutern den Vorentwurf, Zürich/Basel/Genf 2003, S. 73 ff.

GASSER DOMINIK / RICKLI BRIGITTE	Schweizerische Zivilprozessordnung, Kurzkommentar, 2. Aufl., Zürich/St. Gallen 2014
GEIMER REINHOLD / SCHÜTZE ROLF A.	Europäisches Zivilverfahrensrecht, Kommentar zur EuGVVO, EuEheVO, EuZustellungsVO, EuInsVO, EuVTVO, zum Lugano-Übereinkommen und zum nationalen Kompetenz- und Anerkennungsrecht, 3. Aufl. München 2010
GENNA GIAN SANDRO	Vollstreckungssystem der Schweizerischen Zivilprozessordnung, Stephan Wolf (Hrsg.), Schweizerische Zivilprozessordnung und Notariat, Bern 2010, S. 111 ff.
GIAVARINI MARCO	Kündigung wegen Liegenschaftssanierung – Darstellung und Würdigung der aktuellen Praxis des Bundesgerichts, MRA 2016, S. 185 ff.
GIGER HANS	Die Miete, Art. 253–273c OR, Art. 256–259i OR, Berner Kommentar, Bern 2015 (zit. BK-GIGER)
GILLIÉRON PIERRE-ROBERT,	Procédures rapides, in: Rita Trigo Trindade/Jeandin Nicolas (Hrsg.), Unification de la procédure civile: Présentation et critique de l'Avant-projet de Loi fédérale de procédure civile suisse: journée en l'honneur du Professeur François Perret, BaselGenf/Zürich, 2004, S. 89 ff.
GIRÓN SOLUNA	Die missbräuchliche Kündigung von Wohn- und Geschäftsraummiete (unter besonderer Berücksichtigung von Nutzungsänderungs-, Renovations-, Leerverkaufs- und Ertragsoptimierungskündigungen, Jusletter 25. August 2014.
GOEPFERT PETER	Die zivilprozessuale Streitwertberechnung nach Baselstädtischem und Bundeszivilprozessrecht, Diss. Basel 1954
GRIEDER ALAIN	Die Widerklage nach der Schweizerischen Zivilprozessordnung (ZPO), Diss. 2015, Basel 2016
GROLIMUND PASCAL / BACHOFNER EVA	Die Klagebewilligung als Prozessvoraussetzung, Zum Obligatorium des Schlichtungsverfahrens und zum persönlichen Erscheinen an der Schlichtungsverhandlung, in: Fankhauser et al.(Hrsg.), Das Zivilrecht und seine Durchsetzung, Festschrift für Professor Sutter-Somm, Basel 2016, S. 137 ff.
GUHL THEO / KOLLER ALFRED	§1–47 in: Guhl, Das Schweizerische Obligationenrecht mit Einschluss des Handels- und Wertpapaierrechts, 9. Aufl. Zürich 2000
GULDENER MAX	Schweizerisches Zivilprozessrecht, 3. Aufl. 1979
GUTH MONIKA	Die direkte Vollstreckung von Urteilen ohne Einleitungsverfahren, Diss. Basel 2009, Zürich 2010
HABERTHÜR B.	Praxis zur Basler Zivilprozessordnung, mit Erläuterungen, Band 2, Basel 1964

HAFTER PETER | Strategie und Technik des Zivilprozesses, 2. Aufl. Zürich Schulthess 2011

HALDY JACQUES | Les procédures spéciales, Anwaltsrevue 8/2008, S. 327 ff.

HALDY JACQUES | Exécution forcée des obligations de faire, in: Rita Trigo Trindade/Jeandin Nicolas (Hrsg.), Unification de la procédure civile: Présentation et critique de l'Avant-projet de Loi fédérale de procédure civile suisse: journée en l'honneur du Professeur François Perret, Basel/Genf/Zürich, 2004, S. 125 ff.

HAUBENSAK URS | Die Zwangsvollstreckung nach der zürcherischen Zivilprozessordnung, Diss. Zürich 1975

HENCHOZ DOMINIQUE | Procédures rapides, in: Rita Trigo Trindade/Jeandin Nicolas (Hrsg.), Unification de la procédure civile: Présentation et critique de l'Avant-projet de Loi fédérale de procédure civile suisse: journée en l'honneur du Professeur François Perret, BaselGenf/Zürich, 2004, S. 109 ff.

HESS FRITZ | Grundsätze der Streitwertberechnung nach zürcherischem und Bundeszivilprozessrecht, Diss. Zürich 1939

HIGI PETER | Kommentar zum Schweizerischen Zivilgesetzbuch, Obligationenrecht, Teilband V 2b, Die Miete, 4. Aufl., vier Lieferungen, Zürich 1994–1998 (zit. ZK-Higi)

HINDERLING HÖCHLI ANDREAS | Der Untermietvertrag, Diss. Zürich 1982

HINDERLING HANS | Der Besitz, in: Arthur Meier-Hayoz (Hrsg.), Schweizer Privatrecht, V/1, Sachenrecht, 1. Aufl., Basel 1977, S. 403 ff. (zit. SPR-HINDERLING)

HOFMANN DAVID | Droit du bail et Code de procédure civile = Das Mietrecht in der Zivilprozessordnung, Cahiers du bail 2010, S. 113 ff.

HOFSTETTER ANDRIN | Anfechtung der Kündigung in Mietsachen, in: Jürg P. Müller (Hrsg.), Wohn- und Geschäftsraummiete, Beraten und Prozessieren im Immobiliarmietrecht, 2016, § 3; S. 141 ff.

HOHL FABIENNE | Die Ausweisung von Wohnungs- und Geschäftsmietern, Mietrechtspraxis 1997, S. 1 ff. = Hohl Fabienne, l'expulsion de locataires de baux d'habitation et de locaux commerciaux, FZR 1997, 43 ff. (zit. HOHL, mp 1997)

HOHL FABIENNE | Procédure civile, Tome II, Compétences, délais, procédures et voies de recours, 2. Aufl, Bern 2010 (zit. Hohl, procédure civile)

HOHL FABIENNE | L'exécution anticipée «provisoire» des droits privés, AJP 1992, S. 576–590

HUBER MELANIE | Die Vollstreckung von Urteilen nach der Schweizerischen ZPO, Diss. 2014, Basel 2016

HUG PETER	Die Tagesgeschäfte des Zivilgerichts Basel-Stadt, Basel 1993
HULLIGER URBAN	Zur sachlichen Zuständigkeit der Handelsgerichte in mietrechtlichen Streitigkeiten – ein Zwischenbericht, MRA 2014, S. 103 ff. (zit. HULLIGER, MRA 2014)
HULLIGER URBAN	Auswirkungen der neuen ZPO auf das Ausweisungsverfahren, insbesondere die Folgen des Wegfalls des Art. 274g OR, (Urteil des Obergerichts des Kantons Zürich PF110018-0 vom 1.Juli 2011 und Kommentar), MRA 2012, S. 34 ff. (zit. HULLIGER, MRA 2012)
HULLIGER URBAN	Kündigung aus wichtigen Gründen, Überblick über Lehre und Rechtsprechung, MRA 2011, S. 1 ff. (zit. HULLIGER, MRA 2011)
HÜRLIMANN-KAUP BETTINA	Grundfragen des Zusammenwirkens von Miete und Sachenrecht, Habil. Zürich/Basel/Genf, 2008
JENT-SØRENSEN INGRID	Resolutiv bedingte Vollstreckbarkeit und vorläufige Vollstreckung – Abwehr und Rückforderungsmöglichkeiten, SJZ 2014, S. 57 ff.
KAUFMANN MARTIN	Ausgewählte Fragen des Rechtsöffnungsverfahrens: Replikrecht und Novenschranke, Rechtskraft und Vollstreckung, in: Kren Kostkiewicz et al. (Hrsg.), Rechtsöffnung und Zivilprozess – national und international, Bern 2014
KELLERHALS FRANZ / VON WERDT NICOLAS / GÜNGERICH ANDREAS (HRSG.)	Gerichtsstandsgesetz, Kommentar zum Bundesgesetz über den Gerichtsstand in Zivilsachen, 2. Aufl., Bern 2005
KLINGLER RAFAEL	Die Eventualmaxime in der Schweizerischen Zivilprozessordnung, Diss., Basel 2010
KOFMEL EHRENZELLER SABINE	Die Realvollstreckung in Zivilsachen: aktuelle Fragen und Ausblick, ZZZ 2004, S. 217 ff.
KOLLER ALFRED	Ausserordentliche Kündigung der Wohnungs- und Geschäftsmiete wegen vertragwidrigen Verhaltens des Mieters, AJP 2010, S. 845 ff. (zit. KOLLER, AJP 1996)
KOLLER ALFRED	Zwei neuste Grundsatzentscheide des Bundesgerichts zur Mieterausweisung, AJP 1992, S. 1584 ff. (zit. KOLLER, AJP 1992)
KOLLER THOMAS	Die mietrechtliche Rechtsprechung des Bundesgerichts im Jahr 2006, ZBJV 2007, 831 ff. (zit. KOLLER, ZBJV 2007)
KOLLER THOMAS	Besprechung von BGer 4C.397/1995, AJP 1996, S. 767 ff. (zit. KOLLER, AJP 1996)
KOLLER THOMAS/ MAUERHOFER MARC ANDRÉ	Die mietrechtliche Rechtsprechung des Bundesgerichts im Jahr 2007, ZBJV 2009, 821 ff. (zit. KOLLER, ZBJV 2009)

KROPHOLLER JAN / VON HEIN JAN — Europäisches Zivilprozessrecht, Kommentar zu EuGVO, Lugano-Übereinkommen 2007, EuVTVO, EuMVVO, EuGFVO, 9. Aufl., Frankfurt a. M. 2011

KUKO ZGB-BEARBEITER — Büchler Andrea / Jakob Dominque (Hrsg.), Kurzkommentar ZGB – Schweizerisches Zivilgesetzbuch, Basel 2012

KUKO ZPO-BEARBEITER — Oberhammer Paul / Domej Tanja / Haas Ulrich (Hrsg.), Kurzkommentar ZPO, Schweizerische Zivilprozessordnung, 2. Aufl., Basel 2013

KUNZ OLIVER M. / HOFFMANN-NOWOTNY URS H. / STAUBER DEMIAN — ZPO-Rechtsmittel Berufung und Beschwerde, Kommentar zu den Art. 308–327a ZPO, Basel 2013 (zit. ZPO-Rechtsmittel-BEARBEITER)

LACHAT DAVID — Procédure civile en matière de baux et loyers, Lausanne 2011 (zit. LACHAT, Procédure)

LACHAT DAVID — Le bail à loyer, Lausanne 2008

LACHAT DAVID ET AL. — Mietrecht für die Praxis, 9. Aufl., Zürich 2016 (zit. Lachat/BEARBEITER)

LEUCH GEORG / MARBACH OMAR / KELLERHALS FRANZ / STERCHI MARTIN, — Die Zivilprozessordnung für den Kanton Bern, Kommentar samt einem Anhang zugehöriger Erlasse, 5. Aufl. Bern 2000

LEUENBERGER CHRISTOPH / UFFER-TOBLER BEATRICE — Schweizerisches Zivilprozessrecht, 2. Aufl., Bern 2016

LEUPOLD MICHAEL — Der Rechtsschutz in klaren Fällen nach der neuen Schweizerischen Zivilprozessordnung, in: Leupold Michael/Rüetschi David/Stauber Demian/Vetter Meinrad (Hrsg.), Der Weg zum Recht – FS Alfred Bühler, Zürich 2008, S. 65 ff.

LÖTSCHER CORDULA — Die Prozessstandschaft im schweizerischen Zivilprozess, Grundsätze, Auswirkungen und Anwendungsfälle unter Berücksichtigung ausländischer Rechtsordnungen, Diss. Basel 2016

LÜTHI ANDREAS — Der Einbezug von Dritten in vorsorgliche Massnahmen und die Zwangsvollstreckung nach kantonalem Recht, Diss. Zürich 1985

MAAG ANDREAS — Die Bundesgerichtspraxis zur ausserordentlichen Kündigung nach Art. 257f OR bei Vertragsverletzungen, MRA 2006 S. 127 ff. (zit: MAAG, MRA 2006)

MAAG ANDREAS — Kündigungsschutz und Ausweisung – ausgewählte zivilprozessuale Aspekte, MRA 2014, S. 1 ff. (zit. MAAG, MRA 2014)

MAAG ANDREAS — Wiederholung einer nichtigen Kündigung des Vermieters nach gescheitertem Ausweisungsverfahren (Kommentar zu

	BGer 4A_588/2013 vom 15. April 2014), MRA 2015, S. 36 ff. (zit. MAAG, MRA 2015)
MAAG ANDREAS	Kündigung des Mietverhältnisses; in: Jürg P. Müller (Hrsg.), Wohn- und Geschäftsraummiete, Beraten und Prozessieren im Immobiliarmietrecht, 2016, § 2; S. 71 ff. (zit. MAAG, Kündigung)
MAISSEN ADRIANO	Die Zwangsvollstreckung nach Art. 343 ZPO, ZZZ 2010, S. 37 ff.
MAJER CHRISTIAN F.	Die Räumungsvollstreckung und ihre effektive Durchsetzung, Tübingen, 2012
MEIER ISAAK	Rechtsschutz im summarischen Verfahren als Alternative zum ordentlichen Zivilprozess um schweizerischen Recht, Köln, 1997 (zit. MEIER, Rechtsschutz)
MEIER ISAAK	Elemente eines effektiven Rechtsschutzes in einer neuen schweizerischen Zivilprozessordnung, in: Donatsch Andreas u.a. (Hrsg.), Festschrift 125 Jahre Kassationsgericht des Kantons Zürich, Zürich 2000, S. 249 ff.
MEIER ISAAK	Grundfragen der Vereinheitlichung des Zivilprozessrechts – insbesondere gezeigt am Beispiel der Realvollstreckung, in: Berti (Hrsg.), Helvetisches Zivilprozessrecht, Symposium zum 75. Geburtstag von Walther J. Habscheid, Beiheft 31 der Bibliothek für Schweizerisches Recht, Basel 1999, S. 47 ff.
MEIER ISAAK	Schweizerisches Zivilprozessrecht – eine kritische Darstellung aus der Sicht von Praxis und Lehre, Zürich/Basel/Genf 2010 (zit. MEIER, Zivilprozessrecht)
ARTHUR MEIER-HAYOZ / PETER FORSTMOSER	Schweizerisches Gesellschaftsrecht, 11. vollständig neu bearbeitete Auflage, Bern 2012
MEYER CAROLINE	Zur Sachlegitimation der Parteien im Mietprozess, MRA 2010, S. 47–59
MORET SÉBASTIEN	Aktenschluss und Novenrecht nach der Schweizerischen Zivilprozessordung, Zürich 2014
MORVAN SIDONIE / HOFMANN DAVID,	Questions choisies de procédure civile genevoise en matière de baux et loyers, in : Semaine judiciaire II, 130 (2008) Nr. 3, S. 61–130.
MÜLLER BORIS	Prüfung der Prozessvoraussetzungen durch Schlichtungsbehörden, AJP 2013, S. 69 ff.
MÜLLER JÜRG P. (HRSG.)	Wohn- und Geschäftsraummiete, Beraten und Prozessieren im Immobiliarmietrecht, 2016
NATER HANS/RAUBER MARTIN	Zustellung von Gerichtseingaben durch das Gericht oder Anwälte?, SJZ 2012, S. 408 ff.

NORDMANN PHILIPPE	La sous-location (questions choisies), 10e Séminaire sur le droit du bail, Neuchchâtel 1998, S. 1 ff.
OBERLE THOMAS	Mietrecht heute, 2. Auflage, Zürich 2006
OBERLE THOMAS / SOMMER MONIKA / STATHAKIS PAVLO	Die Schweizerische Zivilprozessordnung aus mietrechtlicher Perspektive, HEV, Zürich 2011
OFK OR-BEARBEITER	Kren Kostkiewicz Jolanta / Nobel Peter / Schwander Ivo / Wolf Stephan (Hrsg.), Handkommentar Schweizerisches Obligationenrecht, 2. Aufl., Zürich 2009
OFK ZGB-BEARBEITER	Kren Kostkiewicz Jolanta / Schwander Ivo / Wolf Stephan (Hrsg.), Handkommentar Schweizerisches Zivilgesetzbuch, Zürich 2011
OFK ZPO-BEARBEITER	Gehri Myriam A. / Jent-Sørensen Ingrid/ Sarbach Martin (Hrsg.), ZPO Kommentar Schweizerische Zivilprozessordnung, 2. Aufl., Zürich 2015
PERMANN RICHARD	Kommentar zum Mietrecht, mit einschlägigen bundesrechtlichen und kantonalen Vorschriften, 2. Aufl., Zürich 2007
PEYER PATRICK	Vollstreckung unvertretbarer Handlungen und Unterlassungen. Civil contempt of court des englischen Rechts im Vergleich zum schweizerischen Zivilprozess, Diss Zürich 2006
PFENNINGER HANS	Die Realexekution im schweizerischen Recht, Diss. Zürich 1924
PÜNTENER RICHARD	Das mietrechtliche Schlichtungsverfahren in der Zivilprozessordnung, mp 4/2011, S. 243 ff. (zit. PÜNTENER, mp)
PÜNTENER RICHARD	Zivilprozessrecht für die Mietrechtspraxis, Basel 2016 (zit. PÜNTENER, Mietrecht)
RAJOWER FELIX	Prozessuale Aspekte der Ausweisung von Mietern – unter besonderer Berücksichtigung der zürcherischen Praxis, AJP 1998, S. 797 ff.
RAPOLD MANUELA / FERRARI-VISCA RETO	Die Widerklage nach der Schweizerischen Zivilprozessordnung, AJP 2013, 387 ff.
RAPP FRITZ	Urteilswirkungen gegenüber Dritten, in: Hasenböhler Franz/ Schnyder Anton K. (Hrsg.), Zivilprozessrecht, Arbeitsrecht, Kolloquium zu Ehren von Professor Adrian Staehelin, Zürich 1997
REY HEINZ	Die Grundlagen des Sachenrechts und das Eigentum, 3. Aufl. Bern 2007
REYMOND JEAN-MARC	Les conditions de recevabilité, la litispendance et les preuves, in: Suzana Lukic (Hrsg.), Le projet de code de procédure civile fédérale, Lausanne 2008, S. 25 ff.

RICKLI SAMUEL — Der Streitwert im schweizerischen Zivilprozess, Diss. 2014, Zürich/St. Gallen 2014

ROHRER BEAT — Der Eigenbedarf im Mietrecht, MRA 2011, S. 133 ff. (zit. ROHRER, MRA 2011)

ROHRER BEAT — Die Kündigungs-Sperrfrist gemäss Art. 271a Abs. 1 lit. e und Abs. 2 OR, MRA 2015, S. 1 ff. (zit. ROHRER, MRA 2015)

ROHRER BEAT — Mängelrechte des Mieters, in: Jürg P. Müller (Hrsg.), Wohn- und Geschäftsraummiete, Beraten und Prozessieren im Immobiliarmietrecht, 2016, § 5; S. 213 ff. (zit. ROHRER, Mängelrechte)

ROHRER FLORIAN — Der Rechtsschutz in klaren Fällen nach Art. 257 ZPO, MRA 2016 S. 3 ff. (zit. ROHRER, MRA 2016)

ROTH MARKUS — Das summarische Verfahren in der Zivilprozessordnung des Kantons Aargau vom 18. Dezember 1984, Diss. Bern 1992, Aarau 1993

RÜETSCHI DAVID / VETTER MEINRAD — Vertretung vor den aargauischen Zivilgerichten nach der neuen Zivilprozessordnung – eine Auslegeordnung, in: Festschrift 75 Jahre Aargauischer Juristenverein 1936–2011: Beiträge zur Umsetzung der schweizerischen Zivilprozess-, Strafprozess- und Jugendstrafprozessordnung im Kanton Aargau, Zürich 2011, S. 63 ff.

RÜETSCHI SVEN — Vorfragen im schweizerischen Zivilprozess, Diss. Basel 2010, Zürich 2011

RUF CHRISTIAN — Mieterstreckung, in: Jürg P. Müller (Hrsg.), Wohn- und Geschäftsraummiete, Beraten und Prozessieren im Immobiliarmietrecht, 2016, § 4; S. 171 ff.

SAVIAUX NICOLAS — Expulsion du locataire et exécution forcée = Ausweisung des Mieters und Zwangsräumung, in : Cahiers du bail, Lausanne 2004, S. 97 ff.

SCHAI DAMIAN — Der Streitwert vor dem Handelsgericht des Kantons Aargau, in: Michael Leupold/David Rüetschi/Demian Stauber/Meinrad Vetter (Hrsg.), Der Weg zum Recht, Festschrift für Alfred Bühler, Zürich/Basel/Genf 2008, S. 111 ff.

SCHAUB DIETER R., — Die Exmission im Basellandschaftlichen Zivilprozessrecht, Diss. Basel 1982

SCHMID HANS — «Klares Recht» als Prozessvoraussetzung im zürcherischen Befehlsverfahren, in: Beiträge zum schweizerischen und internationalen Zvilprozessrecht, Festschrift für Oscar Vogel, Freiburg 1991, S. 109 ff.

SCHMID JÖRG	Die Ersatzvornahme im allgemeinen Schuldrecht, in: Bucher et al (Hrsg.), Norm und Wirkung, Festschrift für Wolfgang Wiegand, Bern 2005, S. 605 ff.
SCHRANK CLAUDE	Das Schlichtungsverfahren nach der Schweizerischen Zivilprozessordnung, Diss. 2015, Basel 2015
SCHULLER SIEGFRIED	Die Berechnung des Streitwertes, Diss. Zürich 1974
SCHWANINGER DAVID	Koppelungsgeschäfte – Untermiete – Rückgabe der Mietsache, in: Jürg P. Müller (Hrsg.), Wohn- und Geschäftsraummiete, Beraten und Prozessieren im Immobiliarmietrecht, 2016, § 10
SCHWALLER JULIAN / NAEGELI GEORG	Die Zuständigkeit der Handelsgerichte gemäss Art. 6 Abs. 3 ZPO, in: Jusletter 14. November 2012
SEILER BENEDIKT	Die Berufung nach ZPO, Zürich 2013
SIEGRIST ULRICH	Betreibung für Mietzinse, Hausausweisung und Retentionsrecht, in: BlSchK 1980, S. 65–72 und 97 ff.
SOMMER MONIKA	Zusammenhang zwischen genossenschaftlichen Ausschlussgründen und der Kündigung des Mietverhältnisses, Kommentar zu BGer 4A_258/2011 vom 12. Juli 2011, MRA 2012. S. 58 ff.
SOMMER MONIKA	Kündigung aus wichtigem Grund (Art. 266g OR), Kommentar zu BGer 4A_20/2015 vom 13. Juli 2015, MRA 2015 S. 221 ff.
SPICHTIN NICOLAS	Der Rechtsschutz in klaren Fällen nach Art. 257 ZPO, Diss. Basel, 2012 (zit. SPICHTIN, Diss.)
SPICHTIN NICOLAS	Die materielle Abweisung eines Gesuchs um Rechtsschutz in klaren Fällen – ein kritischer Blick auf BGer 4A_68/2014 vom 16. Juni 2014, SZZP 2014, S. 579 ff. (zit. SPICHTIN, SZZP)
SPIRIG IRÈNE	Ausserordentliche Kündigungen ausserhalb des mietrechtlichen Katalogs?, mp 1/2012, S. 1 ff.
SPR-HINDERLING	Hinderling Hans, Besitz, in: Meier-Hayoz (Hrsg.), Schweizerisches Privatrecht, Band V, Sachenrecht, Erster Halbband, Basel/Stuttgart 1977, S. 403 ff.
SPR-SUTTER-SOMM	Sutter-Somm Thomas, Eigentum und Besitz, in: Sutter-Somm (Hrsg.), Schweizerisches Privatrecht, Band V/1, 2. vollständig überarbeitete Aufl., Basel 2014
SPÜHLER KARL / VOCK DOMINIK,	Rechtsmittel in Zivilsachen im Kanton Zürich und im Bund, 2. Aufl. Zürich Schulthess 2011

SPÜHLER KARL / DOLGE ANNETTE / GEHRI MYRIAM A. — Schweizerisches Zivilprozessrecht und Grundzüge des internationalen Zivilprozessrechts, 9. Aufl. 2010

SPÜHLER KARL / TENCHIO LUCA / INFANGER DOMINIK (HRSG.) — Bundesgesetz über den Gerichtsstand in Zivilsachen (GestG) mit Kommentierung von Art. 30 Abs. 2 BV, Basel 2001 (siehe auch oben, BSK ZPO-BEARBEITER)

STAEHELIN ADRIAN / STAEHELIN DANIEL / GROLIMUND PASCAL, — Zivilprozessrecht. Unter Einbezug des Anwaltsrechts und des internationalen Zivilprozessrechts, 2. Aufl., Zürich/Basel/Genf 2013

STAEHELIN ADRIAN / SUTTER THOMAS — Zivilprozessrecht nach den Gesetzen der Kantone Basel-Stadt und Basel-Landschaft unter Einbezug des Bundesrechts, Zürich 1992

STAEHELIN DANIEL — Eingriffe des Bundesrechts in das Verfahren der Mieterausweisung wirken sich auch auf die Ausgestaltung der kantonalen Rechtsmittel aus, Besprechung von BGE 131 I 242 ff., ZZZ 2005, S. 286 ff. (zit. Staehelin, ZZZ)

STAEHELIN DANIEL / BACHOFNER EVA — Vollstreckung im Niemandsland, beschwerdefähige Entscheide zwischen Entscheideröffnung und Zustellung der schriftlichen Begründung, Jusletter 16. April 2012

STÄMPFLI BGG-BEARBEITER — Seiler Hansjörg / von Werdt Nicolas / Güngerich Andreas, Stämpflis Handkommentar SHK Bundesgerichtsgesetz (BGG), Bern 2007

STÄMPFLI ZPO-BEARBEITER — Baker & McKenzie (Hrsg.), Schweizerische Zivilprozessordnung (ZPO), Bern 2010

STEINAUER PAUL-HENRI — Les droits réels, Band 1, 5. Auflage, Bern 2012

STREIFF ULLIN / VON KAENEL ADRIAN / RUDOLPH ROGER — Arbeitsvertrag, Praxiskommentar zu Art. 319–362 OR, 7. Aufl., Zürich/Basel/Genf 2012

STUDER URS W. / RÜEGG VIKTOR / EIHOLZER HEINER — Der Luzerner Zivilprozess, Gesetze über die Zivilprozessordnung (ZPO) vom 27. Juni 1994, Luzern 1994

SUTTER-SOMM THOMAS — Schweizerisches Zivilprozessrecht, 2. Aufl., Zürich/Basel/Genf 2012 (zit. SUTTER-SOMM, ZPO)

SUTTER-SOMM THOMAS — Das Schlichtungsverfahren der ZPO: ausgewählte Problempunkte, SZZP 2012, S. 69 ff. (zit. SUTTER-SOMM, SZZP 2012)

SUTTER-SOMM THOMAS — Die Verfahrensgrundsätze und die Prozessvoraussetzungen, ZZZ 2007, S. 301 ff. (zit. SUTTER-SOMM, ZZZ)

SUTTER-SOMM THOMAS — Sachenrecht, Schweizerisches Privatrecht, V/1, Eigentum und Besitz, 2., vollständig überarbeitete Aufl., Basel 2014 (zit. SPR-SUTTER-SOMM)

SVIT	Schweizerischer Verband der Immobilienwirtschaft (Hrsg.), Das Schweizerische Mietrecht, Kommentar, 4. Aufl., Zürich/Basel/Genf 2018
TANNER MARTIN	Die Ausweisung des Mieters als Rechtsschutz in klaren Fällen gemäss Art. 257 ZPO unter besonderer Berücksichtigung der ausserordentlichen Kündigungen nach Art. 257d OR und Art. 257f OR, ZZZ 2010, S. 263 ff.
THANEI ANITA	Auswirkungen der neuen Schweizerischen Zivilprozessordnung auf die mietrechtlichen Verfahren, insbesondere auf das Schlichtungsverfahren, mp 2009, S. 179 ff.
THANEI ANITA	Neues zum Kündigungsschutz, mp 2012, S. 85 ff.
THANEI ANITA	Die Kündigung des Mietverhältnisses bei Eigenbedarf, mp 2015, S. 229 ff.
TSCHANNEN PIERRE	Staatsrecht der Schweizerischen Eidgenossenschaft, 3. Aufl., Bern 2011
TSCHANNEN PIERRE / ZIMMERLI ULRICH / MÜLLER MARKUS	Allgemeines Verwaltungsrecht, 4. Auflage, Bern 2014
TSCHUDI MATTHIAS	Zuständigkeit und Befugnisse der Schlichtungsbehörde – ein Überblick, MRA 2006, S. 45 ff.
VON ARX GREGOR	Der Streitgegenstand im schweizerischen Zivilprozess, Diss. Basel 2006, Basel 2007
VON HOLZEN CRISTINA	Die Streitgenossenschaft im schweizerischen Zivilprozess, Diss. Basel 2006
VON WERDT NICOLAS	Die Beschwerde in Zivilsachen – Ein Handbuch für Beschwerdeführer und Beschwerdegegner, Bern 2010
WALTHER FRIDOLIN	Das neue Vollstreckungsrecht und seine Möglichkeiten, Anwaltsrevue 2011, S. 29 ff.
WEIBEL HEINRICH/RUTZ MAGDALENA	Gerichtspraxis zur Basellandschaftlichen Zivilprozessordnung, 4. Aufl. 1986
WEINGART DENISE / PENON ILIJA	Ungeklärte Fragen im Schlichtungsverfahren, ZGVJ 2015, S. 465 ff.
WESSNER PIERRE	Sorgfaltpflichten des Mieters von Wohn- und Geschäftsräumen, mp 2007, S. 127 ff. und 197 ff.
ZIHLMANN PETER	Das Mietrecht, 2., überarb. Aufl. des Werkes «Das neue Mietrecht», Zürich 1995
ZK ZPO-BEARBEITER	Sutter-Somm Thomas / Hasenböhler Franz / Leuenberger Christoph (Hrsg.), Kommentar zur Schweizerischen Zivilprozessordnung, 3. Aufl. 2016

Materialien

BAU- UND WOHNUNGSWESEN 2016	Bau- und Wohnungswesen 2016, Bau- und Wohnungsstatistik 2016, Gebäude- und Wohnungsstatistik 2016, Leerwohnungszählung vom 1. Juni 2017, eine Publikation des Bundesamtes für Statistik (BFS), veröffentlicht am 9. April 2018, zum Download unter https://www.bfs.admin.ch/bfs/de/home/statistiken/bau-wohnungswesen/wohnungen/wohnverhaeltnisse/mieter-eigentuemer.assetdetail.2341518.html (zuletzt besucht am 31. Juli 2018)
BOTSCHAFT BGG	Botschaft zur Totalrevision der Bundesrechtspflege vom 28. Februar 2001, BBl 2001, S. 4202 ff.
BOTSCHAFT MIETRECHT	Botschaft zur Volksinitiative «für Mieterschutz», zur Revision des Miet- und Pachtrechts im Obligationenrecht und zum Bundesgesetz über Massnahmen gegen Missbräuche im Mietwesen (Botschaft zur Revision des Miet- und Pachtrechts) vom 27. März 1985, BBl 1985 I S. 1389 ff.
BOTSCHAFT SANIERUNGSRECHT	Botschaft zur Änderung des Bundesgesetzes über Schuldbetreibung und Konkurs (Sanierungsrecht) vom 8. September 2010, BBl 2010, S. 6455 ff.
BOTSCHAFT ZPO	Botschaft zur Schweizerischen Zivilprozessordnung (ZPO) vom 28. Juni 2006, BBl 2006; S. 7221 ff.
VORTRAG ÄNDERUNG RSTG	Vortrag des Regierungsrates an den Grossen Rat zum Gesetz über die Regierungsstatthalterinnen und Regierungsstatthalter (Änderung), in der Fassung für das Vernehmlassungsverfahren vom 19. August 2016 (Kanton Bern)
ZUSAMMENSTELLUNG DER VERNEHMLASSUNGEN	Zusammenstellung der Vernehmlassungen Vorentwurf für ein Bundesgesetz über die Schweizerische Zivilprozessordnung (ZPO), 2004

Einleitung

Es gibt zahllose Vorgeschichten und Ausgangslagen von Ausweisungsverfahren. Eine Miete, Pacht oder Gebrauchsleihe sind nur die naheliegenden Beispiele. Eine gerichtliche Ausweisung kann beispielsweise auch nach einem Liegenschaftskauf, einem Erbgang oder einer Scheidung notwendig werden. Auch klassische Hausbesetzungen kommen vor. Unterschiedlich sind auch die Objekte, aus denen ausgewiesen wird, insbesondere im Bereich der Geschäftsraummiete. So exotisch wie die Räumung eines in einer Fliegerhalle untergebrachten Raubtierparks sind Ausweisungen selten.[1] In der Praxis am weitaus häufigsten wird um die Ausweisung eines ehemaligen Mieters aus seiner Wohnung ersucht. Die eigene Wohnung – das Zuhause – ist für die meisten Menschen ein Grundpfeiler im Leben. Einige Kantone kennen sogar ein entsprechendes Grundrecht auf Wohnen. Die Bedeutung der Wohnung für den Mieter spiegelt sich im materiellen Mietrecht, namentlich in den strengen Kündigungsvorschriften und in der Möglichkeit der Kündigungsanfechtung und der Erstreckung. Der Vermieter hat jedoch grundsätzlich keine sozialstaatlichen Aufgaben zu übernehmen. Ist das Mietverhältnis definitiv beendet, so hat er ein Anrecht darauf, dass sein Anspruch auf Rückgabe seines Mietobjekts in angemessener Zeit effektiv durchgesetzt wird. Dies gilt nicht nur, wenn kein Mietzins mehr fliesst. Unter Umständen können zu den Interessen des Vermieters namentlich auch die Interessen von geplagten Nachbarn hinzutreten – auch das soziale Umfeld hat ganz erheblichen Einfluss auf das Wohlbefinden von Menschen.

Das Ausweisungsverfahren ist nicht nur für die Beteiligten von grosser – manchmal existenzieller – Bedeutung, sondern auch zahlenmässig von Relevanz. Gerade an den Gerichten in grösseren Städten wird jährlich über einige hundert Ausweisungsbegehren entschieden.

Die Fülle an rechtlichen und praktischen Fragen im Zusammenhang mit der Ausweisung von Mietern, dem *«Lehrbuchbeispiel»* für den Rechtsschutz in klaren Fällen, ist bemerkenswert. Es handelt sich um eine Schnittstelle zwischen materiellem Mietrecht und Zivilprozessrecht. Auch gilt es häufig, die Wechselwirkungen von zwei grundsätzlich verschiedenen Verfahrensarten zu beachten: einem vom Mieter eingeleiteten Kündigungsschutzverfahren einerseits und dem vom Vermieter rechtshängig gemachten summarischen Ausweisungsverfahren andererseits. Ferner sind nicht selten sachenrechtliche Bezüge vorzunehmen. Und schliesslich ist auch der Vollzug eines einmal erwirkten

1 BGer 4A_373/2016 vom 29. Juli 2016.

Räumungsentscheids sowohl in praktischer als auch in rechtlicher Hinsicht anspruchsvoll.

Eine Begeisterung für das Ausweisungsverfahren und die damit zusammenhängenden juristischen und praktischen Fragen darf nicht verwechselt werden mit einer Begeisterung für die Ausweisung von Mietern. In der Praxis wird niemals leichtfertig oder gar leichtherzig ausgewiesen. Es gilt, dem materiellen Recht zum Durchbruch zu verhelfen unter Wahrung der Rechte aller Parteien in einem fairen, klaren und vorhersehbaren Verfahren. Die Schweizerische Zivilprozessordnung gibt hier nur einen rudimentär geregelten Rahmen vor. In vielen Kantonen bestanden vor 2011 ausführlichere Regelungen, die nach dem Inkrafttreten der ZPO vermisst wurden. Einige Unklarheiten zum neuen Recht wurden seither vom Bundesgericht geklärt, andere sind derzeit weiterhin offen.

Vorliegende Arbeit fasst das Wichtigste zur Ausweisung von Mietern zusammen. Ausgerichtet ist dieses Buch in erster Linie auf den rechtskundigen Anwender – seien dies Behörden oder Rechtsvertreter. Es will ein Hilfsmittel für den Praktiker sein, gleichzeitig aber auch den Theoretiker ansprechen und im Interesse beider einen Beitrag leisten zur weiteren Klärung der vielen Fragen im Zusammenhang mit der Ausweisung in klaren und in weniger klaren Fällen.

Erster Teil:

Gegenstand und Entstehungsgeschichte

§ 1 Gegenstand

Kommt der Mieter einer Wohn- oder Geschäftsräumlichkeit nach Beendigung des Mietverhältnisses seiner Pflicht zur Rückgabe des Mietobjekts nicht nach, so wird sich der Vermieter gezwungen sehen, seinen Anspruch auf Rückgabe des Mietobjekts gerichtlich durchzusetzen. Diese sogenannten Ausweisungsverfahren sind insbesondere an den Gerichten in grösseren Städten keine Seltenheit. Allein im Kanton Basel-Stadt werden jährlich etwa 300 Ausweisungsgesuche eingereicht. 1

In diesen Verfahren können sich zahlreiche materielle und spezifische prozessrechtliche Fragen stellen. Vorliegende Arbeit will als Leitfaden durch das gesamte Ausweisungsverfahren führen. Bereits bei der Vorbereitung der Kündigung schafft der Vermieter die Grundlagen für eine erfolgreiche Ausweisung, sollte sich diese später als notwendig erweisen. Die Gültigkeit der Beendigung des Mietverhältnisses bildet im Ausweisungsverfahren regelmässig die Kernfrage. Der Vermieter hat alle formellen und inhaltlichen Vorgaben des materiellen Mietrechts zu beachten. Diese sind in § 6 dieses Buches zusammengetragen. Sodann muss vor Einleitung des Ausweisungsverfahrens geklärt werden, gegen wen sich das Gesuch zu richten hat. Dies ist nicht notwendigerweise oder nicht immer nur der Mieter gemäss Mietvertrag. In § 8 III wird dargestellt, welche Personen sinnvollerweise in das Ausweisungsverfahren miteinbezogen werden. Befindet sich das Mietobjekt im Eigentum mehrerer Personen, so besteht auf Seiten des Gesuchstellers möglichweise eine notwendige Streitgenossenschaft (dazu § 8 II). Schliesslich muss der Anspruchsberechtige abwägen, ob die Voraussetzungen für ein Verfahren um Rechtsschutz in klaren Fällen grundsätzlich gegeben sind und daher ein Gesuch im summarischen Verfahren aussichtsreich erscheint (dazu § 12 III), oder ob er seinen Anspruch besser vor der Schlichtungsstelle für Mietstreitigkeiten rechtshängig macht (dazu § 14). Möglicherweise erwägt der Vermieter auch eine Ausweisung im Rahmen eines Gesuchs um vorsorgliche Massnahme (dazu § 13). Hat der Mieter die Kündigung angefochten, so stellt sich die Frage, ob und auf welche Weise ein allfälliger Ausweisungsanspruch bereits während des laufenden Kündigungsschutzverfahrens rechtshängig gemacht werden kann (dazu § 10 III und § 14 III). Wird ein Kündigungsschutzverfahren durch einen Vergleich beendet, in welchem die Parteien sich über den Auszugstermin einigen, so hängt es von der konkreten Formulierung ab, ob nach Verstreichen dieses Termins im Widerhandlungsfall ein Ausweisungsverfahren notwendig sein wird oder ob ein Vollstreckungsverfahren genügt (dazu § 9 IV). Vorliegende Arbeit enthält sodann Hinweise zu den Rechtsbegehren (§ 16), zu den Zuständigkeiten (§ 15 I und II), zum Zeitpunkt der Einleitung des Ausweisungsgesuchs (§ 15 III), zur Parteivertretung (§ 15 IV), zu den Kosten (§ 15 V) und zu 2 einem allfälligen Anspruch auf unentgeltliche Rechtspflege (§ 15 VI). Es werden die möglichen Anspruchsgrundlagen beleuchtet und das erstinstanzliche Verfahren mit den zur Verfügung stehenden Verfahrensarten – allen voran dem Rechtsschutz in klaren Fällen – im Zusammenspiel mit dem materiellen Mietrecht dargestellt (§ 12–14) und die zur Verfügung stehenden Rechtsmittel erörtert (§ 18). Ein Kapitel ist der Berechnung des Streitwertes gewidmet (§ 11), ein weiteres dem Rechtsschutzinteresse nach Auszug des Auszuweisenden (§ 19). Im vierten Teil werden schliesslich das Vollstreckungsverfahren und der effektive Vollzug der Räumung dargestellt (§ 20 und 21). Abgeschlossen wird dieses Werk mit einer kurzen Zusammenstellung der wichtigsten Erkenntnisse und Thesen. Zu beginnen ist jedoch mit den Vorläufern und Hintergründen der heute geltenden Bestimmungen.

§ 2 Das Ausweisungsverfahren vor dem Inkrafttreten der Schweizerischen ZPO

I. Bundesgesetzliche Bestimmungen

1. Zur Rechtslage vor der Mietrechtsrevision von 1990

Bis zu ihrer Aufhebung im Zuge der Revision des Miet- und Pachtrechts (Volksinitiative «*Mieterschutz*») am 1. Juli 1990 befand sich eine in der Praxis sehr bedeutsame bundesrechtliche Bestimmung zur Mieterausweisung überraschenderweise im Gesetz über Schuldbetreibung und Konkurs (SchKG). Der einschlägige Art. 282 SchKG lautete: «*Bei der Betreibung für Miet- und Pachtzinsforderungen ist auf Verlangen des Gläubigers in den Zahlungsbefehl die in den Artikeln 265 und 293 des Bundesgesetzes über das Obligationenrecht erwähnte Androhung aufzunehmen und derselben beizufügen, dass nach Ablauf der gesetzlichen Frist der Gläubiger von der zuständigen Behörde die sofortige Ausweisung des Mieters oder Pächters verlangen könne. In denjenigen Fällen, in welchen der Artikel 265 OR dem Vermieter für die Auflösung des Mietvertrages die Ansetzung einer Frist von sechs Tagen gestattet, ist die Frist zur Anbringung des Rechtsvorschlages auf drei Tage herabzusetzen.*» 3

Nach aArt. 265 OR konnte der Vermieter dem Mieter, welcher sich mit der Mietzinszahlung in Verzug befand, eine Frist von 30 Tagen[2] ansetzen, verbunden mit der Androhung, dass der Mietvertrag mit Ablauf dieser Frist aufgelöst sei, sofern der rückständige Mietzins nicht innert dieser Frist bezahlt werde.[3] Einer eigentlichen Kündigung nach unbenutztem Ablauf der Zahlungsfrist bedurfte es nach aArt. 265 OR nicht. Die Auflösung des Mietvertrages war nach dieser Androhung durch den Vermieter die automatische Folge des fruchtlosen 4

---

[2] Bei Mieten mit einer Dauer von weniger als einem halben Jahr betrug die Frist sogar nur 6 Tage; vgl. SIEGRIST, S. 66 f.

[3] Wortlaut des aArt. 265 OR: «*Wenn der Mieter mit einer vor Ablauf der Mietzeit fälligen Zinszahlung im Rückstande geblieben ist, so kann ihm der Vermieter bei Mieten, die für ein halbes Jahr oder längere Zeit geschlossen sind, eine Frist von dreissig Tagen, bei Mieten von kürzerer Dauer eine Frist von sechs Tagen mit der Androhung ansetzen, dass, sofern nicht innerhalb dieser Frist der rückständige Mietzins bezahlt werde, der Mietvertrag mit deren Ablauf aufgelöst sei. Die Frist ist von dem Tage an zu berechnen, an dem deren Ansetzung dem Mieter zugekommen ist. Vereinbarung über Abkürzung dieser Fristen oder über Berechtigung zur sofortigen Aufhebung des Mietvertrages bei Zahlungsverzug sind ungültig.*»

Fristablaufs.[4] Es stand dem Vermieter selbstverständlich frei, auch im Falle eines Zahlungsverzuges eine (ordentliche) Kündigung auszusprechen, statt nach aArt. 265 OR (ggf. i.V.m. aArt. 282 SchKG) vorzugehen.[5]

5 Die Aufnahme in den Zahlungsbefehl wandelte die Androhung der Ausweisung nicht in eine Betreibungshandlung; sie behielt ihre Natur als privatrechtliche Willenserklärung des Vermieters gegenüber dem Mieter.[6] Die in aArt. 265 OR vorgesehene Fristansetzung zur Zahlung des rückständigen Mietzinses unter Androhung der Vertragsauflösung konnte auch durch eingeschriebenen oder einfachen Brief oder sogar mündlich erfolgen. Art. 282 SchKG ermöglichte es dem Vermieter lediglich, Betreibung und Kündigungsandrohung gleichzeitig vorzunehmen bzw. sich für deren Übermittlung der Mitwirkung des Betreibungsamtes zu bedienen.[7] Das Betreibungsamt verwendete diesfalls einen besonderen Zahlungsbefehl mit einem entsprechenden Textvordruck.[8]

6 Das Ausweisungsverfahren war vollständig durch das kantonale Recht geregelt.[9] Dieses konnte danach differenzieren, ob Rechtsvorschlag erhoben worden war oder nicht. Die Wirksamkeit der Ausweisungsandrohung auf dem Zahlungsbefehl war vom Schicksal der Betreibung unabhängig. Weder der Rechtsvorschlag gegen den Zahlungsbefehl noch eine allfällige Abweisung des Rechtsöffnungsbegehrens hinderten den Vermieter, gestützt auf die Androhung im Zahlungsbefehl die Ausweisung des Mieters zu verlangen,[10] wenn

---

[4] Dieser Automatismus wirkte für beide Seiten; war er eingetreten, konnte der Vermieter nur mit Einverständnis des Mieters auf die Folgen der Vertragsauflösung verzichten, also das Mietverhältnis fortsetzen. Ein Einverständnis war freilich auch stillschweigend möglich. Dazu BK-H. BECKER, aArt. 265 OR, N 5.

[5] Vgl. FRITZSCHE, S. 272 f. Das alte Mietrecht im Obligationenrecht bis 1990 umfasste lediglich 21 Artikel. Deren fünf widmeten sich der Auflösung des Mietverhältnisses. Die ordentliche Kündigung des Mietvertrages war in aArt. 267 OR geregelt. Eine ausserordentliche Beendigungsmöglichkeit war im Falle des Konkurs des Mieters vorgesehen (aArt. 266 OR), die ausserordentliche Beendigung von befristeten Mietverträgen aus besonderem Grund in aArt. 269 OR,[5] schliesslich die Kündigung nach Tod des Mieters in aArt. 270 OR.

[6] BGE 70 I 137, 138; BGE 77 I 181.

[7] So BGE 70 I 137, 138; vgl. auch BK-H. BECKER, aArt. 265 OR, N 5.

[8] Die obligatorischen Formulare *«Form. 41b (Zahlungsbefehl für die Betreibung von Miet- und Pachtzins nebst Androhung der Ausweisung)»* und *«Form. 41c (Zahlungsbefehl für die Betreibung von Miet- und Pachtzins nebst Androhung der Ausweisung (Familienwohnung)»* wurden im Juli 1990 abgeschafft (BGE 116 III 49).

[9] Vgl. wiederum aArt. 23 Ziff. 2 SchKG *(«Die Kantone bezeichnen ferner die Behörden, welche für die Ausweisung von Mietern und Pächtern (Art. 282 SchKG) zuständig sind.»).* Beim Ausweisungsverfahren handelte es sich nicht um ein Betreibungsverfahren.

[10] BGE 70 I 137, 138.

die Zahlung innert Frist ausgeblieben war. Erhob umgekehrt der Mieter *keinen* Rechtsvorschlag, war es nach bundesgerichtlicher Rechtsprechung dem kantonalen Recht überlassen, ob das mit der Ausweisung betraute Gericht das Vorliegen der Voraussetzungen von aArt. 265 OR noch überprüfen würde.[11] Es wurde ohne Weiteres für zulässig erachtet, dass die Ausweisungsbehörde diesfalls lediglich noch eine summarische formelle Prüfung vornahm. Durch das Unterlassen des Rechtsvorschlages hatte der Mieter nach dem damaligen Verständnis den Mietzinsausstand anerkannt.[12] Die Ausweisungsbehörde musste dann grundsätzlich nur noch prüfen, ob der Zahlungsbefehl die Androhung mit der korrekten Frist enthielt und ob die Zahlung geleistet worden war.[13]

Art. 282 SchKG wurde am 1. Juli 1990 im Rahmen der Mietrechtsrevision aufgehoben, da man die Verbindung der Betreibung mit der Ansetzung der Nachfrist als für den Mieter irreführend erkannte, denn die Unabhängigkeit der Betreibung vom Ausweisungsanspruch und insbesondere die Bedeutung des Rechtsvorschlages in diesem Zusammenhang dürfte den Mietern oft nicht be- 7

---

11 BGE 77 I 177, 182; Kritik hierzu bei FRITZSCHE, S. 272: *«Es ist nicht unverständlich, dass in diesem besonderen Fall [BGE 77 I 177] geholfen wurde, da die Grundvoraussetzung des Bestehens einer ungedeckten Mietzinsschuld nicht erfüllt war. Aber es muss doch festgehalten werden, dass die Unterlassung des Rechtsvorschlags die allgemeine bundesrechtliche Bedeutung behalten sollte.»*

12 FRITZSCHE mit Verweis auf BGE 31 I 236 *«Wenn gegen den Zahlungsbefehl kein Rechtsvorschlag erhoben worden ist, hat die Ausweisungsbehörde einfach die Aufgabe, vor Anordnung der Ausweisung nachzuprüfen, ob der Zahlungsbefehl die vom Gesetz vorgesehene Androhung der Vertragsauflösung und Ausweisung enthielt und ob seit der Zustellung des Zahlungsbefehls eine Frist von (im gegebenen Fall) mindestens sechzig Tagen abgelaufen ist. Die Frage, ob der Pächter, dessen Ausweisung verlangt wird, wirklich der Schuldner des Verpächters sei, ist in dem Verfahren der Ausweisung durchaus gelöst durch die Tatsache, dass gegen den Zahlungsbefehl kein Rechtsvorschlag erhoben worden ist»* (Übersetzung eines Auszugs aus BGE 31 I 236 aus dem Französischen durch FRITZSCHE, S. 272); vgl. BLUMENSTEIN, S. 540: *«Will der Schuldner* [erg.: der Mieter] *die gesetzliche Zulässigkeit der soeben erwähnten Spezialmassnahme bestreiten, so hat er dies nicht auf dem Beschwerdewege, sondern, durch Rechtsvorschlag zu tun.»*

13 SIEGRIST, S. 69 f., beschreibt exemplarisch die beiden unterschiedlichen Verfahren nach §§ 8 f. des Aargauer Einführungsgesetzes zum Obligationenrecht: Sofern kein Rechtsvorschlag erhoben oder dieser im Rechtsöffnungsverfahren beseitigt worden war, wurde die Ausweisung vom Bezirksamt im Vollstreckungsverfahren durchgeführt. Andernfalls war das Befehlsverfahren vor dem Gerichtspräsidenten zu beschreiten. Auch wenn kein Rechtsvorschlag erhoben worden war, prüften das Bezirksamt und der Regierungsrat als Rechtsmittelinstanz immerhin, ob die richtige Frist nach aArt. 265 OR angesetzt worden war, ob es sich überhaupt um eine Auflösung wegen Zahlungsausstandes handelte und ob der Ausstand innert Frist nicht beglichen worden war. Nicht geprüft wurden jedoch andere Einwendungen des Mieters, ob dieser den Mietzins beispielsweise wegen Mängeln zu Recht zurückbehalten hatte. Vgl. auch BK-H. BECKER, aArt. 265 OR, N 9 f.

wusst gewesen sein.[14] Zeitgleich mit der Aufhebung des Art. 282 SchKG wurde im Mietrecht das Erfordernis einer Kündigung auch bei Zahlungsverzug des Mieters eingeführt.[15]

2. Die Mietrechtsrevision von 1990

a. Entwicklungen bis 1990

8 Das Mietrecht wurde mit Wirkung per 1. Juli 1990 revidiert.[16] Die Arbeiten dazu dauerten über 10 Jahre[17] und standen ganz unter dem Zeichen des Ausbaus des Mieterschutzes. Bereits im Dezember 1970 war die Möglichkeit der Erstreckung eines ordentlich gekündigten oder befristeten Mietverhältnisses schweizweit[18] eingeführt worden (aArt. 267a–267f OR),[19] und im Sommer 1972 hatte der Bund in einem dringlichen Bundesbeschluss[20] Bestimmungen

---

14 Vgl. die Botschaft Mietrecht, S. 1477.

15 Der neu geschaffene Art. 257d OR nimmt den Gedanken in Art. 107 Abs. 1 und 2 OR auf (Botschaft Mietrecht, S. 1427 f.).

16 AS 1990 I 802; BBl 1985 I 1389.

17 Der Auftrag wurde 1977 erteilt; der Vorentwurf mit Expertenbericht lag 1980 vor, die Ergebnisse der Vernehmlassungen wurden im November 1982 veröffentlicht. Parallel dazu wurde im Mai 1982 die Mieterschutzinitiative der Schweizerischen Mietervereinigung eingereicht. Die Botschaft zur Volksinitiative *«für Mieterschutz»,* zur Revision des Miet- und Pachtrechts im Obligationenrecht und zum Bundesgesetz über Massnahmen gegen Missbräuche im Mietwesen wurde 1985 publiziert (BBl 1985 I 1389 ff.).

18 Während des zweiten Weltkrieges waren die Kantone durch den Bundesratsbeschluss vom 15. Oktober 1941 (AS 1941 1148 ff.) ermächtigt worden, für das ganze Kantonsgebiet oder für bestimmte Gemeinden eine Beschränkung des Kündigungsrechtes einzuführen. Eine Kündigung des Vermieters konnte dann auf Begehren des Mieters als unzulässig erklärt werden, wenn sie nach den Umständen des Falles ungerechtfertigt erschien. Vgl. für die Situation nach Kriegsende den Bundesbeschluss über den Aufschub von Umzugsterminen vom 20. März 1953 (AS 1953 149) und zusammenfassend die Botschaft vom 30. Juni 1971 (BBl 1971 1657, 1659).

19 Bundesgesetz über die Änderung des Obligationenrechts (Kündigungsbeschränkung im Mietrecht) vom 24. Juni 1970, in Kraft getreten am 19. Dezember 1970; AS 1970 1276; BBl 1970 II 12 ff. Die neu eingeführten aArt. 267a–257f OR sahen in Härtefällen eine richterliche erstmalige Erstreckung von höchstens einem Jahr bei Wohnungen bzw. höchstens zwei Jahren für Geschäftsräume, sowie eine zweite Erstreckungsmöglichkeit um maximal zwei weitere Jahre bei Wohnungen bzw. maximal drei weitere Jahre bei Geschäftsräumen vor.

20 Der Bundesbeschluss über Missbräuche im Mietwesen (BMM)vom 30. Juni 1972 (AS 1972 II 1502 ff.) wurde aufgrund der damals herrschenden Wohnungsnot und des klaren Abstimmungsergebnisses über die Aufnahme eines entsprechenden Bundesverfassungsartikels (Art. 34^{septies} aBV) als dringlicher Bundesbeschluss erlassen; vgl. zum Ganzen die Botschaft des Bundesrates an die Bundesversammlung über dringliche Massnahmen gegen Missbräuche im Mietwesen, BBl 1972 I 1225 ff., 1226. Als dring-

gegen missbräuchlichen Mietzins und andere missbräuchliche Forderungen des Vermieters sowie neue zusätzliche Kündigungsvorschriften[21] aufgestellt. Gleichzeitig wurden die Kantone verpflichtet, Schlichtungsstellen für Mietverhältnisse zu schaffen, welche Mieter und Vermieter beraten sowie in Streitfällen eine für beide Parteien angemessene Lösung herbeiführen sollten.[22] Die Kantone hatten sowohl vor der Schlichtungsstelle als auch vor Gericht ein einfaches und rasches Verfahren vorzusehen.[23] Diese bundesrechtlichen Bestimmungen galten jedoch noch nicht in der ganzen Schweiz, sondern grundsätzlich nur in Gebieten, in welchen eine Wohnungsnot herrschte.[24] Die Bezeichnung des konkreten örtlichen Geltungsbereichs war Sache des Bundesrats.[25] Erst mit der Mietrechtsrevision von 1990 wurde die Rechtslage in der ganzen Schweiz vereinheitlicht und gleichzeitig der Mieterschutz namentlich auch für den Kündigungsfall verstärkt.[26] Die Verordnung über die Miete und Pacht von Wohn- und Geschäftsräumen (VMWG) trat gleichzeitig mit den neuen Bestimmungen im Obligationenrecht am 1. Juli 1990 in Kraft.

b. Verfahrensbestimmungen im Bundesrecht ab 1. Juli 1990

Die bundesgesetzlichen Vorgaben an das kantonale Verfahren fanden sich im 9
vierten Abschnitt des Mietrechts im Obligationenrecht (aArt. 274–274g OR). aArt. 274 OR stellte klar, dass es weiterhin grundsätzlich Sache der Kantone war, die zuständigen Behörden zu bezeichnen und das Verfahren zu regeln.

---

licher Bundesbeschluss war er auf fünf Jahre befristet (Art. 35 BMM). Er wurde 1977 und 1982 erneuert bzw. modifiziert (AS 1977 I 1269 und AS 1982 II 1234) und blieb bis zur Revision des Mietrechts 1990 in Kraft (Art. 1 der Schlussbestimmungen zum VIII. Titel und zum VIIIbis. Titel des OR).

21 Art. 12 und 13 BMM. In Art. 28 Abs. 3 BMM fand sich auch bereits eine Bestimmung zur Nichtigkeit einer Rachekündigung des Vermieters: *«Verzichtet der Vermieter* [erg.: nach Scheitern der Schlichtungsversuchs] *auf die Anrufung der richterlichen Behörde oder unterliegt er im richterlichen Verfahren vollständig oder zu einem erheblichen Teil, so ist seine Kündigung in den folgenden zwei Jahren nichtig. Vorbehalten bleiben die Beendigungsgründe nach Art. 259 Abs. 2, 261 Abs. 2, 265, 266, 267c und 269 OR.* (…).»

22 Art. 25–28 BMM.

23 aArt. 267f OR; Art. 27 und Art. 28 Abs. 2 und Art. 29 BMM.

24 Art. 2 Abs. 1 und 2 BMM.

25 Art. 3 BMM (*«Der Bundesrat bezeichnet* [erg.: nach Anhörung der Kantone, der Mieter- und Vermieterverbände oder entsprechender Organisationen] *Gemeinden, wo Wohnungsnot oder Mangel an Geschäftsräumen im Sinne von Art. 2 besteht, erklärt die Massnahmen des vorliegenden Beschlusses in diesen Gemeinden für anwendbar und setzt die Anwendbarkeit ausser Kraft, sobald die Voraussetzungen nicht mehr erfüllt sind.»* Vgl. auch Art. 4 BMM (Beschränkung auf einzelne Kategorien von Wohnungen oder Geschäftsräumen).

26 Vgl. Botschaft Mietrecht, S. 1405.

Von Bundesrechts wegen mussten sie eine für unbewegliche Mietobjekte zuständige paritätische Schlichtungsbehörde einsetzen, deren Aufgaben in aArt. 274a OR festgelegt wurden. Bundesrechtlich vorgeschrieben war auch die Kostenlosigkeit des Schlichtungsverfahrens (Art. 274d Abs. 2 OR). Wie heute hatte die Einigung vor der Schlichtungsbehörde die Wirkung eines gerichtlichen Vergleichs (aArt. 274e OR). In bestimmten, vom Bundesgesetz vorgesehenen Fällen[27] kam der Schlichtungsbehörde eine Entscheidkompetenz zu. Gegen ihren Entscheid konnte die unterlegene Partei[28] innert 30 Tagen den Richter anrufen; unterliess sie dies, wurde der Entscheid rechtskräftig (aArt. 274f Abs. 1 OR). Konnte in den anderen Fällen keine Einigung zwischen den Parteien erzielt werden, hielt die Schlichtungsbehörde das Nichtzustandekommen der Einigung fest. Die klagende Partei konnte dann innert 30 Tagen den Richter anrufen.

10 Für das Gerichtsverfahren gab das Bundesrecht das *«einfache und rasche Verfahren»* vor (Art. 274d Abs. 1 OR).[29] Vor Gericht wie auch im Schlichtungsverfahren galten sodann der soziale Untersuchungsgrundsatz und die Beweiswürdigung nach freiem Ermessen (Art. 274 Abs. 3 OR).

c. Art. 274g OR

11 Schliesslich fand sich mit Art. 274g OR unter der Marginalie *«Ausweisungsbehörde»* neu auch die einzige bundesrechtliche Bestimmung zum Ausweisungsverfahren.

---

27 Bei der Hinterlegung von Mietzins (Art. 259i OR) und im Kündigungsschutzverfahren (Art. 273 OR).

28 Hier konnte es also zum Parteirollenwechsel kommen.

29 Dies ergab sich vorher aus Art. 31^{sexies} Abs. 3 BV (für Streitigkeiten aus Verträgen zwischen Letztverbrauchern und Anbietern).

Art. 274g

F. Ausweisungsbehörde

1 Ficht der Mieter eine ausserordentliche Kündigung an und ist ein Ausweisungsverfahren hängig, so entscheidet die für die Ausweisung zuständige Behörde auch über die Wirkung der Kündigung, wenn der Vermieter gekündigt hat:

a. wegen Zahlungsrückstand des Mieters (Art. 257*d*);
b. wegen schwerer Verletzung der Pflicht des Mieters zu Sorgfalt und Rücksichtnahme (Art. 257*f* Abs. 3 und 4);
c. aus wichtigen Gründen (Art. 266*g*);
d. wegen Konkurs des Mieters (Art. 266*h*).

2 Hat der Vermieter aus wichtigen Gründen (Art. 266*g*) vorzeitig gekündigt, so entscheidet die für die Ausweisung zuständige Behörde auch über die Erstreckung des Mietverhältnisses.

3 Wendet sich der Mieter mit seinen Begehren an die Schlichtungsbehörde, so überweist diese die Begehren an die für die Ausweisung zuständige Behörde.

12 Kern von Art. 274g OR war die Vereinigung von Kündigungsschutzverfahren vor der Schlichtungsbehörde und Ausweisungsverfahren mittels einer Kompetenzattraktion beim Ausweisungsrichter in Fällen der ausserordentlichen Kündigung durch den Vermieter. Voraussetzung für die Anwendung von Art. 274g OR war die Rechtshängigkeit sowohl eines Kündigungsschutzverfahrens[30] nach einer ausserordentlichen Kündigung einerseits als auch eines Ausweisungsverfahrens andererseits.[31] Irrelevant war, welches Verfahren zuerst anhängig gemacht worden war.[32] Die Bestimmung diente der beförderlichen Erledigung der mietrechtlichen Auseinandersetzung im Falle der ausserordentlichen Kündigung. Auch sollten dadurch widersprüchliche Entscheide verhindert werden.[33]

13 Nach einer ausserordentlichen Kündigung stand (und steht) es dem Mieter frei, diese nach Art. 273 OR innert der dreissigtägigen Frist[34] vor der Schlichtungsbehörde anzufechten oder aber mit seinen Einwendungen bis zum Ausweisungsverfahren zu warten.[35] Im letzteren Fall fand Art. 274g OR mangels

30 Art. 274g aOR war auch anwendbar, wenn der Mieter vor der Schlichtungsbehörde lediglich die Erstreckung beantragt hatte, vgl. Botschaft Mietrecht, S. 1467; ZMP 1/02, Nr. 13, S. 36.
31 BGE 122 III 92 E. 2c.
32 BGE 117 II 554 E. 2c.
33 BGE 122 III 92 E. 2c; BGE 119 II 241 E. 4a und b; BGE 117 II 554 E. 2c.
34 Vgl. BGE 117 II 554 E. 2.
35 Vgl. unten Rz. 189.

rechtshängigem Schlichtungsverfahren keine Anwendung. Das Ausweisungsverfahren verlief diesfalls ganz nach kantonalem Prozessrecht.

14 Keine Kompetenzattraktion des Ausweisungsrichters nach Art. 274g OR bestand im Falle eines Kündigungsschutzverfahrens nach einer angefochtenen *ordentlichen* Kündigung. Dieses Parallelverfahren hatte zwar soweit ersichtlich keine *Litispendenz*wirkung auf das kantonale summarische Ausweisungsverfahren. Je nach Ausgestaltung des kantonalen Verfahrens war das Ausweisungsbegehren jedoch nahezu aussichtslos, solange parallel dazu beispielsweise ein Erstreckungsverfahren lief.[36]

d. Der Einfluss von Art. 274g OR auf das kantonale Ausweisungsverfahren

15 Ausserhalb des Anwendungsbereichs von Art. 274g OR spielte sich das Ausweisungsverfahren nach kantonalem Prozessrecht ab. Bei Anwendbarkeit von Art. 274g OR waren jedoch sowohl für das erstinstanzliche Ausweisungsverfahren als auch für das Rechtsmittelverfahren bundesrechtliche Vorgaben zu beachten, deren Grundzüge das Bundesgericht in mehreren Entscheiden festhielt:

16 Im Falle einer Überweisung des Kündigungsschutzverfahrens nach Art. 274g OR hatte der Ausweisungsrichter einen definitiven und der materiellen Rechtskraft fähigen Entscheid über die Kündigung zu erlassen. Daher und mit Blick auf Art. 274d Abs. 3 OR[37] waren die Kündigungsanfechtung (bzw. die Missbräuchlichkeit der Kündigung) und die Erstreckung auch im summarischen Verfahren nach kantonalem Recht in tatsächlicher wie in rechtlicher Hinsicht umfassend zu prüfen.[38] Der Ausweisungsrichter hatte demnach über Anfechtung und gegebenenfalls Erstreckung mit voller Kognition zu entscheiden, Vorfragen zu behandeln und die zur Klärung der Sachlage erforderlichen Beweise abzunehmen.[39] Mit bloss glaubhaft gemachten Tatsachen und eingeschränkten Beweismitteln dürfe sich der Richter nur bei Urteilen begnügen, welche die materielle Rechtslage nicht endgültig festlegten.[40] Auch ein Nicht-

[36] Im Zürcher Befehlsverfahren beispielsweise galt eine Streitsache als illiquid, wenn sie vom Ausgang eines anderen Verfahrens abhing, weshalb auf ein Ausweisungsgesuch in der Regel nicht eingetreten wurde, wenn parallel dazu ein Erstreckungsverfahren hängig war, FRANK/STRÄULI/MESSMER, § 226 N 3 und § 222 N 20 i.f.; ZR 82 Nr. 11.

[37] *«Schlichtungsbehörde und Richter stellen den Sachverhalt von Amtes wegen fest und würdigen die Beweise nach freiem Ermessen (…)».*

[38] BGE 117 II 554 E. 2d; BGE 118 II 302 E. 4a; BGE 131 I 242 E. 3.1.

[39] BGE 131 I 242 E. 3.1; BGE 119 II 141 E. 4b.

[40] BGE 117 II 554 E. 2d.

eintretensentscheid und Verweis an den ordentlichen Richter aufgrund Illiquidität der tatsächlichen oder rechtlichen Verhältnisse war unzulässig.[41] Der Entscheid des Ausweisungsrichters nach Art. 274g aOR hatte *«in einem vollständigen Erkenntnisverfahren zu ergehen und war von Bundesrechts wegen mit materieller Rechtskraft ausgestattet»*.[42] Das Ausweisungsverfahren nach Art. 274g OR hatte daher – soweit es die Überprüfung der Anfechtung und einer allfälligen Erstreckung betraf – inhaltlich nicht mehr viel mit dem Summarverfahren zu tun.[43]

Sodann hatte Art. 274g OR nach bundesgerichtlicher Rechtsprechung auch 17
Auswirkungen auf das kantonale Rechtsmittelverfahren. Sofern der Streitwert für eine Berufung an das Bundesgericht (damals CHF 8'000)[44] erreicht wurde, musste der erstinstanzliche Entscheid des Ausweisungsrichters mit Blick auf Art. 48 Abs. 1 OG mit einem ordentlichen Rechtsmittel angefochten werden können, dem sowohl Devolutiv- als auch Suspensiveffekt zukam und das somit die Rechtskraft und die Vollstreckbarkeit des erstinstanzlichen Entscheides hemmte,[45] denn auch die Berufung an das Bundesgericht hatte gemäss Art. 54 Abs. 2 OG aufschiebende Wirkung. Unklar erscheint, ob diese Rechtsprechung nach Inkrafttreten des BGG am 1. Januar 2007 ihre Geltung behielt, denn der Beschwerde in Zivilsachen kommt nach Art. 103 Abs. 1 BGG in der Regel keine aufschiebende Wirkung zu.[46]

e. Weitere Einschränkungen des kantonalen Ausweisungsverfahrens durch die bundesgerichtliche Rechtsprechung

Nach bundesgerichtlicher Rechtsprechung sollte sodann – ausserhalb des An- 18
wendungsbereichs von Art. 274g OR – bei einer ordentlichen Kündigung, selbst wenn diese unangefochten geblieben war, das Ausweisungsverfahren durch ein Schlichtungsverfahren eingeleitet werden.[47] Das Bundesgericht verwies auf Art. 274a Abs. 1 lit. b OR, woraus gefolgert werden könne, dass *immer,* wenn eine mietrechtliche Streitigkeit vorliege – und beim Ausweisungsverfahren nach ordentlicher Kündigung handle es sich um eine solche – zwin-

---

41 BGE 131 I 242 E. 3.1; BGE 119 II 141 E. 4b.
42 BGE 122 III 92 E. 2c m. Hinw.
43 Vgl. RAJOWER, S. 800.
44 Art. 46 OG.
45 BGE 131 I 242 E. 3.2; BGE 119 II 183 E. 5; beide noch unter Geltung des Bundesrechtspflegegesetzes (OG).
46 Der letzte diesbezügliche Entscheid BGer 4A_38/2007 erging am 7. August 2007.
47 BGer 4C.17/2004 vom 2. Juni 2004 E. 3.3.1 (MRA 2005, S. 14 f.).

gend zunächst die Schlichtungsbehörde anzurufen sei.[48] Dies wurde in der Lehre kritisiert[49] und in der Praxis auch nicht in allen Kantonen umgesetzt.[50]

II. Das kantonale Ausweisungsverfahren

19 Die meisten Kantone kannten vor Einführung der Schweizerischen Zivilprozessordnung besondere, auf die Ausweisung des Mieters zugeschnittene Verfahren. Bis zum Inkrafttreten der Schweizerischen ZPO war sodann zwischen dem *«reinen»* kantonalen Verfahren ausserhalb des Anwendungsbereichs von Art. 274g OR und dem nach der bundesgerichtlichen Rechtsprechung modifizierten Verfahren im Falle einer Überweisung nach Art. 274g OR zu unterscheiden. Anhand nachfolgender Beispiele soll die Vielfältigkeit und Komplexität der kantonalen Verfahren vor dem Inkrafttreten der Schweizerischen ZPO veranschaulicht werden.

1. Kanton Basel-Stadt

20 In Basel-Stadt war das kantonale Ausweisungsverfahren im letzten Paragraphen der Zivilprozessordnung unter dem Titel *«Vorsorgliche Verfügungen»* geregelt. Gemäss § 264 Abs. 1 ZPO BS wurde einem Mieter, der *«bei eingetretenem Auszugstermin ohne statthafte Gründe»* das Mietobjekt nicht verlassen hatte, auf Antrag des Vermieters durch den Zivilgerichtspräsidenten die unverzügliche Räumung innert angemessener Frist unter Androhung richterlicher Vollstreckung befohlen. Dieses Verfahren stand dem Vermieter unabhängig vom Beendungsgrund des Mietverhältnisses offen. In der Praxis wurden nahezu sämtliche Ausweisungsbegehren in diesem summarischen Verfahren erledigt. Trotz der systematischen Stellung der Bestimmung unter dem Titel *«Vorsorgliche Verfügungen»,* handelte es sich nicht um eine eigentliche vorsorgliche Massnahme, sondern um ein speziell auf die Ausweisung zugeschnittenes Verfahren. Insbesondere war im Falle der Gutheissung des Begehrens keine Prosekution vorgesehen.

---

[48] BGE 118 II 307 (= Pra 82 [1993] Nr. 166); in BGE 132 III 747 (= Pra 96 [2007] Nr. 79) E. 6 bestätigt, gleichzeitig aber insoweit konkretisiert, dass einer Ausweisung bei ausserordentlicher Kündigung in den Fällen nach Art. 274g Abs. 1 lit. a–d OR kein Schlichtungsverfahren vorauszugehen habe.

[49] KOLLER, ZBJV 2007, S. 858 f.; SVIT, 3. Aufl., Art. 274g N 3b m.Hinw.

[50] Wie eine Umfrage an einigen Deutschschweizer Gerichten ergab.

21 Das Zivilgericht Basel-Stadt stellte dem Vermieter für das sogenannte *«Räumungsbegehren»* ein Formular zur Verfügung.[51] Konnte der Vermieter die Auflösung des Mietvertrages durch seine Angaben und die beigelegten Urkunden zumindest glaubhaft machen, so wurde (ohne Anhörung des Mieters) der Räumungsbefehl erlassen. Dieser enthielt die Aufforderung an den Mieter, das Mietobjekt innert bestimmter Frist zu verlassen oder aber innert derselben Frist gegen den Räumungsbefehl Einsprache zu erheben. Unterblieben sowohl Auszug als auch Einsprache, konnte der Vermieter nach Ablauf der Frist den Vollzug der Räumung verlangen. Eine fristgerechte Einsprache des Mieters blockierte den Räumungsbefehl – ähnlich wie der Rechtsvorschlag die Betreibung – worauf das Gericht dem Vermieter eine Kopie der Einsprache zustellte und ihm mitteilte, dass er, wenn er an seinem Räumungsbegehren festhalten wolle, beim Zivilgericht eine Klage auf Bestätigung des Räumungsbefehls einreichen könne, wofür er einen erneuten Kostenvorschuss zu leisten hätte. Eine Klagefrist wurde nicht gesetzt. Nach Eingang der Klage auf Bestätigung des Räumungsbefehls lud der Zivilgerichtspräsident als Einzelrichter beide Parteien zu einer Verhandlung, anlässlich welcher er den Räumungsbefehl entweder aufhob oder bestätigte.[52] An der Verhandlung hatte der Vermieter die Beendigung des Mietverhältnisses durch Einreichen zweckdienlicher Unterlagen zu belegen, der Mieter musste seine Einwendungen dagegen lediglich (aber immerhin) glaubhaft machen.[53]

22 Wurde sein Räumungsbegehren im Verfahren nach § 264 ZPO BS abgewiesen, so konnte der Vermieter die Ausweisung mit einer ordentlichen Klage anhängig machen, ohne den Einwand der *res iudicata* fürchten zu müssen. Bei Gutheissung des Räumungsbegehrens blieb dem Mieter die Möglichkeit, auf dem ordentlichen Prozessweg gegen den Vermieter Schadenersatz geltend zu machen. Dies war in der Praxis kaum von Bedeutung.

23 Nach § 264 Abs. 4 ZPO BS schliesslich war die bewilligte Räumung umgehend zu vollziehen. Gegen den Entscheid nach § 264 Abs. 2 ZPO stand lediglich die Beschwerde an das Appellationsgericht offen, wobei als Beschwerdegründe regelmässig nur schwere Verfahrensmängel oder Willkür in Betracht kamen.[54] Die Beschwerde hatte zudem keine aufschiebende Wirkung.[55] Eine Ausnahme galt für die Fälle, die gemäss Art. 274g OR aus einem Kündigungsschutzverfahren an den Ausweisungsrichter überwiesen wurden: Hier prüfte das Appellationsgericht die Kündigung und ein allfälliges Erstreckungsbegeh-

51 Vgl. HUG, S. 68 zu Gesuch und Beilagen.
52 So die Umsetzung von § 264 Abs. 2 ZPO BS in der Praxis.
53 STAEHELIN/SUTTER-SOMM, § 25 N 17.
54 § 242 Abs. 1 Ziff. 1 und 2 ZPO BS.
55 § 243 Abs. 2 ZPO BS.

ren ohne Einschränkung in freier Kognition und auch die Vollstreckbarkeit des Räumungsbefehls wurde durch die Beschwerde gehemmt.[56]

2. Kanton Basel-Landschaft

24 Auch die ZPO des Kantons Basel-Landschaft enthielt eigene Bestimmungen für das Ausweisungsverfahren. Das zuständige Bezirksgerichtspräsidium entschied in einem sogenannten Verbotsverfahren (§§ 247 ff ZPO BL). Anwendbar waren die Vorschriften des einfachen und raschen Verfahrens[57] unter Ausschluss des sonst obligatorischen vorgängigen Schlichtungsverfahrens.[58] Die ZPO BL unterschied danach, ob sich das Ausweisungsgesuch gegen einen ehemaligen Benutzungsberechtigten (also insbesondere den ehemaligen Mieter oder Pächter des Objekts) richtete oder gegen eine Person, die nie über einen Rechtsgrund zur Nutzung des Objekts verfügt hatte (also einen Haus- bzw. Wohnungsbesetzer). In letzterem Fall entschied der Richter ohne vorgängige Anhörung des Gesuchsgegners (§ 253 Abs. 2 ZPO BL).[59] Handelte es sich beim Gesuchsgegner aber beispielsweise um einen ehemaligen Mieter, so musste dieser vor Erlass des Entscheides angehört werden (§ 253 Abs. 1 ZPO BL).[60] Dazu wurde ihm nach Eingang des Gesuchs eine kurze, in der Regel peremptorische Frist gesetzt, um sich schriftlich vernehmen zu lassen oder aber die Durchführung einer Verhandlung zu beantragen, widrigenfalls der Entscheid gestützt auf die vom Vermieter eingereichten Unterlagen ergehen würde. Der Vermieter hatte in der Regel innert derselben Frist einen Kostenvorschuss zu leisten. Nach Wahl des Mieters erging der Entscheid des Bezirksgerichtspräsidenten also nach einer mündlichen Verhandlung oder gestützt auf die schriftlichen Eingaben der Parteien (und bei Schweigen des Gesuchsgegners nur gestützt auf die Angaben des Gesuchstellers).

---

56 BGE 131 I 242 E. 3.2; AGE BS vom 15.9.2005 i.S. K GmbH, E. 1.3; dadurch erhielt die Beschwerde in diesen Fällen grundsätzlich die Wirkung eines ordentlichen Rechtsmittels.

57 § 253 Abs. 6 i.V.m. § 264 ZPO BL.

58 § 3 Abs. 1 Ziff. 5 ZPO BL und § 1 Abs. 2 i.f. des Gesetzes über die Behörden und das Verfahren bei Streitigkeiten aus Miete und Pacht von unbeweglichen Sachen.

59 *«Begehren auf Verbot der Benutzung einer Wohnung oder Gebäulichkeit ohne frühere Rechtsgrundlage entscheidet der Richter ohne Anhörung der auszuweisenden Person. Wird das Verbot bewilligt, ist es der betroffenen Person womöglich schriftlich zuzustellen und andernfalls im Amtsblatt zu veröffentlichen.»*

60 *«Begehren auf Verbot der weiteren Benutzung von unbeweglichen Sachen wie Wohnungen oder Geschäftsliegenschaften nach beendigtem Benutzungsrecht zufolge Kündigung oder behördlicher oder privater Vertragsauflösung entscheidet der Richter nach Anhörung der auszuweisenden Person. Wird das Verbot bewilligt, ist dieses der betroffenen Person schriftlich zuzustellen.»*

Gegen den Entscheid konnte innert einer Frist von drei Tagen Einsprache an die Dreierkammer des Bezirksgerichts erhoben werden.[61] Die Einsprache hatte aufschiebende Wirkung.[62] Die Einspracheschrift musste keine Begründung enthalten, indessen wurde in der Regel die Leistung eines Kostenvorschusses innert derselben Frist vorausgesetzt. Auch im Einspracheverfahren galten die Vorschriften des einfachen und raschen Verfahrens. Gegen den Einspracheentscheid der Dreierkammer stand kein ordentliches Rechtsmittel (Appellation) zur Verfügung.[63] Lediglich die Beschwerde war möglich, die auf die Prüfung schwerer Verfahrensmängel und Willkür beschränkt war und der grundsätzlich keine aufschiebende Wirkung zukam.[64] 25

In Abweichung dazu konnte und musste der Entscheid des Bezirksgerichtspräsidenten, der nach einer Überweisung gemäss Art. 274g OR erfolgte, direkt mit Appellation an das Kantonsgericht weitergezogen werden, soweit der Entscheid über die Kündigungsanfechtung überprüft werden sollte.[65] War hingegen nur die Ausweisung selbst zu überprüfen, blieb es auch im Falle einer Überweisung nach Art. 274g OR beim Weg über Einsprache und Beschwerde.[66] 26

3. Kanton Zürich

Im Kanton Zürich standen dem Vermieter für die Ausweisung des Mieters zwei Prozesswege zur Auswahl. Er konnte das Verfahren durch Einreichen eines Schlichtungsbegehrens anheben und später an das Mietgericht gelangen. Hierbei galten die bundesrechtlichen Vorgaben über das einfache und rasche Verfahren (Art. 274d Abs. 1 OR). Alternativ dazu konnte der Vermieter die Ausweisung bei Vorliegen von klarem Recht und sofort beweisbaren tatsächlichen Verhältnissen im summarischen Befehlsverfahren nach § 222 Ziff. 2 ZPO ZH[67] vor dem Einzelrichter verlangen. 27

---

61 § 253 Abs. 4 und § 254 Abs. 1 ZPO BL.

62 § 253 Abs. 4 ZPO BL.

63 § 253 Abs. 5 und § 254 Abs. 2 ZPO BL.

64 § 233 Abs. 1 und 2 ZPO BL.

65 Und sofern der zuletzt aufrecht gehaltene Streitwert CHF 8'000 oder die Beschwer CHF 5'000 erreichte, § 9 Abs. 1 lit. a ZPO BL; Entscheid des Kantonsgerichts BL vom 9. Januar 2006 i.S. L.F. gegen H.M.V. (100 05 1091/SCN) E.1. und BGer 4P.52/2006 vom 7. April 2006 E. 1.

66 Entscheid des Kantonsgerichts BL vom 9.1.2006 i.S. L.F. gegen H.M.V. (100 05 1091/SCN), Regeste.

67 § 222 Ziff. 2 ZPO ZH enthielt noch bis Ende 1997 den Zusatz *«insbesondere zur Ausweisung von Mietern und Pächtern (Art. 282 SchKG)»*.

28 § 222 Ziff. 2 ZPO ZH gilt als ein Vorläufer des heutigen Art. 257 ZPO. Die Voraussetzung zur erfolgreichen Durchsetzung eines Anspruchs in diesem Verfahren war das Vorliegen *«klaren Rechts»* und *«nicht streitiger oder sofort beweisbarer tatsächlicher Verhältnisse»*. Fehlte es an einer dieser Voraussetzungen, so wurde auf das Gesuch nicht eingetreten (§ 226 ZPO ZH). Der Nichteintretensentscheid nach § 226 hatte keine materielle Rechtskraft; eine Beschwerde an das Bundesgericht war daher nicht zulässig. Dem gutheissenden Entscheid kam hingegen volle Rechtskraftswirkung zu.[68]

29 Als illiquid galt ein Ausweisungsbegehren, wenn der Mieter Einreden oder Einwendungen vorbrachte, die *«nicht haltlos»* waren, also vom Vermieter nicht sofort als unerheblich oder unzutreffend entkräftet werden konnten. Der Mieter musste seine Vorbringen nicht glaubhaft machen, sondern lediglich behaupten.[69] Es galt die Beweismittelbeschränkung des summarischen Verfahrens: grundsätzlich waren nur Urkunden, Augenschein, Parteibefragung und schriftliche Auskünfte zugelassen.[70]

30 Wenn der Vermieter seinen Anspruch glaubhaft machte, konnte der Ausweisungsbefehl ohne Anhörung des Mieters zunächst provisorisch erlassen werden (§ 224 Abs. 1 ZPO ZH). Gleichzeitig wurde dem Mieter Frist gesetzt, gegen den provisorischen Befehl beim Ausweisungsrichter Einsprache zu erheben. Die Einsprache sollte kurz begründet werden (§ 224 Abs. 2 i.f. ZPO ZH); an diese Begründung wurden indes keine hohen Anforderungen gestellt. Erhob der Mieter die Einsprache fristgerecht, so fiel der provisorische Befehl dahin und das Gericht lud die Parteien zu einer Verhandlung (§ 224 Abs. 3 ZPO ZH). Unterblieb eine Einsprache innert Frist, so wurde der Ausweisungsbefehl ohne Weiteres vollstreckbar (§ 224 Abs. 2 ZPO ZH).

31 Im Falle einer Überweisung eines Kündigungsschutzverfahrens nach Art. 274g OR war im Ausweisungsverfahren ein Nichteintreten wegen Illiquidität nicht möglich. Es hatte vielmehr zwingend ein Sachentscheid zu ergehen, der schliesslich auch an das Bundesgericht weitergezogen werden konnte. Entsprechend kam auch die Beweismittelbeschränkung in diesen Fällen nicht zur Anwendung.

32 Die Anordnung von Vollstreckungsmassnahmen direkt im Erkenntnisentscheid war möglich und üblich (§ 304 Abs. 1 ZPO ZH).[71] Als Vollstreckungsmittel sah die zürcherische Zivilprozessordnung neben der Androhung nach

68 § 212 Abs. 1 i.V.m. § 222 ZPO ZH, vgl. BGE 122 III 92 E.2b.

69 RAJOWER, S. 799 mit Hinw. auf ZR 76 Nr. 58; FRANK/STRÄULI/MESSMER, § 226 N 3.

70 § 209 ZPO ZH, andere Beweismittel waren nur zugelassen, wenn sie das Verfahren nicht wesentlich verzögerten (Abs. 2).

71 RAJOWER, S. 803 mit Hinw. auf FRANK/STRÄULI/MESSMER, § 304 N 2.

Art. 292 StGB auch die Ordnungsbusse vor. Letztere konnte für jeden Tag bis zur Erfüllung der Verpflichtung angedroht werden. Für die Ausweisung praktisch am bedeutsamsten war die Anordnung einer Ersatzmassnahme oder des Zwangsvollzugs. Nach § 307 Abs. 2 ZPO ZH konnte diese dem Gemeindeammann jener Gemeinde übertragen werden, in welcher die Massnahme zu treffen war. Eine eigentliche Befristung für das Stellen des Vollzugsbegehrens war nicht vorgesehen, allerdings durfte damit nicht allzu lange gewartet werden.[72] Als Faustregel galt in der Praxis eine Frist von 30 Tagen nach Eintritt der Vollstreckbarkeit des Entscheides.

4. Kanton Luzern

33 Ein Befehlsverfahren ähnlich demjenigen im Kanton Zürich fand sich auch in der Luzerner ZPO.[73] Nach § 226 konnte dieses summarische Verfahren bei nicht streitigen oder sofort feststellbaren tatsächlichen Verhältnissen eingeleitet werden. Ebenfalls vorausgesetzt war eine klare, sofort erkennbare (liquide) Rechtslage.[74] Zuständig war der Amtsgerichtspräsident.[75] Das Gesuch war mit kurzer Begründung und allen Beilagen schriftlich einzureichen.[76] Nach Prüfung der Eintretensvoraussetzungen wurde es dem Mieter zur schriftlichen Stellungnahme zugestellt und gleichzeitig vom Vermieter ein Kostenvorschuss verlangt.[77] Das Verfahren wurde in der Regel schriftlich geführt, eine Verhandlung nur selten angesetzt.[78]

34 Der Vermieter musste seinen Anspruch mit den eingeschränkten Mitteln des summarischen Verfahrens beweisen.[79] In der Regel handelte es sich um einen reinen Urkundenprozess.[80] Der Mieter hatte seine Einwendungen glaubhaft zu

---

72 ZR 78 Nr. 47.

73 Mit einigen grundlegenden Unterschieden, so kannte das Luzerner Verfahren insbesondere keinen provisorischen Ausweisungsbefehl (vgl. oben Rz. 30).

74 STUDER/RÜEGG/EIHOLZER, § 226 N 3; Entscheid des OGer LU vom 19.4.2001 (11 01 45), abgedruckt in LGVE 2001 I Nr. 26.

75 § 7 Abs. 1 lit. b ZPO LU.

76 § 230 Abs. 1 und 2 ZPO LU.

77 § 232 Abs. 1 ZPO LU. Alternativ bestand die Möglichkeit einer Verhandlung, *«wo die Umstände dies rechtfertigten.»* (§ 232 Abs. 2 ZPO LU).

78 Vgl. § 233 Abs. 1 ZPO LU und Entscheid des OGer LU vom 5.2.2009 (11 08 171) E. 4, abgedruckt in LGVE 2009 I Nr. 24; vgl. STUDER/RÜEGG/EIHOLZER, § 233 N 1.

79 § 234 Abs. 1 ZPO LU (Urkunden, schriftliche Auskünfte, Augenschein); Entscheid des OGer LU vom 1.12.1994, abgedruckt in LGVE 1995 I Nr. 44.

80 STUDER/RÜEGG/EIHOLZER, § 234 N 1.

machen.[81] Blieb die schriftliche Stellungnahme des Gesuchsgegners auf erste Aufforderung hin aus, so wurde von Gesetzes wegen die *«Anerkennung der Sachdarstellung des Gesuchstellers und Verzicht auf Einreden»* angenommen.[82] Auch der Erlass eines Ausweisungsbefehls vor Ablauf der Kündigungsfrist war möglich, wenn mit grosser Wahrscheinlichkeit abzusehen war, dass der Mieter die Wohnung nicht termingerecht verlassen würde.[83]

35 Im Falle einer Überweisung nach Art. 274g OR entschied der Ausweisungsrichter mit voller Kognition; auch kam diesfalls die mietrechtliche Untersuchungsmaxime (verbunden mit einer Mitwirkungspflicht der Parteien) zur Anwendung.[84]

36 Der Entscheid erging unverzüglich.[85] Wurde das Ausweisungsbegehren gutgeheissen, enthielt der Entscheid auch ohne entsprechenden Antrag des Gesuchstellers[86] direkte Vollstreckungsmassnahmen, so dass der Vermieter den Befehl im Missachtungsfall ohne Weiteres vollstrecken lassen konnte.[87] Dem Mieter wurde eine kurze Frist zur Räumung des Mietobjekts gesetzt – in der Regel zehn Tage ab Rechtskraft des Befehls – verbunden mit der Androhung des polizeilichen Vollzugs.[88] Ausserhalb des Anwendungsbereiches von Art. 274g OR hatte der Entscheid nur beschränkte Rechtskraft: die Streitigkeit konnte anschliessend auch dem ordentlichen Richter unterbreitet werden.[89]

37 Bei Erreichen eines Streitwerts von CHF 8'000 stand der unterliegenden Partei der Rekurs an das Obergericht offen. Die Rekursschrift musste innert 10 Tagen ab Zustellung schriftlich und begründet eingereicht werden. Der Rekurs

81 Entscheid des OGer LU vom 24.8.2005 (11 05 105) E. 10, abgedruckt in LGVE 2005 I Nr. 24.

82 § 235 Abs. 2 ZPO LU. Dasselbe galt, wenn der Mieter einer ausnahmsweise anstelle einer schriftlichen Stellungnahme angesetzten Verhandlung fernblieb; vgl. STUDER/RÜEGG/EIHOLZER, § 235 N 2.

83 STUDER/RÜEGG/EIHOLZER, § 226 N 4.

84 Entscheid des OGer LU vom 4.8.2003 (11 03 74) E. 6.1.3, abgedruckt in LGVE 2003 I Nr. 23.

85 § 236 Abs. 1 ZPO LU; in der Regel im Dispositiv.

86 Entscheid des OGer LU vom 5.2.2009 (11 08 171) E. 1, abgedruckt in LGVE 2009 I Nr. 24; STUDER/RÜEGG/EIHOLZER, § 236 N 3.

87 § 236 Abs. 2 ZPO LU, Entscheid des OGer LU vom 11.7.2003 (11 03 32), abgedruckt in LGVE 2003 I Nr. 42 E. 4; STUDER/RÜEGG/EIHOLZER, § 226 N 1.

88 § 295 ZPO LU: *«Verweigert der Pflichtige die Erfüllung, kann der Richter a) Dritte damit beauftragen oder den Berechtigten zur Auftragerteilung ermächtigen, b) die Polizei beauftragen, die Vollstreckung gegen den Pflichtigen mit Zwang durchzusetzen.»*

89 § 238 lit. b ZPO LU; BGE 122 III 92 E. 2 E.

hatte aufschiebende Wirkung, soweit diese nicht vom Obergericht entzogen wurde.[90]

Musste der Ausweisungsentscheid schliesslich polizeilich vollstreckt werden, konnte sich der Vermieter dazu direkt an die Polizei wenden.[91] Diese verschaffte ihm Zugang zum Mietobjekt. Die Wegschaffung und Aufbewahrung zurückgelassener Gegenstände waren im Gesetz nicht geregelt.[92] In der Praxis wurde der Vermieter verpflichtet, das Inventar über einen gewissen Zeitraum einzulagern (bzw. einlagern zu lassen).[93] Die Pflicht des Gesuchsgegners zur Tragung der Vollzugskosten wurde regelmässig im Grundsatz bereits im Ausweisungsbefehl festgehalten. Auf entsprechendes Gesuch des Vermieters an den Ausweisungsrichter wurden die konkreten Kosten schliesslich durch Ergänzungsentscheid zum Ausweisungsbefehl festgesetzt.[94] 38

5. Kanton Aargau

Auch im aargauischen Prozessrecht wurde die Mieterausweisung im summarischen Verfahren behandelt. Gemäss § 20 Abs. 1 lit. c der aargauischen Vollziehungsverordnung zum Bundesgesetz über die Änderung des Obligationenrechts (Miete und Pacht)[95] entschied der Gerichtspräsident sowohl über die Rechtmässigkeit der Kündigung und die Erstreckung (Art. 271–273 OR) als auch über die Zulässigkeit der Ausweisung im summarischen Verfahren nach den §§ 289 ff. ZPO AG.[96] Das ordentliche (bzw. beschleunigte) Verfahren stand nicht zur Verfügung.[97] Sofern es sich nicht um einen Anwendungsfall von Art. 274g OR handelte, so insbesondere nach einer ordentlichen Kündi- 39

---

90 § 259 ZPO LU.

91 Je nach Ort der gelegenen Sache war die Kantonspolizei oder die Stadtpolizei zuständig.

92 STUDER/RÜEGG/EIHOLZER, § 295 N 2.

93 Vgl. STUDER/RÜEGG/EIHOLZER, § 295 N 2, wonach *«die Polizei – soweit zumutbar – während einer gewissen Zeit für die Verwahrung der Gegenstände»* zu sorgen hatte. In Anlehnung an diesen Kommentar wurde der Zeitraum für die Aufbewahrung in der Praxis nicht selten auf zwei Monate festgesetzt.

94 So erlangte der Vermieter einen definitiven Rechtsöffnungstitel für die Vollzugskosten. § 302 Abs. 2 ZPO LU; Entscheid des OGer LU vom 11. Juli 2003 (11 03 32), abgedruckt in LGVE 2003 I Nr. 42 und BGer 4P.198/2003 vom 11. November 2003 E. 2.4; vgl. den Entscheid des OGer LU vom 4. Juli 2006 (11 06 32) E. 4, abgedruckt in LGVE 2006 I Nr. 42. Sinngemäss anwendbar waren die Bestimmungen des summarischen Verfahrens.

95 Vollziehungsverordnung zum Bundesgesetz über die Änderung des Obligationenrechts (Miete und Pacht) vom 25. Juni 1990 (AGS 210.221)

96 Unabhängig von der Art der Vertragsauflösung, ROTH, S. 103 f.

97 MEIER, Rechtsschutz, S. 75.

gung, musste jedoch zunächst stets ein Schlichtungsverfahren durchlaufen werden.[98] In der Praxis konnte diesfalls ein bereits anhängig gemachtes Ausweisungsverfahren bis zum Abschluss des Schlichtungsverfahrens sistiert werden.

40 Das Ausweisungsverfahren wurde durch schriftliches, kurz begründetes Gesuch eingeleitet.[99] Nach einer kurzen Überprüfung der Prozessvoraussetzungen und dem Eingang des Kostenvorschusses wurde das Gesuch dem Mieter mit einer kurzen Frist zur schriftlichen Antwort zugestellt.[100] Enthielt die schriftliche Stellungnahme des Mieters rechtlich relevante Einwendungen gegen die Kündigung oder die Ausweisung, so konnte eine Verhandlung angesetzt oder ein zweiter Schriftenwechsel angeordnet werden.

41 Beim aargauischen Ausweisungsverfahren handelte es sich um ein atypisches Summarverfahren:[101] Das Ausweisungsbegehren wurde stets mit voller Kognition geprüft und es galt keine Beweismittelbeschränkung.[102] Das Verfahren näherte sich dadurch inhaltlich einem ordentlichen Verfahren an.[103] Bei einer komplizierteren Ausgangslage (z.B. einer Kündigung wegen mangelnder Rücksichtnahme nach Art. 257f OR oder aus wichtigen Gründen nach Art. 266g OR) konnte sich das Verfahren dadurch erheblich in die Länge ziehen.[104] Liess sich der Mieter hingegen nicht vernehmen, wurde aufgrund einer besonderen Bestimmung im Summarverfahren die Anerkennung der Sachdarstellung des Klägers und Verzicht auf Einreden angenommen.[105]

42 Der Entscheid hatte stets volle materielle Rechtskraft.[106] Er wurde in der Regel mit einer kurzen schriftlichen Begründung eröffnet[107] und konnte innert zehn Tagen ab Zustellung mit einem ordentlichen Rechtsmittel (der Beschwerde)

---

98 § 8bis und 8ter VVO (Miete und Pacht); BÜHLER/EDELMANN/KILLER, § 300 N 6g.

99 Das in § 290 ZPO AG ebenfalls erwähnte mündliche Gesuch war in der Praxis kaum relevant.

100 Vgl. § 292 ZPO AG, wo als Regelfall das mündliche Verfahren vorgesehen war. In der Praxis wurden Mieterausweisungen in der Regel schriftlich erledigt.

101 BÜHLER/EDELMANN/KILLER, Vorbem. §§ 289–316 N 4 f.

102 BÜHLER/EDELMANN/KILLER, § 300 N 6e.

103 BÜHLER/EDELMANN/KILLER, Vorbem. §§ 289–316 N 5.

104 ROTH, S. 101; BÜHLER/EDELMANN/KILLER, Vorbem. §§ 289–316 N 5 weisen darauf hin, dass sich die Verfahrensbeschleunigung hier nur noch auf die kürzeren Fristen, die vereinfachte Klageerhebung und die Zuständigkeit des Einzelrichters beschränkte.

105 § 296 Abs. 1 ZPO: *«Erscheint der Beklagte nicht zur Verhandlung oder beantwortet er das Begehren nicht auf erste Aufforderung hin, wird Anerkennung der Sachdarstellung des Klägers und Verzicht auf Einreden angenommen.»*

106 BÜHLER/EDELMANN/KILLER, § 298 N 4c.

107 § 275 ZPO AG; andernfalls konnte eine schriftliche Begründung innert Frist von zehn Tagen verlangt werden, § 277 ZPO AG.

angefochten werden.[108] Die Beschwerde hatte grundsätzlich aufschiebende Wirkung.[109] Das Obergericht überprüfte sowohl in rechtlicher wie auch in tatsächlicher Hinsicht mit voller Kognition.[110]

In der Regel enthielt der Entscheid bereits direkte Vollstreckungsmassnahmen. 43
Der Mieter wurde angewiesen, das Mietobjekt innert einer letzten Frist ab Rechtskraft des Entscheides zu räumen, widrigenfalls die polizeiliche Ausweisung angeordnet würde.[111] Kam der Mieter dieser letzten Aufforderung nicht nach, beauftragte der Vollstreckungsrichter auf Antrag des Vermieters die Polizei, die Räumung anhand zu nehmen.[112]

Der Vollzug war in § 427 Abs. 2 ZPO AG rudimentär geregelt. Die dem Mie- 44
ter gehörenden Sachen sollten weggeschafft und ihm oder seinen Angehörigen übergeben oder – falls niemand anwesend war – hinterlegt werden. Die Mithilfe der Polizei beim Vollzug der Räumung beschränkte sich darauf, dem Vermieter den Zugang zum Mietobjekt zu verschaffen. Alles Weitere wurde grundsätzlich dem Vermieter überlassen. Der Mieter hatte dem Vermieter die Vollzugskosten zu ersetzen. Die Höhe dieser Kosten konnte nachträglich vom Gericht auf Begehren und Nachweis des Vermieters in einem Ergänzungsentscheid festgesetzt werden.[113]

6. Kanton Bern

Alternativ zum ordentlichen Verfahren stand dem Vermieter auch im Kanton 45
Bern ein besonderes Summarverfahren zur Verfügung: Nach Art. 326 Ziff. 2 ZPO BE[114] konnte der Richter *«auf Gesuch eines Beteiligten als vorsorgliche Massnahme eine einstweilige Verfügung treffen, sofern ihm glaubhaft gemacht wurde, dass der Erlass einer solchen sich zur Wiedererlangung eines widerrechtlich entzogenen oder vorenthaltenen Besitzes rechtfertigt.»* Diese Massnahme ging über den (possessorischen) Besitzesschutz nach Art. 926 ff. ZGB

108 § 298 Abs. 2 und § 335 lit. a ZPO AG.

109 Auf Gesuch hin konnte der Instruktionsrichter des Obergerichts den Entscheid vorläufig vollstreckbar erklären, § 298 Abs. 3 ZPO AG.

110 Suspensiv- und Devolutiveffekt, § 320 i.V.m. § 342 ZPO AG.

111 Vgl. den Inhalt des Vollstreckungsbefehls, § 436 ZPO AG (geschuldete Leistung, Ansetzung einer angemessenen Frist, Androhung der Vollstreckungsmassnahmen).

112 §§ 427 Abs. 1, 437 ZPO AG.

113 Vgl. § 281 Abs. 1 ZPO AG.

114 Grundsätzlich war auch ein Abstützen auf Art. 326 Ziff. 3 ZPO BE denkbar: MEIER, Rechtsschutz, S. 77; vgl. LEUCH/MARBACH/KELLERHALS/STERCHI, Art. 326 N 8b und c. In der Praxis wurde diese Bestimmung im Ausweisungsverfahren aber nicht angewendet.

hinaus und wurde auch auf den Anspruch des Vermieters auf Rückgabe nach Beendigung des Mietverhältnisses angewendet.[115]

46 Obgleich die Verfügung als vorsorgliche Massnahme bzw. einstweilige Verfügung bezeichnet war, wurde dem Vermieter bei Gutheissung seines Gesuches keine Frist zur Prosekution angesetzt. Sodann war weder ein Verfügungsgrund noch Dringlichkeit vorausgesetzt. Auch eine Verhältnismässigkeitsabwägung wurde nicht vorgenommen.[116] Nach dem Wortlaut der Bestimmung musste der Vermieter lediglich seinen Anspruch auf Rückgabe des Mietobjekts glaubhaft machen.[117] In Abweichung dazu wurde jedoch in ständiger Praxis das Glaubhaftmachen als nicht genügend erachtet und für die Frage, ob das Mietverhältnis gültig aufgelöst worden war, grundsätzlich der strikte Beweis gefordert.[118] Dies galt zumindest, wenn sich der Mieter überhaupt vernehmen liess, denn bei Säumnis einer Partei stand das Beweismass für die tatsächlichen Vorbringen der anderen Partei nach den allgemeinen Regeln im freien Ermessen des Gerichts, so dass grundsätzlich auch deren Glaubhaftmachen ausreichen konnte.[119] Musste der Richter nach Art. 274g OR indessen auch über die Anfechtung der Kündigung und eine allfällige Erstreckung zu entscheiden, so hatte er den Anspruch nach bundesgerichtlicher Rechtsprechung uneingeschränkt in voller Kognition zu prüfen und ein endgültiges Urteil zu erlassen.[120]

47 Das Verfahren nach Art. 326 Ziff. 2 ZPO BE wurde ohne vorausgehendes Schlichtungsverfahren durch ein in der Regel schriftliches Gesuch beim Gerichtspräsidenten eingeleitet.[121] Erschien das Begehren nicht von vornherein als unbegründet, wurde es dem Mieter nach Eingang des Kostenvorschusses zur schriftlichen Vernehmlassung zugestellt.[122] Die Frist hierfür betrug ca. fünf

---

115 LEUCH/MARBACH/KELLERHALS/STERCHI, Art. 326 N 7.

116 Vgl. ZBJV 119 (1983), S. 366 ff.; MEIER, Rechtsschutz, S. 76: *«Ein besonderes Interesse des Vermieters an einer sofortigen Räumung der Wohnung, wie dringender Eigenbedarf, ist dabei nicht verlangt.»*

117 Hierzu LEUCH/MARBACH/KELLERHALS/STERCHI, Art. 326 N 3a.

118 Ständige Praxis der Gerichtskreises VIII Bern-Laupen, gestützt auf die Rechtsprechung des Obergerichts (ZBJV Nr. 82 S. 529 und Entscheid 198/III/88b vom 20.6.1988 i.S. K. c. H. AG).

119 Art. 283a ZPO BE; LEUCH/MARBACH/KELLERHALS/STERCHI, Art. 283a N 1 a. Allerdings setzte dies voraus, dass dem Mieter diese Konsequenz vorgängig, in der Aufforderung zur Stellungnahme, angedroht worden war, vgl. LEUCH/MARBACH/KELLERHALS/STERCHI, Art. 283 N 5.

120 LEUCH/MARBACH/KELLERHALS/STERCHI, § 3 N 4 a cc; 305 N 3b.

121 Art. 307 Abs. 1 ZPO BE.

122 Art. 308 ZPO BE.

Tage. Eine Verhandlung war zwar grundsätzlich möglich,[123] wurde in der Praxis aber nur selten angesetzt.[124]

Der Entscheid über die einstweilige Verfügung wurde schriftlich begründet eröffnet.[125] Er war appellabel, sofern der Streitwert von CHF 8'000 erreicht war.[126] Die Appellation hatte allerdings keine aufschiebende Wirkung, wenn diese nicht im Einzelfall vom Präsidium des Appellationshofs angeordnet wurde.[127] Einzig wenn der Ausweisungsrichter gemäss Art. 274g OR auch über die Kündigung und eine allfällige Erstreckung zu entscheiden hatte, kam dem Rechtsmittel aufgrund der bundesgerichtlicher Rechtsprechung aufschiebende Wirkung zu.[128] 48

Die Ausweisungsverfügung war sofort vollstreckbar.[129] Auf Antrag des Gesuchstellers enthielt sie praxisgemäss bereits direkte Vollstreckungsmassnahmen. Dem Mieter wurde eine letzte, in der Regel sehr kurze Frist zum Auszug gesetzt und die Anordnung einer Ersatzvornahme bzw. des Zwangsvollzuges im Unterlassungsfalle angedroht.[130] 49

Der Ausweisungsentscheid hatte keine materielle Rechtskraft. Eine Frist zur Prosekution der vorsorglichen Verfügung im ordentlichen Verfahren wurde dem Vermieter jedoch auch nicht angesetzt. Dem ausgewiesenen Mieter stand die ordentliche Schadenersatzklage nach Art. 332 Abs. 1 ZPO BE offen, was aber keine praktische Relevanz erlangte. Einzig im Fall einer Kompetenzattraktion nach Art. 274g OR war bereits der Ausweisungsentscheid nach bundesgerichtlicher Rechtsprechung endgültig und der materiellen Rechtskraft fähig. 50

In Art. 329 ZPO BE war vorgesehen, dass das Gericht den Vollzug des Entscheides von einer angemessenen Sicherheitsleistung durch den Gesuchsteller abhängig machen konnte, sofern für die Gegenpartei ein Schaden zu befürch- 51

---

123 Art. 308 Abs. 1, Art. 309 ZPO BE.

124 Zeigte sich die Sachlage anhand der schriftlichen Eingaben klar oder unbestritten, so sah das Gericht von einer Verhandlung ab. Liess sich der Mieter vernehmen oder ergab sich anhand der von der Schlichtungsbehörde nach Art. 274g aOR überstellten Akten weiterer Klärungsbedarf, wurde zur Verhandlung geladen.

125 Entscheide mussten im Kanton Bern stets mit schriftlicher Begründung eröffnet werden.

126 Art. 336 Abs. 3 ZPO BE.

127 Art. 336a Abs. 1 ZPO BE.

128 Vgl. LEUCH/MARBACH/KELLERHALS/STERCHI, Art. 336 N 3c.

129 Art. 397 Abs. 1 ZPO BE.

130 Art. 404 Abs. 1 ZPO BE: die Frist betrug z.B. am befragten Gericht bei 1- bis 2-Zimmer-Wohnungen 3 Tage, bei 3- bis 4-Zimmer-Wohnungen 5 Tage und bei 5-Zimmer-Wohnungen 10 Tage.

ten war. Gleiches galt, wenn eine vorsorgliche Massnahme eine nicht rückgängig zu machende antizipierte Vollstreckung bewirkte.[131] Von der Sicherstellung konnte jedoch abgesehen werden, wenn der Anspruch des Gesuchstellers nicht bloss glaubhaft gemacht worden war, sondern unzweifelhaft bestand.[132] In der Praxis wurde daher im Ausweisungsverfahren – wo der Vermieter seinen Anspruch belegen und nicht nur glaubhaft machen musste – kaum je eine Sicherheit verlangt.[133]

7. Kanton Glarus

52 Im Kanton Glarus wurden alle Ausweisungen im schnellen Verfahren nach Art. 57 ff. ZPO GL behandelt.[134] Gemäss Art. 290 Abs. 2 ZPO GL handelte es sich von Gesetzes wegen um Verfahren von besonderer Dringlichkeit. Aus diesem Grund entfiel das Schlichtungsverfahren, die Klage war direkt beim Gericht einzureichen.[135] Gleichzeitig mussten alle Unterlagen eingereicht, alle Beweisanträge gestellt und allfällige Zeugen mit Namen und Adresse bezeichnet werden.[136] Gerichtsferien waren unbeachtlich.[137] Die Parteien wurden unverzüglich zur Hauptverhandlung vorgeladen.[138] Ordnete das Gericht ausnahmsweise einen Schriftenwechsel an,[139] konnte die Frist zur Klagebegründung und Klageantwort nur einmal erstreckt werden.[140] Bei Säumnis wurde gestützt auf die Akten und die Ausführungen der anwesenden Partei entschieden. Tatsachenbehauptungen der nicht säumigen Partei galten als anerkannt, sofern sie nicht in offensichtlichem Widerspruch zu den Akten standen.[141] In Abweichung von den allgemeinen Säumnisfolgen wurde damit bei Säumnis der Gesuchstellerin kein Klagerückzug angenommen.[142] Auf Antrag der klagenden Partei, welche ein Interesse glaubhaft zu machen hatte, konnte der Entscheid bereits mit Vollstreckungsmassnahmen verbunden werden.[143] Das Ausweisungsverfahren war kein Anwendungsfall des Verfahrens zur Handhabung

---

131 LEUCH/MARBACH/KELLERHALS/STERCHI, § 329 N 1b i.f.
132 LEUCH/MARBACH/KELLERHALS/STERCHI, § 329 N 1b.
133 Zu den Folgen (Staatshaftung) LEUCH/MARBACH/KELLERHALS/STERCHI, Art. 329 N 1 a.
134 Art. 290 Abs. 2 ZPO GL.
135 Art. 66 Ziff. 1 ZPO GL.
136 Art. 66 Ziff. 1 ZPO GL.
137 Art. 66 Ziff. 2 ZPO GL.
138 Art. 59 Abs. 1 ZPO GL.
139 Art. 63 Abs. 1 ZPO GL.
140 Art. 66 Ziff. 3 ZPO GL.
141 Art. 66 Ziff. 1 bis 4 ZPO GL.
142 Art 125 Abs. 1 und 3 ZPO.
143 Art. 73 ZPO GL.

klaren Rechts nach Art. 244 ff. ZPO GL. Daher erging bei Fehlen von klarem Recht kein Nichteintretensentscheid, sondern die Klage wurde abgewiesen. Der Entscheid konnte mit Rekurs angefochten werden, sofern der Streitwert mindestens CHF 8'000 betrug.[144] Ein Rekurs hatte – sofern nicht anders angeordnet – aufschiebende Wirkung[145] und wurde grundsätzlich sinngemäss nach den Vorschriften des schnellen Verfahrens beurteilt.[146]

Die Glarner Zivilprozessordnung enthielt mit den Art. 354–356 eine eingehende Regelung des Vollzugs von Ausweisungsentscheiden.[147] Die Vollstreckungsbehörde hatte den Zwangsvollzug in angemessener Form im Voraus anzukündigen.[148] Für den Vollzug musste die klagende Partei einen Kostenvorschuss leisten, welcher die Kosten für die Ausweisung, den Abtransport des Hausrates zur Aufbewahrung und eine allfällige Entsorgung von Materialien und Stoffen umfasste.[149] Unter der Marginalie *«Hausrat und sonstige Sachen»* bestimmte Art. 355 Abs. 1 ZPO GL Folgendes: *«Bleiben in den Räumlichkeiten oder auf dem Grundstück Hausrat sowie sonstige Gegenstände, Materialien und Stoffe zurück, kann das Kantonsgerichtspräsidium die klagende Partei ermächtigen, diese auf Kosten der beklagten Partei: 1. zu verwahren oder Dritten zur Verwahrung zu übergeben; 2. zu verwerten, wenn die Gegenstände verderblich sind, schneller Wertverminderung ausgesetzt sind oder deren Unterhalt oder Aufbewahrung unverhältnismässig hohe Kosten verursacht; 3. zu vernichten, wenn die Güter wertlos sind; 4. zu entsorgen, wenn dies zum Schutz von Umwelt und Personen notwendig ist.»* Die Verwertung oder Vernichtung war indessen nur zulässig, wenn sie der beklagten Partei durch Entscheid des Kantonsgerichtspräsidiums vor oder nach der Ausweisung angekündigt worden waren.[150] Nach Art. 355 Abs. 3 ZPO GL stand sodann dem Kanton Glarus an den verwahrten Sachen ein Retentionsrecht in analoger Anwendung der Art. 895 ff. ZGB zu. 53

144 Art. 310 Abs. 1 ZPO GL i.V.m. Art. 290 Abs. 2 ZPO GL.

145 Art. 313 ZPO GL. Wurde der Streitwert nicht erreicht, stand nur die Nichtigkeitsbeschwerde (ohne aufschiebende Wirkung) offen (Art. 319 ff. ZPO GL).

146 Art. 318 ZPO GL.

147 Mit Inkrafttreten der Schweizerischen ZPO wurden diese Bestimmungen ersatzlos aufgehoben. Sie wurden insbesondere nicht in kantonsrechtlicher Form weitergeführt.

148 Art. 354 ZPO GL.

149 Art. 356 Abs. 1 und 2 ZPO GL.

150 Art. 355 Abs. 2 ZPO GL.

8. Kanton Waadt

54 Der Kanton Waadt regelte bis zum Inkrafttreten der Schweizerischen ZPO die Ausweisung des Mieters oder Pächters nach einer Kündigung wegen Zahlungsverzugs[151] in einem detaillierten eigenen Gesetz, dem *loi sur la procédure d'expulsion en matière de baux à loyer et à ferme vom 18. Mai 1955* (LPEBL). Bei Kündigung aus einem anderen Grund war für die Ausweisung das normale mietrechtliche Verfahren vor dem Mietgericht[152] zu beschreiten.[153] Dieses war in den Art. 5 ff. des Gesetzes über das Mietgericht[154] geregelt. Ergänzend kamen die Bestimmungen zum summarischen Verfahren nach der Waadtländer ZPO zur Anwendung.[155]

55 Für die Ausweisung nach einer Kündigung wegen Zahlungsverzugs lag die Zuständigkeit für den Ausweisungsentscheid streitwertunabhängig beim juge de paix.[156] Das Verfahren stand ganz unter dem Beschleunigungsgedanken. Ein vorgelagertes Schlichtungsverfahren entfiel.[157] Die Gerichtsferien waren unbeachtlich.[158] Dem schriftlichen Gesuch des Vermieters mussten die zweckdienlichen Unterlagen, neben dem Kündigungsschreiben namentlich auch eine Kopie der Kündigungsandrohung an den Mieter und gegebenenfalls an dessen Ehegatten oder eingetragenen Partner beigelegt werden.[159] Die Parteien[160] wurden zügig *(«à bref délai»)* und unter Hinweis, dass der Entscheid auch in ihrer Abwesenheit ergehen würde,[161] in eine Verhandlung geladen.[162] Auch die An-

---

151 Art. 257d und Art. 282 OR, Art. 21 LPG (Bundesgesetz über die landwirtschaftliche Pacht vom 4. Oktober 1985, SR 221.213.2).

152 DUCROT 2005, S. 83, 94.

153 Art. 1 Abs. 2 LPEBL.

154 Loi sur le Tribunal des baux vom 13. Dezember 1981 (SG 173.655).

155 Art. 15 LTB.

156 Art. 3 LPEBL. Der juge de paix amtete als erstinstanzlicher Richter in zahlreichen ihm vom Gesetz zugewiesenen Streitigkeiten (Art. 113 ff. LOJV [=GOG VD]; Art. 2 LVCC [=EG ZGB VD]). Auch heute ist er insbesondere zuständig für alle Streitigkeiten mit einem Streitwert unter CHF 10'000 (Art. 113 Abs. 1bis LOJV VD) – und ist daher nicht mit einem *«Friedensrichter»* im Sinne einer Schlichtungsbehörde zu verwechseln.

157 Der Richter hatte indessen an der Verhandlung einen Schlichtungsversuch zu unternehmen, sofern die Parteien erschienen (Art. 12 LPEBL).

158 Art. 5 LPEBL.

159 Art. 7 LPEBL.

160 Sowie ausdrücklich auch der Ehegatte bzw. eingetragene Partner, wenn es sich bei der Wohnung um eine Familienwohnung handelte.

161 Gegen einen Säumnisentscheid stand der säumigen Partei eine Art Wiedereinsetzungsverfahren offen. Sie konnte innert dreier Tage nach Erlass des Entscheides dessen Aufhebung beantragen, wenn sie darlegen konnte, dass sie unverschuldet nicht an der Verhandlung hatte erscheinen können. Wurde ihr Gesuch gutgeheissen, hatte sie unverzüglich die Kosten der ersten Verhandlung zu hinterlegen, worauf der Richter zu einer er-

wesenheit eines Gerichtsschreibers an der Verhandlung war nicht erforderlich.[163] Der juge de paix prüfte das Vorliegen der Voraussetzungen für die Ausweisung von Amtes wegen, ohne an die Beweisanträge der Parteien gebunden zu sein.[164] Es konnten auch Zeugen angehört werden.[165] Der Entscheid war so schnell wie möglich *(«dans le plus bref délai»)* mit einer summarischen Begründung zu eröffnen.[166]

Ein abweisender Entscheid hatte insoweit keine *res iudicata* Wirkung, als er einer nachfolgenden Ausweisungsklage des Vermieters im ordentlichen Verfahren nicht entgegenstand.[167] Das Gesetz regelte den Inhalt des gutheissenden Entscheides. Dieser hatte aus folgenden Elementen zu bestehen: einem genauen Datum, bis zu welchem der Beklagte das Objekt zu verlassen hatte, verbunden mit der Androhung direkter Vollstreckungsmassnahmen im Widerhandlungsfall, der Name der mit der Vollstreckung betrauten Person, die Autorisierung derselben, das Objekt nötigenfalls auch mit Gewalt zu betreten und die Anweisung an die Polizei und Private, nötigenfalls bei der Räumung mitzuwirken.[168] Der Entscheid war grundsätzlich sofort vollstreckbar.[169] Der Vermieter konnte beim Richter den Vollzug verlangen, sobald das angesetzte Auszugsdatum ungenutzt verstrichen war. Wurde das Vollzugsbegehren nicht innert zweier Monate nach diesem Datum gestellt, fiel der Ausweisungsentscheid dahin und verlor damit seine Vollstreckbarkeit.[170] Gleiches geschah sechs Monate nach dem ursprünglichen Ausweisungstermin, wenn der Vollzug zwar fristgerecht verlangt wurde, dann aber mit Einverständnis des Vermieters ausgesetzt wurde.[171] 56

Als Rechtsmittel gegen den Ausweisungsentscheid stand die Nichtigkeitsbeschwerde an das Kantonsgericht offen, die innert 10 Tagen zu erheben war und – soweit nicht vom Kantonsgericht angeordnet – keine aufschiebende Wirkung hatte.[172] Auch im Rechtsmittelverfahren galt der Beschleunigungsgrundsatz. Freilich waren auch im Kanton Waadt die vom Bundesgericht statu- 57

neuten, zeitnah anzusetzenden Verhandlung lud. Die Wiedereinsetzung war nur einmal möglich (Art. 19 LPEBL).

162 Art. 9 und 11 LPEBL.
163 Art. 10 LPEBL.
164 Art. 14 LPEBL.
165 Art. 13 Abs. 2 LPEBL.
166 Art. 15 Abs. 1 und 2 LPEBL.
167 Art. 16 LPEBL.
168 Art. 17 LPEBL.
169 Art. 18 LPEBL.
170 Art. 20 Abs. 2 LPEBL.
171 Art. 21 Abs. 2 LPEBL.
172 Art. 27 Abs. 3 LPEBL.

ierten bundesrechtlichen Modifikationen im Falle einer Kompetenzattraktion nach Art. 274g OR zu beachten.

9. Kanton Genf

58 Sofern der Gesuchsteller sich auf einen miet- oder pachtvertraglichen Rückgabeanspruch stützte, war im Kanton Genf das Mietgericht für die Ausweisungen zuständig.[173] Das Verfahren vor Mietgericht bestimmte sich nach den Art. 426–449 LPC GE[174]. Es musste stets zunächst ein Schlichtungsverfahren durchlaufen werden.[175] Kam keine Einigung zu Stande, konnte der Vermieter durch Einreichen eines schriftlich begründeten Gesuchs unter Beilage des schriftlichen Mietvertrags (soweit vorhanden) sowie aller zweckdienlichen Unterlagen das Gerichtsverfahren anheben.[176] Es wurde in der Regel ein Schriftenwechsel durchgeführt und anschliessend zur Verhandlung geladen.[177] Aufgrund einer besonderen Bestimmung war im Mieterstreckungsverfahren ein widerklageweise geltend gemachtes Ausweisungsgesuch nicht zulässig.[178]

59 Für die Ausweisung nach Kündigung wegen Zahlungsverzugs sah Art. 440 f. LPC GE vor dem Mietgericht ein besonderes, im Gegensatz zu den anderen Ausweisungsverfahren beschleunigtes Verfahren vor.[179] Die Parteien wurden nach Eingang des Begehrens zügig *(«à bref délai»)* in eine Verhandlung geladen.[180] Ein vorgängiger Schriftenwechsel fand nicht statt. Grundsätzlich spielte sich das ganze Verfahren in dieser Verhandlung ab,[181] welches in der Praxis nur ein paar Minuten dauerte: der Richter befragte beide Parteien und sprach dann sein Urteil.[182] Bei Säumnis des Beklagten wurde das Ausweisungsbegeh-

---

173 Art. 56M lit. a LOJ GE. Zum Gesuch des Vermieters gegen den Untermieter vgl. DUCROT 2005, 91 f., 122 und MORVAN/HOFMANN, S. 79 ff.

174 Loi de procédure civile vom 10. April 1987, SG E 3 05.

175 Art. 426 Abs. 1 und 2 LPC GE. Dies galt auch für Ausweisungsbegehren und selbst für Ausweisungen nach Kündigung wegen Zahlungsverzugs. Nach Publikation von BGE 132 III 747 (siehe oben, Fn 48) Ende 2006 wurde das Obligatorium in letzterem Fall zumindest in Frage gestellt: MORVAN/HOFMANN, S. 95 f.

176 Art. 427 Abs. 1 LPC GE.

177 Art. 433 Abs. 2 und Art. 434 LPC GE; MORVAN/HOFMANN, S.106.

178 Art. 428 LPC GE.

179 MORVAN/HOFMANN, S. 107. Das vorgängige Schlichtungsverfahren war auch nach einer Kündigung wegen Zahlungsverzugs zwingend.

180 Art. 440 Abs. 1 LPC GE.

181 Art. 440 Abs. 2 und 3 LPG GE. Vgl. DUCROT 2005, S. 122.

182 MORVAN/HOFMANN, S. 108.

ren gestützt auf die Vorbringen des Klägers gutgeheissen (und umgekehrt).[183] Die säumige Partei hatte indessen die Möglichkeit, innert 30 Tagen nach Eröffnung des Entscheides Einsprache zu erheben,[184] worauf die Parteien erneut zur Verhandlung geladen wurden.[185] Gegen den Entscheid konnte innert 30 Tagen eine Appellation eingereicht werden.[186]

Bei der Vollstreckung eines Ausweisungsentscheids war schliesslich Art. 474A LPC GE zu beachten. Im Ausweisungsverfahren steht im Kanton Genf das in Art. 38 der Kantonsverfassung verankerte Grundrecht auf Wohnung[187] in Konflikt mit der ebenfalls geltenden Eigentumsgarantie (Art. 34 KV GE, Art. 26 BV). Dies hatte (und hat) unter anderem Auswirkungen auf die Ausgestaltung des Verfahrens und den Vollzug.[188] Für den Vollstreckungsentscheid zuständig war der procureur général (Staatsanwalt). Er lud beide Parteien zu einer Verhandlung vor, an welcher auch ein Vertreter der sozialen Dienste und ein Vertreter des Wohnungsamtes (office du logement) teilnahmen. Nach Anhörung beider Seiten versuchte der Staatsanwalt, eine Einigung zwischen den Parteien zu erzielen. War dies nicht möglich, entschied er schliesslich über den Zeitpunkt der Räumung. Aus humanitären Gründen konnte er den Vollzug für eine bestimmte Dauer aussetzen, die der Mieter benötigte, um eine neue Bleibe zu finden.[189] Der Kanton haftete für diese Dauer dem Vermieter nach dem Verantwortlichkeitsgesetz für den daraus entstehenden Schaden.[190] Durchgeführt wurde die Räumung schliesslich von einem huissier judiciaire[191] unter Beizug der Polizei (dem service des évacuations de la police) und eines Schlüsseldienstes. Wenn erforderlich wurde das Hab und 60

---

183 Art. 441 Abs. 2 i.V.m. Art. 79 Abs. 1 und 2 LPC GE. Im normalen Verfahren vor Mietgericht – also auch in den anderen Ausweisungsverfahren – galt diese strenge Säumnisregel nicht: Bei Säumnis wurde entweder erneut geladen oder das Verfahren nahm ohne die versäumte Handlung seinen Lauf: MORVAN/ HOFMANN, S. 108.

184 Art. 441 Abs. 3 LPC GE.

185 MORVAN/HOFMANN, S. 109, Fn 248.

186 Art. 443 Abs. 1 LPC GE.

187 *«Droit au logement: Le droit au logement est garanti. Toute personne dans le besoin a droit d'être logée de manière appropriée.» («Das Recht auf Wohnung ist gewährleistet. Jede Person, die in Not ist, hat Anspruch auf angemessene Unterkunft.»).*

188 Wiederholt war Art. 474A LTF GE Gegenstand von Vorstössen. So wurde 2000 und 2002 ein grundsätzliches Räumungsvollzugsverbot in den Monaten November bis und mit März gefordert (*«trêve hivernale»;* Art. 474A Abs. 7 LPC GE nach dem Gesetzesentwurf PL 8197 vom 29. Februar 2000; und M 1457 vom 14. Mai 2002). Der Genfer Grosse Rat verwarf diesen Vorschlag nur knapp.

189 Art. 474A Abs. 2 LPC GE. Dazu MORVAN/HOFMANN, 114 f.

190 Art. 474A Abs. 3 und 4 LPC GE.

191 Der huissier judiciaire ist eine Eigenheit des Kantons Genf. Es lässt sich in vorliegendem Zusammenhang wohl am ehesten mit Vollzugsbeamter oder Gerichtsvollzieher übersetzen. Die Aufgaben des huissier juridiciaire gehen aber darüber hinaus.

Gut des Mieters eine gewisse Zeit lang für den Mieter eingelagert und – sofern von diesem nicht innert Frist abgeholt – schliesslich verwertet.[192]

10. Kanton Tessin

61 Die Tessiner Zivilprozessordnung regelte die Ausweisung des ehemaligen Mieters oder Pächters in einem eigenen Kapitel mit vier Artikeln (Art. 506–509 CPC TI).[193] Dieses Ausweisungsverfahren galt unabhängig vom Grund, welcher zur Beendigung oder Auflösung des Mietverhältnisses geführt hatte.[194] Im Falle einer Kompetenzattraktion nach Art. 274g OR waren die Bestimmungen zum mietrechtlichen Verfahren nach Art. 404 ff. CPC TI[195] zu beachten.[196]

62 Das schnelle Ausweisungsverfahren nach Art. 506 ff. CPC TI wurde direkt (ohne vorgängiges Schlichtungsverfahren) durch ein begründetes Gesuch an den Pretore eingeleitet.[197] Es handelte sich um ein summarisches Verfahren mit sehr kurzen Fristen.[198] Das Gesuch durfte erst nach Ablauf des Vertragsverhältnisses gestellt werden.[199] Der Pretore lud die Parteien innert acht Tagen in eine Verhandlung.[200] Die Gerichtsferien waren für den Fristenlauf im Auswei-

---

192 Vgl. dazu die Temps Present-Fernsehreportage *«Expulsé de son appartement»* vom 14. April 2011, online unter https://pages.rts.ch/emissions/temps-present/economie /2989026-expulse-de-son-appartement.html?anchor=3081953#3081953 (zuletzt besucht am 31. Oktober 2018). Vgl. auch BGer 4P.171/2003 vom 26. August 1999.

193 Art. 506 ff. CPC-TI konnten nur nach Beendigung eines Miet-, Pacht- oder Gebrauchsleihverhältnisses angerufen werden (Art. 506 CPC). Bestand zwischen den Parteien kein solcher Vertrag, beispielsweise im Falle der Ausweisung des ehemaligen Eigentümers durch den Erwerber der Liegenschaft, waren diese Bestimmungen nicht anwendbar, COCCHI/TREZZINI, CPC-TI, Art. 506 N 7 ff. und N 23 ff. Zugelassen wurde das Verfahren nach Art. 506 ff. CPC TI indessen auch gegen den Untermieter, COCCHI/TREZZINI, CPC-TI, Art. 506 N 22.

194 Die gültige Beendigung des Mietverhältnisses wurde vorfrageweise im Ausweisungsverfahren geprüft, COCCHI/TREZZINI, CPC-TI, Art. 506 N 10; der Mieter konnte hier freilich eine versäumte Kündigungsanfechtung nicht nachholen, COCCHI/TREZZINI, CPC-TI, Art. 506 N 15.

195 Das Verfahren in Streitigkeiten über die Miete von Wohn- und Geschäftsräumen und die Pacht (*«Della procedura per le controversie in materia di locazione di locali d'abitazione e commerciali e di affitto»;* Art. 404–415 CPC TI).

196 Art. 507 Abs. 4 CPC TI.

197 Vgl. COCCHI/TREZZINI, CPC-TI, Art. 506 N 36 und Fn 615.

198 Vgl. COCCHI/TREZZINI, CPC-TI, Art. 507 N 2 und 4.

199 COCCHI/TREZZINI, CPC-TI, Art. 506 N 16–18; vgl. bereits der Wortlaut von Art. 506 «(...) *non avvenendo la riconsegna della cosa* (...), *il locatore può domandare* (...) *lo sfratto*.»

200 Art. 507 Abs. 1 CPC TI.

sungsverfahren unbeachtlich.[201] An der Verhandlung hatten die Parteien ihre Standpunkte vorzubringen und sämtliche Unterlagen, auf welche sie sich stützen wollten, vorzulegen. Zeugenaussagen und Gutachten wurden zugelassen, wenn sie noch an der Verhandlung abgenommen werden konnten; war dies nicht möglich, konnte eine zweite Verhandlung angesetzt werden, welche aber wiederum innert fünf Tagen stattzufinden hatte. Spätestens an der zweiten Verhandlung musste alles vorgebracht werden. Der Entscheid war innert dreier Tage nach der Verhandlung zu erlassen.[202] Er war zwar appellabel, das Rechtsmittel hatte indessen keine aufschiebende Wirkung, wenn diese nicht angeordnet wurde.[203] Das Gesetz wies sodann auf die Möglichkeit der Schadenersatzklage im ordentlichen Verfahren hin.[204]

11. Zusammenfassung

Die kantonalen Ausweisungsverfahren waren unterschiedlich detailliert geregelt. Vom eigentlichen, umfassenden Ausweisungsgesetz,[205] über ein eigenes 63
Ausweisungskapitel[206] oder besondere Ausweisungsverfahrensbestimmungen in der ZPO[207] bis zur ausdrücklichen[208] oder auch stillschweigenden[209] Unterstellung unter einen Verfahrenstyp, meist das summarische Befehlsverfahren, war alles vorhanden. Die meisten Kantone in der deutschsprachigen Schweiz und der Kanton Tessin wiesen die Ausweisung unabhängig vom Grund der Auflösung des Mietverhältnisses in ein schnelles Verfahren und schlossen ein vorgängiges Schlichtungsverfahren vor der Staatlichen Schlichtungsstelle für Mietstreitigkeiten – ausdrücklich oder stillschweigend – aus. Demgegenüber musste im Kanton Genf stets zunächst ein Schlichtungsverfahren durchlaufen werden und in den Kantonen Waadt und Neuenburg zumindest dann, wenn keine Kündigung wegen Zahlungsverzugs erfolgt war.[210] Diese drei Kantone

201 Art. 509 CPC TI.
202 Art. 508 Abs. 1 CPC TI.
203 Art. 508 Abs. 2 CPC TI.
204 Art. 508 Abs. 3 CPC TI.
205 Im Kanton Waadt, Rz. 54.
206 Am Beispiel Kanton Tessin, Rz. 61, oder der Kanton Glarus, Rz. 52.
207 Beispiel Kanton Basel-Stadt, Rz. 20, oder Basel-Landschaft, Rz. 24.
208 Beispielsweise Art. 231 Ziff. 4 ZPO AR, Art. 146 Abs. 1 Ziff. 3 ZPO GR; Art. 197 Abs. 1 lit. d ZPO SG; Art. 297 Ziff. 1 ZPO SH; § 164 Ziff. 3 ZPO TG; § 4 Ziff. 12 EG-zOR SZ.
209 Beispielsweise in den Kantonen Bern, Luzern, Solothurn, Uri, Zürich.
210 Vgl. Rz. 54 und 58 f.; für Neuenburg: Art. 16 Abs. 1 und 2 LICO NE, vgl. Art. 8 Abs. 2 MPVG FR.

beschleunigten das Verfahren bei einer Kündigung wegen Zahlungsverzugs.[211] In manchen Kantonen fiel die Ausweisung eines ehemaligen Mieters oder Pächters in ein anderes Verfahren als die Ausweisung eines Untermieters, einer Person, welche die Räumlichkeiten auf einer anderen rechtlichen Grundlage für sich nutzte (beispielsweise der ehemalige Eigentümer), oder eines Hausbesetzers, welcher überhaupt nie über einen Rechtstitel zur Nutzung verfügt hatte. Im miet- und pachtrechtlichen Bereich galt es sodann, die vom Bundesgericht klargestellten bundesrechtlichen Vorgaben an Verfahren, Kognition und Rechtsmittel im Falle einer Überweisung nach Art. 274g OR und die Frage, in welchen Fällen dem Ausweisungsverfahren ein Schlichtungsversuch voranzugehen habe, im kantonalen Recht, mindestens aber in der Praxis umzusetzen.

64 Das Inkrafttreten der Schweizerischen ZPO beseitigte Schnittstellen und damit allfällige Diskrepanzen zwischen den kantonalen Bestimmungen und bundesrechtlichen Vorgaben und die damit einhergehenden Unsicherheiten. Damit kam es neben der schweizweiten Vereinheitlichung des Ausweisungsverfahrens mancherorts auch zu einer innerkantonalen Vereinheitlichung in sachlicher Hinsicht. Ein eigentliches, detailliertes Ausweisungsverfahren wurde freilich nicht eingeführt. Die neue bundesrechtliche Regelung mit ordentlichem oder vereinfachten Verfahren und der Möglichkeit des schnellen Rechtsschutzes in klaren Fällen wich in einigen Kantonen bei Ausweisungen ganz erheblich vom Gewohnten ab; in anderen Kantonen war die Umstellung weniger gross. Wie zu erwarten, warf die nur rudimentär im Gesetz geregelte gesamtschweizerische Lösung auch zahlreiche neue Fragen auf, die in den verschiedenen Kantonen zumindest bis zu einer bundesgerichtlichen Klärung unterschiedlich gelöst wurden.

211 Vgl. Art. 20 Abs. 1 LICO und Art. 376–383 CPC NE; Art. 18 Abs. 1 LICO NE und 341–356 CPC NE.

§ 3 Entstehung der geltenden bundesrechtlichen Regelung

I. Vorbemerkungen

Mit Inkrafttreten der Schweizerischen ZPO sollten die mietrechtlichen Verfahrensbestimmungen in Art. 274–274g OR aufgehoben und in geeigneter Form in die ZPO überführt werden. Während die meisten übrigen bundesrechtlichen Vorschriften – so die Ausgestaltung der Schlichtungsbehörde und des Schlichtungsverfahrens, die Kostenlosigkeit, Offizialmaxime und sozialer Untersuchungsgrundsatz – wenig Anlass zu Diskussionen gaben, konnte man sich über das Schicksal der Kompetenzattraktion nach Art. 274g aOR lange nicht einig werden. 65

II. Vorentwurf und Vernehmlassung

Nach dem Vorentwurf der Expertenkommission zur Schweizerischen ZPO (VE ZPO) wäre die Ausweisung eines Mieters oder Pächters – unabhängig vom Grund der Beendigung des Verhältnisses – stets im summarischen Verfahren zu behandeln gewesen (Art. 260 Ziff. 8 VE ZPO). Entsprechend war das Schlichtungsverfahren ausgeschlossen (Art. 193 Abs. 1 lit. d VE ZPO). Die Kompetenzattraktion beim Ausweisungsrichter im Sinne des bisherigen Art. 274g OR sollte in der neuen Zivilprozessordnung auf alle Arten der Kündigung von Wohn- und Geschäftsräumen ausgedehnt werden. In Art. 193 VE ZPO, welcher entsprechend dem heutigen Art. 198 ZPO den Ausnahmekatalog zum obligatorischen Schlichtungsverfahren enthielt, fand sich folgende Bestimmung (Art. 193 Abs. 3 VE ZPO): 66

> *«Betrifft die Streitigkeit die Anfechtung einer Kündigung eine Wohn- oder Geschäftsraumes oder einer landwirtschaftlichen Pacht und ist zugleich ein Ausweisungsverfahren hängig (Art. 260 Ziff. 8), so ist das Schlichtungsverfahren ausgeschlossen. Das für die Ausweisung zuständige Gericht entscheidet gegebenenfalls auch über die Erstreckung des Miet- oder Pachtverhältnisses.»*

Hierzu führte die Expertenkommission aus, die Verfahrenskoordination sei bei allen Kündigungsgründen gleichermassen notwendig.[212] In Bezug auf die Beurteilung einer Kündigungsanfechtung bzw. einer allfälligen Erstreckung sollte 67

212 Bericht Expertenkommission, S. 96.

indessen wie bisher auch im Ausweisungsverfahren keine Beweismittelbeschränkung gelten.[213]

68 In den Vernehmlassungen wurde dieser Vorschlag ganz unterschiedlich aufgenommen. Während die Bestimmung von Vermieterseiten begrüsst wurde, sprachen sich andere Stimmen für eine Beibehaltung des *status quo,*[214] eine Einschränkung der Bestimmung auf Fälle des Zahlungsverzuges (Art. 257d OR)[215] oder für die ersatzlose Streichung dieses Absatzes[216] aus. Bemängelt wurde insbesondere, dass er dem Vermieter ermögliche, durch ein Ausweisungsbegehren das Schlichtungsverfahren auszuhebeln. Das Ausweisungsverfahren sei im Gegensatz zum Schlichtungsverfahren zudem nicht kostenlos. Bemerkt wurde schliesslich, dass nicht auf die Unterscheidung anfechtbare – ungültige – nichtige Kündigungen eingegangen werde[217] und nicht klar sei, was gelte, wenn die Kündigung an sich nicht angefochten, sondern lediglich die Erstreckung verlangt würde.[218]

III. Entwurf und bundesrätliche Botschaft

69 Art. 193 Abs. 3 VE ZPO wurde wie Art. 260 Ziff. 8 VE ZPO im Entwurf des Bundesrates kommentarlos gestrichen. Die Botschaft verwies die Ausweisung unter diesen Umständen in das Verfahren um Rechtsschutz in klaren Fällen:

> *«Funktionsgemäss ist der «Rechtsschutz in klaren Fällen» somit ein Instrument des Gläubigerschutzes. Wie heute das kantonale Befehlsverfahren wird er etwa für die Ausweisung von Mieterinnen und Mietern sowie Pächterinnen und Pächtern infolge ausserordentlicher Kündigung spielen, so bei Zahlungsverzug (Art. 257d OR) und Konkurs (Art. 266h OR) einer Mieterin oder eines Pächters. Die Sachlage lässt sich in diesen Fällen durch Urkunden liquide beweisen (Mahnungen, Fristansetzungen,*

---

213 Bericht Expertenkommission, S. 96 mit Hinw. auf BGE 122 III 92 ff.

214 Kanton Luzern, Zusammenstellung der Vernehmlassungen, S. 492; Uni NE, Zusammenstellung der Vernehmlassungen, S. 498; vgl. auch Associazione svizzera inquilini (Mieterverband der italienischsprachigen Schweiz, ASI) und Association suisse des locataires, Fédération romande (Mieterverband der französischsprachigen Schweiz, ASLOCA), Zusammenstellung der Vernehmlassungen, S. 494.

215 Grüne Partei, Zusammenstellung der Vernehmlassungen, S. 493 f.

216 Schweizerisches Mieterinnen- und Mieterverband (MV), Zusammenstellung der Vernehmlassungen, S. 497.

217 MV und Uni NE, Zusammenstellung der Vernehmlassungen, S. 497 f.

218 Uni NE, Zusammenstellung der Vernehmlassungen, S. 498.

Kündigungen); zudem ist die Erstreckung von Gesetzes wegen ausgeschlossen (Art. 272a OR).»[219]

Für den Rechtsschutz in klaren Fällen als Summarverfahren war nach Art. 195 Abs. 1 lit. a E ZPO das Schlichtungsverfahren ausgeschlossen.[220] Weiterhin sollte Art. 274g OR zusammen mit den übrigen mietverfahrensrechtlichen Bestimmungen des Obligationenrechts aufgehoben werden. Somit würde es an einer Koordinationsbestimmung im Falle eines Ausweisungsgesuchs des Vermieters während eines laufenden Kündigungsschutz- oder Erstreckungsverfahrens fehlen. Sodann wurde auch nicht geregelt, in welche Verfahrensart die Ausweisung fallen sollte, wenn es sich nicht um einen klaren Fall handeln würde. 70

IV. Parlamentarische Beratung

Die ersatzlose Aufhebung des Art. 274g OR wurde in den Räten eingehend diskutiert, nachdem sowohl im Erstrat (Ständerat)[221] als auch im Zweitrat[222] ein (weitgehend identischer) Antrag eingereicht worden war, wonach der Inhalt von Art. 274g OR wie folgt in die ZPO übernommen werden sollte: 71

Art. 195 Abs. 2 EZPO

«Ficht der Mieter oder Pächter eine ausserordentliche Kündigung an und ist zugleich ein Ausweisungsverfahren hängig (Art. 246 lit. b Ziff. 1), so ist das Schlichtungsverfahren ausgeschlossen. Das für die Ausweisung zuständige Gericht entscheidet auch über die Wirkung einer Kündigung[223]

1. *wegen Zahlungsrückstand des Mieters oder Pächters (Art. 257d OR, Art. 282 OR, Art. 21 LPG);*
2. *wegen schwerer Verletzung der Pflicht des Mieters oder Pächters zu Sorgfalt und Rücksichtnahme (Art. 257f Abs. 3 und 4 OR, Art. 285 OR, Art. 22b LPG);*

---

219 Botschaft ZPO, S. 7352.

220 Botschaft ZPO, S. 7352.

221 Antrag HOFMANN, AB 2007 S 517 ff.

222 Antrag HUBER, BURKHALTER, FLURI, MARKWALDER BÄR, MATHYS, PAGAN, STAMM, AB 2008 N 948.

223 Bzw. im Wortlaut des Antrags im Nationalrat: *«Ficht der Mieter oder Pächter eine ausserordentliche Kündigung an und ist ein Ausweisungsverfahren hängig (Art. 246 Bst. b Ziff. 1), so überweist die Schlichtungsbehörde die Begehren an das für die Ausweisung zuständige Gericht. Das Schlichtungsverfahren entfällt, und das für die Ausweisung zuständige Gericht entscheidet auch über die Wirkung einer Kündigung: (...)».*

3. aus wichtigen Gründen (Art. 266g OR, Art. 297 OR, Art. 17 LPG);

4. wegen Konkurs des Mieters (Art. 266h OR).

Hat der Vermieter oder Verpächter aus wichtigen Gründen (Art. 266g OR, Art. 297 OR, Art. 17 LPG) vorzeitig gekündigt, so entscheidet das für die Ausweisung zuständige Gericht auch über die Erstreckung des Miet- oder Pachtverhältnisses.»

Der gesetzliche Katalog für das Summarverfahren sollte zudem um die Ausweisung des Mieters oder Pächters ergänzt werden (Art. 246 lit. b Ziff. 0 E ZPO).

72 Ständerat HOFMANN führte aus, es könne doch nicht angehen, dass eine derart zentrale Bestimmung wie Art. 274g OR einfach aufgehoben würde. Die ZPO wäre in einem wesentlichen Punkt lückenhaft, *«könnte doch ein Mieter oder Pächter bei einer ausserordentlichen Kündigung die Ausweisung im summarischen Verfahren mittels einer Kündigungsanfechtung bei der Schlichtungsbehörde blockieren. Dies hätte die gravierende Folge, dass ein Mieter, dem zum Beispiel wegen Zahlungsverzug ausserordentlich gekündigt wurde, mittels Anfechtung der Kündigung bei der Schlichtungsbehörde erwirken könnte, dass er bis zum rechtskräftigen Abschluss des ordentlichen Kündigungsschutzverfahrens weiterhin im Mietobjekt verbleiben kann, obwohl er während der ganzen Verfahrensdauer den Mietzins nicht bezahlt. Eine solche Regelung ist unbillig und verstösst gegen jegliches Gerechtigkeitsempfinden. Es gibt keinen sachlichen Grund, die geltende, bewährte Kompetenzattraktion nicht in die ZPO zu übernehmen.»*[224]

73 Der Antrag wurde im Ständerat zurückgezogen, nachdem der Bundesrat eine vertiefte Abklärung zuhanden des Zweitrates zugesagt hatte.[225] Das Bundesamt für Justiz erstellte daraufhin einen Bericht und kam zum Schluss, die heutige Regelung sei nicht in die ZPO zu übernehmen, weil diese den gegensätzlichen Interessen von Mietern und Vermietern angemessen Rechnung trage und die Sonderregelung im OR durch eine gleichwertige Bestimmung in Artikel 253 des Entwurfes (den heutigen Art. 257 ZPO) abgelöst werde.[226] Dennoch wurde der Minderheitsantrag im Nationalrat mit Beschluss vom 12. Juni 2008 vorerst angenommen,[227] nachdem die Verfasser des Minderheitsantrages die Befürchtung geäussert hatten, der Ausweisungsrichter im Rechtsschutz in klaren Fällen werde die Ausweisung in der Regel sicherheitshalber mangels Liquidität

224 AB 2008 S 519 f.

225 AB 2007 S 520 ff.

226 AB 2008 N 949.

227 Mit 104 zu 61 Stimmen; AB 2008 N 951 und N 968.

verweigern und der Mieter könne so eine speditive Ausweisung stets verhindern, indem er die Kündigung entweder vor der Schlichtungsbehörde anfechte oder die Ungültigkeit der Kündigung im Ausweisungsverfahren geltend mache.[228]

Am 29. September 2008 beschloss der Ständerat indessen, die Bestimmung wieder zu streichen.[229] Die ZPO habe mit Art. 253 (dem heutigen Art. 257 ZPO) eine einfache, klare und neutrale Bestimmung.[230] Der Nationalrat folgte schliesslich am 2. Dezember 2008.[231] 74

V. Grundzüge der nun geltenden Bestimmungen

Ein eigens geregeltes Ausweisungsverfahren wurde in der nun geltenden ZPO 75 nicht geschaffen. Vielmehr ist zwischen klaren und unklaren Fällen zu unterscheiden, unabhängig davon, gegen wen sich das Ausweisungsbegehren richtet und welches der Beendigungsgrund eines allenfalls vereinbarten Nutzungsrechtes gewesen ist. Nach der Überzeugung des Gesetzgebers kann bei klarer Sach- und Rechtslage der Richter im summarischen Verfahren ohne vorgängige Schlichtung entscheiden. Somit ist nun bei einer Ausweisung namentlich auch nach einer ordentlichen Kündigung das Schlichtungsverfahren nicht mehr obligatorisch, wenn die Sach- und Rechtslage klar ist. Unklare bzw. nicht liquide Verhältnisse sind demgegenüber – sofern es sich um ein Miet- oder Pachtverhältnis gehandelt hatte – zunächst vor die Schlichtungsstelle für Mietstreitigkeiten zu tragen.[232] Nicht explizit geregelt wurde, ob anschliessend das ordentliche oder das vereinfachte bzw. *«mietrechtliche»* Verfahren einzuschlagen ist. Das Bundesgericht hat diese Frage erst im Jahr 2016 zugunsten des vereinfachten Verfahrens entschieden.[233]

Die Lösung weicht im Ergebnis erheblich von der früher geltenden Konzep- 76 tion mit der Verfahrenskoordination nach Art. 274g aOR ab. Die Problematik der Rechtshängigkeit zweier paralleler Verfahren (nämlich des Kündigungsschutzverfahrens und des summarischen Ausweisungsverfahrens) wurde in

---

228 NR HUBER, AB 2008 N 949.

229 Bzw. der Antrag von Ständerat HESS um Zustimmung zum Beschluss des Nationalrates wurde zurückgezogen.

230 AB 2008 S 727 ff.

231 101 zu 70 Stimmen; AB 2008 N 1627 ff.

232 Vgl. Votum JANIAK, AB 2008 S 727: *«Mietrechtliche Streitigkeiten sollten eigentlich immer über die sachverständige und sehr erfolgreich arbeitende mietrechtliche Schlichtungsstelle laufen.»*

233 BGE 142 III 402; dazu eingehend unten, Rz. 261.

beiden Räten nicht diskutiert. Während Art. 274g aOR normierte, wie in einem solchen Fall vorzugehen war, fehlt in der ZPO eine entsprechende Regelung.[234] Es stellt sich in diesem Zusammenhang insbesondere die Frage nach der Identität des Streitgegenstands.[235] Sodann ist die Kognition des Richters im Verfahren um Rechtsschutz in klaren Fällen auf klares Recht und Liquidität des Sachverhalts beschränkt. Insbesondere werden damit Ermessensentscheide grundsätzlich ausgeschlossen, was einer Ausweisung nach einer ausserordentlichen Kündigung wegen Sorgfaltspflichtverletzung oder mangelnder Rücksichtnahme oder einer ausserordentlichen Kündigung aus wichtigem Grund in diesem Verfahren in der Regel entgegenstehen dürfte.[236]

77 Vor- und Nachteile sowohl auf Mieter- als auch auf Vermieterseite gegeneinander abwägend und mit Blick auf die Vereinfachung des Verfahrens, kann im Ergebnis der zusammenfassenden Aussage von Bundesrätin WIDMER-SCHLUMPF grundsätzlich zugestimmt werden, Art. 274g aOR, welcher in der Praxis doch einige Schwierigkeiten bereitet habe, sei durch eine gleichwertige allgemeine Regel abgelöst worden.[237] Indessen wurde die Gelegenheit verpasst, einige grundsätzliche Fragen des Ausweisungsverfahrens durch zusätzliche klare Gesetzesbestimmungen ausdrücklich zu regeln. Dies hat nun durch Auslegung im Sinne eines kohärenten prozessualen Systems zu geschehen.

---

[234] Da sich Art. 274g aOR und die diesem entsprechenden Anträge auf einzelne Kündigungsgründe bezogen, hätte sich dieses Problem auch bei Annahme der beantragten Übernahme dieser Bestimmung in den anderen Fällen gestellt. Einzig der Vorentwurf enthielt diesbezüglich eine konsequente Lösung.

[235] Dazu unten, Rz. 342 ff.

[236] Dazu unten, Rz. 472 ff.

[237] Votum Bundesrätin WIDMER-SCHLUMPF, AB 2008 N 950; vgl. Votum JANIAK, AB 2008 S 727.

Zweiter Teil:
Grundlagen

§ 4 Verfahrensablauf und Begriffsbestimmung

Das amtliche Verfahren, mit welchem dem Anspruch des Vermieters auf Rückgabe des Mietobjekts respektive dem Anspruch des Eigentümers auf Räumung seiner Liegenschaft zum Durchbruch verholfen wird, lässt sich grundsätzlich in drei Schritte aufteilen: 78

1) Der Vermieter ersucht das Gericht, den Benutzer des Mietobjekts zum Auszug bzw. zur Räumung der Liegenschaft zu verpflichten. Das Gericht erlässt ein entsprechendes Leistungsurteil.[238]
2) Weigert sich der Benutzer des Mietobjekts nach Eintritt der Vollstreckbarkeit des Entscheides weiterhin, das Mietobjekt zu verlassen, so kann der Vermieter das Vollstreckungsgericht um den Erlass von geeigneten Vollstreckungsmassnahmen anrufen (Art. 335 ff., 343 ZPO).
   Auf Antrag des Gesuchstellers kann bereits das Erkenntnisgericht direkte Vollstreckungsmassnahmen anordnen (Art. 236 Abs. 3; Art 337 Abs. 1 ZPO). Ein zusätzliches gerichtliches Vollstreckungsverfahren ist diesfalls grundsätzlich entbehrlich. Dies ist in der Praxis der Regelfall.
3) Die angeordneten Vollstreckungsmassnahmen werden alsdann vollzogen.

Diese drei Stufen gilt es auseinander zu halten, auch wenn nach wie vor in der Praxis im Ausweisungsentscheid häufig bereits direkte Vollstreckungsmassnahmen angeordnet werden.

Die für das Verfahren bzw. die einzelnen Verfahrensabschnitte verwendete Terminologie ist in den Kantonen auch nach Einführung der ZPO uneinheitlich. Gängige Synonyme für das Ausweisungsverfahren sind in der deutschsprachigen Schweiz das *«Räumungs-»* oder *«Exmissionsverfahren»*. Die französischsprachige Schweiz spricht von *«expulsion»*, *«évacuation»* oder (seltener) *«déguerpissement»*[239]. Im Italienischen wird neben *«espulsione»* der Begriff *«sfratto»* verwendet. Der in verschiedenen Kantonen nach wie vor so genannte *«Räumungsbefehl»* suggeriert bereits angeordnete, direkte Vollstreckungsmassnahmen. 79

---

238 Es genügt nicht, nur die Feststellung der Beendigung des Mietverhältnisses zu verlangen, denn ein Feststellungsurteil ist nicht vollstreckbar. Zudem sind Feststellungsklagen gegenüber Leistungsklagen subsidiär: Kann eine Leistungsklage erhoben werden, ist die Feststellungsklage nach herrschender Lehre mangels Rechtsschutzinteresses unzulässig. Der Bestand bzw. die Beendigung des Mietverhältnisses wird vielmehr inzident im Rahmen des Leistungsurteils überprüft.

239 Damit ist eher der Räumungsvollzug gemeint.

80 In der vorliegenden Arbeit wird das *«Ausweisungsverfahren»* als Oberbegriff für das gerichtliche Verfahren verwendet, welches mit dem Erlass des Erkenntnisentscheids endet, der in der Praxis regelmässig bereits direkte Vollstreckungsmassnahmen enthält. Diese Vollstreckungsmassnahmen bestehen häufig in der Anordnung einer amtlichen Räumung oder der Ermächtigung des Gesuchstellers zur Ersatzvornahme. In beiden Fällen wird in vorliegender Arbeit für den Vollzug der Begriff der *«Räumung»* oder *«Zwangsräumung»* verwendet.

81 Für die Terminologie nicht relevant sind die Natur des Anspruchs, auf welchen sich der Gesuchsteller stützt,[240] und die von ihm gewählte Verfahrensart.[241]

---

[240] Dazu nachfolgend, Rz. 82 ff.

[241] Dazu unten, Rz. 246 ff.

§ 5 Anspruchsgrundlagen

I. Vorbemerkung

82 Nachfolgend werden die möglichen Anspruchsgrundlagen kurz dargestellt, auf die sich der Vermieter und/oder Eigentümer einer Liegenschaft berufen kann, um die Ausweisung einer Person zu verlangen, welche sich unberechtigt in dieser Liegenschaft aufhält. Die mit der Frage der Anspruchsgrundlage zusammenliegende Aktiv- und Passivlegitimation wird weiter unten in § 8 erörtert.

II. Der vertragliche Rückgabeanspruch

83 Nach Beendigung des Mietverhältnisses hat der Mieter das Mietobjekt an den Vermieter zurückzugeben.[242] Der vertragliche Rückgabeanspruch gemäss Art. 267 Abs. 1 OR umfasst auch die Pflicht des Mieters, die Wohnung oder den Geschäftsraum vor Übergabe zu reinigen und allfällige, von ihm verursachte Schäden zu beheben.[243] Sämtliche Schlüssel zum Mietobjekt sind dem Vermieter herauszugeben. Die Rückgabe hat am letzten Tag des Mietverhältnisses zu Geschäftszeiten zu erfolgen, sofern zwischen den Parteien nichts anderes vereinbart wurde.[244] Ist dieser Tag ein Sonntag oder staatlich anerkannten Feiertag, so verschiebt sich die Rückgabepflicht auf den nächstfolgenden Werktag.[245]

84 Der vertragliche Anspruch des Vermieters richtet sich nur gegen seinen Vertragspartner.[246] Dritte werden davon nicht erfasst. Der Mieter ist indessen im Rahmen seiner Rückgabepflicht verpflichtet, dafür besorgt zu sein, dass auch

---

242 Ein obligatorischer Rückgabeanspruch besteht auch beim Pachtvertrag (Art. 299 Abs. 1 OR) und bei der Gebrauchsleihe (Art. 305 i.V.m. Art. 310 OR).

243 SVIT, Art. 267–267a OR N 18 ff.; vgl. BSK OR I-Weber, Art. 267 N 4 zur Frage des Zustands, in welchem die Sache zurückzugeben ist (insb. Abnützung bei vertragsgemässem Gebrauch, durch den Mieter vorgenommene Änderungen und Erneuerungen, vertragliche Wiederherstellungspflichten).

244 BSK OR I-Weber, Art. 267 N 2a; SVIT, Art. 267–267a OR N 10 mit Hinweis darauf, dass in den Vertragsformularen der Hauseigentümer- und Mieterverbände häufig eine Rückgabe am Werktag nach dem letzten Tag des Mietverhältnisses vorgesehen wird.

245 Art. 78 Abs. 1 OR; nicht anwendbar ist Art. 1 des Bundesgesetzes über den Fristenlauf an Samstagen (SR 173.110.3), denn es handelt sich nicht um eine gesetzliche oder eine von einer Behörde angesetzte Frist.

246 Denselben vertraglichen Anspruch kann der Vermieter gegen den Rechtsnachfolger seines Mieters geltend machen, so insbesondere die Erben des Mieters (Art. 560 ZGB).

Drittpersonen, denen er den Zugang zum Mietobjekt verschafft hat, dieses termingerecht verlassen.

85 Den gleichen Anspruch aus Art. 267 OR hat der untervermietende Mieter gegen seinen Untermieter, denn auch zwischen ihnen besteht ein normaler Mietvertrag. Demgegenüber ist der Hauptvermieter mit dem Untermieter seines Mieters keinen Vertrag eingegangen. Ein vertraglicher Rückgabeanspruch scheidet daher grundsätzlich aus. Ist das Hauptmietverhältnis aufgelöst, so kann sich der Vermieter nach einem Teil der Lehre[247] auf einen direkten vertraglichen Herausgabeanspruch gestützt auf Art. 262 Abs. 3 OR[248] *analog* berufen.[249]

86 Handelt es sich beim Mietobjekt um eine Familienwohnung,[250] so kann der Vermieter nach der hier vertretenen Auffassung nach Auflösung des Mietverhältnisses auch gegen den Ehegatten des Mieters einen vertraglichen Rückgabeanspruch geltend machen, selbst wenn dieser den Mietvertrag nicht mitunterzeichnet hat. Mit Blick auf die mietrechtlichen Schutzbestimmungen, die dem Ehegatten in Kündigungs- und Erstreckungsangelegenheiten eine quasivertragliche Stellung einräumen,[251] ist es systemgerecht, hier einen mietvertraglichen Rückgabeanspruch, allenfalls aus Art. 267 OR *analog,* anzunehmen.[252]

III. Der dingliche Anspruch des Eigentümers

87 Ist der Vermieter zugleich Eigentümer der Liegenschaft, stehen ihm die Eigentumsklage und die Eigentumsfreiheitsklage nach Art. 641 Abs. 2 ZGB zur Verfügung. Gemäss Art. 641 Abs. 2 ZGB kann der Eigentümer einer Sache diese von jedem, der sie ihm vorenthält, herausverlangen und jede ungerechtfertigte Einwirkung abwehren. Auch derjenige, welcher ein dingliches Recht

---

247 Vgl. BGE 120 II 112 E. 3 b) cc) ddd), wo dies als *«mindestens vertretbar»* bezeichnet wird, vgl. SVIT, Art. 267–267a OR N 28; SCHWANINGER, Rz. 10.119; a. A. ZK-HIGI, Art. 262 N 27.

248 Art. 262 Abs. 3 OR lautet: *«Der Mieter haftet dem Vermieter dafür, dass der Untermieter die Sache nicht anders gebraucht, als es ihm selbst gestattet ist. Der Vermieter kann den Untermieter unmittelbar dazu anhalten.»*

249 Eingehend dazu unter Rz. 96 ff.

250 Genauer um eine *«Wohnung der Familie»* im Sinne von Art. 169 ZGB, dazu unten, Rz. 224.

251 Dazu unten, Rz. 224 ff.

252 So soll auch gegenüber dem Ehegatten das Ausweisungsverfahren unter den Begriff des Kündigungsschutzverfahrens (Art. 243 Abs. 2 lit. c ZPO) subsumiert werden; dazu unten, Rz. 261.

an der Sache innehat, allen voran der Nutzniesser, kann sich auf Art. 641 Abs. 2 ZGB berufen.[253]

Die Eigentumsklage (Art. 641 Abs. 2 Variante 1 ZGB) richtet sich auf die *Herausgabe* der Sache, also die Übertragung des Besitzes. Bei einer Liegenschaft erfolgt die Übertragung der Sachherrschaft durch Übergabe der Schlüssel, welche Zugang zur Liegenschaft verschaffen.[254] Mit der Eigentumsfreiheitsklage (Art. 641 Abs. 2 Variante 2 ZGB) wird die *Beseitigung von ungerechtfertigten Einwirkungen* auf die Sache verlangt. Darunter fallen namentlich das unberechtigte Betreten oder der unberechtigte Verbleib sowie die unzulässige Ablagerung von Material auf einem fremden Grundstück.[255] Im Falle der Besetzung von Räumlichkeiten (namentlich nach Beendigung eines Mietvertrages) liegt in der Regel beides vor. Der Eigentümer hat nicht nur einen Anspruch darauf, dass ihm der alleinige Zugang zur Wohnung verschafft wird, sondern auch, dass die sich unberechtigt darin aufhaltenden Personen die Wohnung verlassen und die darin unberechtigt gelagerten Gegenstände weggeschafft werden.[256] 88

Der Anspruch richtet sich gegen jeden, der die Sache entzieht oder besetzt, ohne sich hierfür auf einen Rechtsgrund stützen zu können. Solange zwischen den Parteien ein Mietvertrag besteht, ist der Mieter zum Besitz des Mietobjekts berechtigt und ist die Eigentumsklage nach Art. 641 Abs. 2 ZGB versperrt.[257] Mit Beendigung des Mietverhältnisses fällt der Rechtsgrund des Mieters für den Besitz dahin. Der Vindikationsanspruch steht dann neben dem obligatorischen Rückgabeanspruch aus dem Mietvertrag. Er richtet sich aber auch gegen jeden Bewohner bzw. Benutzer des Mietobjekts, mit welchem der Vermieter nie eine vertragliche Verbindung eingegangen ist, so namentlich gegen den Untermieter,[258] den Unter-Untermieter, den Mitbewohner des Mieters[259] oder den Hausbesetzer. 89

---

253 BK-Meier-Hayoz, Art. 641 N 57; BSK ZGB II-Wiegand, Art. 641 N 45 (für eine analoge Anwendung); vgl. SPR-Sutter-Somm, N 69 und 1459.

254 BSK ZGB II-Ernst, Art. 622 N 5.

255 BGE 100 II 309, BSK ZGB II-Wiegand, Art. 641 N 64; Rey, N 2051 ff.

256 Der unberechtigte Besitzer ist zur Herausgabe verpflichtet, nicht nur zur Duldung der Wegnahme: BK-Meier-Hayoz, Art. 641 N 61; Steinauer Rz. 1024a.

257 BK-Meier-Hayoz, Art. 641 ZGB N 63; BSK ZGB II-Wiegand, Art. 641 N 50.

258 Erfolg kann die Vindikation gegen den Untermieter indessen nur haben, wenn entweder der Untermietvertrag oder das Hauptmietverhältnis aufgelöst worden ist, vgl. unten § 21 II. 2.

259 SVIT, 3. Aufl., Art. 274g N 4a; hierzu weiterführend unten, Rz. 280 ff.

90 Steht das Mietobjekt im Gesamteigentum mehrerer Personen, so steht ihnen auch der Herausgabeanspruch zu gesamter Hand zu. Sie haben diesen gemeinsam, als notwendige Streitgenossenschaft,[260] geltend zu machen.[261] Bei Miteigentum indessen kann jeder Miteigentümer gestützt auf Art. 648 ZGB alleine klagen.[262] Das Rechtsbegehren lautet jedoch auf Rückgabe an alle Miteigentümer oder an den klagenden Miteigentümer als Vertreter aller Miteigentümer (sofern er dazu ermächtigt ist).[263] Das Urteil wirkt nur zwischen den Prozessparteien.[264]

IV. Besitzesschutz?

91 Es stellt sich schliesslich die Frage, ob sich der Gesuchsteller unter bestimmten Umständen auch auf den Besitzesschutz nach Art. 926 ff. ZGB[265] berufen kann. Mit einer Besitzesschutzklage kann sich der Besitzer einer Sache gegen denjenigen zur Wehr setzen, der ihm diese Sache durch verbotene Eigenmacht entzogen hat (Klage aus Besitzesentziehung, Art. 927 ZGB) oder der ihn in seinem Besitz durch verbotene Eigenmacht stört (Klage aus Besitzesstörung, Art. 928 ZGB). Zudem darf sich der Besitzer eines Grundstückes, das ihm heimlich oder gewaltsam entzogen wurde, dessen gemäss Art. 926 Abs. 2 ZGB durch sofortige Vertreibung des Täters wieder bemächtigen. Erlaubte Selbsthilfe nach Art. 926 Abs. 2 ZGB[266] ermöglicht tatsächliches Handeln ohne vorgängige gerichtliche Ermächtigung. Die Selbsthilfe muss jedoch unverzüglich erfolgen, also sobald der Besitzer Kenntnis vor der Besetzung erlangt oder erlangen konnte.[267] Sodann hat sich der Besitzer aller übermässigen Gewalt zu enthalten. Sind diese Voraussetzungen erfüllt, so ist das Vertreiben des Störers weder strafbar noch rechtswidrig.[268] Nachfolgend ist zu prüfen, ob und unter welchen Voraussetzungen eine Ausweisung aus einer Liegenschaft gestützt auf Besitzesschutz denkbar ist und insbesondere, ob diese Möglichkeiten auch dem Vermieter gegen seinen ehemaligen Mieter offen stehen.

---

260 Art. 70 Abs. 1 ZPO; BK ZPO-GROSS/ZUBER, Art. 70 N 12, 14.

261 BSK ZGB II-WIEGAND, Art. 641 N 44; BSK ZGB II-WICHTERMANN, Art. 652 N 9.

262 BK-MEIER-HAYOZ, Art. 648 N 8; BSK ZGB II-BRUNNER/WICHTERMANN, Art. 646 N 35 und Art. 648 N 8.

263 BSK ZGB II-WIEGAND, Art. 641 N 4.

264 BK-MEIER-HAYOZ, Art. 648 N 10.

265 Allenfalls i.V.m. Art. 937 Abs. 2 ZGB, wenn der Vermieter nicht auch als Eigentümer im Grundbuch eingetragen ist, so namentlich der Untervermieter.

266 Die sogenannte *«Besitzkehr»* oder *«Besitzkehrung»*.

267 BK-STARK, Art. 926 N 16; vgl. SPR-SUTTER-SOMM, N 1328.

268 KUKO ZGB-DOMEJ, Art. 926 N 20; BK-STARK, Art. 926 N 6.

Der Besitzesschutz schützt den Besitzer einer Sache. Mit Übergabe des Mietobjekts bei Antritt des Mietverhältnisses[269] wird der Mieter unselbstständiger, unmittelbarer Besitzer. Der vermietende Eigentümer bleibt selbstständiger, nun aber mittelbarer Besitzer (Art. 920 ZGB). Grundsätzlich können sich gegenüber Dritten beide auf den Besitzesschutz berufen.[270] Umstritten ist, ob die Klagen aus Besitzesschutz dem mittelbaren Besitzer auch gegen Störungen zustehen, die vom unmittelbaren Besitzer oder mit dessen Zustimmung von Dritten ausgehen.[271] Ein Anspruch des Vermieters aus Besitzesschutz gegen den Mieter, der ihm das Mietobjekt nach Beendigung des Mietverhältnisses vorenthält, wird von der ganz herrschenden Lehre[272] aus folgenden Gründen verneint: 92

Der Mieter hat das Mietobjekt bei Mietantritt mit dem Willen des Vermieters in Besitz genommen. Es wurde ihm freiwillig, gestützt auf den Mietvertrag, überlassen. Bereits die Eigenmacht des Mieters erscheint daher fraglich. Der Besitzesschutz dient sodann dem Schutz des Besitzes vor eigenmächtiger *Veränderung der Besitzverhältnisse*.[273] Er ist darauf gerichtet, den tatsächlichen Zustand, wie er vor der eigenmächtigen Handlung bestanden hat, wiederherzustellen.[274] Gibt der Mieter das Mietobjekt nicht zurück, ändert sich dadurch nichts an den tatsächlichen Besitzesverhältnissen.[275] Die Bestimmungen zum Besitzesschutz sind daher nicht einschlägig. Drittens ist Gegenstand der Besitzesschutzklage der tatsächliche Besitz und nicht das dahinter stehende Recht. Daher steht die Besitzesschutzklage nach herrschender Lehre dem mittelbaren Besitzer gegen den unmittelbaren Besitzer nur dann offen, wenn nicht die rechtliche Frage nach dem Umfang bzw. dem Fortbestand des unselbstständigen Besitzes betroffen ist.[276] Mit anderen Worten schliesst gerade die strittige 93

[269] Art. 253 Abs. 1 OR.

[270] BSK ZGB II-ERNST, Vor Art. 926–929 N 21; SPR-HINDERLING, S. 451; KUKO ZGB-DOMEJ, Art. 926 N 7; vgl. ZK-HOMBERGER, Art. 927 N 5.

[271] SPR-HINDERLING, S. 451.

[272] BK-STARK, Vorbem. Besitzesschutz zu Art. 926–929, N 60; ZK-HOMBERGER, Art. 927 N 22; ZK-HIGI, Art. 267 N 17; BSK OR I-WEBER, Art. 267 N 1; HÜRLIMANN-KAUP, N 153, 165; DUCROT 2006, S. 57; HOHL, mp 1997, S. 2 f.; RAJOWER, S. 797 f.; SPR-HINDERLING, S. 451 f. SPR-SUTTER-SOMM, N 1319; a. A. CHK-HEINRICH, Art. 267–267a OR N 4.

[273] BSK ZGB II-ERNST, Vor Art. 926–929 N 2.

[274] Vgl. BSK ZGB II-ERNST, Vor Art. 926–929 N 3 und Art. 928 N 10.

[275] BK ZGB II-STARK, Vorb. Besitzesschutz zu Art. 926–929 N 60; HÜRLIMANN-KAUP, N 165; DUCROT 2006, S. 57 mit Hinw.

[276] BK ZGB II-STARK, Vorb. Besitzesschutz zu Art. 926–929, N 57, 60 m.Hinw.; BSK ZGB II-ERNST, Vor Art. 926–929, N 22; HÜRLIMANN-KAUP, N 200; SPR-HINDERLING, S. 451; SPR-SUTTER-SOMM, N 1319.

Beendigung des Mietverhältnisses bzw. der strittige obligatorische Rückgabeanspruch des Vermieters eine Besitzesschutzklage aus.[277]

94 Der Vermieter kann sich somit für die Ausweisung seines ehemaligen Mieters nicht auf den Besitzesschutz berufen. Gleiches gilt auch im Verhältnis zwischen Mieter und Untermieter und zwischen Vermieter und Untermieter.[278]

95 Mittels Besitzesschutzklage und können sich indessen sowohl der Vermieter als auch der Mieter gegen jeden Dritten zur Wehr setzen, der ihnen das Mietobjekt ohne Rechtsgrundlage *eigenmächtig* entzogen bzw. besetzt hat. Gegen solche Hausbesetzer wäre grundsätzlich auch erlaubte Selbsthilfe nach Art. 926 Abs. 2 ZGB möglich, sofern *sofort* gehandelt wird.[279] Allerdings ist ein solches Vorgehen bereits mit Blick auf die praktische Umsetzung und der Einschränkung in Art. 926 Abs. 3 ZGB *(«Er* [erg.: der Besitzer] *hat sich dabei jeder nach den Umständen nicht gerechtfertigten Gewalt zu enthalten.»)*[280] nicht zu empfehlen.

V. Im Besonderen: Anspruchsgrundlage gegenüber Untermietern

1. Vorbemerkung

96 In der Praxis nutzen oft verschiedene Personen dieselben Räumlichkeiten in unterschiedlichen Eigenschaften und Rechtsstellungen. Beispielsweise kann der Eigentümer einer Liegenschaft diese im Ganzen an einen Verein vermieten. Der Verein wiederum vermietet die einzelnen Wohnungen seinem Zweck entsprechend an einen bestimmten Personenkreis. Der Mieter einer solchen Wohnung beschliesst sodann, eine weitere Person bei sich aufzunehmen oder die Wohnung jemand anderem für einige Monate zu überlassen. Erweist sich

---

277 BK ZGB-STARK, Vorb. Besitzesschutz zu Art. 926–929 N 60; ZK-HIGI, Art. 267 OR, N 17 f.; SPR-SUTTER-SOMM, N 1319, je m. w. Hinw; BGer 5P.122/2004 vom 29. Juni 2004 m. Hinw.

278 Zum Anspruch des Vermieters gegenüber dem Untermieter ausführlich unten, Rz. 96 ff.

279 Die *«Besitzkehr»* oder *«Besitzkehrung»* setzt eine Reaktion innert kurzer Zeit *(«sofort im Anschluss an die Entziehung»)* voraus; SPR-SUTTER-SOMM, N 1328; vgl. BSK ZGB II-ERNST, Art. 926 N 6.

280 Zur zulässigen Intensität der Selbsthilfe SPR-SUTTER-SOMM, N 1330. In der Praxis wird der Besitzer zunächst die Polizei einschalten. Ist eine Klärung der Situation mit deren Hilfe nicht möglich, so wird es dem Besitzer der Liegenschaft in aller Regel zumutbar sein, den Weg über das Gericht einzuschlagen.

nun der aktuelle Bewohner (oder Mitbewohner) als für die Nachbarn unzumutbar, wird der Verein versuchen, diesen im Interesse des Hausfriedens aus der Wohnung zu weisen. In solchen und ähnlichen Konstellationen kann bereits die Anspruchsgrundlage Fragen aufwerfen.

2. Anspruchsgrundlagen nach Auflösung des Hauptmietverhältnisses

Eine Untervermietung ohne Zustimmung des Vermieters kann eine ausseror- 97
dentliche Kündigung des (Haupt-)Mietvertrages rechtfertigen.[281] Sodann hat der Mieter auch für das Verhalten seines Untermieters einzustehen. Mangelnde Sorgfalt und Rücksichtnahme des Untermieters können den Vermieter daher ebenfalls zu einer Kündigung des (Haupt-)Mietvertrags berechtigen.[282] Mit dem Hauptmietvertrag endet auch die Berechtigung des Untermieters zum Verbleib im Mietobjekt.[283] Der Eigentümer der Liegenschaft kann dann sowohl gegenüber Mieter als auch gegenüber Untermieter auf dem Wege der Vindikation vorgehen.[284]

Der Vermieter, welcher nicht gleichzeitig Eigentümer des Mietobjekts ist (im 98
obgenannten Beispiel: der Verein), findet sich jedoch unter Umständen in einer schwierigen Situation wieder. Wohl hat er einen mietvertraglichen Rückgabeanspruch aus Art. 267 OR gegen seinen Mieter. Die Rechtslage gegenüber Drittpersonen, welche das Mietobjekt mit Einverständnis des Mieters nutzen, stellt ihn jedoch vor gewisse Herausforderungen. Ein dinglicher Herausgabeanspruch aus Art. 641 Abs. 2 ZGB steht neben dem Eigentümer immerhin demjenigen zu, welcher ein dingliches Recht an der Sache innehat, allen voran dem Nutzniesser.[285] Einem Vermieter, der sich seinerseits aber nur auf ein obligatorisches Recht an der Sache stützen kann, ist der Weg über Art. 641 Abs. 2 ZGB verwehrt. Insbesondere ist der Vindikationsanspruch des Eigentümers ohne Übereignung der Sache selbst auch nicht abtretbar.[286] Ein Geltendmachen des Vindikationsanspruches des Eigentümers durch den Vermieter im Sinne einer Prozessstandschaft scheitert daran, dass das Schweizer

281 Unten, Rz. 169.
282 Unten, Rz. 167.
283 Zum Ganzen unten, Rz. 230 ff. Der Untermietvertrag kann den Hauptmietvertrag grundsätzlich nicht überdauern.
284 Oben, Rz. 87 ff.
285 Oben, Rz. 87.
286 BGE 132 III 155 E. 6, insb. E. 6.2.3; SPR-SUTTER-SOMM, N 67.

Recht die gewillkürte Prozessstandschaft nicht zulässt.[287] Auch ein Vorgehen über den Besitzesschutz ist mangels Eigenmacht des Dritten, der den Besitz vom Mieter eingeräumt erhalten hat, nicht zielführend.[288]

99 In der Lehre wird immerhin gegen den Untermieter ein vertraglicher Anspruch gestützt auf Art. 262 Abs. 3 OR *analog* vertreten.[289] Ein solcher mietrechtlicher Anspruch erscheint sachgerecht, insbesondere, da im Rahmen des Ausweisungsverfahrens hier allenfalls auch zu prüfen ist, ob ein missbräuchliches Konstrukt im Sinne von Art. 273b OR vorliegt: Dient die Untermiete lediglich dazu, den Kündigungsschutz des Untermieters auszuhebeln, so tritt der Hauptvermieter in ein direktes Mietverhältnis mit dem Untermieter.[290] Es ist daher sinnvoll, auch zwischen Vermieter und Untermieter das mietrechtliche Verfahren für anwendbar zu erklären[291] und den Herausgabeanspruch auf eine zumindest quasimietvertragliche Grundlage zu stellen.

100 Ob zwischen dem Mieter und dem Dritten ein (entgeltliches) Untermietverhältnis vorliegt, ist für den Vermieter freilich schwer zu beurteilen. Es wäre daher zu fordern, dass sich dieser analoge vertragliche Anspruch auch auf weitere Personen erstrecken sollte, denen der Mieter Besitz am Mietobjekt eingeräumt hat, sei es, dass er sie als Mitbewohner bei sich wohnen lässt oder ihnen die Wohnung ganz überlässt. Auf den Rechtsgrund zwischen dem Mieter und dem Dritten, namentlich auf die Entgeltlichkeit, sollte es nicht ankommen. Wird die analoge Anwendung von Art. 262 Abs. 3 OR in diesen Fällen abgelehnt,[292] bleibt dem Vermieter lediglich übrig, den Eigentümer der Liegenschaft dazu zu veranlassen, seinerseits die nötigen Schritte einzuleiten.[293] Allenfalls kann er sich auch von jenem bevollmächtigen lassen und als sein Vertreter im Verfahren gegen den *«Störer»* auftreten.

---

287 BGE 137 III 293 E. 3.2; BGer 4A_250/2016 vom 11. August 2016 E. 5.2; die Prozesstandschaft gibt es nur in den gesetzlich vorgesehenen Fällen; zum Ganzen ausführlich LÖTSCHER, Rz. 606 ff., insb. 655 f.

288 Oben, Rz. 93.

289 BSK OR I-WEBER, Art. 267 N 1; SVIT, Art. 262 N 48; HOHL, mp 1997, S. 4; BGE 120 II 112 E. 3 b) cc) ddd); BGer Entscheid 4C.251/1998 vom 22. Oktober 1998 E. 3 (mp 1999, S. 46 f.; vgl. aber BGE 117 II 65 (Pra 81 (1992) Nr. 81) E. 2. b).

290 Art. 273b Abs. 2 OR; zum Ganzen unten, Rz. 230 ff.

291 Vgl. BGE 120 II 112 E. 3 b) cc) ddd).

292 Solange diese Frage nicht geklärt ist, erscheint in solchen Konstellationen ein Vorgehen im Verfahren um Rechtsschutz in klaren Fällen mangels klarer Rechtslage in Bezug auf die Anspruchsgrundlage höchst riskant, wenn nicht aussichtslos.

293 Oben, Rz. 97.

3. Anspruchsgrundlagen gegen den Untermieter im bestehenden Hauptmietverhältnisses

In besonderen Konstellationen kann sich die Frage stellen, ob der Vermieter einer Liegenschaft einen unliebsamen Untermieter oder Mitbewohner des Mieters auch während bestehendem Hauptmietverhältnis ausweisen lassen kann. 101

Wenn der zum Besitz Berechtigte die Sache einem Dritten unbefugt überlassen hat, kann der Eigentümer von diesem Dritten die Rückgabe an den Berechtigten verlangen.[294] Die Zulässigkeit der Ausweisung von einzelnen Mitbewohnern des Mieters während des laufenden Mietvertrages hängt also davon ab, ob der Mieter befugt war, diese in die Wohnung aufzunehmen. 102

Gemäss Art. 262 Abs. 2 OR darf der Vermieter seine Zustimmung zur Untermiete nur aus bestimmten, gesetzlich vorgesehenen Gründen verweigern. Ein generelles Untersagen der Untermiete im Mietvertrag ist nicht zulässig.[295] Die Zustimmung des Vermieters ist nach ganz herrschender Lehre kein Gültigkeitserfordernis für den Untermietvertrag.[296] Indessen ist eine Untervermietung trotz begründeter Verweigerung der Zustimmung des Vermieters ein unbefugtes Überlassen der Sache an den Untermieter. Nach der hier vertretenen Auffassung kann der Eigentümer der Liegenschaft in diesem Fall daher eine Ausweisung eines Untermieters gestützt auf Art. 641 Abs. 2 ZGB erwirken. Er hat sowohl die Verweigerung der Zustimmung als auch den zulässigen Grund hierfür nachzuweisen. 103

Anders zeigt sich die Situation bei der Aufnahme von engen Familienmitgliedern[297] und Lebenspartnern in die Wohnung. Dies ist nach heute herrschender Ansicht ohne Weiteres zulässig.[298] Entstehen dem Vermieter (insb. durch eine Überbelegung der Wohnung)[299] Nachteile, kann dies ein Grund sein, das Miet- 104

---

[294] BSK ZGB II-WIEGAND, Art. 641 N 50 mit Bezug auf § 986 Abs. 1 BGB; CHK ZGB-ARNET/BELSER, Art. 641 N 36; vgl. auch KUKO ZGB-DOMEJ, Art. 641 N 16.

[295] Statt vieler SVIT, Art. 262 N 1 m. Hinw.

[296] ZK-HIGI, Art. 262 OR N 16 m. Hinw.; CHK-HEINRICH, Art. 262 OR N 4; vgl. BSK OR I-WEBER, Art. 262 N 3 ff.

[297] Vgl. Art. 163 ZGB; Art. 276 und 277 Abs. 2 ZGB.

[298] SVIT, Art. 262 N 4; Anders noch ZK-HIGI, Art. 262 N 11, welcher einen vertraglichen Ausschluss der Aufnahme von Lebenspartnern, nicht aber von Ehegatten, zulassen wollte.

[299] Vgl. SVIT, Art. 262 N 6, wonach der Vermieter *«im Rahmen der Vertragsfreiheit»* frei ist, den Verwendungszweck und bei der Wohnraummiete insbesondere die Anzahl der Benutzer restriktiv vorzuschreiben *«(etwa: höchstens 5 Personen, davon höchstens 3 Kinder, keine Haustiere)»*.

verhältnis zu kündigen. Die Ausweisung einzelner Angehöriger des Mieters in bestehendem Mietverhältnis erscheint hingegen weder zulässig noch sinnvoll.

105 Von einer Mindermeinung in der Lehre wird schliesslich vertreten, Art. 262 Abs. 3 OR analog verschaffe dem Vermieter einen vertraglichen Anspruch auf Ausweisung des unerlaubten Untermieters auch während bestehendem Hauptmietverhältnis.[300] Diese extensive Auslegung von Art. 262 Abs. 3 OR ist indessen abzulehnen;[301] Art. 262 Abs. 3 OR bezieht sich auf die Ausübung des Gebrauchs der Mietsache durch den Untermieter – er darf die Sache nicht anders gebrauchen, als es auch dem Mieter gestattet ist. Der Vermieter kann den Untermieter unmittelbar *dazu* anhalten. Diese Bestimmung kann nicht dazu dienen, den unbewilligten Untermieter auszuweisen, solange der Hauptmietvertrag noch besteht. Dies muss auch dann gelten, wenn die Zustimmung des Vermieters zur Untermiete fehlt, denn dies berührt die Gültigkeit des Untermietvertrags nicht.[302] Der Vermieter, der nicht zugleich Eigentümer ist, hat sich daher, solange das Hauptmietverhältnis andauert, an seinen Mieter zu halten.

106 Bei einer unzulässigen Untermiete und einem unzumutbaren Untermieter kann der Vermieter vom Mieter insbesondere verlangen, den Untermietvertrag aufzulösen. Nach Auflösung des Untermietvertrages hat der Untervermieter einen vertraglichen Rückgabeanspruch gegen den Untermieter gestützt auf Art. 267 Abs. 1 OR. Diesen kann er selbst vor Gericht durchsetzen oder an den Vermieter abtreten. Der Vermieter, welcher gleichzeitig Eigentümer des Mietobjekts ist, kann sich nun auch auf Art. 641 Abs. 2 ZGB berufen, denn der Untermieter hat nach Wegfall seines Mietvertrages dem nichts mehr entgegen zu setzen.

---

300 CERUTTI, S. 118; in BGE 120 II 112 E. 3 b) cc) ddd) – allerdings im Zusammenhang mit einem abgelaufenen Mietverhältnis – als vertretbar bezeichnet.

301 Insbesondere stellt sich hier, wo weder Hauptmietvertrag noch Untermietvertrag aufgelöst sind, nicht die Frage nach einem unzulässigen Zusammenwirken von Vermieter und Untervermieter im Sinne von Art. 273b Abs. 2 OR (vgl. oben, Rz. 99).

302 CERUTTI, S. 118, bezieht sich auf ZK-SCHÖNENBERGER/SCHMID, Art. 264 aOR N 18; Art. 264 Abs. 2 und 3 aOR entsprechen dem heutigen Art. 262 Abs. 3 OR. Indessen weichen Art. 262 Abs. 1 und 2 OR von Art. 264 aOR ab.

§ 6 Die Beendigung des Mietverhältnisses

I. Vorbemerkung

Solange zwischen den Parteien ein Mietverhältnis besteht, hat der Vermieter keinen Anspruch auf Rückgabe des Mietobjekts. Regelmässig ist im Ausweisungsverfahren vorfrageweise das Bestehen bzw. die Beendigung eines Mietverhältnisses zu beurteilen.[303] Diese Vorfrage bildet dann üblicherweise auch den eigentlichen Kern des Entscheides. 107

II. Beendigung durch Zeitablauf (Befristung)

1. Echte und unechte Befristung

Das Mietverhältnis kann befristet oder unbefristet sein.[304] Ein befristeter Mietvertrag liegt vor, wenn die Parteien eine bestimmte Dauer oder einen bestimmten Endtermin vereinbart haben und das Mietverhältnis mit Ablauf dieser Dauer bzw. am vereinbarten Termin ohne Kündigung enden soll.[305] Dies muss nicht ausdrücklich oder gar schriftlich, sondern kann auch stillschweigend vereinbart werden.[306] Beruft sich der Vermieter zur Begründung seines Rückgabeanspruches auf das Vorliegen eines befristeten Mietvertrages, so muss er im Bestreitungsfalle diese Vereinbarung nachweisen, andernfalls von einem unbefristeten Mietverhältnis auszugehen ist.[307] Wird auf den vertraglich vereinbarten Beendigungstermin – unnötigerweise – eine ordentliche Kündigung ausgesprochen, so führt dies nicht zur Umdeutung des befristeten in ein unbefristetes Mietverhältnis.[308] 108

Die Parteien können auch bei einem befristeten Mietvertrag eine vorzeitige ein- oder beidseitige Kündigungsmöglichkeit vereinbaren.[309] Fehlt aber eine solche Parteivereinbarung, ist der Mietvertrag während seiner Laufzeit nicht 109

[303] Dabei handelt es sich in der Regel um ein Mietverhältnis zwischen den Parteien. Bei der Ausweisung eines Untermieters kann die Beendigung des Mietverhältnisses des Hauptmieters entscheidend sein.

[304] Art. 255 Abs. 1 OR.

[305] Art. 255 Abs. 2, Art. 266 Abs. 1 OR.

[306] Art. 266 Abs. 1 OR.

[307] Vgl. Art. 255 Abs. 3 ZGB.

[308] BLUMER, N 1011; SVIT, Art. 266 N 18 m. Hinw. auf BGE 121 III 260 E. 5b (mp 1996, S. 59 ff. und MRA 96, S. 15 ff.).

[309] SVIT, Art. 255 N 9.

ordentlich kündbar.[310] Eine ausserordentliche Kündigung, beispielsweise aus wichtigem Grund nach Art. 266g OR, wegen Zahlungsverzugs nach Art. 257d OR oder wegen mangelnder Sorgfalt und Rücksichtnahme nach Art. 257f OR, ist hingegen auch beim befristeten Mietvertrag möglich.[311]

110 Ein befristetes Mietverhältnis kann grundsätzlich unter denselben Voraussetzungen wie ein unbefristeter Mietvertrag erstreckt werden.[312] Das Erstreckungsgesuch ist spätestens 60 Tage vor Ablauf der Vertragsdauer bei der Schlichtungsbehörde einzureichen.[313]

111 Eine sogenannte «unechte Befristung» liegt vor, wenn eine bestimmte Mindestdauer vereinbart wurde (z.B. «Der Mietvertrag wird für eine feste Dauer von fünf Jahren abgeschlossen und verlängert sich danach jeweils um ein weiteres Jahr, wenn er nicht vorher von einer Partei gekündigt wird.» oder «Der Mietvertrag kann frühestens auf den 30. Juni 2020 gekündigt werden.»).[314] Zur Beendigung eines solchen Mietvertrages bedarf es in jedem Fall einer Kündigung. Es handelt sich um einen unbefristeten Vertrag.

112 *«Ewige Mietverträge»* sind nach Art. 27 Abs. 2 ZGB unzulässig. Die Lehre nimmt Teilnichtigkeit im Sinne von Art. 20 Abs. 2 OR an. Auch eine übermässig lange Vertragsdauer kann im Extremfall in Anwendung von Art. 27 Abs. 2 ZGB reduziert werden.[315]

2. Verlängerungsoptionen

113 Insbesondere befristete Mietverträge über Geschäftsräumlichkeiten werden häufig mit einer Klausel versehen, die es einer Partei (in der Regel dem Mieter) erlaubt, die Vertragslaufzeit durch einseitige Willenserklärung einmal oder wiederholt um eine bestimmte Dauer zu verlängern.

---

310 Art. 266a Abs. 1 *e contrario*. Eine ordentliche Kündigung wäre nichtig. Immer zulässig ist eine Aufhebungsvereinbarung. Eine ordentliche Kündigung während der Vertragslaufzeit kann als Offerte hierzu umgedeutet werden, eine ordentliche Kündigung auf einen Zeitpunkt nach Ablauf der festen Vertragsdauer allenfalls als Offerte zur Vertragsverlängerung, so LACHAT/ THANEI, Rz. 24.3.10.

311 BSK OR I-WEBER, Art. 255 N 2; ZK-HIGI, Art. 255 N 48.

312 Ausgeschlossen ist die Erstreckung bei Kündigungen wegen Zahlungsausstand (Art. 257d OR), wegen schwerer Verletzung der Pflicht zur Sorgfalt und Rücksichtnahme und wegen Konkurs des Mieters (Art. 272a Abs. 1 lit. a bis c).

313 Art. 273 Abs. 2 lit. b OR.

314 Eine vertragliche Mindestdauer wird insbesondere im Hinblick auf Art. 269b und 269c OR vereinbart.

315 Zum Ganzen BSK OR I-WEBER, Art. 255 N 8; SVIT, Art. 255 N 26.

Der Vertrag, der durch die Optionsausübung zustande kommt, ist ein aufschiebend bedingtes Rechtsgeschäft. Er muss daher bereits vor Ausübung der Option (dem Eintritt der Bedingung) hinsichtlich aller objektiv und subjektiv wesentlichen Punkte hinreichend bestimmt sein. Es genügt indessen, dass der Mietzins nach objektiven Kriterien *bestimmbar* ist.[316] Ein Verweis auf den *«dannzumaligen ortsüblichen Mietzins»* kann dazu genügen.[317] Ist hingegen der Mietzins für die Verlängerungsdauer neu auszuhandeln, handelt es sich lediglich um eine sog. *«unechte»* Option, denn kommt kein Konsens über den Mietzins zu Stande, verlängert sich der Vertrag nicht.[318] 114

---

316 BGer 4A_111/2009 vom 4. Juni 2009 E. 2.1.

317 BGer 4A_551/2008 vom 12. Mai 2009 E. 5.2. (*«Gemäss [...] des Mietvertrags gilt für den verlängerten Vertrag der Mietzins, der am Ort für gleichartige Parzellen üblich ist. [...] Der insoweit klare Wortlaut der Klausel gibt keinen Anhaltspunkt dafür, dass der Mietzins nach der Optionsausübung Gegenstand von Verhandlungen oder einseitiger Anpassung bilden, also vom Willen einer oder beider Parteien abhängig sein soll. Vielmehr ist die Höhe des Mietzinses allein durch das objektive Kriterium der Ortsüblichkeit bestimmt. Nach Treu und Glauben sind als am Ort gleichartige Parzellen zunächst tatsächlich vermietete Grundstücke zu verstehen, die hinsichtlich Art, Grösse, Erschliessung, Beschaffenheit und Lage vergleichbar sind. Lässt sich dadurch eine tatsächliche Vergleichsbasis ermitteln, ist der Mietzins ohne weiteres bestimmbar und der Vertragsinhalt im Moment der Optionsausübung hinreichend fixiert. Besteht keine solche Vergleichsbasis, lässt der im Lichte des favor negotii ausgelegte Wortlaut der Klausel jedoch auch ein Abstellen auf eine hypothetische Vergleichsbasis zu, mithin auf einen ortsüblichen Mietzins, der gestützt auf statistische Erhebungen oder eine nach anerkannten Methoden der Immobilienbewertung durchgeführte Ertragswertschätzung zu ermitteln ist. Somit ist auch bei Fehlen einer tatsächlichen Vergleichsbasis von einer hinreichenden Bestimmbarkeit des Mietzinses auszugehen. Die Vorinstanz hat daher das Zustandekommen einer Vertragsverlängerung zu Recht bejaht.»);* vgl. aber BGer 4C.152/2004 vom 9. Juli 2004 E. 3.2 (*«Nach der [...] Abrede ist die Vermieterin bei rechtzeitiger Ausübung des Optionsrechts berechtigt, den Mietzins auf Beginn der Optionsdauer [...] den dannzumal herrschenden orts- und quartierüblichen Verhältnissen anzupassen. Daraus erhellt, dass bei Ausübung des Optionsrechts über ein essentiale negotii, den Mietpreis, noch keine Gewissheit bestand. Unter diesen Umständen vermochte die Erklärung der Beklagten vom [...] das Inkrafttreten eines neuen auf fünf Jahre befristeten Mietvertrages nicht auszulösen. Die Parteien haben sich im Anschluss an die Erklärung über die Ausübung der Option auch nicht über die Höhe des Mietzinses, der während einer neuen fünfjährigen Mietdauer gelten sollte, ins Einvernehmen gesetzt.»).*

318 SVIT, Vorbemerkungen Art. 266–266o, N 48; BGer 4A_551/2008 vom 12. Mai 2009 E. 5.1; BGer 4A_111/2009 vom 4. Juni 2009 E. 2.1 m. Hinw.; BGer 4C.152/2004 vom 9. Juli 2004 E. 3.2 (*«Sehen die Parteien vor, dass über die Höhe des Mietzinses nach Ausübung der eingeräumten Befugnis erst verhandelt wird, liegt keine Option im dargelegten Sinne vor, da die einseitige Erklärung nicht bereits Vereinbartes in Gang setzt. Denn in derartigen Konstellationen wirkt die Ausübungserklärung nicht unmittelbar rechtsgestaltend, was aber für eine echte Option unabdingbar wäre»);* a. A. LACHAT/THANEI, Rz. 24.3.9, wonach eine Verlängerung zu Stande kommt und der Mietzins richterlich festgelegt werden soll.

115 Form und Frist für die Ausübung der Option sind in der Regel vertraglich vereinbart.[319] Besteht keine abweichende Parteiabrede, muss die Option als empfangsbedürftige Willenserklärung innert der vereinbarten Frist beim Empfänger eintreffen. Sodann ist die Ausübung der Option als Gestaltungsrecht bedingungsfeindlich und unwiderruflich, sobald sie den Empfänger erreicht hat.

3. Stillschweigende Fortsetzung nach Ablauf der festen Vertragsdauer

116 Wird ein befristeter Mietvertrag nach Ablauf der vereinbarten Dauer stillschweigend fortgesetzt, so gilt er nach Art. 266 Abs. 2 OR als unbefristetes Mietverhältnis. Diese gesetzliche Vermutung kommt dann zum Tragen, wenn der Mieter das Mietobjekt nach dem vereinbarten Beendigungszeitpunkt mit dem Wissen und ohne den Widerspruch des Vermieters weiterbenutzt, Mietzins wie bis anhin entrichtet und dieser vom Vermieter auch vorbehaltlos entgegen genommen wird.[320] Der Vermieter kann die gesetzliche Vermutung umstossen, indem er nachweist, dass er den Mieter nach Ablauf der Vertragsdauer innert angemessener Frist zum Auszug aufgefordert und, soweit erforderlich, zügig ein Ausweisungsbegehren gestellt hat.[321]

4. Kettenmietverträge

117 Es ist möglich, dass die Parteien nach Ablauf eines befristeten Mietvertrags den Vertrag einvernehmlich um eine weitere feste Dauer verlängern bzw. einen neuen, erneut befristeten Mietvertrag abschliessen. Dies kann auch mehrmals wiederholt werden.

118 Nach bundesgerichtlicher Rechtsprechung sind solche Kettenmietverträge unter dem Vorbehalt der Gesetzesumgehung zulässig.[322] Eine verbotene Gesetzesumgehung liegt dann vor, wenn der Vermieter beabsichtigt, ein langfristiges Mietverhältnis einzugehen, aber ein System von befristeten Mietverträgen wählt mit dem einzigen Zweck, zwingende gesetzliche Bestimmungen ausser

---

[319] Bsp. *«per Einschreiben spätestens 6 Monate vor Ablauf der Vertragsdauer.»* Zur Überprüfung der Berufung auf einen Schriftformvorbehalt auf Rechtsmissbräuchlichkeit BGE 138 III 123 E. 2.4.2.

[320] BGer 4C.331/2002 vom 3. Februar 2003 E. 2.1; BGE 119 II 147 E. 5; BSK OR I-WEBER, Art. 255 N 5; SVIT, Art. 266 N 14; LACHAT/THANEI, Rz. 24.3.13, je m. w. Hinw.

[321] Vgl. SVIT, Art. 266 N 17; vgl. unten Rz. 600 f.

[322] BGE 139 III 145 (= Pra 102 [2013], Nr. 96) E. 4; BGer A_104/2013 vom 7. August 2013 E. 2.1; BGer 4A_423/2013 vom 13. November 2013 E 5.2.4.

Kraft zu setzen.[323] Zu diesen Bestimmungen zählen die Bestimmungen gegen missbräuchliche Mietzinse oder missbräuchliche Kündigungen.[324] Indessen ist insbesondere eine Erstreckung auch bei einem befristeten Mietverhältnis möglich.[325] Das Vorliegen einer Gesetzesumgehung muss diejenige Partei beweisen, welche sich auf die Bestimmung beruft, die mithilfe des Kettenmietvertrages umgangen worden sein soll,[326] im Ausweisungsverfahren also der Mieter.[327] Die Situation bei Mietverhältnissen unterscheidet sich insbesondere von derjenigen im Arbeitsrecht: Bei Ketten*arbeits*verträgen wird eine Gesetzesumgehung bzw. ein Rechtsmissbrauch vermutet, wenn die Aneinanderreihung mehrerer befristeter Arbeitsverhältnisse nicht auf einem sachlichen Grund beruht.[328] Allerdings erfordert auch die Beantwortung der Frage, ob es sich bei einem Kettenmietvertrag um eine Gesetzesumgehung handelt, eine Berücksichtigung der konkreten Umstände des Einzelfalles.[329]

5. Resolutivbedingungen

Die Parteien können die Dauer bzw. das Ende des Mietverhältnisses vom gewissen oder ungewissen Eintritt eines bestimmten Ereignisses abhängig machen. 119 Ist nur der Zeitpunkt des Eintritts eines Ereignisses ungewiss, der Eintritt des Ereignisses aber sicher (beispielsweise der Tod einer der Vertragsparteien), so liegt eine besondere Art der Befristung vor *(«dies incertus quando»)*. Ist unsicher, ob das Ereignis überhaupt eintreten wird (beispielsweise der Verkauf oder Abbruch der Liegenschaft oder der Erhalt einer Baubewilligung), handelt es sich um eine echte Bedingung.[330] Ein Teil der Lehre vertritt die Auffassung, dass bei einem befristeten Mietvertrag über Wohn- und Geschäftsräume die Vertragsdauer aufgrund des Kündigungsschutzes und der gesetzlichen Fristen für die Mieterstreckung stets eindeutig bestimmt sein müsse, andernfalls (unter Annahme einer Teilnichtigkeit nach Art. 20 Abs. 2 OR) von

323 BGE 139 III 145 (= Pra 102 [2013] Nr. 96) E. 4.2.4; BGer 4A_423/2013 vom 13. November 2013 E 5.2.

324 BGE 139 III 145 (= Pra 102 [2013] Nr. 96) E. 4.2.4.

325 Art. 271 Abs. 3 OR. Im Einzelfall ist aber denkbar, dass der Vermieter durch wiederholten Abschluss von befristeten Verträgen mit sehr kurzer Mietdauer den Mieter davon abhält, rechtzeitig innert der 60 Tage vor Ablauf des Mietvertrages bei der Schlichtungsstelle eine Erstreckung zu verlangen.

326 BGE 139 III 145 (= Pra 102 [2013] Nr. 96) E. 4.2.4.

327 Zum Rechtsschutz in klaren Fällen unten, Rz. 483.

328 Zum Ganzen BGE 129 III 618 (= Pra 96 [2004] Nr. 66) E. 6; STREIFF/VON KAENEL/RUDOLPH, Art. 334 N 7 m. w. Hinw.

329 BGE 139 III 145 (= Pra 102 [2013] Nr. 96) E. 4.2.4. i.f.; BGer 4A_423/2013 vom 13. November 2013 E 5.2.1.

330 SCHWENZER, OR AT, N 11.02.

einem unbefristeten Mietvertrag auszugehen sei.[331] Die herrschende Lehre und die bundesgerichtliche Rechtsprechung hingegen lassen auch echte Resolutivbedingungen auch bei Wohn- und Geschäftsraummiete grundsätzlich zu.[332]

120 Der Umgang mit einem resolutiv bedingten Mietverhältnis ist in der Lehre umstritten.[333] Nach der Rechtsprechung des Bundesgerichts ist ein solcher Vertrag auf bestimmte Zeit abgeschlossen und damit befristet im Sinne von Art. 255 Abs. 2 OR; er wird daher mit Eintritt der Bedingung unmittelbar – ohne Kündigung – aufgelöst.[334] Die Vereinbarung einer Resolutivbedingung ist namentlich auch dann grundsätzlich zulässig, wenn der Eintritt der Bedingung (z.B. Verkauf der Liegenschaft) unter anderem vom Willen des Vermieters abhängt.[335] Grenze muss freilich auch hier die missbräuchliche Umgehung zwingender mietrechtlicher Schutzbestimmungen bilden.

121 Als befristetes Mietverhältnis im Sinne von Art. 255 Abs. 2 OR ist der Mietvertrag bis zum Eintritt der Bedingung nicht ordentlich kündbar, sofern die Parteien nichts anderes vereinbart haben.[336] Ausserordentliche Kündigungen sind hingegen möglich.[337]

122 Hat eine Partei den Eintritt der Bedingung wider Treu und Glauben verhindert, gilt sie nach Art. 156 OR als eingetreten. Ist das Ereignis eingetreten, ohne dass die Parteien reagiert haben, oder kann das Ereignis nicht mehr eintreten,

---

331 BSK OR I-WEBER, Art. 255 N 3; ZK-HIGI, Art. 255 N 35, je mit Hinw. Nach dieser Auffassung wäre ein Mietvertrag auf Lebenszeit des Mieters ein unbefristeter Mietvertrag oder ein Mietvertrag mit einer Mindestdauer (bis zum Tod des Mieters); vgl. LACHAT/THANEI, Rz. 24.3.5 f,

332 Dazu sogleich.

333 Die herrschende Lehre geht von einem befristeten Mietverhältnis im Sinne von Art. 255 Abs. 2 OR aus: SVIT, Art. 255 N 18; PERMANN, Art. 255 N 8 f. m. zahlr. Hinw. Nach Auffassung von BSK OR I-WEBER, Art. 255 N 4 f., genügt das auflösend bedingte Mietverhältnis den gesetzlichen Anforderungen an eine *vereinbarte Dauer* nicht. Er nimmt daher ein unbefristetes Mietverhältnis mit Mindestdauer bis zum Bedingungseintritt und die Notwendigkeit einer Kündigung für die Vertragsbeendigung an. Ähnlich ZK-HIGI, Art. 255 N 44 f., wonach der Eintritt der Bedingung erst zu einer Kündigung berechtigt und während der Schwebezeit und erst recht mit Ausfall der Bedingung ein unbefristetes Mietverhältnis anzunehmen sei. Vgl. auch LACHAT/THANEI, Rz. 24.3.6.

334 BGE 121 III 260 E. 5a (mp 1996, S. 59 ff. und MRA 96, S. 15 ff.); BGer 4A_423/2013 vom 13. November 2013 E. 5.

335 BGer 4A_423/2013 vom 13. November 2013 E. 5.1.

336 Art. 266a Abs. 1 OR *e contrario.* Hier kann sich die Problematik der *«ewigen Mietverhältnisse»* stellen (LACHAT/THANEI, Rz. 24.3.7; Beispiel bei BSK OR I-WEBER, Art. 255 N 8 und BOHNET/CONOD, Rz. 8: Mietvertrag auf die Dauer des Bestehens einer juristischen Person; vgl. auch die Beispiele bei ZK-HIGI, Art. 255 N 53); zum *«ewigen Mietvertrag»* oben, Rz. 112.

337 Dazu oben, Rz. 109.

so wird das Mietverhältnis nach Art. 266 Abs. 2 OR stillschweigend als unbefristetes Mietverhältnis fortgesetzt.[338]

Weitgehend Einigkeit besteht, dass auch ein resolutiv bedingtes Mietverhältnis erstreckbar sein muss. Das Gesetz weist in diesem Fall hinsichtlich der Klageeinreichung eine Lücke auf, da die Fristbestimmungen nach Art. 273 Abs. 2 OR im Falle der Auflösung durch Bedingungseintritt nicht praktikabel sind.[339] Diese Gesetzeslücke ist vom Gericht zu füllen. So kann vom Mieter verlangt werden, dass er sein Erstreckungsbegehren innert 30 Tagen nach Kenntnis des Bedingungseintritts stellt.[340] Ausgeschlossen ist die Erstreckung von Gesetzes wegen lediglich, wenn der Mietvertrag im Hinblick auf ein bevorstehendes Umbau- oder Abbruchvorhaben ausdrücklich nur für die beschränkte Zeit bis zum Baubeginn oder bis zum Erhalt der erforderlichen Bewilligung abgeschlossen wurde.[341] 123

III. Die Kündigung durch den Vermieter

1. Ordentliche Kündigung

a. Fristen und Termine

Das unbefristete Mietverhältnis kann ordentlich unter Einhaltung der gesetzlichen oder vertraglich vereinbarten Fristen und Termine gekündigt werden.[342] Die gesetzliche Kündigungsfrist für Wohnungen beträgt nach Art. 266c OR drei Monate auf einen ortsüblichen Termin[343] oder, wenn es keinen Ortsge- 124

338 ZK-Higi, Art. 255 N 45; Lachat/Thanei, Rz. 24.3.6; SVIT, Art. 255 N 20.

339 Bei einem befristeten Mietverhältnis ist das Erstreckungsbegehren bis spätestens 60 Tage vor Ablauf der Vertragsdauer anhängig zu machen, beim unbefristeten Mietverhältnis innert 30 Tagen nach Empfang der Kündigung (Art. 273 Abs. 2 OR).

340 BGE 121 III 260 E. 5a (mp 1996, S. 59 ff. und MRA 96, S. 15 ff.); BSK OR I-Weber, Art. 255 N 4b.

341 Art. 272a Abs. 2 lit. d OR. Zur grundsätzlichen Zulässigkeit einer nachträglichen Befristung eines unbefristeten Mietverhältnisses im Hinblick auf einen bevorstehenden Umbau oder Abbruch SVIT, 3. Aufl., Art. 272a N 17.

342 Art. 266a Abs. 1 OR.

343 Zu den ortsüblichen Terminen SVIT, 3. Aufl., Art. 266b–f N 8; Permann, Art. 266c N 2 (allerdings zum Teil überholt, aktuelle Angaben online beispielsweise unter http://www.mietrecht.ch/71.0.html; Auskunft über ortsübliche Kündigungstermine geben üblicherweise die Schlichtungsstellen für Mietstreitigkeiten). Beweispflichtig für die ortsüblichen Termine ist im Bestreitungsfalle nach der allgemeinen Beweislastverteilungsregel derjenige, der daraus sein geltend gemachtes Recht ableitet (Art. 8 ZGB; BSK OR I-Weber, Art. 266b N 3 und Art. 266c N 2). Sind diese Termine allerdings im kan-

brauch gibt, auf Ende einer dreimonatigen Mietdauer.[344] Möblierte Zimmer können hingegen mit einer Kündigungsfrist von zwei Wochen auf Ende einer einmonatigen Mietdauer gekündigt werden.[345] Dasselbe gilt für gesondert vermietete Einstellplätze oder ähnliche Einrichtungen.[346] Bei Geschäftsräumen ist eine gesetzliche Kündigungsfrist von sechs Monaten auf einen ortsüblichen Termin oder, wenn es keinen solchen gibt, auf Ende einer dreimonatigen Mietdauer einzuhalten.[347]

Fallbeispiele

Es handelt sich um eine Wohnungsmiete. Mietbeginn war der 15. August 2001. Der Mietvertrag enthält keine besonderen Bestimmungen über die Kündigung. Die ordentliche Kündigung erfolgte am 22. Februar 2016.

- Das Mietobjekt steht in Basel. Im Kanton Basel-Stadt ist das Ende jeden Monats mit Ausnahme Dezember ein ortsüblicher Kündigungstermin.[348] Die Kündigung vom 22. Februar 2016 beendet das Mietverhältnis folglich am 30. Mai 2016.
- Das Mietobjekt befindet sich in Aarau: Hier gelten der 31. März, der 30. Juni und der 30. September als ortsübliche Kündigungstermine.[349] Mangels anderer Vereinbarung entfaltet die Kündigung vom 22. Februar 2016 ihre Wirkung am 30. Juni 2016.

---

tonalen Gesetz festgehalten (z.B. § 214 Abs. 1 EG ZGB BS, SG 211.100; § 11 EG OR BL, SG 212), so gilt der Grundsatz *iura novit curia*.

344 Dies eröffnet vier gesetzliche Kündigungstermine pro Jahr: jeweils drei, sechs, neun, zwölf Monate usw. ab Beginn des Mietverhältnisses (Mietantritt 15. Januar = gesetzliche Kündigungstermine sind jeweils der 15. April, 15. Juli, 15. Oktober und 15. Januar); SVIT, Art. 266b–f N 15; ZK-Higi, Art. 266b N 25 und Art. 266c N 18 m. Hinw.; Lachat/Thanei, Rz. 26.2.4.

345 Art. 266e OR. Abzustellen ist auch hier auf das Datum des Mietantritts (siehe Fn hiervor): So ist beispielsweise bei Mietantritt am 10. März eine Kündigung jeweils auf den 10. eines Monats möglich, sofern kein anderer Termin (namentlich jeweils auf *«Ende eines Monats»*) vereinbart ist.

346 Art. 266e OR. Nach der Botschaft fallen hierunter namentlich *«umgrenzte, offene oder gedeckte Parkplätze, Garagen, Plätze zum Aufstellen von Spielautomaten, (Juke-Box, elektronische Spiele usw.), Pferdeboxen und Schaufensterkästen»*, sofern diese Sachen unabhängig von einem anderen Mietverhältnis vermietet werden (Botschaft Mietrecht, S. 1450).

347 Art. 266d OR.

348 § 214 Abs. 1 EG ZGB BS (SG 211.100).

349 Die aktuellen Angaben zu den kantonalen Bestimmungen sind beispielsweise unter http://www.mietrecht.ch/index.php?id=71 anrufbar.

- Das Mietobjekt liegt in der Stadt Bern. Hier sind der 30. April und der 31. Oktober die ortsüblichen Kündigungstermine.[350] Die Kündigung vom 22. Februar 2016 gilt mangels anderer Vereinbarung erst per 31. Oktober 2016.
- Das Mietobjekt steht in Luzern: Hier gibt es keine ortsüblichen Kündigungstermine. Da das Mietverhältnis an einem 15. August begonnen hat, kann das Mietverhältnis auf den 15. November, den 15. Februar, den 15. Mai und den 15. August gekündigt werden. Die Kündigung vom 22. Februar erfolgt zu spät, um das Mietverhältnis am 15. Mai 2016 zu beenden. Das Mietverhältnis endet daher erst am 15. August 2016.

Die gesetzlichen Kündigungsfristen können durch Parteivereinbarung verlängert, nicht aber verkürzt werden. Bei Beachtung der zwingenden Mindestkündigungsfristen einerseits und des Verbots der übermässigen Bindung (Art. 27 Abs. 2 ZGB) andererseits, ist es auch zulässig, für Mieter und Vermieter unterschiedliche Kündigungsfristen und -termine zu vereinbaren.[351] Allfällige ortsübliche oder die subsidiären gesetzlichen Kündigungstermine sind dispositiver Natur: Parteivereinbarungen (z.B. *«jeweils auf Ende eines Monats mit Ausnahme Dezember»*) sind in üblich und gehen vor.[352] 125

Eine Kündigung, welche die (gesetzliche oder vereinbarte längere) Kündigungsfrist oder den (vereinbarten oder mangels Vereinbarung den gesetzlichen bzw. ortsüblichen) Kündigungstermin nicht einhält, ist dennoch gültig und muss nicht wiederholt werden; sie entfaltet ihre Wirkung nach Art. 266a Abs. 2 OR auf den nächstmöglichen Termin. Diese Bestimmung gilt sowohl für ordentliche als auch für ausserordentliche Kündigungen. Indessen erlaubt sie nicht, eine ungültige ausserordentliche Kündigung in eine ordentliche Kündigung *«umzuwandeln»*.[353] 126

Haben die Parteien eine zu kurze Kündigungsfrist vereinbart (namentlich drei Monate bei Geschäftsraummiete), kann die Berufung auf die zwingende Mindestfrist rechtsmissbräuchlich und damit unbeachtlich sein, wenn nachgewie- 127

350 Vgl. Fn 349 oben; auf dem Berner Kantonsgebiet gibt es unterschiedliche ortsübliche Termine.

351 BGE 114 II 339 E. 2 (dabei ist irrelevant, für welche Partei die längere Kündigungsfrist gilt); ZK-HIGI, Art. 266a N 23 f.; BSK OR I-WEBER, Art. 266a N 4; SVIT, Art. 266a N 6.

352 Art. 266a Abs. 1 OR. ZK-HIGI, Art. 266a N 21; BSK OR I-WEBER, Art. 266a N 3.

353 BGE 135 III 441 (= Pra 99 [2010] Nr. 30) E. 3.2 (zu Fn 522 zu Rz. 173); BGer 4A_541/2015 vom 20. Mai 2016 E. 3.2 und 4.2; vgl. HULLIGER, MRA 2011, S. 8 m. Hinw.

sen wird, dass derjenige, welcher sich darauf beruft, fachkundig war und sich über die Unwirksamkeit der vereinbarten Kündigungsfrist im Klaren war.[354]

b. Kündigungsschreiben und Formvorschriften

128 Die Kündigung durch den Vermieter hat auf einem amtlich genehmigten Kündigungsformular zu erfolgen (Art. 266l Abs. 2 OR).[355] Dessen Inhalt ist in Art. 9 VMWG näher umschrieben. Die Kantone haben solche Formulare zur Verfügung zu stellen.[356] Der Vermieter kann auch ein eigenes Formular gestalten und vom Kanton genehmigen lassen.[357] Eine Kündigung, die zwar alle gesetzlichen Angaben enthält, aber nicht auf einem genehmigten Formular erfolgt, erfüllt die Formvorschrift indessen nicht. Ebenso ist eine Kündigung auf einem Formular, das von einem anderen Kanton genehmigt wurde, als demjenigen, in welchem sich das Mietobjekt befindet, formungültig, denn es fehlt diesfalls das korrekte Verzeichnis der Schlichtungsbehörden und ihre örtliche Zuständigkeit (Art. 9 Abs. 1 lit. e VMWG).[358] Verwendet der Vermieter nicht die aktuellste Version eines amtlichen Formulars, so ist massgeblich, ob die nach Art. 9 Abs. 1 VMWG erforderlichen Angaben noch richtig sind, insbesondere die Information darüber, wie und innert welcher Frist der Mieter an welche Behörde gelangen muss, um die Kündigung anzufechten oder eine Erstreckung zu verlangen.[359]

---

[354] BGer 4A_364/2010 vom 30. September 2010 E. 5.3 und 5.4 *(venire contra factum proprium).*

[355] Das Gesetz schreibt damit eine besondere Form der Schriftlichkeit vor. Hingegen muss die Kündigung insbesondere nicht per Einschreiben verschickt werden, sofern dies nicht im Mietvertrag vereinbart wurde.

[356] Der von BLUMER, N 805, geäusserten Befürchtung, das amtliche Formular könne beim rechtsunkundigen Mieter den Eindruck erwecken, die Kündigung sei *«quasi amtlich genehmigt»* worden, wird vereinzelt mit einem entsprechenden Hinweis auf dem Formular entgegen getreten (z.B. amtliches Formular St. Gallen: *«Die in diesem Formular mitgeteilte Kündigung ist amtlich noch nicht geprüft worden.»*).

[357] Der Kanton bezeichnet die für die Genehmigung zuständige Stelle (z.B. die Staatliche Schlichtungsstelle in BS und GL, das Obergericht in BE, das Justiz- und Sicherheitsdepartement in AR, die Staatskanzlei in AI). Im Unterschied zum kantonalen Formular sind die genehmigten privaten Formulare in der Regel nicht öffentlich zugänglich und somit für den Mieter nur schwer überprüfbar.

[358] SVIT, Art. 266l–266o, N 14 m. Hinw.; ZK-HIGI, Art. 266l N 24; LACHAT/THANEI, Rz. 25.5 Fn 12; vgl. BSK OR-WEBER, Art. 266l N 3; MAAG, Kündigung, Rz. 2.56.

[359] BGE 140 III 244 (= Pra 103 [2014] Nr. 95) E. 4; dazu BÄRTSCHI/ACKERMANN, Jusletter 14. Juli 2014.

Eine Stellvertretung bei der Kündigung ist zulässig.[360] Indessen muss für die gekündigte Partei nach den Grundsätzen des Vertrauensprinzips aus der Kündigung bzw. aus den weiteren Umständen dazu klar ersichtlich sein, dass der Kündigende als Vertreter des Vertragspartners handelt.[361] Wird die Stellvertretung ausdrücklich erklärt *(«Vermieter XY, vertreten durch die A»)*, ergeben sich somit keine Probleme. Ist indessen nicht klar, ob es sich um eine Kündigung in eigenem Namen handelt oder um eine Stellvertretung, so muss dies anhand der Gesamtumstände nach dem Vertrauensprinzip beurteilt werden.[362] 129

Nicht unbedingt erforderlich ist, dass der Name des Vermieters bzw. Eigentümers der Liegenschaft auf dem Kündigungsformular festgehalten wird. Nach bundesgerichtlichen Rechtsprechung ist es zulässig, dass die Liegenschaftsverwaltung die Kündigung für den Vermieter ausspricht, ohne dessen Namen zu nennen, sofern dem Mieter bekannt ist oder aufgrund der Umstände bekannt sein müsste, dass die Liegenschaft von der Verwaltung für den Vermieter betreut wird.[363] Begründet wird dies damit, dass Art. 9 Abs. 1 VMWG die Nennung des Namens des Vermieters nicht verlangt. Auch ein Hinweis auf das Vertretungsverhältnis wird nicht als nötig erachtet,[364] wenn dem Mieter aufgrund der Umstände nach dem Vertrauensprinzip bekannt ist, dass die Kündigung durch die Liegenschaftsverwaltung nicht in eigenem Namen sondern für den Vermieter erfolgt.[365] 130

---

360 BGer 4A_189/2009 vom 13. Juli 2009 E. 1.1; BGer 4A_12/2010 vom 25. Februar 2010 E. 3 unter Hinw. auf ZK-HIGI, Vorbemerkungen zu Art. 266-266o OR N 69 ff.

361 BGer 4C.17/2004 vom 2. Juni 2004 E. 5.3.1 (MRA 2005, S. 19 f.).; BGer 4A_189/2009 vom 13. Juli 2009 E. 1.1; BGer 4A_12/2010 vom 25. Februar 2010 E. 3 unter Hinw. auf ZK-HIGI, Vorbemerkungen zu Art. 266-266o OR N 70.

362 Dies kann sich im Rahmen des Rechtsschutzes in klaren Fällen als problematisch erweisen (vgl. dazu unten Rz. 438 f.); vgl. auch BGer 4C.17/2004 vom 2. Juni 2004 E. 5 (MRA 2005, S. 18 ff. und 25 f.).

363 BGer 4A_12/2010 vom 25. Februar 2010 E. 3.4 (Vermieter gemäss Mietvertrag: *«Der Hauseigentümer gemäss Grundbucheintrag»* vertreten durch die X AG; Angabe auf der Kündigung: *«Der Hauseigentümer vertreten durch die X AG»*); vgl. den Entscheid des Appellationsgerichts BS vom 26. Januar 2012 (AGE BE.2010.121) E. 2.2.

364 BGer 4A_12/2010 vom 25. Februar 2010 E. 3.4.1. mit Hinw. auf SVIT, 3. Aufl. 2008, Art. 266l–266o N 28b (zit. *«Im allgemeinen wird bei dieser Kündigung – beim Absender – auf das Vertretungsverhältnis hinzuweisen sein. Ist dem Mieter aber bekannt, dass die Liegenschaft von der Verwaltung betreut wird oder musste ihm dies aufgrund der Umstände bekannt sein, ist der Hinweis auf das Vertretungsverhältnis nicht nötig; solches verlangt auch Art. 9 VMWG nicht.»*).

365 Art. 32 Abs. 2 OR, dazu BK-ZÄCH/KÜNZLER, Art. 32 OR N 45 ff. *(«stillschweigendes Handeln für einen andern»)*.

131 Das Kündigungsformular selbst oder zumindest das Begleitschreiben[366] dazu muss sodann die handschriftliche Unterschrift des Vermieters oder seines Vertreters enthalten.[367] Eine Faksimile-Unterschrift reicht nicht aus.[368] Der eigenhändigen Unterschrift gleichgestellt ist die qualifizierte elektronische Signatur (Art. 14 Abs. 2bis OR). Aufgrund der Formularpflicht wird diese Bestimmung bei einer Vermieterkündigung kaum je zur Anwendung gelangen.[369]

132 Die Kündigung muss keine Begründung enthalten.[370] Auf Verlangen des Mieters hat der Vermieter aber den Grund für die Kündigung anzugeben.[371] Darauf wird der Mieter im amtlich genehmigten Kündigungsformular auch hingewiesen.[372] Obwohl der Grund für die Kündigung für den Mieter zentral ist, um die Aussichten einer Anfechtung oder eines Erstreckungsbegehrens abzuschätzen, kann der Vermieter die verlangte Begründung auch erst im Rahmen des Schlichtungsverfahrens oder sogar erst im Gerichtsverfahren bekannt geben.[373] Ein Nachschieben von (auch zusätzlichen) Kündigungsgründen ist nicht ausgeschlossen, kann aber als Indiz zu Ungunsten der kündigenden Partei gewertet werden oder Kostenfolgen nach sich ziehen.[374] Die Ergänzung oder Präzisierung schon vorgebrachter Kündigungsgründe ist ohne Weiteres zulässig.[375]

---

366 BGE 140 III 54 (= Pra 103 [2014] Nr. 58) E. 2; BLUMER, N 803 m. Hinw.

367 Zum Ganzen BGE 140 III 54 (= Pra 103 [2014] Nr. 58) E. 2 m. zahlr. Hinw.

368 BGer 4C.110/2003 vom 8. Juli 2003 für die Mietzinserhöhung.

369 Eine Kündigung mittels eines mit elektronischer Signatur versehenen Emails unter Anhang des ausgefüllten amtlichen Formulars als PDF erscheint denkbar. Auch kann möglicherweise in Zukunft ein elektronisches amtlich Formular zur Verfügung gestellt oder ein entsprechendes elektronisches Formular amtlich genehmigt werden.

370 Wird eine *ausserordentliche* Kündigung ausgesprochen, so ist dies dem Mieter kenntlich zu machen, in der Regel durch Angabe des Kündigungsgrunds; vgl. LACHAT/SPIRIG, Rz. 27.1.4; SVIT, Art. 271 N 66; BSK OR I-WEBER, Art. 271/271a N 33; BGer 4C.324/2002 vom 3. März 2003, E. 3.2 m. Hinw. *(«Nach der Rechtsprechung des Bundesgerichts müssen die zur ausserordentlichen Kündigung berechtigenden wichtigen Gründe im Kündigungsschreiben nicht explizit genannt werden; es ist indessen unerlässlich, dass der Empfänger der Auflösungserklärung entnehmen kann, dass es sich nicht um eine ordentliche Kündigung handelt»);* vgl. auch BGer 4A_189/2011 vom 4. Juli 2011 E. 8.2 (nicht publiziert in BGE 137 III 389, deutsche Übersetzung in MRA 2013, S. 24 ff., 32 und mp 2011, S. 315 ff., 321).

371 Art. 271 Abs. 2 OR.

372 Art. 9 Abs. 1 lit. c VMWG.

373 BGE 138 III 59 E. 2.3 (das Gesetz schreibt nicht vor, dass die Begründung innert einer bestimmten Frist nach dem Ersuchen des Mieters oder spätestens in der Schlichtungsverhandlung angegeben werden müssen; sie können auch noch im Gerichtsverfahren vorgebracht werden); SVIT, Art. 266l–266o, N 20; vgl. Kritik bei BLUMER, N 804; PERMANN, Art. 271a N 21 f. und LACHAT/THANEI, Rz. 29.2.2.

374 BGE 138 III 59 E. 2.3.

375 BGE 138 III 59 E. 2.3 m. Hinw.

Dient das Mietobjekt als Familienwohnung,[376] so ist die Kündigung beiden Ehepartnern bzw. eingetragenen Partnern je separat zuzustellen, auch wenn nur ein Partner den Mietvertrag unterzeichnet hat.[377] 133

Bei einem Mietverhältnis mit mehreren Mietern muss die Kündigung allen Mietern gegenüber gemeinsam erfolgen.[378] Es empfiehlt sich, jedem Mieter einzeln ein Exemplar der Kündigung zuzustellen.[379] 134

c. Zustellung der Kündigung

Da es sich bei der Kündigung um eine empfangsbedürftige Willenserklärung handelt, beginnt die Kündigungsfrist erst mit Zustellung des Kündigungsschreibens zu laufen.[380] Der Zeitpunkt der Zustellung bestimmt sich hierbei nach der sogenannten absoluten Empfangstheorie: Die Kündigung gilt als zugestellt, wenn sie in den Machtbereich des Mieters gelangt ist. Dies ist grundsätzlich dann der Fall, wenn sie zu einer Zeit in den Briefkasten oder das Postfach des Mieters gelegt wird, in der mit der Leerung gerechnet werden darf.[381] 135

---

376 Zur Definition unten, Rz. 224.

377 Art. 266n OR; zum Ganzen unten, Rz. 226 ff.

378 Eine Teilkündigung nur gegen einzelne Mieter ist nichtig. BGE 140 III 491 E. 4.2.1. m. Hinw. Macht der Mieter aber geltend, die Kündigung sei nichtig, weil sie einem Mitmieter nicht zugestellt wurde, der die Wohnung bereits vor der Kündigung definitiv verlassen hat, so ist dieser Einwand missbräuchlich, da der Mieter die Interessen einer Person geltend macht, welche diese Person gar nicht hat respektive nicht wahrnehmen will; BGE 140 III 491 E. 2.4.2.

379 Nach herrschender Lehre genügt ein einziges, an alle Mieter gerichtetes (adressiertes) Formular (ZK-HIGI, Vorbemerkungen zu Art. 253–274g N 120; MAAG, Kündigung, Rz. 2.57; SVIT, Art. 257d N 47; vgl. aber DERS., Vorbem. zu Art. 266–266o N 36. Die Frage ist indessen höchstrichterlich nicht entschieden (vgl. BGE 140 III 491 E. 4.2) und kann mit Blick auf die neuste Rechtsprechung des Bundesgerichts zur *«individuellen Kündigungsanfechtung»* (BGE 140 III 598, dazu Rz. 210) zumindest hinterfragt werden.

380 Der Vermieter hat das Schreiben an die letzte ihm bekannte Adresse des Mieters zu senden. Zieht der Mieter aus, ohne dem Vermieter eine neue Adresse bekannt zu geben, gilt die Zustellung an die letzte bekannte Adresse als erfolgt. Der Mieter kann dem Vermieter die Kündigung nicht verunmöglichen, indem er heimlich umzieht. Vgl. MAAG, Rz. 2.57.

381 BGE 137 III 208 (= Pra 100 [2011] Nr. 106) E. 3.1.2. m. Hinw. Nicht erforderlich ist, dass der Adressat auch tatsächlich Kenntnis von der Sendung nimmt. Er trägt insbesondere auch das Risiko, dass ihm die mit der Leerung des Briefkastens betraute Person die Sendung verheimlicht. Auch die Aushändigung einer empfangsbedürftigen Willenserklärung an eine Drittperson bewirkt Zustellung, sofern diese entweder nach dem Willen des Adressaten zur Entgegennahme ermächtigt oder aber nach der Verkehrsauffassung als befugt und geeignet anzusehen ist, die Erklärung in Empfang zu nehmen (bspw. der im gemeinsamen Haushalt lebende Ehegatte), hierzu BGE 118 II 42 E. 3b.

Im Bestreitungsfalle ist der Vermieter hierfür beweispflichtig. Der Versand eines einfachen Briefes (mit gewöhnlicher Sendung) beweist seinen Empfang nicht.[382] Der Beweis des Einwurfes in den Briefkasten oder in das Postfach des Mieters kann aber insbesondere mittels Versand als *«A-Post Plus»* erbracht werden.[383] In der Praxis erfolgt die Kündigung häufig per Einschreiben.[384] Wird der Empfänger eines Einschreibens vom Postboten nicht angetroffen, so gilt das Einschreiben als an dem Tag zugestellt, an welchem dem Empfänger zumutbar war, es auf der Post abzuholen. Dies kann bereits der Tag sein, an dem die Abholungseinladung in den Briefkasten eingeworfen wurde, sofern das Schreiben noch gleichentags bei der Abholstelle bereitliegt und erwartet werden kann, dass der Adressat es noch gleichentags abholt.[385] Anderenfalls gilt in der Regel das Abholen am Folgetag (am folgenden Werk- oder Samstag, sofern der betreffende Postschalter geöffnet hat) als zumutbar.[386]

136 Die Zustellfiktion greift nicht, wenn der Absender weiss, dass der Empfänger nicht in der Lage ist, die Sendung entgegen zu nehmen, die Entgegennahme zu organisieren oder die Sendung weiterleiten zu lassen. Das kann beispielsweise dann der Fall sein, wenn der Vermieter weiss, dass der Mieter gerade in den Ferien weilt oder sich im Krankenhaus befindet.[387] Eine solche Situation soll vom Vermieter nicht ausgenutzt werden können, um durch geschicktes Terminieren namentlich die rechtzeitige Kündigungsanfechtung durch den Mieter zu vereiteln. Umgekehrt kann sich der Mieter auch nicht durch längere Abwesenheit einer Kündigung entziehen. Grundsätzlich hat er dafür zu sorgen, dass er auch von Zustellungen während seiner Abwesenheit Kenntnis erlangt.[388] Allerdings kann beispielsweise im Falle einer überraschenden Einweisung ins Krankenhaus vom Betroffenen grundsätzlich nicht erwartet werden, dass er die

---

382 BGE 137 III 208 (= Pra 100 [2011] Nr. 106) E. 3.1.2. m. Hinw. a. BGE 105 III 43 (= Pra 81 [1992] Nr.113) E. 2a.

383 Dazu unten, Rz. 152, 154 und 155. Freilich kann der Vermieter dem Mieter die Kündigung beispielsweise auch aushändigen und quittieren lassen.

384 Nicht selten wird dies auch im Mietvertrag selbst vorgesehen. Diesfalls liegt eine (zusätzliche) vereinbarte Formvorschrift vor (vgl. dazu unten, Rz. 219).

385 Dies müsste – sofern bestritten – vom Vermieter bewiesen werden.

386 BGE 137 III 208 (= Pra 100 [2011] Nr. 106) E. 3.1.2 und 3.1.3 m. zahlr. Hinw. auf Lehre und Rechtsprechung.

387 Vgl. BGE 140 III 244 (= Pra 103 [2014] Nr. 95) E. 5.2 i.f.; BÄRTSCHI/ACKERMANN, Jusletter 14. Juli 2014, III.2. i.f.

388 Vgl. BGE 143 III 15 (= Pra 106 [2017] Nr. 45) E. 4 (deutsche Übersetzung auch in MRA 2017, S. 31 ff.): findet der Empfänger nach seiner Rückkehr einen Abholschein im Briefkasten und ist die Abholfrist bereits abgelaufen, ist es ihm zumutbar, den Absender bei der Post zu erfragen und sich dann bei diesem nach dem Inhalt der Sendung zu erkundigen.

Entgegennahme seiner Postsendungen organisiert. Anders ist die Lage in der Regel bei längeren Ferien- oder Kuraufenthalten zu beurteilen.[389]

Gemäss Bundesgericht besteht bei nachgewiesener rechtzeitiger Aufgabe eines eingeschriebenen Briefes und substanziierten Angaben des Absenders über dessen Inhalt (insbesondere durch die Vorlage einer Kopie des Schreibens) eine natürliche Vermutung für die Richtigkeit dieser Sachverhaltsdarstellung. Dem Empfänger steht der Nachweis offen, dass der tatsächliche Inhalt der Sendung ein anderer war. Dabei herrscht das Beweismass der überwiegenden Wahrscheinlichkeit.[390] Sodann besteht nach der Rechtsprechung des Bundesgerichts aufgrund der Postinformation, dass die Sendung dem Empfänger angezeigt worden ist, eine natürliche Vermutung dafür, dass der oder die Postangestellte den Avis ordnungsgemäss in den Briefkasten oder in das Postfach des Empfängers gelegt hat und das Zustellungsdatum korrekt registriert worden ist. Diese Vermutung kann vom Empfänger widerlegt werden, wenn er eine überwiegende Wahrscheinlichkeit von Fehlern bei der Zustellung nachweist.[391] 137

---

389 BARTELS, MRA 2002, S. 6.

390 BGE 142 III 369 E. 4.2. Hier machte der Mieter geltend, dem Kündigungsschreiben sei das amtliche Kündigungsformular nicht beigelegt worden. Das Formular war im Begleitschreiben als Beilage aufgeführt. Das Bundesgericht verneinte die überwiegende Wahrscheinlichkeit des Fehlens des amtlichen Formulars. Vgl. auch BGer 4A_447/2011 vom 20. September 2011 E. 3 m. Hinw.; hier hatte der Mieter behauptet, das Einschreiben hätte statt einer Kündigung eine Mahnung enthalten, die er aber weggeworfen habe und daher vor Gericht nicht vorweisen konnte. Das Gericht liess auch dies *in casu* nicht genügen *(«Zusammenfassend ergibt sich, dass die Beschwerdegegnerin die Entgegennahme der Schreiben durch die Beschwerdeführer am 29. September 2010 bewiesen hat und dass sie dargelegt hat, welches der Inhalt war. Die Einwände der Beschwerdeführer sind nicht derart, dass es sich aufdrängte, daran zu zweifeln, dass sich in den Schreiben die behaupteten Kündigungsformulare befanden.»)*. Zur Situation bei Versand mit A-Post Plus vgl. unten, Rz. 155.

391 BGer 1C_129/2015 vom 9. Juli 2015, E. 3; 2C_783/2016 vom 20. Februar 2017, E. 2.3; 2C_670/2017 vom 22. August 2017, E. 2.4; 5A_704/2015 vom 22. März 2016 E. 6.6. Anschaulich BGer 1C_129/2015: Der Adressat wohnte in einem Mehrfamilienhaus mit zwei Haushalten. Sein Nachbar, ein Verwandter, trug denselben Nachnamen. Bis zur Aufhebung des gemeinsamen Haushalts sei noch ein gemeinsamer, mit beiden Vornamen und Nachnamen versehener Briefkasten verwendet worden. Nach der Trennung der Haushalte und Installation zweier Briefkästen sei es vorgekommen, dass Postsendungen im falschen Briefkasten landeten. Daher sei ein Aufkleber angebracht worden mit der Aufschrift «bitte Vornamen beachten». Zum Zeitpunkt der Zustellung der fraglichen Sendung sei der Nachbar in den Ferien gewesen und der Adressat habe über keinen Schlüssel für den Nachbarbriefkasten verfügt. Nach seiner Rückkehr habe der Nachbar einen Abholschein erwähnt. Die Abholfrist war aber bereits abgelaufen.

d. Subsidiäre ordentliche Kündigung

138 Die Kündigung ist als Gestaltungsrecht bedingungsfeindlich. Gleichwohl kann der Vermieter nach herrschender Lehre und bundesgerichtlicher Rechtsprechung dem Mieter für den Fall der Unwirksamkeit einer ausserordentlichen Kündigung subsidiär eine zweite, ordentliche Kündigung aussprechen.[392] Es muss für den Mieter aber eindeutig erkennbar sein, dass es sich um zwei selbstständige Kündigungen handelt. Das Bundesgericht hat offen gelassen, ob Hauptkündigung und subsidiäre Kündigung in der gleichen Mitteilung erfolgen können.[393] Um Unklarheiten zu vermeiden, sollte der Vermieter zwei separate Kündigungsformulare verwenden.[394]

e. Exkurs: Kündigung vor Mietantritt[395]

139 In der Lehre wird vertreten, eine Kündigung vor Übernahme des Mietobjekts sei nicht möglich bzw. nichtig.[396] WEBER begründet dies damit, dass noch kein kündbares Dauerschuldverhältnis vorliege.[397] Das Vertragsverhältnis entsteht

---

392 Dazu auch unten, Rz. 197.

393 BGE 137 III 389 (Pra 101 [2012] Nr. 6) E. 8.4.2.

394 So auch THANEI, mp 2012, S. 92; MAAG, Kündigung, Rz. 2.75.

395 Im Rahmen eines Ausweisungsverfahrens wird in den seltensten Fällen die Gültigkeit einer Kündigung vor Übergabe des Mietobjekts zu beurteilen sein. Ausgeschlossen ist dies jedoch nicht, wie die Praxis zeigt, beispielsweise dann, wenn sich der Mieter trotz gekündigtem Mietverhältnis Zugang zum Mietobjekt verschafft hat (namentlich mit Hilfe des Vormieters).

396 ZK-HIGI, Art. Vorbemerkungen zu Art. 266–266o, N 6; BSK OR I-WEBER, Art. 266a N 1c; MAAG, Kündigung, Rz. 2.35; OFK OR-PERMANN, Art. 266o N 3.

397 BSK OR I-WEBER, Art. 266a N 1c vergleicht dazu BGE 127 III 548. In diesem Entscheid beurteilte das Bundesgericht eine Kündigung wegen Zahlungsverzugs nach Art. 257d OR: der Mietvertrag datierte vom 4. Januar 1995, vertraglicher Mietantritt war der 1. April 1995; die Mieter waren weder eingezogen, noch haben sie einen Mietzins bezahlt. Die Kündigungsandrohung nach Art. 257d OR erfolgte am 26. April 1996, die ausserordentliche Kündigung am 30. Mai 1996 mit Wirkung per 31. Juli 1996. Das Bundesgericht erklärte: «*L'Art. 257d al. 2 CO ne confère pas au bailleur la faculté de résoudre le bail avec effet rétroactif (ex tunc). En effet, le bail, par lequel la cession de l'usage d'une chose est octroyée au locataire pour un espace de temps, déterminé ou déterminable, constitue un contrat de durée (cf. HIGI, op. cit., n. 5 et n. 11 ad Vorbemerkungen ad Art. 253–274g CO). Or, lorsqu'il a été instauré entre les parties un rapport contractuel de durée, le droit de se départir rétroactivement du contrat est supprimé et seul est maintenu le droit de le résilier ex nunc (cf. ATF 123 III 124 consid. 3b et les références) Dans le cas présent, la recourante a ainsi agi en parfaite conformité avec le droit fédéral, et singulièrement avec l'Art. 257d al. 2 CO, en résiliant le bail pour le 31 juillet 1996, par pli recommandé du 30 mai 1996.*» Damit wird lediglich erklärt, dass eine Miete als Dauerschuldverhältnis nicht mit Wirkung *ex tunc* aufgelöst werden könne, sondern nur gekündigt (mit Wirkung *ex nunc*).

jedoch bereits mit Vertragsabschluss und nicht erst mit Übergabe des Mietobjekts bzw. Mietantritt. HIGI argumentiert begrifflich, indem er sinngemäss ausführt, vor Erfüllungsbeginn sei ein Rücktritt möglich, nach Erfüllungsbeginn eine Kündigung.[398] Eine solche Voraussetzung ist dem Gesetz indessen nicht zu entnehmen und wird auch von HIGI nicht begründet. Sie würde dazu führen, dass der Antritt abgewartet werden muss, um eine Kündigung des bereits bestehenden Vertrages aussprechen zu können. Im Arbeitsvertragsrecht ist eine Kündigung vor Stellenantritt heute nach Lehre und Rechtsprechung zulässig, wobei die Kündigungsfrist erst ab Stellenantritt zu laufen beginnt.[399] Es ist nicht ersichtlich, weshalb ein Mietverhältnis in diesem Punkt anders behandelt werden sollte, zumal die ordentliche Kündigung (im Gegensatz zu einem Rücktritt) vom Mieter angefochten und auf Missbräuchlichkeit überprüft werden kann. Die Kündigungsmöglichkeit vor Mietantritt schränkt damit die Rechte des Mieters nicht ein.[400]

2. Ausserordentliche Kündigung

a. Vorbemerkungen

Eine ausserordentliche Kündigung ist nur unter Anrufung bestimmter, gesetzlich statuierter Kündigungsgründe zulässig.[401] Liegen solche Gründe vor, können sowohl unbefristete als auch befristete Mietverhältnisse vorzeitig aufgelöst werden. Dies gilt ebenso für das erstreckte Mietverhältnis[402] und während der laufenden Kündigungsfrist nach einer ordentlichen Kündigung. Eine ausserordentliche Kündigung ist auch während einer gesetzlichen Kündigungssperrfrist nach Art. 271a Abs. 1 lit. d und e OR möglich.[403] Bei Kündigung wegen Zahlungsverzugs (Art. 257d OR), schwerer Pflichtverletzung des Mieters (Art. 257f OR) oder Konkurs des Mieters (Art. 266h OR) ist die Erstreckung des Mietverhältnisses ausgeschlossen.[404] 140

398 ZK-HIGI, Art. Vorbemerkungen zu Art. 266–266o, N 6 mit Verweis auf GAUCH, Das System der Beendigung von Dauerverträgen, Diss. 1968, S. 30.

399 STREIFF/VON KAENEL/RUDOLPH, Art. 335b N 11 m. zahlr. Hinw.; BGer 4C.151/2003 vom 16. April 2003 (JAR 2004 S. 292).

400 LACHAT/THANEI, Rz. 25.3. sprechen sich in der neusten Auflage ebenfalls für die Zulässigkeit der Kündigung vor Mietantritt aus (vgl. noch 8. Aufl. Rz. 25/1.5).

401 Zur Auflösung eines Mietverhältnisses in Anwendung der Regeln über den Schuldnerverzug (Art. 107 ff OR) SPIRIG, mp1/2012, S. 12 ff.

402 BSK OR I-WEBER, Art. 272d N 3 m. Hinw.

403 Art. 271 Abs. 3 lit. b–f OR; dazu unten, Rz. 203 ff.

404 Art. 272a Abs. 1 lit. a, b und c OR.

141 Zeigt sich im Nachhinein, dass der geltend gemachte Kündigungsgrund nicht gegeben war, so ist die Kündigung unwirksam.[405] Sie kann nicht in eine ordentliche Kündigung *«umgewandelt»* werden.[406] Es ist jedoch zulässig, für den Fall der Unwirksamkeit der ausserordentlichen Kündigung gleichzeitig eine (subsidiäre) ordentliche Kündigung auszusprechen.[407]

b. Zahlungsrückstand/Zahlungsverzug des Mieters (Art. 257d OR)

ba. Vorbemerkungen

142 Befindet sich der Mieter mit der Zahlung für Mietzins oder Nebenkosten im Rückstand, muss ihm der Vermieter zunächst schriftlich eine Zahlungsfrist von mindestens dreissig Tagen ansetzen und ihm für den Fall des unbenützten Ablaufs der Frist die Kündigung androhen. Begleicht der Mieter die ausstehende Schuld (inkl. des Verzugszinses[408]) nicht innert dieser Frist, kann der Vermieter unter Einhaltung einer Frist von mindestens dreissig Tagen auf Ende eines Monats kündigen. Ein wegen Zahlungsverzugs gekündigtes Mietverhältnis kann nicht erstreckt werden (Art. 272a Abs. 1 lit. b OR).

143 Der qualifizierte Zahlungsverzug des Mieters ist der praktisch wichtigste ausserordentliche Kündigungsgrund und bei Ausweisungen im Verfahren um Rechtsschutz in klaren Fällen von besonderer Bedeutung. Er wird daher hier etwas eingehender dargestellt.

bb. Zahlungsrückstand

144 Art. 257d OR ist nur einschlägig, wenn sich der Mieter mit der Zahlung fälliger Mietzinse oder Nebenkosten im Rückstand befindet. Zahlungsrückstand tritt automatisch ein, wenn die Zahlung bei Eintritt der Fälligkeit nicht erbracht worden ist: ein eigentlicher Verzug im Sinne von Art. 102 OR vor Ansetzen der Kündigungsandrohung ist nicht erforderlich.[409] Ein Zahlungsrückstand bei anderen Geldforderungen des Vermieters (z.B. der Mietkaution oder einer Schadenersatzforderung nach einer Beschädigung des Mietobjekts durch den Mieter) berechtigen nicht zu einem Vorgehen nach Art. 257d OR. In Mietverträgen wird für den monatlichen Mietzins regelmässig eine Vorauszahlungs-

---

405 Dazu unten, Rz. 194 ff.

406 Dazu unten, Rz. 173; Rz. 197.

407 Dazu oben, Rz. 138.

408 LACHAT/SPIRIG, Rz. 27.2.2; SVIT, Art. 257d N 15; BK-HIGI, Art. 257d N 10; BLUMER, N 846; BSK OR I-WEBER, Art. 257d N 3; vgl. aber unten, Rz. 165 (Anfechtbarkeit der Kündigung wegen Zahlungsverzugs, wenn der Ausstand unbedeutend ist).

409 BK-GIGER, Art. 257d N 18 m. zahlr. Hinw.

pflicht vereinbart.[410] Besteht aber keine Abrede, so ist zu beachten, dass der Mietzins nach Art. 257c OR erst am Monatsende fällig wird (sofern kein anderer Zeitpunkt ortsüblich ist).[411] Vorsicht ist auch bei Vorliegen mehrerer Mietverträge für mehrere Mietobjekte geboten: So berechtigt insbesondere der Verzug der Mietzinszahlung für einen zu einer Wohnung dazu gemieteten Parkplatz nicht zur Kündigung des Mietvertrags über die Wohnung, wenn nach den gesamten Umständen davon auszugehen ist, dass die Parteien ein unterschiedliches Schicksal beider Verträge in Kauf genommen haben.[412] Art. 257d OR setzt nicht voraus, dass die Mietzins- oder Nebenkostenforderung unbestritten ist oder gerichtlich festgestellt wurde, sondern lediglich, dass sie fällig ist.[413] Bei Nebenkostenabrechnungen ist zu beachten, dass diese erst fällig werden, wenn eine hinreichend detaillierte Abrechnung vorliegt.[414] Dem Mieter muss sodann die nötige Zeit eingeräumt werden, um die Originalbelege einzusehen, die Richtigkeit der Abrechnung zu prüfen und die Zahlung zu leisten. Sind diese Voraussetzungen erfüllt und wird ihm vom Vermieter dann eine Zahlungsfrist gesetzt und die Kündigung angedroht, muss sich der Mieter entscheiden, ob er die Zahlung leistet oder ob er es riskiert, dass der Vermieter ihm den Mietvertrag wegen Zahlungsverzugs kündigt.[415] Behauptet der Mieter Mängel an der Mietsache, so ist er nicht berechtigt, den Mietzins unter Hin-

[410] Beispielsweise *«zahlbar monatlich im Voraus»* oder ausführlicher *«Mietzins und Nebenkostenbeiträge sind im Voraus, spätestens am Monatsersten (als Verfalltag) zur Zahlung fällig.»* Nach ganz herrschender Lehre ist die Vereinbarung, wonach der Mietzins bis zu einem bestimmten Termin zu bezahlen ist, eine Verfalltagabrede und der Mieter befindet sich nach Verstreichen dieses Termins ohne Weiteres im Verzug (ZK-Higi, Art. 257c OR N 15; BSK OR I-Weber, Art. 257c N 2; BK-Giger, Art. 257c N 27 m. zahlr. Hinw.).

[411] Vgl. dazu BSK OR I-Weber, Art. 257d N 1; SVIT, Art. 257c N 5; BK-Giger, Art. 257c N 21 ff.; ZK-Higi, Art. 257c N 16, wonach die Ortsüblichkeit praktisch keine Rolle mehr spiele. Vgl. auch Maag, Kündigung, Rz. 2.91.

[412] BGE 137 III 123 E. 2.2 und 2.3; vgl. Maag, Kündigung, Rz. 2.92.

[413] BGE 140 III 591 (= Pra 104 [2015] Nr. 55) E. 3.2; BGer 4A_40/2015 vom 18. Februar 2015, E. 4.2.1.

[414] BGer 4A_127/2014 vom 19. August 2014, E. 3.1 und 5.2.

[415] BGE 140 III 591 (= Pra 104 [2015] Nr. 55) E. 3.2. Wird der Mietvertrag gekündigt, kann der Mieter die Kündigung anfechten (dazu Rz. 165); sodann ist eine Ausweisung im Rechtsschutz in klaren Fällen lediglich gestützt auf ausstehende Nebenkostenforderungen in bestrittener Höhe aufgrund der Voraussetzungen von Art. 257 ZPO auch wenn keine Anfechtung erfolgt ist schwierig; vgl. BGer 4A_519/2015 vom 4. Februar 2016, E. 4.2.

weis auf Art. 82 OR zurückzuhalten: Ihm steht die Hinterlegung des Mietzinses nach Art. 259g OR als *lex specialis* zu Art. 82 OR offen.[416]

145 Die Hinterlegung von Mietzinsen durch den Mieter gilt als Zahlung, wenn sie formell gültig erfolgt ist.[417] Fehlt es an der vorgängigen Androhung oder an der Fristansetzung gemäss Art. 259g Abs. 1 OR oder hat der Mieter böswillig bzw. wider Treu und Glauben hinterlegt, kann der Vermieter den Mietvertrag trotz Hinterlegung wegen Zahlungsverzugs kündigen.[418] Hat der Mieter aber die Formalien nach Art. 259g OR eingehalten und geht er bei der Hinterlegung gutgläubig davon aus, es liege ein Mangel der Mietsache vor, den er weder zu vertreten noch zu beseitigen hat, gelten die Mietzinse als bezahlt, und eine ausserordentliche Kündigung nach Art. 257d OR ist ungültig.[419] Allerdings kann nur künftiger Mietzins hinterlegt werden. Eine nachträgliche Hinterlegung von bereits verfallenem Mietzins nach Kündigungsandrohung kann die Kündigung nach Art. 257d OR nicht abwenden.[420]

bc. Kündigungsandrohung

146 Die Zahlungsaufforderung muss klar und deutlich abgefasst sein. Sie muss den Umfang des Zahlungsrückstandes enthalten. Eine Bezifferung ist nicht notwendig, wenn der offene Betrag zweifelsfrei bestimmbar ist,[421] so insbesondere durch klare Benennung der ausstehenden Monate.[422] Umgekehrt kann auch ein

---

416 BGer 4A_140/2014 und 4A_250/2014 vom 6. August 2014, E. 5.2 (MRA 2015, S. 97 f.); BGer 4A_537/2016 vom 16. November 2016, E. 4.2. Auch eine Verrechnung ist möglich, vgl. dazu unten, Rz. 159.

417 Vgl. BGE 125 III 120 E. 2. Vgl. aber BSK OR I-WEBER, Art. 259g N 13 f.

418 BGer 4C.264/2003 vom 3. Dezember 2003 = MRA 2004, S. 10 ff.; MAAG, Kommentar zu BGer 4A_361/2008 vom 26. September 2008, MRA 2009 S. 201; ZK-HIGI, Art. 259g OR N 43; BK-GIGER, Art. 259g N 23; CHK-HULLIGER/HEINRICH, Art. 259g–i OR, N 7; SVIT, Art. 259g N 40; ROHRER, Mängelrechte, Rz. 593; LACHAT/ROY, Rz. 11.7.3.2; vgl. BGer 4A_739/2011 vom 3. April 2011 E. 2; BGer 4A_140/2014 vom 6. August 2014, E. 5.2 (MRA 2015, S. 97 f.). Ausnahmsweise kann auf die Fristansetzung und/oder die Androhung der Hinterlegung verzichtet werden, wenn der Mieter nachweisen kann, dass von vornherein klar war, dass solches den Vermieter nicht zum Handeln bewegt hätte (BGer 4C.264/2003 vom 3. Dezember 2003, E. 3.1. = MRA 2004, S. 10 ff.).

419 BGE 125 III 120; BGer 4A_739/2011 vom 3. April 2012 E. 2.4.

420 Unten, Rz. 160.

421 Statt vieler BGer 4A_44/2017 vom 21. März 2017 E. 3.3; BGer 4A_296/2008 vom 29. Juli 2008 E. 4.1 (MRA 2009, S. 95); BGer 4A_134/2011 vom 23. März 2011 E. 3 (mp 2011, S. 326); BGer 4A_585/2010 vom 2. Februar 2011, E. 2.1; LACHAT/SPIRIG, Rz. 27.2.4.3.

422 BGer 4A_134/2011 vom 23. März 2011 E. 3 (mp 2011, S. 326); 4A_368/2007 vom 7. November 2007 E. 2.1. m. Hinw. auf BGE 136 III 196 (= Pra 99 [2010] Nr. 128) E. 2.4.1.

klar bezifferter Ausstand zu ungenau sein, wenn sich für den Mieter nicht erschliesst, wie er sich zusammensetzt.[423] Sodann muss sie mit einer ausdrücklichen Kündigungsandrohung verknüpft werden. Ein pauschaler Verweis auf *«die Rechtsfolgen nach Art. 257d OR»* oder auf eine entsprechende Klausel im Mietvertrag genügt nicht.[424] Während ein Teil der Lehre davon ausgeht, es müsse ausdrücklich darauf hingewiesen werden, dass der Mietvertrag bei Ausbleiben der Zahlung ausserordentlich oder fristlos gekündigt werde,[425] hat das Bundesgericht festgehalten, dass es genügt, wenn das Schreiben klar und deutlich die Kündigung androht. Eine ausdrückliche Bezeichnung dieser Kündigung als ausserordentlich bzw. fristlos ist nicht erforderlich.[426] Ist die Kündigungsandrohung in einer dem Mieter nicht geläufigen Sprache verfasst, welche nicht der Sprache des Mietvertrags oder zumindest der Amtssprache entspricht, die am Lageort des Mietobjekts gilt, so fehlt es an der erforderlichen Klarheit. Setzt der Vermieter dem Mieter eine zu kurze Zahlungsfrist, so ist die Kündigungsandrohung nach herrschender Lehre wirkungslos.[427]

---

423 BGer 4A_134/2011 vom 23. Mai 2011 E. 3 (mp 2011, S. 325 ff.); BGer 4A_306/2015 vom 14. Oktober 2015, E. 3; BGer 4A_44/2017 vom 21. März 2017 E. 3.3 (*«Wird in der Mahnung ohne weiteren Hinweis ein Betrag ohne Bezug zur Summe der tatsächlich ausstehenden Mietzinsen oder Nebenkosten aufgeführt, genügt die Zahlungsaufforderung den Anforderungen an die gebotene Klarheit und Deutlichkeit nicht* [...]. *Verfügt der Vermieter über verschiedene Forderungen, von denen einzelne ein Vorgehen nach Art. 257d OR nicht erlauben würden, muss die Mahnung diese klar unterscheiden, so dass der Mieter ohne Weiteres diejenigen Schulden zu erkennen vermag, mit deren Tilgung er die Kündigung abwenden kann* [...]»)

424 BGE 136 III 196 (= Pra 99 [2010] Nr. 128) E. 2.4.1 m. zahlr. Hinw.

425 Vgl. SVIT, 3. Aufl., Art. 257d N 25; nun Art. 257d N 27; ZK-HIGI, Art. 257d N 33; LACHAT/SPIRIG, 8. Aufl., Rz. 27/2.5.2 (nun Rz. 27.2.4.1).

426 BGer 4A_541/2015 vom 20. Mai 2016 E. 4.2. Und weiter: *«Dem Adressaten muss bei Erhalt des Schreibens nach Art. 257d Abs. 1 OR klar sein, dass ihm bei Nichtbezahlung sofort gekündigt wird. Es ist nicht ersichtlich, weshalb jemand bei Nichtbezahlung nur mit einer ordentlichen Kündigung rechnen muss; denn das zweistufige Vorgehen nach Art. 257d OR ist nur für ausserordentliche Kündigungen vorgeschrieben – eine ordentliche Kündigung muss nicht eigens angedroht werden, um gültig zu sein.»* Vgl. auch BGer 4A_585/2010 vom 2. Februar 2011, E. 2.3 und 2.4.

427 BSK OR I-WEBER, Art. 257d N 5 m. Hinw.; LACHAT/SPIRIG, Rz. 27.2.4.2 m. Hinw.; SVIT, Art. 257d N 30 m. Hinw.; CP Bail-WESSNER, Art. 257d N 19; CHK-HULLIGER/HEINRICH, Art. 257d N 9; vgl. BGer 4C.88/2003 vom 1. Juli 2003 E. 3 (hier wurde nur eine zehntägige Zahlungsfrist gesetzt, die Berufung des Mieters auf diesen Formfehler wurde aber als missbräuchlich qualifiziert, da feststand, dass er den Mietzins auch bei korrekter Fristansetzung nicht bezahlt hätte) und BGer 4C.196/2006 vom 4. August 2006, E. 2 (Es wurde eine Frist von 29 statt 30 Tagen angesetzt, auch hier prüfte das Gericht anhand der Umstände des Einzelfalls die Missbräuchlichkeit der Einwendung der Mieter).

147 Die Zahlungsaufforderung hat schriftlich zu erfolgen.[428] Sie muss vom Vermieter oder von einer dazu berechtigten Person (namentlich von der dem Mieter bekannten Liegenschaftsverwaltung) unterzeichnet sein.[429]

148 Wird das Mietobjekt von einem Ehepaar oder einem eingetragenen Paar bewohnt (Wohnung der Familie),[430] muss gemäss Art. 266n OR sowohl die mit der Kündigungsandrohung verbundene Fristansetzung als auch die Kündigung selbst beiden Ehegatten oder eingetragenen Partnern einzeln zugestellt werden, unabhängig davon, ob beide den Mietvertrag unterzeichnet haben. Bei einem Mietvertrag mit mehreren Mietern generell ist eine an jeden Mieter einzeln versandte Kündigungsandrohung zu empfehlen.[431] Ist der Mieter in Konkurs gefallen, so wird vertreten, dass auch der Konkursverwaltung eine Kündigungsandrohung zugestellt werden soll.[432]

149 Die Kündigungsandrohung ist eine empfangsbedürftige Willenserklärung. Damit dem Mieter die gesamten dreissig Tage für die Begleichung des Ausstandes zur Verfügung stehen, wird der Zugang dieser Erklärung nach der sogenannten relativen Empfangstheorie[433] beurteilt. Demnach gilt eine Zahlungsaufforderung per Einschreiben, wenn sie dem Adressaten nicht ausgehändigt werden kann, an dem Tag als zugestellt, an welchem sie der Empfänger tatsächlich am Postschalter abholt, spätestens aber am siebten und letzten Tag der Abholfrist.[434] Nach Rechtsprechung des Bundesgerichts sind allfällige Zurückbehaltungsaufträge zwischen Postkunden und Post wie auch eine allenfalls

---

428 Art. 257d Abs. 1 OR.

429 Zur Zahlungsaufforderung, welche nur durch eine kollektivzeichnungsberechtigte Person unterschrieben war BGer 4A_107/2010 vom 3. Mai 2010 E. 2.5: Eine solche Zahlungsaufforderung ist grundsätzlich wirkungslos; allerdings ist dies nur beachtlich, wenn der Mieter *«tatsächlich an der Verbindlichkeit zweifelt»*. Wird der Mangel geheilt, bevor der Mieter diesen bemerkt, bestand von seiner Seite nie Unsicherheit über die Wirksamkeit der Zahlungsaufforderung so bestehe kein Anlass, die Zahlungsaufforderung als ungültig zu erachten.

430 Dazu ausführlicher unten, Rz. 224 ff.

431 Die Lehre lässt ein Mahnschreiben an alle Mieter gemeinsam genügen: MAAG, Kündigung, Rz. 2.96; SVIT, Art. 257d N 39. Indessen ist dies soweit ersichtlich jedenfalls noch nicht entschieden und mit Blick auf die neuere Rechtsprechung des Bundesgerichts zur *«individuellen Kündigungsanfechtung»* (vgl. BGE 140 III 598 E. 3, dazu unten, Rz. 210) jedenfalls zu hinterfragen, vgl. oben zum Kündigungsschreiben Rz. 134.

432 MAAG, Kündigung, Rz. 2.96 m. Hinw. a. SVIT, 3. Aufl., Art. 266h N 20 und Art. 257d N 47. In einem solchen Fall bietet sich freilich ein Vorgehen nach Art. 266h an, vgl. Rz. 180 ff.

433 Auch *«eingeschränkte Empfangstheorie»* oder *«modifiziertes Zugangsprinzip»*.

434 BGE 119 II 147 (= Pra 83 [1994] Nr. 56) E. 2 m. Hinw.; BGE 137 III 208 (= Pra 100 [2011] Nr. 106) E. 3.1.3; BGer 4A_451/2011 vom 29. November 2011 E. 3.1.

vereinbarte Verlängerungen der Abholfrist unbeachtlich.[435] Anders sind nach der hier vertretenen Auffassung Weiterleitungsaufträge zu behandeln, denn hierdurch will der Adressat eine Zustellung auch in Abwesenheit oder an der neuen Adresse ja gerade ermöglichen, anstatt sie für eine gewisse Zeitdauer zu unterbinden.[436]

Die Zahlungsaufforderung muss nicht per Einschreiben versandt werden. Auch 150
eine Zustellung mit normaler Post oder die persönliche Übergabe des Schriftstücks ist zulässig. Im Bestreitungsfall hat der Vermieter den Empfang der Kündigung zu beweisen. Bestreitet der Mieter es hingegen nicht, so ist zu vermuten, dass ihm das per A-Post versandte Schreiben am auf den (behaupteten) Versandtag folgenden Werk- oder Samstag zugegangen ist. Die Zahlungsfrist beginnt dann tags darauf zu laufen.

Wird ein Einschreiben als nicht abgeholt an den Vermieter retourniert und ver- 151
schickt dieser die Kündigungsandrohung daraufhin noch einmal mit normaler Post, so sollte der Mieter in diesem Schreiben darauf hingewiesen werden, dass die Zahlungsfrist bereits mit erfolglosem Zustellversuch des Einschreibens zu laufen begonnen hat und die erneute Zustellung mit normaler Post lediglich zur Information erfolgt und keinen neuen Fristenlauf auslöst.[437] Wird die Kündigungsandrohung parallel sowohl per Einschreiben als auch mit normaler Post (A-Post) versandt, so ist für den Beginn des Fristenlaufs auf den (vermutungsweise früheren) Zeitpunkt der Zustellung des normalen A-Post-Schreibens abzustellen, sofern das Einschreiben nicht abgeholt wird und der Mieter den behaupteten Empfang der Kündigungsandrohung auch nicht bestreitet.

Mit einer Kündigungsandrohung per A-Post Plus hat sich das Bundesgericht 152
noch nicht auseinandergesetzt. Ein mit A-Post Plus versandtes Schreiben wird mit einer Nummer versehen und lässt sich via *«Track & Trace»* wie ein Einschreiben im Internet verfolgen. Der Erhalt wird aber nicht vom Empfänger quittiert. Auf der elektronischen Zustellbestätigung wird der Zeitpunkt festgehalten, in welchem die Sendung in den Briefkasten oder ins Postfach des Adressaten gelegt wurde. Es stellt sich nun die Frage, wie die Zahlungsfrist der Kündigungsandrohung bei dieser Versandart zu berechnen ist. Die relative

---

435 BGE 123 III 492. Die Sendung galt ungeachtet einer allfälligen Verlängerung am siebten Tag der Abholfrist als zugestellt. Vgl. auch BGE 127 I 31 E. 2.b und BGE 141 II 429 (= Pra 105 [2016] Nr. 53).

436 Vgl. aber BGE 141 II 429 (= Pra 105 [2016] Nr. 53) E. 3.3.3, wo festgehalten wird, der Adressat trage *«das Risiko besonderer Abmachungen mit der Post»* (*«les risques découlant des accords particuliers intervenus avec La Poste»*).

437 So auch MAAG, Kündigung, Rz. 2.101.

Empfangstheorie, welche nach Lehre und Rechtsprechung[438] in Abweichung zur sonst herrschenden absoluten Empfangstheorie für die Kündigungsandrohung (und für die Anzeige der Mietzinserhöhung) gilt, entspricht grundsätzlich der Regelung für die Verfahrensfristen.[439] Der Versand mit A-Post Plus genügt aber den Vorgaben an eine formelle Zustellung nach Art. 138 Abs. 1 ZPO aufgrund des Wortlauts dieser Bestimmung nicht.[440] Sie vermag daher auch die Zustellfiktion nach Art. 138 Abs. 3 lit. a ZPO nicht auszulösen. Die konstante bundesgerichtliche Rechtsprechung lässt eine Zustellung mit A-Post Plus indessen namentlich für fristauslösende Verfügungen von Steuerverwaltungen, IV-Stellen, anderen Ämtern oder auch Krankenversicherungen zu, bei welchen das Gesetz keine besondere Zustellart vorschreibt.[441] Die Frist beginnt dann am Tag nach dem in der elektronischen Zustellbescheinigung festgehaltenen Einwurf in Briefkasten oder Postfach zu laufen.[442] Das Bundesgericht führt insbesondere aus, wenn sich der Empfänger, welcher seinen Briefkasten nicht täglich leert, über das effektive Zustelldatum im Unklaren sei, könne er dieses anhand der auf dem Briefumschlag aufgedruckten Suchnummer mit Hilfe des elektronischen Suchsystems *«Track & Trace»* selbst ermitteln oder sich bei der Post danach erkundigen.[443]

153 Auch die Kündigungsandrohung nach Art. 257d ZPO ist an keine besondere Zustellart gebunden. Sie hat weder von Gesetzes wegen noch nach der Rechtsprechung per Einschreiben zu erfolgen. Bei einer Zustellung per A-Post Plus

---

[438] BGE 119 II 147 (= Pra 83 [1994] Nr. 56) E. 2 m. Hinw.

[439] BGE 137 III 208 (= Pra 100 [2011] Nr. 106) E. 3.1.3: *«Pour ces deux éventualités, à l'instar de ce qui prévaut pour les délais de procédure (cf. Art. 138 al. 3 CPC)»*.

[440] «(…) *durch eingeschriebene Postsendung oder auf andere Weise gegen Empfangsbestätigung*»; vgl. BGE 142 III 599 E. 2.4.2

[441] BGE 142 III 599 E. 2.4.2; zuvor beispielsweise BGer 2C_430/2009 vom 14. Januar 2010 (Steuerveranlagung); BGer 2C.570/2011 vom 24. Januar 2012 (Einspracheentscheid eines Steueramts); BGer 8C_573/2014 vom 26. November 2014 (Entscheid einer kantonalen Fürsorgekommission); BGer 2C_1126/2014 vom 20. Februar 2015 und BGer 2C_784/2015 vom 24. September 2015 (Verfügung eines Migrationsamtes); BGer 8C_198/2015 vom 30. April 2015 und BGer 9C_90/2015 vom 2. Juni 2015 (Verfügung einer IV-Stelle).

[442] Das gilt auch bei einer Zustellung in ein Postfach am Samstag, sofern das Postfach am Samstag zugänglich ist. Das Bundesgericht liess insbesondere den Einwand, die Anwaltskanzlei seines Rechtsvertreters, an welchen die Zustellung erfolgte, sei am Samstag geschlossen und das Postfach werde daher erst am Montag wieder geleert, nicht gelten, BGer 2C_1126/2014 vom 20. Februar 2015 E. 2.4., vgl. auch BGer 2C_855/2015 vom 1. Oktober 2015 E. 2.2 (Zustellung an ein Treuhandbüro an einem Samstag) und BGer 9C_90/2015 vom 2. Juni 2015 E. 3.3 (wo vorgebracht wurde, allen Mitarbeiter der betreffenden Poststelle sei bekannt, dass der Adressat sein Postfach am Samstag nie leere).

[443] BGer 2C_570/2011 vom 24. Januar 2012 E. 4.3.

halten sich sodann die potentiellen Vor- und Nachteile für den Mieter die Waage:[444] Trifft der Postbote niemanden an, hinterlässt er bei einem Einschreiben lediglich eine Abholeinladung; bei A-Post Plus wird hingegen das Schreiben selbst eingeworfen. Der Zugang zum Schreiben ist für den Adressaten dann mit weniger Mühen verbunden als beim Einschreiben, welches er erst abholen muss. Vor allem aber ist die Sendung auch nach Ablauf der siebentägigen Abholfrist noch im Briefkasten vorhanden, während vom Inhalt eines Einschreibens dann nicht mehr Kenntnis genommen werden kann. Dies wiegt nach der hier vertretenen Auffassung die maximal sieben Tage auf, welche im Falle des Abholens eines Einschreibens am letzten Tag der Abholfrist mehr zur Verfügung stehen. Es ist jedoch entgegen der hier vertretenen Ansicht nicht auszuschliessen, dass ein Gericht im Sinne des umfassenden Mieterschutzes auch bei einer Zustellung mit A-Post Plus sieben Tage ab Zeitpunkt des Briefeinwurfs zur dreissigtägigen Zahlungsfrist hinzurechnet, um den Mieter keinesfalls schlechter zu stellen als bei einer Zustellung per Einschreiben.[445] Noch einen Schritt weiter geht ein Entscheid aus dem Kanton Waadt, wonach bei einer Zustellung der Kündigungsandrohung mit A-Post Plus der Empfang überhaupt nicht nachgewiesen und im Bestreitungsfalle auch nicht zu vermuten sei.[446]

154 In Bezug auf das Fehlen einer Empfangsbestätigung hält das Bundesgericht in seiner Rechtsprechung zur Zustellung mit A-Post Plus fest, auch bei dieser Zustellart liege ein Fehler bei der Postzustellung nicht ausserhalb jeder Wahrscheinlichkeit. Eine fehlerhafte Postzustellung sei allerdings nicht zu vermuten, sondern nur anzunehmen, wenn sie aufgrund der Umstände plausibel erscheine. Auf die Darstellung des Adressaten, dass eine fehlerhafte Postzustellung vorliege, sei daher abzustellen, wenn seine Darlegung der Umstände nachvollziehbar sei und einer gewissen Wahrscheinlichkeit entspreche, wobei sein guter Glaube zu vermuten sei.[447] Rein hypothetische Überlegungen des Adressaten, wonach die Sendung einem Nachbarn oder sonst einer Drittperson

---

444 Vgl. auch die Überlegungen in BGE 137 III 208 (= Pra 100 [2011] Nr. 106) E. 3.1.3, wo das Bundesgericht ausführt, weshalb die relative Empfangstheorie nicht für den Beginn der Frist für die Kündigungsanfechtung ausgedehnt wird.

445 Anlass hierfür könnte sein, wenn ein Mieter darlegt, er habe sich eine Woche in den Ferien befunden und bei einer Kündigungsandrohung per Einschreiben, welches er am letzten Tag noch hätte abholen können, wären ihm die ganzen 30 Tage für die Zahlung zur Verfügung gestanden.

446 Entscheid HC / 2012 / 199 des Tribunal Cantonal du canton de Vaud vom 20. März 2012 (mp 2013, S. 216 ff.). Das Gericht kam zum Schluss, es liege jedenfalls kein klarer Fall im Sinne des Art. 257 ZPO vor.

447 BGE 142 III 599 E. 2.1; BGer 2C_570/2011 vom 24. Januar 2012 E. 4.3 m. Hinw.

zugestellt worden sei, seien unbehelflich.[448] Bei A-Post Plus ist die Bescheinigung des Einwurfs der Sendung in den Briefkasten damit gleich zu behandeln wie die Bescheinigung des Einwurfs der Abholeinladung beim Einschreiben.[449] Es gibt keinen überzeugenden Grund, weshalb bei der Kündigungsandrohung nach Art. 257d ZPO davon abgewichen werden sollte. Wäre dies der Fall, so dürfte konsequenterweise auch bei einer Kündigungsandrohung per Einschreiben die Vermutung in Bezug auf den Abholschein nicht gelten. Die Vermutung der korrekten Post-Bescheinigung kann allein aufgrund der Zustellart bei A-Post Plus nicht schwächer sein als beim Einschreiben.

155 Das mit einer Kündigungsandrohung per A-Post Plus geschaffene Beweisproblem ist nach der hier vertretenen Auffassung vielmehr anderer Art: Bestreitet nämlich der Mieter den Erhalt einer Kündigungsandrohung, so muss der Vermieter nicht nur die Zustellung, sondern auch den Inhalt des entsprechenden Schreibens beweisen. Wie gezeigt, besteht bei einem mit Einschreiben versandten Brief eine Vermutung zugunsten der Sachverhaltsdarstellung des Absenders, welcher eine Kopie des Schreibens vorlegen kann.[450] Dem Empfänger des Einschreibens obliegt der Nachweis, dass das Schreiben einen anderen als den behaupteten Inhalt hatte.[451] Dies erscheint bei einem Einschreiben sachgerecht, da dem Empfänger hier die Wichtigkeit des Schreibens aufgrund der Zustelllart bewusst sein muss. Hier kann erhöhte Wachsamkeit gefordert werden, insbesondere, dass der Mieter das Schreiben aufbewahrt, auf Vollständigkeit (Beilagen) prüft und Unstimmigkeiten (leeres Couvert, unsinniger Inhalt) beim Absender beanstandet. Die Bedeutung eines mit A-Post Plus versandten Schreibens ist weniger augenfällig, da es wie jede normale Post behandelt wird. Es unterscheidet sich für den Empfänger lediglich durch die auf dem Briefumschlag aufgedruckte *«Track & Trace»*-Nummer. Enthält das Schreiben lediglich eine Mahnung oder sogar eine belanglose Mitteilung, so ist nicht zu erwarten, dass der Mieter diese aufhebt oder dass ihm die Diskrepanz zwischen Versandart und Inhalt ins Auge fällt. Im Unterschied zu Behörden verfügt der Vermieter als Privatperson auch nicht über eine erhöhte Glaubwürdigkeit, was seine Behauptung an den Inhalt einer Sendung anbelangt. Bestreitet der Empfänger den Inhalt eines von einer Privatperson per A-Post Plus versandten Schreibens, so greift die Beweislastumkehr nach der hier vertreten Auffassung nicht.

---

448 BGer 2C_570/2011 vom 24. Januar 2012 E. 4.3; BGer 2C_165/2015 vom 21. Februar 2015 E. 2.3.

449 Dazu oben, Rz. 137 (Fn 391).

450 BGer 4A_447/2011 vom 20. September 2011 E. 3; oben, Rz. 137.

451 BGE 142 III 369 E. 4.2 m. Hinw.

bd. Keine Tilgung des Ausstands innert der Zahlungsfrist

Der Mieter kann die ausserordentliche Kündigung abwenden, indem er seine Mietschulden innert der angesetzten Zahlungsfrist begleicht.[452] Bei Tilgung durch Zahlung sind die vereinbarten Zahlungsmodalitäten zu beachten: Abzustellen ist je nach dem auf den Zeitpunkt der Überweisung oder denjenigen des Zahlungseingangs. Da es sich bei Geldschulden um Bringschulden[453] handelt, ist dabei grundsätzlich bzw. bei Fehlen einer anderen Vereinbarung der Zahlungseingang massgeblich.[454] Bei einer Zahlungsaufforderung unter Beilage eines Posteinzahlungsscheins reicht es aus, wenn die Einzahlung am letzten Tag der Zahlungsfrist am Postschalter getätigt wird.[455] 156

Die Frist beginnt am Tag nach der Zustellung der Kündigungsandrohung zu laufen. Für den Beginn des Fristenlaufs ist irrelevant, ob es sich dabei um einen Werktag, einen Samstag oder Sonntag (Feiertag) handelt. Fällt aber der letzte Tag der Zahlungsfrist auf einen Samstag, einen Sonntag oder einen staatlich anerkannten Feiertag, so endet die Frist am nächstfolgenden Werktag.[456] 157

In der Regel wird während der dreissigtägigen Zahlungsfrist bereits die Miete für den nächsten Monat fällig. Ist der Mieter lediglich mit einem Monatsmietzins im Verzug und überweist er innert der Zahlungsfrist einen Monatsmietzins, so tilgt diese Zahlung grundsätzlich die ältere Schuld, sofern nichts anderes erklärt wird (Art. 87 Abs. 1 i.f. OR). Dasselbe gilt, wenn der Schuldner ausdrücklich erklärt, er wolle damit die ältere Schuld tilgen (Art. 86 Abs. 1 OR). Dies kann beispielsweise durch die (ggf. auch vom Vermieter vorgedruckte) Angabe des Monats auf dem Einzahlungsschein geschehen *(«Juli 2017»)*. Nach der hier vertretenen Auffassung ist sogar zu vermuten, dass der Mieter die Schuld tilgen will, für die er unter Kündigungsandrohung gemahnt wurde. Hat der Mieter allerdings nichts ausdrücklich erklärt, so steht es dem Vermieter offen, nach Art. 86 Abs. 2 OR in einer Quittung an den Mieter zu erklären, dass die Zahlung an den laufenden Monat angerechnet würde. Der 158

452 Bei mehreren Mietern oder Familienwohnungen (separate Kündigungsandrohungen) beginnt die Frist mit dem zuletzt zugestellten Mahnschreiben zu laufen; ZK-HIGI, Art. 257d N 39; MAAG, Kündigung, Rz. 2.103.

453 Art. 74 Abs. 2 Ziff. 1 OR.

454 Vgl. BGer 4A_366/2008 vom 25. November 2008 E. 4.

455 BGE 124 III 145 E. 2. Gleiches gilt nach Auffassung BSK OR I-WEBER, Art. 257d N 3 generell, wenn der Vermieter dem Mieter Einzahlungsscheine zur Verfügung stellt; vgl. BGer 4C.172/2005 vom 14. Dezember 2005 E. 2.; vgl. MAAG, Kündigung, Rz. 2.105; SVIT, Art. 257d N 35.

456 Art. 78 Abs. 1 OR i.V.m. Art. 1 des Bundesgesetzes über den Fristenlauf an Samstagen (SR 173.110.3). Vgl. die Beispiele in Rz. 162.

ältere Ausstand bliebe dann offen, die Kündigung wegen Zahlungsverzugs möglich. Der Mieter kann diese vom Vermieter erklärte Wirkung seiner Zahlung aber durch sofortigen Widerspruch umstossen.[457]

159 Der Mieter kann die Ausstände auch durch Verrechnung tilgen.[458] Die Verrechnung erfolgt durch eine unzweideutige einseitige und empfangsbedürftige Erklärung. Aus der Erklärung selber oder aus den Umständen muss der Gegenstand der Verrechnung, also die Verrechnungsforderung (oder *«Gegenforderung»*) und die Hauptforderung (der zu tilgende Mietzins) hervorgehen.[459] Der Mieter muss Bestand und Umfang der geltend gemachten Verrechnungsforderung beweisen können.[460] Obgleich die Verrechnung nach Art. 124 Abs. 2 OR auf den Zeitpunkt zurückwirkt, in dem sich die beiden Forderungen verrechenbar gegenüberstanden, muss die Verrechnungserklärung noch vor Ablauf der Zahlungsfrist abgegeben werden[461] und, da es sich um eine empfangsbedürftige Willenserklärung handelt, wohl auch vor Ablauf der Zahlungsfrist beim Vermieter eintreffen.[462]

160 Eine Tilgung von ausstehenden Mietzinsen durch Hinterlegung nach Kündigungsandrohung ist nicht möglich, denn nach dem klaren Wortlaut von Art. 259g OR können nur *«Mietzinse, die künftig fällig werden»* hinterlegt werden. Dies schliesst eine Hinterlegung bereits verfallener Mietzinse aus.[463]

---

457 Vgl. SVIT, Art. 257d N 36.

458 BGE 119 II 241 E. 6b/bb; BGer 4A_642/2009 vom 2. Februar 2010 E. 4.1; 4A_549/2010 vom 17. Februar 2011 E. 3. Auch ein vertragliches Verrechnungsverbot wäre nach Art. 265 OR nichtig, soweit es sich um Forderungen aus dem Mietverhältnis handelt. Vgl. zum Ganzen MAAG, Kündigung, Rz. 2.106.

459 Die Verrechnungserklärung kann auch konkludent erfolgen; allerdings muss sie den Willen des Verrechnenden in auch in diesem Fall in unzweideutiger Weise erkennen lassen und es muss klar sein, welches die zu tilgende Hauptforderung und welches die Verrechnungsforderung ist. Besteht diesbezüglich Unklarheit, ist die Verrechnungserklärung unvollständig und daher wirkungslos (BGer 4C.228/2006 vom 30. Oktober 2006 E. 2.1.; BGer 4A_549/2010 vom 17. Februar 2011 E. 3.3, m. Hinw.).

460 Soweit er hierfür noch keinen Vollstreckungstitel hat und sie vom Vermieter bestritten wird; BGer 4A_140/2014 vom 6. August 2014, E. 5.1 (MRA 2015 S. 96); BGer 4A_642/2009 vom 2. Februar 2010 E. 4.1; 4A_549/2010 vom 17. Februar 2011 E. 3. Zu den Voraussetzungen im Verfahren um Rechtsschutz in klaren Fällen unten, Rz. 468 ff.

461 BGE 119 II 241 E. 6b/bb und cc; BGer 4C.228/2006 vom 30. Oktober 2006 E. 2.1; 4A_296/2008 vom 29. Juli 2008 E. 5 (MRA 2009, S. 98 f.), BGer 4A_140/2014 vom 6. August 2014, E. 5.2 (MRA 2015 S. 97).

462 SVIT, Art. 257d N 20 m.Hinw.

463 BGer 4A_368/2007 vom 7. November 2007 E. 2.4.; vgl. aber BGer 4A_140/2014 vom 6. August 2014 (MRA 2015, S. 92 ff.), E. 5.2. mit Kritik HANS BÄTTIG, MRA, S. 102 f.; vgl. BGer 4A_739/2011 vom 3. April 2012 E. 4.3 (hier zuerst Hinterlegung des Mietzinses, dann Kündigungsandrohung).

be. Kündigung und Kündigungsfrist

Für das Kündigungsschreiben kann grundsätzlich auf die Ausführungen in Rz. 126 und 128-137 verwiesen werden. Auf dem Kündigungsformular ist der Kündigungsgrund anzugeben, um diesbezügliche Unklarheiten auszuschliessen.[464] Eine Kündigung nach Art. 257d OR erfolgt im Übrigen nicht – wie in der Praxis oft angegeben – *«fristlos»*, sondern mit einer Frist von mindestens 30 Tagen auf ein Monatsende. 161

Die Wirkungen der dreissigtägigen Zahlungsfrist und der anschliessenden dreissigtägigen Kündigungsfrist lässt sich am besten an Beispielen veranschaulichen: 162

Beispiel 1

Der Vermieter versendet die Kündigungsandrohung am 9. März 2017 per Einschreiben. Die Abholeinladung wird dem Mieter am 10. März 2017 in den Briefkasten gelegt. Der Mieter holt das Schreiben bis zum 17. März 2017 (Ablauf der siebentägigen Abholfrist) nicht ab. Es wird an den Vermieter retourniert. Die Zahlungsfrist beginnt am 18. März 2017 zu laufen (ungeachtet dessen, ob dies ein Werktag, ein Samstag oder ein Sonntag ist). Sie endet grundsätzlich am 16. April 2017. Da dies der Ostersonntag ist und der nachfolgende Tag (Ostermontag) ein anerkannter Feiertag ist, wird die Frist auf Dienstag, 18. April 2017, verlängert. Am 25. April 2017 kündigt der Vermieter den Vertrag per Einschreiben auf Ende Mai 2017. Die Abholeinladung wird dem Mieter am 26. April 2017 (Mittwoch) mit einer Abholfrist bis 3. Mai 2017 in den Briefkasten gelegt. Da die absolute Empfangstheorie zur Anwendung gelangt, gilt die Kündigung am 27. April 2017 (Donnerstag) als zugestellt, selbst wenn sie der Mieter erst später oder gar nicht abholt. Sie wirkt per Ende Mai 2017.

Beispiel 2

Die Kündigungsandrohung wird am 18. Mai 2017 (Donnerstag) per Einschreiben verschickt, dem Mieter am 19. Mai 2017 (Freitag) zur Abholung gemeldet und von diesem bis zum Ende der siebentägigen Abholfrist nicht abgeholt. Sie gilt daher am 26. Mai 2017 (Freitag) als zugestellt. Am 27. Mai 2017 beginnt die Zahlungsfrist zu laufen und endet (da der 25. Juni ein Sonntag ist) am 26. Juni 2017 (Montag). Am 29. Juni 2017 (Donnerstag) kündigt der Vermieter den Vertrag per Einschreiben Auf Ende Juli 2017. Die Abholeinladung wird dem Mieter am 30. Juni

[464] Beispielsweise *«Zahlungsverzug»*, *«Mietausstand»*, *«offene Mietschulden»*, *«Art. 257d OR»* oder *«257d»*.

2017 (Freitag), in den Briefkasten gelegt. Sofern das Einschreiben noch gleichentags für den Mieter zur Abholung auf der Poststelle bereit liegt und es dem Mieter zuzumuten ist, das es noch gleichentags bei der Post abzuholen (was nicht zu vermuten ist), gilt es am 30. Juni 2017 als zugestellt, andernfalls am 1. Juli 2017 (sofern die Poststelle am Samstag geöffnet ist), spätestens aber am 3. Juli 2017 (Montag). Im letzteren Fall entfaltet die Kündigung ihre Wirkungen nicht auf Ende Juli 2017, sondern erst auf Ende August 2017.

Beispiel 3

Die Kündigungsandrohung vom 15. Dezember 2016 per Einschreiben wird vom Mieter am 22. Dezember 2016 auf der Poststelle abgeholt. Die dreissigtägige Zahlungsfrist läuft ab 23. Dezember 2016 und endet am 21. Januar 2017. Dies ist ein Samstag; daher verlängert sich die Frist bis zum 23. Januar 2017. Der Vermieter versendet die Kündigung mit Wirkung auf Ende Februar 2017 am Freitag, 27. Januar 2017, per Einschreiben. Der Abholschein liegt am Samstag, 28. Januar 2017, im Briefkasten des Mieters. Da seine Poststelle an Samstagen geschlossen ist, kann der Mieter die Kündigung aber frühestens am Montag, 30. Januar 2017, abholen. Es gilt daher (unabhängig davon, ob er sie dann tatsächlich abholt) am 30. Januar 2017 als zugestellt. Die dreissigtägige Kündigungsfrist beginnt am 31. Januar 2017 zu laufen. Da der Februar aber nur 28 Tage hat, endet sie am 1. März 2017. Damit wirkt die Kündigung erst per Ende März 2017.

bf. Fehlerhafte Kündigungen wegen Zahlungsverzugs

163 Eine Kündigung nach Art. 257d OR ist in folgenden Fällen nichtig oder unwirksam:[465]

- Wenn der Mietzins zum Zeitpunkt der Zahlungsaufforderung und Kündigungsandrohung noch nicht fällig war.
- Wenn vor Ablauf der angesetzten Zahlungsfrist kein Zahlungsausstand (mehr) bestand, insbesondere infolge Zahlung[466] oder rechtsgültiger Verrechnung.[467]
- Wenn mit der Zahlungsaufforderung keine Kündigungsandrohung verbunden war.

---

465 Vgl. unten, Rz. 194.

466 BGE 124 III 145 E. 2.

467 Dazu oben, Rz. 159.

- Wenn eine zu kurze Zahlungsfrist angesetzt wurde.[468] Die Berufung darauf kann jedoch missbräuchlich sein, wenn feststeht, dass der Mieter auch bei korrekt angesetzter Frist nicht bezahlt hätte.[469]
- Wenn die Kündigung vor Ablauf der Zahlungsfrist ausgesprochen worden ist.[470] Die Berufung hierauf ist jedoch treuwidrig, wenn die Kündigung zwar am letzten Tag der Zahlungsfrist verschickt, aber erst nach Ablauf der Zahlungsfrist zugestellt wurde und der Mieter während dieser Zeit den Mietzins nicht bezahlt hat.[471]
- Wenn die Formerfordernisse nicht eingehalten wurden (schriftliche Zahlungsaufforderung, Kündigung auf amtlich genehmigtem Formular, eigenhändige Unterzeichnung, sowie bei Familienwohnungen[472] Zustellung beider Schriftstücke an beide Ehegatten/eingetragene Partner je einzeln mit separater Post).[473]

Der Mieter kann sich jederzeit, insbesondere auch noch im Ausweisungsverfahren, auf die Nichtigkeit oder Unwirksamkeit der Kündigung berufen. Anders als beim Vorwurf der Missbräuchlichkeit der Kündigung ist eine Anfechtung der unwirksamen oder nichtigen Kündigung innert Frist von dreissig Tagen nicht erforderlich. Wie gezeigt kann umgekehrt die Berufung des Mieters auf Formfehler bei der Kündigung, welche grundsätzlich zur Unwirksamkeit führen, missbräuchlich sein (insb. zu kurz angesetzte Zahlungsfrist und Kündigung vor Ablauf der Zahlungsfrist); zwingend erforderlich ist jedoch, dass im Zeitpunkt der Mahnung und bei Auflauf der Zahlungsfrist tatsächlich ein Zahlungsausstand bestand.[474] 164

468 Oben, Rz. 146 i.f.

469 BGer 4C.88/2003 vom 1. Juli 2003 E. 3; BGer 4C.196/2006 vom 4. August 2006, E. 2; jüngst BGer 4A_245/2017 vom 21. September 2017, E. 5.3.1.

470 SVIT, Art. 257d N 41 m. Hinw.; BSK OR I-WEBER, Art. 257d N 9; BGer 4C.96/2006 vom 4. Juli 2006 E. 2. Anders noch BGE 119 II 147 E. 4 (nur anfechtbar) überholt aber durch BGE 121 III 156 (= Pra 84 [1995], Nr. 272).

471 BGer 4C.124/2005 vom 26. Juli 2005 E. 3.3; BGer 4A_585/2010 vom 2. Februar 2011 E. 3.5; BGer 4A_451/2011 vom 29. November 2011 E. 4. Das Bundesgericht erwog, dass die Vermieterin die Kündigung in Kenntnis des bei Ablauf der Zahlungsfrist ausstehenden Betrages getroffen hatte und die Kündigung der Mieterin erst nach Ablauf der Zahlungsfrist zuging, weshalb sie diese nicht irreführen oder von fristgerechten Zahlungen abhalten konnte. Vgl. jüngst BGer 4A_245/2017 vom 21. September 2017, E. 5.3.1

472 Zur Definition unten, Rz. 224.

473 Art. 266o OR.

474 BGer 4A_245/2017 vom 21. September 2017, E. 5.3.1; BGer 4A_330/2017 vom 8. Februar 2018, E. 3.1.

165 Ausnahmsweise kann auch eine Kündigung wegen Zahlungsverzugs missbräuchlich und damit nach Art. 271 Abs. 1 OR anfechtbar sein.[475] Dazu bedarf es indessen besonderer Umstände.[476] Art. 271 Abs. 1 OR ist in solchen Fällen restriktiv auszulegen, *«damit das Recht des Vermieters, den Mietzins bei Fälligkeit zu erhalten, nicht in Frage gestellt wird.»*[477] Nach bundesgerichtlicher Rechtsprechung kann ein Verstoss gegen Treu und Glauben in folgenden Fällen vorliegen:

- Wenn der ausstehende Betrag unbedeutend ist.[478]
- Wenn der Mieter den Ausstand sehr kurze Zeit (ein bis zwei Tage) nach Ablauf der Zahlungsfrist beglichen hat, sofern er den Mietzins zuvor immer pünktlich bezahlt hatte.[479]
- Wenn der Vermieter mit der Kündigungsandrohung einen zu hohen Betrag eingefordert hat und weitere Umstände hinzutreten, welche das Verhalten des Vermieters als treuwidrig erscheinen lassen.[480] Missbräuchlichkeit kann

---

475 BGer 4A_549/2010 vom 17. Januar 2011 E. 4.1 m. w. Hinw. Nach BGer 4A_195/ 2011 vom 16. Juni 2011 E. 4 können die typischen Fälle des Rechtsmissbrauchs, also fehlendes Interesse an der Rechtsausübung, zweckwidrige Verwendung eines Rechtsinstituts, krasse Unverhältnismässigkeit der beteiligten Interessen und widersprüchliches Verhalten, bei Vorliegen ausserordentlicher Umstände zur Ungültigkeit der Kündigung führen.

476 BGer 4A_88/2013 vom 17. Juli 2013 E. 6.1.

477 BGE 140 III 591 (= Pra 104 [2015] Nr. 55) E. 1 (*«la notion doit être interprétée très restrictivement, afin de ne pas mettre en question le droit du bailleur à recevoir le loyer à l'échéance.»*).

478 BGE 140 III 591 (= Pra 104 [2015] Nr. 55) E. 2 und 5; BGE 120 II 31 E. 4b; BGer 4A_88/2013 vom 17. Juli 2013 E. 6.1; BGer 4A_195/2011 vom 16. Juni 2011 E. 4.1; 4A_585/2010 vom 2. Februar 2011 E. 4.1; 4C.426/2004 vom 8. Februar 2005 E. 3.1. Nicht als unbedeutend wurde 1994 ein Betrag von CHF 286.–, 2007 ein Betrag von CHF 217.– und 2014 ein Betrag von CHF 164.65 beurteilt (BGE 120 II 31 E. 4a; BGer 4C.2/2007 vom 20. März 2007 E. 4.3; BGE 140 III 591 E. 2).

479 BGer 4A_195/2011 vom 16. Juni 2011 E. 4.1; 4A_585/2010 vom 2. Februar 2011 E. 4.1; 4A_366/2008 vom 25. November 2008 E. 4; BGer 4C.426/2004 vom 8. Februar 2005 E. 3.1. In BGer 4A_549/2010 vom 17. Februar 2010 E. 4.3 wird festgehalten, dass allein der Umstand, dass die Mietzinse nur sehr kurze Zeit nach Ablauf der Zahlungsfrist getilgt wurden, die Kündigung nach Art. 257d OR nicht missbräuchlich mache. Es müssten weitere Umstände hinzutreten, namentlich dass der Mieter bis anhin stets pünktlich bezahlt habe oder dass der Ausstand sehr gering war. Vgl. auch BGer 4A_361/2008 vom 25. November 2008 E. 2.3.2: Zahlung vier Tage nach Ablauf der Zahlungsfrist fällt nicht mehr unter den Begriff *«sehr kurze Zeit»*, wenn nicht besondere Umstände vorliegen. Vgl. auch BGer 4A_634/2009 vom 3. März 2010 E.2.2.3 (MRA 2011, S. 34 ff.): Das Bundesgericht schützte hier die Kündigung nach Art. 257d OR bei einem Zahlungsverzug von nur einem Tag, weil in der Vergangenheit eine einzige weitere Kündigungsandrohung wegen Zahlungsverzugs erfolgt war.

480 BGE 120 II 31 E. 4b (Kündigungsandrohung, während die Höhe des ausstehenden Betrages auch nach Ansicht des Vermieters noch zweifelhaft war und sich im Nachhinein

dann vorliegen, wenn der Mieter den Betrag, den er zu schulden glaubt, bezahlt hat und der tatsächlich geschuldete Betrag für ihn nicht offensichtlich sein musste.[481] Macht der Mieter geltend, der angemahnte Mietausstand sei zu hoch, so muss er dies dem Vermieter innert der Zahlungsfrist mitteilen und die Ausstände in dem Umfang, wie sie unbestritten sind, innert Zahlungsfrist begleichen.[482]

- Wenn die Kündigungsandrohung ausgesprochen wurde, während die Parteien über eine grundsätzlich unbestrittene Mietzinsreduktion verhandelten, deren Höhe im Zeitpunkt der Kündigungsandrohung und im Zeitpunkt der Kündigung noch höchst unklar war.[483]
- Das Bundesgericht erachtete sodann eine Kündigung wegen Zahlungsverzugs für treuwidrig, da der Vermieter aufgrund von Beeinträchtigungen wegen andauernden Umbauarbeiten ursprünglich versprochen hatte, eine Entschädigung im Laufe der Bauarbeiten auszuzahlen, die Zahlung dann aber bis zu deren Abschluss aufschob und sich der erklärten Verrechnungsabsicht der Mieterin, welche über den versprochenen Entschädigungsbetrag im Unklaren war, ohne Angabe von Gründen widersetzte und es auch ablehnte, sein Entschädigungsangebot zu beziffern.[484]
- Unter Umständen, wenn der Vermieter nach Androhung der Kündigung mit der Kündigung zu lange zuwartet.[485]

---

als viel niedriger erwies als der angemahnte Betrag. Vgl. BGer 4A_325/2010 vom 1. Oktober 2010 E. 5.1; BGer 4C.65/2003 vom 23. September 2003 E. 4.2.2 (Kündigungsandrohung, während die Parteien noch über die Höhe einer grundsätzlich unbestrittenen Mietzinsreduktion wegen Mängeln verhandelten und der ausstehende Betrag aufgrund der noch nicht beendeten Arbeiten noch höchst unklar war); BGer 4A_325/2010 vom 1. Oktober 2010 E. 5.2 (angefochtene Heiz- und Nebenkostenabrechnung: Pflicht des Mieters, den grundsätzlich unbestrittenen Teil zu begleichen). Vgl. auch BGer 4C.173/2005 vom 24. Oktober 2005 E. 2.3; BGer 4A_739/2011 vom 3. April 2012 E. 4.2; BGer 4A_550/2010 vom 17. Januar 2011 E. 4.2.

481 BGer 4A_107/2010 vom 3. Mai 2010 E. 3.5.1. Allfällige Unklarheiten und Unstimmigkeiten hinsichtlich der ausstehenden Mietschulden sind wenn möglich innert der dreissigtägigen Zahlungsfrist zu klären. Vgl. POLIVKA, Kommentar zu BGer 4A_107/2010 vom 3. Mai 2010, MRA 2011, S. 32. Vgl. auch BGE 140 III 591 (= Pra 104 [2015] Nr. 55) E. 3.2 für eine Kündigung wegen ausstehenden Nebenkosten.

482 BGer 4A_107/2010 vom 3. Mai 2010 E. 3.5.1.; vgl. BGer 4A_32/2007 vom 16. Mai 2007 E. 6.2 und BGE 140 III 591 (= Pra 104 [2015] Nr. 55) E. 3.2.

483 BGer 4C.65/2003 vom 23. September 2003 E. 4.2.2.

484 BGer 4C.173/2005 vom 24. Oktober 2005 E. 2.3 (mp 2006, S. 182 ff.); BGer 4A_739/2011 vom 3. April 2012 E. 4.2.

485 BGer 4A_195/2011 vom 16. Juni 2011 E. 4.1; 4C.35/2004 vom 27. April 2004 E. 3.1. Im Entscheid 4A_366/2008 vom 25. November 2008 E. 4 i.f. führt das Bundesgericht aus, eine Dauer von etwa drei Wochen zwischen Ablauf der Zahlungsfrist und Kündigung dürfte, ausser bei Vorliegen besonderer Umstände, als Verzicht auf das Kündi-

Auch eine missbräuchliche Kündigung wegen Zahlungsverzugs muss innert dreissig Tagen angefochten werden, sonst wird sie (in Bezug auf die Missbräuchlichkeit) gültig.[486]

c. Verletzung der Pflicht zur Sorgfalt und Rücksichtnahme (Art. 257f OR)

ca. Kündigung nach Art. 257f Abs. 3 OR

166 Der Mieter hat das Mietobjekt mit Sorgfalt zu behandeln und auf die anderen Hausbewohner und Nachbarn Rücksicht zu nehmen. Kommt er dieser Pflicht nicht nach, so kann der Vermieter das Mietverhältnis mit einer Kündigungsfrist von mindestens dreissig Tagen auf Monatsende auflösen, sofern ihm oder den Hausbewohnern die Fortsetzung des Mietverhältnisses nicht mehr zumutbar ist und er den Mieter vorgängig vergeblich schriftlich ermahnt hat (Art. 257f Abs. 3 OR). Eine Erstreckung des Mietverhältnisses ist im Falle einer solchen Kündigung ausgeschlossen (Art. 272a Abs. 1 lit. c OR).

167 Der Mieter haftet nicht nur für sein eigenes Verhalten sondern auch für Mitbewohner und andere Personen, die das Mietobjekt mit seiner Erlaubnis benutzen, beispielsweise Besucher, Untermieter oder Hausangestellte,[487] auch dann, wenn ihn kein Verschulden trifft.[488]

168 Der Kündigung nach Art. 257f OR hat eine konkrete schriftliche Abmahnung vorauszugehen. Die Kündigung ist grundsätzlich erst zulässig, wenn der Mieter seine Pflichten weiterhin oder erneut verletzt. Diese erneute Pflichtverletzung muss *«ihrer Natur nach mit derjenigen übereinstimmen, für welche abgemahnt wurde»*.[489] Die schriftliche Abmahnung muss nicht zwingend mit

---

gungsrecht gedeutet werden. *In casu* hatte aber der Mieter den Ausstand kurz nach Ablauf der Zahlungsfrist bezahlt. Vgl. BGer 4A_641/2011 vom 27. Januar 2012 E. 8. Vgl. auch MAAG, Kündigung, Rz. 2.114.

486 Vgl. unten Rz. 207. Es besteht kein Grund die Kündigung nach Art. 257d OR unter diesem Aspekt anders zu behandeln, als eine ordentliche Kündigung, zumal das Bundesgericht bei der ordentlichen Kündigung auch bei offensichtlicher Missbräuchlichkeit keine Nichtigkeit annimmt, sondern voraussetzt, dass sie rechtzeitig angefochten wurde (BGE 133 III 175 E. 3).

487 Die Lehre stützt dies auf Art. 101 OR (Hilfspersonenhaftung). Dazu BSK OR I-WEBER, Art. 257f OR N 3, WESSNER, S. 129 f. je m. Hinw.

488 Zum Mieter mit psychischer Erkrankung: BGer 4A_44/2014 vom 14. März 2014 E. 2.1; BGer 4A_722/2012 vom 1 Mai 2013 E. 2.2. und BGer 4A_263/2011 vom 20. September 2011 E. 3.4; zum Ganzen: SVIT, Art. 257f N 39 m. Hinw.; MAAG, Kündigung, Rz. 2.126. Vgl. aber BSK OR I-WEBER, Art. 257f N 7.

489 BGer 4C.270/2001 vom 26. November 2001, E. 3.b.cc. (MRA 2002, S. 62.) ; BSK OR I-WEBER, Art. 257f OR N 5; ZK-HIGI, Art. 257f N 56 f.: es sind keine zu hohen Anfor-

einer Kündigungsandrohung verbunden sein.[490] Anders als bei einer Kündigung wegen Zahlungsverzugs ist bei einer Familienwohnung nicht vorgeschrieben, die Mahnung auch dem Ehegatten bzw. eingetragenen Partner zuzustellen.[491] Bei mehreren Mietern muss die Mahnung an alle Mieter gerichtet sein; separate Schreiben sind indessen nicht erforderlich.[492] Schriftlichkeit setzt grundsätzlich eine Originalunterschrift voraus.[493] Eine Abmahnung per Email ist gültig, wenn dieses mit einer qualifizierten elektronischen Signatur versehen ist.[494] Zur Zustellung kann sinngemäss auf das unter Rz. 135-137 Ausgeführte verwiesen werden.

Nach der Rechtsprechung des Bundesgerichts erfasst Art. 257f OR neben der Verletzung der Pflicht zur Sorgfalt und Rücksichtnahme auch Vertragsverletzungen, die in unmittelbarem Zusammenhang mit Nutzung und Gebrauch der Mietsache stehen.[495] Es kann sich um ausdrückliche vertragliche oder gesetzliche Pflichten des Mieters handeln.[496] Nachfolgend werden einige Beispiele von Pflichtverletzungen aufgezählt,[497] die unter Umständen zu einer Kündigung nach Art. 257f OR berechtigen könnten. 169

derungen an den sachlichen Zusammenhang zu stellen. Es genügt wenn der neue Verstoss nicht völlig anderer Natur ist, denn in diesem Fall würde dem Sinn und Zweck der Mahnung widersprochen. Vgl. SVIT, Art. 257f N 44, wonach die erneute Pflichtverletzung grundsätzlich *«zumindest von ihrem Grundcharakter her die gleiche sein* [muss], *wie diejenige, für welche abgemahnt wurde.»*

490 BSK OR I-WEBER, Art. 257f OR N 4; ZK-HIGI, Art. 257f N 50 f.; WESSNER, S 203.

491 Art. 266n *e contrario.* Die Kündigung muss aber wiederum beiden einzeln zugestellt werden.

492 BSK OR I-WEBER, Art. 257f OR N 4; MAAG, Kündigung, Rz. 2.132.

493 Vgl. Art. 14 Abs. 1 OR. Daher ist umstritten, ob eine Abmahnung per Fax genügt. Vgl. WESSNER, S. 204 Rz. 71 f.

494 Art. 14 Abs. 2bis OR.

495 BGE 123 III 124 E. 2b. In der Lehre wird sogar die Anwendung auf die Verletzung aller Arten von vertraglichen Nebenpflichten vertreten: BSK OR I-WEBER, Art. 257f OR N 1 und 10; SVIT, Art. 257f N 8, je mit Hinw. vgl. auch MAAG, MRA 2006, S. 127 ff. Folgt man der engeren Anwendung, so können andere Vertragsverletzungen (soweit sie nicht von Art. 257d OR erfasst werden) unter den *«Auffangtatbestand»* von Art. 266g OR fallen. Kritik auch bei SPIRIG, mp 2012, S. 8 ff., insb. zur subsidiären Anwendung des OR AT für die Kündigung des Mieters.

496 Dazu WESSNER, S. 133 ff.

497 Vgl. zusammenfassend zu Art. 257f OR auch WESSNER, mp 2007, S. 127 ff. und 197 ff. und MAAG, MRA 2006 S. 127 ff.

- Stören anderer Hausbewohner, insbesondere durch Lärm oder Gestank;[498]
- Drohungen oder Tätlichkeiten gegen andere Hausbewohner,[499] Gefährdung anderer Hausbewohner;[500]
- Kriminelle Aktivitäten in der Wohnung oder Liegenschaft;
- Beschädigung des Mietobjekts;
- Vornahme baulicher Änderungen am Mietobjekt ohne Zustimmung des Vermieters;
- Unbewilligte bzw. verbotene Haustierhaltung;[501]
- Verstoss gegen die Meldepflicht bei Mängeln (Art. 257g OR)[502] oder die Duldungspflicht betreffend notwendiger Reparaturen und Besichtigungen (Art. 257h OR);[503]
- Offenlassen des Wasserhahns und damit verursachter immenser Wasserverbrauch;[504]
- Verletzung des Verwendungszwecks[505] bzw. Änderung der Nutzung;[506]
- Bei Geschäftsräumen: Verstoss gegen eine Benutzungspflicht;[507]
- Unbewilligte Untermiete, sofern der Vermieter berechtigt gewesen ist bzw. wäre, seine Zustimmung zur Untermiete zu verweigern (Art. 262 OR);[508]
- Überbelegung des Mietobjekts.[509]

---

498 BGer 4C.270/2001 vom 26. November 2001 (wiederholte laut ausgetragene Ehestreitigkeiten mit Polizeiaufgebot und drohenden Mietzinsminderungsforderungen anderer Mieter); vgl. SVIT, Art. 257f N 31; WESSNER, S. 139 ff.; BSK OR I-WEBER, Art. 257f OR N 6.

499 BSK OR I-WEBER, Art. 257f OR N 1.

500 BGE 103 II 333 E. BSK OR I-WEBER, Art. 257f OR N 1.

501 Umstritten ist, ob die Haustierhaltung generell verboten werden kann. Je nach Art (Katze, Hund, Goldfisch, Papagei, Giftschlange etc.) und Anzahl variieren die potentiellen Beeinträchtigungen doch ganz erheblich. Vgl. dazu BSK OR I-WEBER, Art. 256 N 10 m. Hinw.

502 WESSNER, S. 142; SVIT, Art. 257f N 26.

503 BGer 4C.306/2003 vom 20. Februar 2004 (MRA 2004, S. 177 ff.); WESSNER, S. 142.

504 BGer 4C.175/2000 E. 2.

505 BGE 132 III 109 (= Pra 96 [2007] Nr. 19); BGer 4A_413/2009 vom 11. November 2009 – *in casu* unwirksam, weil der Zweck zuvor 16 Jahre lang geduldet worden war (stillschweigende Zustimmung des Vermieters).

506 BGer 4A_127/2008 vom 2. Juni 2008 (Café-Bar zum Betrieb einer Champagner-Bar untervermietet); zum Ganzen WESSNER, S. 135 ff.

507 WESSNER, S. 145 f. m. Hinw.

508 BGE 134 III 300 (=Pra 97 [2008]Nr. 130) E. 3; BGE 134 III 446 (=Pra 98 [2009] Nr. 21) E. 2; BGer 4A_265/2009 vom 5. August 2009 E. 2.3 (MRA 2010, S. 86). Vgl. BGE 136 III 186 (unentgeltliche Überlassung der Wohnung an einen Dritten ist keine Untermiete i.S.v. Art. 262 OR – Kritik dazu bei GIAVARINI, MRA 2010, S. 205 f.).

Grundsätzlich ist entscheidend, ob das Verhalten des Mieters die Weiterführung des Mietverhältnisses objektiv unzumutbar macht.[510] Dabei sind unter anderem die Art und Intensität der Vertragsverletzung, die Art des Vertrages, Beschaffenheit und Lage des Mietobjekts und auch das Verhalten des Vermieters zu würdigen.[511] Hat der Vermieter den vertragswidrigen Zustand während längerer Zeit geduldet, so kann angenommen werden, dass es an der Unzumutbarkeit fehlt.[512] Wenn der Vermieter zu viel Zeit verstreichen lässt, bis er eine Mahnung – oder nach Wiederholung oder bei Nichtbeseitigung des vertragswidrigen Zustandes die Kündigung – versendet, ist darin ein Indiz gegen die Unzumutbarkeit zu sehen.[513] Die Unzumutbarkeit kann sodann auch entfallen, beispielsweise wenn das Verhalten des Mieters auf eine psychische Störung gründete und sich sein Zustand inzwischen gebessert hat.[514] Auch sind bei der Kündigung die Verhältnismässigkeit und der Grundsatz der Subsidiarität zu beachten.[515] Das Gericht hat eine Abwägung unter Berücksichtigung aller Umstände des Einzelfalles vorzunehmen, also einen Billigkeitsentscheid im Sinne von Art. 4 ZGB zu fällen.[516] Für das Vorliegen der Unzumutbarkeit (bzw. sämtlicher Voraussetzungen der Kündigung) ist der Vermieter beweispflichtig.[517] 170

In einem vielbeachteten Urteil hat das Bundesgericht indessen erklärt, dass eine *«anhaltende Verletzung der vertraglichen Bestimmungen über den Gebrauch»* des Mietobjekts den Vermieter auch zu einer Kündigung nach 171

---

509 BSK OR I-WEBER, Art. 257f OR N 1.

510 Beispiele bei BSK OR I-WEBER, Art. 257f OR N 6 (Anbringen einer Glasverschalung auf dem Balkon: nicht unzumutbar [BGer 4C.118/2001 vom 8. August 2001 E. 1b]; vertragswidriges Halten eines kleinen Hundes: nicht unzumutbar [vgl. dazu aber sogleich Rz. 156]).

511 Vgl. WESSNER, S. 203 f. Rz. 76.

512 MAAG, Kündigung, Rz. 2.136 m. Hinw.; vgl. BGer 4A_87/2012 vom 10. April 2012, E. 5.3 (MRA 2012, S. 219 ff.); BGer 4A_413/2009 vom 11. November 2009 (MRA 2010, S. 14 ff.).

513 Zum Ganzen BSK OR I-WEBER, Art. 257f OR N 7; WESSNER, S. 206 Rz. 77.

514 BGer 4C.273/2005 vom 22. November 2005; BSK OR I-WEBER, Art. 257f N 7.

515 BGer 4C.118/2001 vom 8. August 2001 (mp 2001, S. 202), WESSNER, S. 201 Rz. 63; BSK OR I-WEBER, Art. 257f OR N 6 *(«ganz generell, besonders aber bei Auseinandersetzungen, die die Persönlichkeitsrechte namentlich des Wohnungsmieters tangieren, darf erst zum Mittel der ausserordentlichen Kündigung gegriffen werden, wenn mildere Massnahmen versagen»).*

516 SVIT, Art. 257f N 41 f.; WESSNER, S. 205 f. Rz. 76.

517 Art. 8 ZGB, vgl. WESSNER, S. 202 Rz. 65; BSK OR I-WEBER, Art. 257f OR N 8.

Art. 257f Abs. 3 OR berechtigt, wenn diese im konkreten Fall nicht zu unzumutbaren Verhältnissen im Sinne von Art. 257f Abs. 3 OR führe.[518]

172 Für die Formalitäten der Kündigung kann auf die Ausführungen in Rz. 126, 128-137 und Rz. 161 f. verwiesen werden.[519]

cb. Fehlerhafte Kündigung nach Art. 257f Abs. 3 OR

173 Eine Verletzung der Formvorschriften für die Kündigung bewirkt die Nichtigkeit derselben.[520] Fehlt es an den Voraussetzungen für eine Kündigung nach Art. 257f OR, so ist die Kündigung unwirksam.[521] Dies ist insbesondere dann der Fall, wenn vorab keine gültige Mahnung erfolgt ist oder wenn das Gericht zum Schluss kommt, dass die dem Mieter zur Last gelegte (wiederholte oder fortgesetzte) Pflichtverletzung oder die Unzumutbarkeit der Fortsetzung des Mietverhältnisses nicht erwiesen sind. Eine unwirksame Kündigung nach Art. 257f OR kann als Gestaltungserklärung insbesondere nicht in eine wirksame ordentliche Kündigung umgedeutet werden.[522] Auch eine Konversion in eine ausserordentliche Kündigung nach Art. 266g OR wird grundsätzlich abgelehnt.[523] Fällt der vom Vermieter geschilderte Sachverhalt allerdings über-

---

518 BGE 132 III 109 (= Pra 96 [2007] Nr. 19) (*in casu* wurde ein Büro vom Mieter als Massageraum benutzt); wiederholt in BGE 134 III 300 (= Pra 97 [2008] Nr. 130) E. 3.1 i.f., wo aber auch ausgeführt wird, dass bei einer Untermiete, deren Bedingungen dem Vermieter nicht bekannt gegeben werden oder die zu missbräuchlichen Bedingungen geführt wird, die Unzumutbarkeit gegeben ist. Grundsätzliche Kritik bei MAAG, MRA 2006, S. 131 und 134 f.

519 Vgl. im Übrigen WESSNER, S. 202 Rz. 64. m. Hinw.

520 Art. 266o OR, dazu unten, Rz. 191; vgl. WESSNER, S. 205.

521 WESSNER, S. 209 f. Rz. 87; ZK-HIGI, Art. 257f N 49; vgl. BSK OR I-WEBER, Art. 257f OR N 8 *(«nichtig»)*.

522 BGE 135 III 441 (= Pra 99 [2010] Nr. 30) E. 3 («[...] *Erhält der Mieter wie im vorliegenden Fall eine Kündigung, die er nach dem Vertrauensprinzip als eine auf Art. 261 Abs. 2 lit. a OR beruhende vorzeitige Kündigung auslegen muss, hat er nicht mit der Eventualität zu rechnen, dass der Richter die ausgesprochene Kündigung in eine Kündigung umdeutet, die so nicht erfolgt ist.* [...] *In einer solchen Situation sah sich der Mieter* [...] *natürlicherweise veranlasst, die Nichterfüllung der Voraussetzungen für die Anwendung dieser Bestimmung und demzufolge die Unwirksamkeit der Kündigung geltend zu machen. Er hatte nicht eine andere als die ihm zugestellte Kündigung, d.h. eine ordentliche Kündigung in Betracht zu ziehen, die ihm andere Verteidigungsmittel eröffnet hätte* [erg.: Anfechtung und Erstreckungsbegehren]»; BK-GIGER, Art. 257f OR N 110; WESSNER, S. 210 Rz. 89; ZK-HIGI, Art. 257f OR N 72; BSK OR I-WEBER, Art. 257f OR N 8 f.; vgl. CP Bail-WESSNER, Art. 266g N 47 f.

523 BGer 4C.384/2005 vom 22. März 2006 E. 3.2. *(«Da die fristlose Kündigung im Sinne von Art. 259b lit. a OG einen Sondertatbestand der allgemeinen ausserordentlichen Kündigung aus wichtigen Gründen gemäss Art. 266g OR bildet, ist eine Umdeutung einer* [erg.: mangels eines schweren Mangels] *nicht gerechtfertigten fristlosen Kündigung wegen Mängeln in eine gültige aus wichtigem Grund ausgeschlossen»);* BGer

haupt nicht in den Anwendungsbereich des Art. 257f OR sondern klarerweise in den Anwendungsbereich einer anderen ausserordentlichen Kündigungsbestimmung, namentlich denjenigen des Art. 266g OR, hat also der Vermieter irrtümlich die falsche Bestimmung angerufen, so kann das Gericht nach bundesgerichtlicher Rechtsprechung[524] von Amtes wegen die richtige Bestimmung anwenden und den Sachverhalt unter den einschlägigen Artikel subsumieren.[525] Dabei wird jedoch nach der hier vertreten Auffassung zu wenig berücksichtigt, dass – anders als bei einer Kündigung nach Art. 257f OR oder Art. 257d OR – bei einer Kündigung nach Art. 266g OR eine Erstreckung grundsätzlich möglich ist.[526] Das Erstreckungsbegehren ist innert einer Frist von 30 Tagen einzureichen, sonst verwirkt der Anspruch. Es stellt sich die daher Frage, ob der Mieter durch die Falschbezeichnung auf der Kündigung in Verbindung mit

---

4A_162/2014 vom 26. August 2014 E. 2.6.2. (Kündigung gestützt auf Art. 257f Abs. 3 OR wegen unerlaubter Untermiete, ohne vorgängige schriftliche Abmahnung: das Bundesgericht liess hier eine Prüfung nach Art. 266g OR nicht zu); ZK-HIGI, Art. 266g N 16; SVIT, Art. 266g N 7; CP Bail-WESSNER, Art. 257f N 49; vgl. ZK-HIGI, Art. 259b N 44; BSK OR I-WEBER, Art. 257f N 9.

524 BGE 123 III 124 E. 3d i.f. («[…] *bleibt zu prüfen, ob die zu Unrecht auf Art. 257f Abs. 3 OR gestützte Kündigung unter einem anderen Titel als zulässige – ausserordentliche – Kündigung wirksam geworden ist. Aus dem Begriff des Gestaltungsrechts folgt im Allgemeinen ein Umdeutungsausschluss* […]. *Dieser reicht indessen nicht weiter als die Gebote der Klarheit, der Unbedingtheit und der Unwiderruflichkeit der Ausübung von Gestaltungsrechten und findet seine Schranken an den Grundsätzen der Rechtsanwendung von Amtes wegen und der unschädlichen Falschbezeichnung analog Art. 18 OR. Wer daher gestützt auf einen klar umschriebenen Sachverhalt eine ausserordentliche Kündigung ausspricht, dem schadet nicht, wenn er – rechtsirrtümlich – als rechtliche Grundlage seiner Gestaltungserklärung eine unrichtige Gesetzesbestimmung anruft, sofern eine Ersatznorm zur Verfügung steht, welche seinen Anspruch stützt. Die unrichtige rechtliche Qualifikation kann ihm diesfalls nicht entgegengehalten werden, und seine Kündigung ist nach Massgabe der sachlich anwendbaren Norm zu beurteilen*»); wiederholt in BGE 135 III 441 (=Pra 99 [2010] Nr. 30) E. 3.1 i.f. vgl. auch E. 3.3 (*«Mit der Konversion soll das, was geäussert wurde [und ungültig ist] durch das ersetzt werden, was beabsichtigt war* [erg.: und rechtsgültig ist]).»

525 LACHAT/SPIRIG, Rz. 27.1.6; MAAG, Kündigung, Rz. 2.185; BSK OR I-WEBER, Art. 257f N 9; BK OR-GIGER, Art. 257f N 119; WESSNER, S. 211 Rz. 90 m. Hinw. auf einen Entscheid des OGer ZH vom 19. Oktober 1998 (MRA 1999, S. 146 ff.; auszugsweise: «[…] *Art. 257f OR sanktioniert nur Verletzungen von mieterseitigen Gebrauchspflichten, nicht von Vertragspflichten schlechthin* […]. *Soweit sich die Beanstandungen* […] *darauf beziehen, dass die Klägerin sie bzw. ihre Organe oder Verwaltungen verunglimpft oder diesen Schaden zugefügt habe, fallen sie somit nicht unter diese Bestimmung. Entgegen der Auffassung der Klägerin ist indessen eine Konversion der Kündigung nach Art. 257f OR in eine solche nach Art. 266g OR zulässig. Die Vorinstanz hat die bundesgerichtliche Rechtsprechung zu dieser Frage bereits wiedergegeben [BGE 123 III 129]*); vgl. auch die Rechtsprechung zu Art. 266g OR, unten, Rz. 178.

526 Unten, Rz. 211.

den Hinweisen auf dem amtlichen Kündigungsformular nicht davon abgehalten wird, (rechtzeitig) ein Erstreckungsbegehren zu stellen. Ist dies der Fall, so muss nach der hier vertretenen Auffassung der Schutz des Mieters über dem Schutz des sich falsch ausdrückenden Vermieters stehen. Die Umdeutung einer Kündigung, die gestützt auf Art. 257f OR ausgesprochen wurde, in eine solche nach Art. 266g OR erscheint daher problematisch; nicht jedoch der umgekehrte Fall.

cc. Spezialfall: fristlose Kündigung nach Art. 257f Abs. 4 OR

174 Hat der Mieter der Sache vorsätzlich schweren Schaden zugefügt, so kann der Vermieter jederzeit und ohne vorhergehende Mahnung fristlos, also von heute auf morgen, kündigen. Der Vermieter muss hier den schweren Schaden und den Vorsatz (mindestens Eventualvorsatz)[527] des Mieters beweisen. Ob eine Urteilsunfähigkeit des Mieters den Vorsatz im Sinne von Art. 257f Abs. 4 OR (wie im Strafrecht) ausschliesst, ist in der Lehre umstritten.[528] Der Mieter hat auch hier für das Verhalten von Personen einzustehen, denen er das Mietobjekt zur Nutzung zur Verfügung stellt (Mitbewohner, Untermieter, Besucher, Hausangestellte etc.).[529] Lehrbuchbeispiel ist die Brandstiftung durch den Mieter.[530] Eine fristlose Kündigung nach Art. 257f Abs. 4 OR ist entgegen dem zu engen Wortlaut der Bestimmung nach einhelliger Lehre auch möglich, wenn der Mieter seine Nachbarn oder den Vermieter vorsätzlich körperlich schädigt oder vorsätzlich eine schwere Sachbeschädigung am Eigentum der Nachbarn begeht.[531] Im Übrigen gilt das unter Rz. 172 f. Ausgeführte sinngemäss.

d. Wichtige Gründe (Art. 266g OR)

da. Voraussetzungen

175 Sowohl der Vermieter als auch der Mieter kann ein Mietverhältnis unter Einhaltung der gesetzlichen Frist auf einen beliebigen Zeitpunkt kündigen, wenn wichtige Gründe vorliegen, welche eine Vertragserfüllung unzumutbar für ihn machen (Art. 266g Abs. 1 OR).[532] In der Praxis relevant ist diese Bestimmung

---

527 BSK OR I-Weber, Art. 257f OR N 7.

528 Wessner, S. 208 Rz. 81; BSK OR I-Weber, Art. 257f OR N 7 m. Hinw.

529 BSK OR I-Weber, Art. 257f OR N 7; Wessner, S. 207 Rz. 79.

530 SVIT, Art. 257f N 45 m. Hinw.; BSK OR I-Weber, Art. 257f OR N 7.

531 ZK-Higi, Art. 257f N 78; BSK OR I-Weber, Art. 257f OR N 7; Wessner, S. 207 Rz. 79; weitere Beispiele in SVIT, Art. 257f N 48.

532 Nach Art. 266g Abs. 2 OR bestimmt der Richter in Würdigung aller Umstände die vermögensrechtlichen Folgen der vorzeitigen Kündigung. Darauf wird im Rahmen dieser Arbeit nicht eingegangen.

bei Mietverträgen mit einer festen Dauer oder wenn die Parteien eine erheblich längere als die gesetzliche Kündigungsfrist, sehr wenige Kündigungstermine (z.B. Kündigung jeweils auf Ende eines Jahres) oder eine lange Mindestdauer vereinbart haben. Die gesetzliche Kündigungsfrist beträgt bei Wohnungen drei Monate (Art. 266c OR) und bei Geschäftsräumen sechs Monate (Art. 266d OR).[533]

Als wichtige Gründe im Sinne von Art. 266h Abs. 1 OR gelten besonders 176 schwerwiegende Umstände, die bei Vertragsschluss weder bekannt noch vorhersehbar waren.[534] Es steht den Parteien aber auch frei, im Mietvertrag Umstände festzuhalten, die als *«wichtige Gründe»* im Sinne von Art. 266g OR gelten sollen.[535] Die angerufenen Umstände müssen dazu führen, dass dem Vermieter die Fortsetzung bis zum nächsten ordentlichen Auflösungstermin aus objektiver Sicht nicht mehr zumutbar ist. Bloss subjektiv empfundene Unzumutbarkeit genügt nicht.[536] Nach Auftauchen der wichtigen Gründe ist der Mietvertrag umgehend zu kündigen, andernfalls wird angenommen, dass dem Vermieter die Fortsetzung des Mietverhältnisses gerade nicht unzumutbar ist.[537] Von Bedeutung ist auch, wie lange das Mietverhältnis bis zur nächstmöglichen ordentlichen Beendigung noch gedauert hätte. Beim Entscheid darüber, ob ein wichtiger Grund im Sinne von Art. 266g OR vorliegt, kommt dem Gericht ein erhebliches Ermessen zu. Es hat nach Recht und Billigkeit zu urteilen (Art. 4 ZGB).[538] Auf eine Zusammenstellung der reichen Kasuistik wird an dieser Stelle verzichtet.[539]

Nach herrschender Lehre darf der Grund für die ausserordentliche Auflösung 177 nicht (überwiegend) von der kündigenden Partei verschuldet sein.[540] Andererseits kann ein Umstand, den die kündigende Partei selbst betrifft, von dieser aber nicht beeinflussbar ist, einen wichtigen Grund im Sinne von Art. 266g

---

533 Dazu oben, Rz. 124.

534 BSK OR I-WEBER, Art. 266g N 5 m. Hinw. U. Bsp., HULLIGER, MRA 2011, S. 2 ff. m. Bsp.; MAAG, Kündigung, Rz. 2.157.

535 HULLIGER, MRA 2011, S. 6 m. Bsp.; MAAG, Kündigung, Rz. 2.152

536 BGer 4.35/2006 vom 30. Mai 2006 E. 2.1; BGer 4A_536/2009 vom 2. Februar 2010 (mp 2010, S. 204).

537 BGer 4A_536/2009 vom 2. Februar 2010 E. 2.4 (mp 2010, S. 205) m. zahlr. Hinw. auch auf die strenge Rechtsprechung dazu im *«mehr oder weniger analogen Fall der fristlosen Kündigung des Arbeitsvertrages»*.

538 MAAG, Kündigung, Rz. 2.151 i.f.

539 Dazu sei beispielsweise verwiesen auf MAAG, Kündigung, Rz. 2.158–2.183; HULLIGER, MRA 2011, S. 3–5; SOMMER, MRA 2015, S. 230 ff.

540 BGer 4A_586/2012 vom 23. September 2013 E. 3.3. m. Hinw.; SVIT, Art. 266g N 19; MAAG, Kündigung, Rz. 2.157; HULLIGER, MRA 2011, S. 2 ff.

OR darstellen.[541] Der Kündigungsgrund kann sich aus äusseren Umständen ergeben (höhere Gewalt) oder in der Person des Vertragspartners liegen, namentlich auf einer Vertragsverletzung der Gegenpartei beruhen. Art. 266g OR ist als genereller ausserordentlicher Kündigungstatbestand subsidiär zu den vom Gesetz besonders geregelten ausserordentlichen Kündigungsgründen anwendbar.[542] So dient er als Auffangtatbestand im Falle von Vertragsverletzungen, welche nicht unter die anderen ausserordentlichen Kündigungstatbestände (namentlich Art. 257d und 257f OR) subsumiert werden können.[543] Nach der Rechtsprechung des Bundesgerichts wird eine Kündigung nach Art. 266g OR namentlich dann geschützt, wenn der Gegenseite aufgrund steter, für sich genommen nicht hinreichender, aber in der Wiederholung trotz Abmahnung schwerwiegender Vertragsverletzungen die Fortführung des Vertrages bis zur ordentlichen Beendigung nicht mehr zumutbar erscheint.[544] Das kann namentlich dann der Fall sein, wenn ein Mieter den Mietzins während längerer Zeit und ohne dafür Gründe zu nennen regelmässig erst nach der mit einer Kündigungsandrohung verbundenen Zahlungsaufforderung begleicht und er zudem durch rücksichtsloses Verhalten die übrigen Mieter beeinträchtigt.[545]

db. «Umdeutung» in eine ausserordentliche Kündigung anderer Art

178 Nach der Rechtsprechung des Bundesgerichts ist der Sachverhalt massgeblich, auf welchen der Vermieter seine ausserordentliche Kündigung stützt, und nicht die rechtliche Qualifikation, die er mit der Angabe des Kündigungsgrundes auf dem Kündigungsformular vornimmt. So schadet es ihm nicht, wenn er rechtsirrtümlich Art. 266g OR anruft, sofern er sich auf Art. 257f Abs. 3 OR stützen kann;[546] das Gericht kann die nötige Berichtigung vornehmen.[547] Massgeblich

---

541 Namentlich durch einen Schicksalsschlag oder bei einer von beiden Parteien gleichermassen verursachten schweren Zerrüttung des Verhältnisses zwischen Mieter und Vermieter; vgl. HULLIGER, MRA 2011, S. 4 f.

542 BGer 4C.395/2006 vom 23. Januar 2007 E. 3; BGer 4A_536/2009 vom 2. Februar 2010 E. 2.2.

543 Vgl. Beispiele bei HULLIGER, MRA 2011, S. 3 ff. und SPIRIG, mp 2012, S. 9 ff. (mit Kritik).

544 BGer 4A_269/2015 vom 2. November 2015 E. 5.1. m. Hinw.; BGer 4A_162/2014 vom 26. August 2014 E. 2.6.1.

545 BGer 4C.395/2006 vom 23. Januar 2007 E. 3; vgl. BGer 4C.280/2006 vom 16. November 2006 E. 5.3.; BGer 4A_162/2014 vom 26. August 2014 E. 2.6.1.

546 Die materiellen und formellen Voraussetzungen des Art. 257f Abs. 3 OR müssen erfüllt sein.

547 BGer 4A_379/2014 vom 10. März 2015, E. 3.1; BGer 4A_142/2012 vom 17. April 2012, E. 2.1; BGer 4A_536/2009 vom 2. Februar 2010 E. 2.2; BGer 4C.223/2006 vom 7. September 2006 E. 2; je m. Hinw. a. BGE 135 III 441 (= Pra 99 [2010] Nr. 30) E. 3 und/oder BGE 123 III 124 E. 3d (im Wortlaut oben, Fn 524 zu Rz. 173); vgl. BSK OR I-WEBER, Art. 266g N 4; LACHAT/SPIRIG, Rz. 27.1.6.

erscheint, dass der Mieter weiss, gegen welche Vorwürfe des Vermieters er sich verteidigen muss.[548] Absolut unzulässig ist die Umwandlung oder Umdeutung einer unwirksamen Kündigung nach Art. 266g OR in eine ordentliche Kündigung.[549]

dc. *Erstreckungsmöglichkeit*

Die Erstreckung eines aus wichtigem Grund ausserordentlich gekündigten Mietverhältnisses ist grundsätzlich möglich (Art. 272a Abs. 1 OR *e contrario*).[550] Der Kündigungsgrund ist in die Interessensabwägung nach Art. 272 OR mit einzubeziehen.[551] Das Begehren ist innert dreissig Tagen nach Empfang der Kündigung bei der Schlichtungsstelle einzureichen (Art. 273 Abs. 2 lit. a OR). In Ausnahmefällen, wenn das Ausweisungsverfahren bereits vor Ablauf der Kündigungsfrist anhängig gemacht wird, kann der Mieter sein Erstreckungsbegehren auch direkt vor dem Ausweisungsrichter stellen.[552] Auch in diesem Fall hat er aber die dreissigtägige Verwirkungsfrist einzuhalten.[553] Dem Wortlaut nach ist Art. 273 Abs. 5 OR nur anwendbar, wenn der Mieter die Kündigung innert Frist *angefochten* hat. Nach Lehre und Praxis zu aArt. 274e Abs. 3 OR, der Vorgängerin dieser Bestimmung, genügt es, wenn der Mieter innert Frist die Feststellung der Ungültigkeit verlangt.[554] Tut er dies aber nicht, so ist sein allfälliger Erstreckungsanspruch definitiv verwirkt und auch keine Prüfung von Amtes wegen nach Art. 273 Abs. 5 OR mehr möglich. 179

e. Konkurs des Mieters (Art. 266h OR)

ea. *Kündigungsrecht*

Fällt der Mieter nach Übernahme der Mietsache in Konkurs, so kann der Vermieter für die künftigen Mietzinse Sicherheit verlangen und, sofern diese nicht 180

548 Oben, Rz. 173.

549 BGE 135 III 441 (= Pra 99 [2010] Nr. 30) E. 3; dazu oben, Fn 522 zu Rz. 173.

550 Vgl. in diesem Zusammenhang aArt. 274g Abs. 2 OR (aufgehoben per 1. Januar 2011) und zur Erstreckung unten, Rz. 211 ff.

551 BSK OR I-Weber, Art. 266g N 6.

552 SVIT, 3. Aufl., Art. 274g N 14 und 16; dies gilt nach der hier vertretenen Auffassung auch nach Aufhebung des Art. 274g aOR: Geht man davon aus, dass der Ausweisungsrichter im Rechtsschutz in klaren Fällen nicht zuständig für das Erstreckungsbegehren des Mieters ist, so kommt ohnehin Art. 63 Abs. 1 ZPO zur Anwendung – die Rechtshängigkeit des Erstreckungsbegehrens bleibt bestehen, wenn der Mieter es nach dem Nichteintretensentscheid innert Monatsfrist bei der Schlichtungsstelle einreicht (dazu auch unten, Rz. 473 Fn 1303).

553 SVIT, 3. Aufl., Art. 274g N 14.

554 SVIT, 3. Aufl., Art. 274e N 15.

innert angemessener Frist geleistet wird, das Mietverhältnis fristlos kündigen.[555] Er muss dem Mieter und der Konkursverwaltung dazu schriftlich eine angemessene Frist setzen (Art. 266h Abs. 1 OR).[556] In der Lehre wird eine Frist von ca. zwei Wochen für angemessen erachtet.[557] Die Sicherheit umfasst den Mietzins inkl. Nebenkosten bis zum nächsten ordentlichen Kündigungstermin bzw. beim befristeten Mietverhältnis bis zum Ablauf der Mietdauer.[558] Sie kann insbesondere durch Hinterlegung von Geld oder Wertpapieren, in Form einer Bankgarantie oder auch durch Pfandbestellung oder Bürgschaft geleistet werden.[559] Wird innert der angesetzten Frist keine Sicherheit geleistet, kann der Vermieter fristlos kündigen (Art. 266h Abs. 2 OR).[560] Eine Erstreckung des Mietverhältnisses ist ausgeschlossen (Art. 272a Abs. 1 lit. c OR).

eb. Exkurs: Konkurs des Mieters – Folgen für den Vermieter

181 Wurde über den Mieter der Konkurs eröffnet, hat der Vermieter beim Entscheid über sein Vorgehen einige Besonderheiten zu beachten. Dieser Entscheid kann namentlich davon abhängen, ob es sich beim Mieter um eine natürliche oder eine juristische Person handelt. Juristische Personen werden nach Abschluss des Konkurses gelöscht und verlieren damit ihre Existenz.[561] Bei

---

555 Bei mehreren Mietern besteht der Anspruch auf Sicherheitsleistung nur dann, wenn alle Mieter in Konkurs gefallen sind oder wenn der Vermieter trotz solidarischer Haftung eine konkrete Gefährdung nachweisen kann; PERMANN, Art. 266h N 5; BSK OR I-WEBER, Art. 266h, N 5; BLUMER, N 902.

556 Handelt es sich um eine Familienwohnung, so muss er das Begehren um Sicherstellung nach herrschender Lehre auch dem Ehegatten zustellen (Art. 266n OR analog); ZK-HIGI, Art. 266h N 50; SVIT, Art. 266h N 11; BLUMER, N 901; PERMANN, Art. 266h N 5.

557 SVIT, Art. 266h N 13: ein bis zwei Wochen; LACHAT/SPIRIG, Rz. 27.6.2.2: mindestens zwei Wochen; ZK-HIGI, Art. 266h N 56: ein bis zwei Wochen; PERMANN, Art. 266h N 8: mindestens zwei Wochen; BLUMER, N 905: zwei bis drei Wochen; CP Bail-BISE/PLANAS, Art. 266h N 15: ein bis drei Wochen; BSK OR I-WEBER, Art. 266h N 6: von den Umständen abhängend.

558 ZK-HIGI, Art. 266h N 59; BSK OR I-WEBER, Art. 266h N 8; BLUMER, N 903; PERMANN, Art. 266h N 7. Umstritten ist, ob der Vermieter von Geschäftsräumlichkeiten zusätzliche Sicherheit verlangen kann, wenn sein Retentionsrecht nach Art. 268 OR den zu sichernden Betrag deckt (Pro: SVIT, Art. 266h N 11; contra: BSK OR I-WEBER, Art. 266h N 7).

559 BSK OR I-WEBER, Art. 266h N 7; BLUMER, N 904; SVIT, Art. 266h, N 18 f.

560 Anders im Falle eines Pachtvertrages, welcher von Gesetzes wegen automatisch mit Konkurseröffnung endet (Art. 297a OR). Erhält der Verpächter für den laufenden Pachtzins und das Inventar hinreichende Sicherheit, so muss er das Pachtverhältnis bis zum Ende des Pachtjahres fortsetzen (Art. 297b OR).

561 Art. 159 Abs. 5 lit. b HRegV. Bei einer Einstellung des Konkursverfahrens mangels Aktiven wird die Rechtseinheit drei Monate nach Publikation der Einstellungs-

natürlichen Personen hingegen ist der Fortbestand des Mietverhältnisses auch über den Abschluss des Konkurses hinaus ohne Weiteres möglich. Kündigt der Vermieter den Mietvertrag nicht, so kann er den Mietzins ab Konkurseröffnung grundsätzlich nur noch höchstens bis zum nächst möglichen ordentlichen[562] Kündigungstermin bzw. bei befristeten Mietverträgen bis zum Ende der festen Vertragsdauer als Konkursforderungen geltend machen (Art. 211a Abs. 1 SchKG).[563] Hat die Konkursmasse die Mieträumlichkeiten weiterhin in Anspruch genommen, gelten die Mietzinse, welche nach Konkurseröffnung entstanden sind, als Masseverbindlichkeiten (Art. 211a Abs. 2 SchKG). Dies hat zur Folge, dass sie aus dem Verwertungserlös vorab – also vollumfänglich – gedeckt werden (Art. 262 Abs. 1 SchKG). Dies gilt nach der hier vertretenen Ansicht im Ergebnis auch, wenn der Vermieter den Mietvertrag zwar ausserordentlich aufgelöst hat, das Konkursamt die Räumlichkeiten aber weiterhin in Anspruch nimmt, namentlich um das zur Konkursmasse gehörende Vermögen des Konkursiten darin zu lagern.[564] Dafür ist ein Entgelt geschuldet, das grundsätzlich dem bisherigen Mietzins entspricht. Auch dieses ist eine Massenverbindlichkeit.[565] Handelt es sich beim Mieter um eine natürliche Person (insb. den Inhaber einer Einzelfirma), beim Mietobjekt um seine Wohnung, und wird der Mietvertrag nicht aufgelöst, so sind die nach Konkurseröffnung entstandenen Mietzinsen keine Konkursforderungen, sondern (weiterhin) persönliche Schulden des Mieters.[566]

Im Rahmen des Ausweisungsbegehrens ist nicht der ausstehende Mietzins 182
oder der durch die unterbliebene Rückgabe entstehende Schadenersatzanspruch Gegenstand des Verfahrens, sondern der Anspruch auf Rückgabe des Mietobjekts. Bei einer Kündigung wegen Konkurs des Mieters, wird das Miet-

verfügung gelöscht, wenn kein begründeter Einspruch erhoben wurde (Art. 159 Abs. 5 lit. a HRegV).

562 Dass es sich um den ordentlichen Kündigungstermin und nicht etwa den ausserordentlichen Kündigungstermin handelt, ergibt sich indirekt daraus, dass beim befristeten Vertrag (der ja auch ausserordentlich gekündigt werden kann) auf den Ablauf der Vertragsdauer abgestellt wird.

563 Bei Geschäftsräumen kann der Vermieter im Umfang von maximal einem verfallenen Jahreszins und einen laufenden Halbjahreszins ein Retentionsrecht an den sich im Mietobjekt befindenden Gegenständen des Mieters geltend machen (Art. 268 OR). Kommt es zur Verwertung dieser Gegenstände, wird der Vermieter aus dem Erlös vor allen anderen Gläubigern befriedigt (pfandgesicherte Forderung, Art. 219 Abs. 1 SchKG).

564 Vgl. BSK SchKG EB-D. STAEHELIN, Art. 211a N 13.

565 Grundsätzlich ist es Aufgabe des Konkursamtes für die sichere Aufbewahrung der Gegenstände des Schuldners zu sorgen, welche in die Konkursmasse fallen (Art. 223 SchKG). Die Lagerkosten sind Masseschulden; vgl. BSK SchKG II-M. STAEHELIN, Art. 262 N 11b; vgl. Vgl. BSK SchKG EB-D. STAEHELIN, Art. 211a N 13.

566 Vgl. Art. 211a Abs. 3 SchKG und Botschaft Sanierungsrecht BBl 2010, S. 6474; BSK SchKG EB-D. STAEHELIN, Art. 211a N 29.

verhältnis nach Konkurseröffnung gekündigt und endet kurze Zeit später. Der Rückgabeanspruch entsteht daher *nach* Konkurseröffnung und richtet sich somit gegen den konkursiten Mieter (sei dies eine natürliche oder eine juristische Person) persönlich.[567] Insbesondere greift daher Art. 211 Abs. 1 SchKG nicht, wonach alle Forderungen gegen den Schuldner, welche nicht eine Geldzahlung zum Gegenstande haben, in Geldforderungen von entsprechendem Wert umgewandelt werden.[568] Diese Umwandlung geschieht im Moment bzw. am Tag der Konkurseröffnung.[569] Die Forderung muss zum Zeitpunkt der Konkurseröffnung bereits bestanden haben bzw. muss ihr Entstehungsgrund bereits vor Konkurseröffnung eingetreten sein.[570] Forderungen, welche nach Konkurseröffnung entstanden sind (mit Ausnahme der in Art. 211a Abs. 1 SchKG genannten periodischen Leistungen über den in diesem Artikel bestimmten Zeitraum), nehmen am Konkurs nicht teil.[571]

---

567 Vgl. AMONN/WALTHER, § 42 N 12 f.

568 Vgl. BSK SchKG EB-D. STAEHELIN, Art. 211a N 29.

569 BSK SchKG II-SCHWOB, Art. 211 N 1 i.f. m. Hinw.; CR LP-JEANNERET, Art. 211 N 7, BGE 110 III 105 E. 3.

570 AMMON/WALTHER § 42 N 12 f.

571 Anders zeigt sich die Situation, wenn der Mietvertrag bereits geendet hat und der Rückgabeanspruch entstanden ist, bevor über die Mieterin der Konkurs ausgesprochen wurde. Diesfalls sind die Regeln des Aussonderungsverfahrens nach Art. 242 SchKG zu beachten: Der ehemalige Vermieter hat einen Anspruch auf Herausgabe bzw. Aussonderung des Mietobjekts aus der Konkursmasse. Dies gilt in erster Linie für den Eigentümer, der sich auf sein dingliches Recht berufen kann. In der Lehre wird vertreten, dass auch der mittelbare Besitzer einer Sache, die er dem Konkursiten in Erfüllung eines Vertrags überlassen hat, ein Aussonderungsrecht infolge Dritteigentums hat, sofern der Vertrag eine Rückgabepflicht nach Vertragsbeendigung vorsieht (BSK SchKG II-RUSSENBERGER, Art. 242 N 15). Gestützt darauf hat auch der Vermieter, welcher nicht zugleich Eigentümer ist, und daher nur über den obligatorischen Rückgabeanspruch verfügt, ein Recht auf Aussonderung. In der Praxis wird die Konkursverwaltung diesfalls die Übergabe der Räumlichkeiten veranlassen, sofern ihr dies möglich ist – also wenn sie Gewahrsam über die Räumlichkeiten hat (die Konkursverwaltung ist nicht Vertreterin des Konkursiten, sondern Organ der Konkursmasse; BSK SchKG II-RUSSENBERGER, Art. 240 N 4). Sollte ein Ausweisungsverfahren in besonderen Fällen tatsächlich notwendig werden (weil die Konkursmasse zwar keinen Anspruch auf die Räumlichkeiten erhebt, dem Vermieter aber auch die Schlüssel nicht herausgeben kann), so ist nach der hier vertretenen Auffassung Art. 211 Abs. 1 SchKG auch für den obligatorischen Rückforderungsanspruch des Vermieters nicht zu beachten. Wollte man dieser Auffassung nicht folgen, so müsste der Eigentümer des Mietobjekts das Ausweisungsverfahren gegen die Konkursitin führen. Der vermietende Nichteigentümer könnte vom Eigentümer gegebenenfalls anschliessend wiederum gestützt auf sein Rechtsverhältnis mit dem Eigentümer verlangen, dass er ihm die Räumlichkeiten wieder zur Verfügung stellt.

Ein gerichtliches Ausweisungsverfahren gegen den ehemaligen Mieter ist daher auch nach Konkurseröffnung möglich und gegebenenfalls auch notwendig.[572] Das Konkursamt kann zwar erklären, dass es in den Mietvertrag nicht eintrete. Mangels Zuständigkeit kann es den Vermieter dann aber auch nicht ermächtigen, die Schlösser auszuwechseln und die Liegenschaft zu räumen. Möglich ist dies freilich, wenn die Zustimmung der juristischen Person bzw. der für diese handelnden Organe (Liquidatoren) vorliegt. Auch wird das Konkursamt vorab klären, ob sich noch verwertbare Aktiva der Konkursitin in den Räumlichkeiten befinden. 183

Art. 207 SchKG (die Einstellung von rechtshängigen Zivilprozessen bis zehn Tage nach der zweiten Gläubigerversammlung bzw. bis 20 Tage nach Auflegung des Kollokationsplans) ist nicht einschlägig, denn der Streitgegenstand berührt den Bestand der Konkursmasse nicht.[573] Das summarische Ausweisungsverfahren nach einer Kündigung wegen Zahlungsverzugs oder Konkurs des Mieters ist sodann auch unter die vom Grundsatz der Einstellung ausgenommenen *«dringlichen Fälle»* zu subsumieren.[574] 184

In diesem Zusammenhang ist auch auf einen jüngst ergangenen Bundesgerichtsentscheid[575] hinzuweisen: Der Vermieter eines Geschäftslokals hatte nach einer Kündigung wegen Zahlungsausstand (Art. 257d OR) das Ausweisungsverfahren nach Art. 257 ZPO eingeleitet. Die Mieterin beantragte unter Hinweis auf Art. 293c Abs. 1 SchKG i.V.m. Art. 297 Abs. 5 SchKG[576] die Sistierung des Ausweisungsverfahrens, da ihr die provisorische Nachlassstundung nach Art. 293a SchKG bewilligt worden war. Ihr Antrag wurde durch alle Instanzen abgelehnt. Das Bundesgericht erwog, anders als die ausstehenden Mietzinse sei der Anspruch des Vermieters auf Rückgabe des Mietobjekts keine Geldforderung und komme damit als Nachlassforderung nicht in Be- 185

---

572 Eine juristische Person behält auch nach ihrer Auslösung durch Konkurseröffnung ihre Rechtspersönlichkeit; die Firma erhält den Zusatz *«in Liquidation»*.

573 Dies gilt jedenfalls dann, wenn die Konkursverwaltung die Räumlichkeiten nicht für die Konkursmasse beansprucht (vgl. auch oben, Fn 505).

574 Vgl. BSK SchKG II-Wohlfart/Meyer, Art. 207 N 35 m. Hinw.; vgl. auch BGer 4C.17/2004 vom 2. Juni 2004 E. 4.1 (MRA 2005, S. 16 ff.).

575 BGE 143 III 173 (Pra 107 [2018] Nr. 57).

576 *«Mit Ausnahme dringlicher Fälle werden Zivilprozesse und Verwaltungsverfahren über Nachlassforderungen sistiert.»*

tracht.[577] Der Rückgabeanspruch sei sodann unteilbar und daher auch für einen Nachlassvertrag ungeeignet.[578]

f. Eigentümerwechsel (Art. 261 OR)

186 Ein besonderes Kündigungsrecht steht sodann im Falle einer Veräusserung des Mietobjekts dem Erwerber zu.[579] Das Mietverhältnis geht stets von Gesetzes wegen zusammen mit dem Eigentum am Mietobjekt über (Art. 261 Abs. 1 OR).[580] Der Erwerber kann das Mietverhältnis unmittelbar nach dem Eigentumsübergang (nicht aber schon vorher) mit der gesetzlichen Frist auf den nächsten gesetzlichen Termin kündigen, wenn er einen dringenden Eigenbedarf für sich, nahe Verwandte oder Verschwägerte geltend macht (Art. 261 Abs. 2 lit. a OR). Will er von diesem Recht Gebrauch machen, hat er es mit Wirkung auf den nächsten gesetzlichen Kündigungstermin auszuüben, sonst ist es verwirkt.[581] Im Übrigen hat er sich an die Kündigungsbestimmungen aus dem Mietvertrag zu halten. Das spezielle Kündigungsrecht nach Art. 261 Abs. 2 OR erlangt besondere Relevanz bei befristeten Mietverhältnissen sowie dann, wenn eine erheblich längere als die gesetzliche Kündigungsfrist oder nur seltene Kündigungstermine im Mietvertrag vereinbart wurden.[582]

---

577 BGE 143 III 173 (Pra 107 [2018] Nr. 57), E. 6, unter Hinweis auf Art. 38 Abs. 1 SchKG und Art. 335 Abs. 2 ZPO.

578 BGE 143 III 173 (Pra 107 [2018] Nr. 57), E. 6. Im Übrigen biete Art. 297a SchKG im Nachlassverfahren zwar die Möglichkeit, unter bestimmten Umständen und mit Zustimmung des Sachwalters jederzeit ein Dauerschuldverhältnis zu kündigen, umgekehrt gäbe es aber keine Bestimmung, die es dem Schuldner ermöglichen würden, von einem Dritten den Abschluss oder das Aufrechterhalten eines Vertrages (wie des Mietvertrags) oder grundsätzlich die Erbringung von für den Schuldner notwendigen Leistungen zu verlangen (E. 7).

579 Nach Art. 261a OR ist diese Bestimmung sinngemäss anwendbar, wenn der Eigentümer einem Dritten ein beschränktes dingliches Recht einräumt, das einem Eigentümerwechsel (in Bezug auf das Mietverhältnis) gleichkommt. Zu denken ist in erster Linie an die Nutzniessung und das Wohnrecht. Keine *Veräusserung* im Sinne von Art. 261 OR sind die Universalsukzession bei Erbgang (Art. 560 ZGB) oder nach Fusionsgesetz sowie die güterrechtliche oder sachenrechtliche Eigentumszuweisung: zum Ganzen BSK OR I-WEBER, Art. 261 N 2 m. Hinw.

580 Massgeblich ist das Datum des Tagebucheintrages (BGE 118 II 119 und BGE 128 III 82 E. 1).

581 SVIT, Art. 261–261a N 18 m. Hinw.; BSK OR I-WEBER, Art. 261 N 6 i.f.

582 Eine Kündigung nach Art. 261 OR ist auch während einer laufenden Sperrfrist möglich (Art. 271a Abs. 3 lit. d OR). In allen Fällen wird der alte Vermieter dem Mieter gegenüber schadenersatzpflichtig, wenn der Mietvertrag gestützt auf Art. 261 Abs. 2 lit. a OR früher aufgelöst wird, als es nach dem Mietvertrag möglich gewesen wäre (Art. 261 Abs. 3 OR).

Der dringende Eigenbedarf setzt nach bundesgerichtlicher Rechtsprechung *«keine Zwangs- oder gar Notlage des Vermieters voraus, sondern ist immer dann gegeben, wenn es ihm aus wirtschaftlichen oder anderen Gründen nicht zumutbar ist, auf die Benutzung der vermieteten Wohnung oder des Hauses zu verzichten. Beim Entscheid über diese Frage sind alle erheblichen Umstände des Falles zu würdigen. Das Erfordernis der Dringlichkeit ist dabei nicht allein zeitlich, sondern auch sachlich zu verstehen. Es müssen Gründe vorliegen, denen auch nach objektiver Beurteilung eine gewisse Bedeutung zukommt.»*[583] 187

Hat der Erwerber das Mietobjekt in einer Zwangsverwertung nach Doppelaufruf ersteigert, so wird ihm nach bundesgerichtlicher Rechtsprechung die Möglichkeit eingeräumt, das Mietverhältnis unabhängig von einem dringenden Eigenbedarf auf den nächstmöglichen gesetzlichen Termin zu kündigen.[584] Indessen kann dem Mieter in diesem Fall auf Ersuchen eine Erstreckung gewährt werden.[585] 188

3. Einwendungen des Mieters

a. Grundsatz

Der Mieter kann sich gegen die Kündigung zur Wehr setzen, wenn diese mit einem Mangel behaftet ist. Bundesgericht und Lehre unterscheiden anfechtbare (missbräuchliche), nichtige und unwirksame (bzw. wirkungslose) Kündigungen.[586] Es handelt sich hierbei um drei unterschiedliche *«Mangelqualitäten»*. 189

Eine missbräuchliche Kündigung ist trotz ihres Mangels gültig, kann aber innert dreissig Tagen nach Empfang angefochten werden.[587] Wird die Missbräuchlichkeit nicht innert dieser Frist geltend gemacht, ist der Einwand verwirkt.[588] Demgegenüber gelten bei nichtigen und unwirksamen bzw. wirkungs- 190

---

[583] BGE 132 III 737 E. 3.4.3 zum identischen Begriff in Art. 271a Abs. 3 lit a OR; BGE 118 II 50 E. 3d *(«Kein dringender Eigenbedarf ist zum Beispiel dann gegeben, wenn ein naher Verwandter des Eigentümers nur darum in die Wohnung einziehen will, weil sie im Vergleich zu seiner bisherigen Wohnung etwas mehr Sonne oder Aussicht bietet»);* vgl. auch ROHRER, MRA 2011, S. 133 ff.

[584] BGE 137 III 208 (= Pra 100 [2011] Nr. 106) E. 3.1.1, m. Hinw. a. BGE 128 III 82 E. 2 und BGE 125 III 123 E. 1e; vgl. KOUMBARAKIS, Kommentar zu BGE 137 III 208 in MRA 2012, S. 23.

[585] BGE 128 III 82 E. 2d.

[586] Statt vieler BGE 121 III 156 (= Pra 84 [1995], Nr. 272); BGE 122 III 92 E. 2. d.; BGE 132 III 65 E. 3.2.

[587] Art. 273 Abs. 1 OR.

[588] BGE 122 II 92 E. 2. d.

losen Kündigungen weder eine Frist noch eine Anfechtungsobliegenheit. Es bleibt dem Mieter indessen unbenommen, auch eine unwirksame Kündigung nach Art. 273 OR anzufechten,[589] bzw. auf Feststellung der Unwirksamkeit der Kündigung zu klagen. Auch ist die Nichtigkeit einer Kündigung im Kündigungsschutzverfahren zumindest vorfrageweise zu überprüfen. Der Mieter kann aber grundsätzlich auch zuwarten und diese Einwände erst im Ausweisungsverfahren vorbringen.[590]

b. Nichtige Kündigung

191 Eine Kündigung ist nichtig, wenn die Formvorschriften nach Art. 266l bis 266n OR nicht beachtet wurden (Art. 266o OR). Zu denken ist an folgende Fälle:

- Kündigung des Vermieters ohne Verwendung eines vom Kanton genehmigten Formulars[591] (Art. 266l Abs. 2 OR);
- Verstoss gegen das Schriftformerfordernis (mündliche Kündigung, fehlende eigenhändige Unterschrift,[592] z.B. Kündigung per Email ohne elektronische Signatur);
- Fehlen des Kündigungsdatums (des Datums, auf welches die Kündigung wirksam wird) auf dem Kündigungsformular – selbst wenn das Datum auf dem Kündigungsbegleitbrief erwähnt wird;[593]
- Kündigung durch eine nicht legitimierte Person: insbesondere durch einen vollmachtlosen Stellvertreter[594], durch den früheren Eigentümer der Liegenschaft nach Übergang des Eigentums am Mietobjekt und damit des Miet-

---

589 BGE 122 II 92 E. 2. d.

590 Hierzu unten, Rz. 192 und 196. Vor der Einführung der ZPO hatte der Entscheid des Mieters, ob er die unwirksame Kündigung anfocht (und damit ein Kündigungsschutzverfahren anstiess) oder nicht, weitreichende verfahrensrechtliche Konsequenzen. Das Ausweisungsverfahren war kantonal geregelt. Von Bundesrechts wegen galt aber, dass im Falle einer Überweisung des Kündigungsschutzverfahrens an den Ausweisungsrichter (aArt. 274g aOR) dieser die Kündigung endgültig und mit voller Kognition zu beurteilen hatte und dass sein Entscheid diesfalls der materiellen Rechtskraft fähig war und mit einem ordentlichen Rechtsmittel angefochten werden konnte (Dazu BGE 122 III 92 E. 2 ; oben, Rz. 13).

591 Hierzu oben, Rz. 128.

592 Hierzu oben, Rz. 131.

593 Art. 9 Abs. 1 lit. b VMWG; BGer 4A_374/2012 vom 6. November 2012 (mp 2013, S. 39 ff.); vgl. dazu BGE 140 III 54 (= Pra 103 [2014] Nr. 58) E. 2.4; MAAG, Kündigung, Rz. 2.56.

594 BGer 4C.17/2004 vom 2. Juni 2004 5.3.1. (MRA 2005, S. 19).

vertrags[595] oder durch den Erwerber der Liegenschaft vor Übergang des Eigentums;[596]

- bei mehreren Vermietern: wenn die Kündigung nicht im Namen und mit Ermächtigung aller (oder der erforderlichen Mehrheit der)[597] Vermieter erfolgte;[598]
- bei mehreren Mietern: wenn die Kündigung nicht gegenüber allen Mietern ausgesprochen wurde;[599]
- bei der Kündigung einer Familienwohnung: wenn die Kündigung oder gegebenenfalls die Kündigungsandrohung nach Art. 257d OR nicht beiden Ehegatten separat zugestellt wurde (Art. 266n OR);[600]
- *«Teilkündigung»,* welche nur für einen Teil des Mietobjekts gelten soll;[601]
- bedingte Kündigung, bzw. eine von einem ungewissen zukünftigen Ereignis abhängig gemachte Kündigung.[602]

---

595 BGE 132 III 737 E. 1.2.

596 BGE 128 III 82 E. 2b (Wegfall der Eigentümerstellung und damit der Kündigungslegitimation *ex tunc*), in diesem Entscheid wird von der Unwirksamkeit der Kündigung ausgegangen; SVIT, Art. 266l–266o N 57; BSK OR I-WEBER, Art. 266o N 4 vierter Spiegelstrich.

597 BGer 4C.17/2004 vom 2. Juni 2004 E. 5.3.1. (*«la totalité ou de la majorité requise des cobailleurs»,* MRA 2005, S. 19).

598 BGE 140 III 491 E. 4.2.1; BGer 4A_189/2009 vom 13. Juli 2009 E. 2.1; BGer 4C.17/2004 vom 2. Juni 2004 5.3.1. (MRA 2005, S. 19); SVIT, Art. 266l–266o N 57; BSK OR I-WEBER, Art. 266o N 4 erster Spiegelstrich, wonach auch eine nachträgliche Genehmigung durch die übrigen Vermieter mit Blick auf die Bedingungsfeindlichkeit der Kündigung nicht zulässig ist.

599 BGE 140 III 491 E. 4.2.1; BGer 4A_189/2009 vom 13. Juli 2009 E. 2.1. Macht aber ein Mieter geltend, die Kündigung sei nichtig, weil sie einem Mitmieter, nicht zugestellt wurde, so ist dieser Einwand missbräuchlich, wenn dieser Mitmieter die Wohnung bereits vor der Kündigung definitiv verlassen hat. In diesem Fall beruft sich der Mieter auf die Interessen seines (ausgezogenen) Mitmieters, die jener aber gar nicht (mehr) hat bzw. nicht mehr ausüben will (BGE 140 III 491 E. 4.2.4).

600 Zur Familienwohnung unten, Rz. 224 ff. Ist der nur aus Art. 169 ZGB (d.h. der «nicht mietende») Ehegatte jedoch definitiv ausgezogen, verliert die Wohnung den Charakter der Familienwohnung (BSK ZGB II-SCHWANDER, Art. 169 N 10). Die Einwendung, die Kündigung sei nichtig, weil die Mahnung oder die Kündigung dem (ausgezogenen) Ehegatten nicht zugestellt wurde, ist sodann rechtsmissbräuchlich, wenn der ausgezogene Ehegatte sich für die Kündigung überhaupt nicht (mehr) interessiert: BGE 139 III 7 (= Pra 102 [2013] Nr. 65) E. 2.3.2; vgl. BGE 140 III 491 E. 4.2.3 f.

601 BSK OR I-WEBER, Art. 266o N 4 zweiter Spiegelstrich; HOFSTETTER, Rz. 3.5 m. Bsp. Gleiches gilt für mit separaten Mietverträgen gemieteten Mietobjekte, wenn klar war, dass der Abschluss des einen Mietvertrags *conditio sind qua non* für den anderen Mietvertrag war. Vgl. BGE 125 III 231 E. 3a. und BGE 137 III 123 E. 2.

602 BSK OR I-WEBER, Art. 266o N 4 zweiter Spiegelstrich; zur Ausnahme einer subsidiären ordentlichen Kündigung oben Rz. 138.

192 Eine nichtige Kündigung ist absolut wirkungslos. Sie muss vom Mieter nicht angefochten werden. Der Mieter kann sich grundsätzlich jederzeit – auch erst im Ausweisungsverfahren – auf die Nichtigkeit der Kündigung berufen. Zudem ist die Nichtigkeit der Kündigung vom Gericht von Amtes wegen zu beachten.[603]

193 Ist eine Kündigung wegen formeller Mängel nichtig, so kann der Vermieter die Kündigung jederzeit wiederholen, sofern er sich auf den gleichen Kündigungsgrund stützt. Ficht der Mieter die erste, nichtige, Kündigung vor der Schlichtungsstelle an oder wird die Nichtigkeit der ersten Kündigung im Schlichtungs- oder Gerichtsverfahren festgestellt, so löst dies in Bezug auf die zweite Kündigung keine Sperrfrist[604] nach Art. 271a Abs. 1 lit. d und e OR aus, da sie auf den gleichen Motiven wie die erste beruht und also keine *«Rachekündigung»* für das verlorene erste Verfahren darstellt.[605] Ist der Vermieter nicht sicher, ob seine Kündigung an einem Formmangel leidet, kann er eine zweite, formgültige Kündigung aussprechen *«für den Fall, dass sich die erste Kündigung als formungültig erweisen sollte»*. Zwar sind Kündigungen als Gestaltungserklärungen grundsätzlich bedingungsfeindlich, jedoch entsteht durch eine solche Erklärung keine unzumutbare Rechtsunsicherheit für den Mieter.[606]

c. Unwirksame Kündigung

194 Eine ausserordentliche Kündigung, die den gesetzlichen oder vertraglichen Voraussetzungen nicht genügt, ist unwirksam *(«inefficace»)*: Sie zeitigt keine Wirkungen.[607] Beispielhaft seien folgende Fälle genannt:[608]

- Kündigung wegen Zahlungsverzugs (Art. 257d OR) ohne vorgängige schriftliche Kündigungsandrohung;

---

[603] ZK-HIGI, Art. 266o N 6; SVIT, Art. 266l–266o N 50; DERS., Art. 271 N 14; BSK OR I-WEBER, Art. 266o N 5; CHK OR-HEINRICH, Art. 266l–o, N 11; LACHAT/THANEI, Rz. 29.1.4.1; HOFSTETTER, Rz. 3.4; CP Bail-MONTINI, Art. 266o N 6.

[604] Dazu unten, Rz. 203 ff.

[605] BGE 141 III 101 E. 2.8; BGer 4A_588/2013 vom 15. April 2014 E. 2.3 und 2.5 m. Hinw.; BGer 4C.432/2006 vom 8. Mai 2007 E. 4.4.; BGer 4C.252/2002 vom 8. November 2002 E. 3.1 m. Hinw.; SVIT, Art. 266l–266o, N 54 f.

[606] SVIT, Vorbemerkungen Art. 266–266o, N 14. Vgl. oben Rz. 138 zur subsidiären ordentlichen Kündigung für den Fall, dass die ausserordentliche Kündigung sich als ungültig erweisen sollte; BGE 137 III 389 (Pra 101 [2012] Nr. 6).

[607] BGE 135 III 441 (= Pra 99 [2010] Nr. 30) E. 3.1; BGE 121 III 156 E. 1c/aa (Pra 84 [1995], Nr. 272); BGer 4A_536/2009 vom 2. Februar 2010 E. 2.2; 4A_265/2009 vom 5. August 2009 E. 2.2 (MRA 2010, S. 86); 4A_107/2010 vom 3. Mai 2010 E. 2.4; 4A_469/2013 vom 14. November 2013 E. 5.1.

[608] Ausführlicher zur Kündigung wegen Zahlungsverzugs oben, Rz. 163.

- Kündigung wegen Zahlungsverzugs (Art. 257d OR) vor Ablauf der Zahlungsfrist;
- Kündigung wegen Zahlungsverzugs (Art. 257d OR) trotz vor Ablauf der Zahlungsfrist erfolgter Zahlung;
- Ausserordentliche Kündigung gemäss Art. 257f OR ohne vorgängige schriftliche Abmahnung;
- Ausserordentliche Kündigung gemäss Art. 257f OR wenn keine Pflichtverletzung vorliegt (oder nachgewiesen werden kann), welche die Fortsetzung des Mietverhältnisses unzumutbar macht;
- Kündigung gemäss Art. 266g OR ohne wichtigen Grund, welcher die Fortsetzung des Mietverhältnisses unzumutbar macht;
- Kündigung gemäss Art. 266h OR ohne Vorliegen eines Konkurses oder trotz rechtzeitiger Sicherheitsleistung;
- Kündigung eines Mietvertrags eines Wohngenossenschaftsmieters durch die Genossenschaft, wenn kein Grund zum Ausschluss aus der Genossenschaft vorlag.[609]

Nach Auffassung mehrerer Autoren handelt es sich bei der Unwirksamkeit um 195 eine Form der Nichtigkeit.[610] Das Bundesgericht verwendet den Ausdruck Unwirksamkeit zwar als dritte Kategorie neben Nichtigkeit und Anfechtbarkeit,[611] die Folgen der Unwirksamkeit sind jedoch mit denen der Nichtigkeit vergleichbar, wie nachfolgend gezeigt wird.[612]

Eine unwirksame Kündigung kann innert dreissig Tagen nach Zustellung ge- 196 mäss Art. 273 OR angefochten werden. Es besteht aber keine Obliegenheit, dies zu tun.[613] Das Gericht hat die Unwirksamkeit der Kündigung von Amtes wegen zu beachten[614] und auch der Mieter kann sie jederzeit, also auch noch

---

609 Dies ist eine Voraussetzung aufgrund bundesgerichtlicher Rechtsprechung; dazu ausführlich unten, Rz. 236 ff.; insb. Rz. 245.

610 BSK OR I-WEBER, Art. 266o N 2 und 4 i. f.; LACHAT/THANEI, Rz. 29.1.4.1 und 29.1.4.3; CP Bail-MONTINI, Art. 266o N 10; kritisch SVIT, Art. 266l–266o N 59.

611 BGE 121 III 156 ff. (Pra 84 [1995], Nr. 272); 128 III 82; 132 III 65 E. 3.2;

612 Vgl. BGE 122 III 92 E. 2 d: *«Die Rechtsprechung des Bundesgerichts unterscheidet zwischen nichtigen und unwirksamen Kündigungen einerseits sowie gültigen, allenfalls aber missbräuchlichen andererseits»*.

613 BGE 122 III 92 E. 2d.

614 ZK-HIGI, Vorbem. zu Art. 266–266o, N 134; DERS., Art. 271 N 46; BSK OR I-WEBER, Art. 266o N 2; SVIT, Art. 266l–266o N 60; LACHAT/THANEI, Rz. 29.1.4.1; CHK OR-HEINRICH, Art. 266l–o, N 11; CP Bail-MONTINI, Art. 266o N 10.

im Ausweisungsverfahren, geltend machen.[615] Grenze bildet das Rechtsmissbrauchsverbot. Erweckt der Mieter beim Vermieter durch sein Schweigen den Eindruck, er anerkenne die Gültigkeit der Kündigung, kann es unter Umständen als rechtsmissbräuchlich gewertet werden, wenn er sich später im Ausweisungsverfahren auf die Unwirksamkeit beruft.[616] Dies ist anhand aller Umstände des Einzelfalles zu beurteilen und nicht leichthin anzunehmen. Bei einem Ausweisungsgesuch im Verfahren um Rechtsschutz in klaren Fällen wirken sich allfällige Unsicherheiten grundsätzlich zu Lasten des gesuchstellenden Vermieters aus. Ist die Kündigung unwirksam, so wird die Tatsache, dass der Mieter bis im Ausweisungsverfahren dazu geschwiegen hat, seine Berufung auf die Unwirksamkeit kaum je verunmöglichen.[617]

197 Eine unwirksame ausserordentliche Kündigung kann nicht in eine ordentliche *«umgedeutet»* oder *«umgewandelt»* werden.[618] Zulässig ist aber eine subsidiäre ordentliche Kündigung für den Fall, dass die Voraussetzungen der ausserordentlichen Kündigung nicht erfüllt sind.[619] Der Vermieter tut gut daran, diese subsidiäre ordentliche Kündigung gleichzeitig mit der ausserordentlichen Kündigung oder jedenfalls noch vor Anhängigmachen eines Schlichtungsverfahrens auszusprechen, denn eine allfällige Kündigungssperre nach Art. 271a Abs. 1 lit. d OR beginnt grundsätzlich mit dessen Rechtshängigkeit zu laufen.[620] Nach der Rechtsprechung des Bundesgerichts kann ein Verfahren, in welchem die Unwirksamkeit einer ausserordentlichen Kündigung festgestellt wird, eine Sperrfrist auslösen und eine nachträgliche ordentliche Kündigung – auch wenn sie sich auf den gleichen Sachverhalt stützt – verunmöglichen.[621] Andererseits gilt die Sperrfrist nicht für eine Kündigung, die in einem Verfahren *aus formellen Gründen* als nichtig oder unwirksam erkannt wurde und lediglich – diesmal fehlerfrei – wiederholt wird.[622]

---

615 BGE 138 III 123 E. 2.3; BGE 122 III 92 E. 2d; 121 III 156 E. 1c; BGer 4A_485/2012 vom 8. Januar 2013 E. 5; BGer 4A_127/2014 vom 19. August 2014 E. 4; THANEI, mp 2012, S. 87.

616 BGE 138 III 123 E. 2.4.2; BGE 121 III 156 E. 1 c/bb (Pra 84 [1995], Nr. 272) m. Hinw.; Kritik bei RAJOWER, S. 803.

617 Vgl. dazu unten, Rz. 435 f. und 454.

618 Oben, Rz. 126 und Fn 522 zu Rz. 173; vgl. auch Rz. 173 und 178 zur möglichen Umdeutung in eine *«ausserordentliche Kündigung nach einer anderen Gesetzesbestimmung»*, sofern sich der Sachverhalt, welcher der Kündigung zu Grunde liegt, klar unter dieselbe subsumieren lässt.

619 BGE 137 III 389 (Pra 101 [2012] Nr. 6); oben Rz. 138.

620 Dazu unten, Rz. 203 ff.

621 Vgl. BGE 131 III 33; Kritik bei HULLIGER, MRA 2011, S. 9.

622 BGE 141 III 101 E. 2.8 m. Hinw.; BGE 4A_470/2015 E. 2 i.f.; vgl. auch 4A_432/2008 vom 17. Februar 2009 (mp 2010, S. 52 ff., Nichtigkeit, weil die Kündigungsandrohung nicht beiden Ehegatten zugestellt wurde, löst keine Sperrfrist aus).

d. Anfechtbare Kündigungen

da. Grundsatz

198 Verstösst eine Kündigung gegen den Grundsatz von Treu und Glauben, so ist sie missbräuchlich und damit anfechtbar (Art. 271 Abs. 1 OR). Missbräuchlichkeit kann sowohl ordentliche als auch ausserordentliche Kündigungen betreffen. Nach der Rechtsprechung des Bundesgerichts ist Missbräuchlichkeit dann anzunehmen, wenn die Kündigung ohne objektives, ernsthaftes und schützenswertes Interesse ausgesprochen wird und damit aus reiner Schikane erfolgt oder Interessen der Parteien tangiert, die in einem krassen Missverhältnis zueinander stehen.[623] Ob eine Kündigung gegen Treu und Glauben verstösst, beurteilt sich im Zeitpunkt, in dem sie ausgesprochen wurde.[624]

Die typischen Fälle des Rechtsmissbrauchs[625] sind

- fehlendes Interesse an der Ausübung eines Rechts;[626]
- zweckwidrige Inanspruchnahme eines Rechtsinstitutes;[627]
- krasses Missverhältnis der in Frage stehenden Interessen;[628]
- schonungslose Ausübung eines Rechts[629] und
- widersprüchliches Verhalten.[630]

---

623 BGE 142 III 91 E. 3.2.1; BGE 140 III 496 (= Pra 104 [2015] Nr. 12) E. 4.1; BGE 138 III 59 E. 2.1.

624 BGE 142 III 91 E. 3.2.1; BGE 140 III 496 (= Pra 104 [2015] Nr. 12) E. 4.1; BGE 138 III 59 E. 2.1. i.f.

625 BGE 135 III 349 (=Pra 98 [2009] Nr. 134) E. 3; BGE 129 III 493 E. 5.1.

626 Beispiel Kündigung im Hinblick auf ein unmögliches oder unausgereiftes Bauvorhaben unten Rz. 202.

627 Vgl. BGer 4A_350/2015 vom 25. August 2015 E. 4.2 (hier Formmangel der Kündigungsandrohung, jedoch zweckwidrige Berufung des Mieters auf die entsprechenden Formvorschriften).

628 Bspw. die Kündigung des Mietverhältnisses eines 77-jährigen Rentnerpaares mit einem pflegebedürftigen 49-jährigen Sohn, welche nach einer Mietdauer von 38 Jahren und kurz nach der Krebsdiagnose des Ehemannes erfolgte, um die Wohnung anschliessend unbelastet zu verkaufen. Der Vermieter, ein Immobilienhändler berief sich auf ein wirtschaftliches Interesse. Es wurde ein offenkundiges Missverhältnis der Interessen festgestellt (BGer 4A_300/2010 vom 2. September 2010 [mp 2011, S. 67 ff.]). Kündigung einer herzkranken, depressiven und arbeitslosen 54-jährigen Mieterin nach einer Mietdauer von 23 Jahren erfolgte, um die Wohnung anschliessend dem Sohn der Alleinaktionärin der Vermieterin zur Verfügung zu stellen. Obwohl zwei andere Wohnungen im gleichen Haus frei waren, bestand der Sohn auf dieser Wohnung im Parterre und mit Gartenzugang, um das Wohlbefinden seines Schäferhundes zu gewährleisten. Das Bundesgericht hob die Kündigung auf (BGer 4A_297/2010 vom 6. Oktober 2010 [mp 2011, S. 72 ff.]).

629 Vgl. BGE 135 III 112 E. 3.3.1 zur Kündigung zwecks Sanierung.

199 Nicht erforderlich ist, dass das Verhalten der kündigenden Partei als *offenbar* rechtsmissbräuchlich im Sinne von Art. 2 Abs. 2 ZGB zu qualifizieren ist.[631] Andererseits sind auch offensichtlich rechtsmissbräuchliche Kündigungen nur anfechtbar und nicht nichtig.[632]

200 Art. 271a Abs. 1 OR enthält eine beispielhafte Aufzählung von Fällen, in denen die Missbräuchlichkeit der Kündigung von Gesetzes wegen angenommen wird:

- Kündigung erfolgt, weil der Mieter nach Treu und Glauben Ansprüche aus dem Mietverhältnis geltend macht (lit. a, *«Rachekündigung»*);[633]
- Kündigung erfolgt, weil der Vermieter eine einseitige Vertragsänderung zu Lasten des Mieters oder eine Mietzinsanpassung durchsetzen will (lit. b);
- Kündigung erfolgt allein um den Mieter zum Erwerb der gemieteten Wohnung zu veranlassen (lit. c);
- Kündigung erfolgt während eines mit dem Mietverhältnis zusammenhängenden Schlichtungs- oder Gerichtsverfahrens, missbräuchliche Einleitung durch den Mieter vorbehalten (lit. d);[634]
- Kündigung erfolgt innert drei Jahren nach Abschluss eines mietrechtlichen Verfahrens, in dem der Vermieter zu einem erheblichen Teil unterlegen ist oder seine Forderung oder Klage zurückgezogen oder erheblich eingeschränkt, auf die Anrufung des Richters verzichtet oder sich mit dem Mieter geeinigt hat. Diese Sperrfrist von drei Jahren gilt auch, wenn diese Einigung ausserhalb eines Schlichtungs- oder Gerichtsverfahrens erfolgte, was vom Mieter aber mittels Schriftstücken nachzuweisen ist (lit. e, Art. 271a Abs. 2);[635]
- Kündigung erfolgt wegen Änderung in der familiären Situation des Mieters, aus denen dem Vermieter keine wesentlichen Nachteile entstehen (lit. f).

---

630 Namentlich wenn die Kündigung mit Umständen begründet wird, die zum Zeitpunkt des Vertragsschlusses bekannt waren oder bereits lange Zeit hingenommen wurden (BGer 4A_583/2008 vom 23. März 2009 E. 5.1 (MRA 2009, S. 89 f.) m. Hinw.).

631 BGE 120 II 105 (= Pra 84 [1995] Nr. 144) E. 3a i.f.; BGer 4A_583/2008 vom 23. März 2009 E. 4.1 (MRA 2009, S. 88).

632 BGE 133 III 175 E. 3; a. A. BSK OR I-Weber, Art. 266o N 4 fünfter Spiegelstrich.

633 Z. B. das Recht des Mieters, das Mietobjekt mit Zustimmung des Vermieters unterzuvermieten – in den Schranken des Rechtsmissbrauchs; vgl. BGE 138 III 59 E. 2.2.1 und BGE 134 III 446 (= Pra 98 [2009] Nr. 21) E. 2.4.

634 Hierzu eingehender unten, Rz. 192.

635 Hierzu eingehender unten, Rz. 204 ff.

Es obliegt dem Mieter die Umstände zu beweisen, die zur Rechtsmissbräuchlichkeit der Kündigung führen (Art. 8 ZGB).[636] Den Vermieter trifft jedoch eine Mitwirkungspflicht, indem er die Kündigung auf Ersuchen hin begründen muss[637] und im Bestreitungsfall alle für die Beurteilung des Kündigungsgrundes notwendigen Unterlagen vorzulegen hat.[638] Er muss den von ihm vorgebrachten Kündigungsgrund zumindest glaubhaft machen.[639] Die Missbräuchlichkeit der Kündigung wird namentlich dann angenommen, wenn die vom Vermieter angegebene Begründung offensichtlich nur vorgeschoben und der wirkliche Grund nicht feststellbar ist.[640] Verweigert der Vermieter gegenüber dem Mieter zunächst die Angabe des Kündigungsgrundes, so kann dieser die Zulässigkeit der Kündigung unter Umständen nur schwer abschätzen. Es ist aber grundsätzlich zulässig, wenn der Vermieter seinen Kündigungsgrund erst im Verfahren konkretisiert oder (allenfalls auch zusätzliche) Kündigungsgründe erstmals vor dem erstinstanzlichen Gericht vorbringt. Ein solches *«Nachschieben von Gründen»* kann jedoch als Indiz zu Ungunsten des Vermieters gewertet werden oder Kostenfolgen nach sich ziehen,[641] wenn nämlich der Mieter in Kenntnis des Grundes die Kündigung nicht angefochten hätte. 201

Zu Art. 271 OR besteht eine reiche Bundesgerichtsrechtsprechung.[642] Beispielhaft hervorgehoben seien folgende Kündigungsgründe: 202

- Kündigung aus wirtschaftlichen Gründen

  Das Bundesgericht beurteilt eine Kündigung, die der Vermieter ausschliesslich damit begründete, dass er von einem neuen Mieter einen höheren – aber aufgrund der absoluten Berechnungsweise nicht missbräuchlichen – Mietzins erzielen wolle, als nicht missbräuchlich.[643] Gefordert wird aber, dass der Vermieter nachweist, dass er den nicht missbräuchlichen Mietzins auch tatsächlich erzielen kann.

---

636 BGE 138 III 59 E. 2.1; BGE 135 III 112 E. 4.1; BGer 4A_626/2010 vom 2. Februar 2011 E. 3.2 (MRA 2011, S. 160).

637 Art. 271 Abs. 2 OR; vgl. Art. 9 Abs. 1 lit. c VMWG.

638 BGE 135 III 112 E. 4.1 m. Hinw.; BGer 4A_629/2010 vom 2. Februar 2011 E. 3.2 (MRA 2011, S. 160).

639 BGer 4A_583/2009 vom 23. März 2009 E. 4.1 (MRA 2009, S. 88) m. Hinw.; vgl. SOHM, Kommentar zu BGer 4A_583/2009, MRA 2009, S. 92 f., und zu den praktischen Konsequenzen BUDLIGER, Kommentar zu BGer 4A_629/2010, MRA 2011, S. 163 ff.

640 BGE 138 III 59 E. 2.1; BGer 4A_623/2010 vom 2. Februar 2011 E.2.4 (mp 2011, S. 137 f.), BGer 4A_629/2010 vom 2 Februar .2011 E. 3.2 (MRA 2011, S. 161), alle drei m. zahlr. Hinw.; vgl. BGer 4A_50/2015 vom 19. Mai 2015 (mp 2015 S. 273 ff.)

641 BGE 138 III 59 E. 2.3

642 Übersicht beispielsweise bei GIRÓN, Jusletter vom 25. August 2014.

643 BGE 120 II 105 (= Pra 84 [1995] Nr. 144) E. 3 b bb.

Auch die *«Leerkündigung»* in Hinblick auf einen geplanten Verkauf der Wohnung oder der Liegenschaft, um einen höheren Preis zu erzielen, ist nach bundesgerichtlicher Rechtsprechung nicht grundsätzlich missbräuchlich.

- Kündigung zwecks Änderung der Nutzung des Mietobjekts

  Das Bundesgericht beurteilte die Kündigung von für den Betrieb eines Restaurants gemieteten Geschäftsräumen, die erfolgte, weil der Vermieter beabsichtigte, nach beinahe 15 Jahren die Art der Nutzung zu ändern als nicht missbräuchlich.[644]

- Kündigung wegen Umbau oder Sanierung[645]

  Eine Kündigung im Hinblick auf Umbau- und Sanierungsarbeiten ist nach Rechtsprechung des Bundesgerichts grundsätzlich nicht missbräuchlich.[646] Verlangt wird aber, dass das Bauprojekt genügend ausgereift und ausgearbeitet *(«von greifbarer Realität»)* ist[647] – eine Kündigung *«auf Vorrat»* ist unzulässig. Es wird indessen nicht vorausgesetzt, dass der Vermieter im Zeitpunkt der Kündigung die nötigen Bewilligungen bereits erhalten oder die hierzu erforderlichen Dokumente hinterlegt hat.[648] Die Kündigung ist aber missbräuchlich, wenn das Projekt als nicht realitätsnah oder objektiv unmöglich erscheint, namentlich weil es ganz offensichtlich mit den Bestimmungen des öffentlichen Rechts unvereinbar ist, so dass der Vermieter die notwendigen Bewilligungen mit Sicherheit nicht erhalten wird.[649]

---

644 BGE 136 III 190; vgl. aber BGer 4A_529/2014 vom 23. Januar 2015 (mp 2015, S. 141 ff.).

645 Aktuelle Zusammenfassung der Rechtsprechung des Bundesgerichts zur Sanierungskündigung: GIAVARINI, MRA 2016, S. 185 ff. vgl. jüngst auch BGer 4A_703/2016 vom 24. Mai 2017 (E.4 nicht publiziert in BGE 143 III 344).

646 BGE 135 III 112 E. 4.2 (grundsätzlich ist unerheblich, wenn der Mieter bei umfassenden Sanierungsarbeiten anbietet, während des Umbaus in der Wohnung zu verbleiben und die Unannehmlichkeiten auf sich zu nehmen. Treuwidrig ist die Kündigung wenn der Umbau *«durch das Verbleiben des Mieters im Mietobjekt nicht oder nur unerheblich erschwert oder verzögert würde»*).

647 BGE 142 III 91 E. 3.2.1: *«Die Gültigkeit der Kündigung setzt somit voraus, dass der Vermieter im Zeitpunkt der Kündigung des Mietverhältnisses über ein genügend ausgereiftes und ausgearbeitetes Projekt verfügt, aufgrund dessen der Mieter abzuschätzen vermag, ob die geplanten Arbeiten eine Räumung des Mietobjekts erforderlich machen. Fehlt es an hinreichend genauen Auskünften, ist der Mieter nicht in der Lage, den Realitätsbezug des Projekts und die Belastung einzuschätzen, die seine Anwesenheit für die Durchführung der beabsichtigten Arbeiten zur Folge haben würde.»*.

648 BGE 140 III 496 (= Pra 104 [2015] Nr. 12) E. 4.1. m. Hinw.; wiederholt in BGE 142 III 91 E. 3.2.1.

649 BGE 140 III 496 (= Pra 104 [2015] Nr. 12) E. 4.1. m. Hinw.; wiederholt in BGE 142 III 91 E. 3.2.1. Vgl. zur Kündigung im Hinblick auf den Abbruch einer Liegenschaft:

db. *Insbesondere: Kündigung während einer Kündigungssperrfrist*

Während eines laufenden mietrechtlichen Verfahrens[650] ist der Mieter nach Art. 271a Abs. 1 lit. d OR grundsätzlich vor einer ordentlichen Kündigung des Mietvertrages geschützt. Der Kündigungsschutz beginnt mit Eintritt der Rechtshängigkeit, also in der Regel mit dem Einreichen eines Schlichtungsgesuchs. Nicht massgeblich ist, ob der Vermieter im Zeitpunkt der Kündigung bereits Kenntnis vom laufenden Verfahren hatte oder haben konnte.[651] Nach der Gesetzesbestimmung kein Schutz steht dem Mieter zu, welcher das Schlichtungsverfahren missbräuchlich einleitet. Dies wäre dann der Fall, wenn es dem Mieter gar nicht um die geltend gemachte Forderung geht, sondern allein um den Kündigungsschutz oder wenn die Einleitung des Verfahrens gar nicht notwendig gewesen wäre, weil der Vermieter bereits angeboten hat, der Forderung des Mieters nachzukommen.[652] Die Umstände, welche die Missbräuchlichkeit der Verfahrenseinleitung begründen, sind vom Vermieter zu beweisen. 203

Derselbe Kündigungsschutz besteht nach Art. 271a Abs. 1 lit. e OR für die Dauer von drei Jahren, nachdem ein Verfahren über das Mietverhältnis zwischen den Parteien für den Mieter vorteilhaft bzw. für den Vermieter (überwiegend) negativ ausgegangen ist, indem der Vermieter zu einem erheblichen Teil unterlegen[653] ist (Ziff. 1), seine Forderung oder Klage zurückgezogen oder erheblich eingeschränkt hat (Ziff. 2), auf die Anrufung des Gerichts verzichtet hat (Ziff. 3) oder mit dem Mieter einen (gerichtlichen oder aussergerichtlichen[654]) Vergleich abgeschlossen hat (Ziff. 4).[655] Es besteht von Gesetzes we- 204

BGer 4A_210/2014 vom 17. Juli 2014 (Übersetzung und Kommentar von POLIVKA, MRA 2015 S. 133 ff.).

650 Schlichtungsverfahren, Gerichtsverfahren und auch Schiedsverfahren (BGE 131 III 33 E. 3.1 m. Hinw.).

651 BGE 141 III 101 E. 2.

652 Vgl. insb. zur umstrittenen Frage betreffend *«Bagatellstreitigkeiten»* BGer 4A_269/2015 vom 2. November 2015 E. 4.2.2 m. Hinw.

653 Dazu BGE 137 III 24 E. 3.3 (*«An das ‹Unterliegen des Vermieters zu einem erheblichen Teil› dürfen nicht allzu strenge Anforderungen gestellt werden. In der Lehre wird bei einem Unterliegen mit einem Drittel bis zu einem Viertel die Bedingung als erfüllt betrachtet. Zu vergleichen sind die prozessual massgeblichen Anträge der Vermieterschaft und der Entscheid, wobei das Unterliegen der Vermieterschaft nicht einfach prozentual bewertet werden kann. Ins Gewicht fallen vielmehr die objektive oder subjektive Erheblichkeit des Streitgegenstandes im Einzelfall, das vorprozessuale Verhalten der Parteien und deren Möglichkeit zur Abschätzung der Prozessaussichten. Das Obsiegen des Mieters darf aber nicht bloss marginal sein»*).

654 Nach Art. 271a Abs. 2 OR wird die Sperrfrist auch durch eine Einigung ausserhalb eines Verfahrens (ohne Einleitung eines Verfahrens) ausgelöst. Der Mieter hat diese Einigung jedoch durch Schriftstücke nachzuweisen. Zu beachten ist hier, dass ein ge-

gen eine unwiderlegbare Vermutung, dass eine ordentliche Kündigung während der Sperrfrist gleich einer Rachekündigung missbräuchlich ist.[656] Damit wird verhindert, dass der Vermieter als Reaktion auf das negativ ausgegangene Schlichtungs- oder Gerichtsverfahren kündigt und dass der Mieter so *«um die Früchte seines berechtigten Vorgehens gegen den Vermieter gebracht wird.»*[657] Das vorhergehende Schlichtungs- oder Gerichtsverfahren muss mit dem Mietverhältnis zusammenhängen, dessen Kündigung angefochten wird.[658] Wechselt die Liegenschaft während der Sperrfrist den Eigentümer, geht der Mietvertrag mitsamt der Sperrfrist auf den neuen Eigentümer über.[659]

205 Die Sperrfrist ist unbeachtlich, wenn der Vermieter aufgrund eines in Art. 271a Abs. 3 OR aufgeführten Grundes kündigt. So ist die Kündigung wegen Zahlungsrückstands des Mieters (Art. 257d OR), wegen schwerer Pflichtverletzung oder Rücksichtslosigkeit des Mieters (Art. 257f OR), infolge Veräusserung des Mietobjekts (Art. 261 OR), aus wichtigen Gründen (Art. 266g OR) oder wegen Konkurs des Mieters (Art. 266 OR) auch während einer Sperrfrist möglich. Besteht während der Sperrfrist ein Grund für eine ausserordentliche Kündigung, so kann der Vermieter stattdessen auch eine ordentliche Kündigung aussprechen.[660] Auch eine Kündigung wegen dringenden Eigenbedarfs[661] des Vermieters für sich, nahe Verwandte oder Verschwägerte ist zulässig (Art. 271a Abs. 3 lit. a OR).

---

genseitiges Nachgeben der Parteien vorausgesetzt wird bzw. dass zwischen den Parteien überhaupt eine Uneinigkeit herrschte: Kommt der Vermieter den Forderungen des Mieters ohne Weiteres nach (z.B. diskussionslose Mietzinsherabsetzung infolge Senkung des Referenzzinses), löst dies keine Sperrfrist aus (BGE 130 III 563 E. 2.1 m. Hinw.; vgl. BSK OR I-WEBER, Art. 271/271a OR N 27 dritter Abschnitt m. Bsp. und Hinw.). Auch keine Sperrfrist gilt nach einer Einigung über eine Streitigkeit mit Bagatellcharakter (BGer 4A_269/2015 vom 2. November 2015 E. 4.2.2 m. Hinw.).

655 Bei der Beilegung durch Vergleich ist der Umfang des gegenseitigen Nachgebens grundsätzlich nicht massgebend (BSK OR I-WEBER, Art. 271/271a OR N 25 vierter Absatz).

656 BGE 137 IIII 24 E. 3.3. m. Hinw.

657 So BGE 137 III 24 E. 3.3.

658 Bestehen zwischen den Parteien mehrere Mietverträge (über mehrere Objekte), so hat der Mieter, der sich auf eine Sperrfrist beruft, nachzuweisen, dass das vorangegangene Verfahren (auch) mit dem nun gekündigten Mietverhältnis zusammenhing (BGer 4A_269/2015 vom 2. November 2015 E. 4.1 i.f. – in casu ein Mietvertrag über eine Wohnung und ein Mietvertrag über ein Geschäftslokal).

659 BSK OR I-WEBER, Art. 261 N 4; SVIT, Art. 261–261a N 23; ROHRER, MRA 2015, S. 13 ff. m. Hinw. Die ausserordentliche Kündigung nach Art. 261 OR ist auch während einer Kündigungssperrfrist möglich (dazu oben, Rz. 186 ff.; Art. 271a Abs. 3 lit. d OR).

660 *A maiore ad minus;* BGE 117 II 415 E. 4; BSK OR I-WEBER, Art. 271/271a N 28.

661 Zum dringenden Eigenbedarf oben, Rz. 187.

Unbeachtlich ist die Kündigungssperrfrist auch dann, wenn der Vermieter lediglich eine im vorangegangenen Verfahren aus formellen Gründen als nichtig oder unwirksam erkannte Kündigung wiederholt.[662] Stützt er sich für die zweite Kündigung auf die gleichen Motive wie bei der ersten Kündigung, ist diese Kündigung keine Reaktion auf das vorangegangene Verfahren, sondern bringt nur den früher bereits bestehenden Kündigungswillen zum Ausdruck.[663] Die Wiederholung der formnichtigen oder aus formellen Gründen unwirksamen Kündigung ist daher auch in der Sperrfrist zulässig.[664] 206

dc. Kündigungsanfechtung

Eine missbräuchliche Kündigung muss innert Frist von dreissig Tagen seit ihrem Empfang bei der Schlichtungsstelle angefochten werden, sonst findet keine Überprüfung auf Missbräuchlichkeit statt. Der nach Ablauf der Anfechtungsfrist erst im Ausweisungsverfahren einredeweise erhobene Vorwurf der Missbräuchlichkeit der Kündigung ist verspätet und wird nicht mehr gehört.[665] 207

Die Kündigungsanfechtung ist ein Gestaltungsrecht, das innert dreissig Tagen nach Empfang der Kündigung durch Einreichen eines entsprechenden Begehrens bei der Schlichtungsbehörde ausgeübt werden muss (Art. 273 Abs. 1 OR). Es handelt sich um eine bundesrechtliche Verwirkungsfrist, die nicht verlängert oder wiederhergestellt werden kann.[666] Da es sich um eine vorprozessuale Klagefrist handelt, sind insbesondere die Bestimmungen der ZPO zu den Fristen (Art. 142 ff. ZPO) nicht anwendbar.[667] 208

---

662 BGE 141 III 101 E. 2.8; BGer 4A_470/2015 vom 12. Januar 2016 E. 2 i.f.; BGer 4A_588/2013 vom 15. April 2014 E. 2.3 und 2.5; BGer 4A_432/2008 vom 17. Februar 2009 (mp 2010, S. 52 ff., Nichtigkeit, weil die Kündigungsandrohung nicht beiden Ehegatten zugestellt wurde, löst keine Sperrfrist aus); BGer 4C.432/2006 vom 8. Mai 2007 E. 4.4 (MRA 2007, S. 85 ff.).

663 BGE 141 III 101 E. 2.8; BGer 4A_588/2013 vom 15. April 2014 E. 2.3 und 2.5 m. zahlr. Hinw.

664 ZK-Higi, Art. 271a, N 262; SVIT, Art. 271a N 35 und Art. 266l–266o N 55; CHK-Heinrich, Art. 271–271a OR N 10; BSK OR I-Weber, Art. 271/271a N 28; Lachat/Thanei, Rz. 29.3.2.5.2; Koller/Mauerhofer, ZBJV 2009, S. 836.

665 BGE 121 III 156 E. 1c/aa (Pra 84 [1995], Nr. 272); BGE 133 III 175 E. 3; SVIT, Art. 266l–266o N 61. A. A. für offensichtlich rechtsmissbräuchliche Kündigungen BSK OR I-Weber, Art. 266o N 4 fünfter Spiegelstrich, der bei offensichtlich missbräuchlichen Kündigungen entgegen bundesgerichtlicher Rechtsprechung von Nichtigkeit ausgeht (vgl. oben, Rz. 199).

666 BGE 140 III 244 (= Pra 103 [2014] Nr. 95) E. 5.3; BSK OR I-Weber , Art. 273 N 3; SVIT, Art. 273 N 14; Permann, Art. 273 N 7.

667 Staehelin/Staehelin/Grolimund, § 17 Rz. 6; ZK ZPO-A. Staehelin, Art. 142 N 4; DIKE ZPO-Merz, Art. 142 N 6; KUKO ZPO-Hoffmann-Nowotny, Vorb. zu Art. 142–149 N 5 m.w.Hinw.

209 Die Frist beginnt am Tag nach dem Empfang der Kündigung zu laufen.[668] Es gilt die absolute (oder uneingeschränkte) Empfangstheorie.[669] Das bedeutet, die Kündigung gilt als zugestellt, sobald sie in den Machtbereich des Empfängers gelangt ist.[670] Die Frist ist eingehalten, wenn das Anfechtungsbegehren spätestens am letzten Tag der Frist bei der Schlichtungsstelle eingereicht bzw. mündlich zu Protokoll gegeben (Art. 202 Abs. 1 ZPO) oder zuhanden der Schlichtungsstelle der Schweizerischen Post übergeben wird. Fällt der letzte Tag der Frist auf einen Samstag, Sonntag oder anerkannten Feiertag, so endet sie am darauffolgenden Werktag.[671] Die Frist steht insbesondere während der Gerichtsferien nicht still.[672] Reicht der Mieter seine Klage bei einer falschen Behörde oder direkt beim Gericht ein, so schadet dies – in den Grenzen des Rechtsmissbrauchs – nicht, wenn er die identische Eingabe[673] innert Monatsfrist nach einem Rückzug angebrachtermassen oder nach dem Nichteintretensentscheid bei der zuständigen Schlichtungsstelle wiederholt (Art. 63 Abs. 1 und 2 ZPO).

210 Wurde der Mietvertrag mit mehreren Mietern geschlossen, bilden diese eine notwendige Streitgenossenschaft und können den Mietvertrag nur durch gemeinschaftliches Zusammenwirken kündigen. Es entsprach der herrschenden Lehre, dass sie auch eine Kündigung des Vermieters nur gemeinschaftlich anfechten können.[674] In einem neueren Entscheid hat das Bundesgericht jedoch geklärt, dass es genügt, wenn alle Mieter als Parteien am Prozess beteiligt sind. Sind sie sich uneinig, so ist ein Mieter zu alleinigen Anfechtung legitimiert, sofern er neben dem Vermieter auch die Mitmieter ins Recht fasst, welche die Kündigung nicht anfechten wollen.[675] Wurde die Kündigung im Namen aller

---

668 Dies gilt auch, wenn das Mietverhältnis lange im Voraus gekündigt wird (SVIT, Art. 273 N 17). Bei möblierten Zimmern läuft die dreissigtägige Anfechtungsfrist ab Erhalt der Kündigung aufgrund der vierzehntägigen Kündigungsfrist (Art. 266e OR, vgl. oben, Rz. 124) unter Umständen erst nach Ablauf des Kündigungstermins ab.

669 BGE 140 III 244 (= Pra 103 [2014] Nr. 95) E. 5.1; dazu HARALD BÄRTSCHI/RUEDI ACKERMANN, Verspätete Anfechtung einer Kündigung im Mietrecht, in: Jusletter 14. Juli 2014; BGE 137 III 208 (= Pra 100 [2011] Nr. 106) E. 3.1.2 und 3.1.3.

670 Dazu oben, Rz. 135 f.

671 Art. 78 Abs. 1 OR i.V.m. Art. 1 des Bundesgesetzes über den Fristenlauf an Samstagen (SR 173.110.3).

672 Oben, Rz. 208 i.f.

673 Dazu BGE 141 III 481 E. 3.2.4 und 3.3.

674 Für das zwingende Zusammenwirken: BLUMER, N 967; MEYER, MRA 2010, S. 54 m. Hinw.; GIAVARINI, Kommentar zu BGE 136 III 431, MRA 2011, S. 55 ff. m. Hinw.; SVIT, 3. Aufl., Art. 273 N 10; ZK-HIGI, Art. 273 N 33; PERMANN, Art. 273 N 6; a. A. BSK OR I-WEBER, Art. 273 N 2a unter Bezugnahme auf BGE 118 II 168 (= Pra 82 [1993] Nr. 112) E. 2b.

675 BGE 140 III 598 E. 3 (deutsche Übersetzung in mp 2015, S. 59 und MRA 2015, S. 142 ff. mit Kommentar von MARCO GIAVARINI).

Mieter angefochten, so kann die Ermächtigung durch die einzelnen Mieter jedenfalls auch nach Ablauf der Anfechtungsfrist – innert einer gerichtlich anzusetzenden Nachfrist – nachgereicht werden.[676] Dient das Mietobjekt als Familienwohnung,[677] kann auch der Ehegatte oder eingetragene Partner, die Kündigung des Vermieters alleine und im eigenen Namen anfechten (Art. 273a Abs. 1 und 3 OR) und zwar unabhängig davon, ob er selbst Mitmieter ist oder nicht.[678] Die Ehegatten erhalten je ein separates Kündigungsschreiben. Die Anfechtungsfrist berechnet sich für beide Ehegatten separat nach dem jeweiligen Empfangsdatum.[679]

IV. Erstreckung

1. Gerichtliche Erstreckung

Im Falle einer Kündigung durch den Vermieter sowie vor Ablauf eines befris- 211
teten Mietvertrages kann der Mieter die Erstreckung des Mietverhältnisses verlangen, wenn dessen Beendigung für ihn oder seine Familie eine Härte zur Folge hätte, die mit den Interessen des Vermieters nicht zu rechtfertigen wäre (Art. 272 Abs. 1 OR). Er muss das Erstreckungsgesuch innert dreissig Tagen seit Zustellung der Kündigung[680] bzw. beim befristeten Mietverhältnis spätestens sechzig Tage vor Vertragsablauf bei der Schlichtungsbehörde einreichen.[681] Das gleiche Recht steht bei Familienwohnungen dem Ehegatten bzw. eingetragenen Partner des Mieters zu,[682] unabhängig davon, ob er selbst Mitmieter ist oder nicht.[683] Wurde der Mietvertrag indessen von mehreren Mietern abgeschlossen, so bilden diese im mietrechtlichen Verfahren eine notwendige Streitgenossenschaft; nach herrschender Lehre müssten sie die Erstreckung daher gemeinsam verlangen. Mit Blick auf die neuste bundesgerichtliche Rechtsprechung zur Kündigungsanfechtung, die auf das Erstreckungsverfahren übertragen werden kann, muss es indessen auch einem einzelnen Mieter mög-

---

676 BGer 4C.236/2003 vom 30. Januar 2001 E. 3.3 und 3.4 (mp 2004, S. 60 ff.), was mit dem Verbot des überspitzten Formalismus begründet wurde, gilt auch nach Einführung der ZPO nach wie vor, vgl. Art. 132 Abs. 1 ZPO.

677 Zur Definition unten, Rz. 224.

678 BGE 118 II 168 (Pra 82 [1993] Nr. 112) E. 2b.

679 SVIT, Art. 273 N 15; LACHAT/THANEI, Rz. 29.4.3.

680 Es gilt die gleiche Frist wie für die Kündigungsanfechtung.

681 Art. 273 Abs. 2 OR; vgl. für das Gesuch um Erstreckung die Ausführungen in Rz. 208 f. zur Kündigungsanfechtung.

682 Art. 273a Abs. 1 und 3 OR.

683 Zur Familienwohnung unten, Rz. 224 ff.

lich sein, allein eine Erstreckung zu verlangen, wenn er seine Mitmieter, die sich seinem Ansinnen widersetzen, neben dem Vermieter als Beklagte in das Verfahren miteinbezieht.[684]

212 Wird nur die Kündigung angefochten und weist die zuständige Behörde bzw. das Gericht dieses Begehren ab, so hat sie von Amtes wegen zu prüfen, ob das Mietverhältnis erstreckt werden kann (Art. 273 Abs. 5 OR). Art. 273 Abs. 5 OR entspricht grundsätzlich dem früheren Art. 274e Abs. 3 OR,[685] der mit Einführung der ZPO aufgehoben wurde. Demnach ist ein allfälliger Erstreckungsanspruch des Mieters dann nicht verwirkt, wenn der Mieter fristgerecht zumindest die Kündigung bei der Schlichtungsbehörde angefochten hat.[686] Art. 273 Abs. 5 OR ist dem Wortlaut nach nicht anwendbar, wenn der Mieter lediglich die Nichtigkeit oder die Unwirksamkeit der Kündigung geltend gemacht hat.[687] Da es dem Mieter aber frei steht, die Nichtigkeit oder Unwirksamkeit zum Gegenstand eines eigenen Feststellungsbegehrens im Kündigungsschutzverfahren zu machen,[688] bietet sich eine analoge Anwendung von Art. 273 Abs. 5 OR an, wenn der Mieter innert der dreissigtägigen Frist ein entsprechendes formelles Feststellungsbegehren anhängig gemacht hat.[689] Wartet der Mieter indessen zu und bringt seine Einwendungen erst im Ausweisungsverfahren vor (was an sich zulässig ist[690]), so ist ein allfälliger Erstreckungsanspruch verwirkt; eine analoge Anwendung von Art. 273 Abs. 5 OR im Ausweisungsverfahren scheidet aus.[691]

213 Von Gesetzes wegen ausgeschlossen ist eine Erstreckung im Falle der ausserordentlichen Kündigung wegen Zahlungsverzugs (Art. 257d OR), wegen schwerer Verletzung der Pflicht zur Sorgfalt und Rücksichtnahme (Art. 257f Abs. 3 und 4 OR), wegen Konkurs des Mieters (Art. 266h OR) sowie dann, wenn der Mietvertrag im Hinblick auf ein bevorstehendes Umbau- oder Abbruchvorhaben ausdrücklich nur für die beschränkte Zeit bis zum Baubeginn

---

684 BGE 140 III 598, oben Rz. 210.

685 *«Weist die Schlichtungsbehörde ein Begehren des Mieters betreffend Anfechtbarkeit der Kündigung ab, so prüft sie von Amtes wegen, ob das Mietverhältnis erstreckt werden kann.»*

686 Im umgekehrten Fall (Mieter verlangt nur Erstreckung ohne die Kündigung anzufechten) ist diese Bestimmung nicht (auch nicht analog) anwendbar; statt vieler ZK-HIGI, Art. 274e N 67 f.; SVIT, Art. 273 N 23, N 27.

687 Sowohl der deutsche als auch der französische und italienische Wortlaut bezieht sich auf die angefochtene Kündigung *(«requête en annulabilité», «richiesta (…) concernente la contestazione della disdetta»)*.

688 BGE 121 III 156 E. 1c; 122 III 92 E. 2d; BSK OR I-WEBER, Art. 273 N 6.

689 SVIT, Art. 273 N 26; ablehnend ZK-HIGI, Art. 274e N 69.

690 Oben, Rz. 189.

691 A. A. PERMANN, Art. 274g N 4, ohne Begründung.

oder bis zum Erhalt der erforderlichen Baubewilligung abgeschlossen wurde (Art. 272a Abs. 1 lit. d OR). Nicht *ex lege* ausgeschlossen ist eine Erstreckung bei einer ausserordentlichen Kündigung aus wichtigem Grund (266g OR).

Durch die Erstreckung kann der Mietvertrag bei Wohnräumen um höchstens vier und bei Geschäftsräumen um bis zu sechs Jahre verlängert werden. Eine richterliche Erstreckung auf unbestimmte Zeit, also insbesondere bis zum Eintritt eines bestimmten Ereignisses (z.B. erhalt der Baubewilligung), ist nicht zulässig.[692] Die Schlichtungsbehörde oder das Gericht kann maximal zwei Erstreckungen innerhalb dieser gesetzlichen Höchstdauer gewähren. Während der Erstreckung gilt der Mietvertrag weiter, wenn er nicht im Erstreckungsentscheid den veränderten Verhältnissen angepasst wurde (Art. 272a OR). Legt der Erstreckungsentscheid nichts anderes fest, gelten besondere Kündigungsfristen für den Mieter.[693] 214

Die Schlichtungsbehörde oder das Gericht hat beim Entscheid über die Erstreckung im Einzelfall eine Interessensabwägung unter Berücksichtigung aller massgeblichen konkreten Umstände vorzunehmen. Das Gericht berücksichtigt von Gesetzes wegen insbesondere die Umstände des Vertragsabschlusses und den Inhalt des Vertrages, die Dauer des Mietverhältnisses, die persönlichen, familiären und wirtschaftlichen Verhältnisse der Parteien und ihr Verhalten, einen allfälligen Eigenbedarf des Vermieters und dessen Dringlichkeit sowie die Verhältnisse auf dem örtlichen Markt für Wohnungs- und Geschäftsräume (Art. 272 Abs. 2 OR). Es handelt sich um einen ausgesprochenen Billigkeitsentscheid im Sinne von Art. 4 ZGB.[694] 215

2. Erstreckungsvereinbarung

Eine Erstreckung ist nach der Kündigung[695] bzw. kurz vor Ablauf des befristeten Mietvertrages auch einvernehmlich durch Erstreckungsvereinbarung nach 216

---

692 BGer 4A.318/2008 vom 11. November 2008 E. 4 (MRA 2009, S. 111 ff.).

693 Art. 272d OR. Der Vermieter kann auch während einer Erstreckung ausserordentlich kündigen, wenn er einen gesetzlichen Grund dazu hat (dazu Rz. 140).

694 BGE 136 III 190 (= Pra 99 [2010] Nr. 112) E. 6; zum Ganzen ausführlich BSK OR I-WEBER, Art. 272 N 3 ff.; RUF, Rz. 4.21–4.69.

695 ZK-HIGI, Art. 272b N 61; BSK OR I-WEBER, Art. 272b N 5; RUF, Rz. 4.151. Der (allfällige) Erstreckungsanspruch des Mieters muss bei Abschluss der Erstreckungsvereinbarung bereits entstanden sein (was erst nach Kündigung bzw. kurze Zeit vor Ablauf von 60 Tage vor Ablauf des befristeten Mietvertrages der Fall sei, ZK-HIGI, a.a.O.; vgl. auch LACHAT/SPIRIG, Rz. 30.10.1). Eine vor der Kündigung geschlossene Erstreckungsvereinbarung wäre als unzulässiger Vorausverzicht des Mieters auf den Erstreckungsanspruch nach Art. 273c OR nichtig. Zulässig ist hingegen die Aufhebungsvereinbarung (oben, Rz. 223).

Art. 272b Abs. 2 OR möglich, selbst wenn der Mieter kein Erstreckungsbegehren bei der Schlichtungsstelle eingereicht hat. Handelt es sich um eine Wohnung der Familie, so ist die Erstreckungsvereinbarung nur gültig, wenn sie mit beiden Ehegatten geschlossen wurde oder der Ehegatte, der nicht Mietvertragspartei ist, zumindest seine Zustimmung dazu gegeben hat.[696] Die Parteien können die Dauer und die Modalitäten des Vertrages während der Erstreckungsdauer frei vereinbaren.[697] Sie dürfen auch auf den Eintritt eines bestimmten Ereignisses abstellen.[698] Nach der hier vertretenen Auffassung können die Parteien unter Umständen auch eine zweite oder gar dritte Erstreckung vereinbaren.[699] Eine aussergerichtliche Erstreckungsvereinbarung muss weder der Schlichtungsbehörde noch dem Gericht zur Genehmigung vorgelegt werden. Wird eine Vereinbarung während eines laufenden Schlichtungs- oder Gerichtsverfahrens geschlossen, kann sie der entsprechenden Behörde eingereicht *(«zu Protokoll gegeben»)* werden. So erlangt das Vereinbarte die Wirkung eines rechtskräftigen Entscheides (Art. 208 Abs. 2 ZPO, Art. 241 Abs. 2 ZPO).

217 Besteht kein Erstreckungsanspruch des Mieters – namentlich weil der Mieter kein Erstreckungsbegehren bei der Schlichtungsstelle eingereicht hat – begründet eine aussergerichtliche Erstreckungsvereinbarung nach Ablauf der Erstreckungsfrist keinen Anspruch auf eine zweite (diesmal gerichtliche) Erstreckung.[700] Werden mehrere Erstreckungsvereinbarungen hintereinander abgeschlossen, stellt sich freilich die Frage, ob nicht vielmehr befristete Mietverhältnisse bzw. allenfalls ein missbräuchlicher Kettenmietvertrag vorliegen.[701]

V. Die Kündigung durch den Mieter

218 Bei der Kündigung durch den Mieter wird nachfolgend keine Differenzierung vorgenommen. Für den Ausweisungsanspruch des Vermieters spielt es keine Rolle, ob der Mieter ordentlich oder ausserordentlich gekündigt bzw. aus wel-

---

696 Art. 273a Abs. 2 und 3 OR.

697 Vgl. Art. 272b Abs. 2 OR, Art. 272d OR; SVIT, Art. 272c N 19; siehe auch RUF, Rz. 4.153 ff. mit Checkliste und Formulierungsbeispiel.

698 Vgl. WETZEL, Kommentar zu BGer 4A.318/2008 vom 11. November 2008, MRA 2009, S. 115; LACHAT/SPIRIG, Rz. 30.10.3.

699 So auch BSK OR I-WEBER, Art. 272b N 5 Abs. 2; vgl. LACHAT/SPIRIG, Rz. 30.10.3; SVIT, Art. 272b N 17.

700 *«Freiwillige Erstreckung»* oder *«Quasi-Erstreckung»* nach ZK-HIGI, Art. 272b N 63; dies muss auch gelten, wenn nach Art. 272a OR kein Erstreckungsanspruch besteht, so insbesondere nach einer Kündigung wegen Zahlungsverzugs. Vgl. auch BSK OR I-WEBER, Art. 272b N 5.

701 BSK OR I-WEBER, Art. 272b N 5 Abs. 2. Zum Kettenmietvertrag oben, Rz. 117 f.

chem Grund die Kündigung erfolgte. Wichtig ist in diesem Zusammenhang lediglich, ob die Kündigung gültig war und dass sie nicht widerrufbar ist.

Für die Kündigung des Mieters gelten weniger strenge Formvorschriften als 219 für den Vermieter. Es ist die einfache Schriftform mit eigenhändiger Unterschrift (Art. 13 ff. OR) zu beachten (Art. 266l Abs. 1 OR). Kündigungen mit einfachem Email, Fax oder SMS sind nicht eigenhändig unterschrieben und erfüllen die Formvorschrift daher nicht.[702] Der eigenhändigen Unterschrift gleichgestellt ist hingegen die qualifizierte elektronische Signatur (Art. 14 Abs. 2bis OR). Ist vertraglich vereinbart, dass die Kündigung per Einschreiben zu erfolgen hat, ist dies nach herrschender Lehre als Gültigkeitserfordernis zu werten.[703] Nach Art. 266o OR ist eine Kündigung, die gegen die Formvorschrift von Art. 266l OR verstösst, nichtig. Auch wenn die Berufung auf einen Formmangel der eigenen Kündigung grundsätzlich rechtsmissbräuchlich erscheint,[704] ist dies mit Blick auf den klaren Gesetzeswortlaut, welcher Nichtigkeit und nicht *«normale»* Formungültigkeit statuiert, zumindest fraglich.[705] Der vorsichtige Vermieter wird daher aufgrund dieser Unklarheit mit Blick auf ein möglicherweise notwendiges Ausweisungsverfahren auf der Einhaltung der gesetzlichen Formvorschrift nach Art. 266l Abs. 1 OR bestehen.[706]

---

702 Eine kopierte Unterschrift genügt nicht; ZK-Higi, Art. 266l N 10; Lachat/Thanei, Rz. 25.5; SVIT, Art. 266l–266o, N 8 f.; Permann, Art. 266l N 2.

703 SVIT, Art. 266l–266o, N 12: Wird jedoch die Kündigung der Gegenpartei persönlich ausgehändigt und von dieser quittiert, werde eine stillschweigende Aufhebung der vertraglich vereinbarten Versandform angenommen. Sodann handelt es sich um ein *vertraglich vereinbartes* Formerfordernis, welches über Art. 266l Abs. 1 OR hinausgeht. Eine Berufung auf einen entsprechenden Formmangel kann daher rechtsmissbräuchlich und unbeachtlich sein (vgl. dazu sogleich).

704 Art. 2 Abs. 2 ZGB, *venire contra factum proprium* oder missbräuchliche Berufung auf einen Formmangel. Vgl. BSK ZGB I-Honsell, Art. 2 N 43f. und N 45. Das Schriftformerfordernis von Art. 266l Abs. 1 OR dient zudem anders als Art. 266l Abs. 2 OR nicht zum Schutz des Mieters, sondern dient den Interessen beider Parteien, insb. im Hinblick auf die Beweisbarkeit, nicht aber dem Übereilungsschutz.

705 Vgl. ZK-Higi, Art. 266o N 6 und 9: *«Soweit die Formvorschriften gemäss Art. 266l verletzt werden, ist die Nichtigkeit nach Art. 266o Folge einer besonderen gesetzgeberischen Wertung von Formfehlern; der Gesetzgeber hat es als notwendig erachtet, über Art. 11 hinausgehenden, statt der gewöhnlichen Formungültigkeit* (…) *ausdrücklich die Nichtigkeit als Rechtsfolge vorzusehen, zwecks Beseitigung aller denkbaren Unklarheiten im täglichen Leben* (…)*»*. In BGE 140 III 491 hat nun das Bundesgericht entschieden, dass eine Berufung auf Art. 266n (Zustellung auch an den Ehegatten, welcher zugleich Mitmieter war) i.V.m Art. 266o OR rechtsmissbräuchlich sein kann (wenn der Ehegatte das Mietobjekt bereits verlassen hat und sich für die Kündigung überhaupt nicht interessiert). Vgl. aber BGE 139 III 7 (= Pra 102 [2013] Nr. 65), wo festgehalten wurde, die Familienwohnung verliere ihren Charakter mit dem definitiven Auszug des Ehegatten.

706 Auch eine Aufhebungsvereinbarung ist möglich (dazu Rz. 223 f.).

220 Wurde der Mietvertrag mit mehreren Mietern geschlossen, so kann das Mietverhältnis rechtsgültig nur durch alle Mieter gemeinsam gekündigt werden,[707] wobei dies aber nicht ein gemeinsames Schreiben voraussetzt: Die Mieter können auch je eine separate Kündigung aussprechen.[708] Für den Zeitpunkt der Wirkung der Kündigung ist dann grundsätzlich auf den Eingang des letzten erforderlichen Kündigungsschreibens abzustellen. Allerdings steht es dem Vermieter frei, eine Kündigung auf einen zu frühen Termin als Offerte zur vorzeitigen Vertragsaufhebung anzunehmen.[709] Erfolgt die Kündigung nicht durch alle Mieter, so ist sie – auch für den Mieter, der gekündigt hat – nichtig.[710]

221 Dient das Mietobjekt als Familienwohnung,[711] so kann der Mieter den Mietvertrag nur mit ausdrücklicher Zustimmung seines Ehegatten bzw. seines eingetragenen Partners kündigen (Art. 266m Abs. 1 OR). Diese Bestimmung dient dem Schutz des Partners. Liegt dessen Zustimmung nicht vor, ist die Kündigung nichtig (Art. 266o OR).[712]

222 Die Kündigung ist als Gestaltungsrecht unwiderruflich, sobald sie beim Empfänger eingetroffen ist (Art. 9 OR).[713] Das Weiterführen des Mietvertrags ist danach nur noch einvernehmlich (mit Zustimmung des Vermieters) möglich. Dies kann freilich auch konkludent geschehen.[714]

VI. Aufhebungsvereinbarung

223 Ein Mietvertrag kann schliesslich von den Parteien auch einvernehmlich auf einen beliebigen Termin aufgehoben werden.[715] Eine solche Aufhebungsvereinbarung ist grundsätzlich formlos möglich (Art. 115 OR). Wird im Mietver-

---

707 BGE 140 III 491 E. 4.2.1 m. Hinw.; MEYER, MRA 2010, S. 55; GIAVARINI, Kommentar zu BGE 136 III 431, MRA 2011, S. 55;

708 MAAG, Kündigung, Rz. 2.52.

709 Dazu unten, Rz. 223 f.

710 BGE 140 III 491 E. 4.2.1; SVIT, Art. 266l–266o N 57; GIAVARINI, Kommentar zu BGE 136 III 431, MRA 2011, S. 55.

711 Keine Familienwohnung liegt vor, wenn sie durch ein unverheiratetes und nicht eingetragenes Paar bewohnt wird, selbst wenn dieses mit seinen Kindern in der betreffenden Wohnung lebt. Zur Definition der Familienwohnung unten, Rz. 224.

712 Vgl. auch unten, Rz. 225.

713 Auch hier gilt die absolute Empfangstheorie (dazu oben, Rz. 135).

714 Vgl. unten, Rz. 600 f.

715 BGer 4A_569/2009 vom 19. Juli 2010 E. 5. Eine Aufhebungsvereinbarung stellt keine nach Art. 273c OR nichtige Abrede dar, weil Vertragsauflösung und Erstreckungsausschluss gleichzeitig vereinbart werden (BSK OR I-WEBER, Art. 273c N 1 i.f.).

trag indessen für sämtliche Vertragsänderungen die Schriftform vorgesehen, ist zu vermuten, dass dies auch für eine Aufhebungsvereinbarung gilt.[716] Allerdings ist auch die einvernehmliche Aufhebung des Schriftformvorbehalts jederzeit formlos – gegebenenfalls auch durch konkludentes Handeln – möglich. Letztlich handelt es sich um eine beweisrechtliche Frage. Wer sich auf eine Aufhebungsvereinbarung beruft, ist für deren Bestehen beweispflichtig. Wer sich auf das Schriftformerfordernis für eine Aufhebungsvereinbarung beruft, ist hierfür beweispflichtig. Wenn dieser Beweis gelingt, steht der Gegenpartei grundsätzlich der Gegenbeweis offen, dass der Schriftformvorbehalt später einvernehmlich aufgehoben worden ist. An den Nachweis einer formlosen Aufhebung eines Schriftformvorbehaltes stellt die Rechtsprechung indessen hohe Anforderungen.[717]

VII. Besondere Verhältnisse

1. Wohnung der Familie (Familienwohnung)[718]

Als Wohnung der Familie im Sinne von Art. 169 ZGB sowie den besonderen 224
mietrechtlichen Schutzbestimmungen (Art. 266m–n sowie Art. 273a OR) wird eine Wohnung bezeichnet, in welcher zwei Ehegatten bzw. zwei eingetragene Partner ihren gemeinsamen Haushalt haben und in der sich der Mittelpunkt des Ehe- und Familienlebens abspielt. Es ist nicht vorausgesetzt, dass beide Partner formell Vertragsparteien des Mietvertrages sind. Auf unverheiratete oder nicht eingetragene Paare sind die Bestimmungen über die Wohnung der Familie nicht – auch nicht analog – anwendbar.[719] Irrelevant ist, ob das Paar Kinder hat bzw. mit Kindern lebt. Sind Kinder vorhanden, ist die Wohnung der Familie in der Regel dort anzunehmen, wo auch die Kinder leben.[720] Nicht massgeblich ist weiter, ob die Ehe bzw. die eingetragene Partnerschaft bereits bei Mietantritt bestanden hat. Das Mietobjekt kann sich auch während des laufenden Mietverhältnisses zur Wohnung der Familie wandeln, namentlich infolge

---

716 SOMMER, Kommentar zu BGer 4A_569/2009, MRA 2011, S. 169.

717 Vgl. SOMMER, Kommentar zu BGer 4A_569/2009, MRA 2011, S. 170.

718 In der Praxis wird oft auch der Begriff *«Familienwohnung»* verwendet. Dies ist etwas missverständlich, stellt sich der juristische Laie darunter doch für gewöhnlich besonders familien- oder kinderfreundliche Wohnungen vor. Das Vorhandensein von Kindern ist für die *«Wohnung der Familie»* aber nicht entscheidend.

719 PERMANN, Art. 266n N 1 i.f.

720 Zum Ganzen PERMANN, Art. 266n N 4 m.Hinw.

Zivilstandsänderung.[721] Unter den Schutz von Art. 266n OR fallen auch Geschäftsräume, die unter anderem der Unterkunft der Ehegatten dienen.[722] Die Beweislast für das Vorliegen einer Wohnung der Familie liegt bei demjenigen, welcher sich darauf beruft.[723]

225 Hat nur ein Ehegatte oder eingetragener Partner den Mietvertrag abgeschlossen so ist die Kündigung der Wohnung der Familie durch den Mieter nur mit Einverständnis seines Ehegatten bzw. eingetragenen Partners gültig.[724] Diese Vorschrift ist zum Schutz des Partners absolut zwingend. Eine Kündigung ohne die Zustimmung des Partners ist nichtig.[725] Die Zustimmung muss gegenüber dem Vermieter geäussert werden. Eine Formvorschrift besteht nicht, sie kann aber im Mietvertrag vereinbart werden. Zu Beweiszwecken ist eine schriftliche Zustimmung zu empfehlen. Zumindest ein Indiz für die Abgabe einer mündlichen Zustimmung kann der Vermieter schaffen, indem er diese dem Ehegatten gegenüber schriftlich bestätigt.[726] Nach der hier vertretenen Auffassung ist auch eine Aufhebungsvereinbarung nur mit Zustimmung des Ehegatten möglich, will man den Schutzzweck von Art. 266m OR nicht vereiteln. Auch eine Erstreckungsvereinbarung ist bei einer Wohnung der Familie nur gültig, wenn beide Ehegatten ihr zustimmen (Art. 273a Abs. 2 und Abs. 3 OR).[727]

226 Die Kündigung des Vermieters – und bei Kündigung wegen Zahlungsverzugs nach Art. 257d OR auch das Ansetzen der Zahlungsfrist unter Kündigungsandrohung – muss an jeden der Ehegatten bzw. eingetragenen Partner einzeln erfolgen.[728] Auch der Ehegatte bzw. eingetragene Partner, der nicht Partei des Mietvertrages ist, kann gegen die Kündigung durch den Vermieter selbstständig Rechtsbehelfe ergreifen, das heisst, die Kündigung anfechten und eine Erstreckung verlangen. Da indessen jeder Ehegatte beide Kündigungsschreiben

---

[721] Oder auch durch Zusammenziehen der bislang voneinander getrennt lebenden Ehegatten. Umgekehrt verliert die Wohnung den Charakter der Wohnung der Familie, wenn der durch Art. 169 ZGB geschützte (also nicht im Mietvertrag aufgeführte) Ehegatte die Wohnung definitiv, also nicht nur vorübergehend verlässt: BGE 139 III 7 (= Pra 102 [2013] Nr. 65, mp 2013, S. 134 ff.) E. 2.3.

[722] BGE 137 III 208 (= Pra 100 [2011] Nr. 106) E. 2, hier ein Hotel-Restaurationsbetrieb, der von den Betreibern auch als Wohnung der Familie genutzt wurde.

[723] BGE 139 III 7 (= Pra 102 [2013] Nr. 65) E. 2.2; BGer 4C_441/2006 vom 23. März 2007 E. 4.3.2 (mp 2007 S. 155 ff.).

[724] Art. 169 ZGB, Art. 14 PartG und Art. 266m OR.

[725] Art. 266o OR.

[726] Vgl. SVIT, Art. 266l–266o, N 34.

[727] LACHAT/SPIRIG, Rz. 30.10.5.

[728] Art. 266n OR; demgegenüber genügt bei mehreren Mietern, welche den Mietvertrag gemeinsam abschliessen, nach herrschender Lehre ein einziges Kündigungsschreiben, welches aber als Adressaten alle Mieter nennen muss (vgl. BGE 140 III 491 E. 4.2.2).

entgegennehmen kann,[729] ist durch Art. 266n OR nicht sichergestellt, dass beide Ehegatten von der Kündigung auch tatsächlich Kenntnis erlangen.

Wird die Kündigung nicht an beide Partner einzeln versandt, so leidet sie an 227
einem Formmangel und ist nichtig. Ob der Vermieter wusste, dass es sich um eine Wohnung der Familie handelt, ist grundsätzlich irrelevant.[730] Selbst wenn der Mieter entgegen einer vertraglichen Verpflichtung[731] seine Heirat während des Mietverhältnisses dem Vermieter verschwiegen hat, ist die Berufung auf die Nichtigkeit einer Kündigung, die seinem, dem Vermieter unbekannten Ehegatten nicht zugestellt wurde, nur in Ausnahmefällen rechtsmissbräuchlich.[732] Der Schutz des Ehegatten steht grundsätzlich über demjenigen des Vermieters. Der fehlbare Mieter wird dem Vermieter gegenüber lediglich (aber immerhin) schadenersatzpflichtig.[733]

Ist der Vermieter im Unklaren darüber, ob die Wohnung als Wohnung der Fa- 228
milie dient, wird ihm empfohlen, vor der Kündigung eine Erkundigung bei der zuständigen Behörde (namentlich beim Einwohneramt) einzuholen oder sicherheitshalber eine separate zweite Ausfertigung des Schreibens *«an den Ehegatten oder den eingetragenen Partner von [Name des Mieters]»* zu verschicken.[734]

---

729 BGE 118 II 42 (= Pra 81 [1992] Nr. 113) E. 3: Der Vermieter hat *«nicht dafür einzustehen, dass sich gewisse Mieter weigern, dem anderen Ehepartner die an ihn adressierte Post weiterzuleiten, würde sonst geradezu ein Anreiz zu solchem Verhalten geschaffen.»* Zuletzt bestätigt in BGer 4A_325/2010 vom 1. Oktober 2010, E. 3.1. Vgl. auch BGer 4A_673/2012 vom 21. November 2012, E. 3.1 (deutsche Übersetzung in MRA 2013, S. 51): Auch nach Auszug eines Ehegatten kann die Zustellung an diesen an die Adresse der bisherigen Familienwohnung erfolgen, solange der Vermieter die neue Adresse des ausgezogenen Ehegatten nicht kennt.

730 BGE 115 II 361 E. 4c.

731 Wie dies in vielen Mietverträgen Standard ist: z.B. im Basler Mietvertrag § 3 Abs. 5; Aargauer Mietvertrag Ziff. 24.3 Abs. 3; AR AGB zum Mietvertrag Ziff. 21; Berner Mietvertrag (HEV Bern und HEV Biel) Ziff. 5 c); Mietvertrag BL § 2 Abs. 4; Mietvertrag ZH Ziff. 19; Mietvertrag LU Ziff. 2.3.2; Mietvertrag GR Ziff. 2; Mietvertrag SG Ziff. 13; Mietvertrag SH AGB Ziff. 18.

732 BGer 4C.441/2006 vom 23. März 2007 E. 5 m. zahlr. Hinw. Dies wäre der Fall, wenn der Mieter die Heirat bewusst verschweigt, um daraus Vorteile zu ziehen, beispielsweise, um sich später nach einer Kündigung wegen Zahlungsverzugs, die nur an ihn zugestellt wurde, im Ausweisungsverfahren auf Nichtigkeit berufen zu können. Vgl. auch BGE 137 III 208 (= Pra 100 [2011] Nr. 106) E. 2 (In diesem Fall hatte der Betreiber eines Hotel-Restaurants, das von ihm auch als Wohnung der Familie benutzt wurde, dem neuen Vermieter, der das Mietobjekt im Rahmen einer Zwangsversteigerung im zweiten Aufruf (Art. 134 SchKG, Art. 812 OR) erworben hatte, diese Situation nicht angezeigt, obgleich er mit ihm nach der Ersteigerung in schriftlichem Kontakt stand); vgl. KOUMBARAKIS, Kommentar zu BGE 137 III 208 in MRA 2012, S. 24.

733 BGer 4C.441/2006 vom 23. März 2007 E. 5.

734 HULLIGER in MRA 2012, S. 65 ff., 69; MAAG, Kündigung, Rz. 2.62.

229 Nach dem definitiven Auszug desjenigen Ehegatten, der durch Art. 169 ZGB geschützt ist (also nicht selbst als Mieter im Mietvertrag aufgeführt ist), verliert die Wohnung den Charakter einer Wohnung der Familie. Auch ist die Berufung des zurückgebliebenen Ehegatten auf Art. 266n OR rechtsmissbräuchlich, denn der ausgezogene Ehegatte, auf dessen Schutz sich der Verbliebene beruft, hat kein Interesse mehr am Mietverhältnis.[735] Massgeblich ist, dass der in der Wohnung verbliebene Ehegatte eine Kündigung erhalten hat.

2. Untermiete

230 Der Mieter darf das Mietobjekt mit Zustimmung des Vermieters ganz oder teilweise untervermieten (Art. 262 Abs. 1 OR). Der Vermieter kann seine Zustimmung nur aus bestimmten, gesetzlich vorgesehenen Gründen verweigern. Die Zustimmung des Vermieters ist kein Gültigkeitserfordernis für den Untermietvertrag.[736] Wurde der Untermietvertrag aber trotz begründeter Verweigerung der Zustimmung geschlossen, so stellt dies eine Pflichtverletzung des Mieters gegenüber dem Vermieter dar, was eine ordentliche und unter Umständen auch eine ausserordentliche Kündigung des Hauptmietvertrags nach Art. 257f OR rechtfertigt.[737]

231 Nach Abschluss eines Untermietvertrages bestehen über die gleiche Mietsache[738] zwei grundsätzlich selbstständige Mietverträge: das Hauptmietverhältnis zwischen (Haupt-)Vermieter und (Haupt-)Mieter und das Untermietverhältnis zwischen (Haupt-)Mieter bzw. Untervermieter und Untermieter, wobei der Untervermieter dem Untermieter nicht mehr Rechte verschaffen kann als ihm selbst aus dem Hauptmietverhältnis zustehen.[739]

---

[735] BGE 139 III 7 (= Pra 102 [2013] Nr. 65, mp 2013, S. 134 ff.) E. 2.3.2. Vgl. BGE 140 III 491 E. 4.2.3 und 4.2.4 (Hier waren beide Ehegatten Mieter).

[736] ZK-Higi, Art. 262 OR N 16 m. Hinw.; CHK-Heinrich, Art. 262 OR N 4; vgl. BSK OR I-Weber, Art. 262 N 3 ff.

[737] BGE 134 III 300 (=Pra 97 [2008] Nr. 130) E. 3; BSK OR I-Weber, Art. 262 N 4a; oben Rz. 169.

[738] Der Untermietvertrag kann freilich auch nur über einen Teil des Mietobjekts abgeschlossen werden (z.B. einzelne Zimmer einer Wohnung oder einzelne Büros oder Lagerräume eines Geschäfts).

[739] Geht der Untermietvertrag bspw. nach Umfang, Nutzungsart oder Dauer über den Hauptmietvertrag hinaus, so beschlägt dies die Gültigkeit des Untermietvertrages nicht. Der Hauptmieter wird dem Untermieter gegenüber schadenersatzpflichtig, weil er den Untermietvertrag nicht im vereinbarten Umfang erfüllen kann. Vgl. ZK-Higi, Art. 262 OR N 19 (Der Anspruch auf Realerfüllung wird durch die Dauer des Hauptmietverhältnisses begrenzt).

Selbstverständlich kann der Untervermieter bei gegebenen Voraussetzungen die Ausweisung seines Untermieters verlangen. Er kann sich dazu auf den vertraglichen Rückgabeanspruch aus dem Untermietvertrag stützen.[740] 232

Zwischen dem Hauptvermieter und dem Untermieter besteht keine direkte vertragliche Bindung, wohl aber ein rechtliches Sonderverhältnis.[741] Einzelne Ansprüche aus dieser Beziehung sind sodann im Mietrecht selbst geregelt. Insbesondere kann der Hauptvermieter den Untermieter nach Art. 262 Abs. 3 OR unmittelbar zur Einhaltung des Hauptmietvertrages anhalten. Der Hauptmieter hat seinem Vermieter für das Verhalten des Untermieters einzustehen (Art. 262 Abs. 3 Satz 1 OR).[742] Wird der Untermieter beispielsweise aufgrund seines Verhaltens für die Nachbarn und damit für den Vermieter unzumutbar, so ist eine Kündigung des Hauptmietvertrags nach Art. 257f OR möglich.[743] Der Hauptmieter haftet auch für allen Schaden, der dem Vermieter daraus entsteht, dass der Untermieter das Mietobjekt nicht per Ende des Hauptmietverhältnisses verlassen hat.[744] 233

Der Untermietvertrag kann den Hauptmietvertrag nicht überdauern. Insbesondere ist eine Erstreckung des Untermietverhältnisses nur für die Dauer des Hauptmietverhältnisses möglich.[745] Wurde der Hauptmietvertrag aber zur Umgehung des Kündigungsschutzes des Untermieters eingegangen, so tritt der Hauptvermieter bei Kündigung des Hauptmietverhältnisses *ex lege* als Vermieter in den Mietvertrag des Untermieters ein (Art. 273b Abs. 2 OR). Zu denken ist an den Fall eines lediglich vorgeschobenen Untervermieters,[746] so dass die einzelnen Wohnungen (oder die ganze Liegenschaft) im Bedarfsfall leergekündigt werden können, ohne dass die Möglichkeit einer wirksamen Anfechtung oder Erstreckung durch die tatsächlichen Bewohner besteht.[747] Wi- 234

---

740 Mangels Eigentum am Mietobjekt kann der Untervermieter keine Eigentumsfreiheitsklage erheben. Auch das Anrufen des Besitzesschutzes ist ihm gegen den Untermieter verwehrt. Eine Besitzesschutzklage des Mieters ist indessen möglich gegen den Hausbesetzer. Zum Ganzen oben, Rz. 83 ff.

741 BGE 120 II 112 E. 3 b) cc).

742 BGE 117 II 65 (Pra 81 (1992) Nr. 81) E. 2.

743 Oben Rz. 167.

744 Haftung aus Art. 101 Abs. 1 OR; BGE 117 II 65 (Pra 81 (1992) Nr. 81) E. 2.

745 Art. 273b Abs. 1 OR.

746 Vgl. LACHAT/SPIRIG, Rz. 30.12.3 (Vermieter schliesst mit seiner Verwaltung einen *«Scheinmietvertrag»* ab, um Art. 271 ff. OR zu umgehen; Aktionär einer Immobiliengesellschaft setzt sich oder einen Strohmann als Mieter ein).

747 Fraglich erscheint, ob Art. 273b Abs. 2 OR nur den Fall erfasst, dass Hauptvermieter und Untervermieter bereits bei Abschluss des Untermietvertrages eine Umgehhungsabsicht haben, nicht hingegen, wenn sich diese Absicht erst im Laufe der Untermiete bildet bzw. sie erst bei Auflösung des Hauptmietverhältnisses besteht; kritisch hierzu SVIT, Art. 273b N 14; für einen Einschluss auch der nachträglichen Absicht: CHK-

dersetzt sich der Hauptmieter bzw. Untervermieter der Kündigung des Hauptmietvertrages nicht, so endet mit dem Hauptmietverhältnis grundsätzlich auch die Berechtigung des Untermieters zum Verbleib in der Liegenschaft. Der Untermieter kann sich im Kündigungsschutzverfahren gegen seinen Untervermieter auf ein missbräuchliches Konstrukt im Sinne von Art. 273b Abs. 2 OR berufen. Tatsächlich ist dies jedoch nur möglich, wenn nicht nur der Hauptmietvertrag sondern auch das unbefristete Untermietverhältnis gekündigt wurde oder das befristete Untermietverhältnis abgelaufen ist. Nur dann kommt es überhaupt zu einem Kündigungsschutz- respektive Erstreckungsverfahren zwischen Untermieter und Untervermieter. Wie der Hauptvermieter (als potentieller neuer Vertragspartner des Untermieters) in dieses Verfahren miteinbezogen wird, ist im Gesetz nicht geregelt. Die Lehre votiert für einen Parteiwechsel auf Seiten des Untervermieters, wenn sich im Laufe des Kündigungsschutzverfahrens ein Umgehungstatbestand ergibt.[748]

235 Der Untermieter kann sich freilich auch im Ausweisungsverfahren des Hauptvermieters gegen seine Person auf Art. 273b Abs. 2 OR berufen. Allerdings ist hier entscheidend, ob er die Möglichkeit hatte, gegen die Beendigung seines Untermietverhältnisses vorzugehen. Solange ein Kündigungsschutzverfahren über das Untermietverhältnis läuft und ein Fall von Art. 273b Abs. 2 OR denkbar erscheint, wird die Ausweisung des Untermieters durch den Hauptvermieter wohl am klaren Recht scheitern.[749] Hat der Untermieter die Kündigung des Untermietvertrages aber nicht rechtzeitig angefochten, kann er dies grundsätzlich nicht über Art. 273b Abs. 2 OR im Ausweisungsverfahren des Hauptvermieters nachholen. Sollte hingegen im Ausweisungsverfahren lediglich die Auflösung des Hauptmietvertrages belegt sein, so muss es dem Untermieter auch im Ausweisungsverfahren des Hauptvermieters gegen seine

---

HULLIGER/HEINRICH, Art. 273a–c OR N 5, LACHAT/THANEI, Rz. 29.4.4, wohl auch BSK OR I-WEBER, Art. 273b N 2; offen gelassen in BGer 4C.300/2000 vom 29. März 2001, E. 3 c. bb; vgl. auch BGer 4A_336/2010 vom 30. September 2010 E. 2 und BGer 4C.116/2003 vom 16. Oktober 2003, E. 2.1

748 SVIT, Art. 273b N 17; BSK OR I-WEBER, Art. 273b N 2; CHK-HULLIGER/ HEINRICH, Art. 273a–c OR N 5; LACHAT/SPIRIG, Rz. 29.4.4; vgl. CP Bail-BISE/PLANAS, Art. 273b N 15; vgl. Art. 83 Abs. 4 ZPO. Dies erscheint aus Gründen des Mieterschutzes nachvollziehbar, insbesondere wenn dem Untermieter der Hauptvermieter nicht bekannt ist – und er daher nicht beide, Hauptvermieter und Untervermieter, als Gegenparteien bezeichnen kann. Allenfalls ergibt sich das hinter der Kündigung des Untermietverhältnisses potentielle missbräuchliche Konstrukt erst im Kündigungsschutzverfahren, wenn sich der Untervermieter erstmals darauf beruft, dass auch sein Hauptmietvertrag endet. Allerdings hat auch der Hauptvermieter einen Anspruch auf rechtliches Gehör. Er muss die Möglichkeit haben, sich zum Vorwurf des Mieters zu äussern. Nach der hier vertretenen Auffassung sollte er daher zu einem möglichst frühen Zeitpunkt als *zusätzliche* Gegenpartei, neben dem Untervermieter in den Prozess eintreten.

749 Es sind die Umstände des Einzelfalls zu beurteilen, dazu unten, Rz. 435 ff.

Person noch möglich sein, sich auf Art. 273b Abs. 2 OR zu berufen, zumal er vorher keinen Anlass und keine Gelegenheit dazu hatte.[750]

3. Wohngenossenschaften

Nach letzten Erhebungen des Bundesamtes für Statistik (BFS) gibt es schweizweit über 100'000 Genossenschaftswohnungen.[751] Die Wohngenossenschaft (oder Wohnbaugenossenschaft) und ihre Genossenschaftsmieter sind durch zwei Rechtsverhältnisse miteinander verbunden.[752] Mit der Aufnahme in die Genossenschaft entsteht ein körperschaftliches bzw. gesellschaftsrechtliches Verhältnis (Art. 839 ff. OR). Bei Abschluss des Mietvertrages zwischen den Parteien tritt das schuldrechtliche Mietverhältnis hinzu. Der Zweck einer Wohngenossenschaft besteht in erster Linie darin, ihren Mitgliedern erschwingliche Wohnungen zur Verfügung zu stellen. Der Genossenschafter tritt in der Regel in die Genossenschaft ein, um in den Genuss einer solchen Wohnung zu kommen. Es besteht also eine enge innere Verbindung zwischen Mietverhältnis und genossenschaftlichem Verhältnis. 236

Die Parteien können diese beiden Rechtsverhältnisse im Rahmen der Parteiautonomie in der Weise miteinander verknüpfen, dass das eine nicht ohne das andere fortbestehen kann, dass also das Erlöschen des einen Verhältnisses das Erlöschen des anderen automatisch zur Folge hat.[753] Umgekehrt kann auch vorgesehen sein, dass beide Verhältnisse nicht unbedingt voneinander abhängen, dass also die Mitgliedschaft auch ohne Mietverhältnis möglich ist oder 237

---

750 Es kann nicht verlangt werden, dass der Hauptvermieter im Ausweisungsverfahren gegen den Untermieter auch die Kündigung des Untermietvertrages nachweist. Gerade dann, wenn Hauptvermieter und Untervermieter keinen guten Kontakt haben, wird ihm dies nicht gelingen, selbst wenn der Untermietvertrag gekündigt worden sein sollte. Es liegt auch nicht in der Verantwortung des Hauptvermieters, dafür zu sorgen, dass der Mieter seine Untemietverträge kündigt. Entscheidend ist, ob ein missbräuchliches Zusammenspiel zwischen Hauptvermieter und Untervermieter vorliegt (bzw. im Rechtsschutz in klaren Fällen: dass die entsprechende Behauptung des Gesuchgegners [hier Untermieter] nicht völlig haltlos erscheint, dazu unten, Rz. 448).

751 Statistik BFS Tabelle Nr. je-d-09.03.02.01.03 vom 28. Februar 2018 (online unter https://www.bfs.admin.ch/bfs/de/home.assetdetail.4582098.html, zuletzt besucht am 31. Juli 2018); gegen 49'000 dieser Wohnungen befinden sich im Kanton Zürich, weitere 10'000 im Kanton Bern und 9'700 im Kanton Basel-Stadt, gefolgt von 7'100 mit Standort Genf.

752 BGE 136 III 65 (Pra 99 [2010] Nr. 87) E. 2.2; BGer 4A_247/2015 vom 6. Oktober 2015, E. 3.

753 Sogenannte gekoppelte, gegenseitig abhängige, zusammengesetzte oder zusammenhängende Verträge; BGE 136 III 65 (Pra 99 [2010] Nr. 87) E. 2.4.1.

umgekehrt auch Mietverhältnisse zu Nichtmitgliedern denkbar sind. Beides kann sich insbesondere aus den Statuten der Genossenschaft ergeben.[754]

238 Sind die beiden Rechtsverhältnisse durch Parteiabrede oder Statuten in einer Weise miteinander verbunden, dass das Fortbestehen des einen ohne das andere nicht vorgesehen ist, so genügt eine einzige Erklärung, um beide Verhältnisse zu beenden. Bei einer Beendigung seitens der Genossenschaft ist es nicht notwendig, den Genossenschafter vorgängig rechtskräftig aus der Genossenschaft auszuschliessen, um anschliessend die Kündigung des Mietvertrags aussprechen zu können.[755] Beides kann gleichzeitig und in derselben Erklärung geschehen. Dem Genossenschafter muss aber die Möglichkeit des Rekurses an die Generalversammlung nach Art. 846 Abs. 3 OR offenstehen, bevor die Kündigung intern als rechtskräftig gilt.[756] Den Entscheid der Generalversammlung kann der Ausgeschlossene innerhalb von drei Monaten an das Gericht bzw. die Schlichtungsbehörde weiterziehen.[757] Im Falle der Wohngenossenschaft ist aufgrund des Überwiegens der Interessen am Mietverhältnis über die Interessen an der (sonstigen) Mitgliedschaft in der Genossenschaft hier die Schlichtungsbehörde für Mietstreitigkeiten zuständig.[758] Die Überprüfung der Beendigung beider Verhältnisse findet also in einem einzigen Verfahren statt.

---

754 BGE 136 III 65 (Pra 99 [2010] Nr. 87) E. 2.4.1. Ob eine Koppelung vorliegt, ist durch Auslegung zu bestimmen. So zeigt eine statutarische Bestimmung, wonach die Wohnungen *«vorrangig»* den Mitgliedern der Genossenschaft vermietet werden, dass eine Miete ohne Genossenschaftsstellung möglich ist. Vgl. BGer 4A_14/2015 vom 26. Februar 2015, E. 2 (Die Statuten sahen eine ausnahmsweise Vermietung an Nichtmitglieder vor). Der Grad der gegenseitigen Abhängigkeit wird grundsätzlich den Parteien überlassen (SOMMER, MRA 2012, S. 63). Vgl. BGer 4A_386/2014 vom 11. November 2014, E. 3.1 i.f. und E. 3.2. (hier hielten die Statuten fest, die Mitgliedschaft in der Genossenschaft ende im Sinne von Art. 848 OR automatisch mit dem Anstellungsverhältnis des Genossenschafters und der Mietvertrag werde seitens der Genossenschaft auf den nächstmöglichen Termin gekündigt, wenn der Mieter seine Stellung als Genossenschafter verloren hat.)

755 BGE 136 III 65 (Pra 99 [2010] Nr. 87) E. 2.4.1.

756 BGE 136 III 65 (Pra 99 [2010] Nr. 87) E. 2.4.1; BGer 4A_14/2015 vom 26. Februar 2015, E. 2. Über die Ausschliessung eines Genossenschafters entscheidet (zwingend) die Generalversammlung. In den Statuten kann der Verwaltung (dem Vorstand) die Kompetenz zum Aussprechen des Ausschlusses zugewiesen werden. Diesfalls aber steht dem Ausgeschlossenen zwingend das Recht zum Rekurs an die Generalversammlung zu. Der Rekurs hat aufschiebende Wirkung, sofern die Statuten nichts anderes vorsehen (BSK OR II-SCHWARZT, Art. 846 N 19; BK-FORSTMOSER, Art. 846 OR N 40; CHK-COURVOISIER, Art. 846 OR N 9).

757 Art. 846 Abs. 3 OR. Da es sich nicht um ein summarisches Verfahren handelt (vgl. Art. 250 lit. c ZPO), ist zunächst die Schlichtungsbehörde anzurufen.

758 BGE 136 III 65 (Pra 99 [2010] Nr. 87) E. 2.4.1.

Der Ausschluss aus der Genossenschaft ist endgültig 239

- sofern die Statuten die Ausschlusskompetenz der Verwaltung vorsehen, verbunden mit einer angemessenen Frist[759] zum Rekurs an die Generalversammlung: wenn diese Frist ungenutzt verstrichen ist.[760]
- wenn gegen den Entscheid der Generalversammlung nicht innert der gesetzlichen Frist von drei Monaten das Gericht angerufen wurde.[761]
- wenn ein rechtskräftiger Gerichtsentscheid über die Gültigkeit des Ausschlusses vorliegt.[762]

Hat der Genossenschaftsmieter die Kündigung parallel zu einem Rekurs an die 240
Generalversammlung auch vor der Staatlichen Schlichtungsstelle für Mietstreitigkeiten angefochten, so stellt sich die Frage der Sistierung des Verfahrens bis die Generalversammlung über den Ausschluss entschieden hat. Auf beidseitigen Antrag ist eine Sistierung stets zulässig. Geboten ist sie jedoch nur dann, wenn die beiden Rechtsverhältnisse derart miteinander verbunden sind, dass kein voneinander unabhängiges Schicksal möglich erscheint. Diesfalls ist der Entscheid der Generalversammlung abzuwarten, der vom Ausgeschlossenen an die nämliche Schlichtungsstelle[763] weitergezogen werden kann.[764]

759 Die Rekursfrist ist gesetzlich nicht vorgeschrieben und kann daher grundsätzlich frei in den Statuten festgesetzt werden. Uneinigkeit besteht über die Länge der Rekursfrist, wenn die Statuten hierüber keine Angaben enthalten. Vertreten wird eine Frist von drei Monaten (CHK-COURVOISIER, Art. 846 OR N 9) oder ein Rekurs auf die nächste ordentliche oder ausserordentliche Generalversammlung (BK-FORSTMOSER, Art. 846 OR N 39); vgl. BSK OR II-SCHWARTZ, Art. 846 N 18 *(«längstens drei Monate sofern nicht die GV zu einem früheren Zeitpunkt angesetzt wird»)*.

760 Es ist nicht zulässig, den durch die Verwaltung ausgesprochenen Ausschluss direkt beim Gericht anzufechten; BSK OR II-Schwartz, Art. 846 N 18; BK-Forstmoser, Art. 846 N 37; BGE 72 II 91 E. 7c; BGE 85 II 525 E. 2, S. 535.

761 Wobei sich im Falle der Wohngenossenschaft mit Blick auf BGE 136 III 65 (Pra 99 [2010] Nr. 87) E. 2.4.1 und die Kompetenz der Schlichtungsbehörde für Mietstreitigkeiten aufgrund des mietrechtlichen Schwerpunktes fragen, lässt, ob nicht vielmehr die dreissigtägige Kündigungsanfechtungsfrist einzuhalten ist, sofern der Genossenschaftsmieter nicht ohnehin die Kündigung auch direkt innert 30 Tagen vor der Schlichtungsbehörde angefochten hat.

762 Grundsätzlich hat die Anfechtungsklage nach herrschender Lehre keine aufschiebende Wirkung (CHK-COURVOISIER, Art. 846 OR N 9; BK-FORSTMOSER, Art. 846 OR N 50), indessen ergibt sich diese für das Mietverhältnis aus Art. 270e OR (BSK OR II-SCHWARTZ, Art. 846 N 21).

763 Auch der Entscheid der Generalversammlung wäre von der Schlichtungsstelle für Mietstreitigkeiten zu beurteilen; BGE 136 III 65 (Pra 99 [2010] Nr. 87) E. 2.4.1. Die Zweckmässigkeit gebietet es, die beiden Verfahren zu vereinen.

764 Entscheidet die Generalversammlung gegen den Ausschluss des betroffenen Mitglieds, so fällt bei einem gekoppelten Verhältnis auch die Kündigung des Mietvertrages dahin. Im Kündigungsschutzverfahren ist dann die Nichtigkeit der Kündigung festzustellen.

241 Hat sich der Ausgeschlossene bei einem gekoppelten Verhältnis intern nicht gegen den Ausschluss aus der Genossenschaft zur Wehr gesetzt, sondern lediglich die Kündigung vor der Schlichtungsstelle für Mietstreitigkeiten angefochten, so ist im Kündigungsschutzverfahren zumindest eine allfällige Nichtigkeit des Ausschlusses zu prüfen.[765]

242 Hat der Ausgeschlossene bei einem gekoppelten Verhältnis weder die Generalversammlung noch die Schlichtungsstelle für Mietstreitigkeiten innert Frist angerufen, so ist fraglich, ob er in einem nachfolgenden Ausweisungsverfahren noch geltend machen kann, es habe kein ausreichender Grund für den Ausschluss bestanden. Nach der hier vertretenen Auffassung kann im Ausweisungsverfahren bei einem gekoppelten Verhältnis auf diese Frage nicht zurückgekommen werden, da hier ein Auseinanderfallen von Mietverhältnis und (rechtskräftigem) Ausschluss nicht möglich ist.[766] In jedem Fall kann aber auf Nichtigkeit überprüft werden.

243 Liegt keine ausdrückliche Koppelung der beiden Rechtsverhältnisse vor, so ist die Kündigung des einen Verhältnisses ohne die gleichzeitige Beendigung des anderen möglich. Die Mitgliedschaft in der Genossenschaft kann also über das Mietverhältnis hinaus andauern – oder auch umgekehrt.[767] Die Genossenschaft kann diesfalls den Mietvertrag kündigen ohne den Genossenschafter gleichzeitig (oder vorgängig) aus der Genossenschaft auszuschliessen.[768] Allerdings ist eine Kündigung des Mietvertrages auch in diesem Fall nur zulässig wenn ein Grund vorliegt, der auch zum Ausschluss aus der Genossenschaft berechtigen würde,[769] es sei denn, der Mietvertrag sehe diesbezüglich eine ausdrückliche

---

Bestätigt die Generalversammlung jedoch den Ausschluss des Mitglieds, ist das Kündigungsschutzverfahren fortzuführen.

765 Insbesondere, weil die Formvorschriften nicht eingehalten wurden. Vgl. BGer 4A_14/2015 vom 26. Februar 2015, E. 3; 4A_247/2015 vom 6. Oktober 2015, E. 3.3; (in beiden Fällen waren die Verhältnisse nicht gekoppelt). Eine Überprüfung des Ausschlusses auf Angemessenheit scheidet indes aus, wenn der von der Verwaltung ausgesprochene Ausschluss nicht (rechtzeitig) an die Generalversammlung weitergezogen wurde (oben, Fn 760).

766 Vgl. aber unten, Rz. 244 f., für die Situation beim nicht gekoppelten Verhältnis.

767 BGer 4A_247/2015 vom 6. Oktober 2015, E. 3.2 und 3.3.

768 BGE 136 III 65 (Pra 99 [2010] Nr. 87) E. 2.4.1.

769 BGE 136 III 65 (Pra 99 [2010] Nr. 87) E. 2.3 und 2.4.2; BGE 134 III 159 (Pra 97 [2008] Nr. 104) E. 5.2.3 *(«denn der einseitige Abbruch der vertraglichen Bindung, der die Aufhebung des Benutzungsrechts des Genossenschafters und Mieters gegen dessen Willen nach sich zieht, kommt praktisch dem Ausschluss aus der Wohngenossenschaft gleich»);* BGE 118 II 168 (= Pra 82 [1993] Nr. 112), E. 3b/aa *(«letzterem ist noch anzufügen, dass die uneingeschränkte Möglichkeit, das Mietverhältnis aufzulösen, mit dem Gedanken der Wohngenossenschaft nicht zu vereinbaren wäre»).*

besondere Bestimmung vor.[770] Ausschlussgründe können in den Statuten festgehalten sein. Ergänzend kommt Art. 846 Abs. 2 OR zur Anwendung, wonach ein Genossenschafter jederzeit aus wichtigem Grund ausgeschlossen werden kann.

Beispiele

> Die fehlende Rücksichtnahme gegenüber den Nachbarn, die eine ausserordentliche Kündigung des Mietvertrags erlaubt (Art. 257f Abs. 3 OR), stellt auch eine Verletzung der Treuepflicht im Genossenschaftsrecht dar (Art. 866 OR), die eine Ausschliessung aus der Genossenschaft aus wichtigen Gründen zulässt.[771]
>
> Wenn die Genossenschaft die Ausführung von Renovationsarbeiten beschliesst und ein Genossenschafter diese behindert, liegt möglicherweise ein Ausschlussgrund vor.[772]

Bei einem nicht gekoppelten Verhältnis schadet es dem Genossenschaftsmieter 244 nicht, wenn er auf einen Rekurs gegen den vorgängigen Ausschluss aus der Genossenschaft verzichtet hat und der Ausschluss deshalb rechtskräftig geworden ist. Er kann sich im mietrechtlichen Kündigungsschutzverfahren dennoch darauf berufen, dass kein Ausschlussgrund vorgelegen habe.[773]

Das Vorliegen eines Grundes für einen Ausschluss aus der Wohngenossen- 245 schaft ist ein durch die Rechtsprechung des Bundesgerichts geschaffenes Gültigkeitserfordernis für die Kündigung des Mietvertrags mit einem Genossenschaftsmieter. Besteht kein solcher Ausschlussgrund, so ist die Kündigung unwirksam.[774] Eine Anfechtung der Kündigung ist daher nicht erforderlich:

---

770 BGE 118 II 168 (= Pra 82 [1993] Nr. 112), E. 3b/aa.

771 BGE 136 III 65 (Pra 99 [2010] Nr. 87) E. 2.5; auch BGer 4A_247/2015 vom 6. Oktober 2015, E. 4.3.2 *(«Das Bewerfen einer Person mit Gegenständen vom Balkon im Rahmen einer Auseinandersetzung bildet eine schwerwiegende Verletzung der Pflicht zur gegenseitigen Rücksichtnahme, selbst wenn damit keine Gefährdung verbunden gewesen sein sollte* […]. *Mangelnde Rücksichtnahme der anderen Mietpartei rechtfertigt nicht, Gegenstände auf die angeblich fehlbare Partei zu werfen – auch nicht ungefährliche, von gefährlichen ganz zu schweigen. Derartiges Verhalten zusammen mit dem wiederholten Zeigen des Mittelfingers auch nach erfolgter Abmahnung belastet das gegenseitige Zusammenleben* […]*».)*

772 BGer 4A_258/2011 vom 12. Juli 2011 E. 2.3 (deutsche Übersetzung in MRA 2012 S. 58 ff.).

773 BGer 4A_247/2015 vom 6. Oktober 2015, E. 3.3: Der Verzicht auf die Anfechtung des Ausschlusses mache eine unzulässige Kündigung nicht nachträglich gültig. Das Bundesgericht liess aber offen, ob eine allfällige gerichtliche Beurteilung des Ausschlusses im nachfolgenden mietrechtlichen Verfahren bindend wäre.

774 BGer 4A_258/2011 vom 12. Juli 2011 E. 2.3 *(«Il s'ensuit que le congé est inefficace, à défaut de remplir les conditions posées par la jurisprudence»);* LACHAT/THANEI,

Die Unwirksamkeit kann auch noch im Ausweisungsverfahren geltend gemacht werden.[775]

Rz. 29.1.4.3; BSK OR I-WEBER, Art. 266o 3. Spiegelstrich; zur Unwirksamkeit oben, Rz. 194.

775 Oben, Rz. 196.

§ 7 Das Ausweisungsverfahren: Welche Verfahrensart?

I. Die Verfahrensarten der ZPO

1. Mögliche Verfahrensarten für die Mieterausweisung

Die ZPO kennt mit dem ordentlichen (Art. 219 ff. ZPO), dem vereinfachten (Art. 243 ff. ZPO) und dem summarischen Verfahren (Art. 248 ff. ZPO) drei Verfahrensarten.[776] Nach dem Vorentwurf der ZPO wäre über die Ausweisung des Mieters oder Pächters stets im summarischen Verfahren zu entscheiden gewesen (Art. 260 Ziff. 8 VE ZPO). In der geltenden ZPO fehlt eine besondere Bestimmung dazu. Grundsätzlich kommen alle drei Verfahrenstypen in Frage. Sind Sach- und Rechtslage klar, ist die Ausweisung im Verfahren um Rechtsschutz in klaren Fällen nach Art. 257 ZPO möglich. Sind die Umstände weniger eindeutig, stellt sich die Frage, ob das ordentliche oder das vereinfachte Verfahren zu beschreiten ist.[777] Mit Blick auf die früheren kantonalen Ausweisungsverfahren ist sodann zu klären, ob eine Ausweisung in gewissen Fällen auch als vorsorgliche Massnahme angeordnet werden kann.[778] 246

Bei entsprechender Parteivereinbarung ist auch ein Schiedsverfahren (Art. 352 ff. ZPO) denkbar. Ansprüche aus Geschäftsraummiete sind nach der Rechtsprechung des Bundesgerichts uneingeschränkt schiedsfähig.[779] Nach der Konzeption der ZPO steht das Schiedsverfahren auch für Angelegenheiten aus Miete und Pacht von Wohnräumen grundsätzlich offen; die Parteien können jedoch das Schiedsgericht nicht frei bestimmen, sondern haben die Schlichtungsbehörde für Mietstreitigkeiten als Schiedsgericht anzurufen (Art. 361 Abs. 4 ZPO).[780] Aufgrund mutmasslich mangelnder praktischer Relevanz für das Ausweisungsverfahren wird das Schiedsverfahren in dieser Arbeit ausgeklammert. 247

---

776 Die besonderen familienrechtlichen Verfahren (6. bis 8. Titel der ZPO) sind für vorliegende Arbeit nicht von Relevanz.

777 Dazu unten, Rz. 259 ff.

778 Dazu unten, Rz. 257, und eingehend § 13.

779 BGer 4A_428/2009 vom 26. Oktober 2009 E. 3.

780 Zur grundsätzlichen Kritik vgl. STAEHELIN/STAEHELIN/GROLIMUND, § 29 Rz. 13 und KUKO ZPO-DASSER, Art. 354 N 14; BSK ZPO-WEBER-STECHER, Art. 354 N 38; BSK ZPO-HABEGGER, Art. 361 N 39; DIKE ZPO-STACHER, Art. 354 N 19.

2. Grundzüge der Verfahrensarten

a. Ordentliches Verfahren

248 Das ordentliche Verfahren ist der Grundtyp der Verfahren der Zivilprozessordnung. Dies ergibt sich aus Art. 219 ZPO, wonach die Bestimmungen zum ordentlichen Verfahren sinngemäss für sämtliche anderen Verfahren gelten, soweit das Gesetz nichts anderes bestimmt. Insbesondere sind die Widerklage, die Klageänderung, die Protokollführung sowie Inhalt und Eröffnung des Entscheids unter dem Titel des ordentlichen Verfahrens geregelt.

249 Dem ordentlichen Verfahren geht grundsätzlich ein Schlichtungsverfahren voraus.[781] Im ordentlichen Verfahren verlangt das Gesetz einen Schriftenwechsel.[782] Das Gericht kann einen zweiten Schriftenwechsel anordnen[783] und jederzeit zu einer Instruktionsverhandlung laden. Da der Inhalt einer Instruktionsverhandlung vom Gesetzgeber bewusst offen gehalten wurde – sie kann der freien Erörterung des Streitgegenstandes, der Ergänzung des Sachverhaltes, einem Einigungsversuch oder einfach der Vorbereitung der Hauptverhandlung dienen – empfiehlt es sich (insbesondere mit Blick auf die Eventualmaxime), den Parteien mitzuteilen, zu welchem Zweck eine Instruktionsverhandlung angeordnet wird. Schliesslich muss – sofern nicht beide Parteien darauf verzichten[784] – von Gesetzes wegen eine Hauptverhandlung durchgeführt werden.[785]

b. Vereinfachtes Verfahren

250 Das vereinfachte Verfahren unterscheidet sich vom ordentlichen Verfahren durch eine weitgehende Flexibilität in den Formvorschriften und ein (noch) grösseres Ermessen des Gerichts bei der Verfahrensgestaltung. Es wird (nach Erhalt der Klagebewilligung im vorangehenden Schlichtungsverfahren)[786] durch eine vereinfachte Klage eingeleitet. Diese kann schriftlich eingereicht oder auch mündlich bei Gericht zu Protokoll gegeben werden (Art. 244 Abs. 1 ZPO). Eine schriftliche Klagebegründung ist nicht erforderlich (Art. 244 Abs. 2 ZPO). Enthält die Klage keine schriftliche Begründung, so kann das Gericht die Parteien sogleich zu einer Verhandlung vorladen. Es ist indessen

781 Art. 197 ff. ZPO.
782 Schriftliche Klage und schriftliche Klageantwort, Art. 220–222 ZPO.
783 Art. 225 ZPO.
784 Art. 233 ZPO.
785 Art. 228 ff. ZPO.
786 Art. 197 ff. ZPO.

angehalten, die notwendigen Verfügungen zu treffen, damit die Streitsache möglichst am ersten Termin erledigt werden kann (Art. 246 ZPO). Das Verfahren kann weitestgehend mündlich abgewickelt werden, was sich auch auf die Verfahrensdauer auswirkt. Im vereinfachten Verfahren herrscht sodann eine verstärkte gerichtliche Fragepflicht bei der Sachverhaltsfeststellung (Art. 247 Abs. 1 ZPO). In bestimmten Streitigkeiten, namentlich im mietrechtlichen Kündigungsschutzverfahren, gilt der soziale Untersuchungsgrundsatz nach Art. 247 Abs. 2 ZPO.

Im Rahmen der kantonalen Kompetenzen können sich weitere Unterschiede zwischen vereinfachtem und ordentlichem Verfahren ergeben, so insbesondere im Rahmen der sachlichen Zuständigkeit[787] oder hinsichtlich der zugelassenen Parteivertretung (vgl. Art. 68 Abs. 2 lit. b ZPO). 251

c. Summarisches Verfahren

Das summarische Verfahren zeichnet sich in erster Linie durch seine Geschwindigkeit aus. Ein vorangehendes Schlichtungsverfahren entfällt (Art. 198 lit. a ZPO). Die Gerichtsferien sind unbeachtlich (Art. 145 Abs. 2 lit. a ZPO). 252

Im Summarverfahren gilt grundsätzlich eine Beweismittelbeschränkung. Nach Art. 254 ZPO ist der Beweis in der Regel durch Urkunden zu erbringen. Andere Beweismittel sind nur unter einschränkenden Bedingungen zulässig. Sodann gilt in vielen Fällen des summarischen Verfahrens eine Beschränkung der gerichtlichen Kognition. So sind beispielsweise die Voraussetzungen im Rahmen eines Gesuchs um vorsorgliche Massnahmen lediglich glaubhaft zu machen – im Gegenzug ergeht indessen nur ein provisorischer Entscheid. Am anderen Ende der Skala, im Rahmen des Rechtsschutzes in klaren Fällen, ist die gerichtliche Kognition *«auf Evidenz beschränkt»*.[788] Liegt diese vor, so ist der Entscheid der materiellen Rechtskraft fähig. 253

Das summarische Verfahren wird in der Regel durch ein schriftliches Gesuch eingeleitet. Nur in einfachen oder dringenden Fällen kann das Gesuch mündlich zu Protokoll gegeben werden.[789] Die Ausgestaltung des weiteren Verfahrens liegt weitestgehend im Ermessen des Gerichts – solange der Beschleunigungsgrundsatz eingehalten wird. Es kann die Parteien sogleich zu einer Ver- 254

787 Vgl. unten, Rz. 564 ff.
788 Botschaft ZPO, S. 7349.
789 Art. 252 Abs. 2 ZPO, dies ist in der Praxis selten.

handlung laden oder eine schriftliche Stellungnahme einholen und anschliessend aufgrund der Akten entscheiden.[790]

II. Ausweisung im summarischen Verfahren

1. Grundsätzliches

255 Die ZPO enthält in den Art. 249 bis 251 einen nicht abschliessenden Katalog von Streitigkeiten, welche im summarischen Verfahren zu behandeln sind. Im Vorentwurf zur ZPO fand sich die Ausweisung des Mieters oder Pächters in diesem Katalog (Art. 260 Ziff. 8 VE ZPO[791]). Im Entwurf der ZPO wurde sie daraus entfernt.[792]

256 Nach Art. 248 ZPO ist das Summarverfahren anwendbar in den vom Gesetz bestimmten Fällen (lit. a), für den Rechtsschutz in klaren Fällen (lit. b), für das gerichtliche Verbot (lit. c), für die vorsorglichen Massnahmen (lit. d) und für die Angelegenheiten der freiwilligen Gerichtsbarkeit (lit. e).

257 Eine Kompetenz der Kantone, die Mieterausweisung mit Blick auf Art. 248 lit. a ZPO im *kantonalen* Recht dem summarischen Verfahren zuzuweisen, besteht nicht.[793] Nach Ansicht des Bundesgerichts ergibt sich aus der Entstehungsgeschichte der ZPO eindeutig der spezifische Wille des Gesetzgebers, die Mieterausweisung im Summarverfahren nur beim Vorliegen eines klaren Falles im Sinne von Art. 248 lit. b i.V.m. Art. 257 ZPO zu ermöglichen.[794] Dem kann jedoch in dieser Absolutheit nicht zugestimmt werden. So muss die Ausweisung auch in Form einer vorsorglichen Massnahme bei Vorliegen der Voraussetzungen nach Art. 261 ff. ZPO grundsätzlich zulässig sein. Diese Möglichkeit wurde vom Gesetzgeber nicht bedacht. Die vorsorgliche Ausweisung erscheint nicht zuletzt bei einer strengen Auslegung von Art. 257 ZPO in besonderen Situationen als unverzichtbar (zur Ausweisung als vorsorgliche Massnahme eingehend unten, § 13; insb. Rz. 527).

---

790 Art. 253 , Art. 256 Abs. 1 ZPO.

791 Art. 260 VE ZPO entspricht grundsätzlich dem heutigen Art. 250 ZPO.

792 Angeregt in den Vernehmlassungen durch ein Votum LU, Zusammenstellung der Vernehmlassungen, S. 662; Votum FSA, a.a.O., S. 669; vgl. auch Votum OG ZH zu Art. 267 VE, a.a.O., S. 672; vgl. oben, Rz. 66 ff.

793 BGE 139 III 38 E. 2.4 m. Hinw. zu § 3 lit. f VVzOR-SZ (SG 217.110).

794 BGE 139 III 38 E. 2.4 i.f.; wiederholt in BGE 141 III 262 E. 3.2.

2. Die Ausweisung als Rechtsschutz in klaren Fällen (Art. 257 ZPO)

258 Die Mieterausweisung ist ein Lehrbuchbeispiel für den Rechtsschutz in klaren Fällen.[795] Der Rechtsschutz in klaren Fällen wurde indessen keineswegs erst im Hinblick auf die Mieterausweisung in den Entwurf aufgenommen; er fand sich bereits im Vorentwurf (Art. 266 f. VE ZPO), wo die Mieterausweisung noch explizit im Katalog der Summarverfahren genannt wurde. Der Rechtsschutz in klaren Fällen wurde stark an das vielen Kantonen bekannte sogenannte Befehlsverfahren angelehnt. Indessen ist er nicht auf die Mieterausweisung zugeschnitten und nicht immer geeignet, den Parteien und den Umständen gerecht zu werden (zur Ausweisung im Verfahren um Rechtsschutz in klaren Fällen eingehend unten, § 12).

III. Die Ausweisung ausserhalb des Summarverfahrens

1. Grundsatz: vereinfachtes Verfahren

259 Das vereinfachte Verfahren gilt gemäss Art. 243 Abs. 1 ZPO für alle vermögensrechtliche Streitigkeiten mit einem Streitwert bis CHF 30'000. Das Begehren um Ausweisung des Mieters kann diesen Streitwert übertreffen.[796] In diesen Fällen wäre zumindest nach dem Wortlaut des Gesetzes das ordentliche Verfahren einzuschlagen.

260 Nach 243 Abs. 2 lit. c ZPO gilt jedoch das vereinfachte Verfahren ohne Rücksicht auf den Streitwert namentlich für Streitigkeiten aus Miete oder Pacht von Wohn- und Geschäftsräumen, sofern der Kündigungsschutz oder die Erstreckung des Miet- oder Pachtverhältnisses betroffen ist. Davon erfasst ist jedenfalls das Kündigungsschutzverfahren im Falle der missbräuchlichen Kündigung nach Art. 271 f. OR. Nach der bundesgerichtlichen Praxis kann der Mieter auch eine nichtige oder ungültige Kündigung nach Art. 273 OR anfechten bzw. im Kündigungsschutzverfahren nur die Nichtigkeit bzw. Ungültigkeit der Kündigung geltend machen.[797] Das Bundesgericht hat unter altem Recht darauf hingewiesen, dass diese Wahl des Mieters bei *«lediglich»* nichtigen oder un-

---

795 STAEHELIN/STAEHELIN/GROLIMUND, § 21 N 55 f.; SUTTER-SOMM, ZPO, Rz. 1192; HOHL, procédure civile, Rz. 1688; LEUENBERGER/UFFER-TOBLER, Rz. 11.179; MEIER, Zivilprozessrecht, S. 373; Botschaft ZPO, S. 7352.

796 Dazu unten § 11 zur Streitwertberechnung.

797 BGE 121 III 156 E. 1c; BGE 122 III 92 E. 2d; statt vieler BSK OR I-WEBER, Art. 273 N 6 m. Hinw.

gültigen Kündigungen verfahrensrechtliche Konsequenzen hatte: Machte er die Unwirksamkeit der Kündigung zum Gegenstand eines Kündigungsschutzverfahrens, welches dann gemäss Art. 274g aOR an den Ausweisungsrichter überwiesen wurde, so kamen die bundesrechtlichen Verfahrensvorgaben zur Anwendung. Wartete der Mieter zu, so gestaltete sich das Ausweisungsverfahren nach kantonalem Recht.[798] Ebenfalls hielt das Bundesgericht fest, dass im Rahmen einer Kündigungsanfechtung oder eines Erstreckungsbegehrens die Nichtigkeit oder Ungültigkeit der Kündigung jedenfalls vorfrageweise zu prüfen sei, wenn der Mieter dies begehrt. Erkläre die Schlichtungsbehörde die Kündigung in einem solchen Falle für ungültig,[799] so könne der Vermieter danach im (gerichtlichen) Kündigungsschutzverfahren (gleichsam unter umgekehrten Vorzeichen) auf Feststellung der Gültigkeit der Kündigung klagen.[800] Dies hat das Bundesgericht auch nach Einführung der ZPO bestätigt; indessen zunächst explizit offen gelassen, ob auch ein Fall von *«Kündigungsschutz»* im Sinne von Art. 243 Abs. 2 lit. c ZPO vorliegt, wenn der Mieter nur die Feststellung der Nichtigkeit oder Ungültigkeit der Kündigung verlangt[801] und ob auch die Ausweisung des Mieters unter Art. 243 Abs. 2 lit. c ZPO zu subsumieren sei.[802]

261 Welches Verfahren Anwendung finden soll, wenn die Ausweisung nicht als Rechtsschutz in klaren Fällen behandelt wird, lässt sich auch den Materialien nicht klar entnehmen. Dass das Ausweisungsverfahren nicht unter Art. 243 Abs. 2 lit. c ZPO aufgeführt ist, geht jedenfalls nicht auf ein qualifiziertes Schweigen des Gesetzgebers zurück. Es war dem Gesetzgeber ein Anliegen, dem Vermieter in klaren Fällen einen schnellen Rechtsschutz zur Verfügung zu stellen. In weniger klaren Fällen sollte der Weg über die Schlichtungsbehörde führen und die Kündigung sollte umfassend geprüft werden. Gegenüber dem ordentlichen Verfahren bringt nun das vereinfachte Verfahren dem Mieter diesbezüglich keine Nachteile: in beiden Fällen wird vorgängig ein Schlichtungsverfahren vor der Schlichtungsstelle für Mietstreitigkeiten durchgeführt. Alle Beweismittel sind zugelassen und das Gericht urteilt mit voller Kognition. Die Beweislastverteilung ist materiellrechtlich vorgegeben, im vereinfachten Verfahren herrscht aber die soziale Untersuchungsmaxime und eine verstärkte gerichtliche Fragepflicht, was beiden Parteien zu Gute kommt. Das vereinfach-

---

798 BGE 122 III 92 E. 2d.

799 Unter altem Recht im Rahmen eines *«prima facie-Vorentscheides»* nach Art. 273 Abs. 4 OR; heute in Form eines Urteilsvorschlages nach Art. 210 Abs. 1 lit. b ZPO.

800 BGE 139 III 457 E. 5.2. i.f.; BGE 132 III 65 E. 3.3.

801 BGE 139 III 457 E. 5.3. i.f.

802 BGer 4A_87/2012 vom 10. April 2012 E. 3 (wo hingegen das Bundesgericht noch in 4A_451/2011 vom 29. November 2012 das Ausweisungsverfahren ohne Begründung dem vereinfachten Verfahren nach Art. 243 Abs. 2 lit. c ZPO unterstellte).

te Verfahren ist weniger förmlich und unkomplizierter, häufig auch kostengünstiger. Der Entscheid aus einem vereinfachten Verfahren hat dieselbe Qualität wie ein im ordentlichen Verfahren ergangener. Obgleich in beiden Verfahrensarten die Gerichtsferien zu berücksichtigen sind, hat das vereinfachte Verfahren in der Regel eine wesentlich kürzerer Dauer. Die sogenannte *«kalte Erstreckung»,* von welcher der Mieter durch das Verfahren bis zum Vorliegen eines rechtskräftigen Entscheides profitiert, ist indessen für sich allein nicht zu schützen. Umgekehrt ist die Verfahrensdauer für den Vermieter nicht selten von hoher Wichtigkeit, insbesondere, wenn es um Fälle der ausserordentlichen Kündigung geht, die nicht liquid genug für einen Rechtsschutz in klaren Fällen sind. Sodann ist es unter prozessökonomischer Sicht sinnvoll, Kündigungsschutz und Ausweisungsbegehren in der gleichen Verfahrensart zu behandeln, denn nur so ist es dem Vermieter möglich, sein Ausweisungsbegehren bereits widerklageweise im Kündigungsschutzverfahren geltend zu machen (Art. 224 Abs. 1 ZPO). Andernfalls muss er bei einer Bestätigung der Kündigung im Kündigungsschutzverfahren anschliessend einen weiteren Prozess (diesmal wohl grundsätzlich einen Rechtsschutz in klaren Fällen) gegen den Mieter führen, um das notwendige Leistungsurteil zu erwirken. In den meisten Fällen hat der Ausweisungsrichter im Kern die gültige Beendigung eines Mietverhältnisses zu beurteilen. In diesen Fällen ist es teleologisch und systematisch kaum zu rechtfertigen, das Ausweisungsgesuch ins ordentliche Verfahren zu verweisen. Aus all diesen Gründen ergibt sich fast zwangsläufig, das Ausweisungsverfahren unter den Art. 243 Abs. 1 lit. c ZPO zu subsumieren.[803] So hat denn auch das Bundesgericht im Jahr 2016 entschieden. Demnach sind alle Ausweisungsverfahren, in deren Rahmen auch die Gültigkeit einer miet- oder pachtrechtlichen Kündigung zu beurteilen ist, im vereinfachten Verfahren zu führen.[804] Darüber hinaus muss das vereinfachte Verfahren nach der hier vertrete-

---

803 Für das vereinfachte Verfahren haben sich früh ausgesprochen: HOHL, Procedure civile, N 1429; BOHNET, Le droit du bail, N 143; DERS., SZZP 2012, S. 107; COLOMBINI, S. 85; auch im Bericht des Bundesamtes für Justiz zuhanden der Kommission für Rechtsfragen des Nationalrates wird festgehalten, dass auf das Ausweisungsverfahren das vereinfachte Verfahren anwendbar sei (Bericht Seite 2). Das Bundesgericht hat im Entscheid 4A_451/2011 E. 2 vom 29. November 2011 das Ausweisungsverfahren ohne Begründung den Regeln des vereinfachten Verfahrens unterstellt. Im Entscheid 4A_87/2012 vom 10. April 2012 E. 3.2.3 hat es sich eingehender mit dieser Frage beschäftigt, sie aber letztlich ausdrücklich offen gelassen; demgegenüber gingen die Waadtländer Vorinstanzen und beispielsweise auch das Zürcher Obergericht von der Anwendung des vereinfachten Verfahrens aus, Entscheid PF110018 vom 1.7.2011, E. 4, 6 und 7. A. A. LACHAT, Procédure, S. 133.

804 BGE 142 III 402 E. 2.5: auszugsweise E. 2.5.4 *«Il s'ensuit que l'expression ‹protection contre les congés› utilisée à l'Art. 243 al. 2 let. c CPC doit recevoir une acception large. Elle couvre aussi le présent litige, où le juge n'aura pas à statuer sur l'annulabilité des congés ni sur la prolongation du bail, mais tout au plus sur la validité des congés.*

nen Ansicht auch für die Ausweisung nach Ablauf eines befristeten (oder resolutiv bedingten) Mietvertrages[805] und auch das Ausweisungsgesuch des (Haupt-) Vermieters gegen einen Untermieter seines Mieters zur Anwendung kommen;[806] generell in allen Fällen, in welchen vorfrageweise die Beendigung bzw. das Bestehen eines Mietverhältnisses zu beurteilen ist. Die Ausweisung im vereinfachten Verfahren wird in § 14 näher beleuchtet.

2. Ausnahme: ordentliches Verfahren

262 Das ordentliche Verfahren kann insbesondere dann einschlägig sein, wenn der Ausweisung kein miet- oder pachtrechtlicher Sachverhalt zu Grunde liegt.[807] Zu denken ist beispielsweise an die Rückabwicklung eines angefochtenen Liegenschaftskaufvertrags oder die Durchsetzung eines erbrechtlichen Anspruchs. Das ordentliche Verfahren wird in dieser Arbeit nicht näher behandelt.

3. Spezialfall: Handelsgericht?

263 Nach Art. 243 Abs. 3 ZPO ist das vereinfachte Verfahren ausgeschlossen für Streitigkeiten, die von einem Handelsgericht zu entscheiden sind. Bei einer Ausweisung aus Geschäftsräumlichkeiten liegt in aller Regel eine handelsgerichtliche Streitigkeit im Sinne von Art. 6 Abs. 2 und 3 ZPO vor.[808] Es besteht eine Diskrepanz zwischen Art. 243 Abs. 3 ZPO und Art. 6 Abs. 2 und 3 ZPO. Aufgrund des klaren Wortlauts von Art. 243 Abs. 3 ZPO lässt sich dies nur so auflösen, dass auf Streitigkeiten, welche nach ZPO im vereinfachten Verfahren zu behandeln sind, vor dem Handelsgericht das ordentliche Verfahren zur An-

Dans la mesure où le juge est appelé à examiner cette question dans le cadre d'une procédure d'expulsion, celle-ci doit bénéficier de la procédure simplifiée».

805 Vgl. BGE 132 III 65: Wenn der Mieter diesfalls (auch nur *eventualiter*) eine Erstreckung verlangt, liegt ein Kündigungsschutzverfahren vor und ist das vereinfachte Verfahren einschlägig. Auch das Ausweisungsverfahren ist diesfalls im vereinfachten Verfahren zu führen. Hat der Mieter jedoch keine Erstreckung verlangt, müsste das Ausweisungsverfahren (sofern kein Rechtsschutz in klaren Fällen vorliegt) im ordentlichen Verfahren geführt werden.

806 Unter Umständen erlangt der Untermieter von der Auflösung des Hauptmietverhältnisses erst Kenntnis, wenn ein Ausweisungsgesuch gegen ihn gestellt wird (in der Praxis nicht selten erfährt er erst im Rahmen eines Räumungsvollzugs davon). Er kann daher keine Kündigung rechtzeitig anfechten, jedoch kann er (noch im Ausweisungsverfahren) einen Fall von Art. 273b Abs. 2 OR geltend machen.

807 Es muss sich um einen Fall handeln, der sich nicht für den Rechtsschutz in klaren Fällen eignet, in dessen Rahmen keine miet- oder pachtrechtliche Kündigung zu beurteilen ist und der einen Streitwert von CHF 30'000 übersteigt.

808 Ausführlich unter Rz. 569 ff.

wendung kommt oder aber, dass solche Streitigkeiten der Gerichtsbarkeit des Handelsgerichts entzogen sind. Das Bundesgericht hat dieses Dilemma im zweiten Sinne entschieden: Die Vorschriften der ZPO über die Verfahrensart gehen demnach der Regelung über die sachliche Zuständigkeit der Handelsgerichte vor.[809] Somit können Streitigkeiten nach Art. 243 Abs. 2 ZPO, für welche die ZPO unabhängig vom Streitwert das vereinfachte Verfahren vorsieht, und auch übrige mietrechtliche Streitigkeiten, die aufgrund des Streitwerts (bis CHF 30'000)[810] in das vereinfachte Verfahren fallen, nicht vor Handelsgerichten verhandelt werden.

809 So ausdrücklich für das Kündigungsschutzverfahren nach Art. 243 Abs. 2 lit. c ZPO: BGE 139 III 457 E. 4.4.3.3. i.f.; bestätigt jüngst auch für eine Streitigkeit mit Streitwert von genau CHF 30'000 in BGE 143 III 137.

810 Aufgrund der unterschiedlichen Streitwertschwellen in Art. 243 Abs. 1 ZPO und Art. 6 Abs. 2 lit. b ZPO i.V.m. Art. 74 Abs. 1 lit. a BGG wären Handelsgerichte ab einem Streitwert von CHF 15'000 zuständig, wohingegen das ordentliche Verfahren erst ab einem Streitwert über CHF 30'000 anzuwenden ist. Indessen wird in Art. 247 Abs. 2 lit. b Ziff. 1 ZPO festgehalten, dass die Untersuchungsmaxime (mit allen verfahrensrechtlichen Konsequenzen) auch für die übrigen mietrechtlichen Streitigkeiten bis CHF 30'000. Dadurch wird die Zuständigkeit der Handelsgerichte für solche Streitigkeiten ausgeschlossen.

§ 8 Die Parteien des Ausweisungsverfahrens

I. Vorbemerkung

Im einfachsten Fall handelt es sich bei den Parteien des Ausweisungsverfahrens um den (ehemaligen) Vermieter einerseits und den (ehemaligen) Mieter andererseits. Auf beiden Seiten sind auch Mehrpersonenverhältnisse denkbar. Allenfalls bestand mit einzelnen Personen auch gar kein Vertragsverhältnis. Der Gesuchsteller muss sich die Frage stellen, gegen wen er einen Ausweisungsentscheid erwirken muss, um eine Räumung der Liegenschaft nötigenfalls auch zwangsweise durchsetzen zu können. Dabei muss er sich im Klaren sein, dass ein Gerichtsentscheid grundsätzlich immer nur zwischen den Prozessparteien Wirkung entfaltet und daher grundsätzlich nur diesen gegenüber vollstreckt werden kann.[811] Er muss daher diejenigen Personen ins Recht fassen, welche das Mietobjekt nutzen – und dieses verlassen sollen. In der Praxis kann es sich als schwierig erweisen, die Namen dieser Personen ausfindig zu machen. 264

Die Parteistellung hängt eng mit der Aktiv- und Passivlegitimation und der Anspruchsgrundlage (dazu oben, § 6, Rz. 82 ff.) zusammen. Es ist auch denkbar, dass es im Laufe des Verfahrens zu einer Veränderung der Verhältnisse kommt (dazu unten, Rz. 311 ff.). 265

Ist die Aktiv- oder die Passivlegitimation nicht gegeben, so ist eine Klage abzuweisen.[812] In einem Verfahren um Rechtsschutz in klaren Fällen ist indessen ein Nichteintretensentscheid zu fällen, da dieses Verfahren nach bundesgerichtlicher Rechtsprechung nicht mit einem abweisenden Entscheid enden kann.[813] Massgeblich für das Vorliegen der (Aktiv- wie auch der Passiv-) Legitimation ist der Zeitpunkt der Entscheidfällung bzw. der Zeitpunkt, bis zu welchem neue Tatsachen in den Prozess eingebracht werden können. Die Parteien werden mit Einreichen des Gesuches[814] vom Gesuchsteller festgelegt.[815] Eine nachträgliche Änderung ist ein Parteiwechsel und nur zulässig, wenn die 266

---

811 *Res iudicata ius facit nisi inter partes;* BGE 93 II 329 E. 3b; BGE 89 II 429 E. 4; BGer 5C.253/2000 E. 4c; GULDENER, S. 371 ; RAPP, S. 35 ff., insb. 38 f.; ZK ZPO-D. STAEHELIN, Art. 338 N 8 f.; BK ZPO-KELLERHALS, Art. 338 N 5; BK ZPO-ZINGG, Art. 59 N 136.

812 GULDENER, S. 139; STAEHELIN/STAEHELIN/GROLIMUND, § 11 Rz. 4; SUTTER-SOMM, ZPO, § 3 Rz. 191.

813 Dazu unten, Rz. 513.

814 Gesuch im Summarverfahren, Schlichtungsgesuch in den übrigen Fällen.

815 Vgl. BK ZPO-GROSS/ZUBER, Art. 83 N 2.

Voraussetzungen nach Art. 83 ZPO gegeben sind.[816] Davon zu unterscheiden ist die Berichtigung einer fehlerhaften Parteibezeichnung, wenn aufgrund der Umstände klar ist, wer gemeint ist, diese Person aber irrtümlich falsch bezeichnet wurde.[817] Verändern sich die Verhältnisse während des Prozesses, kann sodann allenfalls eine Klageänderung vorgenommen werden, um die Rechtsbegehren gegen die beklagte Partei anzupassen, sofern dies sinnvoll erscheint.[818] Ein Auswechseln von Parteien stellt keine Klageänderung dar bzw. ist mittels Klageänderung nach Art. 227 ZPO nicht möglich.[819]

II. Die klagende Partei

1. Der Vermieter oder der Eigentümer

267 Im Regelfall ist der Vermieter zugleich der Eigentümer der Liegenschaft. Diesfalls kann er sich sowohl auf seinen mietvertraglichen Rückgabeanspruch nach Art. 267 Abs. 1 OR als auch auf seinen sachenrechtlichen Vindikationsanspruch nach Art. 641 Abs. 2 ZGB stützen.[820] Er hat die Wahl, ob er die eine, die andere oder beide Rechtsgrundlagen geltend macht. Der Vermieter ist jedoch nicht zwangsläufig auch der Eigentümer der Liegenschaft.[821] Sodann ist möglich, dass mehrere Personen sich das Eigentum an der Liegenschaft teilen (in Form von Gesamt- oder Miteigentum), aber nur eine Person als Vermieter auftritt. Dies hat keinen Einfluss auf die Gültigkeit des Mietvertrages und die daraus abgeleiteten Ansprüche. Ebenso können mehrere Personen als Vermieter auftreten, obgleich nur eine von ihnen die Eigentümerin der Liegenschaft

---

816 Dazu unten, Rz. 311 ff.

817 Dazu BGE 135 I 57 (= Pra 94 [2005] Nr. 135) E. 2; vgl. BGer 4D_28/2014 vom 15. April 2014 E. 4 und den entsprechenden Entscheid der Vorinstanz (OGer ZH, II. Zivilkammer, Verfahren Nr. PF140008-O/U, Entscheid vom 28. Februar 2014), wo sich der neue Eigentümer und Vermieter im Ausweisungsverfahren (Rechtsschutz in klaren Fällen) durch den früheren Eigentümer und Vermieter vertreten liess. Dieser hatte das Ausweisungsbegehren im eigenen Namen gestellt. Aus den Akten ergab sich aber zweifelsfrei, dass er nur Vertreter des neuen Eigentümers war, dies war allen Parteien auch bekannt.

818 Dazu unten Rz. 320.

819 Vgl. zur Abgrenzung BSK ZPO-WILLISEGGER, Art. 227 N 20; STAEHELIN/STAEHELIN/GROLIMUND, § 14 Rz. 48 (Art. 83 ZPO als *lex specialis* zu Art. 227 ZPO); ZK ZPO-LEUENBERGER, Art. 227 N 11.

820 Oben, Rz. 83 ff. und 87 ff.

821 So namentlich nicht, wenn er die Sache seinerseits vom Eigentümer angemietet hat. Der Eigentümer kann es ihm aber auch aus anderen Rechtsgründen zur Verfügung gestellt haben (Gebrauchsleihe, Einbringen in eine einfache Gesellschaft *quoad usum*).

ist.[822] Die klagende Partei muss lediglich – aber immerhin – die Voraussetzungen desjenigen Anspruches beweisen, auf welchen sie sich stützt. Da es sich beim Mietobjekt um eine Liegenschaft handelt, können die Eigentumsverhältnisse in der Regel leicht mittels Grundbuchauszug dargestellt werden.[823] Für den vertraglichen Anspruch ist in erster Linie auf den Mietvertrag abzustellen.[824]

2. Mehrere Vermieter

Sind im Mietvertrag mehrere Vermieter aufgeführt, so steht ihnen der Rück- 268
gabeanspruch nach Art. 267 Abs. 1 OR gemeinsam zu. Grundsätzlich kann jeder Vermieter die Leistung an alle gemeinsam fordern (Art. 70 Abs. 1 OR). Es besteht eine Klagebefugnis des einzelnen und *keine* notwendige aktive Streitgenossenschaft.[825]

Dies gilt indessen nur, sofern sich nichts Abweichendes aus dem Innenverhält- 269
nis der Vermieter ergibt. Eine notwendige aktive Streitgenossenschaft liegt bei Gesamthandverhältnissen vor (insb. bei einfacher Gesellschaft, Erbengemeinschaft, Gütergemeinschaft).[826] So haben die Erben des Vermieters das Ausweisungsbegehren gemeinsam zu stellen. Ist ein Willensvollstrecker eingesetzt, führt dieser den Prozess als Prozessstandschafter in eigenem Namen.[827] Das blosse gemeinsame Halten und Verwalten einer Liegenschaft begründet für sich allein nach herrschender Lehre und bundesgerichtlicher Rechtsprechung noch keine einfache Gesellschaft.[828] Sind alle Vermieter mit allen Eigentümern identisch, entspricht die Aktivlegitimation für den vertraglichen Rückgabean-

822 So insbesondere bei einem Einbringen quoad usum in eine einfache Gesellschaft (hierzu ZK-Handschin/Vonzun, Art. 531 N 79 ff.).

823 Fraglich erscheint, ob das Gericht gehalten ist, von Amtes wegen entsprechende Informationen einzuholen. Dazu unten, Rz. 456.

824 Der Mietvertrag bildet indessen lediglich die Verhältnisse zum Zeitpunkt des Vertragsschlusses ab. Ein nachträglicher Übergang des Eigentums am Mietobjekt führt *ipso iure* zum Übergang auch des Mietverhältnisses (Art. 261 Abs. 1 OR, dazu oben, Rz. 186). Vgl. BGer 4D_28/2014 vom 15. April 2014, wo der alte Eigentümer den neuen Eigentümer der Liegenschaft im Ausweisungsverfahren vertrat.

825 BK OR-Weber, Art. 70 N 41, 45.

826 Statt vieler BK ZPO-Gross/Zuber, Art. 70 N 12–14; ZK ZPO-E. Staehelin/ Schweizer, Art. 70 N 41; BK-Weber, Art. 70 OR N 26.

827 Art. 602 Abs. 2 i.V.m. Art. 518 Abs. 2 ZGB; Staehelin/Staehelin/Grolimund, § 13 Rz. 26; BSK ZPO-Zürcher, Art. 59 N 68.

828 Differenzierend ZK-Handschin/Vonzun, Art. 530 N 39 m. Hinw.; Meier-Hayoz/Forstmoser, § 12 N 21; BSK ZGB II-Brunner/Wichtermann, Vor Art. 646–654a, N 14.

spruch der Aktivlegitimation für den sachenrechtlichen Anspruch (Gesamteigentum oder Miteigentum, hierzu sogleich).

3. Gesamteigentümer

270 Die Gesamteigentümer einer Sache bilden in Prozessen, welche die Rechte an der Sache betreffen, grundsätzlich eine notwendige aktive Streitgenossenschaft.[829] Sie haben den Herausgabe- bzw. Beseitigungsanspruch gemeinsam geltend zu machen.[830] Dies betrifft sowohl den sachenrechtlichen als auch den mietrechtlichen Anspruch.[831]

4. Miteigentümer

271 Steht das Mietobjekt im Miteigentum mehrerer Personen, so kann jede von ihnen allein gegen den unberechtigten Besitzer auf Herausgabe bzw. gegen den Störer auf Beseitigung der Störung klagen.[832] Der Herausgabe- bzw. Beseitigungsanspruch ist nicht in dem Sinne teilbar, als dass der Miteigentümer lediglich die Rückgabe seines Miteigentumsanteils verlangen könnte. Er kann sich daher auf Art. 648 Abs. 1 ZGB stützen, wonach jeder Miteigentümer befugt ist, die Sache insoweit zu vertreten, als es mit den Rechten der anderen verträglich ist. Damit ist keine Stellvertretung im rechtlichen Sinn gemeint, sondern das Recht, die Interessen der Sache als Ganzes nötigenfalls auch alleine zu wahren.[833] Entsprechend kann der Miteigentümer auch einen allfälligen mietvertraglichen Rückgabeanspruch alleine geltend machen.

272 Da das Urteil seine Rechtskraft stets nur zwischen den am Prozess beteiligten Parteien erlangt, kann nur derjenige Miteigentümer den Vollzug eines gutheissenden Entscheids verlangen, der den Entscheid erwirkt hat. Indessen steht

---

829 BK-MEIER-HAYOZ, Art. 653 ZGB N 9 ff.; BK ZPO-GROSS/ZUBER, Art. 70 N 12 ff.; KUKO ZGB-DOMEJ, Art. 653 N 7.

830 BSK ZGB II-WIEGAND, Art. 641 N 44; BSK ZGB II-WICHTERMANN, Art. 653 N 22; SPR-SUTTER-SOMM, N 425.

831 Oben, Rz. 269.

832 BK-MEIER-HAYOZ, Art. 648 N 7; BSK ZGB II-WIEGAND, Art. 641 N 45 und 59; BSK ZGB II-BRUNNER/WICHTERMANN, Art. 646 N 35 f.

833 BSK ZGB II-BRUNNER/WICHTERMANN, Art. 648 N 7; ZK-HAAB, Art. 648 ZGB N 2; BK-MEIER-HAYOZ, Art. 648 ZGB N 4. Vgl. den französischen Wortlaut: *«veiller aux intérêts communs»*.

auch ein abweisender Entscheid dem Gesuch eines anderen Miteigentümers nicht entgegen.[834]

5. Die Liegenschaftsverwaltung oder andere Vertreter

Nicht aktivlegitimiert ist die Liegenschaftsverwaltung, welche das Mietverhältnis für den Vermieter betreut hat. Sie hat mangels Parteistellung im Mietvertrag[835] keinen eigenen vertraglichen Rückgabeanspruch und mangels Eigentum keinen dinglichen Anspruch an der von ihr verwalteten Liegenschaft, sondern handelt lediglich als Stellvertreter des Vermieters. Reicht sie das Ausweisungsbegehren im eigenen Namen ein, ist dieses grundsätzlich aufgrund fehlender Aktivlegitimation abzuweisen (bzw. im Rechtsschutz in klaren Fällen ist darauf nicht einzutreten). Vorbehalten bleibt eine Berichtigung der offensichtlich fehlerhaften Parteibezeichnung von Amtes wegen, wenn sich aus dem eingereichten Gesuch unmissverständlich ergibt, dass die Liegenschaftsverwaltung lediglich als Vertreter auftritt und diese Tatsache auch allen Beteiligten bekannt sein muss, so dass kein Zweifel an der wahren Identität der Partei besteht.[836] Zur Vertretung des Vermieters durch die Liegenschaftsverwaltung im Gerichtsverfahren eingehend unten, Rz. 606 ff. 273

III. Die beklagte Partei

1. Grundsatz und Problematik

Das Ausweisungsbegehren richtet sich in erster Linie gegen den ehemaligen Mieter. Dieser ist gestützt auf den Mietvertrag nach Ablauf des Mietverhältnisses verpflichtet, das Mietobjekt geräumt und gereinigt an den Vermieter zurückzugeben. Diese Pflicht gilt es im Ausweisungsverfahren gerichtlich durchzusetzen. 274

Im einfachsten Fall nutzt der (ehemalige) Mieter das Mietobjekt alleine. Häufig aber halten sich weitere oder andere Personen darin auf. Dabei kann es sich um Familienangehörige des Mieters handeln. Auch Wohngemeinschaften sind nicht selten, wobei nicht alle Bewohner auch den Hauptmietvertrag unterzeichnet haben müssen. Denkbar ist sodann, dass der Mieter das Mietobjekt 275

---

[834] ZK-Haab, Art. 648 ZGB N 2; BSK ZGB II-Brunner/Wichtermann, Art. 648 N 8.

[835] Anders, wenn die Liegenschaftsverwaltung den Mietvertrag als Vermieter abgeschlossen hat.

[836] Vgl. oben, Rz. 266.

Dritten gänzlich zur Verfügung gestellt hat und selbst gar nicht mehr darin anzutreffen ist. Der zur Rückgabe verurteilte Mieter ist verpflichtet, dafür zu sorgen, dass auch Drittpersonen, denen er Zugang zum Mietobjekt verschafft hat, dieses verlassen. Bleibt der Mieter jedoch untätig oder weigern sich die Dritten, so stellt sich die Frage, ob der Vermieter die Ausweisung dieser Dritten gestützt auf den Ausweisungsentscheid gegen den Mieter verlangen kann oder ob er gegen die Dritten einen eigenen Ausweisungsentscheid erwirken muss.

276 Ein Entscheid bindet grundsätzlich nur die am Erkenntnisverfahren beteiligten Parteien.[837] Nur diese haben die Möglichkeit, ihre Rechte im Prozess geltend zu machen. Das Urteil kann gegen die unterlegene Partei und deren Rechtsnachfolger vollstreckt werden, in der Regel aber nicht gegen Dritte, weil diese ihre Interessen im Prozess nicht vertreten konnten.[838] Der Vermieter kann also grundsätzlich nur diejenigen Personen zwangsweise aus der Wohnung entfernen lassen, gegen welche der Ausweisungsentscheid sich richtet. Daran ändert nichts, dass allfällige Dritte kein eigenes Recht zum Verweilen im Mietobjekt haben. Dieser Grundsatz kennt verschiedene Ausnahmen. So ist in Lehre und Rechtsprechung insbesondere anerkannt, dass der Ausweisungsentscheid gegen den Mieter auch dessen minderjährige Kinder sowie dessen Angestellte erfasst.[839]

277 Nachfolgend wird dargestellt, auf welche Personen sich der Ausweisungsentscheid gegen den (ehemaligen) Mieter erstreckt und gegen welche Personen ein eigener Entscheid erwirkt werden muss. Dabei sind in erster Linie die sachenrechtlichen, mietrechtlichen und prozessualen Prinzipien zu beachten. Die Rechte der von einer Ausweisung bedrohten Personen sind zu wahren. Selbst wenn diese keinen eigenen Titel zur Nutzung des Mietobjekts haben, sind sie grundsätzlich davor zu schützen, ihre Wohnung überraschend zu verlieren.[840]

---

[837] Oben, Fn 811.

[838] GULDENER, S. 374; BK ZPO-ZINGG, Art. 59 N 136; BGE 93 II 329 E. 3b; insbesondere zu Untermietern: KassGer ZH vom 22. Dezember 2001 (mp 2002, S. 117 ff.); Beschluss des OGer ZH vom 17. Oktober 2012 (VB120007-O/U) E. 3.4 f.

[839] BGer 4P.133/1999 vom 24. August 1999 E. 2. b) aa) (mp 2000, S. 38; SJ 2000 I, S. 6); BSK OR I-WEBER, Art. 267 N 3; LACHAT/RONCORONI, Rz. 31.9.3.

[840] Unter Umständen garantiert freilich auch die Parteistellung im Prozess nicht unbedingt, dass eine Person Kenntnis vom Verfahren hat. Dies gilt insbesondere mit Blick auf Art. 138 Abs. 2 ZPO, wonach die gerichtliche Zustellung von Vorladungen, Verfügungen und Entscheiden dann als erfolgt gilt, wenn sie von einer im gleichen Haushalt lebenden, mindestens 16 Jahre alten Person entgegen genommen wurde. Bei Wohngemeinschaften könnte Kenntnis vom Verfahren nur sichergestellt werden, wenn das Gericht für die verfahrenseinleitende Verfügung die Anweisung erteilt, diese dem Adressaten persönlich zuzustellen (insb. durch Einschreiben mit Zusatz *«eigenhändig»*). Eine Pflicht dazu besteht aber nicht; vgl. BGE 118 II 42 (= Pra 81 [1992] Nr. 113) E. 3;

Indessen müssen auch die Interessen des Vermieters bzw. Eigentümers der Liegenschaft berücksichtigt werden. Insbesondere besteht eine nicht unerhebliche Missbrauchsgefahr, wenn der Mieter beliebig Personen vorschieben könnte, um den Vollzug der Ausweisung immer weiter zu verzögern. Unter Umständen kann auch ein Abwägen der Vor- und Nachteile, die eine Parteistellung im Ausweisungsverfahren mit sich bringt, geboten sein.[841]

278 Ein *«Ausweisungstitel»* (bzw. ein Vollstreckungstitel) ist nur erforderlich, wenn der Benutzer des Mietobjekts dieses nicht freiwillig verlässt.[842] Praktisch relevant wird die nachfolgend dargestellte Frage daher erst, wenn sich Dritte gegen den Vollzug der Räumung zur Wehr setzen.[843] Dies kann zu erheblichen Verzögerungen führen, so dass es sich für den Vermieter lohnt, die Situation im Voraus abzuklären und sich zu überlegen, gegen wen ein Ausweisungsgesuch gestellt werden soll.

2. Anspruchsgrundlagen des Vermieters[844]

279 Der obligatorische Rückgabeanspruch des Vermieters richtet sich grundsätzlich gegen diejenigen Personen, mit welchen ein Mietverhältnis eingegangen worden ist.[845] Nur diese Personen haben sich vertraglich zur Rückgabe des Mietobjekts nach Mietende verpflichtet. Gegen alle anderen unberechtigten Benützer des Mietobjekts kann der Vermieter nur seine dinglichen Ansprüche geltend machen.

a. Sachenrechtlicher Ansatz

aa. Passivlegitimation des dinglichen Herausgabeanspruchs: Der unberechtigte Besitzer

280 Der Vindikationsanspruch des Eigentümers einer Sache richtet sich gegen jeden, der diese Sache besitzt, ohne sich hierfür auf einen Rechtsgrund stützen zu können. Passivlegitimiert ist der unmittelbare und nach herrschender Lehre

BGer 4A_325/2010 vom 1. Oktober 2010 E. 3.1, zur Entgegennahme von Kündigungsschreiben bei Ehegatten.

841 Insb. bei Kindern, vgl. unten, Rz. 305 f.

842 Vgl. MAJER, S. 21 f.

843 Dazu unten, Rz. 769 ff.

844 Dazu eingehend oben, Rz. 83 ff.

845 Nach der hier vertretenen Auffassung besteht auch ein *«quasivertraglicher»* Anspruch gegenüber dem Ehegatten des Mieters (oben, Rz. 86) und gegenüber dem Untermieter oben, Rz. 99).

und Rechtsprechung auch der mittelbare Besitzer,[846] nicht jedoch der Besitzdiener.[847] Der Besitzdiener hat sich dem Urteil gegen den Besitzer, für welchen er die Sache im Gewahrsam hat, zu beugen.[848]

ab. Besitz und Besitzdienerschaft

i. Arten, Begründung und Übertragung von Besitz

281 Gemäss Art. 919 Abs. 1 ZGB ist derjenige, welcher die tatsächliche Gewalt über eine Sache ausübt, ihr Besitzer.[849] Können mehrere Personen für sich allein – ohne die Mitwirkung der anderen – die Herrschaft über eine Sache wahrnehmen, so handelt es sich um Mitbesitzer.[850]

282 Der Besitz wird originär oder derivativ erworben. Die originäre Begründung besteht in einer Manifestation des Besitzeswillens verbunden mit der tatsächlichen Gewalt über eine Sache.[851] Überträgt der Besitzer einer Sache diese einem anderen zu einem beschränkten dinglichen oder einem persönlichen Recht, so sind beide Besitzer (Art. 920 Abs. 1 ZGB). Dabei ist derjenige, welcher die tatsächliche Gewalt über die Sache ausübt, unmittelbarer und der andere mittelbarer Besitzer. Wer die Sache als Eigentümer besitzt, hat selbständigen, der andere unselbständigen Besitz (Art. 920 Abs. 2 ZGB).[852]

---

846 BSK ZGB II-WIEGAND, Art. 641, N 47 f.; CHK ZGB-ARNET/BELSER, Art. 641 N 35; KUKO ZGB-DOMEJ, Art. 641 N 18; REY, Rz. 2041; BGE 132 III 155 E. 6.2.1; BGer 5C.119/2002 vom 31. Juli 2002 E. 3.1.

847 CHK ZGB-ARNET/BELSER, Art. 641 N 35; BSK ZGB II-WIEGAND, Art. 641 N 47; KUKO ZGB-DOMEJ, Art. 641 N 18.

848 SPR-HINDERLING, S. 423; SPR-SUTTER-SOMM, Rz. 1235; vgl. auch BSK OR I-WEBER, Art. 267 N 3, Abs. 3 m. Hinw.

849 Im Gegensatz zur älteren Lehre wird heute für die Begründung von Besitz ein Wille zum Besitz vorausgesetzt, wobei dieser regelmässig in der Sachherrschaft enthalten sei. Hierbei genügt ein natürlicher Wille. Zum Ganzen KUKO ZGB-DOMEJ, Art. 919 N 19 f.; BK ZGB-STARK, Art. 919 N 27; SPR-HINDERLING, S. 414; CHK ZGB-EITEL/ARNET, Art. 919 N 1.

850 BSK ZGB II-ERNST, Art. 919 N 39; KUKO ZGB-DOMEJ, Art. 919 N 15.

851 STEINAUER, I, Rz. 243; vgl. oben Fn 849.

852 Vor allem die ältere Lehre versteht selbständigen und unselbständigen Besitz als relative Begriffe: Jeder, der die tatsächliche Gewalt über eine Sache habe und diese einem anderen zu einem beschränkten dinglichen oder persönlichen Recht übertragen habe, sei diesem gegenüber selbständiger Besitzer, der andere unselbständiger Besitzer. So sei bei einem Untermietverhältnis der Mieter gegenüber dem Vermieter unselbständiger Besitzer, gegenüber seinem Untermieter jedoch selbständiger Besitzer (bspw. ZK-HOMBERGER, Art. 920 N 3; STEINAUER, Rz. 220). Diese im klaren Widerspruch zum Wortlaut von Art. 920 Abs. 2 ZGB stehende Ansicht wird von der jüngeren Lehre abgelehnt: BSK ZGB II-ERNST, Art. 920 N 3 f.; BK-STARK, Art. 920 N 4; KUKO ZGB-DOMEJ, Art. 920 N 6.

Nach einem Teil der Lehre soll es nur dem selbständigen Besitzer einer Sache möglich sein den Besitz derivativ auf einen Dritten übergehen zu lassen. Der unselbständige Besitzer könne ohne Ermächtigung des selbständigen Besitzers keinen – auch keinen unselbständigen – Besitz übertragen.[853] Indessen wird durch das Einräumen der tatsächlichen Gewalt an einer Sache durch eine dazu nicht befähigte Person *originärer* Besitz beim Empfänger begründet, sobald bei letzterem der Wille zum Besitz für sich selbst vorliegt.[854] 283

ii. Besitzdienerschaft

Vom unselbständigen Besitzer, welcher eine Sache zu einem persönlichen Recht übertragen erhalten hat, ist der Besitzdiener zu unterscheiden. Die Besitzdienerschaft ist im Gesetz nicht explizit geregelt und in der Lehre und Rechtsprechung nicht abschliessend geklärt.[855] Grundsätzlich werden insbesondere die minderjährigen Kinder und die Angestellten des Besitzers als dessen Besitzdiener qualifiziert.[856] Der Besitzdiener ist nicht Besitzer sondern übt die tatsächliche Gewalt über die Sache nur für diesen aus.[857] So hat er nach herrschender Lehre insbesondere auch kein eigenes Recht auf Selbsthilfe gegenüber Dritten;[858] er kann dieses allenfalls für seinen Besitzesherren ausüben.[859] Der Besitzdiener steht in einem stärkeren Abhängigkeitsverhältnis als der unselbständige Besitzer und ist dem Besitzer gegenüber weisungsgebunden. Weder die Dauer der tatsächlichen Sachherrschaft[860] noch das Vorliegen eines eigenen Interesses an der Ausübung der Sachherrschaft[861] sind als Abgrenzungskriterien zwischen dem unselbstständigem Besitz und der Besitz- 284

---

853 BSK ZGB II-Ernst, Art. 922 N 9; er müsse sich zunächst selbständigen Besitz anmassen, also originär erwerben, um anschliessend unselbstständigen Besitz einräumen zu können; vgl. auch KUKO ZGB-Domej, Art. 922 N 2.

854 ZK-Homberger, Art. 922 N 3; OFK ZGB-Berger-Steiner/Schmid, Art. 922 N 2; Steinauer, I, Rz. 248; vgl. BK-Stark, Art. 920 N 6 und 20.

855 KUKO ZGB-Domej, Art. 919 N 12.

856 BSK ZGB II-Ernst, Art. 919 N 26; SPR-Hinderling, S. 422; BK ZGB-Stark, Art. 919 ZGB, N 35; CHK ZGB-Arnet/Belser, Art. 641 N 35; KUKO ZGB-Domej, Art. 919 N 9; ZK-Homberger, Art. 919 N 11; Frech, S. 140 f.; mit Übersicht zur Qualifikation von minderjährigen Kindern als Besitzdiener im deutschen Recht, Majer, S. 18.

857 BSK ZGB II-Ernst, Art. 919 N 22; BK ZGB-Stark, Art.191 N 34.

858 KUKO ZGB-Domej, Art. 926 N 10; CHK ZGB-Eitel/Arnet; Art. 919 N 3; SPR-Sutter-Somm, N 1235.

859 Als Stellvertretung oder in Geschäftsführung ohne Auftrag; KUKO ZGB-Domej, Art. 926 N 10; BSK ZGB II-Ernst, Art. 919 N 23; SPR-Hinderling, S. 422; BK-Stark, Art. 919 ZGB, N 39; Frech, S. 119; SPR-Sutter-Somm, N 1235.

860 BSK ZGB II-Ernst, Art. 919, N 30; BK-Stark, Art. 919 N 45.

861 Frech, S. 5; vgl. BSK ZGB II-Ernst, Art. 919 N 28.

dienerschaft geeignet. Massgeblich ist das vom Besitzdiener anerkannte Abhängigkeitsverhältnis vom Besitzer.[862]

285 Der Besitzdiener wird zum Besitzer, wenn er sich den Weisungen des Besitzers nicht länger unterwerfen, sondern die Sache für sich selbst besitzen will.[863] Ein Teil der Lehre hält dabei die reine Willensänderung des Besitzdieners nicht für ausreichend, sondern verlangt zusätzlich, dass das tatsächliche Gewaltverhältnis des bisherigen Besitzers einseitig aufgehoben wird, indem der Besitzdiener die Sache dem bisherigen Besitzer entzieht und so originären Besitz erwirbt.[864] Möglich ist indessen auch, dass der Besitz einvernehmlich auf den bisherigen Besitzdiener übergeht, indem der Besitzer ihm die Sache zu einem persönlichen Recht überträgt (Art. 920 Abs. 1 ZGB).[865] Auch hier ist der Wille des bisherigen Besitzdieners zum Besitz für sich selbst massgeblich.[866]

iii. Besitzverhältnisse bei der Miete von Räumlichkeiten

286 Mit der Übergabe des Mietobjekts an den Mieter wird dieser zum unselbständigen, unmittelbaren Besitzer. Der vermietende Eigentümer bleibt selbständiger, nun aber mittelbarer Besitzer.[867] Nutzt der Mieter das Mietobjekt nicht selbst, sondern hat er es wiederum einem Dritten zur Verfügung gestellt, so ist dieser Dritte unmittelbarer, der Mieter nur noch mittelbarer Besitzer. Bewohnt der Mieter das Mietobjekt mit weiteren Personen zusammen, liegt in der Regel Mitbesitz vor.[868] In bestimmten Fällen ist indessen lediglich Besitzdienerschaft anzunehmen.

287 Besitzdienerschaft ist in erster Linie solange denkbar, als eine Person mit dem Besitzer (Mieter) im Mietobjekt zusammenlebt. Abzustellen ist dabei auf den Willen des Mitbewohners. Tut dieser nach aussen erkennbar einen Willen zum Besitz für sich selbst kund, so ist er als Mitbesitzer der Wohnung zu qualifizieren. Ein nach aussen manifestierter Besitzeswillen kann namentlich darin bestehen, dass der Mitbewohner auf dem Klingelschild, am Briefkasten oder im

---

862 Vgl. auch SPR-SUTTER-SOMM, S. 1229 ff.

863 CHK ZGB-EITEL/ARNET, Art. 919 N 3; BK-STARK, Art. 919 ZGB N 36; BSK ZGB II-WIEGAND, Art. 641 N 47; SPR-SUTTER-SOMM, N 1234.

864 SPR-HINDERLING, S. 422; SPR-SUTTER-SOMM, N 1234; FRECH, S. 7: *«nur der nach aussen kundbar gemachte, durch eine Handlung betätigte Wille, der die Verhältnisse in der Umwelt verändert.»*

865 SPR-HINDERLING, S. 422; SPR-SUTTER-SOMM, N 1234.

866 Die Begründung des Besitzes erfolgt hier je nach Auffassung (oben, Rz. 283) derivativ oder originär.

867 Art. 920 Abs. 2 ZGB; BK-STARK, Art. 920 ZGB N 4; BSK ZGB II-ERNST, Art. 920 N 4.

868 Oben, Rz. 281.

Telefonbuch an der Adresse des Mietobjekts aufgeführt wird. Ordnet er sich dem Schicksal des Mieters unter, liegt (eher) eine Besitzdienerschaft vor.[869] Wird der Mieter von der Nutzung des Mietobjekts ausgeschlossen,[870] sei es, dass er vom Dritten ausgesperrt wird, sei es, dass der Mieter es dem Dritten zur alleinigen Nutzung überlassen hat, so besteht in aller Regel keine Besitzdienerschaft mehr, sondern Besitz dieses Dritten an den Räumlichkeiten.

Massgeblich ist die Abgrenzung von Besitzer und Besitzdiener, weil der Eigentümer seine Vindikationsklage gegen den Besitzer der Sache richten muss. Dessen Besitzdiener hingegen kann er gar nicht einklagen. Dieser wird vom Urteil gegen den Besitzer miterfasst.[871] Irrelevant ist, ob der Besitzer seinen Besitz derivativ oder originär (durch Anmassung) erworben hat. 288

ac. Unberechtigter Besitz (Besitz ohne Rechtsgrund)

Der Eigentümer hat einen Vindikationsanspruch nur gegen diejenigen Besitzer, die nicht zum Besitz berechtigt sind. Der Mietvertrag verschafft dem Mieter einen obligatorischen Anspruch auf Besitz. Dieser fällt erst nach Beendigung des Mietverhältnisses dahin. 289

Hat der unmittelbare Besitzer den Besitz von einer Person erhalten, die gegenüber dem Eigentümer zum Besitz berechtigt ist, so muss er die Sache nicht herausgeben.[872] Drittpersonen ohne Mieterstellung leiten ihr Recht zum Aufenthalt im Mietobjekt vom (zum Besitz berechtigten) Mieter ab, der ihnen den Zugang gewährt bzw. es ihnen zur Verfügung stellt. Zwischen Mieter und Mitbewohner sind verschiedene Rechtsverhältnisse denkbar. In vielen Fällen wird eine Untermiete vorliegen, allenfalls auch nur über einzelne Zimmer. Auch eine entgeltlose Gebrauchsleihe oder reine Gefälligkeit (insb. bei kürzerem Aufenthalt) sind möglich. Nicht zuletzt kann der Rechtsgrund auch in familienrechtlichen Unterhaltspflichten[873] liegen. In allen Fällen kann sich nur der Mieter, nicht aber der Mitbewohner auf ein persönliches Recht gegenüber dem vindizierenden Eigentümer berufen. Eine Ausweisung von Mitbewohnern während laufendem Hauptmietverhältnis hängt davon ab, ob der Mieter berechtigt war, die Dritten bei sich aufzunehmen.[874] 290

869 Vgl. BSK ZGB II-WIEGAND, Art. 641 N 47.
870 Vgl. BSK ZGB II-ERNST, Art. 922 N 9.
871 Oben, Rz. 280.
872 BK-MEIER-HAYOZ, Art. 641 N 64 mit Bezug auf § 986 Abs. 1 BGB.
873 Art. 163 ZGB; Art. 276 und 277 Abs. 2 ZGB.
874 Dazu oben, Rz. 101 ff.

291 Nach Auflösung des Mietverhältnisses hat auch der Mieter keinen Rechtsgrund mehr zum Besitz und der Eigentumsklage des Vermieters gegen den ehemaligen Mieter und alle Personen, die ihren Besitz von diesem ableiten, steht nichts mehr im Wege.

b. Mietrechtlicher Ansatz

292 Neben der sachenrechtlichen Betrachtungsweise sind auch mietrechtliche Überlegungen zu berücksichtigen. In zwei Fällen kennt das Mietrecht einen gewissen Schutz für Drittpersonen, die nicht am Mietvertrag beteiligt sind.

ba. Familienwohnung (Wohnung der Familie)

293 Handelt es sich beim Mietobjekt um eine Familienwohnung im Sinne von Art. 169 ZGB,[875] so kann diese vom Ehegatten, der Mieter ist, nicht ohne ausdrückliche Zustimmung des nichtmietenden Ehegatten gekündigt werden.[876] Gleiches gilt für eingetragene Partner, von denen nur einer den Mietvertrag unterzeichnet hat.[877] Erfolgt die Kündigung von Seiten des Vermieters, so muss er diese – ebenso wie eine allfällige vorausgegangene Kündigungsandrohung wegen Zahlungsverzugs gemäss Art. 257d OR – beiden Ehegatten bzw. eingetragenen Partnern separat zustellen, sonst ist die Kündigung nichtig.[878]

294 Richtet sich das Ausweisungsbegehren nur gegen den mietenden Ehegatten, so ist für das Gericht nicht unbedingt ersichtlich, dass es sich um eine Familienwohnung handelt und dass die besonderen Kündigungsbestimmungen einzuhalten gewesen wären. Dies gilt insbesondere dann, wenn sich der beklagte Mieter im Ausweisungsverfahren nicht vernehmen lässt. Es sind sodann Fälle denkbar, wo der mietende Partner kein Interesse hat, sich gegen eine Ausweisung nach einer nichtigen Kündigung zu wehren – namentlich dann, wenn er selbst ohne Zustimmung des anderen den Mietvertrag gekündigt hat oder bereits aus der gemeinsamen Wohnung ausgezogen ist. Es ist somit denkbar, dass ein Ausweisungsentscheid gegen den Mieter, gestützt auf eine nichtige Kündigung, rechtskräftig und vollstreckbar wird, ohne dass sein Ehegatte in das Verfahren mit einbezogen wurde, gegebenenfalls sogar, ohne dass er davon erfährt. Der hinter Art. 266m f. OR und Art. 169 ZGB stehende Schutzgedanken verbietet es daher, einen Ausweisungsentscheid, welcher nur gegen

[875] Dazu oben, Rz. 224 ff.
[876] Art. 266m OR.
[877] Art. 266m Abs. 3 OR.
[878] Art. 266o OR; zu den Rechten des nichtmietenden Ehegatten gegen die Vermieterkündigung Art. 273a OR und oben, Rz. 210 sowie Rz. 226.

den Mieter ergangen ist, gegenüber dessen Ehegatten oder eingetragenem Partner zu vollstrecken.

bb. Untermiete

295 Ähnliches wie das für den Ehegatten des Mieters Ausgeführte gilt in Bezug auf Untermieter. Hier bezweckt Art. 273b Abs. 2 OR den Schutz des Untermieters vor einem missbräuchlichen Verwenden der Untermiete. Wurde diese lediglich dazu benutzt, den Kündigungsschutz des Untermieters zu umgehen, tritt der Vermieter von Gesetzes wegen in das Mietverhältnis mit dem Untermieter ein.[879] Spielen Hauptvermieter und Untervermieter zusammen, kann das Hauptmietverhältnis grundsätzlich von heute auf morgen auch einvernehmlich beendet werden. Eine *pro forma*-Ausweisung des Hauptmieters durch den Hauptvermieter darf keine Wirkung gegen den Untermieter entfalten, denn der Untermieter muss zumindest die Gelegenheit haben, das missbräuchliche Verhalten von Vermieter und Hauptmieter geltend zu machen bzw. gerichtlich überprüfen zu lassen. Die Möglichkeit eines Missbrauchs im Sinne von Art. 273b Abs. 2 OR verbietet es, einen gegen den Hauptmieter erwirkten Ausweisungsentscheid gegen den Untermieter zu vollstrecken.

3. Fallgruppen

a. Mehrere Mieter

296 Stehen auf Mieterseite mehrere Personen, so hat sich jede vertraglich zur Rückgabe des Mietobjekts nach Beendigung des Mietverhältnisses verpflichtet. Die Rückgabe des Mietobjekts ist eine unteilbare Leistung im Sinne von Art. 70 OR. Jeder Schuldner ist daher zur ganzen Leistung verpflichtet (Art. 70 Abs. 2 OR).

297 Selbst wenn die Mieter eine einfache Gesellschaft bilden, haftet nach Art. 544 Abs. 3 OR jeder einzelne von ihnen für die eingegangenen Schulden solidarisch. Es besteht keine notwendige passive Streitgenossenschaft.[880] Der Ver-

---

879 Dazu oben, Rz. 234.

880 Die Frage der notwendigen passiven Streitgenossenschaft kann sich bei Gesamtbesitz stellen: Solcher liegt vor, wenn mehrere Besitzer die Gewalt über eine Sache nur im gemeinsamen Zusammenspiel ausüben können (Lehrbuchbeispiel: Inhalt eines durch zwei Schlösser gesicherten Tresors, wobei jeder der beiden Berechtigten nur einen Schlüssel besitzt). Auch in solchen Fällen spricht sich die Lehre gegen eine notwendige Streitgenossenschaft aus (GULDENER, S. 297 Fn 3; VON HOLZEN, S. 94 Fn 487). Bei Mieträumlichkeiten besteht hingegen Mitbesitz – jeder Mieter hat einen Schlüssel und damit für sich alleine Zugang. Auch beim Räumen der Wohnung (Wegschaffen des

mieter kann daher gegen jeden der Mieter einzeln vorgehen und die Räumung verlangen.[881] Indessen erlangt der gegen einen der Mieter erwirkte Ausweisungsentscheid Rechtskraftwirkung nur *inter partes* und kann daher nicht gegen andere, noch nicht ausgezogenen Mitmieter vollstreckt werden.

298 Ist der Mieter verstorben, geht der Mietvertrag mit allen Rechten und Pflichten ebenso wie der Besitz[882] an der Wohnung nach Art. 560 Abs. 2 ZGB *ipso iure* auf seine Erben über. Jeder Erbe haftet persönlich für die Schulden des Erblassers und übernimmt daher die vertragliche Rückgabepflicht.[883] Den Besitz üben die Erben gesamthaft aus.[884] Nach der hier vertretenen Auffassung besteht indessen auch aus sachenrechtlicher Sicht kein Grund zur Annahme einer notwendigen passiven Streitgenossenschaft.[885] Gestützt auf den rechtskräftigen und vollstreckbaren Ausweisungsentscheid gegen einen der Erben kann das Mietobjekt nötigenfalls zwangsweise geräumt werden – sofern sich kein anderer Erbe dagegen zur Wehr setzt.[886]

b. Ehegatte oder eingetragener Partner des Mieters

ba. Während des Zusammenlebens

299 Handelt es sich beim Mietobjekt um eine Wohnung der Familie gemäss Art. 169 ZGB,[887] so besteht heute in Lehre und Rechtsprechung Einigkeit, dass der nichtmietende Ehegatte des Mieters nicht gestützt auf einen Entscheid gegen den Mieter ausgewiesen werden kann.[888] Der Schutz der Familienwohnung nach Art. 266n OR und Art. 169 ZGB kann nur realisiert werden, wenn der Ehegatte die Möglichkeit hat, seine Einwendungen hieraus vorzubringen.[889]

---

mobiliars) müssen die Mieter nicht notwendigerweise zusammenwirken. Dies gilt erst recht, wenn einzelne Mieter bereits ausgezogen sind.

881 BGer 4C.17/2004 vom 2. Juni 2004 E. 4.3 (MRA 2005, S. 17 f.); BGer 4C.103/2006 vom 3. Juli 2006 E. 4.1; SVIT, 3. Aufl., Art. 274g N 5a; DUCROT, 2006, S. 19.

882 Praxiskommentar-HÄUPTLI, Art. 560 N 37; ausführlich ZK-ESCHER, Art. 560 ZGB N 4 ff.; vgl. BSK ZGB II-SCHWANDER, Art. 560 N 8.

883 Art. 560 Abs. 2 und Art. 603 Abs. 1 ZGB.

884 SPR-HINDERLING, S. 420.

885 Vgl. oben, Fn 880; GULDENER, S. 297 Fn 3.

886 Vgl. zum Einstellungsverfahren in der Vollstreckung unten, Rz. 762 ff.

887 Zur Wohnung der Familie oben, Rz. 224 ff.

888 BGer 4P.133/1999 vom 24. August 1999 E. 2. b) aa), abgedruckt in mp 2000, S. 39 f.; DUCROT, S. 22; RAJOWER, AJP, S. 804 f.; SVIT, 3. Aufl., Art. 274g N 5a; BSK OR I-WEBER, Art. 267 N 3; anders noch – vor der Revision des Mietrechts und unter dem alten Familienrecht – GULDENER, S.624 Fn 45; vgl. auch MAISSEN, S. 65 und HAUBENSAK, S. 47, je mit Verweis auf PFENNINGER, S. 82.

889 Dazu oben, Rz. 293 f.

Hat der Vermieter zunächst nur den einen Ehegatten eingeklagt, so erwächst 300
ein gegen diesen erstrittener Ausweisungsentscheid ungeachtet allfälliger Mängel bei der Kündigung in Rechtskraft.[890] Dies gilt insbesondere dann, wenn die Kündigung aus Unwissen nur dem einen Ehegatten zugestellt wurde und daher nach Art. 266o i.V.m. Art. 266n OR nichtig war.[891] Der Ausweisungsentscheid hat indessen gegenüber dem nicht in das Ausweisungsverfahren mit einbezogenen Ehegatten keine Wirkung. War die Kündigung nichtig, muss sie wiederholt werden und Wirksamkeit erlangen, bevor auch der zweite Ehegatte ausgewiesen werden kann. Die Ausweisung nur eines Ehegatten, wenn beide Ehegatten noch im Mietobjekt wohnen, ist praktisch selten sinnvoll, da der Verbleibende dem anderen ohne Weiteres jederzeit wieder Zugang verschaffen kann. Es besteht jedoch kein überzeugender Grund, eine notwendige passive Streitgenossenschaft der Ehegatten anzunehmen.[892] Der Vermieter kann beide Ehegatten einzeln ausweisen lassen, was insbesondere dann angezeigt ist, wenn nur noch ein Ehegatte das Mietobjekt nutzt.[893] Nach der hier vertretenen Auffassung kann der Vermieter sich gegenüber dem nichtmietenden Ehegatten nicht nur auf seinen dinglichen Herausgabeanspruch stützen, sondern auch einen (quasi)vertraglichen Rückgabeanspruch aus Art. 267 OR analog geltend machen.[894] Die dargelegten Ausführungen gelten auch für eingetragene Partner.

bb. Nach Auszug des mietenden Ehegatten bzw. Partners

Die Wohnung kann den Charakter einer Familienwohnung gemäss Art. 169 301
ZGB verlieren, wenn ein Ehegatte sie definitiv verlässt. Ist der mietende Ehegatte ausgezogen, so hebt dies den Schutz von Art. 169 ZGB für den zurückbleibenden Ehegatten aber nicht auf.[895] Auch kann das Gericht im Scheidungsurteil Rechte und Pflichten aus dem Mietvertrag auf den bislang nicht mietenden Ehegatten übertragen.[896] Der verbleibende Ehegatte muss auch nach Auszug des mietenden Ehegatten seine Einwendungen gegen die Ausweisung vor-

---

890 Die allfällige Nichtigkeit der Kündigung führt nicht zur Nichtigkeit des Entscheids. Die unterlegene Partei muss vielmehr rechtzeitig ein Rechtsmittel ergreifen, andernfalls wird der Entscheid rechtskräftig und vollstreckbar.

891 Der Entscheid wird selbst dann rechtskräftig, wenn für Ehegatten – entgegen der hier vertretenen Auffassung – eine notwendige passive Streitgenossenschaft angenommen würde, vgl. BSK ZPO-RUGGLE, Art. 70 N 43 und VON HOLZEN, S. 163.

892 Zur Uneinigkeit in Lehre und Rechtsprechung RAJOWER, AJP, S. 805; BGer 4P.133/1999 E. 2. b) aa) (abgedruckt in mp 2000, S. 39) m. zahlr. Hinw.; vgl. auch MAISSEN, S. 65; DUCROT, 2006, S. 19.

893 Vgl. dazu sogleich, Rz. 301.

894 Dazu oben, Rz. 86.

895 Oben, Rz. 229.

896 Art. 121 ZGB.

bringen können. Ein allenfalls ergangener Ausweisungsentscheid gegen den ausgezogenen Ehegatten entfaltet ihm gegenüber keine Wirkungen.[897]

c. Unverheiratete Lebenspartner des Mieters

302 Der mietrechtliche Schutz der Familienwohnung erfasst nicht den unverheirateten bzw. nicht eingetragenen Partner des Mieters, ganz unabhängig davon, ob Kinder vorhanden sind. Auf diese Konstellation sind die vorstehenden Ausführungen nicht übertragbar. Aus dem Mietrecht lässt sich nichts ableiten. Es ist daher hier eine rein sachenrechtliche Perspektive einzunehmen.

303 Massgeblich ist, ob es sich beim Lebenspartner um einen Besitzer oder lediglich um einen Besitzdiener handelt, wobei bei einer Partnerschaft unter erwachsenen Personen keine Weisungsgebundenheit zu vermuten ist. Es ist auf den nach aussen manifestierten Willen des Lebenspartners abzustellen, die Wohnung auch für sich zu nutzen. Dies ist insbesondere dann anzunehmen, wenn der Partner seinen Wohnsitz im Sinne des Lebensmittelpunktes in die Wohnung des Mieters verlegt. Nach aussen dringende Anzeichen hierfür können die Mitteilung an den Vermieter, die Nennung des Namens an Türschild und Briefkasten, die Eintragung im Telefonbuch oder auch die Meldung an die Einwohnerdienste sein.

304 Im Zweifel kann der nur gegen den Mieter erwirkte Ausweisungsentscheid nicht zwangsweise gegen seinen mitbewohnenden Lebenspartner vollstreckt werden. Dieser kann sich der drohenden Räumung erfolgreich widersetzen.[898] Weiss der Vermieter um die Existenz eines Partners, der in der Wohnung lebt, so ist er daher gut beraten, das Ausweisungsbegehren auch gegen diesen zu stellen, um einen vollstreckbaren Titel zu erlangen.[899]

d. Kinder

305 Nach ganz herrschender Auffassung werden minderjährige Kinder des Mieters vom Ausweisungsentscheid miterfasst.[900] Begründet wird dies über das Aufenthaltsbestimmungerecht der Eltern (Art. 301 Abs. 3 ZGB), bzw. damit, dass minderjährige Kinder von Gesetzes wegen den Wohnsitz mit dem obhutsberechtigten Elternteil teilen (Art. 25 Abs. 1 ZGB). Zudem werden minderjährige

---

[897] BGer 4P.133/1999 vom 24. August 1999 E. 2.b, abgedruckt in mp 2000, S. 39 f.

[898] Vgl. unten, Rz. 769 ff.

[899] A. A. LACHAT/RONCORONI, Rz. 31.9.3.

[900] SVIT, 3. Aufl., Art. 274g N 6b; BSK OR I-WEBER, Art. 267 N 3; LACHAT/RONCORONI, Rz. 31.9.3; DUCROT, S. 32; GULDENER, S. 624 Fn 45; BGer 4P.133/1999 vom 24. August 1999 abgedruckt in mp 2000, S. 36–41.

Kinder grundsätzlich als Besitzdiener ihrer Eltern qualifiziert.[901] Dem ist grundsätzlich zuzustimmen. Zwar können minderjährige Kinder ohne Weiteres Besitzer und Eigentümer von Gegenständen sein, die sich in der Wohnung befinden (Spielzeug, Kleider, Schulsachen etc.). Die Ausweisung betrifft indessen die Vindikation der Wohnung selbst. Bei älteren minderjährigen Kindern mag eingewendet werden, dass diese zumindest über ihr Kinderzimmer einen eigenen Besitzeswillen gegenüber den Eltern entwickeln können. Indessen rechtfertigt diese Überlegung nicht, dem Kind selbst eine Parteistellung im Ausweisungsverfahren aufzuzwingen.[902]

Nach Eintritt der Volljährigkeit des Kindes verfängt die Argumentation über Art. 301 Abs. 3 und Art 25 ZGB nicht mehr. Ist die sachenrechtliche Betrachtungsweise über die Abgrenzung von Besitzer und Besitzdiener bereits bei älteren Minderjährigen schwer zu ziehen, so gilt dies umso mehr für Volljährige. Leben volljährige Kinder weiterhin mit den Eltern bzw. mit einem Elternteil zusammen und sind sie nicht bereit, sich einem Ausweisungsentscheid gegen ihre Eltern zu beugen, so kann die Ausweisung ihnen gegenüber nicht vollstreckt werden.[903] Nicht von der Hand zu weisen ist indes ein nicht unerhebliches Missbrauchspotential durch ein mögliches Vorschieben des Kindes. Zu beachten sind auch die Nachteile, welche die Parteistellung des Kindes im Verfahren mit sich bringt, allen voran die Kostenfolgen – zumal das Kind selbst keinen Titel zum Verbleib im Mietobjekt vorweisen und daher die Ausweisung lediglich verzögern kann. Dennoch lässt sich in der Praxis nicht mit Sicherheit erkennen, ob das mündige Kind seine Einwendungen aus eigenem Antrieb oder auf elterliche Weisung bzw. unter elterlichem Druck vorbringt. Entscheidend sind die Umstände des Einzelfalles. Um Unsicherheiten zu vermeiden, sollte der Vermieter auch erwachsene Kinder als Beklagte im Ausweisungsverfahren nennen. 306

e. Weitere Personen

Auch in Bezug auf weitere Personen, die sich mit dem Mieter oder anstelle des Mieters im Mietobjekt aufhalten, ist die Abgrenzung des Besitzers vom Besitzdiener entscheidend für die Frage, ob sie vom Ausweisungsentscheid gegen den Mieter erfasst sind. Gegen jeden – noch so unberechtigten – Besitzer muss 307

---

901 Oben, Rz. 284 f.

902 Vgl. zum deutschen Recht MAJER, S. 18 ff. m. Hinw.

903 Vgl. BGer 4P.133/1999 E. 2. b) aa) (abgedruckt in mp 2000, S. 38), wonach der damalige Stand der Lehre die Ausweisung weiterer Familienmitglieder des Mieters gestützt auf den Ausweisungsentscheid gegen diesen mehrheitlich bejahte.

grundsätzlich ein eigener Vollstreckungstitel erwirkt werden, damit die Ausweisung auch zwangsvollstreckt werden kann.[904]

308 Gäste und Angestellte[905] des Mieters können als Besitzdiener ohne Weiteres gestützt auf den Ausweisungsentscheid der Wohnung verwiesen werden. Bei Mitbewohnern des Mieters liegt in der Regel eine Untermiete vor. Der Untermieter wird vom Ausweisungsentscheid gegen den Mieter nicht erfasst.[906] Auch denkbar ist eine Gebrauchsleihe[907] oder ein reines Gefälligkeitsverhältnis. Grundsätzlich gilt eine Person mit tatsächlicher Gewalt über das Mietobjekt als dessen Besitzer, sobald sich ihr Besitzeswillen nach aussen manifestiert hat.[908] Dies ist insbesondere immer dann der Fall, wenn sie das Mietobjekt unter Ausschluss des Mieters benutzt. Nutzt sie das Mietobjekt mit dem Mieter zusammen, so ist bei erkennbarem eigenem Besitzeswillen Mitbesitz anzunehmen. Grundsätzlich ist es möglich, dass sich der Besitzeswille auch erst zeigt, wenn der Vollzugsbeamte vor der Tür steht. Hier besteht ein nicht unerhebliches Missbrauchspotential, dem nur über das Rechtsmissbrauchsverbot begegnet werden kann.[909]

4. Praktische Schwierigkeiten

309 Nicht selten ist es für den Vermieter schwierig, zu erkennen, wer – zusätzlich zum Mieter – im Mietobjekt wohnt. Verschiedene Formularmietverträge sehen zwar eine Pflicht des Mieters vor, dem Vermieter eine Änderung seines Zivilstandes (insb. Heirat) anzugeben und für eine Untermiete muss grundsätzlich die Zustimmung des Vermieters eingeholt werden.[910] Auch können weitergehende Informationspflichten im Mietvertrag vereinbart werden, so die Bekanntgabe der Namen weiterer in die Hausgemeinschaft aufgenommenen Per-

904 A. A. LÜTHI, S. 62–64, wonach der gegen den Mieter erwirkte Ausweisungsentscheid auch den Untermieter erfasse, soweit er sich auf den Vindikationsanspruch stützt, nicht jedoch, wenn der Vermieter nur seinen mietvertraglichen Rückgabeanspruch geltend mache. Der Untermieter leite seinen Besitz von demjenigen des Untervermieters ab. Das Urteil gegen den mittelbar besitzenden Mieter erstrecke sich auch auf den Untermieter, der lediglich Kraft eines obligatorischen Anspruchs zwischen Mieter und Untermieter besitzt. Der Eigentumsanspruch sei stärker als der obligatorische Anspruch des Untermieters. Seine Stellung sei von der Rechtstellung des Mieters völlig abhängig.

905 Zur Dienstwohnung für Hausangestellte vgl. SVIT, Art. 266l–266o, N 63 ff.

906 So auch BSK OR I-WEBER, Art. 267 N 3; SK-HEINRICH, Art. 267–267a N 4.

907 Zur Abgrenzung Miete – Gebrauchsleihe SVIT, Vorbemerkungen Art. 253–274g, N 30 f.

908 Oben, Rz. 287.

909 Dazu sogleich, Rz. 310 f.

910 Art. 262 Abs. 1 OR.

sonen. Dass sich der Mieter daran hält, ist freilich nicht gewährleistet. Verletzt er allfällige Informationspflichten, so kann dies eine Schadenersatzpflicht nach sich ziehen; an den allfälligen Rechten der Drittpersonen ändert sich dadurch aber nichts. Es ist sinnvoll und grundsätzlich auch zu erwarten, dass sich der Vermieter vor Einreichen des Ausweisungsbegehrens darüber informiert, wer das Mietobjekt bewohnt, soweit dies ohne grossen Aufwand in Erfahrung gebracht werden kann, namentlich durch Konsultation von Türschild, Briefkastenschild, Telefonbuch oder Einwohneramt. Nach der hier vertretenen Auffassung ist derjenige als Besitzer der Wohnung zu betrachten, der einen Schlüssel zur Wohnung besitzt, an der Adresse gemeldet ist oder zumindest auf dem Türschild und/oder am Briefkasten angeschrieben ist. In besonderen Fällen (so insbesondere bei namentlich unbekannten renitenten Hausbesetzern) ist allenfalls auch eine Identitätskontrolle durch die Polizei denkbar.

Nicht zu vermeiden ist schliesslich, dass der Mieter die Wohnung im laufenden Ausweisungsverfahren[911] weiteren Personen überlässt oder diesen zumindest Mitbesitz einräumt.[912] Eine sachgerechte Lösung ist hier nur über das Rechtsmissbrauchsverbot zu erreichen. Massgeblich erscheint dabei, ob die Person, welche in das Mietobjekt eingezogen ist und sich nach aussen ersichtlich darin eingerichtet hat, um das laufende Ausweisungsverfahren gegen den bisherigen Bewohner weiss.[913] 310

[911] Oder noch nach Rechtskraft des Ausweisungsentscheides aber vor dem Vollzug.

[912] Als Beispiel aus der Praxis sei die jeweils kurzzeitige Untervermietung von Appartements im Rotlichtmilieu genannt. Die untermietenden Sexarbeiterinnen, welche regelmässig auch in den Appartements wohnen, wechseln jeweils nach wenigen Monaten. Wird der Hauptmietvertrag aufgelöst, haben auch die Untermieterinnen kein Recht mehr zum Verbleib im Mietobjekt. Es ist jedoch für den Vermieter schwierig, den bürgerlichen Namen der Bewohnerinnen zu eruieren. Widersetzt sich eine Bewohnerin der lediglich gegen den Untervermieter erwirkten Räumung, so hat sie ihre Personalien anzugeben, so dass ein Ausweisungsverfahren gegen sie direkt eingeleitet werden kann. Dies könnte sich theoretisch mehrfach wiederholen. Vgl. zum Parteiwechsel auf der Passivseite nachfolgend Rz. 319 f.

[913] Für einen Vorschlag zum praktischen Vorgehen vgl. unten, Rz. 769 ff., insb. Rz. 772. Wechseln die Bewohner der Liegenschaft wiederholt, bevor der Ausweisungsentscheid vollstreckt werden kann, so wäre diesem missbräuchlichen Vorgehen möglicherweise auch mit einem gerichtlichen Verbot (Art. 258–260 ZPO) zu begegnen. Die Sanktion bei Widerhandlung gegen das Verbot ist eine Busse bis CHF 2'000 (auf Antrag, Art. 258 Abs. 1 ZPO). Unter welchen Umständen und ab welchem Zeitpunkt eine Besitzkehr (oben, Rz. 91 Fn 266; vgl. auch Art. 52 Abs. 3 OR) möglich ist, müsste im Einzelfall beurteilt werden.

IV. Parteiwechsel

1. Grundsatz

311 Selbst im schnellen summarischen Rechtsschutz in klaren Fällen ist es möglich, dass der Anspruch auf Herausgabe, sei es der vertragliche oder der dingliche, im laufenden Verfahren auf einen Dritten übergeht. Dann stellt sich die Frage nach einem Parteiwechsel. Einschlägig ist Art. 83 ZPO.

2. Rechtsnachfolge (Art. 83 Abs. 4 ZPO)

312 Verstirbt der Vermieter bzw. der Eigentümer der Liegenschaft, so treten dessen Erben von Gesetzes wegen in seine Rechtstellung ein.[914] Die vertraglichen und sachenrechtlichen Ansprüche des Verstorbenen gehen ebenso wie die Parteistellung im laufenden Prozess auf die Erben über. Eine Zustimmung der Gegenpartei zum Parteiwechsel ist nicht erforderlich.[915] Indessen ist das Verfahren zu sistieren, bis Klarheit über die Person der Erben und deren Antritt der Erbschaft besteht.[916] Wurde ein Willensvollstrecker eingesetzt, so führt dieser den Prozess als Prozessstandschafter in eigenem Namen.[917]

313 Ebenso wie im Todesfall auf der Vermieterseite erfolgt auch bei einem Versterben auf Mieterseite ein automatischer Parteiwechsel. Gemäss Art. 560 ZGB geht nicht nur die vertragliche Rückgabepflicht sondern auch der Besitz *ipso iure* auf die Erben über.[918] Widersetzen sich die Erben der Forderung des Vermieters auf Räumung, kann es zu erheblichen Verzögerungen kommen, bis klar ist, wer in die Rechtsstellung des Erblassers und damit in den Prozess eingetreten ist.

314 Zu einem Parteiwechsel von Gesetzes wegen ohne Zustimmung der Gegenpartei kommt es auch bei einer Rechtsnachfolge nach dem Fusionsgesetz,[919] wenn der Stichtag (die Eintragung im Handelsregister)[920] in ein laufendes Ausweisungsverfahren fällt.

---

914 Art. 560 ZGB.

915 Art. 83 Abs. 4 ZPO.

916 ZK ZPO-SCHWANDER, Art. 83 N 40; BK ZPO-GROSS/ZUBER, Art. 83 N 26.

917 Art. 602 Abs. 2 i.V.m. Art. 518 Abs. 2 ZGB; STAEHELIN/STAEHELIN/GROLIMUND, § 13 Rz. 26; ZK ZPO-ZÜRCHER, Art. 59 N 68.

918 Ausführlich SPR-HINDERLING, S. 427; vgl. oben, Rz. 298.

919 Fusion, Spaltung, Vermögensübertragung, sofern die streitgegenständliche Liegenschaft davon erfasst wird.

920 Art. 22 Abs. 2 FusG, Art. 52 FusG, Art. 73 Abs. 2 FusG.

3. Veräusserung des Mietobjekts im laufenden Prozess

Wird das Streitobjekt während des Prozesses veräussert, so kann der Erwerber 315
gemäss Art. 83 Abs. 1 ZPO an Stelle der veräussernden Partei in den Prozess eintreten. Das Streitobjekt im Ausweisungsverfahren sind die Räumlichkeiten, die geräumt bzw. zurückgegeben werden sollen. Als Veräusserung gilt nicht nur die Übertragung des Eigentums, sondern auch die Übertragung des Besitzes.[921] Grundsätzlich können daher sowohl der Eigentümer als auch der Benutzer das streitgegenständliche Mietobjekt im Sinne von Art. 83 Abs. 1 ZPO veräussern.

a. Veräusserung durch den Kläger

Wird eine vermietete Liegenschaft verkauft, tritt nach Art. 261 OR der Erwer- 316
ber im Moment der Eigentumsübertragung mit allen Rechten und Pflichten in das Mietverhältnis ein.[922] Bei einer Veräusserung während eines laufenden Kündigungsschutzverfahrens geht die Lehre von einem Parteiwechsel kraft Bundesrechts aus.[923] Die Ausweisung wird (ausserhalb des Rechtsschutzes in klaren Fällen) unter den Begriff des Kündigungsschutzverfahrens subsumiert.[924] Somit kommt es auch im Ausweisungsverfahren zu einem *«automatische Parteiwechsel»* auf der Klägerseite – sofern die Veräusserung dem Gericht angezeigt wird.[925] ein solcher *«Parteiwechsel»* kraft Bundesrechts ist in jedem Stadium des Prozesses (auch noch vor Bundesgericht[926]) möglich. Zu beachten ist allerdings, dass Art. 261 Abs. 1 OR nur den mietvertraglichen Rückgabeanspruch des Vermieters, nicht aber einen allfälligen dinglichen Herausgabeanspruch (insbesondere gegen Dritte) betrifft. Hier bleibt es bei der Möglichkeit eines gewillkürten Parteiwechsels nach Art. 83 Abs. 1 ZPO. Dazu

---

921 BSK ZPO-GRABER/FREI, Art. 83 N 6; BK ZPO-GROSS/ZUBER, Art. 83 N 8; DIKE ZPO-GÖKSÜ, Art. 83 N 12; ZK ZPO-SCHWANDER, Art. 83 N 17.

922 BSK OR I-WEBER, Art. 261 N 4; SVIT, Art. 261–261a, N 11. Der Vermieter stellt sich im Ausweisungsverfahren zwar auf den Standpunkt, der Mietvertrag sei bereits rechtsgültig beendet. Ebenso wie im Kündigungsschutzverfahren kann sich diese Annahme als richtig oder aber als falsch erweisen.

923 SVIT, Art. 273 N 12; ZK-HIGI, Art. 273 N 35; BSK OR I-WEBER, Art. 273 N 2a; LACHAT/SPIRIG, Rz. 23.4.6.4; Stämpfli ZPO-LIVSCHITZ, Art. 83 N 7; CALAMO, S. 309 f.; alle m. Hinw.; vgl. BGer 4C.291/2006 vom 28. November 2006, E. 1.3.

924 Oben, Rz. 260 f.

925 Das Gericht hat indessen den Parteien vorgängig das rechtliche Gehör zu gewähren; ZK ZPO-SCHWANDER, Art. 83 N 11.

926 Art. 17 Abs. 3 BZP i.V.m. Art. 71 BGG; vgl. BGer 4C.291/2006 vom 28. November 2006, E. 1.3.

hat der Erwerber dem Gericht lediglich eine entsprechende Erklärung abzugeben. Die Zustimmung der Gegenpartei ist nicht erforderlich.

317 Wird dem Gericht bis zu dem Zeitpunkt, in dem gemäss Art. 229 ZPO noch neue Vorbringen zugelassen sind,[927] zwar der Eigentumsübergang nicht aber der Parteiwechsel angezeigt, scheitert das Ausweisungsbegehren des alten Vermieters bzw. Eigentümers – sofern kein automatischer Parteiwechsel nach Art. 261 Abs. 1 OR vorgenommen werden kann – mangels Aktivlegitimation.[928]

318 Massgeblicher Zeitpunkt ist der Eigentumsübergang, also die Eintragung des Erwerbers im Grundbuch während des laufenden Verfahrens. Wird der erstinstanzliche Entscheid angefochten, so kann der Parteiwechsel auch noch im Berufungsverfahren erfolgen.[929] Ist das Eigentum jedoch bereits vor dem Einreichen des Ausweisungsgesuches übergegangen, so war die gesuchstellende Partei nie aktivlegitimiert. Es hat die falsche Partei geklagt. Dies kann nicht über einen Parteiwechsel nach Art. 83 Abs. 1 ZPO geheilt werden.[930]

b. Veräusserung durch den Beklagten

319 Grundsätzlich wäre auch auf der Passivseite ein Parteiwechsel nach Art. 83 Abs. 1 ZPO denkbar. Überträgt der Mieter während des laufenden Verfahrens den Besitz an eine andere Person, so kann diese in den Ausweisungsprozess eintreten, muss es aber nicht und wird es mangels Interesse auch nicht tun.

320 Räumt der Beklagte während des laufenden Prozesses einem Dritten lediglich Mitbesitz am Mietobjekt ein, so ändert sich an seiner Passivlegitimation nichts.[931] Hat er den Besitz zugunsten eines Dritten aufgegeben, so kann der Vermieter auf dem Weg der Klageänderung sein Rechtsbegehren allenfalls der veränderten Sachlage anpassen. Lautet das Rechtsbegehren auf Rückgabe des

---

[927] CR CPC-JEANDIN, Art. 83 N 12.

[928] So die herrschende Lehre: BSK ZPO-GRABER/FREI, Art. 83 N 10 ff.; ZK ZPO-SCHWANDER, Art. 83 N 26; BK ZPO-GROSS/ZUBER, Art. 83 N 18; STAEHELIN/STAEHELIN/GROLIMUND, § 13 Rz. 79; a. A. Botschaft ZPO, S. 7286, wonach der Veräusserer den Prozess als Prozessstandschafter des Erwerbers weiterführen soll. Eingehend zu dieser Frage KUKO ZPO-DOMEJ, Art. 83 N 10 ff. und LÖTSCHER, Rz. 840 ff.; insb. Rz. 863 ff.

[929] Ein Parteiwechsel ist auch im Rechtsmittelverfahren noch möglich, wenn er sich auf neue Tatsachen stützt und diese zugelassen werden; BSK ZPO-GRABER/FREI, Art. 83 N 20; ZK ZPO-SCHWANDER, Art. 83 N 12; CR CPC-JEANDIN, Art. 83 N 12. Dazu unten, Rz. 677 f.

[930] BSK ZPO-SCHWANDER, Art. 83 N 8; möglich ist aber gegebenenfalls eine Berichtigung der fehlerhaften Parteibezeichnung, dazu oben, Rz. 266.

[931] Der Ausweisungsentscheid ist aber gegen den Dritten nicht vollstreckbar.

Mietobjekts, so hat der Auszug des Mieters nicht die Gegenstandslosigkeit des Verfahrens zur Folge, denn der Mieter hat dem Vermieter nicht den geforderten Besitz eingeräumt. Er bleibt dazu verpflichtet. Der Vermieter kann aber statt der Rückgabe auch Schadenersatz verlangen.[932] Für den Gesuchsteller, welcher sich auf seinen dinglichen Anspruch stützt, gilt, dass nach herrschender Lehre[933] eine Vindikationsklage auch gegen den mittelbaren Besitzer gerichtet werden bzw. aufrecht erhalten bleiben kann – dieser hat seinen obligatorischen Anspruch auf Rückgabe gegen den Dritten an den obsiegenden Kläger abzutreten – was den Gesuchsteller im Ausweisungsverfahren freilich in der Regel keinen Schritt weiterbringt. Es steht dem Gesuchsteller auch frei, sein Gesuch zurückzuziehen.[934] Diesfalls bietet sich ein Kostenentscheid nach Billigkeit zugunsten des Vermieters an.[935] Auch die konkrete Formulierung der Rechtsbegehren ist zu beachten: Lautet dieses lediglich auf Verpflichtung des Mieters zum Auszug, so wird das Verfahren nach dessen Auszug als gegenstandslos abgeschrieben.[936] Auch hier ist bei der Kostenverteilung zu beachten, dass die Gegenstandslosigkeit vom Beklagten zu vertreten ist.[937]

Nach einer Lehrmeinung soll sodann gestützt auf Art. 83 Abs. 1 ZPO gleich- 321
sam ein erzwungener Parteiwechsel auf der Passivseite möglich sein, indem der Kläger sein Rechtsbegehren dahingehend ändert, dass nun der Erwerber zum Auszug verpflichtet wird.[938] Diese Mindermeinung geht jedoch zu weit und lässt sich insbesondere methodologisch nicht auf Art. 83 Abs. 1 ZPO stützen.[939] Die Frage wird für das Ausweisungsverfahren freilich eher theoretisch bleiben, wird der Vermieter doch häufig nicht wissen, dass der Besitz am Mietobjekt auf einen Dritten übergegangen ist, bis er versucht, die Wohnung gestützt auf den Entscheid zu räumen oder räumen zu lassen.

---

932 BSK ZPO-GRABER/FREI, Art. 83 N 15.

933 BSK ZGB II-WIEGAND, Art. 641 N 48 m. Hinw.

934 Nach einem Teil der Lehre hat der Rückzug des Gesuchs im Verfahren um Rechtsschutz in klaren Fällen (wie der Nichteintretensentscheid) keine *res iudicata* Wirkung (Rz. 516). Die Frage ist hier freilich kaum von Relevanz, denn gegen den noch nicht ins Verfahren eingetretenen neuen Beklagten kann der Rückzug ohnehin keine Wirkungen zeitigen.

935 Art. 107 Abs. 1 lit. b oder f ZPO.

936 Eine *«konkludente Anerkennung»* ist abzulehnen; vgl. unten, Rz. 338.

937 BSK ZPO-GRABER/FREI, Art. 83 N 16.

938 KUKO ZPO-DOMEJ, Art. 83 N 11 *«den Antrag auf Verurteilung des Erwerber umstellen»;* der bisherige Beklagte würde neu als Prozesstandschafter des neuen Besitzers auf der Passivseite auftreten.

939 Diese Bestimmung bietet dem Erwerber Gelegenheit, in den Prozess einzutreten – sie verpflichtet den Erwerber nicht dazu.

§ 9 Ausweisungstitel – Die Vollstreckungstitel nach ZPO

I. Vorbemerkung

Um seinen Rückgabeanspruch nötigenfalls zwangsweise durchsetzen zu können, muss der Vermieter einen Vollstreckungstitel erwirken. Nur ein Vollstreckungstitel berechtigt zu gerichtlichen Vollstreckungsmassnahmen nach Art. 343 ZPO. Mit anderen Worten muss zunächst in geeigneter Weise das festgehalten werden, was anschliessend vollstreckt werden soll. Dies gilt auch bei der Anordnung der direkten Vollstreckung. Nachfolgend wird umrissen, welche Vollstreckungstitel die ZPO zur Verfügung stellt. 322

II. Gerichtlicher Entscheid (Leistungsurteil)

Als Vollstreckungstitel kommen in erster Linie Leistungsurteile in Betracht. 323 Leistungsurteile verpflichten den Schuldner zu einem Tun, Unterlassen oder Dulden. Nicht vollstreckbar sind demgegenüber Feststellungs- und Gestaltungsurteile[940]. Daher kann insbesondere die gerichtliche Feststellung, dass eine Kündigung gültig ist bzw. das Mietverhältnis auf einen bestimmten Zeitpunkt geendet hat (Feststellungsurteil), nicht vollstreckt werden. Die Pflicht des Mieters zum Auszug ergibt sich zwar ohne Weiteres aus der Tatsache, dass das Mietverhältnis nicht mehr besteht. Formell zum Auszug verpflichtet wird der Mieter damit jedoch noch nicht. Dasselbe gilt für einen Erstreckungsentscheid. Mit diesem Gestaltungsurteil wird das Mietverhältnis um eine bestimmte Zeitdauer verlängert und festgehalten, dass es dann automatisch zu Ende geht. Die Pflicht des Mieters zum Auszug ist nicht Gegenstand des Kündigungsschutzverfahrens oder des Erstreckungsverfahrens, solange dies nicht widerklageweise vom Vermieter eingebracht wird.

Die Formulierung des Rechtsbegehrens ist somit zentral für die Frage der 324 Vollstreckbarkeit des erstrebten Entscheides. Das Rechtsbegehren bzw. der spätere Erkenntnisentscheid haben die Verpflichtung des Beklagten zur Rückgabe oder Räumung des Mietobjekts zu enthalten. Verlangt der Vermieter lediglich die Feststellung, dass die Kündigung gültig ist oder dass kein Mietverhältnis (mehr) besteht, so kann kein vollstreckbares Leistungsurteil ergehen. Im Übrigen ist die vorgängige formelle Feststellung der gültigen Auflösung des Mietvertrages nicht notwendig. Diese Frage ist inzident (vorfrageweise) zu

[940] Bzw. bedürfen Feststellungsurteile und grundsätzlich auch Gestaltungsurteile nicht der Vollstreckung (vgl. SUTTER-SOMM, ZPO, Rz. 1551 ff.).

beantworten. Nach herrschender Lehre und Rechtsprechung wird zudem das erforderliche Feststellungsinteresse verneint, wenn eine Leistungsklage möglich ist (sogenannte *«Subsidiarität der Feststellungsklage»*),[941] was grundsätzlich zum Nichteintreten auf das Feststellungsbegehren führen muss.[942]

325 Vom erkennenden Leistungsurteil zu unterscheiden ist sodann die direkte Vollstreckungsmassnahme im Sinne von Art. 236 Abs. 3 bzw. Art. 337 ZPO. Damit kann bereits das Erkenntnisgericht zeitgleich mit dem Leistungsurteil für den Fall, dass der Mieter seiner Handlungspflicht, das Mietobjekt zu verlassen bzw. zurückzugeben, nicht nachkommt, Vollstreckungsmassnahmen anordnen. Es sind dies regelmässig die amtliche Räumung (Art. 343 Abs. 1 lit. d ZPO) oder die Ermächtigung des Vermieters zur Ersatzvornahme (Art. 343 Abs. 1 lit. e ZPO).

III. Urteilsvorschlag der Schlichtungsbehörde

326 Bei ausgewählten Streitigkeiten aus Miete und Pacht von Wohn- und Geschäftsräumen kann die Schlichtungsbehörde den Parteien unabhängig vom Streitwert einen Urteilsvorschlag unterbreiten (Art. 210 Abs. 1 lit. b ZPO). Es handelt sich hierbei grundsätzlich um diejenigen Streitsachen, in welchen die Schlichtungsbehörde nach den früheren mietrechtlichen Verfahrensbestimmungen einen so genannten *prima facie*-Vorentscheid zu fällen hatte.[943] Dazu zählen Streitigkeiten über Kündigungsschutz und die Erstreckung des Mietverhältnisses. Der klassische Fall des Kündigungsschutzes ist die Kündigungsanfechtung nach Art. 271 OR. Im Kündigungsschutzverfahren kann der Mieter sodann *zusätzlich* zur Anfechtung auch die Nichtigkeit oder Unwirksamkeit der Kündigung geltend machen. Die Schlichtungsbehörde prüft dann vorfrageweise auch diese Rügen und der Urteilsvorschlag umfasst alle vorgebrachten Mängel.[944] Umstritten war lange, ob auch dann ein Kündigungsschutzverfahren

---

941 BGE 114 II 255; 103 II 222; STAEHELIN/STAEHELIN/GROLIMUND, § 14 Rz. 25; ZK ZPO-BESSENICH/BOPP, Art. 88 N 7 dritter Spiegelstrich m. zahlr. Hinw.

942 Kritik bei ZK ZPO-BESSENICH/BOPP, Art. 88 N 12. Zum Ganzen auch unten, Rz. 344.

943 AArt. 274e i.V.m. aArt. 259i (Mietzinshinterlegung) und aArt. 273 OR (Kündigungsschutz und Erstreckung); neu auch bei Anfechtung von Miet- und Pachtzins wegen Missbräuchlichkeit; vgl. auch Art. 209 Abs. 1 lit. a ZPO. Der *prima facie*-Vorentscheid diente der Verfahrenserledigung und der Verteilung der Parteirollen im erstinstanzlichen Verfahren: die unterlegene Partei hatte innert Frist von 30 Tagen den Richter anzurufen, widrigenfalls erwuchs der Entscheid der Schlichtungsbehörde in Rechtskraft (aArt. 259i Abs. 2 OR; aArt 273 Abs. 5 OR).

944 Dies gilt auch, wenn der Mieter in erster Linie Nichtigkeit bzw. Unwirksamkeit und lediglich *eventualiter* die Anfechtbarkeit gerügt hat (BGE 139 III 457 E. 5.3); entscheidet die Schlichtungsbehörde im Rahmen eines Urteilsvorschlages, dass die Kündi-

vorliegt, wenn der Mieter lediglich die Feststellung der Nichtigkeit oder Unwirksamkeit der Kündigung verlangte.[945] Begehrt der Mieter eventualiter die Erstreckung, so fällt das Verfahren jedenfalls unter den Art. 210 Abs. 1 lit. b ZPO, da hier die Erstreckung unabhängig bzw. zusätzlich zum Kündigungsschutz genannt wird und auch im Rahmen der Erstreckung eines Mietverhältnisses zunächst die gültige Beendigung zu prüfen ist.[946] 2016 hat sich das Bundesgericht schliesslich für eine weite Auslegung von Art. 243 Abs. 2 lit. c ZPO[947] ausgesprochen,[948] welche auch die Klage auf Feststellung der Nichtigkeit oder Ungültigkeit der Kündigung umfasst, unabhängig davon, ob eventualiter die Kündigung angefochten oder ein Erstreckungsbegehren gestellt worden ist.[949] Auch das Ausweisungsbegehren des Vermieters fällt unter diese Bestimmung, sofern vorfrageweise die Beendigung eines Miet- oder Pachtverhältnisses[950] beurteilt werden muss.[951] Aus Gründen der Rechtssicherheit sind Art. 210 Abs. 1 lit. b ZPO (zum Anwendungsbereich des Urteilsvorschlags) und Art. 243 Abs. 2 lit. b ZPO (zum Anwendungsbereich des vereinfachten Verfahrens) sodann kongruent auszulegen, denn die beiden Bestimmungen sind deckungsgleich.[952] Der Urteilsvorschlag ist somit unabhängig von den Rechtsbegehren oder den Rügen, mit welchen der Mieter im Zusammenhang

---

gung ungültig, unwirksam oder nichtig sei, so kann der Vermieter im Kündigungsschutzverfahren auf Feststellung der Gültigkeit der Kündigung klagen (BGE 132 III 65 E. 3.2 zum aArt. 273 Abs. 4 OR; bestätigt zum neuen Recht in BGE 139 III 457 E. 5.3).

945 Zuletzt ausdrücklich offen gelassen in BGE 139 III 457 E. 5.3; zusammenfassend KOLLER, ZBJV 2007, S. 855; befürwortend: BSK OR I-WEBER, Art. 273 N 6; ablehnend: TSCHUDI, S. 52 f.

946 Vgl. BGE 142 III 278 E. 4.2 m. zahlr. Hinw.

947 Streitwertunabhängige Anwendung des vereinfachten Verfahrens bei Streitigkeiten aus Miete und Pacht von Wohn- und Geschäftsräumen (…), sofern (…) der Kündigungsschutz oder die Erstreckung des Miet- oder Pachtverhältnisses betroffen ist.

948 BGE 142 III 402 E. 2.5; BGE 142 III 515 E. 2.2.4.

949 Dies ist zu begrüssen, war doch die Differenzierung, welche im Rahmen von Art. 243 Abs. 2 lit. c ZPO bzw. Art. 210 Abs. 1 lit. b ZPO zwischen Kündigungsanfechtung und Nichtigkeitsfeststellung gemacht wurde, nach der schweizweiten Vereinheitlichung des Prozessrechts praktisch ihrer Grundlage beraubt.

950 Nach bundesgerichtlicher Rechtsprechung zumindest, sofern im Ausweisungsverfahren (vorfrageweise) die Gültigkeit einer Kündigung beurteilt werden müsse (BGE 142 III 402 E. 2.5.4; BGE 142 III 515 E. 2.2.4.)

951 Zum Ganzen oben, Rz. 260 f.

952 Nicht ganz konsequent PÜNTENER, Mietrecht, Rz. 1039, welcher hier den *«Kündigungsschutz»* restriktiver auslegt, und wonach ein Urteilsvorschlag nur für das Rechtsbegehren auf Feststellung der Unwirksamkeit bzw. Missbräuchlichkeit der Kündigung erfolgen dürfe; andererseits spricht er sich in Rz. 1045 für die Zulässigkeit eines Urteilsvorschlages aus.

mit der Kündigung des Mietvertrags an die Schlichtungsstelle gelangt, und ebenso bei einem Ausweisungsbegehren des Vermieters möglich.[953]

327 Macht die Schlichtungsbehörde einen Urteilsvorschlag, so gilt dieser als angenommen und erhält die Wirkungen eines rechtskräftigen gerichtlichen Entscheides, wenn ihn keine Partei innert zwanzig Tagen seit seiner schriftlichen Eröffnung ablehnt (Art. 211 Abs. 1 ZPO). Wird der Urteilsvorschlag rechtzeitig abgelehnt, erhält in den mietrechtlichen Verfahren nach Art. 210 Abs. 1 lit. b ZPO stets die ablehnende Partei die Klagebewilligung. Sie muss ihre Klage innert dreissig Tagen[954] bei Gericht einreichen, andernfalls gilt der Urteilsvorschlag als anerkannt und wird zum rechtskräftigen Entscheid (Art. 211 Abs. 3 ZPO). Der ablehnenden Partei wird also die Klägerrolle im Gerichtsverfahren zugewiesen. Damit bewirkt die Ablehnung eines Urteilsvorschlags durch den Gesuchsgegner im Schlichtungsverfahren einen Parteirollenwechsel. Die Rechtsbegehren sind entsprechend anzupassen.[955]

328 Ob die Schlichtungsbehörde einen Urteilsvorschlag unterbreitet, liegt in ihrem Ermessen. Eines Parteiantrages bedarf es nicht.[956] Beim Entscheid darüber kann namentlich der potentielle Parteirollenwechsel berücksichtigt werden, zu dem es im Falle einer Ablehnung kommt.[957] Auch was den Inhalt des Urteilsvorschlages angelangt, ist die Schlichtungsbehörde weitestgehend frei.[958] Dies ergibt sich bereits daraus, dass gegen den Urteilsvorschlag kein Rechtsmittel ergriffen werden kann.[959] Er ist einer gerichtlichen Überprüfung damit grundsätzlich nicht zugänglich. Je nach Verständnis des Urteilsvorschlages liegt er

---

953 Der Vermieter kann sein Ausweisungsbegehren im Schlichtungsverfahren auch widerklageweise stellen (dazu unten, Rz. 551 ff.); dies ist aber formell wohl auch gar nicht notwendig, da der Urteilsvorschlag über die Rechtsbegehren hinausgehen kann (dazu Rz. 328).

954 Art. 209 Abs. 4 ZPO.

955 Anschaulich BGer 4A_611/2013 vom 14. Juli 2014 (= Pra 104 [2015] Nr. 34) E. 1.4 und 1.5 (nicht publiziert in BGE 140 III 310): in casu Kündigungsanfechtung durch eine Mieterin, die an der Schlichtungsverhandlung nicht persönlich erschien. Ungeachtet der Rüge durch die Vermieterin unterbreitete die Schlichtungsbehörde einen Urteilsvorschlag. Die Vermieterin lehnte ab und erhielt die Klagebewilligung: Sie musste anschliessend rechtzeitig Klage erheben und vor Gericht die Abschreibung des Verfahrens zufolge Nichterscheinens der Gesuchstellerin an der Schlichtungsverhandlung beantragen.

956 Anders beim Entscheid nach Art. 212 ZPO.

957 Wobei die Parteirollenverteilung im allenfalls nachfolgenden vereinfachten Verfahren weniger einschneidend ist als beim summarischen Rechtsschutz in klaren Fällen.

958 Denkbar ist in absoluten Ausnahmefällen die Nichtigkeit des Urteilsvorschlages beispielsweise wegen offensichtlicher Unzuständigkeit oder widerrechtlichen Inhalts.

959 BGE 140 III 310 (=Pra 104 [2015] Nr. 34). Der Urteilsvorschlag kann nur abgelehnt werden.

näher an einem Entscheid oder an einem Vergleichsvorschlag.[960] Die Schlichtungsbehörde kann daher nach hier vertretener Auffassung auch über die rechtshängigen Begehren hinausgehen[961] und beispielsweise eine Erstreckung des Mietverhältnisses mit einer Verpflichtung zur Rückgabe nach Ablauf der Erstreckungsfrist verbinden. Die Formulierung des Urteilsvorschlages ist entscheidend für die Frage der Vollstreckbarkeit. Wird im Urteilsvorschlag insbesondere lediglich die Gültigkeit der Kündigung festgestellt, so handelt es sich nur um ein Feststellungsurteil und der Vermieter muss anschliessend die (vollstreckbare) Verpflichtung des Mieters zum Auszug aus dem Mietobjekt in einem weiteren Verfahren erstreiten. Freilich liegt dann in aller Regel ein klarer Fall vor.

Beispiel eines nicht vollstreckbaren Urteilsvorschlags

> *«Das Mietverhältnis wird einmalig bis 31. Januar 2018 erstreckt und geht dann definitiv zu Ende.»*

Beispiel eines vollstreckbaren Urteilsvorschlags

> *«Das Mietverhältnis wird einmalig bis zum 31. Januar 2018 erstreckt und geht dann definitiv zu Ende. Der [Mieter] wird verpflichtet, das Mietobjekt spätestens am 31. Januar 2018 zu räumen und dem [Vermieter] sämtliche Schlüssel zum Mietobjekt zurückzugeben.»*

Bislang kaum erörtert ist die Frage, ob die Schlichtungsbehörde in einem Ur- 329
teilsvorschlag auf Antrag des Gesuchstellers auch direkte Vollstreckungsmassnahmen anordnen darf. Nach der hier vertretenen Auffassung ist dies möglich,[962] denn die Schlichtungsbehörde schlüpft im Falle eines Urteilsvorschlages oder eines Entscheides nach Art. 212 ZPO in die Rolle des Gerichts.[963] Ob die Schlichtungsbehörde einem Antrag auf direkte Vollstreckungsmassnahmen im Urteilsvorschlag Folge leistet, liegt jedoch in ihrem Ermessen.

---

960 Vgl. Botschaft ZPO, S. 7333.

961 Vgl. Art. 201 Abs. 1 ZPO. Massgeblich erscheint, ob es der Streitbeilegung dient. Mit dem Schlichtungsgesuch des Mieters ist die Pflicht zum Verlassen des Mietobjekts bzw. der Rückgabeanspruch des Vermieters noch nicht rechtshängig gemacht. Der Vermieter kann sein Ausweisungsbegehren jedoch jederzeit widerklageweise stellen (dazu unten, Rz. 551 ff.).

962 So auch SCHRANK, Rz. 551 m. Hinw. auf PÜNTENER, mp 2011, S. 281.

963 Im Unterschied zum Schiedsgericht (welchem die Kompetenz zum Erlass von Vollstreckungsmassnahmen abgesprochen wird; ZK ZPO-STAEHELIN, Art. 337 N 10; DIKE ZPO-ROHNER/MOHS, Art. 337 N 10; BK ZPO-KELLERHALS, Art. 337 N 13), handelt es sich bei der Schlichtungsbehörde um eine staatliche Stelle. Es erscheint aber zumindest fraglich, ob ihr nach dem Willen des Gesetzgebers die Kompetenz für direkte Vollstreckungsmassnahmen nach Art. 236 Abs. 2 ZPO zukommen soll.

IV. Vergleich

1. Gerichtlicher Vergleich

330 Aufgabe der Schlichtungsbehörde ist in erster Linie, eine Einigung zwischen den Parteien zu bewirken.[964] Auch das Gericht kann jederzeit Vergleichsbemühungen unternehmen.[965] Nach Art. 241 Abs. 2 ZPO kommt dem gerichtlichen Vergleich die Wirkung eines rechtskräftigen Entscheides zu. Auch ein Vergleich vor der Schlichtungsbehörde ist dem gerichtlichen Entscheid gleichgestellt (Art. 208 Abs. 2 ZPO).

331 Während eines laufenden Schlichtungs- oder Gerichtsverfahrens können die Parteien sich auch aussergerichtlich einigen. Es steht ihnen dann frei, den aussergerichtlich abgeschlossenen Vergleich zum gerichtlichen Vergleich erheben zu lassen, indem sie ihn im Wortlaut dem Gericht (bzw. der Schlichtungsbehörde) einreichen:[966] Ein gerichtlicher Vergleich setzt keine Verhandlung voraus.[967] Er kann schriftlich eingereicht oder mündlich zu Protokoll gegeben werden;[968] im ersten Fall ist der Vergleich von beiden Parteien zu unterzeichnen, im zweiten Fall das Protokoll, welches den Vergleich festhält (Art. 241 Abs. 1 ZPO). Reichen die Parteien dem Gericht oder der Schlichtungsbehörde einen während des Verfahrens ausserhalb einer Verhandlung geschlossenen Vergleich ein, so tun sie indessen gut daran, der Klarheit halber übereinstimmend zu beantragen, den Wortlaut des Vergleichs im Abschreibungsentscheid wiederzugeben. Dieser Antrag kann auch im Vergleich selbst festgehalten werden.[969] Der Vergleich beendet das Verfahren unmittelbar. Der Vergleichsinhalt untersteht der Parteidisposition. Es findet keine Inhaltskontrolle durch Gericht oder Schlichtungsbehörde statt.[970] Das Verfahren wird zufolge Ver-

---

[964] Art. 201 Abs. 1 ZPO.

[965] Art. 124 Abs. 3 ZPO. Im Summarverfahren besteht hierfür freilich aus praktischen Gründen weniger Spielraum, insbesondere, wenn keine Verhandlung durchgeführt wird.

[966] Vgl. DIKE ZPO-KRIECH, Art. 241 N 4 und 9; Stämpfli ZPO-WOHLMANN, Art. 241 N 20; KUKO ZPO-NAEGELI, Art. 241 N 5; vgl. BSK ZPO-OBERHAMMER, Art. 241 N 2 (Vergleich durch korrespondierende Rechtschriften der Parteien); SUTTER-SOMM, ZPO, N 1138.

[967] Es besteht kein Grund, den Vergleich diesbezüglich anders zu behandeln als die Klageanerkennung oder den Klagerückzug.

[968] Eine schriftliche Eingabe wird nicht *«zu Protokoll»,* sondern allenfalls *«zu den Akten»* gegeben.

[969] Bsp. *«Die Parteien beantragen dem Gericht, die vorliegende Vereinbarung in den Entscheid aufzunehmen und das Verfahren (Nr. XXX) zufolge gerichtlichen Vergleichs abzuschreiben.»*

[970] SUTTER-SOMM, ZPO, N 1141.

gleichs abgeschrieben, wobei der Wortlaut des Vergleiches im Abschreibungsbeschluss aufzunehmen ist.[971]

Das Gleiche muss gelten, wenn die Parteien übereinstimmend einen in der Verhandlung abgeschlossenen Vergleich mit Widerrufsvorbehalt[972] fristgerecht widerrufen und beantragen, diesen durch eine andere Vereinbarung zu ersetzen. 332

Ein Vergleich kann über den konkreten Streitgegenstand hinausgehen.[973] Somit ist es möglich, auch in einem Kündigungsschutzverfahren einen definitiven Auszugstermin und den Auszug an besagtem Termin zu vereinbaren. Einigen sich die Parteien in einem gerichtlichen Vergleich auf einen Zeitpunkt, an welchem der Mieter dem Vermieter das Mietobjekt geräumt zu übergeben hat, und wird die Pflicht zur Rückgabe im Vergleich festgehalten, so kann dieser Vergleich im Widerhandlungsfall im Verfahren nach Art. 335 ff. vollstreckt werden.[974] 333

Hält sich der Mieter nicht an das Vereinbarte, kann der Vermieter den gerichtlichen Vergleich in einem gerichtlichen Vollstreckungsverfahren nach Art. 335 ff. ZPO vollstrecken lassen.[975] Die Parteien selbst können im Vergleich keine direkten Vollstreckungsmassnahmen vereinbaren. Die Anordnung direkter Vollstreckungsmassnahmen steht alleine dem Vollstreckungsgericht oder bei Anwendung von Art. 236 Abs. 3 ZPO dem Erkenntnisgericht zu. Denkbar ist, dass die Parteien dem Gericht übereinstimmend die Anordnung solcher Massnahmen beantragen. Zwar wird durch den Vergleich das Gerichtsverfahren unmittelbar beendet[976] und die formelle Abschreibung hat nach herrschender Lehre lediglich deklaratorischen Charakter. Indessen werden mit der Abschreibung vom Gericht auch die Prozesskosten verlegt. Es handelt sich damit zumindest in Bezug auf die Kosten um einen Entscheid, der nach dem Abschluss des Vergleichs ergeht. Auch ist zumindest umstritten, ob der ge- 334

---

971 Stämpfli ZPO-WOHLMANN, Art. 241 N 23.

972 Der Vergleich mit Widerrufsvorbehalt wird rechtskräftig und erhält die Wirkungen eines rechtskräftigen Entscheides, wenn keine der Parteien ihn innert der festgesetzten Frist widerruft. Im Falle des fristgerechten Widerrufs fällt der Vergleich dahin und dem Kläger wird die Klagebewilligung ausgestellt.

973 BSK ZPO-OBERHAMMER, Art. 241 N 3; KUKO ZPO-NAEGELI, Art. 241 N 27; STAEHELIN/STAEHELIN/GROLIMUND, § 23 Rz. 24; Stämpfli ZPO-WOHLMANN, Art. 241 N 18.

974 Vgl. dazu Rz. 328 mit Beispielen zum Urteilsvorschlag. Nicht vollstreckbarer Vergleich: *«Das Mietverhältnis wird einmalig und definitiv erstreckt bis [Datum]»;* vollstreckbarer Vergleich: *«Der Mieter verpflichtet sich, die Wohnung bis spätestens [Datum] geräumt und gereinigt an den Vermieter zurückzugeben».*

975 Dazu unten, Rz. 734 ff.

976 ZK ZPO-LIEBSTER, Art. 241 N 17.

richtliche Vergleich alleine oder nur zusammen mit dem Abschreibungsentscheid als definitiver Rechtsöffnungstitel taugt.[977] Sodann übernimmt das Gericht auch bei Anordnung direkter Vollstreckungsmassnahmen nach Art. 236 Abs. 3 ZPO im *«normalen»* Gerichtsentscheid die Rolle des Vollstreckungsgerichts – das Vollstreckungsverfahren wird auf Antrag des Gesuchstellers gewissermassen in das Erkenntnisverfahren vorverlegt. Es besteht nach der hier vertretenen Auffassung kein überzeugender Grund, weshalb es zumindest dem Erkenntnisgericht nicht erlaubt sein sollte, im Abschreibungsentscheid zusammen mit der Verlegung der Prozesskosten auch die von den Parteien übereinstimmend beantragten direkten Vollstreckungsmassnahmen anzuordnen. Für die Schlichtungsbehörde erscheint dies hingegen fraglich.[978]

2. Aussergerichtlicher Vergleich

335 Die Parteien können ihre Differenzen auch ohne rechtshängiges Verfahren durch Vereinbarung beilegen. Einigen sich die Parteien während eines laufenden Verfahrens aussergerichtlich auf einen definitiven Auszugstermin und teilen sie dies dem Gericht (bzw. der Schlichtungsbehörde) mit, ohne aber den Wortlaut des Vergleichs einzureichen, so ist das Verfahren zufolge Gegenstandslosigkeit abzuschreiben.[979] Ein Klagerückzug des Vermieters oder eine Klageanerkennung des Mieters sind nicht notwendig.[980] Dem aussergerichtlichen Vergleich fehlen aber die Rechtswirkungen des Gerichtsentscheids nach Art. 241 Abs. 2 ZPO. Falls der Mieter sich nicht an die Vereinbarung hält, muss der Vermieter (gegebenenfalls erneut) ein Erkenntnisverfahren einleiten. In der Regel werden dann die Voraussetzungen für den Rechtsschutz in klaren Fällen erfüllt sein.[981]

---

977 BK ZPO-KILLIAS, Art. 241 N 32 f. m.Hinw.; DIKE ZPO-KRIECH, Art. 241 N 13.

978 Vgl. zum Urteilsvorschlag oben, Rz. 329.

979 BSK ZPO-OBERHAMMER, Art. 242 N 4; OFK ZPO-ENGLER, Art. 242 N 2; ZK ZPO-LIEBSTER, Art. 241 N 7; DIKE ZPO-KRIECH, Art. 241 N 5; a. A. KUKO ZPO-NAEGELI, Art. 241 N 26, wonach die Prozesserledigung eine Klageanerkennung oder einen Klagerückzug voraussetzt.

980 Hat der Vermieter sein erstes Ausweisungsgesuch infolge aussergerichtlicher Vereinbarung zurückgezogen, steht dies einem zweiten Einreichen nach Ablauf der vereinbarten Erstreckung nicht entgegen. Hat umgekehrt der Mieter die Ausweisung infolge aussergerichtlicher Einigung anerkannt, muss er dies bis zum Ablauf der vereinbarten Erstreckung einer allfälligen vorzeitigen Vollstreckung entgegenhalten können, obgleich dieser Fall genau genommen nicht vom Wortlaut von Art. 341 Abs. 3 ZPO erfasst ist.

981 Zur Auslegung von Parteierklärungen im Rahmen des Rechtsschutzes in klaren Fällen unten Rz. 438. Vgl. aber auch unten Rz. 600 f.

V. Klageanerkennung

In der Praxis kaum von Relevanz aber grundsätzlich möglich ist sodann die Anerkennung des Ausweisungsbegehrens durch den Mieter. Sie kann jederzeit schriftlich erfolgen oder auch mündlich (insb. anlässlich einer Verhandlung) zu Protokoll gegeben werden, wobei diesfalls das Protokoll vom Erklärenden zu unterzeichnen ist.[982] Falls das Ausweisungsbegehren keinen bestimmten Auszugstermin enthält, anerkennt der Mieter, das Mietobjekt per sofort zu verlassen. Fraglich erscheint, ob der Mieter auch einen allfälligen Antrag des Vermieters auf Anordnung direkter Vollstreckungsmassnahmen (Art. 236 Abs. 3 ZPO) anerkennen kann. Dies ist ebenso abzulehnen wie die Möglichkeit der Vereinbarung von konkreten Vollstreckungsmassnahmen.[983] Nach der hier vertretenen Auffassung ist auch nur die Anerkennung des Hauptbegehrens erforderlich – das Gericht kann bei Vorliegen des entsprechenden Antrags des Klägers auch im Anerkennungsfall direkt die üblichen Vollstreckungsmassnahmen anordnen. Wäre dem nicht so, könnte der Beklagte durch die Anerkennung des Begehrens die Anordnung der direkten Vollstreckung vereiteln und den Kläger damit in ein nachträgliches, separates Vollstreckungsverfahren zwingen. 336

Stellt der Mieter in seiner Stellungnahme seinen Auszug auf einen nahen Termin in Aussicht, ist darin keine Klageanerkennung zu sehen. Die Eingabe ist diesfalls sinnvollerweise dem Vermieter mit der Aufforderung zur Annahme oder Ablehnung der Angebots zuzustellen. Stimmt der Vermieter dem vorgeschlagenen Termin zu, liegt ein gerichtlicher Vergleich vor, der die Wirkungen eines rechtskräftigen Entscheides erlangt.[984] Ebenfalls möglich ist es, sofern das Ausweisungsgesuch anhand der Akten gutzuheissen ist, den vom Mieter in Aussicht gestellten Termin als Räumungstermin im Ausweisungsentscheid aufzunehmen. 337

---

[982] Art. 241 Abs. 1 i.f. ZPO. Erforderlich ist nur die Unterzeichnung durch die anerkennende Partei. Bei Nichteinhaltung dieser Formvorschrift ist die Erklärung wirkungslos (ZK ZPO-LEUMANN LIEBSTER, Art. 241 N 12 m. Hinw.; BSK ZPO-STECK, Art. 241 N 12).

[983] Oben, Rz. 334.

[984] Es liegt eine Einigung der Parteien vor, die beide Parteien, wenn auch durch getrennte Eingaben, schriftlich gegenüber dem Gericht erklären. Nach der hier vertretenen Auffassung ist für den gerichtlichen Vergleich nach Art. 241 Abs. 1 ZPO weder erforderlich, dass die Erklärungen anlässlich einer Verhandlung abgegeben werden, noch, dass sie in der gleichen bzw. in einer gemeinsamen Eingabe erfolgen. Das Gericht kann den Parteien einen der Erklärung des Mieters entsprechenden Vergleichstext vorlagen.

338 Zieht der Mieter während des Verfahrens unter Rückgabe sämtlicher Schlüssel an den Vermieter aus, so ist dies keine Anerkennung des Begehrens im Sinne von Art. 241 Abs. 1 ZPO.[985] Vielmehr ist das Verfahren diesfalls zufolge Gegenstandslosigkeit abzuschreiben.[986]

VI. Vollstreckbare öffentliche Urkunde

339 Mit Inkrafttreten der Schweizerischen ZPO wurde in der Schweiz die vollstreckbare öffentliche Urkunde eingeführt (Art. 347 ff. ZPO). Es handelt sich um eine öffentlich beurkundete Willenserklärung des Verpflichteten, sich hinsichtlich der versprochenen Leistung der unmittelbaren Vollstreckung zu unterziehen. Das gerichtliche Erkenntnisverfahren kann damit übersprungen und direkt die Vollstreckung verlangt werden. Die vollstreckbare öffentliche Urkunde selbst ist ein Vollstreckungstitel. Leistungen aus Miete und Pacht von Wohn- und Geschäftsräumen können nach Art. 348 lit. b ZPO nicht in vollstreckbarer öffentlicher Urkunde vereinbart werden. Davon erfasst ist auch die (vertragliche) Pflicht des Mieters, das Mietobjekt nach Beendigung des Mietverhältnisses zu räumen.[987]

---

985 Eine Anerkennung ist eine mündliche oder schriftliche Willenserklärung des Beklagten. Sie kann nicht konkludent erfolgen. Vgl. BK ZPO-Killias, Art. 241 N 25.

986 Staehelin/Staehelin/Grolimund, § 23 Rz. 32.

987 ZK ZPO-Schmid, Art. 348 N 4.

Dritter Teil:
Prozessrechtliche Fragen

§ 10 Die Beendigung des Mietverhältnisses als Vorfrage im Ausweisungsverfahren und die Behandlung von Parallelverfahren

I. Ausgangslage und Problemstellung

Die Beendigung des Mietverhältnisses ist Voraussetzung für die Pflicht des Mieters, das Mietobjekt zu räumen und an den Vermieter zurückzugeben.[988] Besteht zwischen den Parteien im Ausweisungsverfahren Uneinigkeit, so betrifft dies regelmässig die gültige Auflösung des Mietvertrages. Der Mieter kann eine Kündigung des Vermieters bei der Schlichtungsstelle anfechten. Die Gültigkeit der Kündigung und ein allfälliger Erstreckungsanspruch bilden den Streitgegenstand des dadurch rechtshängig gemachten Kündigungsschutzverfahrens. Es handelt sich um eine Gestaltungsklage. Der Mieter kann die Kündigung vor der Schlichtungsbehörde auch lediglich auf Nichtigkeit oder Unwirksamkeit überprüfen lassen. Diesfalls ist eine Feststellungsklage rechtshängig. Das Rechtsbegehren des Vermieters im Ausweisungsverfahren lautet demgegenüber auf Verurteilung des Mieters zur Rückgabe des Mietobjekts – in Form einer Leistungsklage. Die gültige Beendigung des Mietverhältnisses ist in diesem Verfahren zwar regelmässig die entscheidrelevante Rechtsfrage, hier jedoch nur vorfrageweise zu prüfen. 340

Das Verhältnis zwischen dem vom Mieter bei der Schlichtungsstelle anhängig gemachten Verfahren und dem Ausweisungsverfahren des Vermieters war aufgrund der Schnittstellen zwischen den miet(verfahrens)rechtlichen Vorgaben des Bundesrechts und den kantonalen Verfahrensvorschriften bereits vor Einführung der Schweizerischen ZPO kompliziert.[989] Bis zu seiner Aufhebung regelte Art. 274g aOR immerhin das Vorgehen, wenn der Vermieter im Falle einer ausserordentlichen Kündigung sein Ausweisungsbegehren parallel zu einem laufenden Kündigungsschutzverfahren des Mieters stellte. Auch hierzu ergingen zahlreiche ergänzende, nicht immer einheitliche Bundesgerichtsurteile. Die Bestimmung wurde mit Inkrafttreten der Schweizerischen ZPO ersatzlos aufgehoben. Das Verfahren untersteht heute einheitlich dem Bundesrecht. Dennoch bestehen weiterhin verfahrensrechtliche Fragen zu Koordination und Wechselwirkungen, die nachfolgend behandelt werden. 341

---

988 Dazu oben, Rz. 107 ff.

989 THOMAS KOLLER, AJP 1996, S. 770; DERS., ZBJV 2007, S. 859; vgl. oben, Rz. 9 ff.

II. Der Streitgegenstand der Verfahren

1. Vorfragen und Hauptfragen

342 Vorfragen sind Fragen, die auf dem Weg zum Entscheid über den eingeklagten Anspruch vorab beantwortet werden müssen. Sie werden mit dem gutheissenden Entscheid inzident positiv beantwortet und lediglich in der Entscheidbegründung erläutert. Eine Rechtsfrage, welche in einem Prozess nur eine Vorfrage bildet, kann in einem anderen Prozess Hauptfrage sein. Im Gegensatz zu den Hauptfragen eines Prozesses erscheinen Vorfragen nicht in eigenen Rechtsbegehren oder im Entscheiddispositiv. Es kann jedoch nicht ohne Weiteres auf die eingereichten Rechtsbegehren abgestellt werden. So kommt es vor, dass eine Partei eine Vorfrage im Sinne einer objektiven Klagehäufung als eigenständiges Rechtsbegehren stellt. Auf dieses wird jedoch nur eingetreten, wenn ein entsprechendes Rechtsschutzinteresse dafür besteht.[990]

2. Kündigungsschutzverfahren

343 Streitgegenstand des vom Mieter angehobenen Verfahrens vor der Schlichtungsstelle ist die Frage der Gültigkeit der Kündigung und ein allfälliger Erstreckungsanspruch. Abhängig vom geltend gemachten Mangel, welchen die Kündigung nach Auffassung des Mieters aufweist, soll ein Feststellungs- oder ein Gestaltungsurteil ergehen. Eine missbräuchliche Kündigung ist gültig und entfaltet ihre Rechtswirkungen, wenn sie nicht innert Frist von dreissig Tagen angefochten und schliesslich aufgehoben wird. Die Anfechtung der Kündigung nach Art. 271 f. OR zielt somit – wie auch das Erstreckungsbegehren – auf ein rechtsgestaltendes Urteil (Gestaltungsurteil). Im Unterschied zur missbräuchlichen Kündigung zeitigt eine nichtige oder unwirksame Kündigung überhaupt keine Rechtswirkungen. Die Nichtigkeit bzw. Unwirksamkeit kann daher zu jeder Zeit geltend gemacht werden. Sie wird von der Schlichtungsbehörde oder vom Gericht in einem Kündigungsschutzverfahren nach Art. 271 f. OR auch geprüft, ohne dass ein entsprechender Antrag gestellt werden muss (von Amtes wegen). Eine Anfechtung innert der gesetzlichen Frist nach Art. 273 OR ist nicht erforderlich. Der Mieter hat aber nach bundesgerichtlicher Rechtsprechung das Recht, auch eine nichtige oder ungültige Kündigung anzufechten.[991] Inhaltlich handelt es sich dann nicht um eine Anfechtung im eigentlichen Sinn, sondern um ein Feststellungsbegehren des Mieters, um Klarheit über den Fort-

---

990 RÜETSCHI, Rz. 93; dazu oben, Rz. 324, und unten, Rz. 344.

991 BGE 122 III 92 E. 2d; BSK OR I-WEBER, Art. 273 N 6; vgl. BGE 132 III 65 E. 3.2 f.

bestand des Mietverhältnisses und damit über sein Recht auf Verbleib im Mietobjekt zu erlangen. Das erforderliche Feststellungsinteresse ist hier zweifellos gegeben.[992] Zu beachten ist schliesslich, dass an die Rechtsbegehren des Mieters im Kündigungsschutzverfahren keine hohen Anforderungen gestellt werden: Nicht selten wird er in der Praxis kein eigentliches Rechtsbegehren auf Aufhebung oder Ungültigerklärung der Kündigung stellen, sondern der Schlichtungsbehörde lediglich mitteilen, er fechte die Kündigung an.[993] Aus der Eingabe des Mieters muss sich auch noch nicht ergeben, welche Einwendungen er gegen die Kündigung vorbringt. Art. 202 Abs. 2 ZPO setzt lediglich die Bezeichnung der Gegenpartei, des Rechtsbegehrens und des Streitgegenstands voraus. Eine Begründung ist nicht erforderlich. Sodann tritt die Schlichtungsbehörde auch auf eine verspätete Kündigungsanfechtung ein[994] bzw. führt auch diesfalls eine Verhandlung durch, denn das Nichteinhalten der dreissigtägigen Verwirkungsfrist bewirkt lediglich den Verlust des Anspruches auf Aufhebung der Kündigung wegen Missbräuchlichkeit nach Art. 271 f. OR und die Verwirkung eines allfälligen Erstreckungsanspruchs. Eine Überprüfung der Kündigung auf Nichtigkeit ist indessen auch nach diesem Zeitpunkt noch möglich.

3. Ausweisungsverfahren

Anders als der Mieter kann der Vermieter in aller Regel kein genügendes 344
Rechtsschutzinteresse dartun, die Gültigkeit der Kündigung bzw. der Auflösung des Mietverhältnisses gerichtlich feststellen zu lassen. In konstanter bundesgerichtlicher Rechtsprechung fehlt es dem Kläger, welchem eine Leistungsklage offensteht, in der Regel am notwendigen, praktischen Feststellungsinteresse.[995] Nach Auflösung des Mietverhältnisses ist das Interesse des Vermieters auf die vertragsgemässe Rückgabe des Mietobjekts gerichtet. Er kann zu diesem Zweck eine Leistungsklage erheben. Die gültige Beendigung

---

992 Es steht ihm keine sinnvolle Leistungsklage offen. So kann nicht gefordert werden, dass der Mieter stattdessen eine Leistungsklage in Form einer Duldungsklage gegen den Vermieter erhebt *(«Der Vermieter wird verpflichtet, den Verbleib des Mieters in der Wohnung [XXX] zu dulden»)*. Vgl. BSK OR I-WEBER, Art. 273 N 3b; KOLLER, ZBJV 2007, S. 858;

993 Vgl. SVIT, Art. 273 N 23.

994 Die Kompetenz der Schlichtungsbehörde auf ein Gesuch nicht einzutreten, wird in der Lehre grundsätzlich abgelehnt oder zumindest nur in restriktiv auszulegenden Fällen für zulässig erachtet. Zum Ganzen WEINGART/PENON, S. 469–477. Die Frage ist hier nicht von Relevanz, denn die Einhaltung der dreissigtägigen Anfechtungsfrist ist keine Prozessvoraussetzung. Es handelt sich um eine Verwirkungsfrist.

995 BGE 135 III 378 (= Pra 98 (2009) Nr. 138) E. 2.2 m. Hinw.; BSK ZPO-OBERHAMMER, Art. 88 N 17.

des Mietvertrages ist hierbei lediglich als Vorfrage zu prüfen.[996] Stellt der Vermieter im Ausweisungsverfahren im Sinne einer objektiven Klagehäufung zusätzlich zu seinem Leistungsbegehren ein Feststellungsbegehren über die Gültigkeit der Kündigung, so ist auf dieses Rechtsbegehren daher mangels Feststellungsinteresse nicht einzutreten.[997]

III. Behandlung von Parallelverfahren

1. Vorbemerkung

345 Der Mieter kann grundsätzlich jede Kündigung des Vermieters bei der Schlichtungsbehörde anfechten und damit die Gültigkeit der Kündigung als Hauptfrage rechtshängig machen. Vor Inkrafttreten der Schweizerischen ZPO regelte aArt. 274g aOR das Vorgehen, wenn der Vermieter nach Verstreichen des Kündigungstermins parallel zu einem bereits laufenden Kündigungsschutzverfahren sein Ausweisungsbegehren im summarischen Verfahren stellte. Handelte es sich um eine ausserordentliche Kündigung wegen Zahlungsverzug, Sorgfaltspflichtverletzung, Konkurs des Mieters oder aus wichtigen Gründen, so sollte der Ausweisungsrichter auch über die Gültigkeit der Kündigung und einen allfälligen Erstreckungsanspruch des Mieters entscheiden. Das Kündigungsschutzverfahren wurde abgebrochen und die Begehren des Mieters an den Ausweisungsrichter überwiesen. Zweck dieser Bestimmung war es, in diesen Fällen eine ungebührliche Verzögerung der Ausweisung durch Anheben eines Kündigungsschutzverfahrens zu unterbinden. Zudem sollten widersprüchliche Entscheide verhindert werden. Um gleichzeitig zu vermeiden, dass dem Mieter durch das abgebrochene Kündigungsschutzverfahren verfahrensrechtliche Nachteile entstanden, hatte das Bundesgericht in mehreren Entscheiden die Grundzüge des Ausweisungsverfahrens im Falle der Kompetenzattraktion bestimmt.[998] Nach bundesgerichtlicher Rechtsprechung sollte sodann in den Fällen, in welchen das Gesetz keine Kompetenzattraktion vorsah, vor dem gerichtlichen Ausweisungsverfahren ein mietrechtliches Schlichtungsverfahren durchlaufen werden.[999] Bei korrekter Anwendung dieser Grundsätze wäre es somit unter altem Recht grundsätzlich nicht zu gleichzeitigen, parallelen Verfahren gekommen. Nach der Aufhebung des Art. 274g aOR

---

[996] STAEHELIN/STAEHELIN/GROLIMUND, § 21 Rz. 56; BISANG, S. 114; KUKO ZPO-JENT-SØRENSEN, Art. 257 N 18.

[997] Vgl. aber BGE 132 III 65 für das Feststellungsinteresse des Vermieters im Kündigungsschutzverfahren; dazu KOLLER ZBJV 2007, S. 854 f.

[998] Dazu oben, Rz. 15 ff.

[999] Vgl. oben, Rz. 17.

mit Inkrafttreten der schweizerischen ZPO stellt sich die Frage, wie mit Parallelverfahren umzugehen ist.

2. Keine Sperrwirkung des Kündigungsschutzverfahrens

a. Ausgangslage

Der Vermieter stellt das Ausweisungsbegehren in der Regel erst, nachdem der Kündigungstermin verstrichen ist. Demgegenüber hat der Mieter, der eine Kündigung als missbräuchlich anfechten oder eine Erstreckung verlangen will gesetzliche Fristen einzuhalten, also vor Ablauf der Kündigungsfrist aktiv zu werden. In der Regel wird daher das Kündigungsschutzverfahren vor dem Ausweisungsverfahren rechtshängig gemacht.[1000] Es stellt sich daher die Frage, ob diesem Verfahren eine Sperrwirkung für ein später angehobenes Ausweisungsverfahren zukommen kann. 346

Nach Art. 59 Abs. 2 lit. d ZPO hat das Gericht einen Nichteintretensentscheid zu fällen, wenn *«die gleiche Sache»* bereits anderweitig rechtshängig ist. Damit soll verhindert werden, dass gleichzeitig mehrere Verfahren zwischen denselben Parteien über denselben Streitgegenstand stattfinden und dass es zu einander widersprechenden Urteilen kommt.[1001] Der zuerst angehobene Prozess entfaltet für die Dauer seiner Rechtshängigkeit eine Sperrwirkung auf jeden nachfolgenden.[1002] Das später angerufene Gericht wird im Zweifel nicht sogleich einen Nichteintretensentscheid fällen, sondern sein Verfahren sistieren, bis der Entscheid über die Zuständigkeit aus dem ersten Prozess vorliegt.[1003] Endet der erste Prozess mit einem Sachurteil, so wird im sistierten Verfahren die negative Prozessvoraussetzung der *Litispendenz* in der Regel durch diejenige der abgeurteilten Sache abgelöst.[1004] 347

[1000] Ausnahmen sind möglich, da die Anfechtungsfristen für unwirksame und nichtige Kündigungen unbeachtlich sind und auch die zu spät eingereichte Anfechtung einer missbräuchlichen Kündigung die Rechtshängigkeit des Kündigungsschutzverfahrens bewirkt. Erfolgen Anfechtung bzw. Erstreckungsbegehren zu spät, führt dies freilich zur Abweisung zufolge Untergangs des Anspruches.

[1001] SUTTER-SOMM, ZZZ, S. 319; BK ZPO-ZINGG, Art. 59 N 64; ZK ZPO-ZÜRCHER, Art. 59 N 26;

[1002] Art. 64 Abs. 1 lit. a ZPO.

[1003] Art. 126 Abs. 1 ZPO; vgl. SUTTER-SOMM, ZZZ, S. 319; BSK ZPO-GEHRI, Art. 59 N 17; vgl. Art. 35 Abs. 1 GestG; ferner im internationalen Verhältnis Art. 27 LugÜ.

[1004] Vgl. VON ARX, S. 179.

b. Zur Identität des Streitgegenstands

348 Entscheidend für das Auslösen der Sperrwirkung des ersten Verfahrens ist die Identität des Streitgegenstandes. Dieser Begriff wird in der ZPO selbst nicht definiert. Die Materialien verweisen für die Frage der Identität des Streitgegenstandes lediglich auf die reiche Rechtsprechung und Literatur hierzu, die ihre Bedeutung vollumfänglich beibehalte.[1005] Zum Streitgegenstand existieren indes unterschiedliche Theorien und auch das Bundesgericht verwendet verschiedene Formulierungen.[1006] Vorherrschend ist ein zweigliedriger Streitgegenstandsbegriff: demnach ist der Streitgegenstand identisch, wenn der gleiche Anspruch[1007] aus dem gleichen Lebenssachverhalt geltend gemacht wird.[1008] Grundsätzlich muss die Identität des Streitgegenstands für die Frage der Rechtshängigkeit gleich beantwortet werden wie für die Frage, ob eine *res iudicata* vorliegt.[1009]

349 Eine besondere Situation ergibt sich, wenn die Leistungsklage der einen Partei einer entsprechenden negativen Feststellungsklage der anderen Partei gegenübersteht. Da die Ansprüche hier weder identisch noch spiegelbildlich sind, fehlt es an der formellen Identität des Streitgegenstands.[1010] Je nach Formulierung der Feststellungsklage kann diese als Vorfrage für die Beurteilung des Leistungsbegehrens im anderen Verfahren zu beantworten sein.[1011] Das Feststellungsurteil hat dann zwar präjudizielle Wirkung für die Leistungsklage, materielle Rechtskraft aber nur für die Beantwortung der Vorfrage. Insbesondere macht die Abweisung der negativen Feststellungsklage die Leistungsklage der Gegenpartei nicht obsolet oder gar unmöglich. Entsprechend hat das Bundesgericht in seiner früheren Rechtsprechung die Sperrwirkung einer bereits hängigen negativen Feststellungsklage auf die entsprechende Leistungsklage abgelehnt.[1012] Später hat es diese Rechtsprechung jedoch zunächst für

---

1005 Botschaft ZPO, S. 7278.

1006 Zum Ganzen VON ARX, S. 18 ff; BK ZPO-ZINGG, Art. 59 N 71.

1007 Wobei es nicht darauf ankommt, ob die Rechtsbegehren identisch formuliert sind.

1008 VON ARX, S. 34; BK ZPO-ZINGG, Art. 59 N 71; STAEHELIN/STAEHELIN/GROLIMUND, § 11 Rz. 11; SUTTER-SOMM, ZZZ, S. 319; BGE 123 III 16 E. 2a, BGE 121 III 474 E. 4a, BGer 5A_452/2009 vom 18. September 2009 E. 2.2.1.

1009 STAEHELIN/STAEHELIN/GROLIMUND, § 11 Rz. 11. Identität besteht insbesondere auch, wenn im einen Verfahren das genaue Gegenteil des im anderen Verfahrens geltend Gemachten verlangt wird (BGE 123 III 16 E. 2a), so beispielsweise wenn der Unterlegene einer Leistungsklage nach Vollzug des Leistungsurteils eine Rückforderungsklage über das Geleistete erhebt.

1010 VON ARX, S. 182; BK ZPO-ZINGG, Art. 59 N 81.

1011 Bsp. *«Es sei festzustellen, dass der Vertrag vom 10. April 2013 zwischen den Parteien nicht gültig zustande gekommen ist.»*

1012 BGE 105 II 229 E. 3 unter Hinweis auf die h. L.

internationale unter die Anwendung des LugÜ fallende Verhältnisse[1013] und schliesslich auch für Binnenverhältnisse aufgehoben.[1014] Dies geht letztlich zurück auf die Rechtsprechung des EuGH zu Art. 21 EuGVÜ.[1015] Der EuGH hatte 1987 im Fall Gubisch/Palumbo entschieden, dass Identität namentlich dann vorläge, wenn eine Partei vor dem Gericht eines Vertragsstaates die Feststellung der Unwirksamkeit oder die Auflösung eines Kaufvertrags begehrt, während die andere Partei vor dem Gericht eines andern Vertragsstaates auf Erfüllung desselben Vertrags klagt.[1016] Kernpunkt beider Rechtsstreitigkeiten sei die Wirksamkeit des Vertrages. Es sei daher davon auszugehen, dass beide Rechtsstreitigkeiten den gleichen Gegenstand haben, *«wobei dieser Begriff nicht auf die formale Identität der beiden Klagen beschränkt werden könne.»*[1017] Der EuGH stellt damit das Ziel der Verhinderung von widersprechenden Urteilen über die formale Identität des Streitgegenstandes. Diese sog. *«Kernpunkttheorie»* bei negativer Feststellungsklage und entsprechender Leistungsklage wurde von Bundesgericht zunächst für die Auslegung von Art. 21 aLugÜ (heute Art. 27 LugÜ) übernommen[1018] und später unter der Geltung von Art. 35 GestG auch ins Binnenverhältnis übertragen.[1019] Demnach wurden eine negative Feststellungsklage und eine entsprechende Leistungsklage als identisch im Sinne von Art. 35 GestG behandelt, so dass die zuerst rechtshängig gemachte Klage Sperrwirkung auf das zweite Verfahren entfaltet, unabhängig davon welche Klage zuerst eingereicht wurde.[1020] Es ist davon auszugehen, dass diese Rechtsprechung grundsätzlich auch unter der Schweizerischen ZPO Bestand hat,[1021] zumal sie sich nach Ansicht des Bundesgerichts unabhängig

---

1013 BGE 123 III 16; BGE 123 III 414 E. 5.

1014 BGE 128 III 284 (= Pra 91 [2002] Nr. 134) E. 3b; BGE 138 III 570 (= Pra 102 [2013] Nr. 47) E. 4.2.2.

1015 Art. 21 EuGVÜ war identisch mit Art. 21 aLugÜ, heute Art. 27 LugÜ (bzw. Art. 27 EuGVVO). Art. 21 EuGVÜ *«Werden bei Gerichten verschiedener Vertragsstaaten Klagen wegen desselben Anspruchs zwischen denselben Parteien anhängig gemacht, so setzt das später angerufene Gericht das Verfahren vom Amts wegen aus, bis die Zuständigkeit des zuerst angerufenen Gerichts feststeht. Sobald die Zuständigkeit des zuerst angerufenen Gerichts feststeht, erklärt sich das später angerufene Gericht zugunsten dieses Gerichts für unzuständig.»*

1016 EuGH Entscheid vom 8.12.1987, Gubisch Maschinenfabrik / Palumbo, Rs. 44/86, Slg. 1987, S. 4871 = IPRax 1989, S. 157 ff.; BGE 123 III 414 E. 5.

1017 EuGH Entscheid vom 8.12.1987, Gubisch Maschinenfabrik / Palumbo, Ziff. 17.

1018 BGE 123 III 16; BGE 123 III 414 E. 5.

1019 BGE 128 III 284 (= Pra 91 [2002] Nr. 134) E. 3b. Ebenso bei internationalen Verhältnissen ausserhalb des Anwendungsbereichs des LugÜ: für Art. 9 IPRG BGer 5C.289/2006 vom 7. Juni 2007 E. 3.2; vgl. auch BGE 138 III 708 zum CMR und BGE 138 III 570 (= Pra 102 [2013] Nr. 47) E. 4.2.2.

1020 BGE 128 III 284 (= Pra 91 [2002] Nr. 134) E. 3 b bb).

1021 Vgl. BK ZPO-ZINGG, Art. 59 N 81 zweiter Spiegelstrich; BGer 5A_223/2016 vom 28. Juli 2016 E. 5.1.1.2.

von der Übereinstimmung von Art. 35 GestG und Art. 21 aLugÜ zur Vermeidung widersprechender Entscheide und im Sinne der Prozessökonomie aufdränge.[1022]

350 Was aber bedeutet diese Rechtsprechung für das Ausweisungsverfahren, wenn der Mieter mit seinen Rechtsbegehren schneller war? Es besteht kein Zweifel, dass im Rahmen von Kündigungsschutzverfahren und Ausweisungsverfahren im Kern die gleiche Frage zu beurteilen ist. Das klassische Kündigungsschutzverfahren beruht wie gezeigt auf einer Gestaltungsklage (gerichtliche Aufhebung der Kündigung bzw. Erstreckung der Dauer des Mietverhältnisses). Bei nichtiger oder unwirksamer Kündigung ist ein Feststellungsbegehren zu stellen.[1023] Im Kern geht es in jedem Fall um die Frage des Fortbestandes des Mietvertrages. Umgekehrt macht der Vermieter im Ausweisungsverfahren einen Anspruch geltend, der ihm entsteht, sobald das Mietverhältnis gültig beendet ist. Es handelt sich somit um den spiegelbildlichen Gubisch/Palumbo-Fall.[1024] Ist der Kernpunkttheorie also auch hier zu folgen, oder gibt es Gründe, die dagegen sprechen?

351 Nach der hier vertretenen Auffassung sollten die Anwendungsfälle der Kernpunkttheorie als Ausnahme des allgemeinen Grundsatzes restriktiv ausgelegt werden. Es widerspräche sodann dem Willen des Gesetzgebers, wenn der Mieter die Ausweisung auch bei Vorliegen eines klaren Falles allein durch Anfechtung der Kündigung bzw. Klage auf Feststellung der Ungültigkeit der Kündigung blockieren könnte. Das summarische Ausweisungsverfahren nach Art. 257 ZPO greift nur in liquiden Fällen mit klarer Rechtslage zu Gunsten des Vermieters. Im Falle einer rechtzeitig wegen Missbräuchlichkeit angefochtenen ordentlichen Kündigung und/oder eines fristgerechten Gesuchs um eine grundsätzlich mögliche Erstreckung liegt bereits aufgrund des erheblichen Ermessens bei der Beurteilung dieser Fragen kein klares Recht vor.[1025] Wurden

---

[1022] BGE 128 III 284 (= Pra 91 [2002] Nr. 134) E. 3 b bb) i.f.

[1023] Das Feststellungsbegehren kann grundsätzlich positiv oder negativ formuliert werden: Es sei festzustellen, dass der Mietvertrag fortbesteht. Es sei festzustellen, dass die Kündigung ungültig/nichtig ist. Es sei festzustellen, dass der Mieter nicht verpflichtet ist, das Mietobjekt zu verlassen.

[1024] Wo im einen Verfahren die Feststellung der Ungültigkeit bzw. die Auflösung des Vertrages, im anderen Verfahren aber eine Leistung gestützt auf den nämlichen Vertrag verlangt wurde, siehe oben Rz. 349.

[1025] Unten, Rz. 458 ff. und Rz. 463. Es ist also gerade nicht so, dass der Vermieter eine Kündigungsanfechtung oder ein Erstreckungsbegehren des Mieters durch Anhängigmachen des Ausweisungsbegehrens unterwandern kann – der Mieter muss im Ausweisungsverfahren lediglich darlegen, dass er rechtzeitig vor der Schlichtungsbehörde um eine Erstreckung ersucht hat und dass eine solche möglich ist. A. A. DIKE ZPO-GÖKSU, Art. 257 N 16 Fn 47.

die Fristen für die Anfechtung bzw. das Erstreckungsbegehren aber nicht eingehalten, hat der Mieter diese Ansprüche klarerweise verwirkt. Im Falle der nichtigen oder unwirksamen Kündigung kann der Mieter diese auch im Rechtsschutz in klaren Fällen geltend machen, wobei es – sofern das Gericht diese nicht ohnehin von Amtes wegen zu prüfen hat – grundsätzlich genügt, wenn der Mieter die Ungültigkeitsgründe substanziiert behauptet und der Vermieter die Behauptungen nicht sogleich zu entkräften vermag. Dem Mieter entstehen daher keine unbilligen Nachteile durch das allenfalls überholende Ausweisungsverfahren, welche eine Sperrwirkung des Kündigungsschutzverfahrens rechtfertigen würden. Die Gefahr von widersprechenden Urteilen ist aufgrund der Raschheit des summarischen Ausweisungsverfahrens und dem obligatorischen Schlichtungsverfahren im Kündigungsschutzverfahren gering. Mit Blick auf die unterschiedliche Ausgestaltung der Verfahren und die Möglichkeit der Sistierung des Kündigungsschutzverfahrens ist eine Sperrwirkung auch nicht im Sinne der Prozessökonomie geboten.

Auch das Bundesgericht hat in BGE 141 III 262 ausdrücklich festgehalten, 352
dass ein rechtshängiges Kündigungsschutzverfahren dem Ausweisungsbegehren im Rechtsschutz in klaren Fällen nicht entgegensteht.[1026] Es verweist auf kantonale Gerichtspraxis[1027] und auf Lehrmeinungen, welche (mehrheitlich allerdings ohne sich eingehend mit der Frage der Litispendenz auseinanderzusetzen)[1028] das parallele Ausweisungsverfahren zulassen. Den Schwerpunkt setzt das Bundesgericht auf die Entstehungsgeschichte und den Zweck des Ausweisungsverfahrens im Verfahren um Rechtsschutz in klaren Fällen.[1029] Den Ausführungen kann ein zusätzliches dogmatisches Argument hinzugefügt werden: Dass nämlich das Ausweisungsgesuch im Verfahren um Rechtsschutz in klaren Fällen nicht abgewiesen werden kann.[1030] Dies hat zur Folge, dass in diesem Verfahren der spiegelbildliche Anspruch (die negative Feststellungs-

---

1026 BGE 141 III 262 E. 3.2 und 3.3. Kommentar von URBAN HULLIGER in MRA 2015 S. 36 ff.

1027 Insb. das Urteil des OGer ZH ZR 110/2011 Nr. 54.

1028 Vgl. GASSER/RICKLI, ZPO, Art. 257 ZPO N 11; BSK ZPO-HOFMANN, Art. 257 N 18a; ZK ZPO-SUTTER-SOMM/LÖTSCHER, Art. 257 N 38a; HOHL, Procedure civile, S. 261 f.; KUKO ZPO-JENT-SØRENSEN, Art. 257 N 18 (Verweis auf ein Urteil des OGer ZH ZR 110/2011 Nr. 54); DIKE ZPO-GÖKSU, Art. 257 N 16 Fn 47; STAEHELIN/STAEHELIN/GROLIMUND, § 21 Rz. 56; MEIER ZPO, S. 373; TANNER, S. 315 f.; THANEI, mp 2009 S. 195 f.; LACHAT, Procédure, S. 168 f.

1029 Es gibt die vom OGer ZH und von einem Teil der Lehre vertretene Auffassung, wonach *«die Rechtshängigkeit des Kündigungsschutzbegehrens der Ausweisung wegen deren unterschiedlichen Streitgegenstandes nicht im Sinne von Art. 64 Abs. 1 lit. a ZPO entgegenstehe»* lediglich in indirekter Rede wieder.

1030 BGE 140 III 315 (= Pra 104 [2015] Nr. 4). Dazu unten, Rz. 513.

klage) nach der hier vertretenen Auffassung nicht rechtshängig ist – solange er nicht widerklageweise eingebracht wird.[1031]

c. Fazit

353 Ein laufendes Kündigungsschutzverfahren (worunter die Kündigungsanfechtung, das Erstreckungsbegehren und die Feststellung von Nichtigkeit oder Unwirksamkeit subsumiert werden) hat keine Sperrwirkung auf ein parallel dazu eingereichtes Ausweisungsverfahren im Rechtsschutz in klaren Fällen – solange der Vermieter sein Ausweisungsbegehren nicht bereits widerklageweise im Kündigungsschutzverfahren rechtshängig gemacht hat.[1032] Kündigungsschutzverfahren und summarisches Ausweisungsverfahren können daher nebeneinander bestehen und sind grundsätzlich strikt voneinander zu trennen.

3. Keine Verfahrensvereinigung durch Überweisung

354 War nach einer ausserordentlichen Kündigung sowohl ein vom Mieter eingeleitetes Verfahren vor der Schlichtungsstelle als auch ein Ausweisungsverfahren rechtshängig, so sah Art. 274g aOR eine Überweisung der Rechtsbegehren des Mieters von der Schlichtungsbehörde an den Ausweisungsrichter vor.[1033] Nachfolgend ist kurz darauf einzugehen, ob eine solche Überweisung auch unter der Schweizerischen ZPO möglich ist.

355 Sind bei verschiedenen Gerichten Klagen rechtshängig, die miteinander in einem sachlichen Zusammenhang stehen, so kann nach Art. 127 ZPO das später angerufene Gericht die bei ihm rechtshängige Klage an das zuerst angerufene Gericht überweisen, wenn dieses mit der Übernahme einverstanden ist. Die Rechtshängigkeit einer Streitsache wird bereits mit Einreichen des Schlichtungsgesuches begründet. Der Wortlaut der Bestimmung richtet sich an *«Gerichte»,* weshalb zumindest fraglich ist, ob auch Schlichtungsbehörden darunter fallen können, sofern sie nicht nach Art. 212 ZPO die Kompetenz haben, einen Entscheid zu fällen.[1034] Weiter fragt sich, ob der Abbruch eines Schlich-

---

[1031] Dazu unten, Rz. 517 ff.

[1032] Dazu unten, Rz. 548 ff.

[1033] Dazu oben, Rz. 11 ff.

[1034] Aus BGE 141 III 265 E. 3.2 (zur Zulässigkeit der Ordnungsbusse nach Art. 128 ZPO im Schlichtungsverfahren) lässt sich ableiten, dass die Bestimmungen des 1. Kapitels im 9. Titel des 1. Teils der ZPO grundsätzlich auch auf das Schlichtungsverfahren angewendet werden. Vgl. Spühler/Tenchio/Infanger (Hrsg.), GestG Komm.-RUGGLE/TENCHIO-KUZMÍC, Art. 36 N 11; vgl. zur ähnlichen Diskussion bei Art. 59 ZPO, ob nämlich auch die Schlichtungsbehörde einen Nichteintretensentscheid fällen kann, obgleich sich tungsverfahrens durch Überweisung in ein bereits hängiges Gerichtsverfahren mit dem grundsätzlich herrschenden Schlichtungsobligatorium vereinbar ist.[1035] Dies muss hier nicht abschliessend beantwortet werden, denn nach dem Gesetzeswortlaut ist die Überweisung stets vom später angerufenen an das früher angerufene Gericht (bzw. an die früher angerufene Behörde) vorzunehmen. Eine Überweisung des Kündigungsschutzverfahrens von der Schlichtungsbehörde an das mit der Ausweisung betraute Gericht ist daher nur möglich, wenn das Ausweisungsgesuch noch vor der Kündigungsanfechtung eingereicht wurde – was regelmässig nicht der Fall ist.[1036] Eine Überweisung des summarischen Ausweisungsverfahrens an die Schlichtungsbehörde ist indessen gerade nicht zweckmässig, da es der Konzeption des schnellen Rechtsschutzes nach Art. 257 ZPO zuwiderläuft.

Sodann ist eine Überweisung in aller Regel nur dann sinnvoll, wenn das Gericht, an welches überwiesen wird, anschliessend beide Verfahren nach Art. 125 lit. c ZPO vereinigen kann.[1037] Dies ist nur dann möglich, wenn auf beide Klagen die gleiche Verfahrensart anwendbar ist.[1038] Die Vereinigung eines Kündigungsschutzverfahrens, welches sich stets im vereinfachten Verfahren abspielt,[1039] mit einem summarischen Ausweisungsverfahren scheidet auch aus diesem Grund aus. 356

der Wortlaut von Art. 59 Abs. 1 ZPO nur an Gerichte richtet: MÜLLER, AJP 2013, S. 69 ff.; WEINGART/PENON, S. 469 ff.

1035 Möglicherweise lässt sich dies rechtfertigen, wenn auch dem bereits fortgeschrittenen Verfahren ein Schlichtungsverfahren voraus ging und der Gegenstand des zweiten Schlichtungsverfahrens bereits anlässlich dieser Schlichtung erörtert wurde (vgl. Art. 201 Abs. 1 ZPO).

1036 Der Mieter hat die Kündigung grundsätzlich vor Ablauf des Mietverhältnisses anzufechten (innert 30 Tagen nach Erhalt der Kündigung [Art. 273 Abs. 1 OR], so dass aufgrund der zwingenden gesetzlichen Kündigungsfristen von drei bzw. sechs Monaten [Art. 266c und 266d OR) lediglich bei möblierten Zimmern und Einstellplätzen eine [rechtzeitige] Anfechtung nach Ablauf der Kündigungsfrist [Art. 266e OR] denkbar ist); bei befristeten Mietverträgen hat er sein Erstreckungsbegehren spätestens 60 Tage vor Vertragsablauf einzureichen (Art. 273 Abs. 2 lit. b OR); das Ausweisungsgesuch wird hingegen in der Regel erst nach Ablauf des Kündigungstermins eingereicht; vgl. Rz. 592 ff.

1037 BSK ZPO-BORNATICO, Art. 127 N 5; DIKE ZPO-KAUFMANN, Art. 127 N 31; ZK ZPO-A. STAEHELIN, Art. 127 N 7; BK ZPO-FREI, Art. 127 N 18.

1038 Es entsteht eine objektive Klagenhäufung (Art. 90 lit. b ZPO setzt dafür die gleiche Verfahrensart voraus) oder eine Widerklagesituation (hier ergibt sich die Voraussetzung aus Art. 224 Abs. 1 ZPO); vgl. ZK ZPO-A. STAEHELIN, Art. 125 N 6; DIKE ZPO-KAUFMANN, Art. 125 N 23; BSK ZPO-BORNATICO, Art. 125 N 15; BK ZPO-FREI, Art. 125 N 18.

1039 Art. 243 Abs. 2 lit. c ZPO.

357 Theoretisch denkbar ist eine Überweisung somit lediglich, wenn sowohl die Kündigungsanfechtung als auch die Ausweisung separat im Rahmen zweier vereinfachter Verfahren angehoben wurden. Aufgrund des teilzwingenden Gerichtsstandes (Art. 33 i.V.m. Art. 35 Abs. 1 lit. b und c ZPO) würden beide Verfahren indessen in der Regel ohnehin bei der gleichen Behörde anhängig gemacht. Diese kann die Verfahren nach Art. 125 lit. c ZPO vereinigen.

4. Sistierung des Kündigungsschutzverfahrens?

358 Nach Art. 126 ZPO kann das Gericht ein Verfahren sistieren, wenn die Zweckmässigkeit dies verlangt, namentlich dann, wenn der Entscheid vom Ausgang eines anderen Verfahrens abhängt. Diese Bestimmung ist auch im Schlichtungsverfahren anwendbar.[1040] Welches Gericht zuerst angerufen worden ist bzw. welches Verfahren früher rechtshängig gemacht wurde, ist nicht massgeblich. Die Bestimmung dient dem Vermeiden von unnötigem Prozessaufwand im Sinne der Prozessökonomie und soll zudem verhindern, dass es in sachlich zusammenhängenden Klagen zu widersprüchlichen Entscheiden kommt.[1041] Die Sistierung eines Verfahrens steht indessen stets im Widerspruch zum Beschleunigungsgebot (Art. 124 Abs. 1 ZPO). Auch dies ist im Sinne einer Interessensabwägung beim Entscheid über die Sistierung zu berücksichtigen.[1042]

359 Da sowohl der Ausgang des Anfechtungsverfahrens in der Regel massgeblich sein kann für den Ausweisungsentscheid als auch umgekehrt, bestehen drei Möglichkeiten:

- Zum einen könnte die Schlichtungsbehörde ihr Verfahren bis zum Abschluss des Ausweisungsverfahrens sistieren. Wird das Ausweisungsbegehren gutgeheissen und vollzogen, ist das Verfahren auf Kündigungsanfechtung als gegenstandslos abzuschreiben.[1043] Verneint der Ausweisungsrichter den klaren Fall und tritt auf das Gesuch des Vermieters nicht ein, so nimmt die Schlichtungsbehörde das Verfahren wieder auf. Der Vermieter kann dann sein Ausweisungsbegehren im Kündigungsanfechtungsprozess widerklageweise geltend machen.[1044]

1040 BGE 138 III 705 E. 2.3; BGer 5A_218/2013 vom 17. April 2013, E. 3.

1041 ZK ZPO-A. STAEHELIN, Art. 126 N 3; BSK ZPO-BORNATICO, Art. 126 N 1; BK ZPO-FREI, Art. 126 N 3.

1042 Vgl. zum Ganzen ZK ZPO-A. STAEHELIN, Art. 126 N 3 f.; weiter unten, Rz. 361.

1043 Unten, Rz. 370 f.

1044 Vgl. unten Rz. 548 ff.

- Andererseits könnte auch das Ausweisungsverfahren sistiert werden, bis über die Gültigkeit der Kündigung und eine allfällige Erstreckung rechtskräftig entschieden wurde. Dieser Entscheid ist für den Ausweisungsrichter bindend,[1045] so dass er nur noch die Konsequenz daraus zu ziehen hat und entsprechend das Ausweisungsbegehren gutheissen oder nicht auf das Gesuch eintreten wird. Nach einem rechtskräftigen Entscheid über Kündigung und Erstreckung sind sowohl Sachverhalt als auch Rechtslage klar.
- Als dritte Option würde schliesslich keines der beiden Verfahren sistiert. Ausweisungsverfahren und Kündigungsschutzverfahren nähmen ungeachtet voneinander ihren Lauf.

Eine Sistierung des summarischen Ausweisungsverfahrens nach Art. 257 ZPO 360 ist mit Blick auf dessen Zweck abzulehnen. Durch die Sistierung des Ausweisungsverfahrens würde die Natur des raschen Rechtsschutzes in klaren Fällen untergraben. Selbst bei einer beförderlichen Behandlung des Schlichtungsverfahrens und des darauffolgenden Gerichtsverfahrens ist doch mit einer erheblichen Verfahrensdauer zu rechnen. Dem parallelen Kündigungsschutzverfahren ist im summarischen Ausweisungsverfahren in anderer Weise Rechnung zu tragen.[1046] Insbesondere wird, sofern eine Erstreckung des Mietverhältnisses gesetzlich möglich erscheint und der Mieter sein Erstreckungsbegehren rechtzeitig eingereicht hat, kein klarer Fall vorliegen.[1047]

Die Sistierung des parallelen Kündigungsschutzverfahrens liegt im Ermessen 361 der Schlichtungsbehörde bzw. des Gerichts, welches darüber nach vorgängiger Anhörung der Parteien von Amtes wegen entscheidet.[1048] Sie hat eine Interessenabwägung vorzunehmen.[1049] Für eine Sistierung spricht die Prozessökonomie: Es sollen sich nicht parallel zwei Gerichte mit derselben Frage befassen. Dies kann für die Parteien mit Kosten verbunden sein, die sich im Nachhinein als unnötig herausstellen. Sodann gilt es, sich widersprechende Entscheide zu

---

1045 RÜETSCHI, Rz. 336 m. Hinw.; unten, Rz. 365 ff.

1046 Vgl. DIKE ZPO-GÖKSÜ, Art. 257 N 15 Fn 47; PÜNTENER, mp 2011, S. 286; zum Falle einer Anfechtung einer ausserordentlichen Kündigung: BGE 142 III 515 E. 2.2.4; BGer 4A_184/2015 vom 11. August 2015 E. 4.2.2 (nicht publiziert in BGE 141 III 262): *«Damit das vom Gesetzgeber durch diese Bestimmungen verfolgte Ziel nicht über den Rechtsschutz in klaren Fällen unterlaufen werden kann, ist dieser gemäss der bundesgerichtlichen Praxis nur zu gewähren, wenn keine Zweifel an der Vollständigkeit der Sachverhaltsdarstellung bestehen und die Kündigung gestützt darauf als klar berechtigt erscheint»*).

1047 Dazu unten, Rz. 458 ff.

1048 BSK ZPO-BORNATICO, Art. 126 N 13.

1049 Eine Sistierung auf Antrag bzw. mit Zustimmung beider Parteien ist immer möglich, jedoch nicht verpflichtend, vgl. ZK ZPO-A. STAEHELIN, Art. 126 N 3.

vermeiden.[1050] Dem steht das Beschleunigungsgebot gegenüber. Zu berücksichtigen sind auch die Eigenheiten der betroffenen Verfahren: summarisches Ausweisungsverfahren, Schlichtungsverfahren, vereinfachtes Gerichtsverfahren. Das Schlichtungsverfahren in Mietstreitigkeiten ist kostenlos (Art. 113 Abs. 2 lit. c ZPO) und es werden keine Parteientschädigungen gesprochen (Art. 113 Abs. 1 ZPO). Somit hat jede Partei ihre eigenen Kosten, auch die eines Rechtsbeistandes, unabhängig vom Ausgang des Schlichtungsverfahrens selbst zu tragen, vorbehältlich einer Gewährung der unentgeltlichen Rechtspflege. Der Aufwand für das Schlichtungsverfahren ist in der Regel überschaubar; da zudem die Kernargumente in beiden Verfahren vergleichbar sein dürften, wird sich der zusätzliche, sich allenfalls als unnütz erweisende Aufwand der Parteien für das Schlichtungsverfahren in Grenzen halten. Auch ist die Wahrscheinlichkeit, dass das Kündigungsschutzverfahren während laufendem parallelen Ausweisungsverfahren einen Entscheid hervorbringt, der für den Ausweisungsrichter bindend ist,[1051] gering, zumindest solange sich das Kündigungsschutzverfahren noch in der Schlichtungsphase befindet,[1052] denn im Schlichtungsverfahren kann noch kein Entscheid gefällt, sondern lediglich ein Urteilsvorschlag gemacht werden.[1053] Diesfalls können im erstinstanzlichen Gerichtsverfahren die Parteirollen wechseln.[1054] Die Klagebewilligung erhält diejenige Partei, die den Urteilsvorschlag ablehnt (Art. 211 Abs. 2 lit. a ZPO). Fällt diese Rolle dem Vermieter zu, so kann er während eines rechtshängigen Ausweisungsverfahrens aufgrund von *Litispendenz* kein (zweites) Ausweisungsbegehren (diesmal im vereinfachten Verfahren) stellen. Der Vermieter kann aber eine Klage auf Feststellung der Gültigkeit der Kündigung bzw. auf Feststellung des Nichtbestehens des Vertragsverhältnisses einreichen.[1055] Wird dann auf des Ausweisungsgesuch im Rechtsschutz in klaren Fällen mangels Liquidität nicht eingetreten, ist eine entsprechende Klageänderung im Kündigungsschutzverfahren zu einem späteren Zeitpunkt noch möglich (Art. 227 Abs. 1 lit. a; Art. 230 ZPO).

[1050] Vgl. HULLIGER, MRA 2012, S. 46.

[1051] Vgl. unten, Rz 365.

[1052] Vgl. Urteil des Zürcher Obergerichts vom 1. Juli 2011, PF 110018, E. 7.

[1053] Zu widersprüchlichen Urteilen kann es hier allenfalls dann kommen, wenn ein Urteilsvorschlag gemacht wird, der nach Erlass des Ausweisungsentscheids nicht abgelehnt wird; beispielsweise ein Urteilsvorschlag (oder ein Vergleich mit Widerrufsvorbehalt) lautend *«Das Mietverhältnis wird einmalig und definitiv bis zum 30. November 2017 erstreckt»* und ein Ausweisungsentscheid lautend auf die Ausweisung des Mieters bereits per 31. August 2017.

[1054] Dazu oben, Rz. 326 ff.

[1055] BGE 139 III 457 E. 5 m. Hinw. a. BGE 132 III 65 zum alten *prima facie*-Entscheid der Schlichtungsbehörde.

Bleiben die Parteirollen aus dem Schlichtungsverfahren bestehen, ist insbesondere zu berücksichtigen, dass eine Widerklage (im Fall des Nichteintretens auf das Ausweisungsbegehren im summarischen Verfahren) spätestens mit der Klageantwort im erstinstanzlichen Gerichtsverfahren anhängig zu machen ist (Art. 224 Abs. 1 ZPO). Solange das summarische Ausweisungsverfahren läuft, steht einer Widerklage grundsätzlich die Litispendenz im Wege. Ist das mietrechtliche Verfahren zum Zeitpunkt des Nichteintretensentscheids des Ausweisungsrichters schon zu weit fortgeschritten, ist dem Vermieter ein Einbringen seines Ausweisungsbegehrens in den mietrechtlichen Hauptprozess nicht mehr möglich.[1056] Auf Antrag des Vermieters rechtfertigt es sich daher, dass Kündigungsschutzverfahren vor der Klageantwort im erstinstanzlichen Prozess zu sistieren.[1057] Da sich das Kündigungsschutzverfahren im vereinfachten Verfahren abspielt, wird in der Regel keine Frist zur schriftlichen Klageantwort gesetzt, sondern sogleich zur Verhandlung geladen, an welcher – zumindest nach Konzeption in Art. 246 Abs. 1 ZPO – auch der Entscheid gefällt wird.[1058] Die Verhandlung wird in der Regel der letztmögliche Zeitpunkt für eine Widerklage bzw. für eine Klageänderung (oben, Rz. 362 i.f.) sein. Es ist daher sinnvoll, das erstinstanzliche Kündigungsschutzverfahren vor der Hauptverhandlung bis zum Abschluss des parallelen Ausweisungsverfahrens zu sistieren. 362

Zusammenfassend scheint für den Entscheid über die Sistierung des Kündigungsschutzverfahrens insbesondere der individuelle Stand dieses Verfahrens massgeblich zu sein. Die Rechtshängigkeit des Ausweisungsverfahrens für sich allein genügt jedenfalls (nicht zuletzt mit Blick auf die mutmassliche Verfahrensdauer des Summarverfahrens) nicht als Grund für eine Sistierung – zumindest solange nicht beide Parteien übereinstimmend eine Sistierung des Kündigungsschutzverfahrens beantragen. Im Schlichtungsverfahren besteht wie gezeigt noch wenig Anlass für eine Sistierung. Der erste Eindruck, von einer Sistierung des Kündigungsschutzverfahrens profitiere – mit Blick auf die sogenannte *«kalte Erstreckung»*[1059] – grundsätzlich nur der Mieter, täuscht. Im erstinstanzlichen Gerichtsverfahren dient eine Sistierung vor Ansetzen der Hauptverhandlung[1060] auch dem Interesse des Vermieters, der so nach einem allfälligen Nichteintreten im summarischen Verfahren sein Ausweisungsbe- 363

[1056] Vgl. Urteil des Zürcher Obergerichts vom 1. Juli 2011, PF 110018, E. 7.

[1057] Nach der hier vertretenen Auffassung kann der Vermieter sein Ausweisungsbegehren sogar ungeachtet eines noch laufenden Summarverfahrens mit der Klageantwort widerklageweise rechtshängig machen, dazu eingehend unten, Rz. 556.

[1058] Dazu unten Rz. 560.

[1059] Die faktische Erstreckung, die allein aufgrund der Verfahrensdauer des Kündigungsschutzverfahrens entsteht.

[1060] Bzw. der Frist zur Klageantwort.

gehren widerklageweise oder in Form einer Klageänderung in das bereits rechtshängige Kündigungsschutzverfahren einbringen kann. Ist ihm dies nicht möglich, so ergeht im Kündigungsschutzverfahren lediglich ein Feststellungs- oder ein Gestaltungsurteil zur Frage der Gültigkeit der Kündigung und einer allfälligen Erstreckung. Fällt dieses Urteil zugunsten des Vermieters aus, so sind – auf den ersten Blick – anschliessend Sach- und Rechtslage in der Regel klar; der ehemalige Vermieter muss dann ein erneutes Ausweisungsgesuch im Verfahren um Rechtsschutz in klaren Fällen stellen, um den Vollstreckungstitel gegen den ehemaligen Mieter zu erhalten. Vertritt man jedoch die Auffassung, der Kündigungsschutzentscheid beschlage nur die im Kündigungsschutzverfahren geltend gemachten Mängel, so könnten alle übrigen denkbaren Mängel noch im Ausweisungsverfahren vorgebracht werden und einen Rechtsschutz in klaren Fällen allenfalls verunmöglichen.[1061] Diese Unsicherheit spricht dafür, das erstinstanzliche gerichtliche Kündigungsschutzverfahren vor der Hauptverhandlung (bzw. vor der Klageantwort) bis zum Abschluss des parallel laufenden summarischen Ausweisungsverfahrens zu sistieren. Eine frühere Sistierung des Kündigungsschutzverfahrens – ohne übereinstimmenden Sistierungsantrag der Parteien – erscheint nicht erforderlich.

364 Gegen die Sistierung kann Beschwerde erhoben werden (Art. 126 Abs. 2 ZPO),[1062] was jedoch in der Praxis das Verfahren auch nicht erheblich beschleunigen dürfte.

IV. Wechselwirkungen

1. Bindung des Ausweisungsrichters an einen rechtskräftigen Entscheid aus dem Kündigungsschutzverfahren

365 Im Kündigungsschutzverfahren bildet die Frage der Gültigkeit einer bestimmten Kündigung den Streitgegenstand. Sobald der Entscheid[1063] über die angefochtene Kündigung und einen allfälligen damit zusammenhängenden Erstreckungsanspruch in formelle Rechtskraft erwachsen ist und somit auch materi-

---

[1061] Dazu sogleich, Rz. 365 ff., insb. Rz. 367, und weiter unten, Rz. 464.

[1062] Gegen die verweigerte Sistierung ist eine Beschwerde nur unter der zusätzlichen Voraussetzung des nicht leicht wieder gut zu machenden Nachteils möglich (Art. 319 lit. b Ziff. 2 ZPO). ZK ZPO-A. Staehelin, Art. 126 N 8).

[1063] Namentlich auch in Form eines nicht innert Frist von 20 Tagen abgelehnten Urteilsvorschlags der Schlichtungsbehörde (Art. 210 Abs. 1 lit. b ZPO) oder wenn nach dessen Ablehnung die Klage nicht innert 30 Tagen eingereicht wurde (Art. 211 Abs. 3 i.V.m. Art. 209 Abs. 4 ZPO).

elle Rechtskraft erlangt hat,[1064] ist diese Frage einer erneuten gerichtlichen Beurteilung entzogen. Der Entscheid bindet ein später angerufenes Gericht auch dann, wenn dieses die gleiche Rechtsfrage bezogen auf den gleichen Sachverhalt zwischen den gleichen Parteien vorfrageweise zu beurteilen hat,[1065] insbesondere also im Rahmen des Ausweisungsverfahrens. Besteht zum Zeitpunkt der Entscheidfällung des mit der Ausweisung betrauten Gerichts bereits ein rechtskräftiger Entscheid über die Gültigkeit der umstrittenen Kündigung bzw. einen allfälligen Erstreckungsanspruch, so ist dieser Entscheid für das Ausweisungsgericht bindend.

Hat der Mieter im Kündigungsschutzverfahren nicht nur Missbräuchlichkeit, 366
sondern auch Nichtigkeit bzw. Ungültigkeit der Kündigung gerügt, so erstrecken sich die *res iudicata* Wirkungen des Entscheids auch auf diese Mängel. In einem Entscheid aus dem Jahr 2001[1066] befasste sich das Bundesgericht mit dem *prima facie*-Vorentscheid der Schlichtungsbehörde nach aArt. 273 Abs. 4 OR: Der Mieter hatte sämtliche Mängel, insbesondere die Ungültigkeit der Kündigung, weil sie nicht von einer dazu befugten Person ausgesprochen worden sei, bereits vor der Schlichtungsbehörde geltend gemacht. Die Schlichtungsbehörde entschied, der Mietvertrag sei gültig gekündigt worden. Der Mieter versäumte daraufhin die dreissigtägige Klagefrist nach aArt. 273 Abs. 5 OR, so dass der Entscheid rechtskräftig wurde. Erst nach Ablauf dieser Frist klagte der Mieter vor Gericht auf Feststellung der Nichtigkeit der Kündigung. Das Bundesgericht wiederholte, dass es den Parteien frei stehe, Nichtigkeit oder Unwirksamkeit grundsätzlich jederzeit vor der zuständigen Behörde geltend zu machen, namentlich auch noch im Ausweisungsverfahren. Entscheide sich der Mieter, Nichtigkeit oder Unwirksamkeit bereits vor der Schlichtungsbehörde vorzubringen, werde die Schlichtungsbehörde zuständig, vorfrageweise die Gültigkeit der Kündigung zu überprüfen und ihr Entscheid erstrecke sich dann auch auf diese Frage.[1067] Vorliegend habe die Schlichtungsbehörde schon rechtskräftig über die Nichtigkeit entschieden. Das Bundesgericht führte weiter aus, die Rechtskraft sei unteilbar und diese Regel könne nicht umgangen werden, indem sich die Klagpartei auf einen Nichtigkeitsgrund statt auf

---

1064 ZK ZPO-ZÜRCHER, Art. 59 N 39 m. zahlr. Hinw.

1065 BGer 4A_508/2010 vom 14. Februar 2011 E. 2.1; 4C.130/2003 vom 28. August 2003 E. 1.3; BGE 123 III 16 E. 2a; BGE 121 III 474 E. 4a; RÜETSCHI, Rz. 336 ff.; BSK ZPO-OBERHAMMER, Vor Art. 236–242 N 36; ZK ZPO-ZÜRCHER, Art. 59 N 39.

1066 BGer 4C.135/2001 vom 4. September 2001 (mp 2002, S. 130 ff.).

1067 BGer 4C.135/2001 vom 4. September 2001 E. 1b (*«Dans ce cas, l'autorité de conciliation est compétente pour examiner, à titre de question préalable, la validité du congé [Weber/Zihlmann, Commentaire bâlois, n° 6 ad Art. 273 CO] et la décision qu'elle rend s'étend également à cette question [SVIT-Kommentar Mietrecht, n° 7 ad Art. 273 CO]»*, deutsche Übersetzung: mp 2002, S. 131).

die Anfechtbarkeit berufe.[1068] In einem jüngst ergangenen Entscheid bestätigt das Bundesgericht diese Rechtsprechung: Wenn die Mieterin die Gültigkeit der Kündigung bestreite und eventualiter die Erstreckung des Mietverhältnisses beantrage, erstreckt sich der von der Schlichtungsbehörde gestützt auf aArt. 273 Abs. 4 OR gefällte Entscheid auf alle aufgeworfenen Fragen.[1069]

367 Massgeblich erscheint somit, welche Mängel der Mieter im Kündigungsschutzverfahren bereits vorgebracht hat. Diese Vorbringen werden von der Rechtskraft des Entscheides erfasst. In der Lehre wird gefordert, dass zumindest aus der Entscheidbegründung zum Ausdruck kommen sollte, dass die Schlichtungsbehörde die Nichtigkeit und die Unwirksamkeit geprüft hat.[1070] In einem gewissen Spannungsverhältnis dazu steht zum einen, dass Schlichtungsbehörde und Gericht nach herrschender Lehre Nichtigkeit bzw. Unwirksamkeit auch von Amtes beachten müssen.[1071] Zum anderen muss die Beschränkung auf die Frage der Missbräuchlichkeit im Urteilsvorschlag oder im Entscheid tatsächlich zum Ausdruck kommen. Beurteilt die Schlichtungsbehörde oder das Gericht die angefochtene Kündigung als nicht missbräuchlich und wird der Entscheid entsprechend wie folgt formuliert: *«Die Kündigung vom 17. Januar 2016 (...) ist nicht missbräuchlich.»,* so beschränkt sich der Entscheid allein auf diese Rechtsfrage. Eine spätere Prüfung auf Nichtigkeit oder Unwirksamkeit erscheint möglich, selbst wenn sie sich auf dieselbe Kündigung bezieht. Wird im Entscheid hingegen festgehalten: *«Die Kündigung vom 17. Januar 2016 (...) ist gültig.»,* so sind Nichtigkeit und Unwirksamkeit ebenfalls abgedeckt.

368 Eine Möglichkeit wäre, in erster Linie auf die Rechtsbegehren des Mieters abzustellen.[1072] Hat er (mindestens unter anderem) die Feststellung der Nichtigkeit oder der Unwirksamkeit begehrt, so entfaltet der Entscheid aus dem Kündigungsschutzverfahren diesbezüglich *res iudicata*-Wirkung. Hat die Schlichtungsbehörde aber lediglich von Amtes wegen anhand der eingereichten Unterlagen vorfrageweise auf Nichtigkeit geprüft – und kommt dies im Entscheid nicht zum Ausdruck – so wären Vorbringen des Mieters zur Nichtigkeit oder Unwirksamkeit im Ausweisungsverfahren grundsätzlich noch zu hören. Nach

---

[1068] BGer 4C.135/2001 vom 4. September 2001 E. 1b (mp 2002, S. 130 ff.).

[1069] BGE 142 III 278 E. 4.2.

[1070] KOLLER, ZBJV 2007, S. 854; TSCHUDI, MRA 2006, S. 52.

[1071] Oben, Rz. 192, 196.

[1072] Vgl. BGE 132 III 65 E. 3.2: *«Insgesamt kann somit festgehalten werden, dass der Gegenstand des konkreten Kündigungsschutzverfahrens durch die Rechtsbegehren der klagenden Partei bestimmt wird. Im Vordergrund steht die Anfechtbarkeit der Kündigung nach Art. 271 Abs. 1 und 271a OR. In Frage kommen aber auch die von einer Partei zur Beurteilung aufgeworfenen zivilrechtlichen Vorfragen wie insbesondere die Nichtigkeit bzw. Unwirksamkeit der Kündigung.»*

der hier vertretenen Auffassung ist indessen – nach Wegfall der Unterscheidung zwischen bundesrechtlichem und kantonalem Verfahren und mit Blick auf die neue bundesgerichtliche Rechtsprechung zur weiten Auslegung des Begriffs *«Kündigungsschutz»*[1073] sowie im Sinne der Rechtssicherheit – zu fordern, dass die Parteien bereits im Kündigungsschutzverfahren alle Argumente in Bezug auf die streitgegenständliche Kündigung vorbringen. Ein Zurückhalten von Nichtigkeits- oder Unwirksamkeitsgründen im (vereinfachten) Kündigungsschutzverfahren, um diese später im summarischen Ausweisungsverfahren noch geltend zu machen, ist nach der hier vertretenen Auffassung rechtsmissbräuchlich;[1074] zumal der Vermieter im Falle eines Nichteintretens gleichsam erneut ein (diesmal umgekehrtes) *«Kündigungsschutzverfahren»* einleiten müsste.

Die *res iudicata*-Wirkung des Entscheids aus dem Kündigungsschutzverfahren erstreckt sich sodann nur auf die im betreffenden Verfahren angefochtene Kündigung bzw. eine in diesem Verfahren gewährte Erstreckung. Wurde der Mietvertrag zwischenzeitlich erneut gekündigt, namentlich wegen Zahlungsverzugs, so ist der Ausweisungsrichter in der Beurteilung dieser neuen Kündigung frei. 369

2. Wirkungen des Ausweisungsentscheids auf das Kündigungsschutzverfahren

a. Der gutheissende Ausweisungsentscheid

Der gutheissende Ausweisungsentscheid verurteilt den Mieter zur Räumung und zur Rückgabe des Mietobjekts. Die gültige Auflösung des Mietverhältnisses wird dabei vorfrageweise bejaht, sie ist notwendige Voraussetzung für die Rückgabepflicht des Mieters. Nach ganz herrschender Auffassung entfaltet der Entscheid über eine Vorfrage im ersten Prozess keine Bindungswirkung für ein Verfahren, in welchem diese Vorfrage als Hauptfrage zu beurteilen ist.[1075] Die Antwort auf die Vorfrage im ersten Prozess ist lediglich Teil der Urteilserwägung und erwächst daher nicht in Rechtskraft.[1076] Hat der Mieter die Kündigung vor der Schlichtungsstelle angefochten und erlangt der Vermieter in einem parallel dazu angehobenen Ausweisungsverfahren einen rechtskräfti- 370

[1073] Unten, Rz. 261 ff.

[1074] Vgl. oben, Rz. 196, sowie das Beispiel unten, Rz. 553.

[1075] RÜETSCHI, Rz. 348; BSK ZPO-OBERHAMMER, Vor Art. 236–242 N 42; BK ZPO-ZINGG, Art. 59 N 125 ff.

[1076] BGE 138 III 261 E. 1.2; BGE 137 III 8 E. 3.3.1; BGE 90 II 158 (= Pra 53 [1964] Nr. 130) E. 3.

gen Ausweisungsentscheid, so hat die darin enthaltene vorfrageweise Beurteilung der Gültigkeit der Kündigung keine Präjudizienwirkung im Kündigungsschutzverfahren.

371 Wird die Ausweisung jedoch schliesslich vollzogen, so stellt sich die Frage, ob damit auch das Rechtsschutzinteresse des Mieters im Kündigungsschutzverfahren entfallen ist.[1077] Da kein rechtskräftiger Entscheid über die Gültigkeit der Kündigung vorliegt, scheint es dem Mieter grundsätzlich möglich, eine Schadenersatzforderung gegen den Vermieter geltend zu machen und sein Rechtsbegehren im Kündigungsschutzverfahren gegebenenfalls auf dem Weg der Klageänderung anzupassen.[1078] Eine Schadenersatzklage wegen ungerechtfertigter Ausweisung ist jedoch nicht möglich, da hinsichtlich der Rückgabepflicht ein materiell rechtskräftiger Entscheid besteht und die Rechtmässigkeit der Ausweisung also nicht mehr überprüft werden darf.[1079] Liegen keine besonderen Umstände vor, ist das Kündigungsschutzverfahren daher als gegenstandslos abzuschreiben.

b. Der negative Ausweisungsentscheid

ba. Nichteintreten

372 Ein negativer Ausweisungsentscheid im Verfahren um Rechtsschutz in klaren Fällen kann nach bundesgerichtlicher Rechtsprechung nur in Form eines Nichteintretensentscheids ergehen.[1080] Ein solcher Prozessentscheid zeitigt keine Rechtskraft.[1081] Das parallel laufende Verfahren vor der Schlichtungsbehörde nimmt daher unbeeinflusst seinen Fortgang.

1077 Zum Entfallen des Rechtsschutzinteresses im Rechtsmittelverfahren nach erfolgtem Auszug des Mieters unten, Rz. 724 f.

1078 Eine Klageänderung aufgrund neuer Tatsachen ist auch noch in der Hauptverhandlung vor dem erstinstanzlichen Gericht möglich (Art. 230 Abs. 1 lit. b ZPO). Vorausgesetzt wird indessen, dass der neue Anspruch nach der gleichen Verfahrensart zu behandeln ist. Während das Kündigungsschutzverfahren stets ein vereinfachtes Verfahren ist (Art. 243 Abs. 2 lit. c ZPO), gilt für den Schadenersatzprozess die Streitwertgrenze von CHF 30'000 gemäss Art. 243 Abs. 1 ZPO.

1079 Wenn die Ausweisung aber als vorsorgliche Massnahme erlassen wird, besteht noch kein materiell rechtskräftiger Entscheid. Die Prosekutionsklage des Vermieters wird nach Vollzug der vorsorglichen Massnahme infolge Entfallens von dessen Rechtsschutzinteresse gegenstandlos. Eine Klage des Mieters auf Schadenersatz (oder gar auf Wiedereinzug) ist möglich. Dazu unten, Rz. 535.

1080 BGE 140 III 315 (= Pra 104 [2015] Nr. 4).

1081 Dazu unten, Rz. 513 ff.

bb. Abweisung

Im Gegensatz zum Verfahren um Rechtsschutz in klaren Fällen ist ein abweisender Entscheid im vereinfachten Verfahren möglich. Zwei parallel laufende vereinfachte Verfahren (ein Ausweisungsverfahren und ein Kündigungsschutzverfahren) sind jedoch lediglich theoretisch, zumal sich beide am selben Gerichtsstand abspielen.[1082] In der Praxis würde diesfalls das Ausweisungsbegehren widerklageweise im Kündigungsverfahren gestellt bzw. die beiden Verfahren vereinigt (Art. 125 lit. c ZPO).[1083] 373

Ein abweisender Entscheid über eine in Form einer vorsorglichen Massnahme beantragte Ausweisung[1084] zeitigt keinerlei Wirkungen auf ein laufendes Kündigungsschutzverfahren.[1085] 374

1082 Art. 33 i.V.m. Art. 35 Abs. 1 lit. b ZPO. Eingehend unter Rz. 577 ff.

1083 Zur Überweisung oben, Rz. 357.

1084 Dazu unten, Rz. 519 ff.

1085 Dazu unten, Rz. 532.

§ 11 Der Streitwert

I. Vorbemerkung zur Bedeutung des Streitwerts

Die Zivilprozessordnung unterscheidet vermögensrechtliche und nicht vermögensrechtliche Streitigkeiten. Bei letzteren ist der Streitwert zentral für eine Reihe von grundlegenden prozessualen Fragen. 375

Ausserhalb der im summarischen Verfahren zu behandelnden Streitigkeiten kann[1086] bereits die Verfahrensart vom Streitwert abhängen. Nach Art. 243 Abs. 1 ZPO gilt bis zu einem Streitwert von CHF 30'000 das vereinfachte Verfahren, bei Streitwerten über diesem Betrag ist grundsätzlich das ordentliche Verfahren einzuschlagen. Die Verfahrensart wiederum entscheidet über die Frage der Zulässigkeit einer Widerklage. Diese ist nur möglich, wenn der widerklageweise geltend gemachte Anspruch in der gleichen Verfahrensart wie die Hauptsache zu beurteilen ist (Art. 224 Abs. 1 ZPO). Auch die Vereinigung von Verfahren nach Art. 125 lit. c ZPO setzt die gleiche Verfahrensart beider Klagen voraus.[1087] 376

Ab einem Streitwert von CHF 100'000 können die Parteien einvernehmlich auf die Durchführung eines Schlichtungsverfahrens verzichten (Art. 199 Abs. 1 ZPO) oder die Klage direkt beim oberen kantonalen Gericht anhängig machen (Art. 8 Abs. 1 ZPO). 377

Auch die sachliche Zuständigkeit kann sich im kantonalen Recht anhand des Streitwerts bestimmen.[1088] So ist beispielsweise in Basel-Stadt bis zu einem Streitwert von CHF 30'000 grundsätzlich der Einzelrichter zuständig, bei über CHF 30'000 das Dreiergericht und bei über CHF 100'000 die Fünferkammer.[1089] Vor dem Zürcher Mietgericht werden Streitigkeiten bis zu einem Streitwert von CHF 30'000 grundsätzlich vom Einzelgericht beurteilt; erst bei höheren Streitwerten ist das Kollegialgericht zuständig.[1090] 378

1086 Ausnahmen in Art. 243 Abs. 2 ZPO (vereinfachtes Verfahren unabhängig vom Streitwert).

1087 Dazu oben, Rz. 356, Fn 1038.

1088 Im Kanton Bern entscheidet erstinstanzlich mit Ausnahme von arbeitsrechtlichen Streitigkeiten mit einem Streitwert von weniger als CHF 15'000 immer ein Einzelgericht (Art. 8 f. EG ZSJ BE). In Basel-Landschaft beurteilt das Einzelgericht alle Fälle, für die das summarische oder vereinfachte Verfahren zur Anwendung gelangen.

1089 § 71 Abs. 1 GOG BS. Alle Angelegenheiten im Summarverfahren werden vom Einzelgericht entschieden.

1090 § 26 GOG ZH.

379 Nicht zuletzt ist der Streitwert massgeblich für die Frage, welches Rechtsmittel gegen den Entscheid offen steht. Die Berufung nach Art. 308 Abs. 2 ZPO ist bei einer vermögensrechtlichen Streitigkeit nur möglich, wenn der Streitwert des zuletzt aufrecht erhaltenen Rechtsbegehrens mindestens CHF 10'000 beträgt. Anderenfalls kann lediglich die Beschwerde erhoben werden, welcher – im Unterschied zur Berufung – von Gesetzes wegen keine aufschiebende Wirkung zukommt (Art. 325 ZPO). Berufung und Beschwerde unterscheiden sich sodann insbesondere hinsichtlich Kognition und Verfahrensablauf voneinander. Die Beschwerde in Zivilsachen an das Bundesgericht ist in mietrechtlichen Fällen grundsätzlich nur dann zulässig, wenn der Streitwert mindestens CHF 15'000 beträgt (Art. 74 Abs. 1 lit. b BGG).[1091]

380 Schliesslich bemessen sich in der Regel auch die Gerichtsgebühr und die Parteientschädigung anhand des Streitwerts. Massgeblich ist hier das kantonale Recht (Art. 96 ZPO). Auch sind weitere Abhängigkeiten vom Streitwert nach kantonalem Recht möglich. So ist namentlich im Zürcher Recht die berufsmässige Vertretung durch beruflich qualifizierte Vertreter ohne Anwaltszulassung im Sinne von Art. 68 Abs. 2 lit. d ZPO vor dem Mietgericht nur bis zu einem Streitwert von CHF 30'000 zugelassen.[1092]

II. Grundsätze der Streitwertbestimmung nach ZPO

381 Der Streitwert ist vom Kläger in der Klagschrift bzw. in seinem Gesuch anzugeben (Art. 221 Abs. 1 lit. c, Art. 244 Abs. 1 lit. d ZPO). Er bestimmt sich nach Art. 91 Abs. 1 ZPO primär anhand des Rechtsbegehrens. Lautet dieses nicht auf eine bestimmte Geldsumme, so können sich die Parteien auf einen Streitwert einigen (Art. 91 Abs. 2 ZPO). Kommt es zu keiner Einigung oder sind die Angaben der Parteien offensichtlich unrichtig, wird der Streitwert durch das Gericht festgesetzt (Art. 91 Abs. 2 ZPO).

382 In Anwendung von Art. 221 Abs. 1 lit. c i.V.m. Art. 219 ZPO besteht die Pflicht zur Angabe des Streitwerts grundsätzlich auch im Summarverfahren.[1093] Die Praxis zeigt indessen, dass im summarischen Ausweisungsverfahren in der Regel keine Streitwertangabe vom Gesuchsteller gemacht wird. Die Rechtsfolgen dieser Unterlassung sind nicht klar. Mit Blick auf die gerichtliche Fragepflicht ist zu fordern, dass das Gericht dem Gesuchsteller eine Nachfrist

---

[1091] Es sei denn, es stellte sich eine Rechtsfrage von grundsätzlicher Bedeutung (Art. 74 Abs. 2 lit. a BGG).

[1092] § 11 Abs. 2 lit. a des Anwaltsgesetzes ZH (SG 215.1).

[1093] BSK ZPO-MAZAN, Art. 252 N 9; KUKO ZPO-JENT-SØRENSEN, Art. 252 N 2.

setzt, verbunden mit der Androhung, den Streitwert im Unterlassungsfall selbst festzusetzen. Hat der Gesuchsteller für seine Eingabe ein vom Gericht zur Verfügung gestelltes Formular verwendet und enthält dieses bereits einen entsprechenden Hinweis, so kann das Ansetzen einer Nachfrist unterbleiben. Um unnötige Verfahrensverzögerungen zu vermeiden, ist sodann im summarischen Verfahren auf eine Nachfristsetzung zu verzichten, wenn sich der Streitwert anhand des Rechtsbegehrens oder anhand der eingereichten Unterlagen ohne Weiteres bestimmen lässt.[1094]

Hat der Gesuchsteller in seinem Gesuch einen Streitwert angegeben, so stellt 383
sich die Frage, was gilt, wenn der Gesuchsgegner sich dazu nicht vernehmen lässt. Da es sich bei der Angabe des Streitwertes um eine Tatsachenbehauptung handelt, gilt sie als anerkannt bzw. wird von einer stillschweigenden Einigung ausgegangen, wenn der Beklagte die Angabe des Klägers nicht spätestens in der Klageantwort[1095] bestreitet.[1096] Ohnehin wird das Gericht zu Beginn des Verfahrens bei streitwertabhängigen prozessualen Fragen (Kostenvorschuss) in der Regel vorerst auf die Angabe des Klägers abstellen, wenn diese nicht offensichtlich unrichtig sind. Im weiteren Verfahrenslauf – in der Regel mit Ansetzen der Frist zur Klageantwort oder Stellungnahme – sollte das Gericht den Beklagten auffordern, sich ausdrücklich zum Streitwert zu äussern.[1097] Grundsätzlich nimmt der Gesetzgeber durch die Gewährung der Parteiautonomie in dieser Frage prozessuale Manipulationen durch die Parteien in Kauf.[1098] Die weitreichenden prozessualen Auswirkungen des Streitwerts, insbesondere auf die Art des Rechtsmittels, sind für die (unvertretene) Partei freilich in der Regel nicht erkennbar. Das Stillschweigen des Mieters auf einen vom Vermieter im Hinblick auf die Verhinderung der Berufungsfähigkeit zu tief angegebenen Streitwert kann schwerwiegende Konsequenzen haben. Dem Schutz des Mieters, welcher insbesondere auch hinter dem Einlassungsverbot gemäss Art. 35 Abs. 1 lit. b ZPO steht, würde es entsprechen, eine stillschweigende Einigung bei mietrechtlichen Verfahren nicht zuzulassen oder zumindest die Anforderungen an die *«offensichtliche Unrichtigkeit»* im Sinne von Art. 91 Abs. 2 ZPO tief anzusetzen.

1094 Vgl. Entscheid des OGer LU vom 17. August 2012 (1C 11 21, abgedruckt in CAN 3/2012, Nr. 46) E. 4.1.

1095 ZK ZPO-STEIN-WIGGER, Art. 91 N 25.

1096 BGer 4A_83/2016 vom 22. September 2016, E. 4.4 m. Hinw.; RICKLI, Rz. 156; CR CPC-TAPPY, Art. 91 N 43; vgl. Stämpfli ZPO-SCHLEIFFER MARAIS, Art. 91 N 17.

1097 So KUKO ZPO-VAN DE GRAAF, Art. 91 N 9.

1098 DIKE ZPO-DIGGELMANN, Art. 91 N 22; zu den Grenzen vgl. RICKLI, Rz. 164 ff.

384 Das Gericht kann bei einer Einigung der Parteien über den Streitwert korrigierend einzugreifen, wenn die Angaben der Parteien offensichtlich falsch sind.[1099] Der Spielraum der Parteien für eine *«kreative»* Streitwertvereinbarung ist nicht definiert. Erscheinen verschiedene Auffassungen über den Streitwert einer bestimmten Streitsache plausibel, so ist keine davon offensichtlich unrichtig. Besteht aber für die Berechnung des Streitwerts in einer bestimmten Streitigkeit eine gefestigte bundesgerichtliche Rechtsprechung und eine einhellige Lehre, so ist ein davon abweichender Streitwert nach der hier vertretenen Auffassung offensichtlich falsch.

385 Für die Frage, ob gegen einen erstinstanzlichen Entscheid die Berufung zulässig ist, ist auf den Streitwert der zuletzt aufrecht erhaltenen Rechtsbegehren (unmittelbar vor der Eröffnung des Entscheides) abzustellen.[1100] Anders als die obere kantonale Instanz, welche in der Rechtsmittelbelehrung zu ihrem Entscheid auch den Streitwert anzugeben hat (Art. 112 Abs. 1 lit. d BGG), trifft die untere Instanz keine entsprechende Pflicht. Indessen hat auch sie für die korrekte Rechtsmittelbelehrung zu prüfen, ob der Streitwert mindestens CHF 10'000 beträgt.[1101]

III. Streitwert im Ausweisungsverfahren

1. Grundsätzlich: Abstellen auf Bruttomietzins

386 Das Ausweisungsverfahren ist eine vermögensrechtliche Streitigkeit. Mittels Ausweisungsbegehren versucht der Vermieter seinen Anspruch auf Rückgabe des Mietobjekts durchzusetzen. Wie gezeigt, kann er sich dazu grundsätzlich auf einen obligatorischen Anspruch aus dem Mietvertrag oder auf seinen sachenrechtlichen Vindikationsanspruch stützen.[1102] Bei einem Herausgabeanspruch entspricht der Streitwert üblicherweise dem Wert der herauszugebenden Sache. Die Rechtsprechung stellt für die Streitwertberechnung im Ausweisungsverfahren jedoch nicht auf den Wert des Mietobjekts ab, sondern auf den vereinbarten Bruttomietzins, der als Massstab für den Wert des *Gebrauchs* der Mietsache nach der Auflösung des Mietverhältnisses herbeigezogen wird.[1103] Sofern zwischen den Parteien kein Mietvertrag bestand, kann auf einen markt-

---

1099 Art. 91 Abs. 2 ZPO.

1100 Art. 308 Abs. 2 ZPO; ZK ZPO-Reetz/Theiler, Art. 308 N 39.

1101 Art. 308 Abs. 2 ZPO; Art. 238 lit. f ZPO.

1102 Oben Rz. 82 ff.

1103 BGer 4A_72/2007 vom 22. August 2007 E. 2.2.; 4A_266/2007 vom 26. September 2007 E. 2.2.2.

üblichen Mietzins abgestellt werden, denn dieser entspricht grundsätzlich dem Wert der Nutzung bzw. dem Schaden, der dem Vermieter durch das Besetzen des Mietobjekts entsteht.[1104]

Ob der Mieter seine Zahlungen eingestellt hat oder weiterhin Zahlungen in Höhe des vereinbarten Mietzinses entrichtet, ist bei der Streitwertberechnung nicht massgebend, denn bei synallagmatischen Verträgen ist die Gegenleistung nicht vom eingeklagten Anspruch abzuziehen.[1105] Somit ist der Streitwert bei einer Kündigung wegen Zahlungsverzugs nach Art. 257d OR nicht grundsätzlich höher als bei anderen Beendigungsgründen.[1106] 387

Möglich ist ein Abstellen auf weitergehenden Schaden, der dem Vermieter dadurch entsteht, dass der Mieter das Mietobjekt nicht termingerecht verlassen hat. Zu denken ist hier insbesondere an die Verzögerung eines geplanten Bauprojekts oder eines Verkaufs.[1107] 388

Abzulehnen ist das Aufrechnen weiterer Schadenspositionen, die nicht direkt kausal auf die Verzögerung des Auszuges zurückzuführen sind, beispielsweise Instandstellungskosten oder Ersatz von gewährten Mietzinsreduktionen an andere Mieter nach einer ausserordentlichen Kündigung wegen mangelnder Rücksichtnahme. Diese Forderungen sind entweder in einem eigenen Rechtsbegehren oder einem eigenen Verfahren gegen den Mieter geltend zu machen.[1108] 389

2. Massgeblicher Zeitraum

In der bisherigen bundesgerichtlichen Rechtsprechung finden sich zwei Arten, den Streitwert im Ausweisungsverfahren zu berechnen. Das Bundesgericht unterscheidet danach, ob vom Mieter im Ausweisungsverfahren nur die Zuläs- 390

1104 Vgl. BGer 4A_273/2012 vom 30. Oktober 2012 E. 1.2 (nicht publiziert in BGE 138 III 620).

1105 BGE 116 II 431 E. 1 i.f.; ZK ZPO-Stein-Wigger, Art. 91 N 18, Art. 92 N 4.

1106 Vgl. in diesem Zusammenhang die Regelung in der Waadtländer Gebührenverordnung, wonach der Streitwert der Ausweisung eines Mieters nach Kündigung wegen Zahlungsverzugs gleichgesetzt wird mit der Höhe des ausstehenden Mietzinses (Art. 62 bzw. Art. 70 TFJC VD *«la valeur litigeuse déterminante pour la fixation d'émoulement est celle de l'arriéré réclamé»*). Obgleich es praktische Gründe für diese Bestimmung geben mag, ist sie dennoch abzulehnen: Hier werden zwei Ansprüche, die nichts miteinander zu tun haben, nämlich der Mietzinsanspruch und der Räumungsanspruch des Vermieters, in unzulässiger Weise vermischt. Der *«Wert der Rückgabe»* kann nicht gleichgesetzt werden mit dem bislang aufgelaufenen Mietzinsrückstand.

1107 Vgl. BGer 4A_107/2007 vom 22. Juni 2007 E. 2.3.

1108 Zur objektiven Klagenhäufung im Rechtsschutz in klaren Fällen unten, Rz. 629 f.

sigkeit der Ausweisung oder auch die Gültigkeit der Kündigung bestritten wird.[1109]

391 Beschränkt sich das Verfahren auf die Ausweisung selbst, so entspricht der Streitwert dem durch die Verzögerung mutmasslich entstehenden Schaden bzw. dem in der betreffenden Zeit hypothetisch anfallenden Miet- oder Gebrauchswert der Mietsache.[1110] Soweit ersichtlich wandte das Bundesgericht diese Methode namentlich dann an, wenn über die Gültigkeit der Kündigung bereits ein rechtskräftiger Entscheid vorlag[1111] oder wenn es die Vollstreckung eines rechtskräftigen Ausweisungsentscheids zu beurteilen hatte,[1112] jedoch auch im Falle eines behaupteten mündlichen Mietvertrages,[1113] bei der Ausweisung aus einem Betagtenheim, wo der Auszuweisende die Gültigkeit der Kündigung nicht bestritten hatte,[1114] und bei der Ausweisung nach Kündigung eines Gebrauchsleihevertrages.[1115] Aus weiteren einschlägigen Entscheiden geht sodann nicht hervor, weshalb das Bundesgericht davon ausging, die Kündigung sei nicht strittig gewesen.[1116]

1109 Ein dritter Ansatz findet sich in BGer 4A_176/2012 vom 28. August 2012 E. 1.2 (Ausweisung aus Betagtenzentrum): Ist der Bestand des Bewohnervertrages an sich strittig, so entspricht der Streitwert dem 20fachen Entgelt für die einjährige Nutzung; ist die Gültigkeit der Kündigung strittig, bestimmt sich der Streitwert nach der Summe, die für diejenige Dauer geschuldet wäre, wenn während welcher der Vertrag unter der Annahme, dass die Kündigung zu Recht angefochten wurde, zwingend weiter bestehen würde, bevor eine neue Kündigung ausgesprochen werden könnte. Ist indessen lediglich die Zulässigkeit der Ausweisung umstritten, ist auf den durch die Verzögerung mutmasslich entstehenden Schaden bzw. die in der betreffenden Zeit hypothetisch anfallenden Kosten für die Benutzung abzustellen (m. zahlr. Hinw.)

1110 BGer 4A_107/2007 vom 22. Juni 2007 E. 2.3; 4A_72/2007 vom 22. August 2007 E. 2.2.; 4A_266/2007 vom 26. September 2007 E. 2.2.2; 5A_645/2011 vom 17. November 2011 E. 1; BGer 4A_176/2012 vom 28. August 2012, E. 1.2; vgl. auch 5A_295/2010 vom 30. Juli 2010 E. 1.3; 4D_26/2012 vom 3. April 2012; 4D_119/2009 vom 1. Oktober 2009.

1111 BGer 4A_107/2007 vom 22. Juni 2007 E. 2.3 (nicht publiziert in BGE 133 III 539); BGer 4A_266/2007 vom 26. September 2007 E.2; BGer 4A_132/2008 vom 16. Mai 2008.

1112 BGer 4A_72/2007 vom 22. August 2007 E.2.2; vgl. BGer 5A_295/2010 (Vollstreckung einer im Rahmen einer Eheschutzmassnahme verfügten Ausweisung).

1113 BGer 5A_645/2011 vom 17. November 2011; vgl. auch BGer 4A_266/2007 vom 26. September 2007.

1114 BGer 4A_176/2012 vom 28. August 2012 E. 1.2 (die Kündigung wurde zwar vor der Schlichtungsstelle für Mietstreitigkeiten angefochten, diese trat indessen auf das Begehren nicht ein, da es sich nicht um einen Mietvertrag gehandelt habe).

1115 BGE 138 III 620 E. 1.2.2.

1116 Insb. BGer 4D_119/2009 vom 1. Oktober 2009; BGer 4D_26/2012 vom 3. April 2012.

Ist im betreffenden Ausweisungsverfahren die Gültigkeit der Kündigung strittig,[1117] bestimmt das Bundesgericht den Streitwert bei einem unbefristeten Mietverhältnis anhand der Miete, die für diejenige Dauer geschuldet ist, während welcher der Mietvertrag unter der Annahme, dass die beanstandete Kündigung ungültig gewesen wäre, zwingend weiter bestehen würde, bevor eine neue (ordentliche) Kündigung ausgesprochen werden könnte.[1118] Hierbei berücksichtigt es regelmässig die dreijährige Sperrfrist nach Art. 271a Abs. 1 lit. e OR, von welcher der Mieter profitiere, wenn seiner Beanstandung der Kündigung entsprochen wird.[1119] Der Streitwert entspreche demnach dem Mietzins für den Zeitraum zwischen dem Datum des angefochtenen Entscheides und der frühestmöglichen ordentlichen Beendigung des Mietverhältnisses, also der dreijährigen Sperrfrist verlängert um die vertragliche oder gesetzliche Kündigungsfrist auf den nachfolgenden erstmöglichen vertraglichen Kündigungstermin.[1120] Das Bundesgericht wandte diese Berechnungsmethode auch dann an, wenn die Kündigung vom Mieter nicht formell angefochten, sondern lediglich im Rahmen des Ausweisungsverfahrens beanstandet worden war.[1121] 392

Nach Inkrafttreten des neuen Rechts führte das Bundesgericht seine Praxis soweit ersichtlich fort. Es wandte die soeben beschriebene Streitwertberechnung auch bei Ausweisungen an, die im kantonalen Verfahren im Rahmen des Rechtsschutzes in klaren Fällen beurteilt wurden: 393

> *«Lorsque la contestation porte sur la validité d'une résiliation de bail, ou que le locataire requiert la constatation de la nullité ou de l'inefficacité du congé, la valeur litigieuse est égale au loyer, provisions pour frais accessoires incluses, dû pour la période pendant laquelle le bail subsiste nécessairement si la résiliation n'est pas valable, c'est-à-dire jusqu'au jour où un nouveau congé pourra être donné. En pratique, il convient de*

1117 Bzw. wenn umstritten ist, ob die Parteien durch einen Mietvertrag gebunden sind (BGer 4A_99/2010 vom 4. April 2011 E. 2.1).

1118 BGer 4A_12/2010 vom 25. April 2010 E.1.1; BGer 4A_148/2008 vom 18. April 2008 E. 1; BGer 4A_516/2007 vom 6. März 2008 E. 1.1; BGE 119 II 147 E. 1 und BGE 111 II 384 E. 1.

1119 BGer 4A_12/2010 vom 25. Februar 2010 E.1.1; 4A_148/2008 vom 18. April 2008 E. 1; 4A_516/2007 vom 6. März 2008 E. 1.1, je m. Hinw.

1120 BGE 137 III 389 (= Pra 101 [2012], Nr. 6) E. 1.1. Nicht konsequent erscheint indessen, warum das Bundesgericht hier die Dauer der kantonalen Verfahren nicht mitberücksichtigt. In BGer 4A_459/2010 vom 4. Januar 2010 E. 1, nicht publiziert in BGE 137 II 24, wurde als Ausgangspunkt auf den strittigen Kündigungstermin abgestellt: *«Ist die Gültigkeit einer Kündigung umstritten, so entspricht der Streitwert dem Mietzins, der für die Dauer bis zum nächstmöglichen Kündigungstermin geschuldet ist, gerechnet ab dem strittigen Kündigungstermin.»*

1121 BGer 4A_148/2008 vom 18. April 2008; BGer 4C.118/2004 vom 28. Juli 2004.

prendre en considération le loyer et les frais accessoires pour la période de trois ans de l'Art. 271a al. 1 let. e CO.»[1122]

Ob die Kündigung formell angefochten wurde oder nicht, ist nicht relevant.[1123]

394 Wendet der Mieter im summarischen Ausweisungsverfahren ein, dass die Voraussetzungen für die Gewährung des Rechtsschutzes in klaren Fällen nicht vorliegen, so ist gemäss Rechtsprechung des Bundesgerichts

«als Streitwert der durch die Verzögerung mutmasslich entstehende Schaden zu betrachten, wenn die Voraussetzungen einer Ausweisung nach Art. 257 ZPO verneint werden, bestehend im hypothetisch anfallenden bzw. entgangenen Mietzins für die Zeit, bis voraussichtlich ein Ausweisungsentscheid in einem Prozess im ordentlichen Verfahren ergehen könnte.»[1124]

395 Beides lässt sich auch kombinieren, wenn der Mieter sowohl die Voraussetzungen des Rechtsschutzes in klaren Fällen als auch die Gültigkeit der Kündi-

---

[1122] BGer 4A_187/2012 vom 10. Mai 2012 E. 1.1; so auch BGer 4A_549/2013 vom 7. November 2013, E. 3 (*«Dans une contestation portant sur la validité d'une résiliation de bail, la valeur litigieuse est égale au loyer de la période minimum pendant laquelle le contrat subsiste si la résiliation n'est pas valable, période qui s'étend jusqu'à la date pour laquelle un nouveau congé peut être donné; il faut prendre ici en considération, s'il y a lieu, la période de protection de trois ans dès la fin de la procédure judiciaire qui est prévue par l'Art. 271a al. 1 let. e CO»);* so auch BGer 4A_417/2015 vom 15. Oktober 2015, E. 3; BGer 4A_551/2016 vom 3. November 2016, E. 6.; vgl. auch BGer 4A_312/2013 vom 17. Oktober 2013, E. 2.

[1123] BGer 4A_581/2013 vom 7. April 2014, E. 1.1 (*«Da die Mieter im Rahmen des Ausweisungsverfahrens die Nichtigkeit der Kündigung geltend machen, mithin nicht allein die Ausweisung, sondern auch die Kündigung streitig ist, übersteigt der Streitwert – entgegen der Angabe der Vorinstanz – bei einem Monatsmietzins von Fr. 3'900.– die Grenze nach Art. 74 Abs. 1 lit. a BGG in mietrechtlichen Fällen»);* wiederholt in BGer 4A_667/2014 vom 12. März 2015, E. 1.1 und BGer 4A_541/2015 vom 20. Mai 2016, E. 1; vgl. BGer 4A_447/2011 vom 20. September 2011 E. 1 (wo der Mieter aber behauptete, das Schreiben des Vermieters habe gar keine Kündigung enthalten, sondern eine Mahnung; folglich hätte er auch nicht anfechten können); BGer 4A_501/2011 vom 15. November 2011 E. 1.1 (Verfahren um Wiederherstellung; strittig war die Zustelladresse der Mieterin, ihr hatten weder Mahnung, Kündigung, noch gerichtliche Urkunden zugestellt werden können).

[1124] BGer 4A_273/2012 vom 30. Oktober 2012 E. 1.2.2. (nicht publiziert in BGE 138 III 620) *in casu* ging es um die Ausweisung nach Beendigung eines Gebrauchsleihverhältnisses über eine Liegenschaft, weshalb die mietrechtliche Sperrfrist nicht einschlägig war. Diese Streitwertberechnung wurde wiederholt in BGer 4A_622/2013 vom 26. Mai 2014, E. 2 (hier lag ein Mietvetrag vor); BGer 4A_449/2014 vom 19. November 2014, E. 2.1 (hier war strittig, ob ein Mietvertrag bestand); BGer 4A_152/2015 vom 8. Juni 2015, E. 1.2 (auch hier war das Vorliegen eines Mietvertrags strittig) und BGer 4D_79/2015 vom 22. Januar 2016 E. 1 (hier lag ein Mietvertrag vor).

gung in Frage stellt. Diesfalls wäre zur Dauer des gegebenenfalls anschliessend an das Verfahren um Rechtsschutz in klaren Fällen durchzuführenden ordentlichen respektive vereinfachten Verfahrens die mutmassliche dreijährige Sperrfrist (und die Kündigungsfrist bis zum erstmöglichen Kündigungstermin) hinzuzurechnen.[1125]

3. Neueste bundesgerichtliche Rechtsprechung zum Streitwert im Ausweisungsverfahren nach Art. 257 ZPO

In einem jüngst ergangenen Entscheid hat das Bundesgericht eine Kehrtwende 396
geschlagen. Es hielt zunächst fest, dass der Entscheid über eine Ausweisung im Verfahren um Rechtsschutz in klaren Fällen keine Sperrfrist auslöst.[1126] Im Falle eines Nichteintretens müsse die Ausweisung – falls die Beendigung des Mietverhältnisses strittig sei – im ordentlichen bzw. vereinfachten Verfahren erstritten werden und der Entscheid in diesem Verfahren wiederum sei geeignet, eine Sperrfrist auszulösen.[1127] Das Bundesgericht folgerte, da der Grundgedanke der Streitwertberechnung in der mutmasslichen Dauer der weiteren Nutzung des Mietobjekts liege, wenn die Kündigung sich allenfalls als ungültig erweisen sollte, so müsse die mögliche Sperrfrist bis zur nächsten möglichen Kündigungsgelegenheit berücksichtigt werden, *«nicht aber auch die voraussichtliche Verfahrensdauer, welche nicht zuverlässig geschätzt werden könne»*. Wenn die Beendigung des Mietverhältnisses somit im Ausweisungsverfahren ebenfalls Streitgegenstand sei und deren Unzulässigkeit eine Schutzfrist auslösen würde, so entspreche der Streitwert *«mithin in der Regel dem Mietwert für drei Jahre.»*[1128] Gehe es hingegen nur um die Frage der Ausweisung, so bestehe das wirtschaftliche Interesse der Parteien im Mietwert, der durch die Verzögerung infolge des Summarverfahrens selber entsteht. Diesbezüglich sei *«unabhängig von allfälligen kantonalen Unterschieden in der tatsächlichen Bewältigung solcher Summarverfahren von einer Dauer von sechs Monaten auszugehen.»*[1129]

[1125] BGer 4A_622/2013 vom 26. Mai 2013 E. 2, wo zusätzlich zur Dauer beider Verfahren auf die dreijährige Sperrfrist abgestellt wurde (da die Kündigung zumindest formell strittig war, wenngleich die Auffassung des Mieters von den kantonalen Instanzen und nachfolgend auch vom Bundesgericht als aussichtlos beurteilt wurde).

[1126] BGE 144 III 346, E. 1.2.2.2. Das Bundesgericht verweist an dieser Stelle auf BGer 4A_588/2013 vom 15. April 2014 E. 2.6, wo jedoch lediglich wertungslos die Ausführungen der Vorinstanz wiedergegeben wurden, der Entscheid sich indessen auf eine andere Grundlage stützte (vgl. unten, Fn 1132).

[1127] BGE 144 III 346, E. 1.2.2.2.

[1128] BGE 144 III 346, E. 1.2.2.3.

[1129] BGE 144 III 346, E. 1.2.1.

397 Auf den ersten Blick hat dieser pragmatische Entscheid es für sich, dass er eine scheinbar simple Regel für die Streitwertberechnung im Ausweisungsverfahren schafft: Ist die Kündigung des Mietverhältnisses ebenfalls strittig, so beträgt der Streitwert in der Regel das Dreifache des Jahresmietzinses. Ist die Kündigung hingegen nicht Streitgegenstand, so ist pauschal und einheitlich auf eine Verfahrensdauer von sechs Monaten abzustellen. Nachfolgend wird diese Streitwertberechnung näher geprüft.

4. Kündigungssperrfrist durch Nichteintretensentscheid?

398 Beim Ausweisungsverfahren handelt es sich um ein mit dem Mietverhältnis zusammenhängendes Verfahren. Nach dem Wortlaut von Art. 271a Abs. 1 lit. d und e OR ist ein gescheitertes Ausweisungsgesuch des Vermieters daher grundsätzlich geeignet, eine Sperrfrist auszulösen. Eine einfache und praktische Lösung wäre somit, dem Wortlaut dieser Bestimmung folgend den Streitwert des Ausweisungsverfahrens stets unter Berücksichtigung der dreijährigen Sperrfrist zu bestimmen, sofern zwischen den Parteien ein unbefristetes Mietverhältnis besteht.[1130]

399 2014 hat das Bundesgericht jedoch die in der Lehre umstrittene Frage, ob das Ausweisungsgesuch im Verfahren um Rechtsschutz in klaren Fällen abgewiesen werden kann, entschieden und erkannt, dass ein negativer Entscheid in diesem Verfahren stets nur in der Form eines Nichteintretens (ohne materielle Rechtskraft) ergehen kann.[1131] Ein Abweisen ist nicht möglich. Damit verbunden stellt sich die Frage, ob ein Nichteintreten überhaupt geeignet ist, eine Sperrfrist im Sinne von Art. 271a Abs. 1 lit. e Ziff. 1 OR auszulösen. Wird dies verneint und gleichzeitig festgestellt, ein Ausweisungsverfahren als Rechtsschutz in klaren Fällen könne nur mit einer Gutheissung oder einem Nichteintreten enden, so wäre es widersprüchlich für die Streitwertberechnung auf die dreijährige Sperrfrist abzustellen.[1132]

1130 Vgl. BGer 4A_87/2012 vom 10. April 2012 E. 1.1.; BGer 4A_501/2011 vom 15. November 2011 E. 1.1.

1131 BGE 140 III 315 (= Pra 104 [2015] Nr. 4); dazu unten, Rz. 513 ff.

1132 So argumentierte auch das Obergericht des Kantons Solothurn, wiedergegeben in BGer 4A_588/2013 vom 15. April 2014 E. 2.6: *«Die Vorinstanz hat sich deshalb nicht eingehend mit dem Vorbringen des Beschwerdeführers (…) auseinandergesetzt, weil sie den Fall auf einer anderen rechtlichen Grundlage beurteilt hat. Sie ist konsequent davon ausgegangen, dass ein Nichteintretensentscheid, der in einem Verfahren um Rechtsschutz in klaren Fällen ergangen ist, keine Sperrfrist nach Art. 271a Abs. 1 lit. e OR auslösen könne bzw. dass überhaupt kein Anwendungsfall nach Art. 271a Abs. 1 lit. e OR vorliegen würde.»* Das Bundesgericht hat sich zur Frage nicht geäussert, sondern

Zur Auslösung einer Sperrfrist infolge *«Unterliegens des Vermieters zu einem erheblichen Teil»* bedarf es einer materiellen Beurteilung der Streitsache. Dem materiellen Unterliegen gleichgestellt werden kann nach Auffassung HIGI das Nichteintreten mangels Rechtsschutzinteresse.[1133] Das blosse prozessuale Nichteintreten reicht jedoch nicht aus.[1134] Ebenso wenig darf ein Nichteintreten aufgrund Illiquidität der Beweislage oder der Rechtslage bereits als Unterliegen im Sinne von Art. 271a Abs. 1 lit. e Ziff. 1 OR gewertet werden. Immerhin vertretbar erscheint die Auffassung, dass der Vermieter, welcher nach einem Nichteintretensentscheid sein Ausweisungsbegehren nicht innert der Monatsfrist gemäss Art. 63 Abs. 1 ZPO[1135] im Schlichtungsverfahren einreicht, durch dieses Verhalten eine Sperrfrist gemäss Art. 271a Abs. 1 lit. e Ziff. 3 OR[1136] *(allenfalls analog)* auslöst.[1137] Die Sperrfrist würde diesfalls aber durch das Unterlassen der Klage verursacht, nicht durch das abgeschlossene summarische Verfahren. 400

Nach Art. 271a Abs. 1 lit. e Ziff. 2 OR wird eine Sperrfrist sodann ausgelöst, wenn der Vermieter seine Forderung oder Klage zurückgezogen oder erheblich eingeschränkt hat. In der Lehre wird freilich vertreten, der Rückzug eines Gesuchs im Rechtsschutz in klaren Fällen könne keine weitergehende Wirkung zeitigen als der Entscheid, in welchem festgestellt wird, dass die Voraussetzung für diesen Rechtsschutz nicht gegeben sind.[1138] Jedenfalls aber kann die Tatsache, dass der Vermieter das Gesuch allenfalls zurückziehen *könnte,* nicht massgeblich sein für die Streitwertberechnung des Verfahrens. 401

Schliesslich kann es in der Praxis auch vorkommen, dass sich Mieter und Vermieter im Verfahren um Rechtsschutz in klaren Fällen auf einen Auszugtermin einigen. Auch die Einigung in einem Prozess löst nach Art. 271a Abs. 1 lit. e Ziff. 4 OR eine Sperrfrist aus. Aber auch die Möglichkeit einer Einigung zwischen den Parteien im Ausweisungsverfahren reicht nicht aus, um das Abstellen auf die Sperrfrist nach Art. 271a Abs. 1 lit. e OR zu rechtfertigen. Zudem hat die potentielle Einigung der Parteien hier in der Regel ja gerade den endgültigen Auszugstermin zum Inhalt. 402

---

die (zweite) Kündigung vielmehr deshalb geschützt, weil es sich dabei um die Wiederholung einer ersten formungültigen, also nichtigen Kündigung gehandelt hatte. Anders versteht diesen Entscheid MAAG, MRA 2015, S. 41 f.

1133 ZK-HIGI, Art. 271a N 276.

1134 ZK-HIGI, Art. 271a N 276; SVIT, Art. 271a N 58; LACHAT/THANEI, Rz. 29.3.2.6.3, S. 807; vgl. auch BSK OR-WEBER, Art. 271/271a N 25.

1135 Die herrschende Lehre geht von der Anwendbarkeit von Art. 63 Abs. 1 ZPO nach einem Nichteintreten im Rechtsschutz in klaren Fällen aus; dazu unten, Rz. 513 f.

1136 Wenn *«der Vermieter auf die Anrufung des Richters verzichtet hat.»*

1137 Vgl. ZK-HIGI, Art. 271a N 276 i.f. m. Hinw.; SVIT, Art. 271a N 58.

1138 Dazu unten, Rz. 516.

403 Ein gescheitertes Ausweisungsverfahren im Rechtsschutz in klaren Fällen löst somit keine Sperrfrist aus.[1139] Es ist daher bereits aus diesem Grund bei der Streitwertberechnung keine hypothetische Sperrfrist zu beachten.

5. Kündigung während der Sperrfrist

404 Eine Sperrfrist gilt nicht absolut. Unter bestimmten Umständen kann auch eine während einer Kündigungssperrfrist ausgesprochene Kündigung gültig sein. So ist es nach der bundesgerichtlichen Rechtsprechung zulässig, eine Kündigung, die sich im ersten Verfahren als nichtig oder als aus formellen Gründen unwirksam erwiesen hat, zu wiederholen.[1140] Ungenau ist hier die in der Lehre anzutreffende Formulierung, die Feststellung der Nichtigkeit oder der formellen Ungültigkeit einer Kündigung löse keine Sperrfrist aus.[1141] Das Unterliegen im ersten Verfahren entfaltet lediglich – aber immerhin – in Bezug auf die *«verbesserte Kündigung»,* die aber aus den gleichen Motiven erfolgen muss wie die erste, formell ungültige, keine Sperrwirkung.[1142] Denn diesfalls ist nicht zu vermuten, dass sich der Vermieter mit der zweiten Kündigung beim Mieter für das erste Verfahren rächen will.[1143]

1139 Gl. M. ROHRER, MRA 2016, S. 6; BSK OR-WEBER, Art. 271/271a N 25 und LACHAT/THANEI, Rz. 29.3.2.6.3, S. 807, beide m. Hinw. a. BGer 4A_588/2013, E. 2.4; nun auch BGer 4A_565/2017 vom 11. Juli 2018 (zur Publikation vorgesehen), E. 1.2.2.2. Eine negative Feststellungswiderklage des Mieters im Verfahren um Rechtschutz in klaren Fällen kann aber eine Sperrfrist auslösen, denn sie schafft die Möglichkeit eines materiellen Unterliegens des Vermieters – vgl. dazu unten, Rz. 517.

1140 BGer 4A_588/2013 vom 15. April 2014 E. 2.3 und 2.5.; BGer 4C.432/2006 vom 8. Mai 2007 E. 4.4 (MRA 2007, S. 87 f.).

1141 So z.B. SVIT, 3. Aufl., Art. 271 N 18 und Art. 271a N 31; FUTTERLIEB, Kommentierung des Bundesgerichtsentscheides 4C.432/2006 in MRA 2007, S. 85 ff.; CHK-HEINRICH, Art. 271–271a OR N 10; ZK-HIGI, Art. 266–266o N 135 wonach eine nichtige Kündigung als rechtliches *«Nichts»* überhaupt keine Rechtswirkungen entfalten könne, insbesondere auch nicht das Auslösen einer Sperrfrist; vgl. auch KOLLER/MAUERHOFER, ZBJV 2009, S. 836 f. und BSK OR I-WEBER, Art. 271/271a N 27.

1142 BGer 4A_588/2013 vom 15. April 2014 E. 2.3 und 2.5. m. Hinw.; ZK HIGI, Art. 271a N 262 und 298; LACHAT/THANEI, Rz. 29.3.2.5.2; HOFSTETTER, Rz. 3.35; vgl. BGer 4C.441/2006 vom 23. März 2007 E. 2.2 wo die Kündigung dem Ehegatten nicht zugestellt wurde (Nichtigkeitsgrund) und das BGer bei der Berechnung des Streitwerts die Dreijahresfrist berücksichtigte.

1143 Bei einer Kündigung während der Sperrfrist nach Art. 271a Abs. 1 lit. e OR wird die Missbräuchlichkeit der zweiten Kündigung vermutet. Diese Vermutung entfällt aber, wenn sich der Vermieter mit der Kündigung nicht am Mieter rächen wollte, sondern die in einem vorangehenden Verfahren aus formellen Gründen als nichtig oder unwirksam erkannte Kündigung wiederholt. BGer 4A_588/2013 vom 15. April 2014 E. 2.3 und 2.5.; BGer 4C.432/2006 vom 8. Mai 2007 E. 4.4 (MRA 2007, S. 87 f.), je m. Hinw.

Beispiel

Eine erste Kündigung des Vermieters wird nicht geschützt, weil dieser nicht das amtliche Kündigungsformular verwendet hat, die Kündigung keine Unterschrift des Vermieters aufwies oder sie dem Ehegatten des Mieters nicht zugestellt wurde. Der Vermieter kann diese Kündigung ohne Weiteres rechtsgültig wiederholen.[1144]

Art. 271a Abs. 3 OR enthält sodann einen Katalog von Kündigungsgründen, 405
gestützt auf welche auch während einer Kündigungssperrfrist gekündigt werden kann. Insbesondere ist eine allfällige Sperrfrist unbeachtlich im Falle einer Kündigung wegen Zahlungsverzugs (Art. 271a Abs. 3 lit. b OR).

Beispiel

Das Ausweisungsbegehren des Vermieters nach einer Kündigung wegen Zahlungsverzugs scheitert, weil der Vermieter die dreissigtägige Zahlungsfrist nach Art 257d Abs. 1 OR nicht oder zu kurz angesetzt oder nicht abgewartet hat oder weil der Mieter innert dieser Frist Verrechnung mit behaupteten Ansprüchen gegen den Vermieter erklärte. Selbst wenn dieses gescheiterte Ausweisungsverfahren eine Sperrfrist nach Art. 271a Abs. 1 lit. e OR auslösen würde, ist diese unbeachtlich für eine neue Kündigung wegen Zahlungsverzugs. Für die Gültigkeit der zweiten Kündigung ist erforderlich, dass nach wie vor oder erneut ein Zahlungsverzug des Mieters besteht.

Ob ein Verfahren eine Sperrfrist für eine zukünftige Kündigung auslöst oder 406
nicht, kann nicht in diesem Verfahren selbst sondern erst bei Überprüfung der nachfolgenden Kündigung erkannt werden. Dennoch sollte nicht ausser Acht gelassen werden, dass der ganz überwiegende Teil der Ausweisungen in Form des Rechtsschutzes in klaren Fällen Kündigungen wegen – häufig chronischem und/oder erheblichem – Zahlungsverzug des Mieters betrifft. Unabhängig von den dogmatischen Erwägungen erscheint es zumindest realitätsfern, in solchen

[1144] Diesfalls ist die erste Kündigung aus formellen Gründen nichtig. In der Lehre besteht Uneinigkeit, wann die Kündigung aus formellen Gründen *unwirksam* ist. Setzt der Vermieter beispielsweise bei Zahlungsverzug die Zahlungsfrist zu kurz an oder unterlässt er bei Sorgfaltspflichtverletzung des Mieters die schriftliche Abmahnung, so handelt es sich vordergründig um Formalien (FUTTERLIEB, MRA 2007, S. 89), indessen ist fraglich, ob bei solchen Fehlern im Zeitpunkt der Kündigung die materiellen Voraussetzungen – nämlich der unbenützte Ablauf der Zahlungsfrist oder die fortgesetzte Pflichtverletzung trotz Mahnung – erfüllt sind (KOLLER/MAUERHOFER, ZBJV 2009, S. 837). Solange der Kündigungsgrund (insb. Zahlungsverzug, Rücksichtslosigkeit, Konkurs) nach wie vor besteht, bleibt es dem Vermieter ohnehin unbenommen, jederzeit erneut eine ausserordentliche Kündigung auszusprechen (Art. 271 Abs. 3 lit. a–e OR, dazu sogleich). Indessen scheint eine Wiederholung der Kündigung nicht zulässig, wenn der Kündigungsgrund zwischenzeitlich behoben wurde.

Fällen für die Bemessung des Streitwerts des Ausweisungsverfahrens auf die ohnehin in der Regel nicht beachtliche dreijährige Sperrfrist abzustellen. In den übrigen Fällen der Ausweisung im Verfahren um Rechtsschutz in klaren Fällen geht es in aller Regel um die Einhaltung der Formvorschriften. Insbesondere eine Überprüfung der Kündigung auf Missbräuchlichkeit findet nicht statt. Dies hat vielmehr im Kündigungsschutzverfahren nach einer Anfechtung der Kündigung durch den Mieter zu geschehen. Im summarischen Ausweisungsverfahren ist diesfalls grundsätzlich nur zu klären, ob die Kündigung rechtzeitig bei der Schlichtungsbehörde angefochten wurde und ob eine Erstreckung von Gesetzes wegen möglich ist. Ist dies der Fall, so kann auf das Gesuch um Rechtsschutz in klaren Fällen mangels klaren Rechts nicht eingetreten werden. Dass durch diesen Nichteintretensentscheid im summarischen Verfahren keine Sperrfrist ausgelöst wird, gereicht dem Mieter aufgrund des parallel laufenden, sperrfristrelevanten Kündigungsschutzverfahrens nicht zum Nachteil. Scheitert das summarische Ausweisungsverfahren an einem Formfehler (fehlende Unterschrift auf dem Kündigungsschreiben, Nichtverwenden des amtlichen Formulars u.ä.), so kann die Kündigung vom Vermieter wiederholt werden. Für diese neue Kündigung ist keine Sperrfrist zu beachten. Selbst wenn das Ausweisungsverfahren als Rechtsschutz in klaren Fällen grundsätzlich eine Sperrfrist auslösen könnte, wäre diese in aller Regel für eine neue Kündigung des Vermieters unbeachtlich. Die Berücksichtigung der Sperrfrist bei der Festsetzung des Streitwerts im Rahmen des Ausweisungsverfahrens als Rechtsschutz in klaren Fällen ist daher abzulehnen.

6. Säumnisverfahren

407 Das Bundesgericht stellt darauf ab, ob der Mieter im Rahmen des Ausweisungsverfahrens die Gültigkeit der Kündigung bestreitet, bzw. die Feststellung der Nichtigkeit oder Unwirksamkeit beantragt. Diesfalls sei auf die Sperrfrist abzustellen.[1145] Relevant wäre demnach, ob im Rahmen des Ausweisungsverfahrens nicht nur die Ausweisung sondern auch die Gültigkeit der Kündigung strittig ist.[1146]

[1145] BGer 4A_187/2012 vom 10. Mai 2012 E. 1.1; so auch BGer 4A_87/2012 vom 10. April 2012 E. 1.1; BGer 4A_255/2012 vom 20. Juli 2012 E. 1.1. So nun auch der Wortlaut in BGer 4A_565/2017 vom 11. Juli 2018, E. 1.2.

[1146] BGer 4A_581/2013 vom 7. April 2014 E. 1.1. *«Da die Mieter im Rahmen des Ausweisungsverfahrens die Nichtigkeit der Kündigung geltend machen, mithin nicht allein die Ausweisung, sondern auch die Kündigung streitig ist»;* BGer 4A_187/2012 vom 10.5.2012, E. 1.1; *«Lorsque la contestation porte sur la validité d'une résiliation de bail, ou que le locataire requiert la constatation de la nullité ou de l'inefficacité du*

Nicht selten lässt sich der Mieter im Ausweisungsverfahren weder schriftlich noch mündlich vernehmen. Das Gericht entscheidet diesfalls aufgrund der Ausführungen des Gesuchstellers. Fehlt ein entsprechender Einwand des Mieters, so ist die Gültigkeit der Mietvertragsbeendigung grundsätzlich unbestritten. Nur die Tatsache, dass der Mieter trotz Vertragsauflösung das Mietobjekt nicht verlassen hat, kann nicht mit einem Bestreiten der Kündigung gleichgesetzt werden. 408

Nach herrschender Lehre sind Nichtigkeit und Unwirksamkeit der Kündigung von Amtes wegen zu beachten. Demnach hat das Gericht z.B. bei einer Kündigung wegen Zahlungsverzugs die Formalien nach Art. 257d OR auch ohne entsprechende Rüge des Mieters zu prüfen.[1147] Auch dies macht die Kündigung jedoch nicht strittig. Die Pflicht zur Überprüfung von Amtes wegen ist nicht gleichzusetzen mit dem Bestreiten der Gültigkeit der Kündigung durch den Mieter. 409

Auch die zweite Instanz hat Nichtigkeits- und Unwirksamkeitsgründe grundsätzlich von Amtes wegen zu beachten. Hat der Mieter den erstinstanzlichen Entscheid angefochten, so ist er aktiv geworden und die Ausgangslage ist damit eine andere als im erstinstanzlichen Säumnisverfahren. Massgeblich erscheint hier aber, ob der Mieter im Rechtsmittelverfahren mit seinen Einwendungen noch zu hören ist. Nach Art. 317 Abs. 1 lit. b ZPO werden im Berufungsverfahren neue Tatsachen und Beweismittel nur noch berücksichtigt, wenn sie trotz zumutbarer Sorgfalt nicht schon vor erster Instanz vorgebracht werden konnten.[1148] Nach bundesgerichtlicher Rechtsprechung gilt dies auch in Verfahren, welche der Untersuchungsmaxime unterstehen.[1149] Im Rechtsschutz in klaren Fällen herrscht die Verhandlungsmaxime. Aufgrund der bundesgerichtlichen Rechtsprechung müssen zudem auch die von Amtes wegen festzustellenden Nichtigkeits- oder Ungültigkeitsgründe grundsätzlich schon im erstinstanzlichen Verfahren bei den Akten liegen.[1150] 410

---

congé»; so auch BGer 4A_87/2012 vom 10. April 2012 E. 1.1 (hier vereinfachtes Verfahren); vgl. BGer 4A_255/2012 vom 20. Juli 2012 E. 1.1.

1147 Dazu unten, Rz. 453 f.

1148 Im Beschwerdeverfahren sind sie ganz ausgeschlossen (Art. 326 Abs. 1 ZPO).

1149 BGE 138 III 625 (= Pra 102 [2013] Nr. 26) E. 2.

1150 Vgl. zu den Noven im Rechtsmittelverfahren unten, Rz. 677 f.

7. Konkrete Berechnung

a. Bei Berücksichtigung der Sperrfrist

411 Bei Anwendung der *«Sperrfristmethode»* im Kündigungsschutzverfahren entspricht der Streitwert nach der bisherigen bundesgerichtlicher Rechtsprechung in der Regel dem Mietzins bis zur frühestmöglichen ordentlichen Beendigung des Mietverhältnisses, wenn das Begehren des Vermieters abgewiesen würde. Dieser Zeitraum setze sich zusammen aus der dreijährigen Sperrfrist verlängert um die vertragliche oder gesetzliche Kündigungsfrist auf den nachfolgenden ersten möglichen vertraglichen Kündigungstermin.[1151] Für den Beginn der massgeblichen Dauer sei auf den strittigen Kündigungstermin abzustellen.[1152] Für den Beginn der Sperrfrist wiederum stellt das Bundesgericht auf den Zeitpunkt des vorinstanzlichen Entscheides und nicht auf das (mutmassliche) Datum des künftigen Bundesgerichtsentscheides ab. Der Streitwert müsse nämlich bei Einreichung der Beschwerde bestimmbar sein und deren Zulässigkeit könne logischerweise nicht von einem nach diesem Zeitpunkt eingetretenen Element abhängen.[1153]

412 Dies lässt sich auf das kantonale Rechtsmittelverfahren übertragen, wo dementsprechend für den Beginn der Sperrfrist auf den Zeitpunkt des erstinstanzlichen Urteils abzustellen wäre. Demgegenüber ist das erstinstanzliche Gericht auf eine Prognose angewiesen: Es kann die Verfahrensdauer und damit das voraussichtliche Datum des Entscheides nur abschätzen. Diese Unsicherheiten zu Beginn des erstinstanzlichen Verfahrens haben indessen keine gravierenden Auswirkungen: Denn anders als im Rechtsmittelverfahren ist das Erreichen eines bestimmten Streitwerts im erstinstanzlichen Verfahren selbstverständlich keine Eintretensvoraussetzung. Auch für die Bestimmung der Verfahrensart ist das Gericht nach der hier vertretenen Auffassung nicht auf den Streitwert angewiesen, denn wird die Ausweisung nicht im Rahmen eines Rechtsschutzes

---

[1151] BGE 137 III 389 (= Pra 101 [2012] Nr. 6) E. 1.1.

[1152] So auch BGer 4A_459/2010 vom 4. Januar 2010 E. 1, nicht publiziert in BGE 137 II 24: *«Ist die Gültigkeit einer Kündigung umstritten, so entspricht der Streitwert dem Mietzins, der für die Dauer bis zum nächstmöglichen Kündigungstermin geschuldet ist, gerechnet ab dem strittigen Kündigungstermin.»* Unklar ist daher, warum das Bundesgericht in BGE 137 III 389 E. 1.1 die Dauer der kantonalen Verfahren unberücksichtigt gelassen hat.

[1153] BGE 137 III 389 (= Pra 101 [2012] Nr. 6) E. 1. Allerdings wird in BGer 4A_178/2012 vom 11. April 2012 E. 2 und BGer 4A_708/2011 vom 21. Dezember 2011 E. 2 auf den Zeitpunkt abgestellt, in welchem der Entscheid wahrscheinlich vollstreckt werden kann (vgl. unten, Rz. 414) und in den auf BGer 4A_273/2012 vom 30. Oktober 2012 E. 1.2.2 zurückgehenden Entscheiden (oben, Rz. 394) auf Dauer, bis mutmasslich ein Entscheid im ordentlichen Verfahren ergehen würde.

in klaren Fällen eingereicht, ist stets das vereinfachte Verfahren zu beschreiten.[1154] In der Regel ist die sachliche Zuständigkeit für das Ausweisungsverfahren vor erster Instanz zumindest im Rechtsschutz in klaren Fällen nicht streitwertabhängig.[1155] Massgeblich ist der Streitwert für die Art des Rechtsmittels, das in der Rechtsmittelbelehrung anzugeben ist. Da sich das Rechtsmittel in vermögensrechtlichen Angelegenheiten anhand des zuletzt aufrecht erhaltenen Rechtsbegehrens bestimmt (Art. 308 Abs. 2 ZPO), herrscht darüber naturgemäss erst am Ende des Verfahrens Gewissheit. Zu diesem Zeitpunkt sind den erstinstanzlichen Gerichten die massgeblichen Faktoren bekannt. Es bleibt die Rolle des Streitwerts für die Festsetzung der Kosten und des Kostenvorschusses zu beachten. In der Praxis sind freilich gerade bei summarischen Ausweisungsverfahren streitwertunabhängige Pauschalen weit verbreitet.

b. Bei Abstellen auf die mutmassliche Verzögerung durch das Verfahren

Ist die Kündigung nicht strittig, ist in erster Linie[1156] auf die durch die Verfahrensdauer verursachte Verzögerung abzustellen. Dabei kann sich das Bundesgericht regelmässig darauf beschränken, rückwirkend festzustellen, dass bereits genug Zeit verstrichen ist, so dass der Streitwert von CHF 15'000 für die Beschwerde in Zivilsachen erreicht ist.[1157] Demgegenüber muss das erstinstanzliche Gericht naturgemäss stets eine Prognose über die mutmassliche Verfahrensdauer vornehmen. Dabei sind die Eckdaten zu bestimmen, welche diese Zeitdauer definieren sollen. 413

In zwei Entscheiden hat das Bundesgericht zur Berechnung des Streitwerts für die Beschwerde in Zivilsachen festgehalten, es sei auf die Dauer zwischen dem Einreichen des kantonalen Rechtsmittels und dem Zeitpunkt, in welchem die Räumung voraussichtlich vollzogen werden könne, abzustellen.[1158] Diese 414

[1154] Vgl. unten Rz. 259 ff.

[1155] Vgl. unten Rz. 564 ff.

[1156] Soweit der Vermieter keine weitergehenden Nachteile geltend macht, vgl. oben Rz. 388.

[1157] BGer 4A_266/2007 vom 26.September 2007 E. 2.2.2; BGer 4A_72/2007 vom 22. August 2007 E.2.2; vgl. BGer 4A_176/2012 vom 28. August 2012 E. 1.3.; BGer 4A_295/2010 vom 26. Juli 2010 E. 1.2.

[1158] BGer 4A_178/2012 vom 11. April 2012 E. 2 *«la valeur litigieuse équivaut, en l'espèce, à la somme des ‹loyers› entre la date du dépôt du recours cantonal (23 janvier 2012) et le moment où le déguerpissement des recourants pourra vraisemblablement être exécuté par la force publique»;* 4A_708/2011 vom 21. Dezember 2011 E. 2 *«la valeur litigieuse équivalait, en l'espèce, à la somme des loyers entre le moment du dépôt du recours et le moment où le déguerpissement du recourant pourrait vraisemblablement être exécuté par la force publique»,* jeweils mit Verweis auf LACHAT, Procédure, S. 49.

Methode impliziert, dass zumindest die Zeitdauer des erstinstanzlichen Verfahrens nicht mit eingerechnet werden soll. Eine Begründung hierfür ist jedoch nicht ersichtlich.[1159] Nach der hier vertretenen Auffassung ist für den Beginn der massgeblichen Dauer auf den Zeitpunkt der Rechtshängigkeit des Ausweisungsbegehrens abzustellen.[1160] Ebenfalls als Ausgangspunkt denkbar ist das Ende des Mietverhältnisses (Kündigungstermin),[1161] da der ehemalige Mieter ab diesem Moment keinen Rechtsgrund mehr für den Verbleib im Mietobjekt vorweisen kann. Für den Zeitpunkt der Einreichung des Ausweisungsbegehrens spricht indessen, dass das Ausweisungsverfahren nicht Schadenersatz für die unberechtigte Nutzung zum Gegenstand hat, sondern die Beseitigung eines Zustandes, um welche der Vermieter erst mit Anhebung des Ausweisungsbegehrens erstmals formell ersucht. Wird auf den Zeitpunkt der Rechtshängigkeit abgestellt, so wirkt sich eine allfällige faktische *«Nachfrist»,* welche der Vermieter dem Mieter für den Auszug gewährt, bevor er schliesslich sein Ausweisungsbegehren einreicht, nicht auf den Streitwert aus. Ein Anknüpfen an den Zeitpunkt der Rechtshängigkeit entspricht sodann einem allgemeinen Prinzip der Streitwertberechnung.[1162]

415 Auf der anderen Seite ist auf die Vollstreckbarkeit des Ausweisungsentscheides abzustellen. Auf den mutmasslichen Zeitpunkt des tatsächlichen Vollzugs kommt es demgegenüber bei der Berechnung des Streitwertes nicht an. Hier ist zwischen dem gerichtlichen Verfahren bis zum Erlangen des vollstreckbaren Entscheides einerseits und dem Vollzugsverfahren andererseits klar zu trennen.[1163] Die Frage des Vollzuges bzw. der effektiven Vollstreckbarkeit eines Gerichtsentscheides stellt sich bei allen Streitsachen, sollte aber keinen Einfluss auf Verfahrensfragen des Gerichtsverfahrens zeitigen.

416 Diese beiden Eckdaten – Zeitpunkt der Rechtshängigkeit des Ausweisungsbegehrens und mutmasslicher Zeitpunkt der Vollstreckbarkeit des Ausweisungsentscheides der betreffenden Instanz – hat freilich zur Folge, dass der Streitwert im Instanzenzug stetig zunimmt. Dem könnte nur dadurch begegnet werden, dass bereits vor erster Instanz mit der gesamten Verfahrensdauer über alle

---

1159 Weder in den zitierten Bundesgerichtsentscheiden noch bei LACHAT, Procédure, S. 49; der massgebliche Startpunkt ist offen gelassen in BGer 4A_72/2007 vom 22. August 2007 E. 2.2.

1160 Einreichen des Gesuchs um Rechtsschutz in klaren Fällen oder (falls kein klarer Fall) Einreichen des Schlichtungsgesuches.

1161 Vgl. TANNER, S. 330, so auch BGer 4A_459/2010 vom 4. Januar 2010 E. 1 (nicht publiziert in BGE 137 III 24).

1162 BSK BGG-RUDIN, Art. 51 N 49.

1163 Vgl. aber BGer 4A_178/2012 vom 11. April 2012 E. 2 *(«on peut admettre que l'expulsion des requérants prendra encore un certain temps»).*

drei Instanzen[1164] gerechnet würde. Dies ist abzulehnen. Für den Streitwert im erstinstanzlichen Verfahren soll nur die Dauer des erstinstanzlichen Verfahrens bis zum Vorliegen eines vollstreckbaren Entscheides (für den Fall, dass kein Rechtsmittel ergriffen wird) massgeblich sein. Ebenso soll für den Streitwert im kantonalen Rechtsmittelverfahren nicht bereits auf die Dauer eines Beschwerdeverfahrens vor Bundesgericht abgestellt werden.

Anders hat das Bundesgericht sich bisher zur Streitwertberechnung im Zu- 417
sammenhang mit dem Rechtsschutz in klaren Fällen geäussert. Wenn das Vorliegen der Voraussetzungen des Rechtsschutzes in klaren Fällen vor der Vorinstanz strittig gewesen sei, so entspreche der Streitwert im Ausweisungsverfahren dem hypothetisch anfallenden bzw. entgangenen Miet- oder Gebrauchswert für die Zeit, bis – falls die Voraussetzungen nach Art. 257 ZPO verneint würden – voraussichtlich ein Ausweisungsentscheid in einem (anschliessenden) Prozess im ordentlichen Verfahren ergehen könnte.[1165] Dies ist namentlich aus zwei Gründen heikel: Zum einen hat das Bundesgericht hier auf das *«Bestreiten der Voraussetzungen des Rechtsschutzes in klaren Fällen»* abgestellt. Vor allem aber bildet das Verfahren um Rechtsschutz in klaren Fällen ein eigenständiges, in sich abgeschlossenes Verfahren. Für die Berechnung des Streitwertes in diesem Verfahren sollte daher die Dauer eines potentiellen anschliessenden, weiteren Verfahrens nicht relevant sein. Im Übrigen würde dies bewirken, dass der an der Verfahrensdauer bemessene Streitwert einer Ausweisung im schnellen summarischen Verfahren um Rechtsschutz in klaren Fällen stets höher ausfällt als wenn das Ausweisungsbegehren (sogleich) im vereinfachten Verfahren eingereicht worden wäre.

8. Zwischenfazit

Die Streitwertberechnung im Ausweisungsverfahren weist verschiedene Be- 418
sonderheiten auf. Die folgenden Grundsätze geben die Auffassung der Autorin wieder.

[1164] So nun (für die Streitwertberechnung vor Bundesgericht) BGE 144 III 346, wo pauschal auf sechs Monate abgestellt wird.

[1165] BGer 4A_273/2012 vom 30. Oktober 2012 E. 1.2. (nicht publiziert in BGE 138 III 620); *in casu* ging es um die Ausweisung nach Beendigung eines Gebrauchsleiheverhältnisses über eine Liegenschaft. Ebenso wurde aber entschieden in BGer 4A_622/2013 vom 26. Mai 2014 E. 2, wo zusätzlich auf die dreijährige Sperrfrist abgestellt wurde (da die Rechtswirksamkeit der Kündigung zumindest formell strittig war, wenngleich diese Auffassung von allen damit befassten Instanzen als aussichtslos erachtet wurde).

- Nach der bisherigen bundesgerichtlicher Rechtsprechung ist massgeblich, ob die Beendigung des Mietverhältnisses strittig ist oder nicht. Im ersten Fall sei die dreijährige Sperrfrist zu beachten, im letzteren Fall nicht. Bis zum Leitentscheid vom Juli 2018 war im Rechtsschutz in klaren Fällen (zudem) darauf abzustellen, ob die Voraussetzungen nach Art. 257 ZPO bestritten sind. Beides wird hier abgelehnt. Auf die Einwendungen des Beklagten soll es nicht ankommen. Das Ausweisungsverfahren nach Art. 257 ZPO löst keine Sperrfrist aus. Es ist daher widersprüchlich, auf eine Sperrfrist abzustellen, und (ein zweites Mal) inkonsequent, dann die Verfahrensdauer und die Kündigungsfrist nicht hinzuzurechnen, wie es der konstanten Rechtsprechung zum Kündigungsschutzverfahren entsprechen würde.
- Nach der hier vertretenen Auffassung ist der Streitwert in erster Linie von der Verfahrensart abhängig. Im Rechtsschutz in klaren Fällen ist die Sperrfrist nach Art. 271 Abs. 1 lit. e OR unbeachtlich; im vereinfachten Verfahren jedoch (unabhängig von den Einwendungen des Mieters) zu beachten.
- Für den Beginn der für den Streitwert massgeblichen Dauer ist auf das Datum der Rechtshängigkeit abzustellen.[1166] Der Streitwert nimmt über den Instanzenzug zu.
- Für die Frage der sachlichen Zuständigkeit, der Gerichtskosten und der Parteientschädigung ist der Streitwert im Verfahren vor der betreffenden Instanz massgeblich.
- Für die Rechtsmittelbelehrung ist auf den Streitwert im mutmasslichen Rechtsmittelverfahren abzustellen, denn die Rechtsmittelbelehrung muss angeben, welches Rechtsmittel zur Verfügung steht für den Fall, dass eines ergriffen wird.[1167]

9. Auslegung des bundesgerichtlichen Leitentscheids zum Streitwert und Kritik

419 In seinem Leitentscheid vom 11. Juli 2018 möchte das Bundesgericht die Grundsätze zur Streitwertberechnung bei Ausweisungsgesuchen im Verfahren nach Art. 257 ZPO präzisieren und im Sinne der Rechtssicherheit eine einheitliche Regel aufstellen. Es differenziert danach, ob *«nur die Ausweisung als solche»* oder ob *«vorfrageweise auch die Kündigung streitig ist»*. Als Beispiel für letzteren Fall, verweist es auf zwei Bundesgerichtsentscheide, in welchen der Mieter die Kündigung angefochten hatte und das Ausweisungsverfahren

[1166] Es ist dies das Datum der Einreichung des Ausweisungsbegehrens. Nicht abzustellen ist auf den Kündigungstermin oder auf das Datum des Einreichens des Rechtsmittels.

[1167] Dazu eingehend unten, Rz. 658.

vom Vermieter parallel dazu eingeleitet worden war.[1168] Für diejenigen Konstellationen, in welchen es *«nur um die Frage der Ausweisung»* gehe, führt das Bundesgericht zwei Fälle an, in welchen bereits rechtskräftig über die Beendigung des Mietverhältnisses[1169] bzw. rechtkräftig über eine Ausweisung selbst[1170] entschieden war. Fraglich ist, was gelten soll, wenn die Kündigung nicht angefochten wurde, wenn sich der Mieter im Ausweisungsverfahren nicht vernehmen lässt und wenn noch kein rechtskräftiger Entscheid über die Beendigung des Mietverhältnisses vorliegt. In der erstinstanzlichen Praxis betrifft dies den ganz überwiegenden Teil aller zu behandelnden Ausweisungsgesuche.

Es ist davon auszugehen, dass es auch weiterhin nicht massgeblich sein soll, ob der Mieter ein Kündigungsschutzverfahren eingeleitet hat oder ob er die Kündigung erstmals im Ausweisungsverfahren beanstandet. Die grösste Schwierigkeit besteht nach wie vor darin, dass das Bundesgericht für die Bestimmung des Streitwerts offenbar auf die Äusserungen des Mieters im Ausweisungsverfahren abstellt. Im Rahmen der Ausweisung eines Mieters ist die Gültigkeit der Beendigung des Mietvertrages stets die (vorfrageweise zu beurteilende) Kernfrage. Nichtigkeit und Ungültigkeit sind von Amtes wegen zu beachten. Möglich erscheint eine Auslegung, wonach im Ausweisungsverfahren die Kündigung respektive Beendigung des Mietvertrages stets *«strittig»* ist, solange noch nicht rechtskräftig darüber entschieden wurde. Dies entspricht indessen wohl nicht der bundesgerichtlichen Auffassung, die jeweils auf ein Vorbringen des Mieters abstellt, was freilich mit der Stellung als Rechtsmittelinstanz zusammenhängen kann, welche kaum je mit der Situation konfrontiert wird, dass sich eine Partei während der gesamten Verfahrensdauer nicht geäussert hat. Eine praktikable Lösung wäre es, stets auf den Dreijahresmietzins abzustellen, wenn noch kein rechtskräftiger Entscheid über die Beendigung vorliegt, wenn der Vermieter also im Falle eines Nichteintretens seinen Anspruch gegen den (ehemaligen) Mieter in einem mietrechtlichen Verfahren – einem *«umgekehrten Kündigungsschutzverfahren»* – geltend machen müsste. Allerdings müsste er dies nach der hier vertretenen Auffassung wohl sogar dann, wenn bereits ein rechtskräftiger Entscheid oder eine rechtskräftige Vereinbarung über eine Erstreckung vorliegt, denn der Mieter könnte – wie sich in der Praxis zeigt – diesfalls das konkludente Zustandekommen eines neuen Mietvertrages zumindest behaupten – falls der Vermieter mit dem 420

[1168] BGE 141 III 262 E. 3.2 S. 265 und BGer 4A_440/2016 vom 24. Oktober 2016 E. 5.2.2.

[1169] BGer 4A_107/2007 vom 22. Juni 2007 E. 2.3 (nicht publiziert in BGE 133 III 539 = Pra 97 [2008] Nr. 44): definitive Erstreckung bis 31. Dezember 2004, Berufung dagegen abgewiesen am 9. März 2005, Ausweisungsgesuch am 17. Mai 2005.

[1170] BGer 4A_72/2007 vom 22. August 2007 E. 2.2.

Einreichen des Ausweisungsgesuchs zu lange zuwartet möglicherweise sogar mit Erfolg. Es stellt sich somit die Frage, wann nach dieser Auslegung überhaupt auf die pauschalisierte Verfahrensdauer von sechs Monaten abgestellt werden dürfte.

421 Nach der anderen Lesart bedarf es der ausdrücklichen Bestreitung der Gültigkeit der Kündigung durch den Mieter, um einen Streitwert in Höhe eines Dreijahresmietzinses anzunehmen. Der Streitwert wäre demnach im erstinstanzlichen Verfahren erst nach der Stellungnahme des Gesuchgegners bestimmbar. Grundsätzlich kann das im erstinstanzlichen Verfahren versäumte Bestreiten im Rechtsmittelverfahren nicht nachgeholt werden. Somit wäre die Frage *«bestritten oder unbestritten?»* (resp. *«strittig oder unstrittig?»*) im erstinstanzlichen Verfahren definitiv – auch für die Rechtsmittelverfahren – beantwortet. Sollte die Rechtsmittelinstanz zur Auffassung gelangen, erstmals im Rechtsmittelverfahren vorgebrachte Nichtigkeits- oder Unwirksamkeitsgründe seien zuzulassen, kann sich dies massgeblich auf den Streitwert auswirken. Die konkreten Einwendungen des Gesuchgegners in einem potentiellen Rechtsmittelverfahren sind nicht antizipierbar. Allenfalls wäre deshalb vorsichtshalber bei der Rechtsmittelbelehrung der ersten Instanz stets von einem Streitwert in Höhe von drei Jahresmietzinsen auszugehen.

422 BGE 144 III 346 möchte *«im Sinne der Rechtssicherheit für die häufig zu beurteilenden Fälle der Ausweisung im Zusammenhang mit der Beendigung eines Mietverhältnisses einheitliche Regeln aufstellen.»* Der Entscheid ist in drei Punkten etwas unbefriedigend. Zum einen wird erkannt, dass das Ausweisungsverfahren nach Art. 257 ZPO keine Sperrfrist auslöst. Gleichwohl sei in gewissen Fällen für die Streitwertberechnung auf die Sperrfrist abzustellen – und zwar (in Abweichung von der Streitwertberechnung im Kündigungsschutzverfahren) auf die reine Sperrfrist ohne Hinzurechnung der Verfahrensdauer und der anschliessenden Kündigungsfrist. Die Sperrfrist soll immer dann relevant sein, wenn *«die Kündigung strittig»* sei, wobei das Bundesgericht (wohl) auf allfällige Äusserungen der auszuweisenden Person abstellt. Dabei wird insbesondere nicht bedacht, dass auch im Ausweisungsverfahren Nichtigkeits- und Unwirksamkeitsgründe von Amtes wegen zu beachten sind und das Ausweisungsgesuch daher sogar bei Schweigen des Auszuweisenden scheitern kann. Auch eine nichtige oder unwirksame Kündigung löst (nach einem vereinfachten Verfahren) grundsätzlich eine Sperrfrist aus. Dies wird im Leitentscheid soweit ersichtlich nicht berücksichtigt. Es ist sodann unklar, ob die auszuweisende Person, welche sich erstmals im Rechtsmittelverfahren auf sich aus den Akten ergebende Nichtigkeits- oder Unwirksamkeitsgründe bezieht, mit dieser Bestreitung noch *«streitwertrelevant»* zu hören ist. Stossend erscheint sodann bei *«nicht strittigen Kündigungen»* die Pauschalisierung der

Verfahrensdauer auf sechs Monate *«unabhängig von allfälligen kantonalen Unterschieden in der tatsächlichen Bewältigung solcher Summarverfahren»*. Unklar ist zunächst, ob diese sechs Monate lediglich der Dauer des kantonalen Verfahrens entsprechen sollen oder auch das bundegerichtliche Verfahren umfassen. Es ist sodann nicht einzusehen, weshalb im Rahmen der Streitwertberechnung nicht den tatsächlichen kantonalen Gegebenheiten Rechnung getragen werden darf. Durch die Pauschalisierung auf sechs Monate wird jedenfalls keine Beschleunigung oder Vereinheitlichung der effektiven Verfahrensdauern bewirkt. Es ist durchaus angebracht, bei der Streitwertberechnung die tatsächlichen Verhältnisse möglichst zu berücksichtigen. So wird ja auch auf den jeweiligen wirklichen Mietzins und nicht auf einen schweizweiten Durchschnittsmietzins abgestellt. Es mag im Übrigen stossend erscheinen, dass gerade bei erschwinglichen Mieten die Streitwertgrenze für die Berufung in der Regel nicht erreicht wird, bei teureren Mietobjekten jedoch ohne Weiteres. Dies steht in einem Spannungsverhältnis dazu, dass gerade erschwinglicher Wohnraum in einzelnen Gebieten der Schweiz knapp ist. Dieser *«Fehler»* ist jedoch einem streitwertabhängigen Rechtsmittel inhärent. Den tatsächlichen Interessen der Beteiligten würde es wohl eher entsprechen, Ausweisungsentscheide aus Wohn- und Geschäftsräumen streitwertunabhängig der Berufung zu unterstellen. Hier wäre aber der Gesetzgeber gefordert.

IV. Fallgruppen und Visualisierung

1. Einigung über den Streitwert

Eine das Gericht bindende Einigung der Parteien über den Streitwert nach 423 Art. 91 Abs. 2 ZPO ist in Ausnahmefällen zwar denkbar,[1171] in der Regel wird das Gericht den Streitwert aber von Amtes wegen festsetzen.

2. Verfahren um Rechtsschutz in klaren Fällen

Nach der hier vertretenen Ansicht ist der Streitwert des Ausweisungsbegehrens 424 im Verfahren um Rechtsschutz in klaren Fällen *stets* nach der mutmasslichen Verfahrensdauer zu berechnen, da keine Sperrfrist ausgelöst werden kann. Dies gilt sowohl im erstinstanzlichen als auch im Rechtsmittelverfahren. Es ist praktikabel, in beiden Fällen mit Pauschalen zu arbeiten. Diese können nach der hier vertretenen Ansicht durchaus kantonal variieren.

[1171] Vgl. oben, Rz. 383 f.

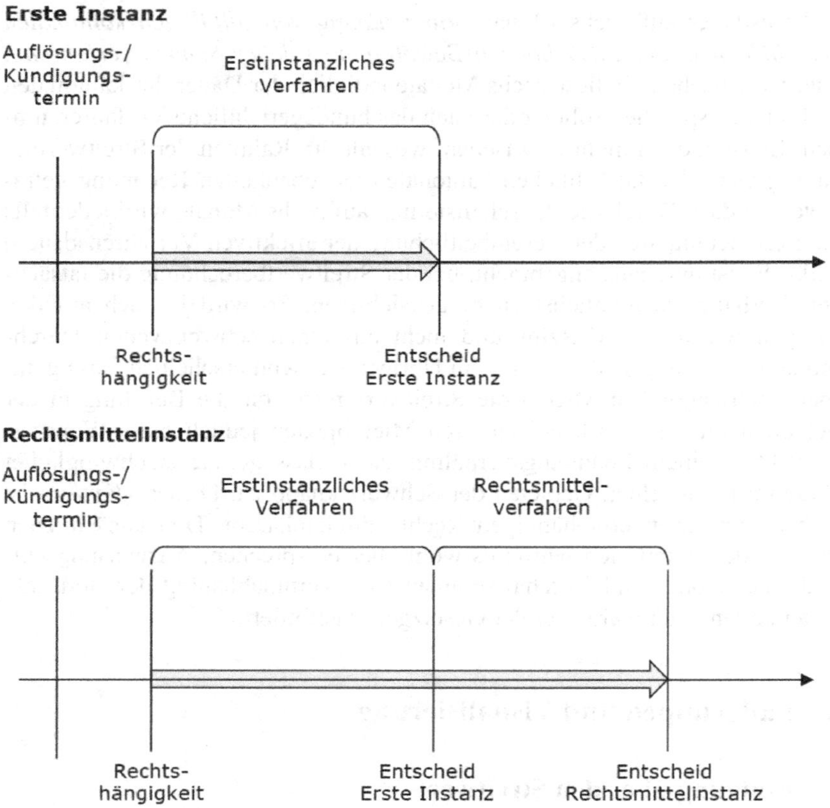

3. Rechtsschutz in klaren Fällen mit Differenzierung nach den Einwendungen des Gesuchgegners (wird hier abgelehnt)

425 Das Bundesgericht stellt auf die mutmassliche Verfahrensdauer ab, wenn die Auflösung des Mietverhältnisses nicht strittig ist. Dies ist wohl dann der Fall, dass bereits rechtskräftig über diese Frage entschieden worden ist, aber auch dass der Mieter selbst gekündigt hat sowie dann, wenn überhaupt kein Mietverhältnis vorliegt (Hausbesetzung) oder keine Kündigung notwendig war (befristetes Mietverhältnis) sofern keine Erstreckung beantragt worden ist oder keine Verlängerung[1172] behauptet wird.[1173] Nach der hier vertretenen Auffas-

[1172] Stillschweigende Fortsetzung des Vertrags als unbefristet (Art. 266 Abs. 2 OR) oder rechtzeitige Ausübung einer Option.

sung käme diese Streitwertberechnung aufgrund der im Verfahren um Rechtsschutz in klaren Fällen herrschenden Verhandlungsmaxime auch bei Säumnis des Mieters zur Anwendung, denn die Kündigung ist diesfalls nicht bestritten. Dieses Bestreiten kann im Rechtsmittelverfahren grundsätzlich nicht rechtswirksam nachgeholt werden. Allerdings können Nichtigkeitsgründe und Ungültigkeitsgründe, die sich aus den Akten ergeben, auch von der Rechtsmittelinstanz von Amtes wegen beachtet werden. Ist die Gültigkeit der Kündigung streitig bzw. bestritten, so stellt das Bundesgericht pauschal auf eine Dauer von drei Jahren entsprechend der Sperrfrist ab. In Abweichung der Rechtsprechung für die Streitwertberechnung im Kündigungsschutzverfahren[1174] wird weder die Verfahrensdauer noch die Kündigungsfrist auf den erstmöglichen Kündigungstermin nach Ablauf der Sperrfrist berücksichtigt.

Erste Instanz und Rechtsmittelinstanz (nichts bestritten)

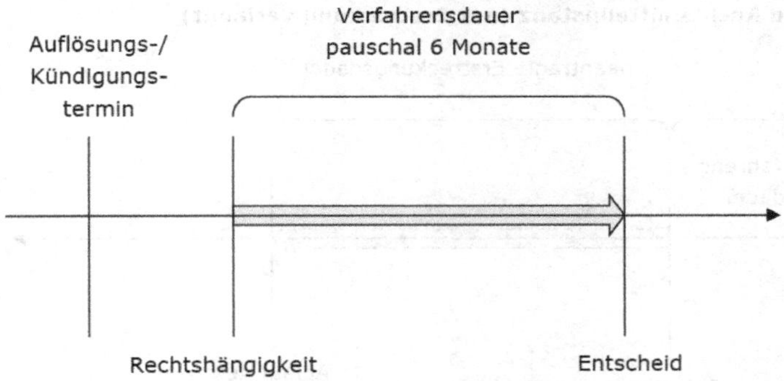

Erste Instanz und Rechtsmittelinstanz (Kündigung bestritten)

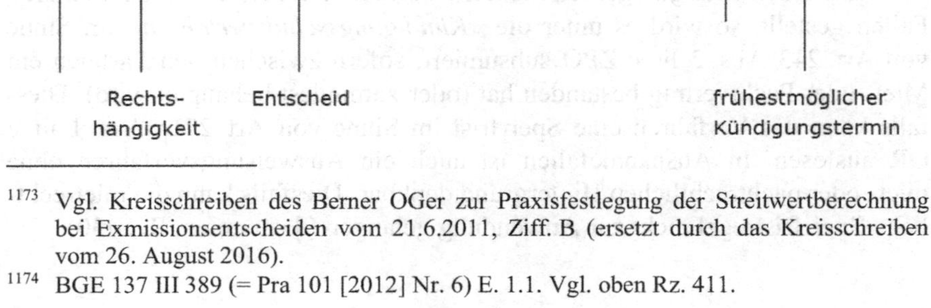

[1173] Vgl. Kreisschreiben des Berner OGer zur Praxisfestlegung der Streitwertberechnung bei Exmissionsentscheiden vom 21.6.2011, Ziff. B (ersetzt durch das Kreisschreiben vom 26. August 2016).

[1174] BGE 137 III 389 (= Pra 101 [2012] Nr. 6) E. 1.1. Vgl. oben Rz. 411.

Erste Instanz und Rechtsmittelinstanz (befristetes Mietverhältnis)

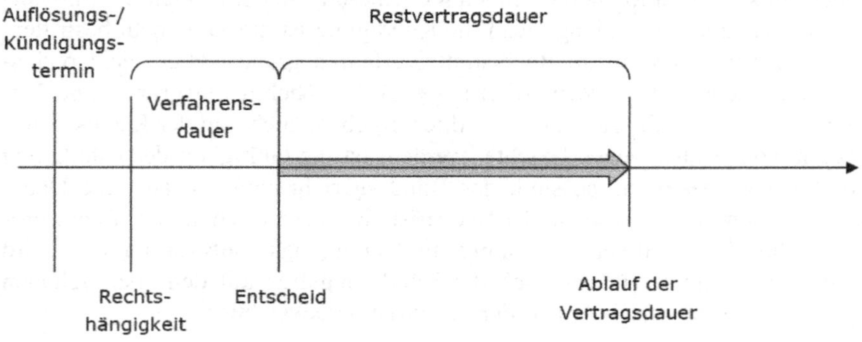

Erste Instanz und Rechtsmittelinstanz (nur Erstreckung verlangt)

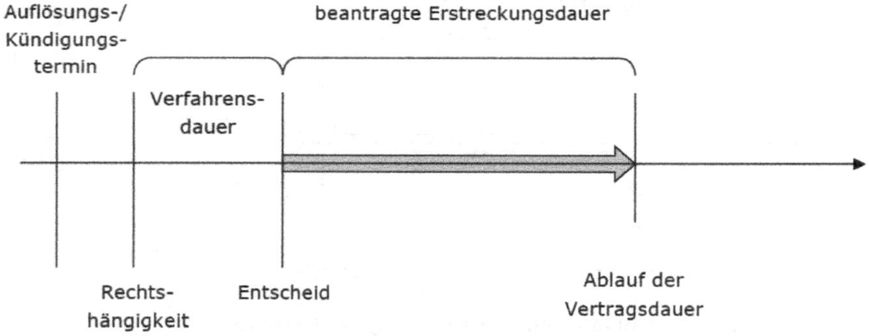

4. Ausserhalb des Verfahrens um Rechtsschutz in klaren Fällen

a. Grundsatz

426 Wird das Ausweisungsbegehren nicht im Verfahren um Rechtsschutz in klaren Fällen gestellt, so wird es unter die *«Kündigungsschutzverfahren»* im Sinne von Art. 243 Abs. 2 lit. c ZPO subsumiert, sofern zwischen den Parteien ein Miet- oder Pachtvertrag bestanden hat (oder zumindest behauptet wird). Diesfalls kann das Verfahren eine Sperrfrist im Sinne von Art. 271a Abs. 1 lit. e OR auslösen. In Ausnahmefällen ist auch ein Ausweisungsverfahren ohne miet- oder pachtrechtlichen Hintergrund denkbar. Diesfalls kann die mietrechtliche Sperrfristregel nicht zur Anwendung gelangen (dazu unten, Rz. 430).

b. Bei rechtzeitigem Erstreckungsantrag

Ersucht der Mieter im Ausweisungsverfahren lediglich um eine Erstreckung des Mietverhältnisses, so ist auf die beantragte Erstreckungsdauer abzustellen. 427

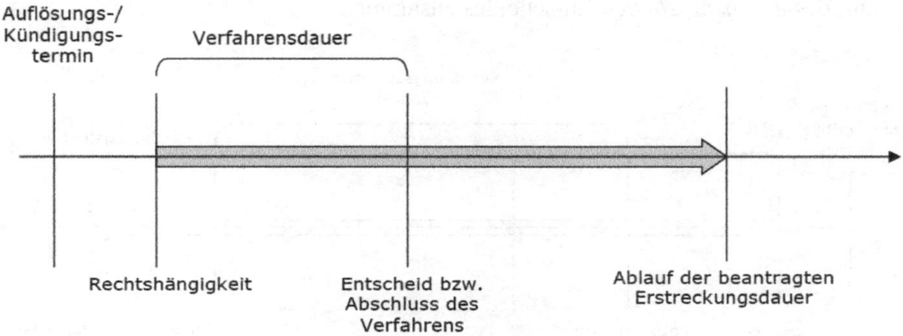

c. Befristetes Mietverhältnis

Bei befristeten Mietverhältnissen ist die Dauer bis zum Ablauf des befristeten Mietvertrages massgeblich. Entsprechendes gilt bei Uneinigkeit über die Ausübung einer Option. Hier ist auf die Dauer der Vertragsverlängerung (bei Annahme der gültigen Optionsausübung) abzustellen. 428

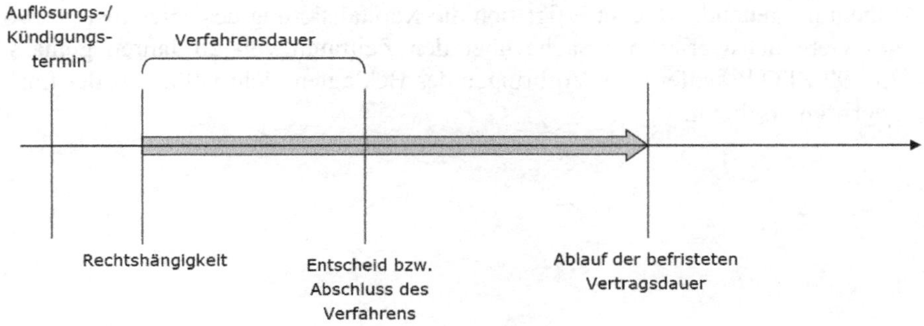

d. Unbefristetes Mietverhältnis

Bei unbefristetem Mietvertrag entspricht der Streitwert dem Bruttomietzins für den Zeitraum zwischen Rechtshängigkeit und dem nächstmöglichen ordentlichen Kündigungstermin, falls die Kündigung nicht gültig wäre. Für die Frage der Sperrfrist ist nicht nach Ungültigkeitsgründen zu differenzieren. Nach der hier vertretenen Auffassung ist die dreijährige Sperrfrist nach Art. 271a Abs. 1 429 lit. e OR auch zu beachten, wenn sich der Mieter gar nicht vernehmen lässt, denn auch eine von Amtes wegen als nichtig oder unwirksam erkannte Kündigung löst automatisch eine Sperrfrist aus.[1175] Der Beginn der Sperrfrist im erstinstanzlichen Verfahren und auch im Rechtsmittelverfahren fällt mit dem Datum des *erstinstanzlichen* Entscheides zusammen.

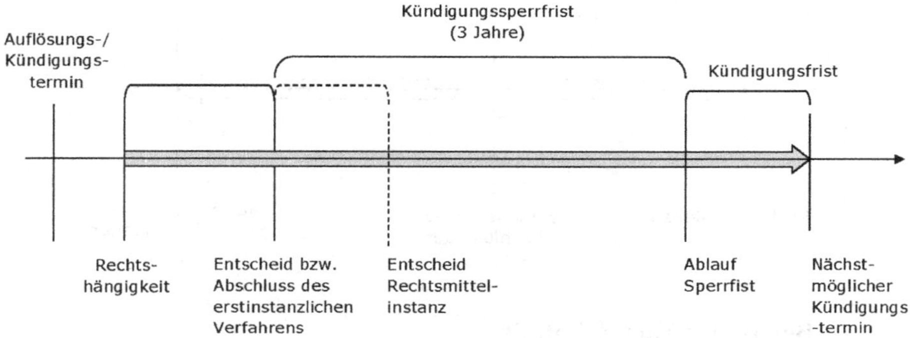

5. Spezialfall: Geltendmachen eines unbefristeten Rechts

430 Macht der Beklagte ein unbefristetes Wohnrecht, die Nutzniessung oder gar Eigentum geltend, so rechtfertigt sich die Kapitalisierung des Mietzinses bzw. des Gebrauchswertes der Sache über den Zeitraum von 20 Jahren gemäss Art. 92 ZPO,[1176] sofern das Vorbringen des Beklagten nicht völlig aus der Luft gegriffen erscheint.

[1175] Diese Sperrfrist ist dann lediglich nicht beachten, wenn der Vermieter die nichtige Kündigung wiederholt.

[1176] Vgl. Entscheid des Kantonsgerichts BL vom 11. Januar 2012 (400 2011 356) E. 1.2.

§ 12 Der Rechtsschutz in klaren Fällen

I. Voraussetzungen

1. Ausgangslage

Das Verfahren um Rechtsschutz in klaren Fällen nach Art. 257 ZPO ist dem Befehlsverfahren nachgebildet, welches verschiedene Kantone vor Einführung der schweizerischen ZPO kannten.[1177] Es handelt sich um ein abgekürztes Erkenntnisverfahren, in dem definitiver Rechtsschutz mit voller materieller Rechtskraft gewährt werden kann.[1178] Von Gesetzes wegen ausgeschlossen ist der Rechtsschutz in klaren Fällen nur in Angelegenheiten, welche der Offizialmaxime unterliegen. In allen übrigen Fällen[1179] steht er dem Kläger als Alternative zu ordentlichem oder vereinfachtem Verfahren, offen.[1180] Auch bei mietrechtlichen Streitigkeiten (namentlich den Art. 243 Abs. 1 lit. c ZPO unterstehenden) kann der Kläger den schnellen Rechtsschutz in klaren Fällen wählen,[1181] wodurch insbesondere das mietrechtliche Schlichtungsverfahren entfällt.[1182] Die Mieterausweisung ist in der Praxis der weitaus häufigste Anwendungsfall für den Rechtsschutz in klaren Fällen. Nach Art. 257 ZPO gewährt das Gericht den Rechtsschutz nur, wenn der Sachverhalt unbestritten oder sofort beweisbar ist und zudem die Rechtslage klar ist.[1183] Beide Voraussetzungen sind auslegungsbedürftig. Darauf wird im Folgenden näher eingegangen. 431

1177 Botschaft ZPO, BBl 2006, 7351.

1178 KUKO ZPO-Jent-Sørensen, Art. 257 N 1.

1179 In der Lehre wird teilweise die Prosequierung einer vorsorglichen Massnahme auf dem Weg des Rechtsschutzes in klaren Fällen verneint, KUKO ZPO-Jent-Sørensen, Art. 257 N 4.

1180 Botschaft ZPO, BBl 2006, 7351.

1181 KUKO ZPO-Jent-Sørensen, Art. 257 N 5; BK ZPO-Güngerich, Art. 257 N 3.

1182 Vgl. zum alten Recht BGE 132 III 747 (= Pra 96 [2007] Nr. 79) E. 6, wonach mit Blick auf Art. 274a Abs. 1 lit. b aOR auch dem Ausweisungsverfahren grundsätzlich ein Schlichtungsverfahren voranzugehen hatte, ausgenommen in Fällen einer ausserordentlichen Kündigung i.S.v. Art. 274g Abs. 1 lit. a–d aOR. Vgl. Entscheid des OGer AG vom 17.10.2011, ZSU.2011.331 (CAN 1/2012 Nr. 6).

1183 Liquidität in tatsächlicher und rechtlicher Hinsicht. So BGer 5A_710/2013 vom 17. Februar 2014 E. 2.3.

2. Anforderung an die Rechtslage

a. Iura novit curia

432 Der Rechtsschutz in klaren Fällen setzt das Vorliegen einer klaren Rechtslage voraus (Art. 257 Abs. 1 lit. b ZPO). Da das Recht vom Gericht von Amtes wegen angewendet wird *(iura novit curia),* kommt es auf die Ausführungen der Parteien hierzu nicht an.

b. Grundsatz

433 Nach der gängigen Definition ist die Rechtslage klar, *«wenn sich die Rechtsfolge bei der Anwendung des Gesetzes unter Berücksichtigung der Lehre und Rechtsprechung ohne Weiteres ergibt und damit die Rechtsanwendung zu einem eindeutigen Ergebnis führt.»*[1184]

434 Schon diesbezüglich können sich die ersten Fragen stellen: Schliesst bereits eine fundiert begründete Mindermeinung in der sonst einhelligen Lehre die klare Rechtslage aus?[1185] Ein Bundesgerichtsentscheid zu einer Rechtsfrage (allenfalls nur ein publizierter Leitentscheid) mag einen bestehenden Lehrstreit verbindlich klären, wie aber steht es, wenn ein publizierter Bundesgerichtsentscheid von der Lehre fundiert kritisiert wird?[1186] Bestehen zu einer im konkreten Fall aufgeworfenen Rechtsfrage unterschiedliche Lehrmeinungen, so ist die Rechtslage jedenfalls dann dennoch klar, wenn sie alle angewandt auf den zu beurteilenden Fall zum gleichen Ergebnis gelangen.

[1184] BGE 138 III 123 E. 2.1.2; BGE 141 III 23 (= Pra 104 [2015] Nr. 114) E. 3.2; BGer 4A_273/2012 vom 30. Oktober 2012 E. 5.1.2 (nicht publiziert in BGE 138 III 620); vgl. BGer 4A_447/2011 vom 20. September 2011 E. 2.3 *(«wenn die Anwendung und Auslegung einer Norm, namentlich auf Grund ihres Wortlauts, der Rechtsprechung und der bewährten Lehre, zu keinem Zweifel Anlass gibt»);* Botschaft ZPO, BBl 2006, 7352; KUKO ZPO-JENT-SØRENSEN, Art. 257 N 7; SUTTER-SOMM, ZPO, N 1194; BSK ZPO-HOFMANN, Art. 257 N 11; vgl. Zürcher Handelsgericht, wonach es nur um Fälle gehen könne, *«bei welchen die Subsumtion einem mechanischen Vorgang gleichkommt»* (Entscheid vom 12. Mai 2011 (ZR 110 (2011) Nr. 56) , E. 2 i.f.); vgl. auch BK ZPO-GÜNGERICH, Art. 257 N 10, wonach die Rechtslage klar ist, wenn das Gericht vernünftigerweise nur einen Schluss ziehen kann und andere Ergebnisse willkürlich wären.

[1185] DIKE ZPO-GÖKSU. Art. 257 N 11 Fn 32 (wonach *«vereinzelt abweichende Meinungen in der Doktrin nicht schaden dürften, wenn ansonsten weitgehender Konsens besteht, da es zu fast jeder Rechtsfrage Mindermeinungen gibt»*).

[1186] DIKE ZPO-GÖKSU, Art. 257 N 11 (existiert publizierte Rechtsprechung des Bundesgerichts, ist die Rechtslage klar, auch wenn die Rechtsprechung von der Lehre kritisiert wird).

c. Ermessen, Billigkeit und unbestimmte Rechtsbegriffe

435 Nach bundesgerichtlicher Rechtsprechung und herrschender Lehre ist die Rechtslage *«in der Regel nicht klar, wenn die Anwendung einer Norm einen Ermessens- oder Billigkeitsentscheid des Gerichts mit wertender Berücksichtigung der gesamten Umstände erfordert, wie dies namentlich bei der Beurteilung von Treu und Glauben zutrifft.»*[1187] Hat das Gericht also unbestimmte Rechtsbegriffe auszulegen oder ein Ermessen auszuüben, liegt in der Regel kein klares Recht vor.[1188] Tatbestandselemente wie beispielsweise *«wichtige Gründe»* oder *«Unzumutbarkeit»* stehen dem klaren Recht somit grundsätzlich entgegen. Ebenso liegt kein klarer Fall vor, wenn das Gericht eine Güterabwägung vornehmen muss. Indessen scheint auch hier durch die *«In der Regel»*-Formulierung des Bundesgerichts die Möglichkeit einer *«ausnahmsweisen Klarheit»* in eindeutigen Fällen zu bestehen.[1189]

436 Das Bundesgericht relativiert wie folgt: *«Dabei ist die beispielhafte Erwähnung der Beurteilung von Treu und Glauben in der zitierten Rechtsprechung nicht so zu verstehen, dass ein klarer Fall in rechtlicher Hinsicht verneint werden muss, sobald eine missbräuchliche Rechtsausübung geltend gemacht wird. Denn das Rechtsmissbrauchsverbot setzt keine wertende Berücksichtigung aller Umstände im Sinn der zitierten Rechtsprechung voraus, wenn das Verhalten der betroffenen Partei offenkundig einen Missbrauch darstellt, was namentlich der Fall ist, wenn dieses in eine der in Rechtsprechung und Lehre anerkannten Fallgruppen einzuordnen ist.»*[1190] In diesem Zusammenhang war nicht die Rechtsmissbräuchlickeit der Kündigung, sondern die Rechtsmissbräuchlichkeit eines vom Mieter im Verfahren nach Art. 257 ZPO erhobenen Einwands zu beurteilen. Das Gericht darf diese Prüfung im Rechtsschutz in klaren Fällen vornehmen. Allerdings muss das Ergebnis eindeutig sein (*«offenkundiger Rechtsmissbrauch»*). So beurteilte das Bundesgericht in einem Fall die Berufung des Mieters auf die fehlende eigenhändige Unterschrift in der Kündigung unter Bezugnahme auf entsprechende bundesgerichtliche

---

[1187] BGE 141 III 23 (= Pra 104 [2015] Nr. 114) E. 3.2; BGE 138 III 123 E. 2.1.2 m. zahlr. Hinw.; BGer 4A_273/2012 vom 30. Oktober 2012 E. 5.1.2 (nicht publiziert in BGE 138 III 620).

[1188] BSK ZPO-HOFMANN, Art. 257 N 11 f.

[1189] Vgl. BGE 138 III 123 E. 2.5 i.f. (*«Demnach erfordert die Rechtsanwendung im vorliegenden Fall auch dann, wenn von der Sachverhaltsdarstellung der Beschwerdeführerin ausgegangen würde, eine wertende Betrachtung der gesamten Umstände, ohne dass von einem eindeutigen Ergebnis gesprochen werden kann. Damit ist die Voraussetzung der klaren Rechtslage gemäss Art. 257 Abs. 1 lit. b ZPO offensichtlich nicht erfüllt.»*).

[1190] BGer 4A_350/2015 vom 25. August 2015 E. 4.2; BGer 4A_2/2016 vom 18. Februar 2016 E. 2.1. i.f.; vgl. BGer 4A_329/2013 vom 10. Dezember 2013 E. 6.1; vgl. BGer 4A_168/2015 vom 28. Oktober 2015 E. 3.

Rechtsprechung zu dieser Frage[1191] als offenkundig rechtsmissbräuchlich und hiess die Ausweisung im Verfahren nach Art. 257 ZPO gut.[1192]

437 Sodann lässt das Bundesgericht die Ausweisung im Rechtsschutz in klaren Fällen zu, auch wenn der Mieter eine Kündigung wegen Zahlungsverzugs nach Art. 257d OR rechtzeitig vor der Schlichtungsstelle für Mietstreitigkeiten angefochten hat. Die mögliche (ausnahmsweise) Missbräuchlichkeit der Kündigung[1193] ist dann im Ausweisungsverfahren vorfrageweise zu prüfen, was die Rechtslage aber nicht automatisch unklar macht.[1194] Allerdings verlangt das Bundesgericht in solchen Fällen für einen gutheissenden Entscheid, dass *«keine Zweifel an der Vollständigkeit der Sachverhaltsdarstellung bestehen und die Kündigung gestützt darauf als klar berechtigt erscheint.»*[1195]

d. Vereinbarungen und Erklärungen

438 Besondere Schwierigkeiten stellen sich auch in Bezug auf Parteivereinbarungen, die es auszulegen gilt.[1196] Nach Art. 18 Abs. 1 OR ist der übereinstimmende wirkliche Wille der Parteien massgeblich. Der Nachweis dieses natürlichen Konsenses ist eine Tatfrage. Wenn der natürliche Konsens fehlt oder unbewiesen bleibt, stellt sich die Frage, ob ein normativer Konsens vorliegt. Die Ermittlung der Bedeutung, die den Willensäusserungen der Parteien beim Abschluss eines Vertrages nach Treu und Glauben zukommt, ist eine Rechtsfrage.[1197] Sie wird in Würdigung der gesamten Umstände nach dem Vertrauensprinzip beantwortet.[1198]

1191 Insbesondere BGE 138 III 401 E. 2.4.

1192 BGer 4A_350/2015 vom 25. August 2015 E. 4.1 und 4.2.

1193 Dazu oben, Rz. 165.

1194 BGE 141 III 262; BGer 4A_184/2015 vom 11. August 2015 E. 4 (nicht publiziert in BGE 141 III 262).

1195 BGE 142 III 515 E. 2.2.4; BGer 4A_184/2015 vom 11. August 2015 E. 4.2.2 (nicht publiziert in BGE 141 III 262); BGer 4A_265/2013 vom 8. Juli 2013 E. 6; BGer 4A_7/2012 vom 3. April 2012 E. 2.5.

1196 Vgl. KUKO ZPO-Jent-Sørensen, Art. 257 N 8 m. Hinw.; BSK ZPO-Hofmann, Art. 257 N 11a, je mit Hinw.

1197 BGE 127 III 248 (= Pra 91 [2002] Nr. 72) E. 3a; BGE 129 III 702 E. 2.4.

1198 Zum Ganzen statt vieler BGE 132 III 626 E. 3.1 m. Hinw.; zuletzt zur Auslegung eines Mietvertrages BGer 4A_615/2015 vom 19. Mai 2016 E. 5.1 («[…] *sind zur Ermittlung des mutmasslichen Parteiwillens die Erklärungen der Parteien aufgrund des Vertrauensprinzips so auszulegen, wie sie nach ihrem Wortlaut und Zusammenhang sowie den gesamten Umständen verstanden werden durften und mussten. Das Bundesgericht überprüft diese objektivierte Auslegung von Willenserklärungen als Rechtsfrage, wobei es an Feststellungen des kantonalen Richters über die äusseren Umstände sowie das Wissen und Wollen der Beteiligten grundsätzlich gebunden ist* […]. *Massgebend ist da-*

Die Würdigung nach Treu und Glauben und unter Beachtung aller vorliegenden Umstände widerspricht der Regeldefinition des Bundesgerichts zum Vorliegen des klaren Rechts.[1199] So liegt denn nach Auffassung des Zürcher Handelsgerichts kein klarer Fall vor, wenn Willenserklärungen nach dem Vertrauensprinzip auszulegen sind.[1200] Nach der hier vertreten Auffassung kann es allerdings nicht genügen, dass der Beklagte im Verfahren um Rechtsschutz in klaren Fällen lediglich behauptet, er habe die Vereinbarung anders als der Gesuchsteller verstanden.[1201] Vielmehr müssen die Vorbringen des Beklagten schlüssig und seine Interpretation der Vereinbarung nachvollziehbar sein.[1202] Ergibt sich demgegenüber der Inhalt der Vereinbarung ohne Weiteres klar und eindeutig im Sinne des vom Gesuchsteller Vorgebrachten, kann der Rechtsschutz in klaren Fällen erteilt werden.[1203] 439

3. Anforderung an den Sachverhalt

Für eine Verurteilung des Beklagten im Verfahren um Rechtsschutz in klaren Fällen muss der Sachverhalt entweder unbestritten oder vom Gesuchsteller sofort beweisbar sein. Wie in anderen Verfahren hat der Gesuchsteller den seinem behaupteten Anspruch zugrundeliegenden Sachverhalt darzulegen und zu beweisen. An die Tatsachenvorbringen des Gesuchstellers werden hohe Anforderungen gestellt. Unklarheiten wirken sich zu seinen Lasten aus. Es wird der volle Beweis verlangt; glaubhaft machen reicht nicht aus.[1204] Lässt sich der Gesuchsgegner nicht vernehmen, so entscheidet das Gericht aufgrund der Akten, stellt also grundsätzlich auf die Angaben und Beweismittel im Gesuch ab. Bringt der Gesuchsgegner Einwendungen oder Einreden gegen die Forderung des Gesuchstellers vor, muss der Gesuchsteller diese sogleich entkräften können. 440

bei der Zeitpunkt des Vertragsabschlusses. Nachträgliches Parteiverhalten ist bei der Auslegung nach dem Vertrauensprinzip nicht von Bedeutung; es kann höchstens – im Rahmen der Beweiswürdigung – auf einen tatsächlichen Willen der Parteien schliessen lassen […]»).

1199 BGE 138 III 123 E. 2.1.2 («[…] *ist die Rechtslage in der Regel nicht klar, wenn die Anwendung einer Norm einen Ermessens- oder Billigkeitsentscheid des Gerichts mit wertender Berücksichtigung der gesamten Umstände erfordert, wie dies namentlich bei der Beurteilung von Treu und Glauben zutrifft*»).

1200 Entscheid HE120080 vom 11. Mai 2012 (ZR 111 (2012) Nr. 65), E. 4.

1201 Vgl. auch BUTZ, Kommentar zum Entscheid des HGer ZH HE120080 vom 11. Mai 2012, ius.focus 12/2012, S. 16.

1202 Vgl. BGE 138 III 620 E. 5.1.1.

1203 So auch BSK ZPO-HOFMANN, Art. 257 N 11a.

1204 BGE 138 III 620 E. 5.1.1.

a. Unbestrittener Sachverhalt

441 Unbestritten ist der Sachverhalt, wenn der Gesuchsgegner die vom Gesuchsteller vorgebrachten Tatsachenbehauptungen nicht (substanziiert)[1205] bestreitet. Insbesondere ist dies dann der Fall, wenn der Gesuchgegner säumig ist, sich also überhaupt nicht vernehmen lässt.[1206] Es sind keine Gründe dafür ersichtlich, das Schweigen der Beklagten im Verfahren nach Art. 257 ZPO anders zu behandeln als im ordentlichen Verfahren, wo bei Ausbleiben der Klageantwort und nach unbenutztem Ablauf einer kurzen Nachfrist der Entscheid ohne Hauptverhandlung gefällt werden (Art. 223 Abs. 2 ZPO) oder bei Säumnis des Beklagten an der Hauptverhandlung gestützt auf die Akten ergehen kann (Art. 234 ZPO). Äussert sich der Gesuchsgegner nicht, so bestreitet er nicht. Der Sachverhalt ist daher unbestritten.[1207] Davon sind die verfahrensrechtlichen Fragen zu unterscheiden, insbesondere der Umfang der gerichtlichen Fragepflicht (Art. 56 ZPO), ob das Gericht Beweise von Amtes wegen erheben muss (Art 153 Abs. 2 ZPO) und ob dem Gesuchsgegner im Verfahren nach Art. 257 ZPO eine Nachfrist zu setzen ist.[1208]

442 Ist eine Tatsachenbehauptung unbestritten geblieben, muss darüber grundsätzlich kein Beweis geführt werden. Das Gericht kann auf die Ausführungen und Unterlagen des Gesuchstellers abstellen.[1209] Hat es erhebliche Zweifel an einer Behauptung des Gesuchstellers, muss dieser die nötigen Beweise vorlegen können (Art. 153 Abs. 2 ZPO).[1210] Sodann hat das Gericht eine allfällige Nichtigkeit und/oder Unwirksamkeit der Kündigung von Amtes wegen zu beachten.[1211]

1205 Lässt sich der Gesuchsgegner vernehmen, so hat er die Behauptungen des Gesuchstellers substanziiert zu bestreiten – globales Bestreiten genügt nicht. BK ZPO-GÜNGERICH, Art. 257 N 6; BSK ZPO-HOFMANN, Art. 257 N 10; MEIER, Zivilprozessrecht, S. 374, wohl auch SPICHTIN, Diss., Rz. 83.

1206 ZK ZPO-SUTTER-SOMM/LÖTSCHER, Art. 257 N 7b; BK ZPO-GÜNGERICH, Art. 257 N 7; BSK ZPO-HOFMANN, Art. 257 N 10; DIKE ZPO-GÖKSÜ, Art. 257 N 7; a. A. CR CPC-BOHNET, Art. 257 N 7, wonach Säumnis allein kein Nichtbestreiten darstelle; vgl. auch Stämpfli ZPO-KOSLAR, Art. 257 N 6 und SPICHTIN, Diss., Rz. 83.

1207 Beachte im Sprachvergleich Art 222 Abs. 2 ZPO *«bestritten», «contesté», «contesta»* und Art. 257 Abs. 1 lit. a ZPO *«unbestritten», «pas litigieux», «incontestati»* und BGer 4A_68/2014 vom 16. Juni 2014 E. 4.1. *«Selon la jurisprudence, l'état de fait n'est pas litigieux lorsqu'il n'est pas contesté par le défendeur.»*

1208 Dazu unten, Rz. 502.

1209 Zur gerichtlichen Fragepflicht bei fehlenden Unterlagen unten Rz. 454 f. und Rz. 509 f.

1210 DIKE ZPO-GÖKSU, Art. 257 N 7; BSK ZPO-HOFMANN, Art. 257 N 10.

1211 Dazu Rz. 192, 196 und 453

b. Sofort beweisbarer Sachverhalt

Der Gesuchsteller hat für alle (bestrittenen) anspruchsbegründenden Tatsachen 443 den vollen Beweis zu erbringen. Demgegenüber muss der Gesuchsgegner seine Einwendungen lediglich substanziiert und schlüssig vorbringen. Gelingt ihm dies, muss der Gesuchsteller diese Vorbringen mittels Beweis des Gegenteils sofort entkräften können.[1212] Als Beweismittel sind grundsätzlich nur Urkunden zugelassen (Art. 254 Abs. 1 ZPO). Andere Beweismittel werden nur abgenommen, wenn sie das Verfahren nicht wesentlich verzögern (Art. 254 Abs. 2 lit. a ZPO). Die in der Lehre umstrittene Frage, ob im Rechtsschutz in klaren Fällen auch der Zeugenbeweis offensteht,[1213] hat das Bundesgericht bislang ausdrücklich offen gelassen.[1214] Ebenso offen ist derzeit die Zulässigkeit von förmlicher Parteibefragung bzw. Beweisaussage (Art. 191/192 ZPO).[1215] Beides führt zumindest dann zu keiner Verfahrensverzögerung, wenn ohnehin eine Verhandlung stattfindet, und erscheint daher nach Art. 254 Abs. 2 ZPO zulässig. Das Problem liegt nach der hier vertretenen Auffassung indessen in der freien Würdigung von Zeugnis und Parteibefragung bzw. Beweisaussage, welche – insbesondere unter dem Massstab des klaren Falles – wesentlich mehr *«Angriffsfläche»* bietet als die Auslegung von Dokumenten.[1216] Obgleich die sofortige Beweisbarkeit im Sinne von Art. 257 Abs. 1 lit. a ZPO grundsätzlich auch mittels eines Zeugen hergestellt werden kann (z.B. zur Übergabe der Kündigung, zum Abschluss eines befristeten Mietvertrags oder einer besonderen Abrede), bleibt hier eine grössere Unschärfe, was zu einem Vorbehalt gegen diese Beweismittel führen kann.[1217] In diesem Sinne können allenfalls auch

[1212] BSK ZPO-HOFMANN, Art. 257 N 15; KUKO ZPO-JENT-SØRENSEN, Art. 257 N 11; MEIER, Zivilprozessrecht, S. 375.

[1213] Für die Zulassung von Zeugen, welche direkt in die (ohnehin angesetzte) Verhandlung mitgebracht werden namentlich BSK ZPO-HOFMANN, Art. 257 N 13; BK ZPO-GÜNGERICH, Art. 257 N 14; CR CPC-BOHNET, Art. 257 N 20; grundsätzlich gegen den Zeugenbeweis namentlich DIKE ZPO-GÖKSU, Art. 257 N 8; Stämpfli ZPO-KOSLAR, Art. 257 N 12; kritisch ZK ZPO-SUTTER-SOMM/LÖTSCHER, Art. 257 N 5 m. Hinw. Gemäss Botschaft ZPO (S. 7352) fallen Expertisen, Zeugen- und Parteibefragungen grundsätzlich ausser Betracht.

[1214] BGE 138 III 123 E. 2.6; vgl. BGer 4A_350/2014 vom 16. September 2014 E. 3.4.

[1215] *Contra* ZK ZPO-SUTTER-SOMM/LÖTSCHER, Art. 257 N 5; *Pro:* BSK ZPO-HOFMANN, Art. 257 N 13, je mit Hinweisen.

[1216] Zum *«pflichtgemässen Ermessen»* des Gerichts bei der Würdigung insb. von Zeugenaussagen ZK ZPO-HASENBÖHLER, Art. 157 N 8, N 11; BSK ZPO-GUYAN, Art. 157 N 6.

[1217] Unabhängig davon wird der Zeugenbeweis des Vermieters im Ausweisungsverfahren als Rechtsschutz in klaren Fällen aufgrund der Formvorschriften im Mietrecht die Ausnahme bilden. Denkbar ist aber immerhin die Bezeugung der Aushändigung der Kündigung, die Bezeugung des Abschlusses eines befristeten Mietvertrages oder anderer besonderer Abreden. Namentlich bei einer Kündigung wegen mangelnder Rücksichtdie Ausführungen in der Botschaft zur ZPO verstanden werden, wonach die Beschränkung der Beweismittel im Rechtsschutz in klaren Fällen sehr ausgeprägt ist und sich das Gericht selbst bei Durchführung einer mündlichen Verhandlung auf Urkunden beschränken sollte, denn im Zweifel sei die Angelegenheit in einem einlässlichen Prozess auszutragen.[1218]

c. Einwendungen des Gesuchsgegners

444 In seiner mündlichen oder schriftlichen Stellungnahme kann der Gesuchsgegner die Ausführungen des Gesuchstellers bestreiten und seine Einreden und Einwendungen gegen den Rückgabeanspruch vorbringen.

445 Nach den allgemeinen Beweisregeln des Art. 8 ZGB hat, wo das Gesetz nichts anderes bestimmt, derjenige das Vorhandensein einer behaupteten Tatsache zu beweisen, der aus ihr Rechte ableitet. Der gesuchstellende Vermieter hat demnach sämtliche Tatsachen, die seinen Anspruch auf Rückgabe des Mietobjekts begründen, darzulegen. Der Mieter als Gegenpartei kann diese Tatsachen bestreiten.

Beispiel 1

Der Mieter macht geltend, es sei ihm kein Kündigungsschreiben zugegangen. Er bestreitet den Erhalt der Kündigung. Der Vermieter hat den Zugang der Kündigung in den Machtbereich des Mieters zu beweisen.

Beispiel 2

Der Mieter behauptet, er sei mit der Zahlung der Mieten nicht im Rückstand gewesen. Er bestreitet den Zahlungsrückstand. Der Vermieter hat den Zahlungsrückstand zu beweisen.

Beispiel 3

Der Mieter macht geltend, der Gesuchsteller sei nicht der Vermieter der Liegenschaft. Er bestreitet die Aktivlegitimation des Gesuchstellers. Der Gesuchsteller hat seine Stellung als Vermieter – oder je nach dem alternativ als Eigentümer – zu beweisen.

Grundsätzlich genügt es, wenn der Gesuchsteller anspruchsbegründende Tatsachen nur behauptet und den Beweis lediglich für den Bestreitungsfall erbringt. Eine Ausnahme besteht dort, wo das Gericht den Beweis von Amtes wegen erhebt – also dort, wo der Sachverhalt von Amtes wegen festzustellen

---

nahme, wo sich ein Zeugenbeweis anbietet, wird es regelmässig bereits am klaren Recht fehlen.

[1218] Botschaft ZPO S. 7352.

ist (Art. 153 Abs. 1 ZPO) oder wo das Gericht erhebliche Zweifel an der Richtigkeit einer nicht streitigen Tatsache hegt (Art. 153 Abs. 2 ZPO).[1219]

Der Mieter kann seinerseits Tatsachen vorbringen, die den Rückgabeanspruch des Vermieters zu Fall bringen können. 446

Beispiel 1

Der Mieter behauptet, das ihm zugegangene Schreiben habe keine Kündigung enthalten, sondern lediglich eine Mahnung.[1220]

Beispiel 2

Der Mieter behauptet, er habe den Zahlungsausstand innert der dreissigtägigen Frist nach Art. 257f OR (auf irgendeine Weise, Zahlung, Verrechnung, Erlass…) beglichen.

Beispiel 3

Der Mieter behauptet, verheiratet zu sein. Die Wohnung diene als Wohnung der Familie. Seinem Ehegatten sei keine Kündigung zugestellt worden.

Beispiel 4

Der Mieter behauptet, der Vermieter habe ihm eine Erstreckung zugesagt oder einen neuen Mietvertrag mit ihm abgeschlossen.

Beispiel 5

Der Mieter behauptet, er habe die ordentliche Kündigung vor der Schlichtungsstelle angefochten, ein entsprechendes Verfahren sei noch hängig.

Nach den allgemeinen Beweisregeln des Art. 8 ZGB wäre der beklagte Mieter für den Bestand der rechtshindernden oder rechtsaufhebenden (rechtsvernichtenden) Tatsachen beweispflichtig.[1221] Vorstehende Beispiele 1, 2, 3 sind rechtshindernde Tatsachen.[1222] Liegen sie vor, ist die Kündigung nichtig oder unwirksam und der Anspruch des Vermieters auf Rückgabe daher nicht ent-

1219 Dazu unten, Rz. 454 f.

1220 So in BGer 4A_447/2011 vom 20. September 2014 (bei nachgewiesener rechtzeitigen Aufgabe eines eingeschriebenen Briefes und substanziierten Angaben des Absenders über dessen Inhalt besteht eine natürliche Vermutung für die Richtigkeit dieser Sachverhaltsdarstellung. Dem Empfänger steht der Nachweis offen, dass der tatsächliche Inhalt ein anderer war).

1221 CHK-GÖKSU, Art. 8 ZGB N 15 f.

1222 Die ersten beiden Beispiele können grundsätzlich auch als Bestreitungen formuliert werden (der Mieter bestreitet den Erhalt einer Kündigung bzw. bestreitet, dass der Zahlungsrückstand bei Ablauf der Zahlungsfrist noch bestand).

standen. Beispiel 4 ist eine rechtsaufhebende Tatsache. In Beispiel 5 bringt der Mieter eine Tatsache vor, die für sich weder rechtshindernd noch rechtsaufhebend ist, sich aufgrund der Kognition im Ausweisungsverfahren um Rechtsschutz in klaren Fällen jedoch als eine rechtshemmende Tatsache auswirkt.[1223]

447 In der Lehre ist umstritten, ob Art. 8 ZGB nur die grundsätzliche Beweislastverteilung vorgibt, oder ob sich auch das Beweismass aus Art. 8 ZGB ableitet.[1224] Das Beweismass bestimmt das erforderliche Mass der richterlichen Überzeugung vom Vorliegen einer bestimmten Tatsache. Es kann in verschiedene Stufen unterteilt werden: Sicherheit/Gewissheit, mit an Sicherheit grenzende Wahrscheinlichkeit, überwiegende Wahrscheinlichkeit oder blosse Wahrscheinlichkeit (Glaubhaftmachen). Im Regelbeweismass (*«strenger Beweis»* genannt) gilt, dass der Beweis erbracht ist, wenn das Gericht aufgrund objektiver Gesichtspunkte von der Richtigkeit einer Sachverhaltsdarstellung überzeugt ist und allfällige vorhandene Zweifel nicht als erheblich erscheinen.[1225] Unabhängig davon, ob Art. 8 ZGB auch das Beweismass vorgibt, gilt diese Bestimmung nur, *«wo das Gesetz nichts anderes bestimmt.»* Verschiedene Rechtsnormen enthalten eine Beweislastumkehr und/oder Vorgaben zum Beweismass. So ist namentlich in Art. 261 Abs. 1 ZPO festgehalten, dass im Verfahren um vorsorgliche Massnahmen lediglich Glaubhaftmachen verlangt wird.[1226] Für das provisorische Rechtsöffnungsverfahren bestimmt Art. 82 Abs. 2 SchKG, dass die provisorische Rechtsöffnung zu erteilen ist, wenn der Betriebene nicht Einwendungen, welche die Schuldanerkennung entkräften, sofort glaubhaft macht.

448 Der Wortlaut von Art. 257 ZPO legt das Beweismass nicht ausdrücklich fest. Verlangt wird, dass *«der Sachverhalt unbestritten oder sofort beweisbar»* ist. Das Bundesgericht hat diese Bestimmung mit einer mittlerweile gängigen Formulierung wie folgt ausgelegt: *«Für die Verneinung eines klaren Falles genügt es, dass der Beklagte substanziiert und schlüssig Einwendungen vorträgt, die in tatsächlicher Hinsicht nicht sofort widerlegt werden können und die geeignet sind, die bereits gebildete richterliche Überzeugung zu erschüttern. Demgegenüber ist ein klarer Fall zu bejahen, wenn das Gericht aufgrund der Aktenlage zur Überzeugung gelangt, der Anspruch der klagenden Partei*

[1223] Vgl. zu rechtsvernichtenden, rechtshemmenden und rechtshindernden Tatsachen BK-WALTER, Art. 8 N 279 ff.

[1224] Vgl. BSK ZGB I-LARDELLI, Art. 8 N 16.

[1225] BGer 4A_310/2013 vom 19. November 2013 m. Hinw. a. BGE 133 III 153 E. 3.3. und BGE 130 III 321 E. 3.2; BSK ZPO-GUYAN, Art. 157 N 8; BSK ZGB I-LARDELLI, Art. 8 N 17.

[1226] Auch der Gesuchsgegner hat seine Einwendungen lediglich glaubhaft zu machen (BSK ZPO-SPRECHER, Art. 261 N 75).

sei ausgewiesen und eine eingehende Abklärung der beklagtischen Einwände könne daran nichts ändern; offensichtlich unbegründete oder haltlose Bestreitungen des Anspruchs genügen für die Verneinung eines klaren Falles nicht.»[1227] Diese Ausgangslage im summarischen Verfahren um Rechtsschutz in klaren Fällen, wonach der Kläger die anspruchsbegründenden Tatsachen voll zu beweisen hat und sich der Beklagte mit substanziierten und schlüssigen Einwendungen begnügen kann, führt nach bundesgerichtlicher Rechtsprechung dazu, *«dass der Kläger auch den Beweis für den Nichtbestand des diesen Einwendungen zugrunde gelegten Tatsachenfundaments erbringen muss, wenn er liquide Verhältnisse schaffen will.»*[1228] Der Frage der Beweislastverteilung komme in einem solchen Verfahren keine entscheiderhebliche Bedeutung mehr zu.[1229]

Dies kann den Gesuchsteller vor einige zusätzliche Schwierigkeiten stellen,[1230] 449
erscheint aber letztlich sachgerecht, denn anders als bei der provisorischen Rechtsöffnung, bei deren Erteilung der Schuldner immer noch die Aberkennungsklage erheben kann, oder beim Erlass einer vorsorglichen Massnahme, die in der Regel prosequiert werden muss, kann im Verfahren um Rechtsschutz in klaren Fällen ein rechtskräftiger Entscheid über den Anspruch des Vermieters ergehen. Der unterlegene Mieter hat keine Möglichkeit mehr, die Ausweisung im vereinfachten Verfahren erneut (und mit voller Kognition) überprüfen zu lassen. Es steht ihm nur noch der Rechtsmittelweg offen. Auch ist es dem Gesuchsgegner im Verfahren um Rechtsschutz in klaren Fällen unter Umständen nicht möglich, seine Einwendungen unter der in diesem Verfahren geltenden Beweismittelbeschränkung bzw. mit sofort verfügbaren Beweismitteln glaubhaft zu machen, während ihm der Beweis in einem ordentlichen Verfahren gelingen könnte. Würde ungeachtet substanziiert und schlüssig vorgetragener, erheblicher Einwände ein klarer Fall bejaht und im Verfahren nach Art. 257 ZPO ein rechtskräftiger Entscheid zu Ungunsten des Beklagten gefällt, blieben diese Einwände unberücksichtigt, ohne dass er jemals zum Beweis derselben zugelassen würde.

[1227] Exemplarisch BGer 4A_701/2015 vom 26. Januar 2016 E. 2.2.1 i.f.; BGer 4A_184/2015 vom 11. August 2015 E. 4.2.1; BGer 4A_688/2014 vom 15. August 2015 E. 3.1; BGer 4A_127/2014 vom 19. August 2014 E. 2.2; BGer 4A_310/2013 vom 19. November 2013, E. 2, immer mit Hinweis auf BGE 138 III 620 E. 5.1.1.

[1228] BGE 138 III 620 E. 6.2; BGer 5A_710/2013 vom 17. Februar 2014 E. 2.2.1.

[1229] BGE 138 III 620 E. 6.2.

[1230] Vgl. dazu unten, Rz. 468–471.

II. Verfahrensgrundsätze im Falle der Mieterausweisung

1. Dispositionsmaxime

450 Im Ausweisungsverfahren als Rechtsschutz in klaren Fällen herrscht uneingeschränkt die Dispositionsmaxime.[1231] Dies gilt insbesondere auch für die Wahl der Verfahrensart selbst[1232] und den Antrag auf direkte Vollstreckungsmassnahmen.[1233]

2. Verhandlungsmaxime relativiert

451 Das Verfahren um Rechtsschutz in klaren Fällen untersteht der Verhandlungsmaxime.[1234] Dies gilt auch im Falle der Mieterausweisung,[1235] steht dann allerdings in einem gewissen Spannungsverhältnis zum im Kündigungsschutzverfahren geltenden sozialen Untersuchungsgrundsatz des vereinfachten Verfahrens (Art. 243 Abs. 2 lit. c ZPO i. V. m. Art. 247 Abs. 2 lit. a ZPO). Hat der Mieter ein Kündigungsschutzverfahren anhängig gemacht, so darf nach der bundesgerichtlichen Rechtsprechung das parallel dazu mit dem Ausweisungsgesuch des Vermieters befasste Gericht dieses Gesuch nur gutheissen, *«wenn keine Zweifel an der Vollständigkeit der Sachverhaltsdarstellung bestehen und die Kündigung gestützt darauf als klar berechtigt erscheint.»*[1236] Damit soll sichergestellt werden, dass der durch die Untersuchungsmaxime im Kündigungsschutzverfahren angestrebte prozessuale Schutz nicht durch das summarische Ausweisungsverfahren unterlaufen werden kann.[1237] In diesem Zusammenhang stellt sich die Frage, ob das mit dem Ausweisungsbegehren befasste Gericht sich von Amtes wegen bei der Schlichtungsstelle über ein anhängig gemachtes Kündigungsschutzverfahren erkundigen muss. In manchen Kantonen findet ein solcher informeller Informationsaustausch mit der Schlichtungsbehörde statt; eine Abklärung von Amtes wegen steht indessen im Widerspruch zur geltenden Verhandlungsmaxime und eine entsprechende Pflicht

---

1231 Der Rechtsschutz in klaren Fällen ist sogar ausgeschlossen, wenn die Streitsache der Offizialmaxime unterliegt (Art. 257 Abs. 2 ZPO).

1232 Dazu unten, Rz. 624 ff.

1233 Dazu unten, Rz. 633 ff.

1234 Art. 255 ZPO *e contrario*.

1235 BGer 4A_7/2014 vom 3. April 2012 E. 2.5; ZK ZPO-SUTTER-SOMM/LÖTSCHER, Art. 257 N 38b; CR CPC-BOHNET, Art. 257 N 22; a. A. TANNER, S. 267.

1236 BGE 142 III 515 E. 2.2.4; BGer 4A_184/2015 vom 11. August 2015 E. 4.2.2 (nicht publiziert in BGE 141 III 262); BGer 4A_265/2013 vom 8. Juli 2013 E. 6; BGer 4A_7/2012 vom 3. April 2012 E. 2.5.

1237 BGE 142 III 515 E. 2.2.4.

lässt sich auch mit der erwähnten bundesgerichtlichen Rechtsprechung nicht begründen. Ebenso wenig hat das Gericht die Akten aus dem mietrechtlichen Schlichtungsverfahren von Amtes wegen beizuziehen. Tut es dies aber mit Blick auf den Schutz des Mieters dennoch, ist dies nicht zu beanstanden.

Einige kantonale Zivilprozessordnungen nahmen im Befehlsverfahren bei Säumnis des Beklagten an, dass dieser die Sachdarstellung des Klägers anerkenne und auf Einreden verzichte.[1238] Solche verschärften Säumnisfolgen kennt der Rechtsschutz in klaren Fällen nach Art. 257 ZPO nicht. Bei Säumnis des Beklagten ist der Sachverhalt unbestritten im Sinne von Art. 257 Abs. 1 lit. a ZPO. Das Gericht kann dann grundsätzlich aufgrund der Akten und damit anhand der Äusserungen des Gesuchstellers und den von ihm eingereichten Unterlagen zu entscheiden.[1239] 452

Nach einhelliger Lehre hat das Gericht die Frage der Nichtigkeit oder Unwirksamkeit der Kündigung von Amtes wegen zu prüfen.[1240] Beispiele für Nichtigkeit oder Unwirksamkeit sind:[1241] 453

- Kündigung ohne Verwendung eines vom Kanton genehmigten Kündigungsformulars (Nichtigkeit);[1242]
- Kündigung (oder zumindest der Begleitbrief dazu) ist nicht handschriftlich unterschrieben (Nichtigkeit);[1243]
- Kündigung bei einem Mietvertrag mit mehreren Vermietern, die nicht durch alle Vermieter erfolgte (Nichtigkeit);[1244]
- Kündigung bei einem Mietvertrag mit mehreren Mietern, die nicht gegenüber allen Mietern erfolgte (Nichtigkeit);[1245]
- Kündigung einer Familienwohnung, die nicht auch dem Ehegatten zugestellt wurde (Nichtigkeit);[1246]

1238 Bspw. § 208 ZPO ZH oder § 296 ZPO AG.

1239 Dazu oben, Rz. 441, Fn 1206.

1240 ZK-HIGI, Vorbem. zu Art. 266–266o N 134, Art. 266o N 6 und Art. 271 N 46; BSK OR I-WEBER, Art. 266o N 2 und N 5; SVIT, Art. 266l–266o N 50 und N 60 sowie Art. 271 N 14; LACHAT/THANEI, Rz. 29.1.4.1; CHK OR-HEINRICH, Art. 266l–o, N 11; CP Bail-MONTINI, Art. 266o N 6 und N 10; HOFSTETTER, Rz. 3.4; FUTTERLIEB, MRA 1996, S. 210 f.

1241 Vgl. die Auslistung unter Rz. 191 und 194 und speziell zur Kündigung wegen Zahlungsverzugs Rz. 163.

1242 Dazu oben, Rz. 128.

1243 Dazu oben, Rz. 131.

1244 Dazu oben, Rz. 191. Davon zu unterscheiden ist die Aktivlegitimation im Ausweisungsverfahren, dazu oben, Rz. 268 f.

1245 Dazu oben, Rz. 132. Davon zu unterscheiden ist die Frage der Passivlegitimation im Ausweisungsverfahren, dazu oben, Rz. 296 f.

- Kündigung wegen Zahlungsverzugs (Art. 257d OR) ohne vorgängige schriftliche Kündigungsandrohung (Unwirksamkeit);[1247]
- Kündigung einer Familienwohnung wegen Zahlungsverzugs (Art. 257d OR), wenn die schriftliche Kündigungsandrohung nicht auch dem Ehegatten zugestellt wurde (Nichtigkeit);[1248]
- Kündigung wegen Zahlungsverzugs (Art. 257d OR) vor Ablauf der Zahlungsfrist (Unwirksamkeit);[1249]
- Kündigung wegen Zahlungsverzugs (Art. 257d OR) trotz vor Ablauf der Zahlungsfrist erfolgter Tilgung des Ausstands (Unwirksamkeit);[1250]
- Ausserordentliche Kündigung gemäss Art. 257f Abs. 3 OR ohne vorgängige schriftliche Abmahnung (Unwirksamkeit);[1251]
- Ausserordentliche Kündigung gemäss Art. 257f OR wenn keine Pflichtverletzung vorliegt (bzw. nachgewiesen werden kann), welche die Fortsetzung des Mietverhältnisses unzumutbar macht (Unwirksamkeit);[1252]
- Kündigung gemäss Art. 266g OR ohne wichtigen Grund, welcher die Fortsetzung des Mietverhältnisses unzumutbar macht (Unwirksamkeit);[1253]
- Kündigung gemäss Art. 266h OR ohne Vorliegen eines Konkurses oder trotz rechtzeitiger Sicherheitsleistung (Unwirksamkeit).[1254]

454 Ergibt sich die Nichtigkeit bzw. Unwirksamkeit der Kündigung aus den Akten, so muss das Gericht sie beachten.[1255] Das Gericht hat aber nicht von sich aus nach möglichen Nichtigkeits- oder Unwirksamkeitsgründen zu forschen. Zeigt sich aus den Vorbringen des Gesuchstellers ein schlüssiges Bild, muss das Gericht im Säumnisverfahren von Amtes wegen keine weiteren Abklärungen bzw. Nachforschungen zu allen möglichen denkbaren Vorbringen der säumigen Partei vornehmen.[1256] Es kann grundsätzlich auf die Angaben des Gesuchstellers abstellen, wenn es nicht erhebliche Zweifel daran hat (vgl. Art. 153 Abs. 2 ZPO). Solche Zweifel können sich insbesondere dann ergeben, wenn

---

[1246] Dazu oben, Rz. 133.
[1247] Dazu oben, Rz. 146 ff.
[1248] Art. 266o OR i.V.m. Art. 266n OR; dazu oben, Rz. 148.
[1249] Dazu oben, Rz. 163, fünfter Punkt m Hinw. (Fn 471).
[1250] Dazu oben, Rz. 156 ff.
[1251] Dazu oben, Rz. 168.
[1252] Dazu oben, Rz. 169–171.
[1253] Dazu oben, Rz. 176 f.
[1254] Dazu oben, Rz. 180.
[1255] Zur gerichtlichen Fragepflicht unten, Rz. 509.
[1256] In diesem Sinne verstehen auch ZK-Higi, Vorbem. zu Art. 266–266o N 134, und Futterlieb, MRA 1996, S. 210 f. die *«Überprüfung»* auf Nichtigkeit oder Unwirksamkeit.

die Kündigung im Namen einer anderen Person ausgesprochen wurde, als dem im Mietvertrag genannten Vermieter oder wenn der Gesuchsteller nicht mit dem Vermieter gemäss Mietvertrag übereinstimmt. Dies bietet Anhaltspunkte für eine allfällige Nichtigkeit, denen das Gericht nachgehen sollte. Das gleiche gilt, wenn im Mietvertrag mehrere Mieter aufgeführt sind, der Vermieter aber nur die Kündigung gegenüber einem dieser Mieter ins Recht gelegt hat. Hier muss das Gericht in Ausübung der gerichtlichen Fragepflicht den Gesuchsteller zur Klärung des Widerspruches anhalten.

Eng mit dieser Feststellung verknüpft ist die Frage, welche Unterlagen der Vermieter ins Recht legen muss, um einen Ausweisungsentscheid im Rechtsschutz in klaren Fällen zu erwirken. Grundsätzlich besteht keine Pflicht zum Beweis von nicht bestrittenen Tatsachen. Der Gesuchsteller könnte sich demnach damit begnügen, die seinen Rückgabeanspruch begründenden Tatsachen schlüssig und substanziiert zu behaupten,[1257] was allenfalls bei Säumnis des Gesuchsgegners genügen kann. Für den Bestreitungsfall hat er aber die notwendigen Dokumente einzureichen. Diese umfassen die Kündigung ebenso wie die Mahnung und Kündigungsandrohung im Falle einer Kündigung wegen Zahlungsverzugs oder die schriftliche Abmahnung bei einer Kündigung wegen mangelnder Sorgfalt und Rücksichtnahme. Weiter sollte er dem Gericht auch den Zustellnachweis für diese Schreiben an den Mieter vorlegen, sofern er darüber verfügt. Zur vollständigen Dokumentation gehört schliesslich auch der schriftliche Mietvertrag.[1258] Aus diesem ist insbesondere ersichtlich, wenn auf einer Seite mehrere Parteien (mehrere Vermieter, mehrere Mieter) stehen. Ist der Vertrag übergegangen oder sind einzelne Parteien ausgeschieden, hat der Vermieter auch dies (ebenso wie den Zeitpunkt) darzulegen. Liegen einzelne dieser Unterlagen nicht vor, sollte das Gericht dem Vermieter gestützt auf die gerichtliche Fragepflicht (Art. 56 ZPO) und Art. 153 Abs. 2 ZPO die Möglichkeit geben, diese nachzureichen oder zumindest deren Fehlen zu erklären.[1259] Insgesamt dürften die Anforderungen an die Dokumentation höher sein, wenn dem Gericht bekannt ist, dass der Mieter die Kündigung angefochten hat, da es 455

[1257] Zur Substanziierung vgl. ZK ZPO-LEUENBERGER, Art. 221 N 43 ff. und ZK ZPO-KLINGLER, Art. 252 N 36, 3. Spiegelstrich.

[1258] Es besteht zwar kein Schriftformerfordernis für Mietverträge, indessen sind mündliche Mietverträge heute eher ungewöhnlich und die Tatsache daher gegebenenfalls erklärungsbedürftig.

[1259] Dazu unten, Rz. 509. Auch im Sinne der Prozessökonomie erscheint es nicht angezeigt, wenn einzelne Behauptungen oder Beweise fehlen, sogleich einen Nichteintretensentscheid zu fällen. In der Begründung wäre auf das fehlende Dokument Bezug zu nehmen und der Vermieter würde ein neues Ausweisungsbegehren, diesmal unter Beilage der entsprechenden Dokumentation einreichen (vgl. unten Rz. 515, keine *res iudicata*). Zum Nachreichen von Unterlagen auch BSK SchKG-D. STAEHELIN, Art. 84 N 52.

diesfalls die Ausweisung nur aussprechen darf, *«wenn keine Zweifel an der Vollständigkeit der Sachverhaltsdarstellung bestehen (...).»*[1260]

III. Synthese: klare Fälle und weniger klare Fälle im Ausweisungsverfahren

1. Vorbemerkung

456 Im Rahmen seines Ausweisungsgesuchs muss der Gesuchsteller einen Anspruch auf die streitgegenständlichen Räumlichkeiten darlegen. Dieser Anspruch kann sich entweder aus seiner Stellung als Eigentümer (dinglicher Anspruch) oder seiner Stellung als Vermieter (obligatorischer Anspruch) ergeben. Der Gesuchsteller hat zumindest die entsprechenden Behauptungen zu machen. Die Stellung als Vermieter lässt sich namentlich durch den Mietvertrag beweisen,[1261] die Stellung als Eigentümer durch einen Grundbuchauszug. Anders als Handelsregistereinträge, welche aufgrund der Publizität des Handelsregisters als gerichtsnotorisch angesehen werden und somit vom Gericht auch von Amtes wegen beizuziehen sind,[1262] sind Daten aus dem Grundbuch auch für die Gerichte nicht in allen Kantonen ohne Weiteres zugänglich.[1263] Nur in Kantonen, die einen mühelosen (insb. elektronischen) Zugang zu den Angaben über den Eigentümer eines Grundstücks geschaffen haben, kann sich das Gericht diese Informationen leicht von Amtes wegen beschaffen. Eine Pflicht dazu besteht nach der hier vertretenen Auffassung indessen nicht. Das Gericht

[1260] BGE 142 III 515; BGer 4A_184/2015 vom 11. August 2015 E. 4.2.2 (nicht publiziert in BGE 141 III 262); BGer 4A_265/2013 vom 8. Juli 2013 E. 6; BGer 4A_7/2012 vom 3. April 2012 E. 2.5.

[1261] Hat der Gesuchsteller das Mietobjekt erst später erworben, so ist das Mietverhältnis von Gesetzes wegen auf ihn übergegangen (Art. 261 Abs. 1 OR, vgl. dazu Rz. 186 und F 579). Im Bestreitungsfall hat er den Erwerb der Liegenschaft (genauer den Eigentumsübergang) zu belegen. Dabei ist nicht nur die Eigentümer- oder Vermieterstellung zum Zeitpunkt der Beurteilung des Ausweisungsgesuchs massgeblich. Relevant ist auch, wer Vermieterstellung im Kündigungszeitpunkt hatte, denn eine Kündigung, welche von einer unberechtigten Person ausgesprochen wurde, ist nichtig, was von Amtes wegen zu beachten ist; vgl. dazu Rz. 191 Punkt 4; vgl. aber auch Rz. 130 (der Vermieter muss im Kündigungsschreiben nicht genannt werden).

[1262] www.zefix.ch; vgl. BGer 4A_739/2011 vom 3. April 2012 E. 1.3 m. Hinw. und jüngst BGer 4A_100/2016 vom 13. Juli 2016 E. 2.1.1 (nicht publiziert in BGE 142 III 515).

[1263] Vgl. Art. 970 ZGB mit Art. 930 OR und Art. 27 Abs. 1 GBV, und zum Einsichtsrecht von Behörden BSK ZGB II-SCHMID, Art. 970 N 24 ff.

kann auf die unbestrittenen Behauptungen des Gesuchstellers abstellen.[1264] Insbesondere wenn der Gesuchsteller nicht mit dem Vermieter gemäss Mietvertrag übereinstimmt, besteht Erklärungsbedarf[1265] und der Richter muss seiner Fragepflicht nachkommen und im Zweifel die notwendigen Beweise anfordern.

Der Herausgabeanspruch des Gesuchstellers setzt voraus, dass der Gesuchs- 457
gegner seinerseits über keinen Rechtsgrund für die Nutzung der Räumlichkeiten verfügt. Zumeist ist vorfrageweise über die gültige Beendigung eines Mietvertrages zu befinden. Diesbezüglich lassen sich anhand der vorstehend unter § 12 I. und II. dargelegten Grundsätze zum Rechtsschutz in klaren Fällen Fallgruppen bilden und Aussagen darüber machen, in welchen Fällen ein Ausweisungsgesuch in diesem Verfahren erfolgsversprechend ist, in welchen Fällen generell oder in der Regel nicht – und was es zu beachten gilt.

2. Fallgruppen

a. Erstreckungsbegehren rechtzeitig gestellt oder Kündigung rechtzeitig angefochten

Hat der Mieter rechtzeitig ein Erstreckungsbegehren gestellt und ist die Erstre- 458
ckung nicht von Gesetzes wegen ausgeschlossen (Art. 272a Abs. 1 OR), so ist eine Ausweisung im Verfahren um Rechtsschutz in klaren Fällen nicht möglich, solange das Erstreckungsverfahren läuft. Die für die Beurteilung eines möglichen Erstreckungsanspruches erforderliche Abwägung der Interessen des Vermieters und derjenigen des Mieters unter Berücksichtigung aller Umstände des Einzelfalles[1266] ist im Verfahren nach Art 257 ZPO nicht möglich. Es handelt sich um einen ausgesprochenen Ermessensentscheid, den das mit der Ausweisung als Rechtsschutz in klaren Fällen befasste Gericht nicht vorfrageweise vorweg nehmen kann. Da die Schlichtungsbehörde und das Gericht im Falle einer Kündigungsanfechtung die Erstreckungsmöglichkeit auch von Amtes wegen zu prüfen haben (Art. 273 Abs. 5 OR), ist ein ausdrückliches Begehren um Erstreckung nicht erforderlich. Es genügt vielmehr, dass der Mieter die Kündigung rechtzeitig angefochten hat.[1267]

[1264] Vgl. BGer 4A_739/2011 vom 3. April 2012 E. 1, wo das Gericht das elektronische Handelsregister von Amtes wegen konsultierte, nachdem die Aktivlegitimation bestritten worden war.

[1265] Oben, Fn 1261.

[1266] Oben, Rz. 215.

[1267] Mit Blick auf die jüngste bundesgerichtliche Rechtsprechung zur weiten Auslegung des Begriffs *«Kündigungsschutzverfahren»* in Art. 243 Abs. 2 lit. c ZPO (BGE 142 III 515

459 Entscheidet sich der Vermieter, parallel zu einem laufenden Kündigungsschutzverfahren das Ausweisungsbegehren im Rechtsschutz in klaren Fällen zu stellen, so ist zunächst zu prüfen, ob das Gesetz eine Erstreckung kategorisch ausschliesst. Dies ist der Fall bei einer Kündigung wegen Zahlungsrückstand (Art. 257d OR), wegen schwerer Verletzung der Pflicht zur Sorgfalt und Rücksichtnahme (Art. 257f Abs. 3 und 4 OR) oder wegen Konkurs des Mieters (Art. 266h OR). Sodann besteht kein Erstreckungsanspruch, wenn der Mietvertrag *«im Hinblick auf ein bevorstehendes Umbau- oder Abbruchvorhaben ausdrücklich nur für die beschränkte Zeit bis zum Baubeginn oder bis zum Erhalt der erforderlichen Bewilligung abgeschlossen wurde»*. Dabei handelt es sich um eine Vereinbarung. Ist sie unmissverständlich abgefasst, so dass kein Auslegungsspielraum besteht, hindert ein Erstreckungsbegehren des Mieters den Rechtsschutz in klaren Fällen grundsätzlich nicht.[1268] Demgegenüber besteht schliesslich bei Art. 272a Abs. 2 OR, wonach die Erstreckung *«in der Regel»* ausgeschlossen ist, wenn der Vermieter dem Mieter *«gleichwertigen»* Ersatz für die Wohn- oder Geschäftsräume bietet, zu viel Ermessen. Eine Beurteilung im Rechtsschutz in klaren Fällen scheitert am fehlenden klaren Recht.

460 Sofern das Gesetz die Erstreckung nicht eindeutig ausschliesst, ist entscheidend, ob das Erstreckungsbegehren oder die Kündigungsanfechtung bei der Schlichtungsbehörde rechtsgültig und rechtzeitig erfolgte. Nur wenn die Anfechtungsklage vom Mieter fristgerecht erhoben und gegebenenfalls innert Klagefrist weitergezogen wurde, müsste sich das Gericht im parallelen summarischen Ausweisungsverfahren vorfrageweise auch mit den Umständen auseinandersetzen, die der Mieter für die Rechtsmissbräuchlichkeit der Kündigung oder seinen Anspruch auf Erstreckung vorbringt.

461 Für die Frage, ob der Mieter die Kündigung rechtzeitig angefochten oder rechtzeitig eine Erstreckung verlangt hat, kann der Ausweisungsrichter nicht allein auf die Tatsache abstellen, dass die Schlichtungsbehörde auf das Begehren des Mieters eingetreten ist bzw. ein Kündigungsschutzverfahren eröffnet hat. Auch wenn das Begehren nach Auffassung der Schlichtungsbehörde verspätet erfolgte, wird sie grundsätzlich zur Verhandlung laden.[1269] Der Auswei-

E. 2.2.4 m. Hinw.), stellt sich die Frage, ob es auch genügt, dass der Mieter die Kündigung zwar nicht angefochten, aber die Feststellung von Nichtigkeit oder Unwirksamkeit verlangt hat. Zumindest der klare Wortlaut von Art. 273 Abs. 5 OR in allen drei Landessprachen spricht dagegen.

1268 Oben, Rz. 438 f.

1269 Vgl. oben Rz. 343. Sie kann dann die Kündigungsanfechtung bzw. das Erstreckungsbegehren lediglich in Form eines Urteilsvorschlages abweisen (Art. 210 Abs. 2 lit. b ZPO).

sungsrichter hat daher selbst zu rechnen und zu beurteilen, ob das Begehren korrekt gestellt wurde.[1270] Ist im Schlichtungsverfahren keine Einigung zustande gekommen, so ist zu klären, ob die dreissigtägige Klagefrist – die während der Gerichtsferien stillsteht[1271] – noch läuft bzw. ob die Klage rechtzeitig weiterverfolgt wurde.[1272] Nach der hier vertretenen Auffassung besteht keine Pflicht für das Gericht, sich diese Informationen von Amtes wegen bei der Schlichtungsstelle zu beschaffen. Es ist vielmehr aufgrund der Verhandlungsmaxime grundsätzlich Sache des Mieters, im Ausweisungsverfahren zumindest ein laufendes Kündigungsschutzverfahren zu behaupten. Hat er dies getan, ist das Gericht gehalten, durch Ausübung der richterlichen Fragepflicht darauf hinzuwirken, dass der Sachverhalt vollständig vorgebracht wird.

In Bezug auf die Frage der Rechtshängigkeit des Kündigungsschutzverfahrens 462
ist auf folgenden Bundesgerichtsentscheid hinzuweisen: Der Mieter hatte die Kündigung rechtzeitig angefochten, erschien dann aber nicht zur Schlichtungsverhandlung. Die Schlichtungsstelle schrieb das Verfahren als gegenstandslos ab (Art. 206 Abs. 1 ZPO). Kurz darauf stellte der Mieter ein Gesuch um Wiederherstellung nach Art. 148 f. ZPO. Das Bundesgericht erwog, Art. 148 ZPO sei auch im Schlichtungsverfahren anwendbar.[1273] Sodann entscheide nach dem Wortlaut von Art. 149 ZPO die Schlichtungsbehörde zwar *«endgültig»*, was das Fehlen eines Rechtsmittels suggeriere, da allerdings die Verweigerung der Wiederherstellung aufgrund der Verwirkungsfrist von Art. 273 Abs. 1 OR den Verlust des Anspruchs zur Folge und damit die gleiche Wirkung, wie ein erstinstanzliches abweisendes Urteil habe, müsse dagegen *«zumindest eine ähnliche Rechtsmittelmöglichkeit»* bestehen wie gegen ein solches Urteil.[1274] Mit Blick auf den Streitwert von über CHF 10'000[1275] liess das Bundesgericht in diesem Fall die Berufung gegen den abweisenden Wiederherstellungsentscheid zu.[1276] Gleiches muss gelten, wenn der Mieter nach Ausstellen der Klagebewilligung die dreissigtägige Frist zum Einreichen

---

1270 Dazu oben, Rz. 207 ff. und 211.

1271 BGE 138 III 615 (= Pra 102 [2013] Nr. 36).

1272 Stellt die Schlichtungsstelle lediglich die Nichteinigung fest, so erhält der Mieter die Klagebewilligung und hat seine Anfechtungsklage innert 30 Tagen bei Gericht einzureichen (Art. 209 Abs. 4 ZPO). Weist die Schlichtungsstelle die Kündigungsanfechtung in einem Urteilsvorschlag ab, so kann der Mieter diesen Urteilsvorschlag innert zwanzig Tagen ablehnen (Art. 211 Abs. 1 ZPO) und muss dann seine Klage (vgl. Art. 211 Abs. 2 lit. a ZPO) innert dreissig Tagen nach Erhalt der Klagebewilligung beim Gericht einreichen (Art. 211 Abs. 3 i.V.m. Art. 209 Abs. 4 ZPO).

1273 BGE 139 III 478 (= Pra 103 [2014] Nr. 46) E. 3.

1274 BGE 139 III 478 (= Pra 103 [2014] Nr. 46) E. 6.

1275 Wohl wurde dabei auf den Streitwert des Anfechtungsverfahrens unter Berücksichtigung der Sperrfristregel abgestellt.

1276 BGE 139 III 478 (= Pra 103 [2014] Nr. 46) E. 7.3.

der Klage versäumt und ein Gesuch um Wiederherstellung gestellt hat.[1277] Stellt der Mieter ein Wiederherstellungsgesuch, so wird daher bis zum Erlass des Wiederherstellungsentscheids und solange die Berufungsfrist oder das Berufungsverfahren gegen einen allfälligen abweisenden Entscheid noch läuft, in der Regel kein klarer Fall vorliegen, da die Frage, ob den Mieter kein oder nur leichtes Verschulden an seinem Versäumnis trifft, ein nicht unerhebliches Ermessen beinhaltet und wohl nicht vorfrageweise im Ausweisungsverfahren beantwortet werden kann. Vorbehalten bleiben eindeutige Fälle und offenkundig rechtsmissbräuchliches Verhalten des Mieters.

b. Ordentliche Kündigung des Vermieters

463 Hat der Vermieter das Mietverhältnis durch eine ordentliche Kündigung aufgelöst, so ist entscheidend, ob der Mieter die Kündigung rechtzeitig angefochten hat. Bei erfolgter Anfechtung scheidet eine Ausweisung im Rechtsschutz in klaren Fällen bereits aufgrund der möglichen Erstreckung aus.[1278] Umgekehrt kann nach unbenutztem Ablauf der dreissigtägigen Verwirkungsfrist gemäss Art. 273 Abs. 1 OR die Kündigung nicht mehr auf Missbräuchlichkeit überprüft werden.[1279] Auch ein allfälliger Anspruch auf Erstreckung ist verwirkt. Häufig wird daher ein klarer Fall im Sinne von Art. 257 ZPO vorliegen. Der Mieter kann im Ausweisungsverfahren aber beispielsweise den Erhalt der Kündigung bestreiten oder Gründe für deren Nichtigkeit vorbringen.[1280] Ergeben sich solche Gründe aus den Ausführungen des Gesuchstellers bzw. aus den Akten, hat das Gericht die Nichtigkeit (vorfrageweise) auch von Amtes wegen festzustellen.[1281] Das Gericht prüft auch, ob der Kündigungstermin verstrichen ist.[1282]

1277 BGE 139 III 478 (= Pra 103 [2014] Nr. 46) E. 6.2.

1278 Dazu oben Rz. 458 ff. Die Erstreckungsmöglichkeit ist von Amtes wegen zu prüfen (Art. 273 Abs. 5 OR).

1279 A. A. BSK OR I-WEBER, Art. 266o N 4, fünfter Spiegelstrich, wonach *offensichtlich* rechtsmissbräuchliche Kündigungen nicht nur anfechtbar, sondern nichtig sind. Damit setzt sich WEBER jedoch ausdrücklich in Widerspruch zu BGE 133 III 175 E. 3, der bestimmt, dass auch eine offensichtlich rechtsmissbräuchliche Kündigung innerhalb der Verwirkungsfrist von 30 Tagen angefochten werden muss, widrigenfalls ist die Rüge im Ausweisungsverfahren nicht mehr zu hören; oben, Rz. 199, 207.

1280 Dazu oben, Rz. 191.

1281 Dazu oben, Rz. 454.

1282 Zu den gesetzlichen und allfälligen ortsüblichen Kündigungsterminen oben, Rz. 124 ff., und zum Ausweisungsbegehren vor Ablauf des Mietverhältnisses unten, Rz. 592 ff.

464 Wurde bereits ein Kündigungsschutzverfahren durchlaufen und darin die Gültigkeit der Kündigung festgestellt und ein Erstreckungsbegehren abgewiesen, so liegt für ein anschliessendes Ausweisungsgesuch ein klarer Fall vor.[1283]

c. Kündigung wegen Zahlungsverzugs (Art. 257d OR)

465 Bei der Beurteilung einer Kündigung nach Art. 257d OR ist weder ein unbestimmter Rechtsbegriff auszulegen noch Ermessen auszuüben. Die formellen Voraussetzungen sind vom Gesetz klar vorgegeben und eine Erstreckung ist von Gesetzes wegen ausgeschlossen. Erforderlich sind eine schriftliche Kündigungsandrohung, die den gesetzlichen Anforderungen entspricht,[1284] das Abwarten der Zahlungsfrist[1285] sowie die form- und fristgerechte Kündigung. Beide Schreiben sind bei Familienwohnungen an beide Ehegatten einzeln zuzustellen. All diese Voraussetzungen können vom Gesuchsteller durch Urkunden nachgewiesen werden.

466 Eine Kündigung nach Art. 257d OR kann ausnahmsweise missbräuchlich sein, was (nur) zu prüfen ist, wenn der Mieter sie rechtzeitig innert der dreissigtägigen Frist nach Art. 273 Abs. 1 OR vor der Schlichtungsstelle angefochten hat.[1286] Gemäss bundesgerichtlicher Rechtsprechung schliesst die Anfechtung der Kündigung wegen Zahlungsverzugs die Ausweisung im Rechtsschutz in klaren Fällen nicht *per se* aus, allerdings sei dann erforderlich, dass *«keine Zweifel an der Vollständigkeit der Sachverhaltsdarstellung bestehen und die Kündigung gestützt darauf als klar berechtigt erscheint.»*[1287] Es ist daher auf die bundesgerichtliche Rechtsprechung zu den Fällen, in welchen eine Kündigung nach Art. 257d OR missbräuchlich sein kann, zu verweisen.[1288] Ist die zu beurteilende Kündigung nach dieser Rechtsprechung klar nicht rechtsmissbräuchlich, kann das Ausweisungsgesuch gutheissen werden.

1283 Dazu oben, Rz. 365 ff. und vgl. auch Rz. 553. Sodann sollte das Ausweisungsgesuch kurzfristig im Anschluss an den Entscheid gestellt werden, vgl. unten, Rz. 600 f.

1284 Dazu oben, Rz. 146 ff.

1285 Dazu oben, Rz. 157 und Beispiele in Rz. 162.

1286 Dazu oben, Rz. 165.

1287 BGE 142 III 515 E. 2.2.4; BGer 4A_184/2015 vom 11. August 2015 E. 4.2.2 (nicht publiziert in BGE 141 III 262); BGer 4A_265/2013 vom 8. Juli 2013 E. 6; BGer 4A_7/2012 vom 3. April 2012 E. 2.5.

1288 Oben Rz. 165, insb. Fn 478 (zur Frage, wann der ausstehende Betrag als unbedeutend qualifiziert wird); Fn 479 (wenn der Ausstand sehr kurze Zeit nach Ablauf der Zahlungsfrist beglichen wurde und der Mieter sonst immer pünktlich bezahlt hat); Fn 480 ff. (wenn in der Kündigungsandrohung ein zu hoher Betrag eingefordert wird und weitere Umstände hinzutreten, welche die Kündigung als treuwidrig erscheinen lassen).

467 Ähnliches gilt unabhängig von einer Anfechtung in Bezug auf missbräuchliches Geltendmachen der Unwirksamkeit der Kündigung. So ist nach bundesgerichtlicher Rechtsprechung eine Kündigung, welche vor Ablauf der Zahlungsfrist ausgesprochen wird, zwar unwirksam, die Berufung darauf ist jedoch treuwidrig, wenn die Kündigung zwar am letzten Tag der Zahlungsfrist verschickt, aber erst nach deren Ablauf zugestellt wurde und der Mieter den Ausstand inzwischen nicht beglichen hat.[1289] Ebenso kann die Berufung auf eine in der Kündigungsandrohung zu kurz angesetzte Zahlungsfrist missbräuchlich sein, wenn feststeht, dass der Mieter auch bei korrekter Frist den Ausstand nicht bezahlt hätte.[1290] Auch dies kann der Ausweisungsrichter im Rechtsschutz in klaren Fällen beurteilen. Die Rechtsmissbräuchlichkeit der Einrede muss jedoch offenkundig sein.[1291]

468 Der behauptete Zahlungsausstand bei Kündigungsandrohung und im Moment der Kündigung wird in der Praxis im Ausweisungsverfahren erstaunlich selten bestritten. Der Umgang mit einer entsprechenden Einwendung ist mit Blick auf die bundesgerichtliche Rechtsprechung zur Beweislastverteilung im Rechtsschutz in klaren Fällen heikel. Drei Beispiele mit Varianten sollen dies illustrieren:

Beispiel 1

Der Mieter bestreitet den Zahlungsausstand bei Kündigungsandrohung. Er macht geltend, er habe den Mietzins aufgrund von Mängeln an der Mietsache nach Art. 259g OR hinterlegt.[1292] Aufgrund der bundesgerichtlichen Rechtsprechung trifft den Gesuchsgegner im Rechtsschutz in klaren Fällen keine Beweislast. Der Hinterlegungseinwand ist indessen vom Vermieter relativ leicht zu entkräften, indem er eine Erklärung der vom Kanton bezeichneten zuständigen Hinterlegungsstelle (in der Regel ist dies die Schlichtungsbehörde für Mietstreitigkeiten) beibringt, in welcher bestätigt wird, dass *kein* Mietzins vom Mieter hinterlegt wurde, oder die nachweist, dass die Hinterlegung *zu spät* erfolgte. Damit kann der Vermieter den Einwand sofort entkräften.

Schwieriger gestaltet sich die Lage, wenn der Mietzins rechtzeitig hinterlegt wurde, ihr aber die notwendige schriftliche Androhung nicht vorausgegangen ist. Wie soll der Vermieter beweisen, dass er keine schriftliche Androhung erhalten hat?

1289 Oben, Rz. 163, 5. Spiegelstrich.

1290 Oben, Rz. 163, 4. Spiegelstrich.

1291 Vgl. oben, Rz. 436.

1292 Dazu oben Rz. 145.

Beispiel 2

Der Mieter macht geltend, er habe den Zahlungsausstand innert der dreissigtägigen Zahlungsfrist beglichen. Der Vermieter verneint dies anhand eines Auszugs aus dem Mieterkonto. Der Mieter bestreitet diesen als nicht korrekt. Ist in diesem Fall vom Vermieter zu erwarten, dass er dem Gericht einen vollständigen Bankkontoauszug über die betreffende Zeitspanne einreicht, um damit zu belegen, dass keine Zahlung des Mieters eingegangen ist?

Wie ist zu verfahren, wenn der Mieter Barzahlung behauptet?

Was gilt, wenn der Mieter Verrechnung mit Gegenforderungen behauptet?

Beispiel 3

Der Mieter behauptet, es habe zum Zeitpunkt der Kündigungsandrohung überhaupt kein Zahlungsausstand bestanden. Einen vom Vermieter vorgelegten Auszug aus seinem Mietzinskonto bestreitet er als nicht korrekt. Soll der Vermieter vollständige Bankkontoauszüge über die gesamte Dauer des Mietverhältnisses vorlegen?

Nach bundesgerichtlicher Rechtsprechung trifft den Gesuchsteller die volle Beweislast,[1293] während es auf Seiten den Gesuchgegners ausreicht, dass er *«substanziiert und schlüssig Einwendungen vorträgt, die in tatsächlicher Hinsicht nicht sofort widerlegt werden können und die geeignet sind, die bereits gebildete richterliche Überzeugung zu erschüttern.»* Ein klarer Fall liegt vor, *«wenn das Gericht aufgrund der Aktenlage zur Überzeugung gelangt, der Anspruch der klagenden Partei sei ausgewiesen und eine eingehende Abklärung der beklagtischen Einwände könne daran nichts ändern; offensichtlich unbegründete oder haltlose Bestreitungen des Anspruchs genügen für die Verneinung eines klaren Falles nicht.»*[1294] Das Gericht hat also grundsätzlich nicht nur die Beweise des Gesuchstellers sondern auch die Qualität der Bestreitungen und Einwendungen des Gesuchgegners zu würdigen. Es hat dem Gesuchsteller zudem die Möglichkeit zu geben, die Vorbringen der Gegenpartei *«sofort zu widerlegen»*. Im schriftlichen Verfahren ist ihm dazu ohnehin aufgrund des rechtlichen Gehörs eine kurze Frist zur Stellungnahme (bzw. Replik) anzusetzen. Erfolgen die Äusserungen anlässlich einer Verhandlung, so ist abzuwägen, mit welchen Vorbringen der Gesuchsteller rechnen musste und ob es

[1293] BGE 138 III 620 E. 6.2; BGer 5A_710/2013 vom 17. Februar 2014 E. 2.2.1.

[1294] Exemplarisch BGer 4A_701/2015 vom 26. Januar 2016 E. 2.2.1 i.f.; BGer 4A_184/2015 vom 11. August 2015 E. 4.2.1; BGer 4A_688/2014 vom 15. August 2015 E. 3.1; BGer 4A_127/2014 vom 19. August 2014 E. 2.2; BGer 4A_310/2013 vom 19. November 2013, E. 2, immer mit Hinweis auf BGE 138 III 620 E. 5.1.1.

ihm zumutbar war, die entsprechenden Beweise bereits prophylaktisch zu beschaffen. Ist dies nicht der Fall, ist ihm auch hier eine kurze Frist einzuräumen, um seine Beweise zur Entkräftung der Behauptungen schriftlich nachzureichen.[1295]

469 Der Gesuchsgegner hat seine Einwendungen substanziiert und schlüssig vorzutragen: Behauptet der Mieter beispielsweise die Zahlung der ausstehenden Mietzinsen innert der angesetzten dreissigtägigen Frist, so hat er zumindest dazulegen, wann er die Zahlung ungefähr getätigt hat und auf welche Weise sie erfolgt ist, ob er also eine Banküberweisung auf das üblichen Konto ausgelöst, einen vom Vermieter zur Verfügung gestellten Einzahlungsschein verwendet oder den Ausstand (ausnahmsweise oder wie üblich) in Bar beglichen hat. Ist er von der bisherigen Zahlungsmodalität abgewichen, so hat er auch diesen Umstand plausibel zu erklären. Zu beweisen hat er die Zahlung aber grundsätzlich nicht.

470 Vielmehr obliegt dem Gesuchsteller der Negativbeweis: Er muss beweisen, dass der Gesuchsgegner nicht bezahlt hat. Beim Negativbeweis kann grob zwischen *bestimmten Negativa* und *unbestimmten Negativa* unterschieden werden. Während sich *bestimmte Negativa* durch den Nachweis konkreter positiver Tatsachen überzeugend beweisen lassen (z.B. fehlendes Verschulden durch den Nachweis, alle erforderlichen Vorkehrungen getroffen zu haben) ist dies bei *unbestimmten Negativa* nicht möglich. Die Grenzen sind allerdings fliessend.[1296] Falls der Mieter in Beispiel 1 den Mietzins nicht oder allenfalls zu spät hinterlegt hat, kann der Vermieter dies anhand einer Erklärung der (potentiellen) Hinterlegungsstelle beweisen. Es handelt sich um ein bestimmtes Negativum. Dass ihm der Mieter keine Hinterlegungsandrohung geschickt hat, lässt sich hingegen als unbestimmtes Negativum kaum beweisen. Behauptet der Mieter in Beispiel 2 die rechtzeitige Zahlung des Ausstands mittels üblichem Einzahlungsschein auf das übliche Konto, ist es für den Vermieter grundsätzlich möglich, durch einen entsprechenden Bankkontoauszug den Nachweis zu erbringen, dass im betreffenden Zeitraum keine Zahlung des Mieters eingegangen ist. Anders zeigt sich die Lage bei behaupteter Barzahlung. Hier wird dem Vermieter nur ausnahmsweise der Negativbeweis möglich sein, beispielsweise wenn er durch Reiseunterlagen nachweisen kann, dass er am Tag der behaupteten Geldübergabe landesabwesend war. Ähnlich zeigt sich die Situation, wenn der Mieter Stundung oder Erlass der Schuld behauptet.

[1295] Dazu unten, Rz. 505–507.

[1296] Zum Ganzen BK-WALTER, Art. 8 ZGB N 336 ff.

Ob im Falle von nicht zu beweisenden *unbestimmten Negativa* eine Umkehr der Beweislast vorgenommen werden kann, ist in der Lehre umstritten.[1297] Aufgrund der dargestellten Rechtsprechung des Bundesgerichts ist sie im Rechtsschutz in klaren Fällen wohl abzulehnen.[1298] Allerdings muss die Gegenpartei nach Treu und Glauben bei der Beweisführung mitwirken. Verweigert sie diese Mitwirkung, kann dies bei der Beweiswürdigung zu ihren Lasten berücksichtigt werden.[1299] Auch im Rechtsschutz in klaren Fällen gelten sowohl das Prinzip des Handelns nach Treu und Glauben (Art. 52 ZPO) als auch die freie Beweiswürdigung (Art. 157 ZPO).[1300] Von Relevanz erscheint daher zunächst, wie schlüssig und detailliert der Gesuchsgegner seine Einwendungen vorbringt, aber wohl auch, ob ihm der entsprechende Nachweis grundsätzlich möglich und zumutbar wäre. Grob veranschaulichen lässt sich das anhand von Beispiel 3: Ist der Mieter erst seit Kurzem mit der Mietzinszahlung in Verzug, lässt sich dies leichter rekonstruieren, als wenn der Vermieter alte Ausstände, die noch aus früheren Jahren stammen (und die der Mieter immer *«mitgeschleppt»* hat[1301]) abmahnt. Zum einen lässt sich unter Umständen nicht mehr eruieren, wie diese alten Ausstände zustande gekommen sind. Im Rechtsschutz in klaren Fällen kann es dem Mieter nach der hier vertretenen Auffassung aber insbesondere nicht angelastet werden, wenn er Belege über Zahlungen, die schon längere Zeit zurückliegen, nicht mehr beibringen kann. Hat der Mieter in so einem Fall innert der Zahlungsfrist den aktuellen Mietzins bezahlt und bestreitet er die alten Schulden, hat der Vermieter einen schweren Stand, denn er ist dafür beweispflichtig, dass alte Ausstände bestehen, an welche die Zahlungen nach Art. 87 Abs. 1 OR angerechnet werden konnten.[1302] 471

1297 Mit eingehender Begründung ablehnend BK-WALTER, Art. 8 ZGB N 342 m. Hinw.; a. A. CHK-GÖKSÜ, Art. 8 ZGB N 19; SPR II-DESCHENAUX, §23, S. 262; nach BSK ZGB I –LARDELLI, Art. 8 N 73 kann bei unbestimmten Negativa eine Beweislastumkehr *«in Frage kommen.»* Vgl. KUKO ZPO-SCHMID, Art. 150 N 8.

1298 Oben, Rz. 448; BGE 138 III 620 E. 6.2 («[…] *dass der Kläger auch den Beweis für den Nichtbestand des diesen zugrunde gelegten Tatsachenfundaments erbringen muss, wenn er liquide Verhältnisse schaffen will.»*).

1299 Zum Ganzen BK-WALTER, Art. 8 ZGB N 353; ZK ZPO-HASENBÖHLER, Art. 150 N 10 m. Hinw. so auch DIKE ZPO-LEU, Art. 154 N 112–114 m. Hinw.; vgl. Stämpfli ZPO-PASSADELIS, Art. 150 N 3; vgl. KUKO ZPO-SCHMID, Art. 150 N 8; BSK ZGB I-LARDELLI, Art. 8 N 72.

1300 Vgl. aber zur Beweismittelbeschränkung oben Rz. 443.

1301 Bspw. wenn der Vermieter darlegt, der Mieter sei bereits seit drei Jahren immer mit mindestens zwei Mieten im Rückstand gewesen.

1302 Vgl. oben, Rz. 158.

d. Kündigung aus wichtigem Grund (Art. 266g OR)

472 Beim *«wichtigen Grund»* handelt es sich um einen unbestimmten Rechtsbegriff. Zur Beurteilung der Unzumutbarkeit hat das Gericht eine Interessensabwägung vorzunehmen und einen wertenden Entscheid anhand der gesamten Umstände zu treffen. Dies ist im Rechtsschutz in klaren Fällen grundsätzlich nicht möglich. Zeigt sich indessen anhand der unbestrittenen Vorbringen des Gesuchstellers eine nach Lehre und Rechtsprechung ausnahmsweise *eindeutige* Situation, kann das Ausweisungsgesuch nach der hier vertretenen Auffassung gutgeheissen werden. Auch bei Säumnis des Gesuchgegners muss der Gesuchsteller die Tatsachen behaupten, welche das Fortführen des Mietverhältnisses für ihn unzumutbar machen, damit das Gericht diese Beurteilung vornehmen kann.

473 Hat der Mieter die Kündigung innert Frist von dreissig Tagen angefochten oder rechtzeitig eine Erstreckung verlangt,[1303] scheidet der Rechtsschutz in klaren Fällen als Möglichkeit aus.[1304]

e. Kündigung wegen Verletzung der Pflicht zu Sorgfalt und Rücksichtnahme (Art. 257f OR)

474 Auch bei einer Kündigung nach Art. 257f OR gilt es, die Unzumutbarkeit der Fortführung des Mietverhältnisses zu beurteilen. Mit Blick auf die *«in der Regel»*-Formulierung des Bundesgerichts[1305] erscheint eine Ausweisung als

---

1303 Dies gilt auch, wenn er sein Erstreckungsbegehren im laufenden Ausweisungsverfahren an den Ausweisungsrichter im Rechtsschutz in klaren Fällen richtet, solange er dazu nur die dreissigtägige Frist eingehalten hat (dazu oben, Rz. 179). Dies ergibt sich bereits daraus, dass unter Annahme der Unzuständigkeit des Ausweisungsrichters für das Erstreckungsbegehren Art. 63 Abs. 1 ZPO zur Anwendung käme und die Rechtshängigkeit des Erstreckungsbegehrens erhalten bliebe. Bei einem Nichteintreten auf das Ausweisungsgesuch zufolge rechtzeitigen Erstreckungsbegehrens entfällt dann in der Regel das faktische Interesse des Mieters am Erstreckungsgesuch. Dies ist jedoch trügerisch. Nach der hier vertretenen Auffassung ist auf das (im Ausweisungsverfahren widerklageweise erhobene) Erstreckungsbegehren des Mieters mangels Zuständigkeit oder mangels klaren Rechts nicht einzutreten und der Mieter an die Schlichtungsstelle zu verweisen: nach Art. 63 Abs. 1 ZPO hat er sein Erstreckungsbegehren innert Monatsfrist erneut einzureichen, denn da über die Gültigkeit der Kündigung nicht rechtskräftig entschieden ist, kann der Vermieter sein Ausweisungsbegehren gestützt auf dieselbe Kündigung im vereinfachten Verfahren durchzusetzen versuchen. Hält der Mieter, welcher sein Erstreckungsbegehren vor dem Ausweisungsrichter gestellt hat, die Frist nach Art. 63 Abs. 1 ZPO nicht ein, so hat er seinen Erstreckungsanspruch verwirkt.

1304 Es gilt das oben unter Rz. 458 Ausgeführte.

1305 Oben, Rz. 435.

Rechtsschutz in klaren Fällen in eindeutigen Ausnahmefällen denkbar, beispielsweise bei Straftaten des Mieters gegenüber dem Vermieter oder den Nachbarn (Delikte gegen die körperliche Unversehrtheit, Beschädigung des Mietobjekts, Brandstiftung), wenn Unzumutbarkeit offenkundig vorliegt.[1306] Der Gesuchsteller muss auch hier seine Gründe für die Kündigung substanziiert behaupten (und soweit erforderlich beweisen), um dem Gericht die auch im Säumnisfall des Gesuchgegners vorzunehmende Wertung zu ermöglichen.

Wollte man das Verfahren nach Art. 257 ZPO für die ausserordentliche Kündigung nach Art. 257f OR ganz ausschliessen, muss dem Gesuchsteller in solchen Fällen der Weg über die vorsorgliche Massnahme offen stehen.[1307] 475

Bei einer Kündigung wegen mangelnder Sorgfalt und Rücksichtnahme ist eine Erstreckung von Gesetzes wegen ausgeschlossen (Art. 272a Abs. 1 lit. b OR). Dennoch ist nach der hier vertretenen Auffassung nicht irrelevant, ob der Mieter die Kündigung vor der Schlichtungsstelle angefochten hat. Vielmehr dürfen dann mit Blick auf die bundesgerichtliche Rechtsprechung im Ausweisungsverfahren *«keine Zweifel an der Vollständigkeit der Sachverhaltsdarstellung bestehen»* und muss *«die Kündigung gestützt darauf als klar berechtigt»* erscheinen.[1308] 476

f. Ausserordentliche Kündigung des neuen Eigentümers (Art. 261 Abs. 2 lit. a OR).[1309]

Bei einer ausserordentlichen Kündigung nach Art. 261 Abs. 2 lit. a OR ist vorfrageweise das Vorliegen eines dringenden Eigenbedarfs des neuen Eigentümers zu beurteilen. Der Ausweisungsrichter im Rechtsschutz in klaren Fällen kann diese Frage grundsätzlich nicht beantworten, da es sich um eine wertende Beurteilung der gesamten Umstände handelt. Führt die Würdigung der vorgebrachten Tatsachenbehauptungen indessen zu einem *eindeutigen* Ergebnis, was insbesondere dann der Fall sein kann, wenn sich der Mieter im Ausweisungsverfahren nicht vernehmen lässt, kann das Ausweisungsgesuch ausnahmsweise gutgeheissen werden. Dazu ist notwendig, dass der Gesuchsteller 477

1306 Fraglich z.B. beim Betrieb einer Indoor-Cannabis-Plantage oder anderem deliktischen Verhalten in der Wohnung ohne direkte Auswirkung auf die Nachbarn oder den Vermieter.

1307 Dazu unten, § 13, Rz. 519 ff.

1308 Zur Anfechtung einer Kündigung wegen Zahlungsverzugs nach Art. 257d OR BGer 4A_184/2015 vom 11. August 2015 E. 4.2.2 (nicht publiziert in BGE 141 III 262); BGer 4A_265/2013 vom 8. Juli 2013 E. 6; BGer 4A_7/2012 vom 3. April 2012 E. 2.5.

1309 Oben, Rz. 186 ff.

den Eigenbedarf in seinem Gesuch ausführlich begründet bzw. die für dessen Beurteilung notwendigen Tatsachen behauptet.

478 Hat der Mieter die ausserordentliche Kündigung jedoch innert Frist von dreissig Tagen angefochten[1310] oder rechtzeitig ein Erstreckungsbegehren gestellt, scheidet eine Ausweisung im Verfahren um Rechtsschutz in klaren Fällen aus,[1311] denn eine Erstreckung ist auch bei geltend gemachtem Eigenbedarf des Vermieters grundsätzlich möglich.[1312]

g. Kündigung aufgrund Konkurs des Mieters (Art. 266h OR)

479 Auslegungsbedarf besteht bei einer Kündigung nach Art. 266h OR nur hinsichtlich der angemessenen Frist für das Leisten der Sicherheit. Dies kann nicht zum Versperren des Rechtsschutzes in klaren Fällen führen. Vorauszusetzen ist, dass die Frist eindeutig nicht zu knapp bemessen wurde, bzw. mindestens die von der herrschenden Lehre für angemessen erachteten 14 Tage einhält.[1313]

h. Ablauf einer im Rahmen eines Kündigungsschutzverfahrens erwirkten definitiven einmaligen oder zweiten Erstreckung

480 Der gerichtliche Vergleich oder der Entscheid über eine definitive Erstreckung beendet das Mietverhältnis auf den festgesetzten Termin endgültig. In der Regel fehlt es in diesen Fällen aber am Leistungsurteil (also der Verpflichtung des Mieters, das Mietobjekt zu verlassen bzw. zu räumen), so dass anschliessend ein Ausweisungsverfahren erforderlich ist, wenn der Mieter das Objekt nicht termingerecht verlässt. Im Übrigen gilt das nachfolgend zum befristeten Mietvertrag Ausgeführte sinngemäss.

i. Ablauf eines befristeten Mietvertrages

481 Ist die Dauer eines befristeten Mietvertrags abgelaufen, kann die Ausweisung im Rechtsschutz in klaren Fällen gutgeheissen werden, sofern der Mieter kein Erstreckungsbegehren innert der gesetzlichen Frist[1314] gestellt hat.[1315] Da es

---

1310 Auch ausserordentliche Kündigungen können angefochten werden. Auch in diesem Falle beurteilt die angerufene Schlichtungsbehörde oder das angerufene Gericht von Amtes wegen einen Erstreckungsanspruch (Art. 271 Abs. 5 OR), vgl. Rz. 212.

1311 Oben, Rz. 458, 215.

1312 Oben, Rz. 213.

1313 Dazu oben, Rz. 180.

1314 Das Erstreckungsbegehren ist spätestens 60 Tage vor Ablauf des Mietvertrages bei der Schlichtungsstelle einzureichen (Art. 273 Abs. 2 lit. b OR).

sich bei der Befristung aber um eine Parteivereinbarung handelt, deren Bedeutung vom Gericht auszulegen ist, muss die Befristung bzw. der Endtermin klar und eindeutig sein.[1316] Sodann kann sich auch die Frage stellen, ob eine Option rechtzeitig und gültig ausgeübt wurde.[1317]

Ein zu langes Zuwarten des Vermieters nach Ablauf der Mietdauer kann die Vermutung begründen, das Mietverhältnis sei im Sinne von Art. 266 Abs. 2 OR als unbefristet weitergeführt worden. Dies wird angenommen, wenn der Mieter das Mietobjekt mit dem Wissen und ohne den Widerspruch des Vermieters weiterbenutzt und den bisherigen Mietzins entrichtet, der vom Vermieter vorbehaltlos entgegen genommen wird[1318] und der Vermieter keine besonderen Umstände oder Abreden nachweisen kann.[1319] 482

Eine besondere Ausgangslage liegt vor, wenn mehrere befristete Mietverträge nacheinander abgeschlossen wurden.[1320] Nach bundesgerichtlicher Rechtsprechung sind solche Kettenmietverträge – unter Vorbehalt der Gesetzesumgehung – zulässig. Die Beantwortung der Frage, ob eine Gesetzesumgehung vorliege, verlange nach einer Würdigung von Fall zu Fall unter Berücksichtigung der konkreten Umstände jedes Einzelfalles. Mit Blick auf diese Umschreibung ist das klare Recht fraglich. Das Bundesgericht führt weiter aus, eine Gesetzesumgehung begehe der Vermieter, welcher die Absicht hege, sich auf unbestimmte Zeit zu binden, jedoch ein System von befristeten Mietverträgen wähle mit dem einzigen Zweck, zwingende Gesetzesbestimmungen ausser Kraft zu setzen. Die Gesetzesumgehung sei sodann von derjenigen Partei zu beweisen, die sich auf die Bestimmung beruft, welche mithilfe des Kettenmietvertrages umgangen werden sollte.[1321] Im Verfahren um Rechtsschutz in klaren Fällen wird vom Beklagten nicht verlangt, dass er seine Einreden und Einwendungen beweist oder auch nur glaubhaft macht. Indessen muss er seine Einwendungen substanziiert und schlüssig vortragen.[1322] Nach der hier vertretenen Auffassung ist daher der Rechtsschutz in klaren Fällen bei Vorliegen eines 483

[1315] Dazu oben Rz. 458.
[1316] Dazu oben, Rz. 438.
[1317] Dazu oben, Rz. 115.
[1318] Oben, Rz. 116; BGer 4C.331/2002 vom 3. Februar 2003 E. 2.1; BSK OR I-WEBER, Art. 255 N 5; SVIT, Art. 266 N 14; LACHAT/THANEI, Rz. 24.3.13, je m. w. Hinw.
[1319] Vgl. LACHAT/THANEI, Rz. 24.3.13 (keine stillschweigende Fortsetzung angenommen beispielsweise, wenn der Mieter vorübergehend, z.B. durch Krankheit, an der Rückgabe gehindert ist oder wenn der Vermieter dem Mieter einen letzten Aufschub einräumt oder im Falle einer aussergerichtlichen Erstreckungsvereinbarung (dazu oben, Rz. 216 f.).
[1320] Dazu oben, Rz. 117 f.
[1321] BGE 139 III 145 (= Pra 102 [2013], Nr. 96) E. 4.2.4.
[1322] BGE 138 III 620 E. 5.1.1.

Kettenmietvertrages nicht automatisch zu verneinen, sondern auf die Vorbringen des Beklagten abzustellen: kann dieser nachvollziehbar darlegen, welche *in casu* massgeblichen Gesetzesbestimmungen durch den Kettenmietvertrag umgangen werden (sollten), wird auf das Gesuch mangels klaren Rechts nicht eingetreten.

j. Resolutiv bedingter Mietvertrag nach Bedingungseintritt

484 Für den auflösend bedingten Mietvertrag kann grundsätzlich sinngemäss auf das zum befristeten Mietvertrag ausgeführte verwiesen werden. Allerdings können sich hier zusätzlich zur Frage der Eindeutigkeit der Bedingung bzw. des Bedingungseintritts auch rechtliche Fragen stellen (insb. bei behaupteter missbräuchlicher Verhinderung des Bedingungseintritts und zur Frist für das Erstreckungsbegehren).[1323]

k. Aufhebungsvereinbarung

485 Wurde ein Mietvertrag einvernehmlich auf einen bestimmten Termin aufgehoben,[1324] steht der Rechtsschutz in klaren Fällen grundsätzlich offen. Zur Eindeutigkeit der Vereinbarung sowie zu einer möglichen stillschweigenden Fortsetzung kann auf das für den befristeten Mietvertrag Ausgeführte verwiesen werden.[1325]

l. Kündigung durch den Mieter

486 Hat der Mieter selbst den Mietvertrag gekündigt, liegt in der Regel ein klarer Fall vor. Zu prüfen ist die Einhaltung der Schriftform sowie, ob die Kündigung durch alle beteiligten Mieter und bei einer Familienwohnung mit Zustimmung des Ehegatten oder eingetragenen Partners erfolgte.[1326]

m. Ergänzende Bemerkungen

487 Es sind zahlreiche weitere Einwendungen des Gesuchsgegners denkbar. Namentlich kann der Mieter behaupten, dass ihm die Post keine Abholungseinladung in den Briefkasten gelegt habe[1327] oder dass das Schreiben nicht das behauptete Kündigungsformular oder die Kündigungsandrohung enthalten ha-

---

[1323] Dazu oben, Rz. 119 ff..

[1324] Dazu oben, Rz. 223.

[1325] Dazu oben, Rz. 481 f. und zur Beweisproblematik oben, Rz. 223.

[1326] Dazu oben, Rz. 218 ff.

[1327] Dazu oben, Rz. 137, insb. Fn 391, und Rz. 154.

be.[1328] Er kann auch die Gültigkeit der Kündigung bestreiten, beispielsweise, weil sie durch einen ihm nicht bekannten Vertreter[1329] oder auf einem vom Kanton nicht genehmigten Formular erfolgt sei.[1330] Heikel erscheint auch die Korrektur einer Falschbezeichnung des Kündigungsgrundes auf dem Kündigungsschreiben bei einer ausserordentlichen Kündigung.[1331] Richtet sich das Ausweisungsbegehren gegen einen Untermieter, so kann dieser insbesondere einwenden, das Untermietverhältnis sei einzig zur Umgehung des Kündigungsschutzes des Untermieters begründet worden.[1332] Bei der Ausweisung eines Genossenschaftsmieters aus einer Wohngenossenschaftswohnung wird sich regelmässig die Frage stellen, ob ein Grund vorliegt, der den Ausschluss aus der Genossenschaft gerechtfertigt hat oder hätte.[1333] Auch der stillschweigende Abschluss eines neuen Mietverhältnisses kann eingewendet werden, wenn der Vermieter nach Ablauf der Kündigungsfrist zu lange mit der Einreichung seines Ausweisungsgesuchs gewartet hat.[1334]

Bei vielen dieser potentiellen Einwendungen muss das Gericht letztlich ent- 488
scheiden, ob sie geeignet sind, die bereits gebildete richterliche Überzeugung zu erschüttern oder ob sie offensichtlich haltlos oder missbräuchlich sind. Der Rechtsschutz in klaren Fällen bietet bei der Beantwortung dieser Frage überraschend viel Raum für eine Würdigung der Umstände des Einzelfalls bzw. des vom Mieter gezeichneten Bildes der Situation.

1328 Dazu oben, Rz. 137 und 155.

1329 Dazu oben, Rz. 129 f.; vgl. auch Rz. 147 (Fn 429 zur Unterschrift durch einen einzelnen Kollektivzeichnungsberechtigten).

1330 Dazu oben, Rz. 128.

1331 Dazu oben, Rz. 126 und Rz. 197 (die Umdeutung einer ausserordentlichen in eine ordentliche Kündigung ist absolut unzulässig), Rz. 173 und Rz. 178 (die Korrektur einer falsch bezeichneten ausserordentlichen Kündigung entsprechend dem eigentlich vom Vermieter Gemeinten wird grundsätzlich als möglich erachtet; nach der hier vertreten Auffassung ist dies heikel, wenn es sich bei der intendierten Kündigung um eine nach Art. 266g OR handelt).

1332 Art. 273b Abs. 2 OR, dazu oben, Rz. 234 f.

1333 Oben, Rz. 236 ff., insb. Rz. 243 und Rz. 245.

1334 Vgl. dazu unten, Rz. 600 f.

IV. Das Verfahren

1. Einleitung des Verfahrens durch Gesuch[1335]

489 Das Gesuch um Rechtsschutz in klaren Fällen ist in der Regel schriftlich einzureichen.[1336] Lediglich in einfachen oder dringenden Fällen kann es auch mündlich bei Gericht zu Protokoll gegeben werden (Art. 252 Abs. 2 ZPO). Diese Ausnahmefälle sollten nur mit Zurückhaltung angenommen werden.[1337] Einige Kantone oder Gerichte[1338] und auch der Bund[1339] stellen den Vermietern Formulare zur Verfügung, die entweder im Internet abrufbar sind oder in der Gerichtskanzlei aufliegen.[1340]

490 Der summarische Rechtsschutz in klaren Fällen ist eine frei wählbare Option des Gesuchstellers. Zwar wird die Mieterausweisung in der Lehre als ein Hauptanwendungsfall des Rechtsschutzes in klaren Fällen genannt, der Vermieter muss diesen Weg aber nicht wählen. Er ist – wie gezeigt[1341] – auch nicht immer zielführend. Problematisch ist es daher, wenn für das Ausweisungsverfahren ein Formular zur Verfügung gestellt wird, das den Eindruck erweckt, das Ausweisungsverfahren sei stets als Rechtsschutz in klaren Fällen anhängig zu machen.

491 Das Gesuch hat nicht notwendigerweise den Begriff *«Rechtsschutz in klaren Fällen»* zu enthalten.[1342] Die Wahl dieses Verfahrens muss sich aber aus dem Gesuch klar ergeben. Das Einreichen bei Gericht ohne vorausgehendes Schlichtungsverfahren kann für einen Rechtsschutz in klaren Fällen sprechen. Bei Un-

---

1335 Zum Inhalt des Gesuches unten, Rz. 626 ff.

1336 Art. 252 Abs. 2 ZPO mit Verweis auf die Form nach Art. 130 ZPO.

1337 Vgl. DIKE ZPO-KAUFMANN, Art. 252 N 6 und 8; ZK ZPO-KLINGLER, Art. 252 N 41 f.; BSK ZPO-MAZAN, Art. 252 N 6; in der Praxis der befragten Gerichte kommen mündliche Ausweisungsgesuche nicht vor.

1338 Beispielsweise das Zivilgericht Basel-Stadt, die Gerichte des Kantons Glarus, das Kantonsgericht Nidwalden, die Gerichte Zürich, das Bezirksgericht Landquart und das Bezirksgericht Plessur (GR), das Bezirksgericht Arbon und das Bezirksgericht Münchwilen (TG).

1339 Vgl. das auf der Internetseite des Bundesamtes für Justiz (BJ) abrufbare Formular *«Gesuch im Verfahren um Rechtsschutz in klaren Fällen»* (insb. die vorgeschlagenen Rechtsbegehren auf S. 6).

1340 Mündliche Gesuche nach Art. 252 Abs. 2 ZPO setzen das persönliche Erscheinen am Gericht voraus. Beispielsweise in BS und BL kann ein entsprechendes Formular vor Ort auf der Gerichtskanzlei ausgefüllt und dann als schriftliches Gesuch eingereicht werden. Auch bei einem mündlichen Gesuch muss der Gesuchsteller die notwendigen Unterlagen dabei haben.

1341 Oben, Rz. 456 ff.

1342 Siehe dazu auch Rz. 624 f.

sicherheiten muss das Gericht beim Gesuchsteller nachfragen (Art. 56 ZPO), welches Verfahren er einschlagen wollte.[1343]

Im Gegensatz zur vereinfachten Klage im vereinfachten Verfahren sollte das Gesuch im Summarverfahren stets mit einer vollständigen Begründung (also allen notwendigen Behauptungen) und mit allen erforderlichen Beweisurkunden (Mietvertrag, gegebenenfalls Mahnung, Kündigungsschreiben mitsamt Zustellungsnachweis, gegebenenfalls Dokumentation zum Übergang des Eigentums am Mietobjekt etc.) eingereicht werden, denn es steht im Ermessen des Gerichts, das Verfahren mündlich oder schriftlich zu führen.[1344] Der Gesuchsteller kann somit nicht damit rechnen, ein zweites Mal zum Vortrag zu kommen, insbesondere dann nicht, wenn sich der Gesuchsgegner nicht vernehmen lässt und keine Verhandlung stattfindet.[1345] Auch sind nach der hier vertretenen Auffassung in einer allfälligen Stellungnahme auf die Vorbringen des Gesuchgegners nur noch (echte oder unechte) Noven zugelassen.[1346] Der Anspruch auf Rückgabe des Mietobjekts muss daher bereits mit dem Gesuch liquide dargelegt werden.[1347] Gemäss Art. 152 Abs. 2 ZPO hat jede Partei das Recht auf die Abnahme von *«form- und fristgerecht angebotenen tauglichen Beweismitteln.»* Der Gesuchsteller kann sich indessen nicht damit begnügen, im Gesuch die Urkunden, welche als Beweismittel dienen sollen, anzubieten; er hat die vorhandenen Urkunden bereits mit dem Gesuch einzureichen (Art. 221 Abs. 2 lit. c i.V.m. Art. 219 ZPO).[1348] Dies dient auch der Verfahrensbeschleunigung. 492

1343 BGE 138 III 728 (Pra 102 [2013] Nr. 35) E. 3.3; ausführlicher BGer 4A_87/2012 vom 10. April 2012, E. 3.1.1. *«Pour que la procédure de l'Art. 257 CPC soit applicable, il doit ressortir de la requête que son auteur demande l'application de la procédure des cas clairs, ce qui n'implique pas nécessairement l'utilisation de ces deux mots. En cas de doute, le juge fera usage de son devoir d'interpellation selon l'Art. 56 CPC»,* (MRA 2012, S. 219 ff.). Vgl. auch BGer 4A_622/2013 vom 26. Mai 2014 E. 6.3.

1344 Vgl. ZK-ZPO-Klingler, Art. 252 N 36.

1345 Wenn der Gesuchsgegner in seiner Stellungnahme Einreden und Einwendungen vorbringt, mit denen der Gesuchsteller nicht rechnen musste, muss ihm das Gericht Gelegenheit geben, sich dazu zu äussern und gegebenenfalls Unterlagen nachzureichen, welche die Einwendungen des Gesuchsgegners entkräften können. Gleiches gilt, wenn das Gericht zu einer mündlichen Verhandlung lädt (Art. 219 i.V.m. Art. 229 Abs. 2 ZPO). Hierzu unten, Rz. 505 ff.

1346 Zur Eventualmaxime unten, Rz. 504 ff.

1347 Zum Umfang der gerichtlichen Fragepflicht oben, Rz. 455, sowie unten, Rz. 509 f.

1348 DIKE ZPO-Kaufmann, Art. 252 N 38; DIKE ZPO-Pahud, Art. 229 N 16 ff., 26; ZK ZPO-Klingler, Art. 252 N 36 4. Spiegelstrich; KUKO ZPO-Jent-Sørensen, Art. 252 N 3; BSK ZPO-Mazan, Art. 253 N 11; BK ZPO-Güngerich, Art. 252 N 8 f.

2. Kostenvorschuss und Zustellung an den Gesuchgegner

493 Das Gericht überprüft das eingereichte Gesuch zunächst kursorisch. Soweit dies erforderlich scheint, sollte es seiner gerichtlichen Fragepflicht bereits vor Zustellung an den Gesuchgegner nachkommen.[1349] Erscheint das Gesuch nicht offensichtlich unzulässig oder offensichtlich unbegründet, wird es dem Gesuchsgegner zur Stellungnahme zugestellt. Vom Gesuchsteller kann ein Kostenvorschuss in Höhe der mutmasslichen Gerichtskosten verlangt werden. Ob das Gesuch dem Gesuchsgegner noch vor Eingang des Kostenvorschusses zugestellt wird oder die Frist zum Leisten des Kostenvorschusses gleichzeitig mit der Frist zur Stellungnahme angesetzt wird, liegt ebenso im Ermessen des Gerichts, wie die Frage, ob überhaupt ein Kostenvorschuss einverlangt wird.[1350] Die Höhe der Gerichtskosten ist kantonal geregelt (Art. 96 ZPO).[1351]

494 Die Zustellung des verfahrenseinleitenden Schriftstückes an den Gesuchsgegner erfolgt gemäss Art. 138 Abs. 1 ZPO durch eingeschriebene Postsendung (namentlich als Gerichtsurkunde) oder auf andere Weise gegen Empfangsbestätigung (z.B. durch einen Gerichtsdiener oder durch die Polizei[1352]). Die Verfügung ist dem Mieter oder einer anderen, nach Art. 138 Abs. 2 ZPO zum Empfang berechtigten Person auszuhändigen. Insbesondere kann sie auch durch Übergabe an jede im gleichen Haushalt lebende, mindestens 16 Jahre alte Person[1353] zugestellt werden.[1354] Verweigert der Adressat die Annahme der Sendung, so gilt sie als am Tag der Weigerung zugestellt (Art. 138 Abs. 3 lit. b ZPO).[1355] Die Verweigerung der Annahme muss nicht ausdrücklich geschehen, sondern kann sich auch aus dem Verhalten des Adressaten ergeben, so z.B. wenn dieser davonläuft oder die Türe vor dem Überbringer verschliesst.[1356]

1349 Dazu unten, Rz. 509.

1350 Verzichtet das Gericht auf einen Kostenvorschuss, kann es nach der Entscheidfällung die Kosten nur noch von derjenigen Partei verlangen, welcher die Kosten auferlegt wurden (Art. 111 Abs. 1 ZPO). Dies ist in aller Regel die unterliegende Partei. Dringt der Vermieter also mit seinem Ausweisungsbegehren durch, so hat sich das Gericht bei fehlendem oder nicht ausreichendem Kostenvorschuss an den Mieter zu halten.

1351 Dazu eingehend unten, Rz. 615 ff.

1352 Hierzu ZK ZPO-A. Staehelin, Art. 138 N 4; DIKE ZPO-Huber, Art. 138 N 28; KUKO ZPO-Weber, Art. 138 N1; BSK ZPO-Gschwend/Bornatico, Art. 138 N 8.

1353 Oder auch an jede im Haushalt angestellte, mindestens 16jährige Person, wenn diese an der Zustelladresse angetroffen wird.

1354 Zur Problematik im Zusammenhang mit der Familienwohnung (Art. 266n OR) vgl. oben, Rz. 226).

1355 Um die Zustellfiktion auszulösen, muss die überbringende Person die Annahmeverweigerung festhalten. Eher theoretisch ist eine schriftliche Annahmeverweigerungserklärung des Adressaten selbst, vgl. DIKE ZPO-Huber, Art. 138 N 61; BSK ZPO-Gschwend/Bornatico, Art. 138 N 23.

1356 Beispiel bei BK ZPO-Frei, Art. 138 N 31.

Erforderlich ist aber, dass der Adressat angetroffen wird.[1357] Nach der hier vertretenen Ansicht greift die Zustellfiktion nach Art. 138 Abs. 3 lit. b ZPO auch, wenn nicht der Adressat selbst, sondern eine nach Art. 138 Abs. 2 ZPO zur Entgegennahme berechtigte Person die Annahme verweigert.[1358]

Das Vorgehen der Gerichte, wenn weder Adressat noch eine andere zum Empfang berechtigte Person angetroffen worden sind, ist unterschiedlich.[1359] Häufig wird ein zweiter förmlicher Zustellversuch unternommen. Die ZPO verlangt dies indessen nicht.[1360] 495

Die Zustellfiktion nach Art. 138 Abs. 3 lit. a ZPO – am siebten Tag nach Einwurf der Abholungsaufforderung bei erfolglosem Zustellversuch mittels eingeschriebener Sendung – greift bei der ersten gerichtlichen Verfügung an den Mieter nicht, denn sie setzt voraus, dass der Beklagte mit einer gewissen Wahrscheinlichkeit mit der Zustellung rechnen musste. Nach der bundesgerichtlichen Rechtsprechung ist dies erst dann der Fall, wenn mit Rechtshängig- 496

1357 DIKE ZPO-HUBER, Art. 138 N 62.

1358 Dies ist in der Lehre umstritten. *Pro* Zustellfiktion bei Verweigerung einer zur Entgegennahme berechtigte Person: ZK ZPO-A. STAEHELIN, Art. 138 N 10; BK ZPO-FREI, Art. 138 N 31; DIKE ZPO-HUBER, Art. 138 N 65 m. Hinw. a. BGE 109 III 1, E. 2b; BGer 5P.364/2001 E. 2b und Verweis in der Botschaft ZPO, S. 7307, wonach die Tatbestände der Zustellfiktion bewährter Rechtsprechung entsprächen; *contra:* Stämpfli ZPO-STROBEL, Art. 138 N 27; KUKO ZPO-WEBER, Art. 138 N 10; BSK ZPO-GSCHWEND/BORNATICO, Art. 138 N 23; CR CPC-BOHNET, Art. 138 N 29; Cocchi et al. CPC-TREZZINI, Art. 138 S. 585 m. Hinw. auf den deutschen und französischen Text. Der deutsche und der französische Wortlaut der Bestimmung sind unglücklich gewählt und suggerieren, dass die Zustellfiktion durch Annahmeverweigerung überhaupt nur in jenen Fällen zur Anwendung kommt, wo das Gericht die Zustellung an den Adressaten *persönlich* angeordnet und damit die Entgegennahme durch einen mindestens 16jährigen Mitbewohner ausgeschlossen hat (Art. 138 Abs. 2 ZPO).[1358] Es ist indessen nicht ersichtlich, womit sich eine derartige Einschränkung begründen liesse. Die Zustellfiktion im Falle der Verweigerung durch den angetroffenen Adressaten selbst muss auch greifen, wenn (theoretisch) auch weitere Personen die Sendung entgegen nehmen dürften. Sind weitere Personen zur Entgegennahme befugt und werden nur solche Personen angetroffen, wird ihnen vom Gesetz in bereits dadurch eine gewisse Verantwortung aufgebürdet, dass sie die Sendung rechtsgültig entgegen nehmen können. Nach der hier vertretenen Auffassung ist es konsequent, dass sie die Sendung auch entgegen nehmen *müssen* und eine Weigerung die Zustellfiktion nach Art. 138 Abs. 2 lit. c ZPO auslöst. In der Praxis wird es häufig schwierig sein, zu belegen, durch wen die Verweigerung der Annahme erfolgte.

1359 In der Praxis wird die Verfügung teilweise *zusätzlich* auch noch per A-Post zugestellt. Dies hat zwar keine prozessrechtliche Wirkung, soll aber die faktische Wahrscheinlichkeit erhöhen, dass auch der Mieter, welcher keine behördlichen Schreiben entgegennimmt, vom Verfahren Kenntnis erhält.

1360 KUKO ZPO-WEBER, Art. 138 N 8, wonach das Gericht einen zweiten förmlichen Zustellversuch unternehmen muss und *«mit Vorteil zugleich eine uneingeschriebene Mitteilung versenden»* solle; vgl. BK ZPO-FREI, Art. 138 N 27.

keit ein Prozessrechtsverhältnis begründet wurde.[1361] Da dem Verfahren um Rechtsschutz in klaren Fällen kein Schlichtungsverfahren vorausgeht, wird die Streitsache erst mit Einreichen des Ausweisungsgesuches bei Gericht rechtshängig gemacht. Insbesondere bewirkt die Tatsache der Kündigung des Mietvertrages nicht, dass der Mieter nach Ablauf der Kündigungsfrist mit einem Ausweisungsverfahren rechnen muss.[1362]

497 Als letzte Möglichkeit kann die verfahrenseinleitende Verfügung durch Publikation nach Art. 141 ZPO eröffnet werden. Erforderlich hierfür ist, dass der Aufenthaltsort des Mieters unbekannt ist und trotz zumutbaren Nachforschungen nicht ermittelt werden kann (lit. a), dass die Zustellung unmöglich oder mit ausserordentlichen Umtrieben verbunden wäre (lit. b) oder dass der Mieter seinen Wohnsitz bzw. Sitz im Ausland und entgegen der Anweisung des Gerichts kein Zustelldomizil in der Schweiz bezeichnet hat (lit. c). Das Scheitern der Zustellung am Wohnsitz des Beklagten fällt grundsätzlich nicht unter den Wortlaut dieser Bestimmung. In der Praxis wird die verfahrenseinleitende Verfügung indessen nach einer oder mehreren erfolglosen Versuchen der formellen Zustellung nach Art. 138 ZPO in der Regel publiziert.[1363] Dies lässt sich auf Art. 141 Abs. 1 lit. b ZPO stützen.[1364] Es ist denkbar, dass der Verfügungsadressat beispielweise aufgrund von Ferienabwesenheit oder eines Krankenhausaufenthaltes über längere Zeit keine Zustellung an seiner Wohnadresse entgegen nimmt. Da er mit der Zustellung einer gerichtlichen Urkunde nicht rechnen muss, kann ihm grundsätzlich kein Vorwurf gemacht werden, wenn er in dieser Zeit nicht dafür besorgt ist, dass ein anderer seine Post entgegen nimmt oder sie an ihn weiterleitet.[1365] Wird die verfahrenseinleitende Verfügung unter diesen Umständen öffentlich publiziert, kann der betroffene Adressat die Wiederherstellung nach Art. 148 ZPO verlangen.[1366]

[1361] BGE 138 III 225 E. 3.1.; BGer 5A_598/2012 vom 4. Dezember 2012 E. 3.2.

[1362] Vgl. zum Rechtsöffnungsverfahren BGE 130 III 396 E. 1.2.3 (sowie bspw. BGer 5D_130/2011 vom 22. September 2011, E. 2 und BGer 5A_552/2011 vom 10. Oktober 2011 E. 2.1 je m. w. Hinw.), wonach selbst das laufende Betreibungsverfahren und der erhobene Rechtsvorschlag des Schuldners die Zustellfiktion im Rechtsöffnungsverfahren nicht zu begründen vermögen, da es sich beim Rechtsöffnungsverfahren um ein anderes Verfahren handelt. Ebenso zum Konkursverfahren BGE 138 III 225 E. 3.1. und 3.2.; vgl. jüngst BGer 5A_646/2015 vom 4. Juli 2016 E. 2.

[1363] Vgl. Kritik bei KUKO ZPO-WEBER, Art. 138 N 8. In BS wird dem Beklagten der Publikationstext zusätzlich mit einfacher Post an die letztbekannte Adresse zugestellt.

[1364] So auch DIKE ZPO-HUBER, Art. 138 N 54 i.f. und Art. 141 N 19.

[1365] Rechtsmissbräuchliche Berufung auf das noch nicht begründete Prozessverhältnis finden allerdings keinen Schutz (so BGE 138 III 225 E. 3.1. m. Hinw.).

[1366] Vgl. KUKO ZPO-WEBER, Art. 138 N 8; BK ZPO-FREI, Art. 138 N 27, welche von einer *«Pflicht zur Sicherstellung der Erreichbarkeit am Wohnort»* ausgehen und nach

Eine Publikation der verfahrenseinleitenden Verfügung ist in jedem Fall dann angebracht, wenn der Mieter unbekannt verzogen ist ohne seine Wohnung aber zu räumen und die Schlüssel an den Vermieter herauszugeben. Der Vermieter hat diesfalls nachzuweisen, dass er alle ihm nach den Umständen gebotenen zweckmässigen Nachforschungen erfolglos betrieben hat und auch das Gericht muss zunächst versuchen, die (neue) Adresse des Beklagten zu eruieren. 498

Im Einzelfall kann sich die Verfahrensdauer durch die Zustellversuche des ersten Schriftstückes an den Mieter ganz erheblich verlängern. Die Kosten für allfällige mehrere Zustellversuche und/oder die öffentliche Publikation können aber nicht zu einer Erhöhung der Gerichtskosten bzw. des Kostenvorschusses führen.[1367] 499

3. Stellungnahme des Gesuchsgegners und Verfahrensablauf

a. Schriftliche Stellungnahme oder Verhandlung

Das Verfahren um Rechtsschutz in klaren Fällen kann nach Ermessen des Gerichts entweder schriftlich oder mündlich geführt werden (Art. 256 Abs. 2 ZPO). Die Praxis der erstinstanzlichen Gerichte ist unterschiedlich. In vielen Kantonen ist im Ausweisungsverfahren grundsätzlich keine Verhandlung vorgesehen. Der Gesuchsgegner erhält in der Regel eine kurze Frist, um schriftlich zum Ausweisungsgesuch Stellung zu nehmen. Das Gericht kann die Parteien aber auch eine Verhandlung laden. Manche Kantone überlassen dem Gesuchsgegner gleichsam die Wahl des Verfahrens, indem sie ihn auffordern, innert angesetzter Frist zum Begehren schriftlich Stellung zu nehmen oder eine Verhandlung zu verlangen.[1368] Findet eine Verhandlung statt, so sind auf jeden Fall beide Parteien dazu vorzuladen.[1369] Die Verhandlung ist sodann möglichst zeitnah anzusetzen, um dem Beschleunigungsgebot des summarischen Verfah- 500

---

mind. zweimaligem förmlichen Zustellversuch die Fiktion nach Art. 138 Abs. 3 ZPO gelten lassen.

[1367] Art. 95 Abs. 2 ZPO definiert, woraus sich die Gerichtskosten zusammensetzen. Diese umfassen in erster Linie eine Pauschale für den Entscheid. Es werden keine Gebühren für Zustellung oder Publikation ausgeschieden. Zusatzkosten können nur für die Beweisführung oder die Übersetzung, erhoben werden; vgl. Botschaft ZPO, S. 7292; DIKE ZPO-URWYLER/GRÜTTER, Art. 95 N 5; ZK ZPO-SUTER/VON HOLZEN, Art. 95 N 15.

[1368] So namentlich im Kanton Basel-Stadt und im Kanton Basel-Landschaft.

[1369] STAEHELIN/STAEHELIN/GROLIMUND, § 21 Rz. 43; BSK SchKG I-D. STAEHELIN, Art. 84 N 41a. Dies ergibt sich bereits aus dem Anspruch auf rechtliches Gehör. Dem Gesuchsteller ist auch Gelegenheit zu geben, auf die Äusserungen des Gesuchsbeklagten zu replizieren (zum Replikrecht sogleich, Rz. 503).

rens Genüge zu tun. Zu beachten ist immerhin, dass nach Art. 134 ZPO die Vorladung mindestens zehn Tage vor dem Erscheinungstermin versandt werden muss.[1370] Ein Anspruch auf die Durchführung einer öffentlichen Verhandlung ergibt sich aus Art. 6 Ziff. 1 EMRK.[1371] Grundsätzlich kann jede Partei – auch unaufgefordert – eine Verhandlung beantragen. Tut sie dies nicht, so wird ein stillschweigender Verzicht angenommen.[1372] In der Praxis lässt sich der Gesuchsgegner häufig überhaupt nicht vernehmen. Ein Grossteil der erstinstanzlichen Ausweisungsverfahren verläuft im Säumnisverfahren.

b. Frist für die Stellungnahme und Nachfrist

501 Das Gericht setzt dem Gesuchsgegner eine kurze Frist zur Stellungnahme.[1373] Nicht selten wird diese Frist als *nicht erstreckbar* bezeichnet. Dies entspricht der Natur des Summarverfahrens. Indessen kann eine Fristerstreckung in Ausnahmefällen auch hier geboten sein, wenn der Anspruch auf rechtliches Gehör (Art. 53 Abs. 1 ZPO) es erfordert. Nach Art. 144 Abs. 2 ZPO können gerichtliche Fristen aus zureichenden Gründen erstreckt werden, wenn das Gericht vor Fristablauf darum ersucht wird. Die Anforderungen an die vorgebrachten Gründe dürften jedoch eher hoch anzusetzen sein und hängen insbesondere vom Verfügungsinhalt und der Länge der ursprünglichen Frist ab.

502 In der Lehre ist umstritten, ob dem Gesuchsgegner im summarischen Verfahren eine (kurze) Nachfrist zu setzen ist, wenn innert Frist keine Stellungnahme eingeht. Nach dem Wortlaut von Art. 219 ZPO, sind die Bestimmungen des ordentlichen Verfahrens – also auch Art. 223 Abs. 1 ZPO – sinngemäss auch für sämtliche anderen Verfahren anwendbar, wenn das Gesetz nichts anderes

---

1370 Einschränkend hält Art. 134 ZPO fest *«sofern das Gesetz nichts anderes bestimmt»* – indessen finden sich zumindest in der ZPO keine solchen Einschränkungen, insbesondere nicht für das summarische Verfahren (vgl. zum SchKG BGer 5A_120/2012 vom 21. Juni 2012 E. 3.3). Eine zu kurze Vorladungszeit stellt eine Gehörsverletzung dar, wenn der Betroffene darlegen kann, dass er sich nicht auf die Verhandlung hat vorbereiten können (vgl. BSK ZPO-BÜHLER, Art. 134 N 9 ff.). Wenn die Vorladung sogar nicht vor der Verhandlung beim Vorgeladenen eintrifft, leidet der an dieser Verhandlung in Abwesenheit des Vorgeladenen gefällte Entscheid an einem Nichtigkeitsgrund (vgl. BGE 129 I 361 E. 2; BSK ZPO-BÜHLER, Art. 134 N 11, 15).

1371 Vgl. BGE 124 I 322 E. 4a; BGer 5D_181/2011 vom 11. April 2012, E. 3.1.2 m. Hinw.; BGer 5D_192/2013 vom 30. April 2014 E. 4.3.

1372 Vgl. BGer 5D_181/2011 vom 11. April 2012 E. 3.1.3.

1373 Die Länge dieser Frist ist gesetzlich nicht vorgegeben, mit Blick auf das Beschleunigungsgebot beträgt sie im summarischen Ausweisungsverfahren abhängig von der Praxis des jeweiligen Gerichts höchstens zehn Tage. (für die Lehre vgl. ZK ZPO-KLINGLER, Art. 253 N 2; BK ZPO-GÜNGERICH, Art. 253 N 8; DIKE ZPO-KAUFMANN, Art. 253 N 23).

bestimmt. Dem steht im Verfahren um Rechtsschutz in klaren Fällen das Beschleunigungsgebot des Summarverfahrens gegenüber. Ein Teil der Lehre spricht sich für eine (sehr kurze) Nachfrist aus.[1374] Das Bundesgericht nimmt eine differenzierende Perspektive ein und hat zumindest entschieden, dass im summarischen provisorischen Rechtsöffnungsverfahren keine Nachfrist eingeräumt werden muss.[1375] Ob dies auch für die Mieterausweisung im Rechtsschutz in klaren Fällen gelten soll, ist bislang noch offen. Zu bedenken ist, dass dem Schuldner bei einem gutgeheissenen provisorischen Rechtsöffnungsgesuch die Aberkennungsklage offen steht,[1376] während bei der Mieterausweisung nur noch das Rechtsmittel eingelegt werden kann, wo der Gesuchsgegner seine versäumten Vorbringen in der Regel nicht nachholen kann.[1377] Die Tragweite des Ausweisungsentscheids, welcher (anders als insbesondere der Entscheid über eine vorsorgliche Massnahme) der materiellen Rechtskraft fähig ist, muss gegen das Beschleunigungsgebot im summarischen Verfahren abgewogen werden.[1378] Im Falle der Mieterausweisung tritt nach der hier vertretenen Auffassung letzteres grundsätzlich gegenüber ersterem zurück. Jedoch kann sich, namentlich im Falle einer Kündigung wegen Zahlungsverzugs, wo sich der Schaden des Vermieters mit zunehmender Verfahrensdauer vergrössert, ebenso wie bei ausserordentlicher Kündigung wegen Unzumutbarkeit, die Gewichtung gegen eine Nachfristeinräumung verschieben. Sodann ist immer dann von einer Nachfrist abzusehen, wenn die verfahrenseinleitende Verfügung dem Gesuchsgegner nach mehreren erfolglosen Zustellversuchen nur durch Publikation nach Art. 141 ZPO eröffnet werden konnte. Sofern eine Nachfrist angesetzt wird, sollte diese in jedem Fall sehr kurz bemessen werden.[1379] Abzulehnen ist die in der Lehre vertretene Auffassung, dass der Ge-

---

1374 Zur Uneinigkeit in der Lehre BGE 138 III 483 E. 3.2.1; vgl. BSK ZPO-MAZAN, Art. 253 N 16 und DIKE ZPO-KAUFMANN, Art. 253 N 31.

1375 BGE 138 III 483 E. 3.2.

1376 So auch die Überlegung der Vorinstanz im genannten Bundesgerichtsentscheid, dass nämlich bei der provisorischen Rechtsöffnung lediglich die Parteirollen für den Aberkennungsprozess festgelegt würden (BGE 138 III 483 E. 3.2.3.).

1377 Im Rechtsmittelverfahren können auch keine unechten Noven mehr vorgebracht werden; vgl. BGE 138 III 625 (= Pra 102 [2013] Nr. 26) E. 2.1 und 2.2, dazu unten, Rz. 677 f.)

1378 So hat auch das Bundesgericht im zitierten Entscheid die im Rechtsöffnungsverfahren gebotene Prozessbeschleunigung als ausschlaggebend bezeichnet (BGE 138 III 483 E. 3.2.4). Vgl. auch BSK ZPO-MAZAN, Art. 253 N 16, der sich für eine Nachfrist beim Rechtsschutz in klaren Fällen ausspricht.

1379 Wird die Verfügung mit der Nachfrist vom Mieter nicht entgegen genommen, so gilt sie am siebten Tage der Abholfrist als zugestellt (Art. 138 Abs. 3 lit. a ZPO). Erst dann kann die Nachfrist zu laufen beginnen. Faktisch können dadurch bei einer Nachfrist von nur 5 Tagen mindestens zwei Wochen Verzögerung entstehen – zumal das Gericht zusuchsgegner im Falle der Säumnis an einer angesetzten Verhandlung erneut zu laden sei,[1380] und zwar nicht nur dann, wenn der Gesuchsgegner selbst die Verhandlung verlangt hat. Die durch eine erneute Vorladung entstehende Verzögerung ist im Summarverfahren nicht zu rechtfertigen.[1381] Der Gesuchsgegner kann eine Wiederherstellung verlangen, wenn er glaubhaft machen kann, dass ihn kein oder nur ein leichtes Verschulden an der Säumnis trifft (Art. 148 Abs. 1 ZPO).

c. Weiterer Verfahrensablauf

503 Je nach Inhalt einer allfälligen schriftlichen Stellungnahme des Gesuchsgegners gestaltet sich der weitere Verfahrensablauf. Ein zweiter Schriftenwechsel ist im Summarverfahren nicht vorgesehen.[1382] Enthält die Stellungnahme aber Vorbringen, die geeignet sind, das Ausweisungsbegehren scheitern zu lassen, ist dem Gesuchsteller zur Wahrung seines rechtlichen Gehörs Gelegenheit zu geben, sich dazu zu äussern, bevor der Entscheid gefällt wird.[1383] Dafür muss ihm keine Frist angesetzt werden; die Zustellung der Stellungnahme zur Kenntnisnahme genügt. Will der Gesuchsteller sich zu den Vorbringen der Gegenpartei vernehmen lassen, hat er seine Replik umgehend auch unaufgefordert einzureichen.[1384] Auch im Summarverfahren muss das Gericht zwischen Zustellung der Stellungnahme an den Gesuchsteller und Entscheidfällung daher mindestens zehn Tage zuwarten.[1385] Obgleich der Anspruch auf rechtliches Gehör zu jeder Eingabe der Gegenpartei unabhängig davon besteht,

---

nächst feststellen muss, dass innert der ersten Frist keine Stellungnahme eingereicht worden ist und anschliessend auch innert der Nachfrist nichts eingegangen ist.

1380 So vertreten von BSK ZPO-MAZAN, Art. 253 N 19 i.f.

1381 Die Vorladung zur zweiten Verhandlung wäre wie die erste mindestens zehn Tage im Voraus zu verschicken. Praxisgemäss lassen sich Verhandlungen zudem nur selten sehr kurzfristig ansetzen.

1382 Botschaft ZPO, S. 7350; differenzierend bereits STAEHELIN/STAEHELIN/GROLIMUND, § 21 N 43; ZK ZPO-KLINGLER, Art. 253 N 9.

1383 Dieses *«Replikrecht»* ist nicht zu verwechseln mit einer Replik im Sinne einer zweiten Schriftenwechsels: ZK ZPO-KLINGLER, Art. 252 N 6; KUKO ZPO-JENT-SØRENSEN, Art. 253 N 7; vgl. zum Replikrecht im summarischen Verfahren auch ausführlich BSK SchKG I-D. STAEHELIN, Art. 84 N 49.

1384 Vgl. BGE 138 III 252 E. 2.2. (= Pra 101 [2012] Nr. 109) E. 2.2.; BGer 4A_273/2012 vom 30. Oktober 2012 E. 3.2 m. Hinw. (nicht publiziert in BGE 138 III 620): *«In der Regel soll sie ihre Replikschrift umgehend einreichen, ohne vorher um eine gerichtliche Fristansetzung zu ersuchen»*.

1385 Statt vieler BGer 5A_174/2016 vom 26. Mai 2016 E. 3.2 und BGer 5A_1022/2015 vom 29. April 2016 E. 3.2.2, je mit Hinw.

ob diese Eingabe neue und erhebliche Gesichtspunkte enthält,[1386] muss das Gericht nach der hier vertretenen Auffassung nicht zuwarten, wenn es *«aufgrund der Aktenlage zur Überzeugung gelangt, der Anspruch der klagenden Partei sei ausgewiesen und eine eingehende Abklärung der beklagtischen Einwände könne daran nichts ändern»,* mit anderen Worten, wenn die vorgebrachten Einwände des Gesuchgegners nicht geeignet sind, Zweifel am ausgewiesenen Anspruch des Gesuchstellers zu begründen.[1387] Wird diesfalls der gutheissende Entscheid zeitgleich mit der Stellungnahme des Gesuchsgegners zugestellt, entsteht dem Gesuchsteller aus der Gehörsverletzung jedenfalls kein Nachteil.[1388] Es steht dem Gesuchsteller auch frei, zum Zwecke der Verfahrensbeschleunigung umgehend ausdrücklich auf sein Replikrecht zu verzichten. Macht der Gesuchsteller von seinem Replikrecht Gebrauch, so begründet dies grundsätzlich wiederum einen Anspruch der Gegenpartei auf *«Duplik»,* was das Verfahren in die Länge zieht. Es steht im Ermessen des Gerichts beide Parteien stattdessen in eine Verhandlung zu laden.[1389] Dies bietet sich auch an, wenn eine Einigung wahrscheinlich erscheint, namentlich, wenn der Mieter in seiner Stellungnahme lediglich um eine Erstreckung von konkreter, relativ kurzer Dauer ersucht.[1390]

d. Zur Eventualmaxime

504 Vom soeben beschriebenen Anspruch auf rechtliches Gehör zu unterscheiden ist die Frage der im Rechtsschutz in klaren Fällen geltenden Eventualmaxime. Die Eventualmaxime fixiert den Zeitpunkt im Verfahren, in welchem die Parteien alle ihre Angriffs- und Verteidigungsmittel (Rechtsbegehren, Tatsachenbehauptungen und Beweismittel) vorgebracht haben müssen, damit diese im Prozess berücksichtigt werden können *(«Aktenschluss»).*[1391] Die Eventualmaxime ist für das Summarverfahren nicht ausdrücklich geregelt. Grundsätzlich sind nach Art. 219 ZPO die Bestimmungen aus dem ordentlichen Verfahren sinngemäss anwendbar. Der hier einschlägige Art. 229 ZPO will jedoch auf das Summarverfahren nicht richtig passen, kann doch der Gesuchsteller bei Gesuchseinreichung weder von einem zweiten Schriftenwechsel noch von

---

1386 BGE 138 I 154 E. 2.3.3 m. zahlr. Hinw.; zuletzt für das Rechtsöffnungsverfahren BGer 5A_82/2015 vom 16. Juni 2015 E. 4.1.

1387 Vgl. oben, Rz. 448.

1388 Vgl. KUKO ZPO-JENT-SØRENSEN, Art. 253 N 7 (keine Beschwer).

1389 Vgl. KUKO ZPO-JENT-SØRENSEN, Art. 253 N 7; ZK ZPO-KLINGLER, Art. 252 N 9.

1390 Vgl. dazu oben, Rz. 337. Eine Alternative wäre auch, dies im Rahmen der Anordnung von direkten Vollstreckungsmassnahmen entsprechend zu berücksichtigen.

1391 STAEHELIN/STAEHELIN/GROLIMUND, § 10 N 37; SUTTER-SOMM, ZPO, Rz. 367; KLINGLER, Rz. 1.

einer Verhandlung ausgehen (Art. 256 Abs. 1 ZPO). Die Eventualmaxime im Summarverfahren ist daher umstritten:[1392] Während ein Teil der Lehre dafür votiert, dass Angriff- und Verteidigungsmittel nur im Gesuch und in der Stellungnahme uneingeschränkt zugelassen sind,[1393] vertritt ein anderer Teil, dass neue Tatsachen und Beweismittel uneingeschränkt bis zur Entscheidfällung berücksichtigt werden müssen,[1394] oder dass die Parteien auch im summarischen Verfahren zweimal die Möglichkeit haben, uneingeschränkt neue Tatsachen und Beweismittel einzubringen.[1395]

505 Im Interesse der Rechtssicherheit und Vorhersehbarkeit muss die Antwort auf diese Frage zu einem einheitlichen Ergebnis führen. Der Aktenschluss darf mit anderen Worten nicht im Einzelfall von der (für die Parteien unvorhersehbaren) gerichtlichen Verfahrensgestaltung abhängen.[1396] Daher ist derjenigen Auffassung der Vorzug zu geben, wonach die Parteien ihre sämtlichen Angriffs- und Verteidigungsmittel bereits in Gesuch bzw. Stellungnahme vorzubringen haben, das unverzügliche Vorbringen von echten oder unechten Noven (im Sinne von Art. 229 Abs. 1 ZPO) in einer allfälligen zweiten Stellungnahme (sei diese schriftlich oder mündlich) aber zulässig ist.[1397]

506 In der Praxis werden im Ausweisungsverfahren die unechten Noven im Sinne von Art. 229 Abs. 1 lit. b ZPO im Vordergrund stehen: Dabei handelt es sich um Tatsachen und Beweismittel, welche zwar bei der ersten Eingabe bereits vorhanden waren, aber *«trotz zumutbarer Sorgfalt nicht vorher vorgebracht werden konnten»*. Dies ist namentlich dann der Fall, wenn die Gegenpartei Bestreitungen oder Einwendungen vorträgt, die für den Gesuchsteller nicht vorhersehbar waren. Es kann mit anderen Worten vom Gesuchsteller nicht erwartet werden, dass er im Gesuch bereits auf alle theoretisch denkbaren Vorbringen der Gegenpartei eingeht.[1398]

Vgl. das Beispiel 1 in Rz. 468: Der Mieter bestreitet im Ausweisungsverfahren nach einer Kündigung wegen Zahlungsverzugs den Zahlungsaus-

---

[1392] Vgl. KLINGLER, Rz. 541 ff.; SPICHTIN, Diss., Rz. 187 ff.

[1393] ZK ZPO-KLINGLER, Art. 252 N 4 und 33; ZK ZPO-SUTTER-SOMM/LÖTSCHER, Art. 257 N 20; DIKE ZPO-PAHUD, Art. 229 N 27; FÜLLEMANN, S. 876; MORET, Rz. 336 i.f.

[1394] ZPO KUKO-ZPO-JENT-SØRENSEN, Art. 252 N 7 6. Spiegelstrich; MEIER, Zivilprozessrecht, S. 359.

[1395] DIE HERAUSGEBER des ZK ZPO in ZK ZPO-KLINGLER, Art. 252 N 33.

[1396] Vgl. BGE 140 III 312 E. 6.3.2.3; ZK ZPO-KLINGLER, Art. 252 N 4.

[1397] ZK ZPO-SUTTER-SOMM/LÖTSCHER, Art. 257 N 21; DIKE ZPO-KAUFMANN, Art. 252 N 36; ZK ZPO-KLINGLER, Art. 252 N 33. Vgl. MORET, Rz. 336 ff., insb. Rz. 343, der weiterhin nach Verfahrensverlauf differenziert.

[1398] KLINGLER, Rz. 442; vgl. KUKO ZPO-NAEGELI/MAYHALL, Art. 229 N 9; vgl. BK ZPO-KILLIAS, Art. 229 N 14; ZK ZPO-LEUENBERGER, Art. 229 N 8, DIKE ZPO-PAHUD, Art. 229 N 14; BSK SchKG I-D. STAEHELIN, Art. 84 N 52.

stand bei Kündigungsandrohung. Er habe den Mietzins auf der Schlichtungsstelle hinterlegt. Es kann vom Vermieter nicht erwartet werden, vor Einreichen seines Ausweisungsgesuches in jedem Fall vorsorglich eine Erklärung der Schlichtungsstelle einzuholen. Massgeblich ist die Vorhersehbarkeit der Einwendung. Ist sie unerwartet, so ist das nachträglich, unverzüglich eingeholte Beweismittel des Gesuchstellers zuzulassen. Hat der Mieter dem Vermieter die Hinterlegung indessen schriftlich angedroht, so ist dieser gehalten, sich vor Einreichen des Ausweisungsgesuchs bei der Hinterlegungsstelle zu erkundigen und dem Gericht bereits im Gesuch die entsprechenden Tatsachen vorzulegen.

Das Gericht hat also abzuwägen, ob mit dem Vorbringen des Mieters gerechnet werden musste oder nicht. Dabei ist grundsätzlich ein objektiver Massstab anzulegen.[1399] Nach der hier vertreten Auffassung kann das Gericht aber auch berücksichtigen, ob der Gesuchsteller prozesserfahren oder anwaltlich vertreten ist.[1400]

Nach Art. 229 Abs. 1 ZPO sind Noven *«ohne Verzug»* einzureichen. Auch die bundesgerichtliche Formulierung zum Gegenbeweis im Rechtsschutz in klaren Fällen (*«dass der Beklagte substanziiert und schlüssig Einwendungen vorträgt, die in tatsächlicher Hinsicht nicht sofort widerlegt werden können»*[1401]) verlangt umgehendes Handeln des Gesuchstellers. Wie gezeigt muss dem Gesuchsteller die Stellungnahme lediglich zur Kenntnisnahme zugestellt werden und der Entscheid ergeht frühestens zehn Tage nach dieser Zustellung, wenn keine Reaktion erfolgt.[1402] Diese zehn Tage müssen genügen, um den notwendigen Gegenbeweis auf eine überraschende Einwendung des Gesuchsgegners zu beschaffen. Abzulehnen ist jedoch eine weitere Verkürzung dieser Frist.[1403] Wenn das Gericht die Parteien nach Eingang der Stellungnahme in eine Verhandlung lädt, so kann der Gesuchsteller den notwendigen Gegenbeweis zu Beginn dieser Verhandlung vorbringen,[1404] zumal diese Verhandlung im Summarverfahren möglichst kurzfristig angesetzt wird:[1405] Folgt man der von 507

1399 BK ZPO-Killias, Art. 229 N 14; DIKE ZPO-Pahud, Art. 229 N 14.

1400 Klingler, Rz. 432; ZK ZPO-Leuenberger, Art. 229 N 8; vgl. DIKE ZPO-Pahud, Art. 229 N 14 m. Hinw.

1401 BGE 138 III 620 E. 5.1.1; oben Rz. 448.

1402 Oben, Rz. 503.

1403 ZK ZPO-Klingler, Art. 252 N 33 verlangt mit Blick auf die beförderliche Prozesserledigung im Summarverfahren eine Reaktion innert fünf Tagen.

1404 KUKO ZPO-Naegeli/Mayhall, Art. 229 N 10; BSK ZPO-Willisegger, Art. 229 N 9; DIKE ZPO-Pahud, Art. 229 N 11, 16; Füllemann, S. 871.

1405 Vgl. CR CPC-Tappy, Art. 229 N 9, wonach das Abwarten der Hauptverhandlung nicht immer zulässig ist, wenn diese nicht innert kurzer Zeit stattfindet («[…] *s'il n'en est pas prévu avant longtemps*»).

einem Teil der Lehre zu Art. 229 Abs. 1 ZPO vertretenen Auffassung, wonach der Gesuchsteller verpflichtet wäre, seinen Gegenbeweis auch in einem solchen Fall innert zehn Tagen, also noch vor der Verhandlung, in einer eigenen Noveneingabe einzureichen,[1406] so wäre der Gesuchsteller nach der hier vertretenen Auffassung auf diesen Umstand hinzuweisen, widrigenfalls wird durch die Vorladung ein Vertrauen darauf begründet, sich an der Verhandlung wirksam zu den Vorbringen der Gegenpartei äussern zu dürfen.

508 Wurde keine schriftliche Stellungnahme des Gesuchgegners angefordert, sondern die Parteien sogleich zur Verhandlung geladen und erhebt der Gesuchgegner seine *überraschende* Einwendung an dieser Verhandlung, so kann vom Gesuchsteller nicht erwartet werden, dass er den Gegenbeweis an die Verhandlung mitgebracht hat. Hier ist dem Gesuchsteller eine kurze Frist anzusetzen, um den Gegenbeweis nachzureichen, will man den Rechtsschutz in klaren Fällen nicht gänzlich aushöhlen.[1407]

e. Gerichtliche Fragepflicht

509 Sind die Angaben im Gesuch unklar, widersprüchlich, unbestimmt oder offensichtlich unvollständig, soll nach der hier vertretenen Auffassung bereits vor Zustellung an den Gesuchsgegner die gerichtliche Fragepflicht ausgeübt (Art. 56 ZPO) und auch allfällige Beweismittel nachgefordert werden (Art. 153 Abs. 2 ZPO).[1408] Auf diese Weise kann das vollständige (ergänzte) Gesuch an die Gegenpartei zugestellt werden. Dadurch wird – auf prozessökonomische Weise und unter Beachtung der Verfahrensbeschleunigung – ihr rechtliches Gehör gewahrt (denn sie muss sich auch zu den Ergänzungen und den aufgrund von Art. 153 Abs. 2 ZPO nachgeforderten Beweismitteln äussern können).[1409] Zeigt sich auf entsprechende Nachfrage, dass das Gesuch *«offensichtlich unbegründet»* im Sinne von *«aussichtslos»*[1410] ist (beispielsweise, weil die Kündigung des Vermieters nicht auf einem amtlich genehmigten

[1406] ZK ZPO-LEUENBERGER, Art. 229 N 9 m. Hinw.; KLINGLER, Rz. 362, 420.

[1407] So auch zum Rechtsöffnungsverfahren BSk SchKG-D. STAEHELIN, Art. 84 N 52.

[1408] Ein Teil der Lehre lehnt mit Blick auf den gestrichenen Art. 215 Abs. 2 lit. b VE ZPO die Zulassung von neuen Tatsachen und Beweismittel, die durch die Ausübung der richterlichen Fragepflicht veranlasst wurden, nach dem Aktenschluss ab (z.B. Stämpfli ZPO-WIDMER, Art. 229 N 12). Dem kann hier nicht gefolgt werden; vgl. vorstehend, Rz. 505, sowie oben, Rz. 455 Fn 1259. Vgl. differenzierend KUKO ZPO-NAEGELI/MAYHALL, Art. 229 N 4 und 9.

[1409] Vgl. ZK ZPO-KLINGLER, Art. 252 N 2 und 5, wonach die gerichtliche Fragepflicht an der allfälligen Verhandlung auszuüben sei.

[1410] BSK ZPO-MAZAN, Art. 253 N 12; DIKE ZPO-KAUFMANN, Art. 253 N 7 ff.; vgl. ZK ZPO-KLINGLER, Art. 253 N 7.

Formular erfolgte), muss das Gericht keine Stellungnahme der Gegenpartei einholen, sondern kann direkt den Nichteintretensentscheid fällen (Art. 253 ZPO *e contrario*).

Sind die Angaben in der Stellungnahme des Gesuchgegners unklar, wider- 510 sprüchlich, unbestimmt oder offensichtlich unvollständig, kann das Gericht seine Fragepflicht entweder schriftlich ausüben oder die Parteien in eine Verhandlung laden. Mit Blick auf die Tragweite des Ausweisungsentscheids für den Mieter aber auch im Sinne der Verfahrensbeschleunigung (der Gesuchsteller muss sich seinerseits auch zu den Ergänzungen äussern können) ist letzteres in der Regel vorzuziehen. Die ergänzenden Fragen lassen sich diesfalls auch mit der Vorladung verbinden.

f. Säumnis an der Hauptverhandlung

Von praktischer Bedeutung ist schliesslich auch die Frage der Folgen von 511 Säumnis an der Hauptverhandlung. Nach der Regel für das ordentliche Verfahren fällt das Gericht bei Säumnis einer Partei seinen Entscheid – unter Vorbehalt von Art. 153 ZPO – anhand der eingereichten Eingaben und der Vorbringen der anwesenden Partei (Art. 234 Abs. 1 ZPO). Bei Säumnis beider Parteien schreibt es das Verfahren als gegenstandslos ab (Art. 234 Abs. 2 ZPO). Gemäss Art. 219 ZPO gelten die Bestimmungen für das ordentliche Verfahren *sinngemäss* auch im Summarverfahren. Während Art. 234 Abs. 1 ZPO im summarischen Verfahren keine Probleme bereitet, ist Art. 234 Abs. 2 ZPO etwas genauer zu betrachten. Der Vorentwurf zur ZPO kannte diese Bestimmung noch nicht. Sie findet sich erstmals im Entwurf und bleibt in der Botschaft unkommentiert. Nach der hier vertreten Ansicht steht diese Bestimmung bereits in der Systematik des ordentlichen Verfahrens quer. Gemäss Art. 233 ZPO können die Parteien gemeinsam auf die Durchführung einer Hauptverhandlung verzichten, was nach Rechtsprechung des Bundesgerichts (sogar im vereinfachten Verfahren) auch konkludent geschehen kann.[1411] Bleiben aber beide Parteien der Verhandlung einfach fern, wird das Verfahren *«als gegenstandslos»* abgeschrieben. Begründen liesse sich dies damit, dass beide Parteien durch ihre Abwesenheit ihr Desinteresse an der rechtskräftigen Erledigung der Streitsache erklären. Konsequent wäre es dann jedoch, auch bei Säumnis nur der klagenden Partei dieses Desinteresse anzunehmen – Säumnis der klagenden Partei bewirkt jedoch gemäss Abs. 1 keinen Nichteintretensentscheid. Es wird vielmehr auf die Akten und die Äusserungen der anwesenden Partei abgestellt.[1412] Offenbar *«ersetzt»* hier das (durch deren Anwesenheit unwider-

[1411] BGE 140 III 450 E. 3.2.

[1412] Gleiches gilt, wenn nur der Beklagte der Verhandlung fernbleibt.

legbar vermutete oder fingierte) Interesse der Beklagten an der Erledigung des Entscheids das (vermutungsweise nicht mehr bestehende) Interesse der Klagpartei. Das ist ein gewagtes Konstrukt; anders sind die beiden Absätze aber kaum miteinander vereinbar.[1413] Im summarischen Verfahren ist zu beachten, dass der Gesuchsteller sein gesamtes Anspruchsfundament bereits in seinem Gesuch vorbringen muss. Wird eine Verhandlung angesetzt, dient sie in erster Linie der Stellungnahme des Gesuchsgegners. Bleibt der Gesuchsteller der Verhandlung fern, geht er der Möglichkeit verlustig, sich zu den Vorbringen der Gegenpartei zu äussern. Eine weitergehende prozessuale Säumnisfolge ist jedoch nicht angezeigt. Zudem würde eine Anwendung von Art. 234 Abs. 2 ZPO den Gesuchsgegner, welcher der Vorladung Folge leistet, gegenüber dem Gesuchgegner, welcher der Verhandlung fernbleibt, bei Abwesenheit des Gesuchstellers ohne einleuchtenden Grund begünstigen: Erscheint nur der Gesuchsgegner, wird er bei eindeutiger Aktenlage ausgewiesen; gelingt es ihm, an der Verhandlung beim Gericht Zweifel am Anspruch auf Räumung zu wecken, ergeht lediglich ein Nichteintretensentscheid. Erscheint der Gesuchsgegner hingegen gar nicht zur Verhandlung, wird das Verfahren (bei Säumnis des Gesuchstellers) abgeschrieben. Umgekehrt müsste der Gesuchsteller (gerade in klaren Fällen, in welchen bereits alles im Gesuch belegt ist) nur noch *pro forma* an der Verhandlung erscheinen, um zu verhindern, dass das Verfahren bei Säumnis des Beklagten abgeschrieben wird.[1414] Aus diesen Gründen ist eine *«sinngemässe»* Anwendung von Art. 234 Abs. 2 ZPO im Rechtsschutz in klaren Fällen abzulehnen.[1415]

4. Zur Dauer des Verfahrens

512 Die Dauer des Ausweisungsverfahrens als Rechtsschutz in klaren Fällen ist in hohem Masse von der Ausgestaltung des Verfahrens (insb. davon, ob eine Verhandlung durchgeführt wird und wie kurzfristig diese angesetzt werden

---

1413 Eine zweite Möglichkeit wäre, bei nachrichtenloser Abwesenheit beider Parteien eine aussergerichtliche Einigung anzunehmen, was zur Abschreibung des Verfahrens wegen Gegenstandslosigkeit führen würde. Dies wäre jedoch nach der hier vertretenen Auffassung realitätsfremd, jedenfalls aber nicht näherliegend als ein beidseitiger konkludenter Verzicht auf die Hauptverhandlung.

1414 In Kantonen, welche die berufsmässige Vertretung vor Gericht den Anwältinnen und Anwälten vorbehalten (z.B. Basel-Stadt, vgl. unten, Rz. 602 ff.), ist die Vermieterin, welche sich an der Verhandlung von ihrer Liegenschaftsverwaltung vertreten lässt, im Grunde säumig, da diese zur Vertretung nicht zugelassen wird.

1415 Gl. M. für das Summarverfahren allgemein BSK ZPO-MAZAN, Art. 253 N 16; a. A. DIKE ZPO-KAUFMANN, Art. 256 N 15 f. Vgl. zum Rechtsöffnungsverfahren BSK SchKG-D. STAEHELIN, Art. 84 N 43 und die frühe bundesgerichtliche Rechtsprechung (BGE 58 I 369) sowie die Botschaft (BBl 1991 III 1 ff., 68) hierzu.

kann) und der Zustellbarkeit der ersten Verfügung an den Gesuchsgegner abhängig. Sie kann nach Angaben der befragten Gerichte vom Einreichen des Gesuches bis zum erstinstanzlichen Entscheid zwischen drei Wochen und drei Monate betragen, in einzelnen Fällen auch länger.[1416]

V. Der Entscheid

Sind die Voraussetzungen für den Rechtsschutz in klaren Fällen nicht gegeben, so fällt das Gericht nach Art. 257 Abs. 3 ZPO einen Nichteintretensentscheid.[1417] Dieser Entscheid zeitigt keine materielle Rechtskraft.[1418] Der Gesuchsteller kann seinen Anspruch anschliessend im ordentlichen oder vereinfachten Verfahren (erneut) beurteilen lassen. 513

Nach herrschender Lehre findet Art. 63 Abs. 1 ZPO Anwendung,[1419] so dass auch die Rechtshängigkeit erhalten bleibt, wenn der Gesuchsteller sein Begehren innert Monatsfrist nach Entscheideröffnung bei der Schlichtungsbehörde anhängig macht. Nach Rechtsprechung des Bundesgerichts ist im Rahmen von Art. 63 Abs. 1 bzw. 2 ZPO die identische Rechtsschrift (ohne Änderungen) neu einzureichen. Verbesserungen oder Ergänzungen können nur im Rahmen der Möglichkeiten vorgenommen werden, die das Prozessrecht nach Eintritt der Rechtshängigkeit im weiteren Verfahren vor der zuständigen Instanz einräumt.[1420] Dies ist unproblematisch, wenn die Anforderungen an die erste Eingabe in der irrtümlich angenommenen bzw. gewählten Verfahrensart höher sind als in der eigentlich richtigen Verfahrensart, wie insbesondere bei einem 514

1416 Zur Verzögerung allein durch das Ansetzen einer Nachfrist für die Stellungnahme oben, Fn 1379.

1417 Mit BGE 140 III 315 (= Pra 104 [2015] Nr. 4) E. 5 beendete das Bundesgericht den Lehrstreit darüber, ob das Gericht einen abweisenden Entscheid fällen könne, wenn sich das Gesuch klar als unbegründet erweist. Es hielt fest, dies sei nach dem klaren Willen des Gesetzgebers nicht möglich. Vgl. dazu SPICHTIN, SZZP, 582 ff.

1418 So auch BSK ZPO-HOFMANN, Art. 257 N 26; OFK ZPO-LAZOPOULOS/LEIMGRUBER, Art. 257 N 15 ff.; SPICHTIN, Diss., Rz. 70; DIKE ZPO-GÖSKÜ, Art. 257 N 25; a. A. KUKO ZPO-JENT-SØRENSEN, Art. 257 N 14; vgl. STAEHELIN/ STAEHELIN/GROLIMUND, § 21 Rz. 58.

1419 Botschaft ZPO, S. 7352; STAEHELIN/STAEHELIN/GROLIMUND, § 21 Rz. 58; SPÜHLER/DOLGE/GEHRI, S. 336 Rz. 265; BSK ZPO-HOFMANN, Art. 257 N 28 f.; KUKO ZPO-JENT-SØRENSEN, Art. 257 N 15; DIKE ZPO-GÖKSÜ, Art. 257 N 26; CR CPC-BOHNET, Art. 257 N 27; Cocchi et al. CPC-TREZZINI, Art. 257, S. 1145; BAECKERT, S. 141 f.; a. A. ZK ZPO-SUTTER-SOMM/LÖTSCHER, Art. 257 N 32 (der Nichteintretensentscheid ergeht nicht, weil der Gesuchsteller die falsche Verfahrensart gewählt hat, sondern weil die Voraussetzungen für den Rechtsschutz in klaren Fällen nicht vorliegen).

1420 BGE 141 III 481 E. 3.2.4.

Gesuch im summarischen Verfahren im Vergleich zum Schlichtungsgesuch, nicht hingegen im umgekehrten Fall.[1421] Ist parallel zum Ausweisungsverfahren bereits ein vom Mieter eingeleitetes Kündigungsschutzverfahren rechtshängig gemacht worden, so stünden sich nach einem Nichteintretensentscheid im Ausweisungsverfahren des Vermieters und einer Neueinreichung dieses Ausweisungsbegehrens in Form eines Schlichtungsgesuchs bei der Schlichtungsbehörde für Mietstreitigkeiten in Anwendung von Art. 63 Abs. 2 ZPO zwei Kündigungsschutzverfahren mit spiegelbildlicher Rollenverteilung gegenüber. Der Rückbezug der Rechtshängigkeit auf das Datum der ersten Einreichung wirft mit Blick auf Art. 59 Abs. 2 lit. d ZPO die Frage auf, auf welche Klage eingetreten werden kann. In der Regel wird das Kündigungsschutzverfahren vor Ablauf des Mietverhältnisses,[1422] das Ausweisungsverfahren jedoch erst nach diesem Zeitpunkt und damit später eingeleitet.[1423] Aufgrund der Sperrwirkung des ersten Kündigungsschutzverfahrens[1424] kann der im Rechtsschutz in klaren Fällen unterlegene Vermieter sein Rechtsbegehren nur noch widerklageweise einbringen.[1425] Der Ausweisungs- bzw. Rückgabeanspruch des Vermieters nach Ablauf des Mietverhältnisses ist freilich an keine Verwirkungsfrist gebunden, so dass der Vermieter nicht auf Art. 63 ZPO angewiesen ist. Anders zeigt sich die Situation des Mieters. Er hat die gemäss Art. 273 Abs. 1 bis 3 OR geltende dreissig- bzw. sechzigtägige Verwirkungsfrist einzuhalten, will er die Kündigung als missbräuchlich anfechten oder einen Erstreckungsanspruch geltend machen. Reicht der Vermieter sein Ausweisungsgesuch im Rechtsschutz in klaren Fällen bereits erhebliche Zeit vor Ablauf des Mietverhältnisses ein,[1426] noch bevor der Mieter das Kündigungsschutzverfahren rechtshängig gemacht hat, so führt im Falle eines Nichteintretens auf das Ausweisungsgesuch die Anwendung von Art. 63 ZPO dazu, dass das Kündigungsschutzverfahren des Vermieters bereits rechtshängig war, bevor der Mie-

---

[1421] Bei einer irrtümlich angenommenen Klage im vereinfachten Verfahren statt im ordentlichen Verfahren können immerhin in der schriftlichen oder mündlichen Replik die Lücken im Tatsachenfundament gefüllt werden; unklar ist das Vorgehen, wenn die Tatsachenbehauptungen in der Klage gänzlich fehlen (vgl. Art. 244 Abs. 2 ZPO, Art. 221 Abs. 1 lit. d ZPO). Reicht aber die klagende Partei ihre Rechtsbegehren zunächst irrtümlich im vereinfachten Verfahren oder einen Schlichtungsverfahren statt im summarischen Verfahren ein, so besteht keine Möglichkeit, die notwendige Begründung nachzuholen.

[1422] Vgl. Art. 273 Abs. 1 OR für die Kündigungsanfechtung und Art. 273 Abs. 2 OR für das Erstreckungsgesuch (vgl. dazu oben, Fn 1036). Ein Gesuch um Feststellung der Nichtigkeit oder Ungültigkeit einer Kündigung kann hingegen jederzeit eingereicht werden (oben, Rz. 192, 196, 260).

[1423] Vgl. unten, Rz. 592 ff.

[1424] Vgl. Art. 59 Abs. 2 lit. d ZPO.

[1425] Dazu unten, Rz. 551 ff. und 556.

[1426] Vgl. dazu unten, Rz. 592 ff.

ter das seine eingereichte. Dies darf freilich nicht dazu führen, dass auf das Rechtsbegehren des Mieters nach Art. 59 Abs. 2 lit. d ZPO nicht eingetreten und der Mieter damit seines Überprüfungsanspruchs beraubt würde. Vielmehr sollten in einem derartigen Ausnahmefall die beiden Verfahren nach Art. 125 lit. c ZPO vereinigt werden. Das Gericht (gegebenenfalls bereits die Schlichtungsbehörde) hat dabei zu bestimmen, welcher Partei die Kläger- und welcher die Widerklägerrolle zuzuweisen ist.[1427]

Ob der Gesuchsteller im Falle des Nichteintretens mangels Liquidität über 515 denselben Anspruch zu einem späteren Zeitpunkt ein erneutes Gesuch um Rechtsschutz in klaren Fällen stellen kann, ist in der Lehre umstritten.[1428] Ist der Sachverhalt nicht liquid oder die Rechtslage unklar, so fehlt es an einer Prozessvoraussetzung,[1429] was zum Nichteintretensentscheid führt. Nach bundesgerichtlicher Rechtsprechung können Prozessurteile *«höchstens hinsichtlich der beurteilten Zulässigkeitsfrage»* in materielle Rechtskraft erwachsen.[1430] Haben sich die Umstände in der Zwischenzeit jedoch massgeblich verändert (nachdem beispielsweise die örtliche Zuständigkeit durch Umzug bzw. Sitzverlegung begründet oder ein versäumtes obligatorisches Schlichtungsverfahren durchgeführt worden ist), ist eine erneute Klage in derselben Sache zulässig, wird damit doch die Richtigkeit des ersten Nichteintretensentscheides nicht in Frage gestellt. Entsprechend ist es nach der hier vertretenen Auffassung zulässig, dass der Gesuchsteller eines Gesuchs um Rechtsschutz in klaren Fällen nach einem Nichteintretensentscheid ein neues Gesuch um Rechtsschutz in klaren Fällen über denselben Anspruch stellt, wenn sich seine Beweislage in der Zwischenzeit verbessert hat.[1431] Dagegen spricht die Überle-

---

[1427] Befindet sich das Verfahren noch im Schlichtungsstadium kann die Schlichtungsbehörde auch einen Urteilsvorschlag erlassen – die Parteirollen werden dann gemäss Art. 211 Abs. 2 lit. a i.V.m. Art. 210 Abs. 1 lit. b ZPO der ablehnenden Partei zugewiesen (vgl. unten, Rz. 545 und Fn 1500).

[1428] *Pro:* BSK ZPO-HOFMANN, Art. 257 N 26; ZK ZPO-SUTTER-SOMM/LÖTSCHER, Art. 257 N 32b; OFK ZPO-LAZOPOULOS/LEIMGRUBER, Art. 257 N 16; SPICHTIN, Diss., Rz. 70; *Contra:* STAEHELIN/STAEHELIN/GROLIMUND, § 21 Rz. 58; KUKO ZPO-JENT-SØRENSEN, Art. 257 N 14; DIKE ZPO-GÖSKÜ, Art. 257 N 25; BK ZPO-GÜNGERICH, Art. 257 N 20.

[1429] SPICHTIN, Diss., Rz. 62; Stämpfli ZPO-KOSLAR, Art. 257 N 16; vgl. KUKO ZPO-JENT-SØRENSEN, Art. 257 N 13.

[1430] BGE 115 II 187 E. 3a; BGE 134 III 467 E. 3.2 (was namentlich bedeute, dass die klagende Partei in einem späteren Verfahren vor dem gleichen Gericht und gestützt auf denselben Sachverhalt nicht mehr behaupten könne, der frühere Entscheid, mit dem die örtliche Zuständigkeit verneint wurde, sei unrichtig); ZK ZPO-SUTTER-SOMM, Art. 59 N 48 f.; vgl. Stämpfli ZPO-COURVOISIER, Art. 59 N 24, wonach ein Nichteintretensentscheid keine Bindungswirkung entfalte.

[1431] So auch BSK ZPO-HOFMANN, Art. 257 N 26; OFK ZPO-LAZOPOULOS/ LEIMGRUBER, Art. 257 N 16; SPICHTIN, Diss., Rz. 70; a. A. STAEHELIN/STAEHELIN/ GROLIMUND, § 21 gung, dass der Rechtsschutz in klaren Fällen als Expressverfahren zu Gunsten des Klägers konzipiert ist[1432] und daher vom Kläger zu erwarten ist, dass er bei Einreichen des Gesuches die Voraussetzungen erfüllt und auch auf allfällige Einreden und Einwendungen des Gesuchsgegners vorbereitet ist. Dieses Verfahren soll ihm nicht unbeschränkt zur Verfügung stehen.[1433] Diese Ansicht findet jedoch keine gesetzliche oder dogmatische Grundlage.[1434] Bei einem erneuten Gesuch um Rechtsschutz in klaren Fällen ist daher die Liquidität von Rechtslage und Sachverhalt erneut zu beurteilen. Erweist es sich, dass sich die Ausgangslage im Vergleich zum ersten Verfahren nicht verändert hat,[1435] so ist neben dem kostenpflichtigen (erneuten) Nichteintreten gegebenenfalls auch eine Ordnungsbusse wegen mutwilliger Prozessführung nach Art. 128 Abs. 3 ZPO denkbar.[1436]

516 Da die Abweisung des Gesuchs im Rechtsschutz in klaren Fällen definitiv ausgeschlossen ist,[1437] wird in der Lehre vertreten, auch ein Rückzug des Gesuchs dürfe keine *res iudicata*-Wirkung haben. Der Rückzug des Gesuchs könne keine *«weiterreichenden Folgen haben, als wenn der Richter erkennt, dass die Voraussetzungen des Rechtsschutzes in klaren Fällen nicht vorliegen.»*[1438] Dem ist zuzustimmen.

517 Ein Teil der Lehre verweist auf die Möglichkeit des Gesuchsgegners, bei liquider Beweislage widerklageweise die Feststellung des Nichtbestehens des klägerischen Anspruches zu verlangen.[1439] Eine Widerklage (bzw. hier ein *«Widergesuch»*) im Rechtsschutz in klaren Fällen ist grundsätzlich zulässig,

Rz. 58; KUKO ZPO-JENT-SØRENSEN, Art. 257 N 14; DIKE ZPO-GÖSKÜ, Art. 257 N 25.

1432 Botschaft ZPO, S. 7352.

1433 Es ist denkbar, dass der Gesuchsteller sein Gesuch wiederholt einreicht in der Hoffnung, beim nächsten Mal möge sich der Gesuchsgegner nicht mehr dazu äussern.

1434 A.A. für das Rechtsöffnungsverfahren ausführlich BSK SchKG-D. STAEHELIN, Art. 84 N 80; vgl. aber hierzu auch BGE 140 III 456 (= Pra 104 [2015] Nr. 36, keine *res iudicata* Wirkung in derselben Betreibung), vgl. zur identischen Frage im Vollstreckungsverfahren unten, Rz. 748.

1435 Denkbar ist auch eine Differenzierung danach, ob es sich bei den neu eingereichten Beweismitteln sozusagen um *Noven* handelte oder ob es dem Gesuchsteller möglich gewesen wäre, diese Beweise bereits im letzten Verfahren einzureichen.

1436 Auch bei einer im Vergleich zum ersten Verfahren erhöhten Gerichtsgebühr handelt es sich m.E. um eine *«versteckte Ordnungsbusse»*.

1437 BGE 140 III 315 (=Pra 104 [2015] Nr. 4), E. 5.

1438 BK ZPO-GÜNGERICH, Art. 257 N 22; BSK ZPO-HOFMANN, Art. 257 N 28b; DIKE ZPO-GÖKSÜ, Art. 257 N 25.

1439 CR CPC-BOHNET, Art. 257 N 24, STAEHELIN/STAEHELIN/GROLIMUND, § 21 Rz. 58.

wenn sie das Verfahren nicht erheblich verzögert.[1440] *Litispendenz* steht der negativen Feststellungswiderklage im Rechtsschutz in klaren Fällen nicht entgegen, da eben kein abweisender Entscheid ergehen *kann*. Das Vorliegen eines *«klaren Falles»* ist eine Prozessvoraussetzung in diesem Verfahren – allerdings nur einseitig, zugunsten des Gesuchstellers. Denn das Gericht tritt auch nicht auf das Gesuch ein, wenn der Anspruch in der Sache klarerweise nicht besteht. Anders ausgedrückt: tritt das Gericht auf das Ausweisungsgesuch im Verfahren um Rechtsschutz in klaren Fällen ein, so heisst es dieses gut.[1441] Durch diese Besonderheit des Rechtsschutzes in klaren Fällen, dass nämlich kein abweisender Entscheid ergehen kann, wird das materiell zu beurteilende *Negativum* erst durch die Widerklage rechtshängig gemacht. Allerdings kann einer solchen Widerklage des Mieters im Ausweisungsverfahren gegebenenfalls ein bereits rechtshängiges Kündigungsschutzverfahren entgegenstehen. Auf die Widerklage kann diesfalls zufolge Litispendenz nach Art. 59 Abs. 2 lit. d ZPO nicht eingetreten werden. Erhebt der Gesuchsgegner eine *«negative Feststellungswiderklage»,* so werden in der Regel nach Gesuch und Stellungnahme/Widergesuch die massgeblichen Tatsachenbehauptungen und liquiden Beweise beider Seiten vorliegen. Dennoch ist die Widerklage dem Widerbeklagten mit einer kurzen Frist zur Stellungnahme zuzustellen. Wurde die Widerklage in der Verhandlung erhoben,[1442] hat sich der Gesuchsteller bzw. Widerbeklagte umgehend dazu zu äussern. Um die Widerklage zu Fall zu bringen, genügt es, dass er die Vorbringen des Widerklägers seinerseits schlüssig und substanziiert bestreitet.[1443] Es ist ohne Weiteres möglich, dass auf beide Gesuche mangels Liquidität nicht eingetreten werden kann. Begehrt

---

1440 Botschaft ZPO, S. 7350; im Vorentwurf (Art. 263 VE ZPO) war die Widerklage im summarischen Verfahren noch generell ausgeschlossen. BSK ZPO-WILLISEGGER, Art. 224 N 73; BSK ZPO-MAZAN, Art. 253 N 20; KUKO ZPO-JENT-SØRENSEN, Art. 252 N 6 3. Spiegelstrich; ZK ZPO-KLINGLER, Art. 252 N 24 ff.; ZK ZPO-SUTTER-SOMM/LÖTSCHER, Art. 257 N 17; vgl. BSK ZPO-HOFMANN, Art. 257 N 23d.

1441 Und zwar vollumfänglich, vgl. BGE 141 III 23 (Pra 104 [2015] Nr. 114) E. 3.3 m. Hinw. a. BGer 5A_768/2012 E. 4.3 (zu einem Editionsbegehren über verschiedene Dokumente. Das Bundesgericht hielt fest, es sei *«nicht Aufgabe des Gerichts, Untersuchungen anzustrengen und eine Auswahl zwischen behaupteten Tatsachen zu treffen, um zu bestimmen, was gutzuheissen und was abzuweisen ist; den Begehren muss vielmehr vollumfänglich stattgegeben werden können, andernfalls ist auf das Gesuch nicht einzutreten.»* Entsprechendes muss nach der hier vertretenen Auffassung auch für Geldforderungen gelten: die eingeklagte Summe muss vollumfänglich zugesprochen werden können, andernfalls ist auf das Gesuch nicht einzutreten. Für das Gericht verbietet es sich insbesondere, einen Mindestbetrag zu bestimmen, der sicher geschuldet ist und auf die überschiessende Forderung nicht einzutreten.)

1442 Die Erhebung eines Kostenvorschusses für die Widerklage bzw. das *«Widergesuch»* liegt stets im Ermessen des Gerichts (Art. 98 ZPO, *«kann»*).

1443 Oben, Rz. 448.

der Beklagte lediglich, das Gesuch um Rechtsschutz in klaren Fällen sei abzuweisen, so ist darin noch keine solche Widerklage zu sehen. Eine Widerklage könnte insbesondere lauten:

«Es sei widerklageweise festzustellen, dass die Kündigung vom 7. Juli 2016 über das Mietverhältnis an der Musterstrasse 3 in Musterstadt nichtig ist.»

VI. Rechtsmittel

518 Gegen den Entscheid steht abhängig vom Streitwert die Berufung oder die Beschwerde offen.[1444] Die Beschwerde- oder Berufungsschrift ist mit vollständiger Begründung innert 10 Tagen ab Eröffnung des begründeten Entscheides bzw. ab Zustellung der schriftlichen Entscheidbegründung bei der Rechtsmittelinstanz einzureichen (Art. 314 Abs. 1 ZPO). Diese Frist ist nicht erstreckbar und steht während der Gerichtsferien nicht still (Art. 145 Abs. 2 lit. b ZPO).

[1444] Zu den besonderen Fragen des Rechtsmittelverfahrens unten, Rz. 653 ff.

§ 13 Die Ausweisung als vorsorgliche Massnahme

I. Zulässigkeit

Sind die Voraussetzungen für einen Rechtsschutz in klaren Fällen nicht gegeben, so hat der Vermieter grundsätzlich das vereinfachte Verfahren einzuschlagen.[1445] Dazu muss er zunächst die Schlichtungsbehörde anrufen. Sodann sind auch im vereinfachten Verfahren die Gerichtsferien zu beachten. Ein schneller Rechtsschutz ist auf diese Weise nicht möglich. Es kann die Gefahr bestehen, dass der Rechtssuchende aufgrund der Dauer eines gerichtlichen Verfahrens einen nicht leicht wieder gut zu machenden Schaden erleidet. Für diese Fälle stellt das Gesetz den einstweiligen Rechtsschutz in Form der vorsorglichen Massnahmen nach Art. 261 ff. ZPO zur Verfügung. 519

Um den Erlass einer vorsorglichen Massnahme zu erwirken, hat der Gesuchsteller einen materiellrechtlichen Anspruch gegen den Gesuchsgegner glaubhaft zu machen (sog. Verfügungsanspruch). Weiter muss er darlegen, dass ihm durch eine gegenwärtige oder drohende Verletzung dieses Anspruches ein nicht leicht wieder gut zu machender Nachteil droht (sog. Verfügungsgrund). Zudem muss zeitliche Dringlichkeit gegeben sein.[1446] Das Gericht hat sodann eine Interessensabwägung vorzunehmen. Es sind die im Falle der Nichtanordnung der vorsorglichen Massnahme zu befürchtenden Nachteile des Gesuchstellers gegen die dem Gesuchgegner durch die Massnahme selbst drohenden Nachteile abzuwägen.[1447] Die anzuordnende Massnahme muss schliesslich verhältnismässig sein.[1448] In Art. 262 ZPO werden einzelne mögliche Inhalte vorsorglicher Massnahmen beispielhaft aufgezählt. Nach lit. d ist die vorsorgliche Anordnung einer Sachleistung möglich. Dadurch kann der Gesuchsteller vorsorglich einen widerrechtlich entzogenen oder vorenthaltenen Besitz wiedererlangen.[1449] Die Ausweisung des Mieters ist nichts anderes als die zwangsweise Wiederverschaffung des unmittelbaren Besitzes am Mietobjekt für den Vermieter. Anders als bei Geldleistungen (lit. e) enthält das Gesetz diesbezüglich auch keinen Vorbehalt. Eine vorsorgliche Ausweisung erscheint daher – wenngleich es sich auch um eine drastische Massnahme handeln 520

[1445] Oben, Rz. 261.

[1446] Botschaft ZPO, S. 7354; BSK ZPO-SPRECHER, Art. 261 N 39.

[1447] KUKO ZPO-KOFMEL EHRENZELLER, Art. 261 N 9; STAEHELIN/STAEHELIN/GROLIMUND, § 22 Rz. 10 i.f.; kritisch ZPO BSK-SPRECHER, Art. 261 N 31 ff.

[1448] Botschaft ZPO, S. 7354 f.; STAEHELIN/STAEHELIN/GROLIMUND, § 22 Rz. 12 ff.

[1449] Botschaft ZPO, S. 7355.

mag – bei Vorliegen der entsprechenden Voraussetzungen grundsätzlich möglich.

521 Unter altem Recht war das Ausweisungsverfahren beispielsweise in der Berner Zivilprozessordnung als einstweilige Massnahme ausgestaltet.[1450] Nach bundesgerichtlicher Rechtsprechung hatte der Ausweisungsrichter im Falle einer Überweisung des Kündigungsschutzverfahrens nach Art. 274g aOR einen endgültigen Entscheid in einem vollständigen Erkenntnisverfahren zu fällen.[1451] Eine Ausweisung als vorsorgliche Massnahme nach kantonalem Recht schied in diesen Fällen aus bzw. wurde das kantonale Verfahren kraft Bundesrechts entsprechend modifiziert. Der Mieter, welcher eine Kündigung vor der Schlichtungsbehörde angefochten hatte, befand sich in einem bundesrechtlich normierten mietrechtlichen Verfahren. Hier galt insbesondere die soziale Untersuchungsmaxime nach Art. 274d Abs. 3 aOR (heute Art. 247 Abs. 2 ZPO). Durch die Überweisung des Kündigungsschutzverfahrens an den Ausweisungsrichter wurde das Verfahren vor der Schlichtungsbehörde abgebrochen. Der Ausweisungsrichter hatte nach Art. 274g Abs. 1 und 2 OR auch über die Kündigung und eine allfällige Erstreckung endgültig und mit voller Kognition zu befinden, damit dem Mieter durch diese Verkürzung kein (weiterer) Nachteil entstand. Mit Einführung der Schweizerischen ZPO wurden die mietverfahrensrechtlichen Artikel im Obligationenrecht grösstenteils aufgehoben oder in die ZPO überführt.[1452] Das mietrechtliche Verfahren richtet sich nun insbesondere nach den Art. 243 ff. ZPO. Die Kompetenzattraktion gemäss Art. 274g aOR wurde ersatzlos aufgehoben. Es besteht daher heute kein Konflikt mehr zwischen kantonalem Verfahrensrecht und Bundesrecht. Alle Verfahren sind von Bundesrecht vorgegeben und stehen grundsätzlich gleichrangig nebeneinander.

522 In seiner neueren Rechtsprechung zur auftragsrechtlichen Rechenschaftsablegung nach Art. 400 Abs. 1 OR hielt das Bundesgericht fest, es leuchte ein, dass der Richter in einem provisorischen Rahmen grundsätzlich keine Massnahme anordnen könne, die ein endgültiges Urteil über die zu schützende Forderung beinhalte.[1453] Davon zu unterscheiden sei der *«provisorische vorzeitige Massnahmevollzug, wie das Konkurrenzverbot, das praktisch eine definitive*

[1450] Oben, Rz. 45 ff.

[1451] BGE 119 II 141 E. 4a; BGE 122 III 92 E. 2c m. Hinw.; vgl. oben, Rz. 15 ff.

[1452] Mit Ausnahme von Art. 273 OR (insb. Art. 273 Abs. 4 OR).

[1453] BGE 138 III 728 (= Pra 102 [2013] Nr. 35), E. 2.7 mit Hinweis auf ISAAK MEIER, Grundlagen des einstweiligen Rechtsschutzes, 1983, am Beispiel einer Feststellungsklage; BGE 141 III 564 (= Pra 105 [2016] Nr. 80) E. 4.2.2. (hier allerdings im Rahmen einer vorsorglichen Beweisführung, welches nicht zur Durchsetzung eines materiellen Anspruchs dienen solle).

Wirkung haben kann.»[1454] In einem früheren Entscheid hierzu wurde festgehalten, eine vorsorgliche Massnahme, welche definitive Wirkung haben könne, weil der Streit mit ihrer Anordnung ende, sei nur dann auszusprechen, wenn die Klage aufgrund der glaubhaft gemachten Tatsachen relativ klar begründet erscheine. Je einschneidender die vorsorgliche Massnahme die eingeklagte Partei treffen könne, desto höhere Anforderungen seien an die Begründetheit des Begehrens in tatsächlicher und rechtlicher Hinsicht zu stellen.[1455] Mit anderen Worten sind vorsorgliche Massnahmen, welche die vorgezogene (vorläufige) Vollstreckung bewirken und damit eine endgültige Wirkung zeitigen können, nur unter restriktiven Voraussetzungen zulässig und müssen viel strengeren Anforderungen genügen als *«normale»* vorsorgliche Massnahmen.[1456] Der Bedeutung einer derart einschneidenden Massnahme ist auch im Rahmen der Verhältnismässigkeit bzw. der Interessensabwägung Rechnung zu tragen. Keinesfalls darf die bundesgerichtliche Rechtsprechung aber so ausgelegt und verallgemeinert werden, dass ein Massnahmeentscheid generell keinen Zustand schaffen dürfe, der nicht mehr rückgängig gemacht werden kann.[1457] Dies würde dem Zweck der vorsorglichen Massnahme in zahlreichen Fällen widersprechen. So muss es ohne Weiteres grundsätzlich möglich sein, ein rechtswidriges Verhalten über den für den potentiellen Verursacher massgeblichen Zeitraum vorsorglich zu verbieten – beispielsweise das Ausstellen von bestimmten Gegenständen an einer bestimmten Messe. Fraglich erscheint, ob das Bundesgericht in seiner Rechtsprechung zur Rechnungslegung[1458] eine zu verallgemeinernde, zusätzliche, im Gesetz nicht vorgesehene Voraussetzung für die vorsorgliche Anordnung gewisser Leistungsmassnahmen aufgestellt hat.[1459] Die Unterscheidung zwischen der (gemäss Bundesgericht nicht zulässigen) vorsorglichen Anordnung über einen materiellen Anspruch und dem (zulässigen) provisorischen vorzeitigen Massnahmevollzug, welcher einer faktisch definitive Wirkung haben kann,[1460] ist jedenfalls anhand der Rechtsprechung des Bundesgerichts nicht völlig klar. Es ist zu bemerken, dass sowohl die zi-

1454 BGE 138 III 728 ebenda mit Hinweisen.

1455 BGE 131 III 473 (= Pra 95 [2006] Nr. 32) E. 2.3.

1456 So BGE 138 III 378 (= Pra [2013] Nr. 6) E. 6.4; vgl. HOHL, procédure civile, Rz. 1830; BSK ZPO-SPRECHER, Art. 261 N 65 Spiegelstrich 5 m. w. Hinw.

1457 Vgl. AppGer BS ZB.2017.1 vom 29. März 2017, E. 3.2.3.; OGer ZH LF150071-O/U vom 26. Januar 2016, E. 5.3.

1458 Oben, Fn 1453.

1459 Auch die vorsorgliche Verpflichtung des Gesuchgegners, ein bestimmtes Verhalten des Gesuchstellers zu dulden (die Duldungsklage ist eine Unterform der Leistungsklage), muss grundsätzlich möglich sein – so beispielsweise den Zutritt zur Wohnung zwecks Feststellung und Behebung von weiterfressenden Schäden, namentlich bei Wasserschaden oder Ungezieferbefall.

1460 Vgl. HOHL, procédure civile, Rz. 1831.

tierten Bundesgerichtsentscheide als auch sämtliche bei HOHL aufgezählten Beispiele für *«verbotene vorsorgliche Massnahmen»* einen Auskunfts- bzw. Informationsanspruch betreffen.[1461] Ist die Information erst einmal geflossen, so lässt sich dies nicht nur nicht mehr rückgängig machen sondern auch durch Schadenersatz nicht abgelten. Dies ist bei Leistungsmassnahmen aber nicht die Regel. Sodann war eine Ausweisung des Mieters auf dem Weg der vorsorglichen Massnahme unter altem Recht – abgesehen von Fällen der Überweisung nach Art. 274g aOR – auch nach bundesgerichtlicher Rechtsprechung grundsätzlich möglich, obgleich es den materiellen Rückgabeanspruch des Vermieters zum Gegenstand hatte.[1462] Die vorsorgliche Ausweisung bewirkt die vorzeitige provisorische Vollstreckung dieses Anspruchs (was auch nach neuster bundesgerichtlichen Rechtsprechung zulässig ist). Die bundesgerichtliche Rechtsprechung zur Ausweisung im alten Recht schützte den vom Mieter geltend gemachten *«Überprüfungsanspruch»* als Streitgegenstand des von diesem eingeleiteten bundesrechtlich geregelten Kündigungsschutzverfahrens, welches bei einer Überweisung nach Art. 274g aOR zugunsten des kantonalen Ausweisungsverfahrens abgebrochen wurde. Im neuen Recht findet keine Überweisung mehr statt. Über die Kündigung und einen allfälligen Erstreckungsanspruch wird im *«vorsorglichen Ausweisungsverfahren»* nur vorfrageweise befunden. Das Kündigungsschutzverfahren bleibt rechtshängig. Wird das vorsorgliche Ausweisungsbegehren gutgeheissen und die Ausweisung auch vollzogen, so kann der Mieter sein Kündigungsschutzbegehren auf dem Weg der Klageänderung in ein Schadenersatzbegehren umwandeln (Art. 227, 230 ZPO).[1463]

523 Anders als teilweise in der Literatur vertreten,[1464] ist die vorsorgliche Ausweisung bei Vorliegen der Voraussetzungen nach Art. 261 ff. ZPO somit grundsätzlich möglich.[1465] Der Gesetzgeber hat diese Möglichkeit nicht bedacht, in den Räten wurde sie nicht diskutiert. Es handelt sich daher um kein qualifiziertes Schweigen. Sodann gibt es keinen Grund, die Rückgabe des Mietobjekts grundsätzlich vom einstweiligen Rechtsschutz auszuschliessen. In bestimmten Situationen kann der einstweilige Rechtsschutz sogar unverzichtbar sein – abhängig von den Anforderungen im Rechtsschutz in klaren Fällen an das klare Recht. Mit Blick auf die tatsächliche Wirkung der vorsorglichen Massnahme gelten erhöhte Anforderungen sowohl an die Existenz der rechtserheblichen

---

1461 HOHL, procédure civile, Rz. 1831.

1462 Vgl. HOHL, AJP 1992, S. 582 f.

1463 Dazu unten, Rz. 535, und oben, Rz. 370 f.

1464 Vgl. PÜNTENER, mp 2011, S. 286; DERS. Zivilprozessrecht, Rz. 1029.

1465 STAEHELIN/STAEHELIN/GROLIMUND, § 22 Rz. 19; ZK ZPO-HUBER, Art. 262 N 19; BK ZPO-GÜNGERICH, Art. 257 28; BAECKERT, S. 144; vgl. SUTTER-SOMM, ZPO, Rz. 1203.

Tatsachen als auch an alle Voraussetzungen der vorsorglichen Massnahme[1466]: der Anspruch des Vermieters muss relativ klar begründet erscheinen. Anders als im Verfahren um Rechtsschutz in klaren Fällen werden zusätzlich ein drohender Schaden, Dringlichkeit sowie Verhältnismässigkeit vorausgesetzt. Die Hürden sind damit auch bei einer Ausweisung in Form einer vorsorglichen Massnahme sehr hoch.

Ein Ausweisungsgesuch als vorsorgliche Massnahme ist auch dann möglich, 524
wenn der Vermieter bereits widerklageweise sein Ausweisungsbegehren im Kündigungsschutzverfahren vor der Schlichtungsbehörde gestellt hat. Diese Widerklage ist als Hauptsacheprozess zu qualifizieren. Ein laufender Hauptsacheprozess steht dem Gesuch um vorsorgliche Massnahme nicht entgegen.[1467] Wird das vorsorgliche Ausweisungsbegehren gutgeheissen und die Ausweisung auch vollzogen, so fällt das Rechtsschutzinteresse des Vermieters im Hauptsacheprozess dahin. Das Rechtsschutzinteresse des Mieters bleibt indessen grundsätzlich bestehen: Er kann sein Kündigungsschutzbegehren auf dem Weg der Klageänderung in ein Schadenersatzbegehren umwandeln (Art. 227, 230 ZPO).[1468] Der Entscheid über vorsorgliche Massnahmen ist sodann grundsätzlich berufungsfähig – und steht dem Rechtsschutz in klaren Fällen damit auch in Bezug auf die Kognition der Rechtsmittelinstanz nicht nach.[1469] Zu beachten ist jedoch, dass die Berufung gegen vorsorgliche Massnahmen deren Vollstreckbarkeit grundsätzlich nicht hemmt.[1470]

II. Voraussetzungen für eine Ausweisung in Form einer vorsorglichen Massnahme

Um eine vorsorgliche Ausweisung des Mieters zu erwirken, muss der Vermie- 525
ter nach Art. 261 ZPO glaubhaft machen, dass er einen Anspruch auf Rückgabe des Mietobjekts hat, wozu auch die Beendigung des Mietverhältnisses gehört. Weiter muss er glaubhaft machen, dass der Mieter seine Pflicht, die Wohnung zu räumen, verletzt oder zu verletzen droht und dass ihm, dem Vermieter, durch diese Pflichtverletzung ein nicht leicht wieder gut zu machender

1466 BGE 138 III 378 (= Pra [2013] Nr. 6) E. 6.4.

1467 Art. 263 ZPO. Welches Gericht für die Anordnung der vorsorglichen Massnahme im laufenden Hauptsacheprozess zuständig ist, ergibt sich aus dem kantonalen Organisationsrecht. In der Regel wird es das mit der Hauptsache befasste Gericht bzw. der Instruktionsrichter sein.

1468 Die Frage der Gültigkeit der Kündigung wird in diesem Prozess mit voller Kognition geprüft.

1469 Vgl. zum alten Recht BGE 131 I 242 E. 3.

1470 Art. 315 Abs. 4 lit. b ZPO , dazu unten, Rz. 530.

Nachteil droht. Sodann hat der Richter diesen Nachteil mit dem potentiellen Nachteil des Mieters, der ihm durch die vorsorgliche Ausweisung droht, abzuwägen. Da es sich um eine einschneidende vorsorgliche Massnahme handelt, die potentiell nicht mehr rückgängig gemacht werden kann, muss der Anspruch des Vermieters wie oben gezeigt[1471] quasi ausgewiesen sein.

526 Bei einer Kündigung wegen Zahlungsverzugs stellt sich die Frage, ob bereits die sich kumulierenden, ausstehenden Mietzinse einen nicht leicht wieder gut zu machenden Nachteil darstellen. Das Ausreichen finanzieller Interessen kann grundsätzlich zwar bejaht werden, wenn der Schuldner zahlungsunfähig ist und die Vollstreckung der finanziellen Ansprüche des Vermieters zweifelhaft erscheint.[1472] Dieser rein pekuniäre Nachteil wird indessen in der nachfolgenden einzelfallbezogenen Interessensabwägung die vorsorgliche Ausweisung kaum je verhältnismässig erscheinen lassen. Sodann steht dem Vermieter bei Zahlungsverzug in der Regel der Weg über den Rechtsschutz in klaren Fällen offen, was nach hier vertretener Ansicht im Sinne einer Subsidiarität des vorsorglichen Massnahmeverfahrens auch berücksichtigt werden sollte.[1473]

527 Die vorsorgliche Ausweisung hat ihre Berechtigung in besonderen Fällen, wo ein Rechtsschutz in klaren Fällen ausgeschlossen erscheint, weil kein klares Recht vorliegt.[1474] Klares Recht wird von der Lehre und der bundesgerichtlichen Rechtsprechung insbesondere *«in der Regel»* verneint, wenn die gesetzliche Grundlage unbestimmte Rechtsbegriffe wie namentlich *«Unzumutbarkeit»* oder *«wichtige Gründe»* enthält. Dies gilt unabhängig von der Liquidität des Sachverhaltes, was in der Praxis namentlich bei einer Kündigung nach Art. 257f OR zu stossenden Ergebnissen führen kann.

Beispiel 1

> Eine Kündigung wird gestützt auf Art. 257f OR ausgesprochen, weil der psychisch angeschlagene Mieter seine Nachbarn wiederholt bedroht oder tätlich angreift, das Mietobjekt in Brand gesetzt hat oder sonst schweren Schaden anzurichten droht. Bei einer strikten Auslegung von Art. 257 ZPO wäre in diesen Fällen auch bei klarer Sachlage aufgrund des unbestimmten Rechtsbegriffes der *«Unzumutbarkeit»* in Art. 257f OR der

---

1471 Oben, Rz. 522 f.

1472 Vgl. BGE 94 I 11; 108 II 228 E. 2b; ZK ZPO-HUBER, Art. 261 N 20; BSK ZPO-SPRECHER; Art. 261 N 34.

1473 Vgl. BSK ZPO-SPRECHER, Art. 262 N 49 m. Hinw.

1474 Es wird sich zeigen, wie sich die bundesgerichtliche Rechtsprechung zum klaren Recht bei unbestimmten Rechtsbegriffen und Ermessen entwickelt. Nach der in dieser Arbeit vertretenen Auffassung ist der Rechtsschutz in klaren Fällen auch bei einer Kündigung nach Art. 257f OR und Art. 266g OR in eindeutigen Situationen möglich (unten, Rz. 472 f. und 474 ff.).

schnelle Rechtsschutz unzulässig und der Vermieter wäre zunächst in ein Schlichtungsverfahren zu verweisen. Nur über das Mittel der vorsorglichen Massnahme wäre dann ein wirkungsvoller und rechtzeitiger Rechtsschutz überhaupt möglich.

Beispiel 2

Ein Geschäftsraummietvertrag über Lagerräumlichkeiten wird aus wichtigem Grund ausserordentlich gekündigt. Die Vermieterin macht dringenden Eigenbedarf geltend. Eine Ausweisung im Verfahren um Rechtsschutz in klaren Fällen scheitert aufgrund der unbestimmten Rechtsbegriffe. Eine Ausweisung in Form einer vorsorglichen Massnahme erscheint hingegen möglich – wenn die Voraussetzungen dafür erfüllt sind. Die Vermieterin wird dem Mieter allenfalls schadenersatzpflichtig.

Leistet der Mieter für den drohenden Schaden angemessene Sicherheit, so 528 kann das Gericht von der vorsorglichen Massnahme absehen (Art. 261 Abs. 2 ZPO). Ist umgekehrt ein Schaden für den Mieter zu befürchten, so kann das Gericht die Anordnung der vorsorglichen Massnahme von der Leistung einer Sicherheit durch den Vermieter abhängig machen (Art. 264 Abs. 1 ZPO), denn der Gesuchsteller wird der Gegenpartei schadenersatzpflichtig, wenn sich die vorsorgliche Massnahme als ungerechtfertigt erweisen sollte (Art. 264 Abs. 3 ZPO).

Im Rahmen der Verhältnismässigkeit ist sodann stets nach einer möglichen 529 milderen Massnahme zu fragen. So geht in vielen Fällen nach Art. 257f OR die unzumutbare Störung von der Person des Mieters selbst aus. Hier bietet sich beispielsweise ein einstweiliges Verbot, die Wohnung zu betreten, an. Das Hab- und Gut kann in der Wohnung belassen werden. Ganz generell kann es genügen, punktuell das schädigende Verhalten zu unterbinden, soweit dies zweckmässig und umsetzbar ist. Beispielsweise kann die vorsorgliche Massnahme sich auf das Entfernen des gefährlichen Haustiers oder einer gefährlichen oder störenden Anlagen beschränken. Die vorsorgliche Ausweisung des Mieters mit seinem Hab und Gut wird in der Regel nur im äussersten Fall gerechtfertigt sein.

III. Entscheid, Vollstreckbarkeit und Rechtsmittel

Im Entscheid über die vorsorgliche Massnahme ordnet das Gericht bereits 530 auch die notwendigen Vollstreckungsmassnahmen an (Art. 267 ZPO). Sofern der Streitwert von CHF 10'000 erreicht wird, ist der Entscheid mit Berufung anfechtbar. Dieser kommt aber von Gesetzes wegen keine aufschiebende Wirkung zu (Art. 315 Abs. 4 lit. b ZPO). Die Vollstreckung der Ausweisung kann von der Rechtsmittelinstanz ausnahmsweise aufgeschoben werden, wenn dem Mieter ein nicht leicht wieder gut zu machender Nachteil droht (Art. 315 Abs. 5 ZPO). Bei einer Mieterausweisung ist dies grundsätzlich anzunehmen. Die Rechtsmittelinstanz muss eine Interessensabwägung vornehmen, da beiden Parteien ein nicht leicht wiedergutzumachender Nachteil droht – dem Mieter bei Ausweisung, dem Vermieter bei Verbleib des Mieters in der Wohnung. Aufgrund der Dispositionsmaxime ist ein entsprechender Antrag des Mieters an die Rechtsmittelinstanz erforderlich.[1475]

531 Gegen den zweitinstanzlichen Entscheid steht dem Mieter die Beschwerde in Zivilsachen an das Bundesgericht offen,[1476] wenn der Streitwert mindestens CHF 15'000 erreicht (Art. 74 Abs. 1 lit. a BGG).[1477] Es kann nur die Verletzung verfassungsmässiger Rechte gerügt werden (Art. 98 BGG). Der Instruktionsrichter des Bundesgerichts kann der Beschwerde – auf Antrag oder von Amtes wegen – die aufschiebende Wirkung gewähren (Art. 103 Abs. 3 BGG).

532 Der Entscheid über die vorsorgliche Massnahme beschränkt sich auf die Frage des einstweiligen Rechtsschutzes. Weder der abweisende noch der gutheissende Massnahmeentscheid begründet *res iudicata* oder hat irgendwelche präjudizierende Wirkungen für den ordentlichen Prozess.[1478]

IV. Prosekution und Schadenersatzklage

533 Dem Vermieter ist von Gesetzes wegen eine Frist zur Prosekution der vorsorglichen Massnahme zu setzen (Art. 263 ZPO).[1479] Verstreicht diese Frist ungenutzt, fällt die vorsorgliche Massnahme dahin. Läuft bereits ein Kündigungsschutzverfahren, so kann der Vermieter sein Ausweisungsbegehren in diesem Verfahren widerklageweise geltend machen. Hat der Mieter kein Kündigungs-

---

1475 ZK ZPO-Reetz/Hilber, Art. 315 N 66; unten, Rz. 661.

1476 Botschaft BGG, S. 4331 f.; BSK BGG-Schott, Art. 98 N 5.

1477 Besteht bzw. bestand zwischen den Parteien kein Mietverhältnis, gilt die Streitwertgrenze von CHF 30'000, vgl. unten, Rz. 696.

1478 Eingehend BSK ZPO-Sprecher, Art. 268 N 6.

1479 Zum Schicksal der Frist bei laufendem Rechtsmittelverfahren gegen den Entscheid über die vorsorgliche Massnahme gilt es festzuhalten, dass es sich um eine richterliche Frist handelt, was bei der Bestimmung des Fristbeginns zu berücksichtigen ist: Es bietet sich an, den Beginn der Prosekutionsfrist auf den Zeitpunkt der Vollstreckbarkeit der vorsorglichen Massnahme zu legen. Andernfalls muss prosequiert werden, bevor die Vollstreckbarkeit der Massnahme überhaupt feststeht. Dies ist nicht im Interesse der Prozessökonomie. Zudem ist nicht ersichtlich, von wem die Prosekutionsfrist sistiert oder erstreckt werden könnte – das Verfahren vor dem Massnahmerichter ist abgeschlossen, das Verfahren vor dem ordentlichen Gericht noch nicht rechtshängig.

schutzverfahren anhängig gemacht, so muss der Vermieter sein Ausweisungsbegehren durch Klage im vereinfachten Verfahren anhängig machen.[1480] Das Schlichtungsverfahren entfällt diesfalls (Art. 198 lit. h ZPO).

Es stellt sich die Frage, ob eine Prosekution erforderlich bzw. möglich ist, 534
wenn die Räumung aufgrund der vorsorglichen Massnahme bereits vollzogen wurde oder ob das Verfahren damit nicht vielmehr gegenstandslos geworden ist. Nach konstanter bundesgerichtlicher Rechtsprechung zum Rechtsmittelverfahren entfällt das Rechtsschutzinteresse des Vermieters, nachdem der Mieter das Mietobjekt verlassen hat.[1481] Ein Rechtsschutzinteresse ist Prozessvoraussetzung für jedes gerichtliches Verfahren (Art. 59 Abs. 2 lit. a ZPO; Art. 76 Abs. 2 lit. b BGG). Fällt dieses während eines hängigen Verfahrens dahin, so wird das Verfahren gegenstandlos und ist demzufolge abzuschreiben. Besteht demgegenüber bereits bei Einreichen der Klage bzw. eines Rechtsmittels kein Rechtsschutzinteresse der betreffenden Partei, so ist ein Nichteintretensentscheid zu fällen. Nachdem also die vorsorgliche Ausweisung bereits vollzogen wurde – oder wenn der Mieter während des laufenden Verfahrens *«freiwillig»* auszieht – hat der Vermieter erreicht, was er verfolgte. Sein Rechtsschutzinteresse im Hauptsacheverfahren ist entfallen und die Prosekutionsklage wird damit gegenstandslos.[1482] Der Mieter kann umgekehrt eine Klage auf Schadenersatz anhängig machen.[1483]

Ein Interesse des Vermieters an der Feststellung der Rechtmässigkeit der 535
Ausweisung kann freilich bestehen, wenn er nach Art. 264 ZPO eine Sicherheit geleistet hat. Indessen sieht die ZPO hier ein anderes Vorgehen als eine Prosekution durch den Gesuchsteller vor: Nach Art. 264 Abs. 3 ZPO ist die

[1480] Unten, Rz. 259 ff. Eine Prosekution mittels Gesuch um Rechtsschutz in klaren Fällen ist theoretisch möglich. Liegt ein klarer Fall im Sinne von Art. 257 ZPO vor, so wird der Vermieter freilich kaum den Weg über die vorsorgliche Massnahme wählen.

[1481] BGE 85 II 286 E. 2; vgl. unten, Rz. 724.

[1482] Vgl. BGer 4P.201/2004 vom 29. November 2004, E. 2.4 m. Hinw. (freilich zum alten Recht: *«Eine Ausnahme* [erg. vom Ansetzen einer Prosekutionsfrist] *gilt nur, wo die Änderung der durch die einstweilige Anordnung geschaffenen Lage eine nicht rückgängig zu machende antizipierte Vollstreckung bewirkt und der Gegenpartei nur noch die Möglichkeit verbleibt, Schadenersatz zu fordern»),* so auch BGE 88 I 11 E. 6; vgl. BSK ZPO-SPRECHER, Art. 263 N 16 (insb. Spiegelstrich 6); BK ZPO-GÜNGERICH, Art. 263 N 10 ff.; a.A. ZK ZPO-HUBER, Art. 263 N 23 i.f.

[1483] Es rechtfertigt sich nach der hier vertretenen Auffassung nicht, die Prosekutionspflicht bzw. die Prosekutionsklage in Form einer negativen Feststellungsklage aufrecht zu erhalten. Dafür spricht bereits Art. 264 Abs. 3 ZPO, welcher konkludent davon ausgeht, dass es nicht unbedingt zur Prosekution durch den Gesuchsteller und/oder zum Geltendmachen von Schaden durch den Gesuchgegner kommt. Vgl. auch BSK ZPO-SPRECHER, Art. 263 N 16 (insb. Spiegelstrich 6); BK ZPO-GÜNGERICH, Art. 263 N 10 ff.; a.A. ZK ZPO-HUBER, Art. 263 N 23 i.f.

Sicherheit freizugeben, wenn feststeht, dass von der Gegenpartei keine Schadenersatzklage erhoben wird. Bei Ungewissheit hat das Gericht dem Mieter eine Frist für die Schadenersatzklage zu setzen. Läuft ein Kündigungsschutzverfahren, so kann der Mieter nach Vollzug der Räumung sein Rechtsbegehren auf dem Weg der Klageänderung anpassen. Da eine neue Tatsache vorliegt, ist dies nach Art. 230 Abs. 1 ZPO auch noch in der Hauptverhandlung bzw. nach Aktenschluss zulässig. Das Kündigungsschutzverfahren des Mieters wird daher nach der hier vertretenen Ansicht auch nach Vollzug der vorsorglichen Räumung nicht gegenstandlos. Auch liegt keine *res iudicata* vor, denn über die Rechtsmässigkeit der Kündigung hat noch kein Gericht endgültig entschieden.[1484]

[1484] Vgl. zum Ausweisungsentscheid im Rechtsschutz in klaren Fällen oben, Rz. 371.

§ 14 Die Ausweisung im vereinfachten Verfahren

I. Vorbemerkung

Ist der Anspruch auf Rückgabe des Mietobjekts bzw. die (Vor-)Frage der rechtsgültigen Beendigung des Mietverhältnisses nicht so liquide ausgewiesen, wie dies für eine Ausweisung im Verfahren um Rechtsschutz in klaren Fällen erforderlich ist, hat der Vermieter das vereinfachte Verfahren zu beschreiten. Das Bundesgericht subsumiert diese Fälle, in welchen vorfrageweise auch die Gültigkeit einer Kündigung zu beurteilen ist, in weiter Auslegung unter den *«Kündigungsschutz»* im Sinne von Art. 243 Abs. 2 lit. c ZPO.[1485] Auch das ordentliche Verfahren kann – in Ausnahmefällen, insbesondere wenn zwischen den Parteien kein Miet- oder Pachtverhältnis bestanden hat – einschlägig sein.[1486] Darauf wird in vorliegender Arbeit indessen nicht weiter eingegangen. 536

II. Das Schlichtungsverfahren

1. Anwendungsbereich und Ausnahmen

Dem vereinfachten Verfahren geht grundsätzlich ein obligatorisches Schlichtungsverfahren voraus. Beträgt der Streitwert mindestens CHF 100'000, können die Parteien gemeinsam auf die Durchführung des Schlichtungsverfahrens verzichten (Art. 199 Abs. 1 ZPO). Obgleich diese Bestimmung auch in Mietstreitigkeiten Gültigkeit hat[1487] und dieser Streitwert – insbesondere bei Geschäftsräumlichkeiten – im Ausweisungsverfahren durchaus erreicht werden kann, dürfte sie kaum je zur Anwendung gelangen, hat doch in der Regel der Mieter als beklagte Partei keinerlei Interesse an einer Beschleunigung des Verfahrens. Denkbar ist indessen, dass die beklagte Partei ihre Zustimmung zum Verzicht auf das Schlichtungsverfahren bereits im Mietvertrag abgegeben hat.[1488] In der Lehre wird vertreten, die Verzichtserklärung gegenüber der Ge- 537

1485 Zum Ganzen oben, Rz. 259 ff.

1486 Der Streitwert muss CHF 30'000 übersteigen.

1487 ZK ZPO-HONEGGER, Art. 199 N 1 m. Hinw. auf den im NR abgelehnten Ausschluss dieser Bestimmung für das Mietverfahren (Amtl. Bull. NR 2008 S. 952).

1488 Vgl. CR CPC-BOHNET, Art. 199 N 8. Nach der hier vertretenen Auffassung dürfte aber eine entsprechende Bestimmung in allgemeinen Vertragsbedingungen angesichts der Bedeutung der Schlichtungsbehörde in Mietstreitigkeiten an der Ungewöhnlichkeitsregel scheitern. Gegen die Zulässigkeit eines Verzichts im Voraus: BK ZPO-PETER, Art. 199 N 4.

genseite könne bis zur Rechtshängigkeit der Klage zurückgezogen werden, da eine Erklärung gegenüber dem Gericht erforderlich sei.[1489] Nach der hier vertretenen Auffassung ist eine Verzichtsvereinbarung zwischen den Parteien eine bindende Prozessvereinbarung, weshalb sie nicht einseitig widerrufen werden kann.[1490]

538 Die klagende Partei kann sodann einseitig auf das Schlichtungsverfahren verzichten, wenn die beklagte Partei ihren Wohnsitz im Ausland hat oder ihr Aufenthaltsort unbekannt ist (Art. 199 Abs. 2 lit. a und b ZPO). Auch diese Bestimmungen sind grundsätzlich auch in mietrechtlichen Streitigkeiten anwendbar. Sie können in Ausnahmefällen auch in Ausweisungsverfahren einschlägig sein, insbesondere, wenn es sich beim Mietobjekt um die Ferienwohnung einer Person mit Wohnsitz im Ausland handelt. Ebenfalls denkbar ist die Miete einer Geschäftsräumlichkeit in der Schweiz durch einen Unternehmensträger mit Sitz im Ausland. In beiden Fällen besteht in der Schweiz am Ort des Mietobjekts ein Gerichtsstand[1491] und der klagende Vermieter kann einseitig auf das Schlichtungsverfahren verzichten. In der Praxis kommt auch vor, dass der Mieter, welcher die Wohnung nicht geräumt hat, selbst nicht mehr auffindbar ist. In diesem Fall ist ein Verzicht des Vermieters gestützt auf Art. 199 Abs. 2 lit. b ZPO denkbar.[1492]

539 Schliesslich entfällt das Schlichtungsverfahren bei Ausweisungsverfahren, für welche ganz ausnahmsweise[1493] das Handelsgericht zuständig ist (Art. 198 lit. f ZPO).

2. Ablauf und Besonderheiten des Schlichtungsverfahrens

540 Das Schlichtungsverfahren wird durch ein Schlichtungsgesuch eingeleitet. Dieses ist bei Streitigkeiten aus Miete oder Pacht von Wohn- und Geschäftsräumlichkeiten bei der dafür vorgesehenen, paritätisch zusammengesetzten Schlichtungsbehörde[1494] einzureichen oder bei dieser mündlich zu Protokoll zu geben (Art. 202 Abs. 1 ZPO). Der (ehemalige) Vermieter, welcher zugleich Eigentümer ist, kann sich zwar sowohl auf seinen mietrechtlichen als auch auf

---

[1489] BSK ZPO-Infanger, Art. 199 N 5; BK ZPO-Peter, Art. 199 N 5.

[1490] Vgl. CR CPC-Bohnet, Art. 199 N 10.

[1491] Art. 22 Abs. 1 LugÜ; Art. 113 IPRG.

[1492] Unter unbekanntem Aufenthalt ist der *«schlichte Aufenthalt»* (im Gegensatz zum gewöhnlichen Aufenthalt nach Art. 20 Abs. 1 lit. b IPRG) zu verstehen; KUKO ZPO-Gloor/Umbricht Lukas, Art, 199 N 10.

[1493] Dazu unten, Rz. 575.

[1494] Art. 200 Abs. 1 ZPO.

seinen sachenrechtlichen Anspruch stützen. Ist die Beendigung oder das Fortbestehen eines Mietverhältnisses zwischen den Parteien zu beurteilen, so ist jedoch stets die Schlichtungsbehörde für Mietstreitigkeiten anzurufen, denn dann ist im Kern eine mietrechtliche Frage zu beantworten.[1495] Hat der Mieter bereits durch Kündigungsanfechtung ein Schlichtungsverfahren anhängig gemacht, kann der Vermieter sein Ausweisungsbegehren im gleichen Verfahren widerklageweise geltend machen.[1496]

Die Schlichtungsbehörde stellt der Gegenseite das Schlichtungsgesuch unver- 541
züglich zu und lädt die Parteien gleichzeitig zur Schlichtungsverhandlung (Art. 202 Abs. 3 ZPO). Nach Art. 202 Abs. 4 ZPO kann sie ausnahmsweise auch einen Schriftenwechsel anordnen. Die Schlichtungsverhandlung hat in der Regel innerhalb von zwei Monaten nach Eingang des Gesuchs bzw. nach Abschluss des Schriftenwechsels stattzufinden (Art. 203 Abs. 1 ZPO). Die Verhandlung ist grundsätzlich nicht öffentlich. Allerdings kann die Schlichtungsbehörde die Öffentlichkeit ganz oder teilweise zulassen, wenn ein öffentliches Interesse besteht (Art. 203 Abs. 3 ZPO).

Die Parteien haben persönlich zur Schlichtungsverhandlung zu erscheinen, 542
sofern sie im Kanton der Schlichtungsbehörde Wohnsitz bzw. Sitz haben (Art. 204 Abs. 3 lit. a ZPO). Sich entschuldigen und sich vertreten lassen kann, wer wegen Krankheit, Alter oder anderen Gründen verhindert ist (Art. 204 Abs. 3 lit. b ZPO). Für juristische Personen hat ein zeichnungsberechtigtes formelles Organ zu erscheinen.[1497] Der Vermieter kann sich sodann durch die Liegenschaftsverwaltung vertreten lassen, sofern er diese zum Abschluss eines Vergleichs schriftlich ermächtigt hat (Art. 204 Abs. 3 lit. b ZPO). Beide Parteien dürfen sich durch einen Rechtsbeistand oder eine Vertrauensperson begleiten lassen (Art. 204 Abs. 2 ZPO).

Erscheint der Gesuchsteller nicht zur Schlichtungsverhandlung (und schickt er 543
im Falle von Art. 204 Abs. 3 auch keinen Vertreter), gilt das Gesuch als zu-

---

[1495] Gemäss bundesgerichtlicher Rechtsprechung handelt es sich um ein Kündigungsschutzverfahren im Sinne von Art. 243 Abs. 2 lit. c ZPO (BGE 142 III 402 und oben, Rz. 261). Die *«normale»* Schlichtungsbehörde ist zuständig, wenn zwischen den Parteien nie ein Mietvertrag bestanden hat. Dann ist die Klage innert dreier Monate nach Eröffnung der Klagebewilligung einzureichen (Art. 209 Abs. 3 ZPO) und ein Urteilsvorschlag ist nur möglich, wenn der Streitwert CHF 5'000 nicht überschritten sein sollte (Art. 210 Abs. 1 lit. c ZPO).

[1496] Dazu unten, Rz. 548 ff.

[1497] BGE 141 III 159 (juristische Personen werden durch ein im Handelsregister eingetragenes Organ oder einen im Handelsregister eingetragenen Prokuristen oder eine mit einer [kaufmännischen] Handlungsvollmacht ausgestattete Person vertreten. Eine einfache Vollmacht genügt nicht). zum Ganzen GROLIMUND/ BACHOFNER, S. 144 ff.

rückgezogen und das Verfahren wird als gegenstandslos abgeschrieben. Das Verfahren wird auch abgeschrieben, wenn *beide* Parteien säumig sind. Ist lediglich die beklagte Partei nicht erschienen, verfährt die Schlichtungsbehörde, wie wenn keine Einigung zustande gekommen wäre: sie kann die Klagebewilligung ausstellen oder einen Urteilsvorschlag machen.

3. Abschluss des Schlichtungsverfahrens

a. Vergleich

544 Ziel des Schlichtungsverfahrens ist es, eine Einigung zwischen den Parteien herbeizuführen. So ist denkbar, dass sich die Parteien nach Begleichen des ausstehenden Mietzinses durch den Mieter auf eine allenfalls probeweise Fortsetzung des Mietverhältnisses einigen oder dass sie eine Erstreckung oder einen Auszugstermin vereinbaren. Wird diese Vereinbarung vor der Schlichtungsbehörde geschlossen, erhält sie die Wirkungen eines rechtskräftigen Entscheides (Art. 208 Abs. 2 ZPO).[1498]

b. Urteilsvorschlag

545 In Streitigkeiten über den Kündigungsschutz oder die Erstreckung des Mietverhältnisses kann die Schlichtungsbehörde – auch ohne entsprechenden Parteiantrag – unabhängig vom Streitwert einen Urteilsvorschlag machen (Art. 210 Abs. 2 lit. b ZPO). Nach der hier vertretenen Auffassung fällt auch das Ausweisungsbegehren hierunter, sofern in deren Rahmen (vorfrageweise) die Beendigung eines Miet- oder Pachtverhältnisses zu beurteilen ist.[1499] Mittels Urteilsvorschlag kann die Schlichtungsbehörde einen gewissen Einfluss auf die Parteirollenverteilung im allfälligen nachfolgenden Gerichtsverfahren nehmen: Beide Parteien haben die Möglichkeit, den Urteilsvorschlag innert Frist von 20 Tagen abzulehnen. Wird er von beiden Parteien nicht abgelehnt, so gilt er als anerkannt und erlangt die Wirkungen eines rechtskräftigen Entscheides. Bei Ablehnung innert Frist wird der ablehnenden Partei die Klagebewilligung ausgestellt[1500] – sie erhält damit die Klägerrolle im Prozess. Reicht

---

[1498] Zum Ganzen oben, Rz. 330 ff.; insb. zur Frage, ob die Parteien auch die Anordnung von direkten Vollstreckungsmassnahmen beantragen können Rz. 334 und 329.

[1499] Dazu oben, Rz. 326 ff.

[1500] Art. 211 Abs. 2 lit. a ZPO. Lehnen beide Parteien den Urteilsvorschlag ab, so ist ihnen beiden eine Klagebewilligung auszustellen (BK ZPO-ALVAREZ/PETER, Art. 211 N 13, ZK ZPO-HONEGGER, Art. 211 N 7 m. Hinw. a. den Bericht VE ZPO, S. 101). Diesfalls sie die Klage nicht rechtzeitig innert Frist von 30 Tagen ein, so gilt der Urteilsvorschlag wiederum als anerkannt und wird zum rechtskräftigen Entscheid. Zum Inhalt des Urteilsvorschlags wird auf die Ausführungen in Rz. 328 f. verwiesen.

c. Klagebewilligung

546 Kommt keine Einigung zwischen den Parteien zu Stande und erlässt die Schlichtungsbehörde auch keinen Urteilsvorschlag, so stellt sie derjenigen Partei, welche das Schlichtungsgesuch eingereicht hat, die Klagebewilligung aus (Art. 209 Abs. 1 lit. b ZPO). Diese Partei kann innert Frist von 30 Tagen ihre Klage bei Gericht einreichen (Art. 209 Abs. 4 ZPO).[1501]

4. Kosten

547 Das Schlichtungsverfahren in Mietstreitigkeiten ist kostenlos[1502] und es werden auch keine Parteientschädigungen zugesprochen.[1503] Vorbehalten bleibt die Entschädigung des Rechtsbeistandes gestützt auf die unentgeltliche Rechtspflege, soweit die Voraussetzungen dafür erfüllt sind (Art. 118 Abs. 1 lit. c ZPO). Sodann kann, wenn die Streitigkeit anschliessend vor Gericht gezogen wird, das Gericht eine Parteientschädigung auch für die Bemühungen im Schlichtungsverfahren zusprechen.[1504]

---

wird diejenige Partei zur Klägerin im Prozess, welche ihre Klage (zuerst) einreicht. Reichen beide gleichzeitig ein, so ist nach der hier vertretenen Ansicht in sinnvoller Lückenfüllung der ursprünglichen Gesuchstellerin die Klägerrolle zuzuweisen.

1501 Während der Gerichtsferien steht diese Klagefrist still (BGE 138 III 615 (= Pra 102 [2013] Nr. 36). Zur Klagebewilligung für das im Schlichtungsverfahren widerklageweise geltend gemachte Ausweisungsbegehren: unten, Rz. 552. Lediglich, wenn zwischen den Parteien kein mietrechtliches Verhältnis zu beurteilen ist und daher auch nicht die Schlichtungsbehörde für Mietstreitigkeiten zuständig ist, beträgt die Klagefrist drei Monate (Art. 209 Abs. 3 ZPO).

1502 Art. 113 Abs. 2 lit. c ZPO. Sollte dem Ausweisungsbegehren kein mietrechtliches Verhältnis zugrunde liegen, so ist das Schlichtungsverfahren nicht kostenlos. Die Kostenverteilung erfolgt diesfalls nach Art. 207 Abs. 1 und 2 ZPO.

1503 Art. 113 Abs. 1 ZPO.

1504 BGE 141 III 20 (= Pra 2014 [2015] Nr. 85) E. 5.

III. Widerklageweises Ausweisungsbegehren im Kündigungsschutzverfahren

1. Allgemeines

548 Die beklagte Partei hat grundsätzlich die Möglichkeit auf eine Klage mit einer Widerklage zu reagieren. So kann der Vermieter im Kündigungsanfechtungs- oder Erstreckungsverfahren des Mieters sein Ausweisungsbegehren widerklageweise stellen. Auf den Gerichtsstand für die Widerklage am Ort der Hauptklage nach Art. 14 Abs. 1 ZPO[1505] wird er sich in der Regel nicht stützen müssen, da im Miet- und Pachtrecht gemäss Art. 33 ZPO ein einheitlicher Gerichtsstand am Ort der gelegenen Sache besteht.

549 Nach Art. 224 Abs. 1 Satz 2 ZPO ist die Widerklage nur zulässig, wenn sie in der gleichen Verfahrensart wie die Hauptklage zu beurteilen ist. Kündigungsschutz- und Erstreckungsverfahren werden unabhängig vom Streitwert immer im vereinfachten Verfahren behandelt (Art. 243 Abs. 1 lit. c ZPO). Gemäss bundesgerichtlicher Rechtsprechung fällt auch die Ausweisung unter diese Bestimmung soweit in deren Rahmen auch die Gültigkeit einer Kündigung zu beurteilen ist.[1506] Der Vermieter kann daher die Ausweisung des Mieters stets widerklageweise im Kündigungsschutz- oder Erstreckungsverfahren anhängig machen, unabhängig davon, ob der Mieter die Kündigung angefochten, deren Nichtigkeit oder Ungültigkeit gerügt oder lediglich (namentlich bei einem befristeten Mietverhältnis) ein Erstreckungsbegehren gestellt hat.

550 Der Streitwert hat für die Bestimmung der Verfahrensart in diesen Fällen keine Bedeutung. Er kann aber für eine Reihe anderer prozessualer Fragen relevant sein.[1507] Er bestimmt sich, wenn eine Widerklage erhoben wird, nach dem höheren Rechtsbegehren (Art. 94 Abs. 1 ZPO). Auch für die Bestimmung der Prozesskosten sind die Streitwerte von Klage und Widerklage nicht zu addieren, denn die Gutheissung der Kündigungsanfechtung oder des Erstreckungsbegehrens bzw. die Feststellung der Nichtigkeit einer Kündigung schliesst eine Ausweisung (zurzeit) aus und sinngemäss auch umgekehrt (vgl. Art. 94 Abs. 2 ZPO).

[1505] Er ist nur gegeben, wenn die Widerklage mit der Hauptklage in einem sachlichen Zusammenhang steht (Konnexität). Ein sachlicher Zusammenhang zwischen Klage und Widerklage liegt vor, wenn beide Ansprüche auf dem gleichen sachlichen oder rechtlichen Grund, beispielsweise auf demselben Rechtsverhältnis beruhen; ZK ZPO-Sutter-Somm/Grieder, Art. 14 N 9; BK ZPO-Güngerich/Walpen, Art. 14 N 14 ff.; OFK ZPO-Urbach, Art. 14 N 6.

[1506] Oben, Rz. 261.

[1507] Dazu oben, Rz. 375 ff.

2. Im Schlichtungsverfahren

Nach Art. 224 Abs. 1 ZPO ist die Widerklage in der Klageantwort zu erheben. 551
Sie kann jedoch bereits im Schlichtungsverfahren eingereicht werden. Dies ergibt sich indirekt aus Art. 209 Abs. 2 lit. b ZPO, wonach die Klagebewilligung auch eine *allfällige Widerklage* enthalten soll. Die Widerklage kann mündlich anlässlich der Schlichtungsverhandlung eingebracht werden.[1508] Sie wird damit rechtshängig gemacht.[1509]

In der Lehre ist umstritten, ob für die im Schlichtungsverfahren eingebrachte 552
Widerklage eine eigene Klagebewilligung ausgestellt werden sollte.[1510] Die noch herrschende Lehre vertritt, die Widerklage werde erst im gerichtlichen Verfahren selbstständig; sie befinde sich bis zum Einreichen der Klage beim Gericht in einem Schwebezustand und falle dahin, wenn die Klage nicht eingereicht wird.[1511] Begründet wird dies damit, dass die Widerklage ein rechtshängiges Hauptverfahren voraussetze.[1512] Die Rechtshängigkeit des Hauptverfahrens tritt jedoch bereits mit Einreichen des Schlichtungsgesuches ein (Art. 62 Abs. 1 ZPO). So spricht sich ein anderer Teil der Lehre für die Selbstständigkeit der Widerklage ab ihrer Rechtshängigkeit, also gegebenenfalls bereits im Schlichtungsverfahren, aus[1513] und fordert, dass die Widerklage also unabhängig von der Einreichung der Hauptklage weiterverfolgt werden kann.[1514] Dem ist zuzustimmen. Würde die Widerklage dahinfallen, wenn der Kläger die Klage nicht einreicht, so kann dies für den Widerkläger allenfalls sogar die

---

1508 Dazu ausführlich GRIEDER, Rz. 662 f.

1509 SUTTER-SOMM, SZZP 2012, S. 84; ZK ZPO-SUTTER-SOMM/HEDIGER, Art. 62 N 14; BK ZPO-BERGER-STEINER, Art. 62 N 18, 5. Spiegelstrich; BSK ZPO-INFANGER, Art. 62 N 20; KUKO ZPO-BERTI, Art. 62 N 6; DIKE ZPO-FÜLLEMANN, Art. 14 N 23.

1510 Zur Kontroverse BGer 4A_499/2013 E. 2.3.1, wo das Bundesgericht die Frage letztlich offen gelassen hat, weil die Klage nicht vom Widerkläger eingereicht wurde (die Schlichtungsbehörde hatte beiden Parteien die Klagebewilligung ausgestellt).

1511 ZK ZPO-LEUENBERGER, Art. 224 N 19 und 21a; BSK ZPO-WILLISEGGER, Art. 224 N 39; BK ZPO-KILLIAS, Art. 224 N 51; DIKE ZPO-PAHUD, Art. 224 N 12; DIKE ZPO-MÜLLER-CHEN, Art. 62 N 26; OBERLE/SOMMER/STATHAKIS, S, 24; TANNER, S. 314; SUTTER-SOMM, SZZP 2012, S. 84; anders GRIEDER, Rz. 647 ff.

1512 Statt vieler BSK ZPO-WILLISEGGER, Art. 224 N 19, 38 ff.; DIKE ZPO-MÜLLER-CHEN, Art. 62 N 26; ZK ZPO-LEUENBERGER, Art. 224 N 17.

1513 STEAEHLIN/STAEHELIN /GROLIMUND, § 14 Rz. 35a und § 20 Rz. 32a; GRIEDER, Rz. 761 f.; SCHRANK, 602 ff.

1514 STEAEHLIN/STAEHELIN /GROLIMUND, § 14 Rz. 35a und § 20 Rz. 32a (für eine eigene Klagebewilligung für den Widerkläger); SCHRANK, 602 ff. (für eine eigene Klagebewilligung für den Widerkläger); GRIEDER, 778 ff. (für eine gemeinsame Klagebewilligung, die sowohl dem Kläger als auch dem Widerkläger ausgestellt wird); CR CPC-BOHNET, Art. 209 N 11; RAPOLD/ FERRARI-VISCA, S. 395 (mindestens eine Kopie der Klagebewilligung).

Verwirkung seines materiellrechtlichen Anspruchs bedeuten.[1515] Jedenfalls aber müsste er zunächst ein neues Schlichtungsverfahren einleiten, obgleich seine Forderung bereits im ersten Schlichtungsverfahren thematisiert worden ist. Überzeugende dogmatische oder auch praktische Gründe gegen eine Zulassung der Widerklage (als selbstständige Klage) bei Ausbleiben der Hauptklage sind nicht ersichtlich. Jedenfalls ergeben sich solche weder aus Art. 209 Abs. 2 lit. b ZPO[1516] noch aus Art. 14 ZPO. Die *perpetuatio fori* setzt mit Rechtshängigkeit ein (Art. 64 Abs. 1 lit. b ZPO). Der Gerichtsstand der Widerklage am Hauptklagegerichtsstand bleibt sodann nach Art. 14 Abs. 2 ZPO ausdrücklich auch bestehen, wenn die Hauptklage aus irgendeinem Grund dahinfällt, so namentlich bei Fehlen einer Prozessvoraussetzung, Klagerückzug oder Gegenstandslosigkeit.[1517] Ebenso muss er fortbestehen, wenn die rechtshängige Hauptklage gar nicht erst (durch Klageeinreichung) weiterverfolgt wird.[1518] Reichen beide Parteien ihre Klagen innert Frist ein, so stehen sich zwei selbstständige Klagen gegenüber. Eine Verfahrensvereinigung ist nicht zwingend, aber grundsätzlich möglich (Art. 125 lit. c ZPO), indem die (ehemalige) Widerklage erneut als solche qualifiziert, dem (Haupt-)Kläger einstweilen zur Kenntnisnahme zugestellt und die Frist zur Widerklageantwort nach Eingang der Klageantwort mit der Frist für die Replik koordiniert wird. Im vereinfachten Verfahren kann es sich anbieten, sogleich oder nach vorgängigem Einholen einer wechselseitigen schriftlichen Stellungnahme zur Verhandlung zu laden.[1519] Der Widerkläger kann auch zuwarten und seine Klagebewil-

[1515] So der (eher theoretische) Fall, dass der Vermieter bereits vor Ablauf der Anfechtungsfrist ein Ausweisungsbegehren bei der Schlichtungsstelle einreicht (vgl. zum Ausweisungsbegehren vor Verstreichen des Kündigungstermins unten, Rz. 592 ff., und zur die Kündigung möblierter Zimmer oben, Fn 668) und der Mieter widerklageweise (aber innert der gesetzlichen Frist) die Kündigung anficht und/oder eine Erstreckung verlangt. Wird dem Vermieter nach gescheitertem Einigungsversuch die Klagebewilligung ausgestellt und reicht dieser seine Klage nicht ein, so würde die Widerklage des Mieters dadurch ebenfalls hinfällig und damit wäre der Anspruch auf Missbrauchsüberprüfung und Erstreckung verwirkt. Die Verwirkung des Anspruchs würde dann wiederum den klaren Fall begründen, den der Vermieter anschliessend im Rechtsschutz in klaren Fällen geltend machen kann, denn das Nichteinreichen der Klage hatte keine *res iudicata* Wirkung.

[1516] Art. 209 Abs. 2 ZPO normiert den Inhalt der Klagebewilligung zur Erfüllung ihrer Beweisfunktion (Rechtshängigkeit des Streitgegenstands, durchgeführtes Schlichtungsverfahren, Kosten). Zum Ganzen GRIEDER, Rz. 774 ff. und SCHRANK, Rz. 580 ff.

[1517] ZK ZPO-SUTTER-SOMM/GRIEDER, Art. 14 N 14; BSK ZPO-RUGGLE, Art. 14 N 29; BK ZPO-GÜNGERICH/WALPEN, Art. 14 N 44 f.; OFK ZPO-URBACH, Art. 14 N 12.

[1518] Auf den Widerklagegerichtsstand gestützt auf Art. 14 Abs. 1 ZPO wird der Vermieter eines unbeweglichen Sache aufgrund des teilzwingenden Gerichtsstands in Mietstreitigkeiten (Art. 33 i.V.m. Art. 35 lit. b ZPO) aber in aller Regel ohnehin nicht angewiesen sein.

[1519] Art. 245 Abs. 1 und 2 ZPO.

ligung verfallen lassen. Reicht der Kläger die Klage ein, so wird damit auch die Widerklage in das Gerichtsverfahren eingebracht. Ihre Rechtshängigkeit ist dann allerdings abhängig vom Fortbestand der Rechtshängigkeit der Hauptklage bis zum Einreichen der Klageantwort, in welcher der Widerkläger seine Widerklage entweder bekräftigen oder (nach der hier vertretenen Auffassung ohne *res iudicata*-Wirkung) fallen lassen kann.[1520]

Man mag einwenden, dass die hier aufgeworfene Frage für vorliegende Arbeit letztlich offen gelassen werden könne: Hat der Mieter die Kündigung des Vermieters angefochten oder eine Erstreckung verlangt und erhebt der Vermieter in der Schlichtungsverhandlung widerklageweise ein Ausweisungsbegehren und verfolgt der Mieter die Kündigungsanfechtung und die Erstreckung nicht weiter, wird die Kündigung rechtskräftig. Der Sachverhalt wird dann in aller Regel sofort beweisbar und die Rechtslage klar. Der Vermieter kann einen Rechtsschutz in klaren Fällen im summarischen Verfahren verlangen. Mit Blick auf einen Entscheid des Zürcher Mietgerichts aus dem Jahr 2005 erscheint dies jedoch nicht gesichert: 553

> Der Mieter hatte vor der Schlichtungsbehörde die Feststellung der Missbräuchlichkeit einer Kündigung aus wichtigem Grund (Art. 266g OR) und eventualiter eine längstmögliche Erstreckung verlangt. Zu Beginn der Schlichtungsverhandlung zog der Rechtsvertreter des Mieters die Klage zurück, machte aber deutlich, dass er sich vorbehalte, die Unwirksamkeit der ausserordentlichen Kündigung im Ausweisungsverfahren geltend zu machen.[1521] Die Schlichtungsbehörde schrieb das Verfahren ab. Der Vermieter reichte daraufhin sein Ausweisungsbegehren im einfachen und raschen Verfahren (nicht im Befehlverfahren) ein. Das Mietgericht entschied, da sich das Begehren des Mieters lediglich auf den Missbrauchsvorwurf und das Erstreckungsbegehren beschränkt hatte, die Unwirksamkeit hingegen nicht Gegenstand dieses Verfahrens gewesen war,

[1520] Nach herrschender Lehre bleibt die Rechtshängigkeit der im Schlichtungsverfahren eingebrachten Widerklage erst mit dem Erheben derselben in der Klageantwort erhalten (GRIEDER, Rz. 747 m. zahlr. Hinw.). Vgl. Art. 213 Abs. 2 VE ZPO *(«Eine bereits beim Schlichtungsversuch rechtshängig gemachte Widerklage, die nicht spätestens zusammen mit der Klageantwort begründet wird, gilt als nicht eingereicht.»).* Vgl. auch DIKE ZPO-FÜLLEMANN, Art. 14 N 23 und RAPOLD/FERRARI-VISCA, S. 395, die dem Widerkläger nach Einreichung der Hauptklage eine kurze Frist einräumen wollen, um zu erklären, dass er an seiner Widerklage nicht länger festhalte – ohne dass dies einem Klagerückzug gleichkomme (vgl. Art. 65 ZPO) – *e contrario* wäre nach dieser Auffassung bei Stillschweigen und Auslassen der Widerklage in der Klageantwort (wohl) entweder ein Klagerückzug anzunehmen oder die Widerklage wäre mangels Begründung abzuweisen.

[1521] *«Denn da die Unwirksamkeit der Kündigung jederzeit geltend gemacht werden könne, erscheine ihm die Klage zur Zeit nicht vordringlich.»*

könne der Vermieter dem Mieter im Ausweisungsverfahren diesbezüglich nicht die Einrede der abgeurteilten Sache entgegen halten.[1522]

Dieses Beispiel erhellt, dass Rechtslage und Sachverhalt, will man der Auffassung des Zürcher Mietgerichts folgen,[1523] auch nach einem Rückzug der Kündigungsanfechtung durch den Mieter nicht zwingend hinreichend klar sind, um einen Rechtsschutz in klaren Fällen zu ermöglichen. Gerade im dargestellten Fall wäre die Wahrscheinlichkeit eines Nichteintretens in einem Rechtsschutz in klaren Fällen aufgrund der unbestimmten Rechtsbegriffe (wichtige Gründe, Unzumutbarkeit) nicht unerheblich, so dass der Vermieter sein Ausweisungsbegehren letztlich wieder bei der Schlichtungsbehörde anhängig machen müsste.

554 Nach der hier vertretenen Auffassung ist dem Widerkläger die Möglichkeit einzuräumen, seine in der Schlichtungsverhandlung erhobene Widerklage selbstständig weiterzuverfolgen, unabhängig davon, ob auch die Hauptklage eingereicht wird. Die Praxis der Schlichtungsbehörden ist uneinheitlich. Mancherorts wird dem Widerkläger eine eigene Klagebewilligung ausgestellt.[1524] Anderenorts wird das an der Schlichtungsverhandlung vom Gesuchsgegner vorgebrachte Begehren auf dessen Wunsch als selbstständiges Gesuch entgegen genommen, beide Ansprüche gleichzeitig verhandelt und im Falle der Nichteinigung beiden Parteien eine eigene Klagebewilligung ausgestellt.[1525]

555 Zu beachten ist sodann, dass ein rechtshängiges Ausweisungsbegehren im vereinfachten Verfahren einem gleichzeitigen Ausweisungsbegehren im summarischen Rechtsschutz in klaren Fällen aufgrund der *Litispendenz* entgegensteht. Diese Litispendenz besteht insbesondere auch während der dreissigtägigen Klagefrist zwischen Schlichtungsverfahren und Klageeinreichung fort. Zulässig erscheint jedoch die Abgabe einer Erklärung gegenüber dem Gericht, bei welchem die Klage eingereicht werden müsste, des Inhalts, dass auf das Einreichen der Klage verzichtet wird, um die Rechtshängigkeit dahinfallen zu lassen.

[1522] Entscheid des Zürcher Mietgerichts vom 2.12.2005 E. 3.3., ZMP 2/06 Nr. 6, S. 26 ff.

[1523] Nach der hier vertretenen Auffassung wäre das Verhalten des Mieters missbräuchlich, vgl. oben, Rz. 366 ff.

[1524] Schlichtungsstelle für Mietangelegenheiten BL.

[1525] Schlichtungsstelle für Mietstreitigkeiten BS.

3. Widerklage im Gerichtsverfahren

Es steht dem Vermieter frei, sein Ausweisungsbegehren auch erst im Gerichtsverfahren widerklageweise anhängig zu machen.[1526] Dies bietet sich insbesondere nach einem gescheiterten Ausweisungsgesuch aus einem zum Kündigungsschutzverfahren parallel laufenden Verfahren um Rechtsschutz in klaren Fällen an. Die Widerklage ist allerdings spätestens in der Klageantwort zu erheben[1527] und solange das summarische Ausweisungsverfahren noch läuft, steht dem identischen Begehren grundsätzlich die Litispendenz entgegen.[1528] Nach dem Wortlaut von Art. 64 Abs. 1 lit. a ZPO bewirkt die Rechtshängigkeit, dass der Streitgegenstand zwischen den gleichen Parteien nicht anderweitig rechtshängig gemacht werden kann. Allerdings enthält die ZPO keine Bestimmung dazu, wie das zweitangerufene Gericht in einem solchen Falle zu verfahren hat. Die Lehre ist sich weitestgehend darin einig, dass es nicht sofort einen Nichteintretensentscheid fällen darf.[1529] Dem Vorgehen nach dem (aufgehobenen) Art. 35 GestG[1530] würde es entsprechen, das Verfahren zu sistieren, bis feststeht, dass das erstangerufene Gericht seine Zuständigkeit bejaht.[1531] Das (aufgehobene) GestG bezog sich lediglich auf die örtliche Zuständigkeit. Nach Inkrafttreten der ZPO besteht kein Grund mehr, sich auf diese Prozessvoraussetzung zu beschränken. In der Lehre wird vertreten, dass das zweitangerufene Gericht das Verfahren sistieren soll, bis feststeht, dass das Verfahren vor dem anderen Gericht erledigt worden ist[1532] oder bis Gewähr dafür besteht, dass im Erstprozess ein Sachurteil ergehen kann, weil rechtskräftig über die Eintretensvoraussetzungen entschieden wurde.[1533] Dieses Vorgehen entspricht 556

1526 Das Schlichtungsverfahren entfällt (Art. 198 lit. g ZPO).

1527 BSK ZPO-Frei/Willisegger, Art. 224 N 3 i.f.;

1528 Bei einem berufungsfähigen Nichteintretensentscheid entfällt die Rechtshängigkeit erst mit dem ungenutzten Ablauf der zehntägigen Frist für eine schriftliche Begründung oder – sofern der Entscheid schriftlich begründete ist – nach unbenutztem Ablauf der Berufungsfrist. Steht aber gegen den Entscheid lediglich die Beschwerde offen, so entfällt die Litispendenz bereits mit Eröffnung des Entscheides, denn die Beschwerde hemmt die Rechtskraft nicht (Art. 325 ZPO).

1529 BK ZPO-Berger-Steiner, Art. 64 N 16; KUKO ZPO-Berti, Art. 64 N 14.

1530 Bundesgesetz vom 24. März 2000 über den Gerichtsstand in Zivilsachen (SR 272, aufgehoben per 1. Januar 2011).

1531 *«(Abs. 1:) Werden bei mehreren Gerichten Klagen über denselben Streitgegenstand zwischen denselben Parteien rechtshängig gemacht, so setzt jedes später angerufene Gericht das Verfahren aus, bis das zuerst angerufene Gericht über seine Zuständigkeit entschieden hat. (Abs. 2:) Ein später angerufenes Gericht tritt auf die Klage nicht ein, sobald die Zuständigkeit des zuerst angerufenen Gerichts feststeht.»*

1532 KUKO ZPO-Berti, Art. 64 N 14 mit Verweis auf Reymond, S. 48.

1533 Spühler/Dolge/Gehri, § 34 Rz. 122; BK ZPO-Berger-Steiner, Art. 64 N 17; DIKE ZPO-Müller-Chen, Art. 64 N 43; wohl auch KUKO ZPO-Domej, Art. 59 N 25; vgl.

dem Grundgedanken hinter der fehlenden Litispendenz als Prozessvoraussetzung am besten, dient sie doch der Vermeidung widersprüchlicher Entscheide und der Entlastung der Gerichte und damit auch der Prozessökonomie.[1534] Tritt das erstangerufene Gericht nicht auf die Klage ein, nachdem bereits das zweitangerufene Gericht aufgrund der Litispendenz des ersten Prozesses einen Nichteintretensentscheid gefällt hat, so kann die Klage ein drittes Mal zur materiellen Beurteilung rechtshängig gemacht werden. Wie bereits GULDENER ausführt, sollte die Rechtshängigkeit der identischen Klage in einem anderen Prozess nur in Betracht fallen, *«sofern das bereits mit der Klage befasste Gericht auf die Klage eintreten kann, insbesondere wenn es zu ihrer Beurteilung zuständig ist. Andernfalls kann die Klage zu keinem Erfolg führen und es hat keinen Sinn, die zweite Klage mit Rücksicht auf die Rechtshängigkeit der ersten Klage für unzulässig zu erklären.»*[1535] Der Rechtsschutz in klaren Fällen ist insoweit ein Sonderfall, als das Gericht lediglich einen gutheissenden Entscheid oder einen Nichteintretensentscheid fällen kann. Mit anderen Worten führt das Eintreten hier zur Gutheissung.[1536] Dies ist kein Grund, vom skizzierten Vorgehen abzuweichen. Im Sinne der Prozessökonomie ist angezeigt, dass der Vermieter sein Ausweisungsbegehren in der Klageantwort im Kündigungsschutzverfahren rechtshängig macht, auch wenn das Ausweisungsverfahren im Rechtsschutz in klaren Fällen noch läuft. Dass er den Versuch über den Rechtsschutz in klaren Fällen unternommen hat, kann nicht dazu führen, dass ihm die Widerklage im Kündigungsschutzverfahren ganz verwehrt bleibt.[1537] Nach Eingang der Klageantwort mit der Widerklage ist das Kündigungsschutzverfahren nach der hier vertretenen Auffassung bis zum Abschluss des Verfahrens um Rechtsschutz in klaren Fällen zu sistieren,[1538] da ersteres vom

---

auch Art. 9 Abs. 1 und 3 IPRG ([Abs. 1:] *«Ist eine Klage über denselben Gegenstand zwischen denselben Parteien zuerst im Ausland hängig gemacht worden, so setzt das schweizerische Gericht das Verfahren aus, wenn zu erwarten ist, dass das ausländische Gericht in angemessener Frist eine Entscheidung fällt, die in der Schweiz anerkennbar ist.»* [Abs. 3] *«Das schweizerische Gericht weist die Klage zurück, sobald ihm eine ausländische Entscheidung vorgelegt wird, die in der Schweiz anerkannt werden kann.»*)

1534 BK ZPO-ZINGG, Art. 59 N 64; ZK ZPO-ZÜRCHER, Art. 59 N 26.

1535 GULDENER, S. 239.

1536 Vgl. dazu oben, Rz. 513 und 517.

1537 Zu beachten ist auch, dass sich die herrschende Lehre für die Anwendbarkeit von Art. 63 ZPO nach einem Nichteintreten auf ein Gesuch im Verfahren um Rechtsschutz in klaren Fällen ausspricht (dazu oben, Rz. 514). Reicht er sein Gesuch innert 30 Tagen nach Eröffnung des Nichteintretensentscheid in der *«korrekten»* Verfahrensart und bei der zuständigen Stelle erneut ein, so wird die Rechtshängigkeit auf das Datum der Einreichung des Gesuchs im Verfahren um Rechtsschutz in klaren Fällen zurückbezogen.

1538 Oben, Rz. 362.

Ausgang des letzteren abhängen kann.[1539] Freilich findet im vereinfachten Verfahren in der Regel kein Schriftenwechsel statt, sondern das Gericht lädt (allenfalls nach Einholen einer Stellungnahme) sogleich zur Verhandlung. Erhebt der Vermieter seine Widerklage bereits vor der Hauptverhandlung in seiner Stellungnahme, oder weisst er das Gericht auf das laufende summarische Ausweisungsverfahren hin, so sollte das Kündigungsschutzverfahren bis zum Entscheid im Ausweisungsverfahren sistiert werden. Wird die Widerklage hingegen vom Vermieter erst an der Hauptverhandlung mündlich gestellt, so besteht nach der hier vertretenen Auffassung kein hinreichender Anlass, das Verfahren auszustellen und neu zu laden. Auf die Widerklage ist diesfalls nicht einzutreten.

IV. Das vereinfachte Verfahren

1. Vorbemerkung

Es würde den Rahmen der vorliegenden Arbeit sprengen, das vereinfachte Verfahren ausführlicher als in den Grundzügen darzustellen. Da das Ausweisungsverfahren, in dessen Rahmen die Beendigung eine Miet- oder Pachtverhältnisses zu beurteilen ist, den Regeln des Kündigungsschutzverfahrens folgt, kann an dieser Stelle für Details auf die entsprechende Spezialliteratur verwiesen werden. 557

2. Verfahrensgrundsätze

Im Verfahren gemäss Art. 243 Abs. 2 lit. c ZPO wird der Sachverhalt von Amtes wegen festgestellt. Es herrscht der sogenannte soziale Untersuchungsgrundsatz.[1540] Das Gericht erhebt von Amtes wegen die nötigen Beweise[1541] und berücksichtigt neue Tatsachen und Beweismittel bis zur Urteilsberatung.[1542] Hinsichtlich der Rechtsbegehren ist das Gericht an die Parteianträge gebunden (Dispositionsmaxime[1543]). Auch die Anordnung direkter Vollstreckungsmassnahmen ist möglich, wenn die klagende Partei dies beantragt.[1544] 558

1539 Oben, Rz. 370 ff.
1540 Art. 247 Abs. 2 ZPO.
1541 Art. 153 Abs. 1 ZPO.
1542 Art. 229 Abs. 3 ZPO (i.V.m. Art. 219 ZPO).
1543 Art. 55 Abs. 1 ZPO.
1544 Art. 236 Abs. 3 ZPO (i.V.m. Art. 219 ZPO).

3. Verfahrensablauf

559 In mietrechtlichen Angelegenheiten hat der Kläger seine Klage innert Frist von 30 Tagen nach Eröffnung der Klagebewilligung einzureichen.[1545] Das vereinfachte Verfahren ist nach der gesetzlichen Konzeption ein laientaugliches Verfahren, das sich durch vereinfachte Formen und weitgehende Mündlichkeit auszeichnet. Sogar bereits die Klage kann grundsätzlich mündlich zu Protokoll gegeben werden. Dies geschieht in der Praxis kaum, zumal der Bund und auch einzelne Kantone und Gerichte laienfreundliche Klageformulare zur Verfügung stellen. Die Klage hat die Bezeichnung der Parteien, das Rechtsbegehren[1546], den Streitgegenstand, wenn nötig die Angaben zum Streitwert sowie Datum und Unterschrift zu enthalten. Eine schriftliche Begründung wird nicht verlangt.[1547] Wird die Klage von einem Vertreter des Klägers eingereicht, so hat dieser eine Vollmacht beizulegen. Beizulegen sind weiter die Klagebewilligung sowie alle verfügbaren Urkunden, welche als Beweismittel dienen sollen.[1548] Bereits aufgrund der sozialen Untersuchungsmaxime können Unterlagen aber auch zu einem späteren Zeitpunkt noch eingereicht werden.

560 Enthält die Klage keine Begründung, so lädt das Gericht die Parteien sogleich zur Verhandlung vor. Wurde die Klage demgegenüber mit einer schriftlichen Begründung eingereicht, so setzt das Gericht der beklagten Partei zunächst Frist zur schriftlichen Stellungnahme. Dabei handelt es sich nicht um eine eigentliche Klageantwort. Dem Primat der Mündlichkeit und Laienfreundlichkeit entsprechend ist die Verhandlung in diesem Verfahren zentral. Das Gericht ist gehalten, die notwendigen Verfügungen zu treffen, damit die Streitsache möglichst am ersten Termin erledigt werden kann (Art. 246 Abs. 1 ZPO). Dem ist freilich nicht leicht nachzukommen, insbesondere dann, wenn der Klagschrift die schriftliche Begründung fehlt. Die Komplexität der Streitsache lässt sich bisweilen im Voraus nicht abschätzen. Erfordern es die Verhältnisse, kann das Gericht indessen auch einen Schriftenwechsel anordnen. Die Notwendigkeit eines Schriftenwechsels kann sich allenfalls auch erst an der Verhandlung zeigen.

561 Die Parteien können grundsätzlich auch im vereinfachten Verfahren einvernehmlich auf das Durchführen einer Verhandlung verzichten. Ob dies jedoch auch im Verfahren, in welchem die soziale Untersuchungsmaxime gilt und in

[1545] Art. 209 Abs. 4 ZPO. Während der Gerichtsferien steht diese Klagefrist still (BGE 138 III 615 (= Pra 102 [2013] Nr. 36).

[1546] Zu den Rechtsbegehren auch unten, Rz. 626 ff.

[1547] Sogenannte *«vereinfachte Klage»* (Art. 244 Abs. 1 und 2 ZPO).

[1548] Art. 244 Abs. 3 ZPO.

welchem die Parteien nicht anwaltlich vertreten sind, zulässig ist, hat das Bundesgericht bislang ausdrücklich offen gelassen.[1549]

4. Entscheid und Rechtsmittel

Hinsichtlich des Entscheides weist das vereinfachte Verfahren keine Beson- 562
derheiten auf. Wird der Entscheid im Anschluss an die mündlichen Vorbringen der Parteien an der Verhandlung gefällt, so kann er den Parteien noch an der Verhandlung durch Übergabe des schriftlichen Dispositivs eröffnet und kurz mündlich begründet werden. Andernfalls erfolgt die Eröffnung durch Zustellung des schriftlichen Dispositivs mit oder ohne eine schriftliche Begründung. Eine schriftliche Begründung wird jedenfalls nachgeliefert, wenn eine Partei dies innert zehn Tagen seit der Eröffnung des unbegründeten Entscheides verlangt. Im Übrigen wird auf die Ausführungen zum Entscheid in § 17 verwiesen.

Ab einem Streitwert von CHF 10'000 ist der Entscheid berufungsfähig.[1550] Im 563
Kündigungsschutzverfahren entspricht der Streitwert grundsätzlich dem Mietzins, der für die Dauer bis zum nächstmöglichen Kündigungstermin geschuldet ist, wobei die dreijährige Sperrfrist nach Art. 271a Abs. 1 lit e OR zu berücksichtigen ist, die durch ein Unterliegen des Vermieters im Kündigungsschutzverfahren ausgelöst wird.[1551] Der Streitwert erreicht so regelmässig die Grenze für die Berufung. Die Rechtsmittelfrist beträgt in jedem Fall 30 Tage.[1552] Eine ausführliche Darstellung der Rechtsmittel gegen den Ausweisungsentscheid findet sich in § 18.

1549 Zum Ganzen BGE 140 III 450 E. 3.2 und BGer 4A_680/2014 vom 29. April 2014 E. 3.4.

1550 Art. 308 Abs. 2 ZPO.

1551 BGE 137 III 389 (= Pra 101 [2012] Nr. 6) E. 1.1. Dazu ausführlich oben, Rz. 390 ff.; insb. Rz. 8 und Rz. 426 ff.

1552 Art. 311 Abs. 1 und Art. 321 Abs. 1 ZPO.

§ 15 Ausgewählte Verfahrensfragen

I. Sachliche Zuständigkeit

1. Grundsatz

Die schweizerische ZPO weist die Regelung der sachlichen Zuständigkeit dem kantonalen Recht zu (Art. 4 ZPO). Diese findet sich häufig in den kantonalen Einführungsgesetzen zur ZPO oder in den Gerichtsorganisationsgesetzen. In der Regel werden die erstinstanzlichen summarischen Verfahren unabhängig vom Streitwert der Einzelrichterkompetenz zugewiesen,[1553] häufig auch sämtliche vereinfachten Verfahren[1554] oder zumindest die vereinfachten mietrechtlichen Verfahren nach Art. 243 Abs. 2 lit. c ZPO[1555] und/oder alle mietrechtlichen Verfahren.[1556] 564

1553 § 6 Abs. 1 lit. b EG ZPO AG (Bezirksgerichtspräsident); Art. 4 Abs. 1 Ziff. 1 EG ZPO AI (Bezirksgerichtspräsident); Art. 14 Abs. 1 lit. c JG AR (Einzelrichter); Art. 8 Abs. 1 EG ZSJ BE (Einzelgericht); § 3 Abs. 1 EG ZPO BL (Zivilkreisgerichtspräsidien); § 71 Abs. 1 lit. b GOG BS (Einzelgericht); Art. 51 Abs. 1 lit. b JG FR (Präsident/Präsidentin des Bezirksgerichts); Art. 85 LOJ GE (grundsätzlich alle erstinstanzlichen Verfahren vor dem Einzelrichter); Art. 14 Abs. 3 lit. a GOG GL (Kantonsgerichtspräsidenten als Einzelrichter); Art. 4 Abs. 1 lit. a EGzZPO GR (Einzelrichter); Art. 6 Abs. 1 LiCPC JU; § 35 Abs. 1 lit. c OGB LU (Einzelrichter); Art. 15 Abs. 1 OJN NE (grundsätzlich alle erstinstanzlichen Verfahren vor dem Einzelrichter); Art. 12 Ziff. 2 GerG NW (Kantonsgericht als Einzelgericht) Art. 34 Abs. 1 lit. b GOG OW (Kantonsgerichtspräsidium); Art. 6 Abs. 1 lit. a EG-ZPO SG (Einzelrichter des Kreisgerichts); Art. 29 Abs. 1 lit. b JG SH (Einzelrichter); § 10 Abs. 2 lit. b GO SO (Amtsgerichtspräsident als Einzelrichter); § 31 Abs. 2 lit. d JG SZ (Einzelrichter); § 20 Abs. 2 ZSRG TG (Einzelrichter); Art. 37 LOG TI (pretore/pretore aggiunto); Art. 19a lit. b GOG UR (Landgerichtpräsidium); § 28 Abs. 2 lit. c GOG ZG (Einzelrichter); § 24 lit. c GOG ZH (Einzelgericht).

1554 § 6 lit. a EG ZPO AG; Art. 14 Abs. 1 lit. a JG AR; Art. 8 Abs. 1 EG ZSJ BE (grundsätzlich alle erstinstanzlichen Verfahren vor dem Einzelrichter); § 3 Abs. 1 EG ZPO BL; Art. 51 Abs. 1 lit. a JG FR; Art. 85 LOJ GE (grundsätzlich alle erstinstanzlichen Verfahren vor dem Einzelrichter); Art. 14 Abs. 3 lit. a GOG GL; Art. 15 Abs. 1 OJN NE (grundsätzlich alle erstinstanzlichen Verfahren vor dem Einzelrichter); Art. 12 Ziff. 1 GerG NW; Art. 34 Abs 1 lit. a GOG OW; Art. 6 Abs. 1 lit. b EG-ZPO SG; Art. 29 Abs. 1 lit. b JG SH; § 10 Abs. 2 lit. a GO SO; § 31 Abs. 2 lit. c JG SZ; § 20 Abs. 2 ZSRG TG; § 28 Abs. 2 lit. b GOG ZG.

1555 Art. 4 Abs. 1 Ziff. 2 lit. b EG ZPO AI; § 71 Abs. 1 lit. a GOG BS.

1556 § 31 Abs. 2 lit. c JG SZ; § 20 Abs. 2 ZSRG TG; Art. 37 Abs. 1 LOG TI.

565 Das mietrechtliche Ausweisungsverfahren spielt sich entweder als Rechtsschutz in klaren Fällen im summarischen oder in Anwendung von Art. 243 Abs. 2 lit. c ZPO im vereinfachten Verfahren ab.[1557] Zuständig ist daher in der grossen Mehrzahl der Kantone der Einzelrichter.[1558]

2. Mietgerichte

566 Gewisse Kantone, vorwiegend in der französischsprachigen Schweiz, kennen für erstinstanzliche mietrechtliche Verfahren eigentliche Mietgerichte.[1559] Die Mietgerichte in Genf, Waadt, Fribourg, Jura und Zürich sind paritätisch zusammengesetzt und entscheiden in der Regel in Dreierbesetzung, bestehend aus einem vorsitzenden Präsidenten sowie je einem Vertreter der Vermieterorganisationen und der Mieterorganisationen.[1560] In den Kantonen Genf, Fribourg und Waadt ist das Verfahren vor dem Mietgericht grundsätzlich kostenlos.[1561]

567 Da das Bundesrecht über die Zuständigkeit solcher Spezialgerichte keine Bestimmungen enthält, liegt die Einrichtung und Zusammensetzung von Mietgerichten und die Zuweisung bestimmter Streitigkeiten an das Mietgericht in der Kompetenz der Kantone. Beurteilt das Mietgericht nach kantonalem Recht die Anfechtung einer Kündigung, erscheint es sinnvoll, es (zumindest ausserhalb der Ausweisung als Rechtsschutz in klaren Fällen) auch für das widerklageweise Ausweisungsbegehren zuständig zu erklären. Auch ein separat im

---

1557 Oben, Rz. 261.

1558 Vgl. aber als eine der Ausnahmen die Regelung in LU: Hier entscheidet der Einzelrichter über summarische Ausweisungsverfahren (§ 35 Abs. 1 lit. c OGB LU). Ebenso ist er zuständig für das vereinfachte Verfahren nach Art. 243 Abs. 2 lit. c ZPO, sofern der Streitwert CHF 30'000 nicht übersteigt (§ 35 Abs. 1 lit. b i.V.m. § 34 Abs. 2 lit. b OGB). Ist der Streitwert höher als CHF 30'000, so ist die Abteilung des Bezirksgerichts anzurufen. Dieses entscheidet in Dreierbesetzung (§ 34 Abs. 1 OGB LU). Vgl. auch Art. 19a GOG UR und Art. 4 f. EGzZPO GR sowie nachfolgend die Kantone, welche ein Mietgericht kennen.

1559 Kanton Genf (Art. 88 f. LOJ GE); Kanton Waadt (Art. 1 Abs. 3 LJB); Kanton Jura (Art. 32 LOJ JU und Loi instituant le Tribunal des baux à loyer et à ferme, LTBLF); Kanton Freiburg (Art. 34 und 56 JG); vgl. für den Kanton Neuenburg Kanton Zürich (§ 21 lit. a GOG); praxisgemäss auch im Kanton Basel-Stadt (vgl. unten Rz. 568 i.f.).

1560 Vgl. Art. 57 JG FR; Art. 4 Abs. 1 und Art. 6 Abs. 1 LJB VD; Art. 88 LOJ GE; Art. 30 und Art. 9 LTBLF JU; §§ 13 und 16 GOG ZH.

1561 Art. 22 Abs. 1 LaCC GE (Kostenlosigkeit des mietrechtlichen Verfahrens vor Genfer Gerichten); Art. 12 LJB VD (Verfahren kostenlos, vorbehältlich mutwilliger Prozessführung, vgl. aber Art. 13 LJB für Geschäftsräume); Art. 130 JG FR (keine Kosten bei Streitigkeiten über Wohnräume, wenn die Hauptwohnung des Mieters betroffen ist und diese keine Luxuswohnung darstellt). In anderen Kantonen (z.B. Jura) ist das Verfahren vor dem Mietgericht kostengünstiger (Art. 19 Abs. 2 des décret fixant les émoulements judicaires). Vgl. zu den besonderen Kostenregelungen auch unten, Rz. 615.

vereinfachten Verfahren anhängig gemachtes Ausweisungsbegehren ist grundsätzlich sinnvollerweise von dieser Spezialbehörde zu beurteilen, zumal in der Regel die Rechtmässigkeit der Vertragsauflösung oder eine umstrittene Erstreckung zu beurteilen sein dürften. Dies entspricht auch der bundesgerichtlichen Auslegung von Art. 243 Abs. 2 lit. c ZPO.[1562]

Exemplarisch werden nachfolgend kurz einzelne besondere Zuständigkeitsbestimmungen dargestellt. 568

- Im Kanton Fribourg existieren drei kantonale Mietgerichte.[1563] Der Präsident des jeweiligen Mietgerichts entscheidet unabhängig von Streitwert und Verfahren in Ausweisungsverfahren bei Mietverträgen und nichtlandwirtschaftlichen Pachtverträgen (Art. 56 Abs. 2 lit. c JG FR).
- Auch im Kanton Jura entscheidet der Präsident des Mietgerichts als Einzelrichter über (sämtliche) Ausweisungsbegehren (Art. 29 Abs. 2 LTBLF JU).
- Das Mietgericht im Kanton Genf[1564] tagt demgegenüber jeweils in paritätischer Dreierbesetzung.[1565] Seine Zuständigkeit umfasst sämtliche mietrechtlichen Streitigkeiten betreffend Immobilien (Art. 89 Abs. 1 lit. a LOJ GE), wozu auch das Ausweisungsbegehren gehört. Es ist sodann von Gesetzes wegen auch zuständig für die Vollstreckung von Ausweisungsentscheiden (Art. 89 Abs. 2 LOJ GE).
- Auch im Kanton Waadt ist das Mietgericht grundsätzlich für sämtliche mietrechtlichen Streitigkeiten über Immobilien zuständig. Explizit davon ausgenommen wird jedoch die Ausweisung des Mieters nach Kündigung wegen Zahlungsverzugs (Art. 1 Abs. 3 LJB VD). In diesem Fällen ist daher je nach Streitwert der Friedensrichter (bis CHF 10'000),[1566] der Bezirksgerichtspräsident (bis CHF 30'000),[1567] das Bezirksgericht (bis

---

1562 Oben, Rz. 261.

1563 Art. 34 JG FR: das Mietgericht für den Saanebezirk hat Sitz in Fribourg; das Mietgericht für den Sense- und den Seebezirk hat Sitz in Tafers, das Mietgericht für die Bezirke Greyerz, Glane, Broye und Vivisbach hat Sitz in Bulle. Die Mietgerichte tagen aber in der Regel in den Räumlichkeiten des Bezirksgerichts, in dessen Bezirk sich die Mieträumlichkeit befindet.

1564 Tribunal des baux et loyers, Art. 1 lit. b Ziff. 2 LOJ GE.

1565 «(..) *dans la composition d'un juge, qui le préside, d'un juge assesseur représentant les groupements de locataires et d'un juge assesseur représentant les bailleurs*» (Art. 88 LOJ GE).

1566 Le juge de paix, Art. 113 Abs. 1bis LOJV.

1567 Président du tribunal d'arrondissement, Art. 96d Abs. 2 LOJV.

CHF 100'000)[1568] oder das Chambre patrimoniale cantonale als Teil des Bezirksgerichts Lausanne anzurufen (Streitwert über CHF 100'000).[1569]

- Im Kanton Zürich ist die Zuständigkeit für das Ausweisungsverfahren abhängig von Verfahrensart und Streitwert. Das summarische Ausweisungsverfahren wird immer vom ordentlichen Einzelgericht[1570] entschieden (§ 24 lit. c GOG ZH). Wird das Ausweisungsbegehren nicht als Rechtsschutz in klaren Fällen eingereicht, so ist das Mietgericht zuständig (§ 21 Abs. 1 lit. a GOG ZH). Bis zu einem Streitwert von CHF 30'000 entscheidet dessen Präsident als Einzelrichter. Er ist berechtigt, die Streitsache an das Kollegialgericht (in paritätischer Dreierbesetzung) zu überweisen. Bei einem Streitwert ab CHF 15'000 muss er die Sache dem Kollegialgericht überweisen, wenn eine der Parteien dies verlangt. Ab einem Streitwert von CHF 30'000 ist das Kollegialgericht von Gesetzes wegen zuständig (§ 26 GOG ZH).
- Im Kanton Basel-Stadt schliesslich werden die Ausweisungsverfahren als Rechtsschutz in klaren Fällen und alle vereinfachten Verfahren nach Art. 243 Abs. 2 lit. c ZPO unabhängig vom Streitwert dem Einzelrichter zugewiesen (§ 71 Abs. 1 lit. a und b GOG BS). Praxisgemäss besteht in Basel-Stadt ein sogenanntes *«Mietgericht»,* welches – stets als Einzelgericht – mietrechtliche Streitigkeiten im Zusammenhang mit Kündigungsanfechtung und/oder Erstreckung sowie dem Schutz vor missbräuchlichem Mietzins beurteilt.[1571] Seit Juli 2016 werden darüber hinaus alle Mietstreitigkeiten, die im vereinfachten Verfahren zu behandeln sind,[1572] diesem *«Mietgericht»* zugewiesen. Ausweisungsklagen ausserhalb des Verfahrens um Rechtsschutz in klaren Fällen werden vom Mietgericht entschieden, Ausweisungen nach Art. 257 ZPO (sowie allfällige vorsorgliche Ausweisungen) hingegen vom (normalen) Einzelgericht.

3. Handelsgerichtliche Zuständigkeit

569 Nach Art. 6 Abs. 1 ZPO sind die Kantone befugt, ein Handelsgericht einzusetzen, welches bestimmte Streitigkeiten als einzige kantonale Instanz beurteilt.

1568 Tribunal d'arrondissement, Art. 96b Abs. 2 LOJV.
1569 Art. 96g LOJV.
1570 Einzelgericht des Bezirksgerichts als Zivilgericht.
1571 Dies geht zurück auf § 30 Abs. 4 des GOG BS i. d. f. bis 31.12.2010.
1572 Alle mietrechtlichen Verfahren mit einem Streitwert bis CHF 30'000 und alle Verfahren nach Art. 243 Abs. 2 lit. c ZPO unabhängig vom Streitwert.

Solche Handelsgerichte existieren in den Kantonen Aargau, Bern, St. Gallen und Zürich.[1573]

Was eine handelsrechtliche Streitigkeit ist und daher in die Zuständigkeit der Handelsgerichte fällt, bestimmt sich allein nach Bundesrecht.[1574] Eine kantonalrechtliche Beschränkung des Anwendungsbereichs ist nicht zulässig.[1575] Art. 6 Abs. 2 ZPO hält drei kumulative Voraussetzungen für die Begründung einer handelsgerichtlichen Zuständigkeit fest: 570

- Gemäss Art. 6 Abs. 2 lit. a ZPO muss Streitigkeit die geschäftliche Tätigkeit mindestens einer Partei betreffen. Mit der geschäftlichen Tätigkeit ist zum einen die charakteristische Leistung im Rahmen einer geschäftlichen Tätigkeit gemeint (Hauptgeschäft).[1576] Aber auch Hilfs- oder Nebengeschäfte werden von dieser Bestimmung erfasst.[1577] Dazu gehört namentlich die Miete von Fabrikations- oder Büroräumlichkeiten. Streitigkeiten im Zusammenhang mit Mietverträgen über Geschäftsräumlichkeiten sind damit grundsätzlich unter den Begriff der *«geschäftlichen Tätigkeiten»* gemäss Art. 6 Abs. 2 lit. a ZPO zu subsumieren.[1578]. Konsequent ist auch eine Anwendung auf das Hauptmietverhältnis bei Wohnungen, welche von der Mieterin kommerziell untervermietet werden. Handelt es sich bei der Vermieterin[1579] um ein Immobilienunternehmen, dessen Kerngeschäft den Unterhalt und die Vermietung der eigenen Liegenschaften umfasst, ist die Voraussetzung von Art. 6 Abs. 2 lit. a ZPO ebenfalls erfüllt, so dass es auf den Verwendungszweck des Mietobjekts durch die Mieterin nicht ankommt.[1580] 571
- Nach Art. 6 Abs. 2 lit. b ZPO sind die Handelsgerichte nur zuständig, wenn gegen ihren Entscheid die Beschwerde in Zivilsachen an das Bundesgericht offen steht. Bei mietrechtlichen Streitigkeiten ist dies bereits ab einem Streitwert von CHF 15'000 der Fall (Art. 74 Abs. 1 lit. a BGG). Somit ist

---

[1573] Sie wurden nicht erst mit Inkrafttreten der Schweizerischen ZPO eingeführt, sondern vielmehr auf der Grundlage von Art. 6 Abs. 1 ZPO beibehalten.

[1574] BGE 138 III 471 E. 1.1.

[1575] BGE 140 III 155 E. 4.3.

[1576] BGer 4A_66/2012 vom 29. Mai 2012 E. 1.1.

[1577] Stämpfli ZPO-HÄRTSCH, Art. 6 N 10, KUKO ZPO-HAAS/SCHLUMPF, Art. 6 N 6.

[1578] BGE 139 III 457 E. 3.2 m. Hinw. auf die Lehre zum kantonalen Recht. Noch nicht höchstrichterlich entschieden ist bislang die Frage, ob arbeitsrechtliche Streitigkeiten unter Art. 6 Abs. 2 lit. a ZPO subsumiert werden können. Das Handelsgericht Zürich hat dies wiederholt verneint (Entscheid HG120101-O vom 16.7.2012, vgl. bereits HG110192-O vom 30.3.2012).

[1579] Massgeblich ist die Eigenschaft der Vermieterin, nicht indessen diejenige einer allenfalls eingesetzten professionellen Verwaltung.

[1580] Indessen ist eine handelsgerichtliche Zuständigkeit für Ausweisungen nur gegeben, wenn die Mieterin im Handelsregister eingetragen ist. Vgl. die Beispiele unter Rz. 576.

hier die Grenze für eine Zuständigkeit des Handelsgerichts schon bei CHF 15'000 und nicht erst bei CHF 30'000 anzusetzen.

- Schliesslich müssen beide Parteien im schweizerischen Handelsregister oder in einem vergleichbaren ausländischen Register eingetragen sein (Art. 6 Abs. 2 lit. c ZPO). Ist nur die beklagte Partei im Handelsregister eingetragen, hat die klagende Partei – sofern die beiden anderen Voraussetzungen erfüllt sind – die Wahl, ob sie die ordentlichen Gerichte oder das Handelsgericht anrufen möchte (Art. 6 Abs. 3 ZPO). Nachdem in der Lehre zunächst umstritten war, ob dieses Wahlrecht nur nicht im Handelsregister eingetragenen Einzelunternehmern und Personengesellschaften im Gründungsstadium zur Verfügung stehen sollte,[1581] hat das Bundesgericht festgehalten, dass sich auch Konsumenten – also *«normale»* natürliche Personen darauf berufen können.[1582] Die handelsgerichtliche Zuständigkeit für eine Mieterausweisung ist grundsätzlich eröffnet, wenn es sich zumindest bei der Mieterin um eine juristische Person oder eine im Handelsregister eingetragene Einzelunternehmerin handelt.

572 In den ersten Jahren nach Einführung der ZPO haben die Handelsgerichte ihre Zuständigkeit in mietrechtlichen Verfahren abgelehnt. Begründet wurde dies zum einen damit, dass zumindest für Verfahren nach Art. 243 Abs. 2 lit. c ZPO, unabhängig vom Streitwert das vereinfachte Verfahren anwendbar ist, dieses aber nach Art. 243 Abs. 3 ZPO vor Handelsgerichten explizit ausgeschlossen wird.[1583] Sodann sieht das Gesetz bei Streitigkeiten aus Miete von Wohn- und Geschäftsräumen eine besondere, paritätisch zusammengesetzte Schlichtungsbehörde vor (Art. 200 Abs. 1 ZPO). Dies solle nicht durch das Einreichen einer Klage vor dem Handelsgericht ausgehebelt werden können (vgl. Art. 198 lit. f ZPO).[1584] Beidem liegt der Gedanke des Mieterschutzes zu Grunde. Diese Bedenken gegen eine zwingende handelsgerichtliche Zustän-

---

1581 Zum Lehrstreit SCHWALLER/NAEGELI, Rz. 11 ff. mit zahlr. Hinw.

1582 BGE 138 III 694 E. 2.9.

1583 Vgl. Stämpfli ZPO–HÄRTSCH, Art. 6 N 17; HÄRTSCH selbst gibt an, bei den übrigen mietrechtlichen Streitigkeiten mit einem Streitwert *unter* CHF 30'000 sei eine handelsgerichtliche Zuständigkeit denkbar – obwohl die ZPO auch hier das vereinfachte Verfahren vorsieht (Art. 243 Abs. 1 ZPO).

1584 Vgl. BRUNNER, AJP 2010, S. 1538, der die Zuständigkeit des Handelsgerichts für bestimmte mietrechtliche Klagen, die der paritätisch zusammengesetzten Schlichtungsbehörde unterstehen, insbesondere Kündigungsschutz und Erstreckung einer Geschäftsraummiete, ausschliesst. Für Streitigkeiten über die Nachzahlung von Mieten oder den Schadenersatz wegen Verletzung des Mietvertrages bestehe indessen eine handelsgerichtliche Zuständigkeit, sofern es sich um eine Streitigkeit zwischen Unternehmen handle und der Streitwert CHF 30'000 überschreite. Diese Differenzierung ist indessen nicht nachvollziehbar; die paritätische Schlichtungsbehörde ist für sämtliche mietrechtlichen Streitigkeiten, unabhängig vom Streitwert, zuständig.

digkeit sind grundsätzlich nicht von der Hand zu weisen. Die Diskrepanz kann grundsätzlich auf drei Arten aufgelöst werden. In Variante 1 wird die Zuständigkeitsregelung über die mietrechtlichen Verfahrensprinzipien gestellt: liegt eine handelsrechtliche Streitigkeit vor, wird kein Schlichtungsverfahren durchgeführt und es kommt das ordentliche Verfahren zur Anwendung. In Variante 2 werden die mietrechtlichen Verfahrensprinzipien höher gestellt und brechen die Zuständigkeit des Handelsgerichts: das Handelsgericht ist für mietrechtliche Streitigkeiten nicht zuständig. In der vermittelnden Variante 3 schliesslich wäre zwar das Handelsgericht zuständig, indessen wäre vorgängig ein paritätisches Schlichtungsverfahren zu durchlaufen und es käme auch vor Handelsgericht das vereinfachte Verfahren zur Anwendung.

Das Bundesgericht hat die dritte Variante aufgrund des klaren Wortlautes in Art. 243 Abs. 3 ZPO verworfen[1585] und die bundesrechtlichen Grundsätze des vereinfachten Verfahrens über die Zuständigkeitsregelung gestellt.[1586] Begründet wurde dieser Entscheid mit der dienenden Funktion des Zivilprozessrechts, welches dem materiellen Recht zum Durchbruch verhelfen soll. Mit Blick auf die besonderen Grundsätze des vereinfachten Verfahrens, wäre die angestrebte vereinheitlichte Verwirklichung des materiellen Rechts in Frage gestellt, wenn für die gleiche Streitigkeit unterschiedliche Verfahrensregeln zur Anwendung kämen, je nachdem, ob sie von ordentlichen oder vor Handelsgerichten beurteilt würden.[1587] Das Bundesgericht verwies hierbei auf die Untersuchungsmaxime, welche für die besonderen mietrechtlichen Streitigkeiten nach Art. 243 Abs. 2 lit. c ZPO unabhängig vom Streitwert, aber auch für die übrigen mietrechtlichen Streitigkeiten bis zu einem Streitwert von CHF 30'000, zu beachten ist (Art. 247 Abs. 2 lit. b ZPO). Solche Verfahren sollen demnach nicht von Handelsgerichten beurteilt werden.[1588] 573

Anders ist die Situation bei Ausweisungsbegehren, welche in einem Verfahren um Rechtsschutz in klaren Fällen eingereicht werden. Das summarische Verfahren ist vor dem Handelsgericht nicht ausgeschlossen. Aus Art. 243 Abs. 3 ZPO kann hier keine Unzuständigkeit des Handelsgerichts abgeleitet werden. Auch findet ohnehin kein Schlichtungsverfahren statt (Art. 198 lit. a ZPO). Sind die Voraussetzungen nach Art. 6 Abs. 2 und 3 ZPO erfüllt, ist das Han- 574

[1585] BGE 139 III 457 E. 4.4.3.1.
[1586] BGE 139 III 457 E. 4.4.3.3. i. f.
[1587] BGE 139 III 457 E. 4.4.3.3.
[1588] *E contrario* lässt sich aus dem erwähnten Bundesgerichtsentscheid ableiten, dass die übrigen mietrechtlichen Verfahren mit einem Streitwert über CHF 30'000, dem Handelsgericht vorgelegt werden müssen (andernfalls hätte das Bundesgericht nicht geprüft, ob die Streitsache *in casu* unter Art. 243 Abs. 2 lit. c ZPO fallen würde). Dies bedeutet, dass in diesen Fällen kein Schlichtungsverfahren stattfindet.

delsgericht für die Beurteilung einer Ausweisung im summarischen Verfahren zuständig.[1589] Für kantonalrechtliche Einschränkungen oder abweichende Zuständigkeitsregelungen besteht kein Raum.[1590]

575 Zusammenfassung ergibt sich somit folgendes Bild:

Das Handelsgericht ist für eine Ausweisung, welche im vereinfachten Verfahren zu behandeln ist, nicht zuständig. Dies gilt für alle Ausweisungsverfahren, welche unter den Anwendungsbereich von Art. 243 Abs. 2 lit. c ZPO fallen, somit für alle Ausweisungsverfahren in deren Zusammenhang zumindest vorfrageweise die Gültigkeit einer Kündigung bzw. die Beendigung eines Miet- oder Pachtvertrags beurteilt werden muss.[1591]

Für Ausweisungen, in deren Zusammenhang sich die Frage einer gültigen Miet- oder Pachtvertragsbeendigung nicht stellt – zu denken ist beispielsweise eine Ausweisung im Zusammenhang mit einem rückgängig gemachten Liegenschaftskaufvertrag oder im Zusammenhang mit einer Erbschaft – wäre ab einem Streitwert über CHF 30'000 (ordentliches Verfahren) und bei Vorliegen der Voraussetzungen nach Art. 6 ZPO das Handelsgericht anzurufen.

Die Zuständigkeit des Handelsgerichts für ein summarisches Ausweisungsverfahren im Rahmen eines Rechtsschutzes in klaren Fällen ist unter folgenden kumulativen Voraussetzungen gegeben:

- Zumindest der Mieter ist im Handelsregister eingetragen.
  Ist der Vermieter nicht im Handelsregister eingetragen, so ist der Weg an das Handelsgericht optional.[1592] Andernfalls besteht keine Wahlmöglichkeit und das Begehren ist zwingend an das Handelsgericht zu richten. Ein allenfalls angerufenes ordentliches Gericht muss einen Nichteintretensentscheid fällen.
- Der Streitwert beträgt mindestens CHF 15'000.[1593]

[1589] So nun auch ausdrücklich das Bundesgericht in BGE 142 III 515 E. 2.2.4; BGer 4A_300/2016 vom 5. Oktober 2016 E. 3.2.

[1590] BGE 140 III 155. Dieser Entscheid betraf die Zuständigkeit für eine mietrechtliche Streitigkeit als Rechtsschutz in klaren Fällen im Kanton Zürich. Das Bundesgericht hielt fest, dass – da die Voraussetzungen nach Art. 6 ZPO erfüllt waren – das Handelsgericht und nicht das Zürcher Mietgericht zuständig ist. Auch andere Einschränkungen der sachlichen Zuständigkeit erscheinen vor dem Hintergrund dieses Entscheides nicht mehr zulässig (vgl. z. B. die Streitwertgrenze in § 44 lit. b GOG ZH).

[1591] BGer 4A_300/2016 vom 5. Oktober 2016 E. 2.3.

[1592] BGE 138 III 694; vgl. den vorinstanzlichen Entscheid des Handelsgerichts Zürich, Nr. HG110192-O vom 30. März 2012.

[1593] Art. 6 Abs. 2 lit. b ZPO i. V. m. Art. 74 Abs. 1 lit. a BGG. Zur Streitwertberechnung siehe Rz. 375 ff.

– Es handelt sich entweder um eine Geschäftsraummiete oder das Mietobjekt (Wohnungen) wird vom Mieter kommerziell untervermietet.
  Von einer geschäftlichen Tätigkeit ist auch auszugehen, wenn es sich beim Vermieter um ein Immobilienunternehmen handelt, dessen Geschäft das Halten und Verwalten der eigenen Liegenschaften umfasst.[1594] Das Handelsgericht ist diesfalls für die Ausweisung zuständig, sofern der Mieter (bspw. als Inhaber eines Einzelunternehmens) im Handelsregister eingetragen ist, unabhängig davon, ob er das Mietobjekt geschäftlich oder privat (insbesondere als Wohnung) nutzt.[1595]

Nachfolgende Beispiele sollen die handelsgerichtliche Zuständigkeit veranschaulichen. Allerdings ist das Handelsgericht nur dann zuständig, wenn ein Streitwert von CHF 15'000 erreicht wird. Dies wäre nach der hier vertretenen Berechnungsmethode im Verfahren um Rechtsschutz in klaren Fällen im erstinstanzlichen Verfahren eher selten der Fall.[1596] 576

Beispiel 1

Im Rahmen eines Mietvertrages über ein Verkaufslokal (Blumenladen) tritt als Vermieterin eine natürliche Person auf. Der mietende Blumenhändler hat sein Einzelunternehmen im Handelsregister eingetragen. Es handelt sich um eine Geschäftsraummiete. Die Vermieterin kündigt den Mietvertrag wegen Zahlungsverzugs nach Art. 257d OR. Das Ausweisungsbegehren als Rechtsschutz in klaren Fällen kann sie wahlweise beim ordentlichen Gericht oder beim Handelsgericht einreichen (Art. 6 Abs. 3 ZPO).

Beispiel 2

Wie Fall 1, die Vermieterin ist jedoch eine AG und der Mieter ist ein Blumenhändler ohne Handelsregistereintrag. Das Ausweisungsbegehren als Rechtsschutz in klaren Fällen kann die Vermieterin nur vor dem ordentlichen Gericht anhängig machen.

Beispiel 3

Wie Fall 1, die Vermieterin ist jedoch eine AG und der Mieter als Einzelunternehmer im Handelsregister eingetragen. Das Ausweisungsverfahren

---

1594 In einer weiten Auslegung ist es sogar zumindest denkbar, überhaupt jede Vermietung von Immobilien letztlich als kommerziell und daher zumindest als Nebengeschäft zu qualifizieren.

1595 Eine besondere Behandlung des Einzelunternehmers besteht auch im SchKG. So untersteht er sowohl für geschäftliche als auch für private Schulden der Konkursbetreibung (Art. 39 Abs. 1 Ziff. 1 SchKG; BSK SchKG I-ACOCELLA, Art. 39 N 15).

1596 Zur Streitwertberechnung oben, Rz. 418 ff.

als Rechtsschutz in klaren Fällen ist zwingend vor dem Handelsgericht anhängig zu machen.

Beispiel 4

Es handelt sich um ein Mietverhältnis über eine Wohnung. Die Vermieterin ist eine AG, gemäss Handelsregistereintrag umfasst ihr Zweck unter anderem die Bewirtschaftung der eigenen Liegenschaften. Auch der Mieter ist als Einzelunternehmer im Handelsregister eingetragen. Das Ausweisungsverfahren als Rechtsschutz in klaren Fällen ist zwingend vor dem Handelsgericht anhängig zu machen.

Beispiel 5

Es handelt sich um ein Mietverhältnis über eine Wohnung. Die Vermieterin ist eine natürliche Person. Der Mieter nutzt die Wohnung privat, ist aber als Einzelunternehmer im Handelsregister eingetragen. Qualifiziert man die Vermietung als geschäftliche Tätigkeit der Vermieterin, ist das Ausweisungsbegehren wahlweise vor dem ordentlichen oder vor dem Handelsgericht einzureichen (Art. 6 Abs. 3 ZPO).

Für ein allfälliges Kündigungsschutzverfahren des Mieters sind stets die paritätische Schlichtungsbehörde und anschliessend die ordentlichen Gerichte (ggf. das Mietgericht) zuständig. Ebenso für ein Ausweisungsbegehren, welches nicht als Rechtsschutz in klaren Fällen eingereicht wird.

II. Örtliche Zuständigkeit

1. Grundsatz

577 Der vermietende Eigentümer kann seinen Anspruch sowohl auf eine vertragliche als auch auf eine sachenrechtliche (dingliche) Grundlage stützen. Es handelt sich um konkurrierende Ansprüche.[1597] Die Anspruchsgrundlage ist eine Rechtsfrage. Es gilt der Grundsatz *iura novit curia.* Je nach Grundlage hat der Gesuchsteller aber andere Tatbestandselemente zu behaupten und im Bestreitungsfalle auch zu beweisen. In der Regel wird er sich auf seinen vertraglichen Rückgabeanspruch nach Mietende berufen (Art. 267 OR). Gegenüber Bewohnern, mit denen er keinen Mietvertrag geschlossen hat, muss er auf sein Eigentumsrecht oder den Besitzesschutz zurückgreifen.[1598]

[1597] Dazu § 4.

[1598] Für den Untermieter vgl. oben, Rz. 96 ff. (vertraglicher Rückgabeanspruch gestützt auf Art. 262 Abs. 3 OR analog nach Auflösung des Hauptmietverhältnisses). Der Besitzes-

2. Zuständigkeit nach ZPO

Hat die Ausweisungsklage den mietvertraglichen Anspruch des Vermieters auf Rückgabe des Mietobjekts nach Beendigung des Mietverhältnisses zum Gegenstand, so fällt sie unter den Gerichtsstand nach Art. 33 ZPO.[1599] Nach dieser Bestimmung ist für Klagen aus Miete oder Pacht unbeweglicher Sachen das Gericht am Ort der gelegenen Sache zuständig. Bei Wohn- und Geschäftsraummiete ist dieser Gerichtsstand teilzwingend: Die mietende oder pachtende Partei kann vor Entstehung der Streitigkeit nicht darauf verzichten (Art. 35 Abs. 1 lit. b ZPO). Eine allfällige abweichende Gerichtsstandsvereinbarung im Mietvertrag ist daher unbeachtlich. Auch eine Einlassung ist nicht möglich (Art. 35 Abs. 1 lit. b ZPO). Zulässig ist einzig die Vereinbarung eines abweichenden Gerichtsstands nach Entstehen der Streitigkeit (Art. 35 Abs. 2 ZPO). Dies dürfte kaum praktische Relevanz erlangen. Das Ausweisungsbegehren ist somit beim Gericht am Lageort des Mietobjekts einzureichen. 578

Fraglich mag erscheinen, ob auch eine Klage am Wohnsitz des Mieters zulässig ist. Dieser wird zwar zumindest bei Wohnungen regelmässig mit dem Lageort des Mietobjekts zusammenfallen. Im Falle von Zweit- oder Ferienwohnungen und bei Geschäftsräumen ist ein Auseinanderfallen jedoch ohne Weiteres möglich. Der Beklagtenwohnsitzgerichtsstand nach Art. 10 ist indes nur einschlägig, wenn die ZPO *«nichts anderes vorsieht»*. Besteht ein besonderer Gerichtsstand, ist ein Abstellen auf Art. 10 ZPO nicht möglich.[1600] Daher wird der Beklagtenwohnsitz in verschiedenen (auch nicht zwingenden) besonderen Zuständigkeitsbestimmungen als Alternative wiederholt.[1601] Im miet- oder pachtrechtlichen Ausweisungsverfahren derogiert Art. 33 ZPO den allgemeinen Gerichtsstand und Art. 35 Abs. 1 lit. b ZPO verwehrt bei Wohn- und Geschäftsräumen auch die Einlassung auf eine Klage am Wohnsitz des Mieters. Einzig bei Ferienwohnungen, die für höchstens drei Monate gemietet werden, 579

schutz greift aufgrund der vorausgesetzten Eigenmacht grundsätzlich nur gegenüber einem Hausbesetzer, oben Rz. 91 ff.

[1599] Nach weiter Auslegung fallen auch Klagen unter Art. 33 ZPO, die in einem engen Zusammenhang zu einem Mietverhältnis stehen und gleichzeitig ein Rechtsverhältnis betreffen, dass zumindest teilweise durch Art. 253 ff. OR geregelt wird (also auch die Klage gegen den Untermieter: BGE 112 II 12; ZK ZPO-FELLER/BLOCH, Art. 33 N 23; BK ZPO-WALTHER, Art. 33 N 9).

[1600] BK ZPO-BERGER, Art. 10 N 7 ff.; KUKO ZPO-HAAS/SCHLUMPF, Art. 10 N 3; DIKE ZPO-SCHWANDER, Art. 10 N 5; ZK ZPO-SUTTER-SOMM/GUT, Art. 10 N 3; a. A. BSK ZPO-INFANGER, Art. 10 N 3 mit Verweis auf BGE 129 III 33 (der sich aber auf den Gerichtsstand der Niederlassung [Art. 5 GestG bzw. nun Art. 12 ZPO bezieht]).

[1601] Beispielsweise in Art. 20, Art. 31 und Art. 36 ZPO.

scheint eine Klage namentlich[1602] am Wohnsitz des Mieters möglich:[1603] Nach Art. 253a Abs. 2 OR gelten die Bestimmungen über die Miete von Wohn- und Geschäftsräumen in solchen Fällen nicht.[1604] Damit wird Art. 35 Abs. 2 lit. b ZPO für kurze Mietverhältnisse über Ferienwohnungen ausgeschlossen.[1605] Gerichtsstandsvereinbarungen und Einlassung sind hier also zu beachten.[1606]

580 Stützt sich das Ausweisungsgesuch auf einen dinglichen Anspruch, so ist stets Art. 29 ZPO anwendbar.[1607] Davon erfasst ist die Eigentumsklage (Art. 641 ZGB) und die Besitzesschutzklage (Art. 927 f. ZGB).[1608] Zuständig ist das Gericht am Ort, an dem das Grundstück im Grundbuch aufgenommen worden ist (Lageort der Räumlichkeiten). Dieser Gerichtsstand ist nicht zwingend, insbesondere die Einlassung nach Art. 18 ZPO vor einem Gericht an einem anderen Ort ist daher möglich.[1609]

1602 Oder an jedem anderen Ort, welchen die Parteien vertraglich vereinbart haben oder an welchem sich der Mieter auf das Verfahren einlässt.

1603 Zu denken ist daran, dass der Mieter nach Ablauf des Mietverhältnisses die Schlüssel nicht retourniert, allenfalls auch Gegenstände in der Ferienwohnung lagert. Nicht erforderlich ist, dass er selber dauerhaft in der Wohnung verbleibt.

1604 Nach der hier vertretenen Auffassung gilt dies nicht nur für die mietrechtlichen Bestimmungen, sondern auch für die dem materiellen Recht dienenden zivilprozessualen Bestimmungen.

1605 Nicht ausgeschlossen wird Art. 33 ZPO, welcher nicht auf Wohn- und Geschäftsraummiete beschränkt ist, so auch DIKE ZPO-HIGI, Art. 33 Fn 18; ZK ZPO-FELLER/BLOCH, Art. 33 N 19; BSK ZPO-KAISER JOB, Art. 33 N 4 (m. Hinw.).

1606 Ein anderer Teil der Lehre will im Falle von kurzen Mietverhältnissen über Ferienwohnungen Art. 33 ZPO ausschliessen und erklärt stattdessen den vertraglichen Gerichtsstand nach Art. 31 ZPO oder gegebenenfalls den Konsumentengerichtsstand nach Art. 32 Abs. 1 lit. b ZPO für einschlägig (KUKO ZPO-HAAS/STRUB, Art. 33 N 4 m. Hinw.; BK ZPO-WALTHER, Art. 33 N 6 m. Hinw.) Im ersten Falle könnte die Klage am Lageort des Mietobjekts als Erfüllungsort oder am Wohnsitz des Beklagten erhoben werden, eine abweichende Gerichtsstandsvereinbarung wäre zu beachten, die Einlassung möglich. Im letzten Falle wäre die (mietrechtliche) Ausweisungsklage am Lageort des Mietobjekts grundsätzlich aussichtslos, sie wäre zwingend am Wohnsitz des beklagten Mieters zu erheben.

1607 Nach der hier vertretenen Auffassung kann sich auch der (ehemalige) Vermieter, welcher zugleich Eigentümer ist, wahlweise auf beide Bestimmungen stützen. Dass allenfalls vorfrageweise die Beendigung eines Mietverhältnisses zu prüfen ist, schliesst die örtliche Zuständigkeit nach Art. 29 ZPO nicht aus (vgl. BGE 134 III 16 E. 3.4). Freilich fallen Art. 33 ZPO und Art. 29 ZPO bei der Miete unbeweglicher Sachen zusammen.

1608 ZK ZPO-SUTTER-SOMM/LÖTSCHER, Art. 29 N 9; DIKE ZPO-FÜLLEMANN, Art. 29 N 12; KUKO ZPO-HAAS/STRUB, Art. 29 N 8.

1609 Eine Gerichtsstandsvereinbarung in einem Mietvertrag begründet indessen lediglich eine Zuständigkeit für die Ansprüche, die mit dem Mietvertrag zusammenhängen. Daher kann Art. 35 Abs. 1 lit. b ZPO nach der hier vertretenen Auffassung nicht dadurch umgangen werden, dass sich der Vermieter auf seinen sachenrechtlichen Anspruch beruft.

3. Internationale Verhältnisse

a. Ausgangslage

Auch im Mietrecht und damit bei der Mieterausweisung sind internationale Verhältnisse möglich. So kann beispielsweise der Vermieter eines Mietobjekts in der Schweiz seinen Sitz oder Wohnsitz im Ausland haben. Wenn es sich beim Mietobjekt in der Schweiz um eine Zweit- oder Ferienwohnung, um die Wohnung eines Wochenaufenthalters oder um Geschäftsräumlichkeiten handelt, kann auch der Mieter seinen Wohnsitz im Ausland haben. Ein internationales Verhältnis liegt auch vor, wenn eine Person mit Sitz oder Wohnsitz in der Schweiz ein im Ausland gelegenes Mietobjekt vermietet oder mietet. 581

Bei internationalen Verhältnissen bestimmt sich die Zuständigkeit der schweizerischen Gerichte nach dem internationalen Privat- und Zivilverfahrensrecht. Nachfolgend werden die Vorschriften des Lugano-Übereinkommens (LugÜ) und des IPRG näher beleuchtet. 582

b. Zuständigkeit nach LugÜ

Das LugÜ regelt die internationale Zuständigkeit sowie die Aberkennung von Entscheiden in Zivil- und Handelssachen. Hierzu gehören insbesondere das private Vertragsrecht und auch die sachenrechtlichen Ansprüche. Unabhängig davon, auf welche Anspruchsgrundlage sich der Vermieter stützt (vertraglicher Rückgabeanspruch, Eigentumsrecht, ggf. Besitzesschutz), fällt das Ausweisungsbegehren daher unter den sachlichen Anwendungsbereich des LugÜ. 583

Mit Ausnahme von Liechtenstein gilt das LugÜ insbesondere in sämtlichen Nachbarländern der Schweiz.[1610] Grundsätzlich ist das LugÜ anwendbar, wenn die beklagte Partei ihren Wohnsitz in einem an das LugÜ gebundenen Staat hat.[1611] Für Klagen, welche dingliche Rechte an unbeweglichen Sachen oder die Miete oder Pacht von unbeweglichen Sachen zum Gegenstand haben, sind nach Art. 22 Abs. 1 LugÜ unabhängig vom Wohnsitz der Parteien zwingend die Gerichte des LugÜ-Staates zuständig, in welchem die unbewegliche Sache belegen ist. Diese Bestimmung ist autonom auszulegen.[1612] Für die Auswei- 584

[1610] Neben der Schweiz sind sämtliche EU-Mitgliedstaaten, Norwegen und Island an das LugÜ gebunden.

[1611] Art. 2 Abs. 1 LugÜ.

[1612] Für die Definition, was unter *«Klagen, die dingliche Rechte zum Gegenstand haben»* bzw. *«Miete und Pacht»* kann nicht unbesehen auf die Schweizer Auffassung zurückgegriffen werden. Zum Ganzen DIKE LugÜ-KILLIAS, Art. 22 Nr. 1 N 31 ff. und N 53 ff., der aber für *«dingliche Rechte»* in Zweifelsfällen auf das materielle Recht am Ort der gelegenen Sache abstellen will (N 34).

sung des Mieters stützt sich der Gesuchsteller entweder auf einen mietvertraglichen Rückgabeanspruch[1613] oder auf sein Eigentumsrecht.[1614] In beiden Fällen ist das Verfahren unter Art. 22 Abs. 1 LugÜ zu subsumieren.[1615]

585 Da es auf den Wohnsitz der Parteien nicht ankommt und allein der Lageort des Grundstücks massgeblich ist, ist Art. 22 Abs. 1 LugÜ auch anwendbar, wenn beide Parteien ihren Wohnsitz in einem Drittstaat (also einem nicht an das LugÜ gebundenen Staat) haben.[1616] Liegt das Mietobjekt in der Schweiz, sind daher die Schweizer Gerichte nach Art. 22 Abs. 1 LugÜ grundsätzlich immer zwingend zuständig.[1617] Befindet sich das Mietobjekt indessen in einem anderen LugÜ-Staat, dürfen Schweizer Gerichte auf ein Ausweisungsgesuch nicht eintreten.[1618] Eine von Art. 22 Abs. 1 LugÜ abweichende Gerichtsstandsvereinbarung oder eine Einlassung sind nicht zulässig.[1619]

586 Wurde das Mietobjekt nur zum vorübergehenden privaten Gebrauch für höchstens sechs aufeinander folgende Monate vermietet oder verpachtet, besteht nach Art. 22 Abs. 1 Satz 2 LugÜ eine *alternative* internationale Zuständigkeit in demjenigen LugÜ-Staat, in welchen der Beklagte seinen Wohnsitz hat, sofern (1.) es sich beim Mieter um eine natürliche Person handelt und (2.) sowohl der Mieter als auch der Vermieter[1620] ihren Wohnsitz im gleichen LugÜ-Staat haben. Haben beide Parteien ihren Wohnsitz in der Schweiz und betrifft die Klage ein auf höchstens sechs Monate hinaus gemietetes Ferienhaus im Elsass, so kann also gestützt auf Art. 22 Abs. 1 Satz 2 LugÜ auch ein Schweizer Gericht angerufen werden.[1621]

1613 Nach Geimer/Schütze-GEIMER, A.1 Art. 22 N 119; KROPHOLLER/VON HEIN, Art. 22 N 25 und DIKE LugÜ-KILLIAS, Art. 22 Nr. 1 N 60 zählt die Räumungsklage zu den miet- und pachtrechtlichen Ansprüchen.

1614 Vgl. oben Rz. 87 ff.

1615 Sodann fällt nach der Rechtsprechung des EuGH auch der Besitzesschutz unter die dinglichen Klagen: DIKE LugÜ-KILLIAS, Art. 22 Nr. 1 N 47 m. Hinw. auf EuGH Entscheid vom 18.5.1990, Rs. C-115/88, Reichert/Dresdner Bank (I) Slg. 1990 I 41 f. Rz. 34.

1616 DIKE LugÜ-KILLIAS, Art. 22 Nr. 6 ff. m. Hinw.

1617 Zur Ausnahme sogleich unter Rz. 586.

1618 Liegt das Grundstück in einem Drittstaat, so findet das IPRG Anwendung. Dazu sogleich unter Rz. 589.

1619 Art. 23 Ziff. 5, Art. 24 i.f. LugÜ.

1620 Ist der Vermieter nicht gleichzeitig Eigentümer, so insb. beim Untermietverhältnis, ist auf die Person des Vermieters abzustellen; DIKE LugÜ-KILLIAS, Art. 22 Nr. 1 N 92 m. Hinw.

1621 Hierbei gilt es freilich zu beachten, dass ein Mieter, welcher ein für beschränkte Zeit gemietetes Objekt nicht mehr verlässt unter Umständen am Ort des Mietobjekts einen neuen Wohnsitz begründet haben kann.

Liegt das Mietobjekt in einem *«Nicht-LugÜ-Staat»*, so ist Art. 22 Ziff. 1 LugÜ nicht anwendbar.[1622] Hat diesfalls der Mieter aber seinen Wohnsitz in der Schweiz, so kann sich die Zuständigkeit am Wohnsitz des Beklagten auf Art. 2 Abs. 1 LugÜ stützen. Auch eine Einlassung nach Art. 24 LugÜ ist dann möglich.[1623] Eine Gerichtsstandsvereinbarung nach Art. 23 LugÜ wäre ebenfalls zu beachten, sofern sich das Grundstück in einem Drittstaat befindet und mindestens eine der Parteien ihren Wohnsitz in einem LugÜ-Staat hat.[1624] 587

Das LugÜ regelt grundsätzlich nur die internationale Zuständigkeit. Verweist das Übereinkommen auf die Gerichte der Schweiz, so bestimmt sich die örtliche Zuständigkeit innerhalb der Schweiz nach dem IPRG.[1625] 588

c. Zuständigkeit nach IPRG

Das IPRG ist für die Bestimmung der internationalen Zuständigkeit nur zu konsultieren, wenn das LugÜ nicht anwendbar ist. Dies ist im Rahmen eines Ausweisungsverfahrens nur der Fall, wenn 1) sich das Mietobjekt weder in der Schweiz noch in einem anderen LugÜ-Staat befindet, 2) der Beklagte seinen Wohnsitz weder in der Schweiz noch in einem anderen LugÜ-Staat hat und 3) auch keine Gerichtsstandsvereinbarung nach Art. 23 LugÜ zu beachten ist.[1626] Im Anwendungsbereich des LugÜ ist das IPRG für die Bestimmung der örtlichen Zuständigkeit der Schweizer Gerichte von Bedeutung. 589

Im Gegensatz zu ZPO und LugÜ sind mietrechtliche Streitigkeiten im IPRG nicht besonders geregelt. Stützt sich der Vermieter auf seinen vertraglichen Rückgabeanspruch, so sind die allgemeinen Zuständigkeitsregelungen für Klagen aus Vertrag anwendbar. Demnach sind in erster Linie die Gerichte am Wohnsitz des Beklagten oder, wenn ein solcher fehlt, an seinem gewöhnlichen Aufenthalt zuständig (Art. 112 Abs. 1 IPRG). Für Klagen aus Tätigkeit einer Niederlassung ist zudem das Gericht am Ort der Niederlassung zuständig (Art. 112 Abs. 2 IPRG). Alternativ zu diesen Gerichtsständen kann auch am Erfüllungsort der für den Vertrag charakteristischen Leistung geklagt werden (Art. 113 IPRG). Im Immobilienmietverhältnis ist dies der Lageort des Miet- 590

[1622] DIKE LugÜ-KILLIAS, Art. 22 Nr. 1 N 9 ff.

[1623] DIKE LugÜ-GROLIMUND/BACHOFNER, Art. 24 N 10.

[1624] DIKE LugÜ-KILLIAS, Art. 22 Nr. 1, 11; vgl. DIKE LugÜ-GROLIMUND, Art. 23 N 7.

[1625] Dazu sogleich. Bei einer Gerichtsstandsvereinbarung nach Art. 23 LugÜ (die nur bei Lage des Grundstückes in Drittstaaten zulässig ist, vgl. oben Rz. 587) wird in der Regel auch die örtliche Zuständigkeit fixiert, ebenso bei der Einlassung nach Art. 24 LugÜ.

[1626] Eine Gerichtsstandsvereinbarung nach Art. 23 LugÜ ist zulässig, wenn die Immobilie in einem Drittstaat liegt und mindestens eine der Parteien ihren Wohnsitz in einem an das LugÜ gebundenen Staat hat.

objekts, welches zur Verfügung gestellt wird. Diese Gerichtsstände sind zudem nicht zwingend: Gerichtsstandsvereinbarung und Einlassung sind zulässig.

591 Für den dinglichen Anspruch des Vermieters ist hingegen nach Art. 97 IPRG ausschliesslich – zwingend[1627] – das Gericht am Ort der gelegenen Sache zuständig.

d. Zusammenfassung / Fallgruppen

Bei internationalen Verhältnissen ist in erster Linie der Belegenheitsort des Mietobjekts massgeblich:

- Das Grundstück liegt in der Schweiz
  Liegt das Grundstück in der Schweiz, sind die schweizerischen Gerichte zuständig (Art. 22 Abs. 1 LugÜ). Der Gerichtsstand befindet sich am Lageort des Mietobjekts (Art. 97 IPRG, Art. 113 IPRG); für den vertraglichen Rückgabeanspruch alternativ auch am Wohnsitz bzw. Sitz des Beklagten (Art. 112 Abs. 1 IPRG) bzw. gegebenenfalls an dessen Niederlassung (Art. 112 Abs. 2 IPRG) oder gestützt auf eine Gerichtsstandsvereinbarung (Art. 5 IPRG) oder Einlassung (Art. 6 IPRG) vor jeden anderen Schweizerischen Gericht. In der Sache ist Schweizer Recht anwendbar.[1628]
- Das Grundstück liegt in einem LugÜ-Staat ausserhalb der Schweiz
  Liegt das Grundstück in einem anderen LugÜ-Staat als der Schweiz, sind die Schweizer Gerichte grundsätzlich nicht zuständig (Art. 22 Abs. 1 LugÜ). Eine Ausnahme besteht einzig, wenn die Miete zum vorübergehenden Gebrauch für höchstens sechs Monate abgeschlossen wurde, der Mieter natürliche Person ist und beide Parteien ihren Wohnsitz in der Schweiz haben (Art. 22 Abs. 1 Satz 2 LugÜ). Die örtliche Zuständigkeit bestimmt sich dann wiederum nach IPRG. Zuständig sind die Gerichte am Wohnsitz des Mieters in der Schweiz (Art. 112 IPRG). Einlassung und Gerichtsstandsvereinbarung wären zu beachten. Ein solcher Entscheid ist nach den Art. 32 ff. LugÜ im Staat, in welchem das Mietobjekt liegt, anerkennbar und vollstreckbar. In der Sache wäre das Recht des Staates, in welchem das

[1627] BSK IPRG-GROLIMUND, Art. 5 N 17 und BSK IPRG-SCHNYDER/VASELLA, Art. 6 N 11.

[1628] Für den sachenrechtlichen Anspruch zwingend (Art. 99 Abs. 1 IPRG). Für den mietvertraglichen Anspruch, sofern keine Rechtswahl getroffen wurde (Art. 119 Abs. 1 und 2 IPRG).

Grundstück liegt, anzuwenden, es sei denn, die Parteien hätten eine anderslautende Rechtswahl getroffen.[1629]

– Das Grundstück liegt in einem *«Nicht-LugÜ-Staat»*
  Liegt das Grundstück in einem Staat, der nicht an das LugÜ gebunden ist, so sind die schweizerischen Gerichte nur zuständig (1) entweder am Wohnsitz bzw. am Ort des gewöhnlichen Aufenthalts des Mieters in der Schweiz[1630] oder (2) aufgrund einer Gerichtsstandsvereinbarung[1631] oder (3) gestützt auf eine Einlassung des Beklagten.[1632] Auch in einem solchen Fall ist – Rechtswahl der Parteien vorbehalten – das Recht des Staates anzuwenden, in welchem das Grundstück liegt.[1633] Die Anerkennung und Vollstreckung eines solchen Entscheides im Lagestaat des Mietobjekts, würde sich freilich nach dem Recht des Vollstreckungsstaates beurteilen.

III. Zeitpunkt des Ausweisungsbegehrens

1. Zu früh? Das Ausweisungsgesuch vor Ablauf des Mietverhältnisses

592 Kann der Vermieter sein Ausweisungsbegehren bereits vor Ablauf der Kündigungsfrist stellen, wenn er davon ausgehen muss, dass der Mieter sich weigern wird, das Mietobjekt nach Ablauf der Kündigungsfrist zu verlassen? Grundsätzlich besteht ein Rechtsschutzinteresse des Vermieters erst, wenn sich zeigt, dass der Mieter nach Beendigung des Mietverhältnisses nicht ausgezogen ist.[1634] Das Rechtsschutzinteresse des Klägers ist eine Prozessvoraussetzung (Art. 59 Abs. 2 lit. a ZPO). Fehlt es, ist ein Nichteintretensentscheid zu fällen.[1635]

593 Gibt der Mieter jedoch im Voraus unmissverständlich zu erkennen, dass er nicht gewillt ist, die Kündigung zu akzeptieren und das Mietobjekt termingerecht zu verlassen, hat der Vermieter ein schutzwürdiges Interesse daran, dass im Zeitpunkt, in welchem das Mietverhältnis endet, ein Entscheid über die

---

1629 Art. 119 Abs. 1 und 2 IPRG.
1630 Art. 2 Abs. 1 LugÜ.
1631 Art. 23 LugÜ, wenn mindestens eine Partei ihren Wohnsitz in der Schweiz hat oder Art. 5 IPRG in den anderen Fällen.
1632 Art. 24 LugÜ bzw. Art. 6 IPRG.
1633 Art. 119 Abs. 1 und 2 IPRG.
1634 So auch RAJOWER, S. 798.
1635 Art. 59 Abs. 1 ZPO.

Auszugspflicht des Mieters vorliegt.[1636] Gelingt es dem Vermieter, solche Umstände in seinem Ausweisungsgesuch zu belegen, darf das Gericht nicht mangels Rechtsschutzinteresses auf das Ausweisungsgesuch nicht eintreten. Im Rahmen des Rechtsschutzes in klaren Fällen sind hier die besonderen Anforderungen an die Liquidität des Beweises zu beachten, da über das Vorliegen eines Rechtsschutzinteresse als Prozessvoraussetzung von Amtes wegen zu entscheiden ist (Art. 60 ZPO). Auch eine unbestrittene Parteibehauptung darf daher vom Gericht hinterfragt werden (Art. 153 Abs. 1 ZPO). Der Vermieter muss die unmissverständliche Weigerung des Mieters grundsätzlich durch Urkunden beweisen. Zu denken ist an eine ausdrückliche schriftliche Äusserung des Mieters. Aber auch wenn der Mieter vor Ablauf einer in einem Schlichtungs- oder Gerichtsverfahren erwirkten definitiven Erstreckung ein weiteres Erstreckungsgesuch bei der Schlichtungsbehörde eingereicht hat, ist erstellt, dass er nicht gewillt ist, den Auszugstermin einzuhalten. Grundsätzlich kann hiervon bereits ausgegangen werden, wenn der Mieter die Kündigung bei der Schlichtungsbehörde angefochten hat. Schon dadurch bringt er unmissverständlich zum Ausdruck, dass er sie nicht für gültig erachtet und ihr nicht Folge leisten wird. Es genügt daher namentlich der Nachweis eines hängigen Kündigungsschutzverfahrens um schon vor Ablauf des Mietverhältnisses das Rechtsschutzinteresse des Vermieters an einem Ausweisungsentscheid zu begründen.

594 Nichtigkeit oder Ungültigkeit der Kündigung kann der Mieter auch erst im Ausweisungsverfahren geltend machen. Hat der Mieter kein Kündigungsschutzverfahren anhängig gemacht, wird dem Vermieter der Nachweis der antizipierten Weigerung in der Regel nicht gelingen. Reicht er sein Ausweisungsbegehren dennoch vor Ablauf der Kündigungsfrist ein, so gilt Folgendes: Die ZPO äussert sich nicht zur Frage, in welchem Zeitpunkt die Prozessvoraussetzungen vorliegen müssen. Denkbar ist ein Abstellen auf den Zeitpunkt der Einreichung der Klage oder erst auf den Zeitpunkt der Entscheidfällung, wobei die herrschende Lehre und bundesgerichtliche Rechtsprechung den Zeitpunkt der Fällung des Sachurteils für massgeblich erklärt.[1637] Eine anfänglich fehlende Prozessvoraussetzung kann so im Laufe des Verfahrens geheilt

---

[1636] BSK OR I-WEBER, Art. 267 N 3 (3 Absatz); SCHWANINGER, Rz. 10.125; RAJOWER, S. 798; GUHL/KOLLER, § 44 Rz. 223; ZIHLMANN, S. 124.

[1637] STAEHELIN/STAEHELIN/GROLIMUND, § 11 Rz. 7; BK ZPO-ZINGG, Art. 59 N 18, beide m. Hinw. auf BGE 133 III 359; Stämpfli ZPO-COURVOISIER, Art. 59 N 15; ZK ZPO-ZÜRCHER, Art. 60 N 10; KUKO ZPO-DOMEJ, Art. 59 N 3 f.; zum alten Recht GULDENER, S. 229. A. A. SUTTER-SOMM, ZZZ, S. 316.

werden.[1638] Das Rechtsschutzinteresse des Vermieters muss dementsprechend erst im Zeitpunkt der Entscheidfällung liquide vorliegen.[1639]

595 Zudem handelt es sich bei der Mieterausweisung um eine Leistungsklage. Der Anspruch des Vermieters gegen den Mieter auf Rückgabe des Mietobjekts wird erst mit Ablauf des Mietverhältnisses fällig. Erst mit Eintritt der Fälligkeit ist er klagbar bzw. durchsetzbar. Die Fälligkeit der Forderung muss jedoch nicht bereits im Zeitpunkt der Klageeinreichung vorliegen, sondern ebenfalls erst im Zeitpunkt der Urteilsfällung.[1640] Fälligkeit ist keine Eintretensvoraussetzung sondern eine Anspruchsvoraussetzung.[1641] Ist die Forderung im Zeitpunkt der Spruchreife noch nicht fällig, wird die Klage *«zur Zeit»* abgewiesen.[1642] Nur wenn der Kläger nachweisen kann, dass der Beklagte die Leistungspflicht bereits vor Eintritt der Fälligkeit deutlich bestreitet, kann ein Leistungsurteil bereits vor Eintritt der Fälligkeit ergehen.[1643]

596 Abhängig von der Dauer des Ausweisungsverfahrens nach der kantonalen Gerichtspraxis kann es sich für den Vermieter lohnen, das Ausweisungsbegehren bereits einige Zeit vor Ablauf des Mietverhältnisses einzureichen. Das Gericht darf nicht sogleich einen Nichteintretensentscheid erlassen, sondern muss dem Mieter das Gesuch zur Stellungnahme zustellen oder eine Verhandlung ansetzen. Es ist nicht gehalten, das Verfahren zu verzögern oder gar zu sistieren, bis die fehlende Prozessvoraussetzung eingetreten ist. Wird die schriftliche oder mündliche Stellungnahme des Mieters erst nach Ablauf des Auszugstermins eingereicht oder ergibt sich aus der Stellungnahme eindeutig, dass der Mieter nicht beabsichtigt, rechtzeitig auszuziehen, ist damit zumindest das Rechtsschutzinteresse des Vermieters erstellt.

597 Lässt sich der Mieter nicht vernehmen bzw. bleibt er der Verhandlung fern, ist aufgrund der Akten zu entscheiden. Ein Gutheissen des Ausweisungsbegehrens ist dann aber grundsätzlich nur möglich, wenn der Auszugstermin im Zeitpunkt der Spruchreife bereits verstrichen ist – es sei denn, der Vermieter legt Dokumente vor, aus welchen sich eindeutig ergibt, dass der Mieter sich weigern wird, das Mietobjekt fristgerecht zurückzugeben. Aus dem Schweigen

---

[1638] So STAEHELIN/STAEHELIN/GROLIMUND, § 11 Rz. 7; GULDENER, S. 229.

[1639] Ausdrücklich a. A. BSK ZPO-GEHRI, Art. 59 N 6, allerdings ohne Begründung.

[1640] BSK ZPO-SPÜHLER, Art. 84 N 17; KUKO ZPO-OBERHAMMER, Art. 84 N 12.

[1641] *«Begründetheitsvoraussetzung»* BSK ZPO-SPÜHLER, Art. 84 N 16; KUKO ZPO-OBERHAMMER, Art. 84 N 11.

[1642] Dies steht einer erneuten Einreichung nach Eintritt der Fälligkeit nicht entgegen; STAEHELIN/STAEHELIN/GROLIMUND, § 14 N 13; BSK ZPO-SPÜHLER, Art. 84 N 16.

[1643] KUKO ZPO-OBERHAMMER, Art. 84 N 14; BSK ZPO-SPÜHLER, Art. 84 N 19; DIKE ZPO-FÜLLEMANN, Art. 84 N 3; ZK ZPO-BOPP/BESSENICH, Art. 84 N 13; STAEHELIN/STAEHELIN/GROLIMUND, § 14 N 13; vgl. GULDENER, S. 206 Fn 6.

des Mieters kann nicht geschlossen werden, dass sich dieser seiner Pflicht zum Auszug widersetzt.

598 Erklärt der Mieter umgekehrt, dass er ohnehin beabsichtige, das Mietobjekt rechtzeitig zu verlassen, ist auf das Ausweisungsbegehren mangels Rechtsschutzinteresses nicht einzutreten.[1644] Nur in besonderen Ausnahmefällen, bei entsprechender Formulierung, kann eine solche Äusserung des Mieters auch als Klageanerkennung entgegen genommen werden. Die Kosten sollten aber diesfalls nicht automatisch dem anerkennenden Mieter auferlegt werden, vielmehr ist zu prüfen, warum der Vermieter das (mutmasslich unnötige) Ausweisungsgesuch bereits vor Ablauf der Kündigungsfrist eingereicht hat (vgl. Art. 107 Abs. 1 lit. f ZPO und Art. 108 ZPO).

599 Zusammenfassend ist das Einreichen des Ausweisungsbegehrens vor Ablauf des Mietverhältnisses ohne Weiteres zulässig.[1645] Der Vermieter geht damit aber ein gewisses Risiko ein, falls die Sache vor dem definitiven Auszugstermin spruchreif wird und der Mieter seine Pflicht zum Auszug nicht eindeutig bestreitet. Diesfalls wird auf das Ausweisungsgesuch nicht eingetreten. Abzuweisen wäre ein Antrag des Vermieters auf Sistierung des Verfahrens, denn eine Sistierung ist nach der Rechtsprechung des Bundesgerichts nur ausnahmsweise zulässig.[1646] Das verfrühte Einreichen des Ausweisungsbegehrens durch den Vermieter vermag sie nicht zu rechtfertigen.

2. Zu spät? Verstreichen lassen einer längeren Zeitdauer nach Ablauf der Kündigungsfrist

600 Verbleibt der Mieter nach Ablauf der Kündigungsfrist im Mietobjekt, ohne dass der Vermieter tätig wird, kann unter Umständen eine stillschweigende Fortsetzung des gekündigten Mietverhältnisses bzw. der konkludente Abschluss eines neuen Mietvertrages angenommen werden, sofern der Mieter den Mietzins überweist und der Vermieter diesen vorbehaltlos entgegennimmt.[1647]

[1644] Verlässt er es anschliessend doch nicht, muss der Vermieter ein neues Ausweisungsgesuch einreichen.

[1645] Siehe zur Rechtslage vor Einführung der ZPO auch den Entscheid des Bundesgerichts vom 12. Mai 1998, E. 3b, abgedruckt in mp 1998, S. 301 *(«Das Bundesrecht untersagt den Kantonen indessen nicht, die Einleitung des Ausweisungsverfahrens bereits vor Ablauf der Kündigungsfrist zuzulassen* [...], *verwehrt ihnen bloss, die Ausweisung auf einen Zeitpunkt vor Beendigung des Mietverhältnisses zu verfügen.»).*

[1646] BGE 135 III 127 E. 3.4; BGE 119 II 386 E. 1. b); zuletzt BGer 5A_218/2013 vom 17. April 2013, E. 3.1.

[1647] Vgl. oben, Rz. 116; SCHWANINGER, Rz. 10.123 m. Hinw.; OFK OR-PERMANN, Art. 266 N 8 m.Hinw.a. Cour de Justice, Genf, 7. April 2003 in mp 2003, S. 137 (der Mieter

Bei Annahme der Fortsetzung des Mietverhältnisses wird ein Ausweisungsbegehren des Vermieters keinen Erfolg haben.

Eine starre Grenze im Sinne einer faktischen *«Verwirkungsfrist»* für den Vermieter ist abzulehnen. Vielmehr sind die konkreten Umstände des Einzelfalles zu würdigen. In der Regel auszuschliessen ist eine konkludente Fortsetzung bei fortbestehenden Zahlungsausständen, denn ein Schulderlass kann nicht leichthin angenommen werden. Aber auch die Entgegennahme von Mietzins über den Kündigungstermin hinaus muss nicht automatisch zur Begründung eines neuen Mietverhältnisses führen. Der ehemalige Vermieter hat gegenüber dem ehemaligen Mieter einen Entschädigungsanspruch in Höhe des bisherigen Mietzinses, solange dieser das Mietobjekt nicht verlässt.[1648] Die Annahme dieser Beträge steht daher nicht grundsätzlich im Widerspruch zu seinem Ausweisungsbegehren.[1649] Will der Vermieter, der nach Ablauf der Kündigungsfrist mit dem Einreichen seines Ausweisungsbegehrens noch eine Weile zuwartet, seinen Anspruch auf Ausweisung nicht riskieren, sollte er dem Mieter gegenüber deutlich machen, dass er trotz Annahme des *«Mietzinses»* an der Rückgabe des Mietobjekts festhält. Beispielsweise können dem renitenten Mieter während einer überschaubaren Dauer weiter Rechnungen zur Verfügung gestellt werden, auf welchen der Betrag aber nicht mehr als Mietzins sondern als Schadenersatz geführt wird. Ebenfalls möglich ist die Annahme einer einvernehmlichen aussergerichtlichen Erstreckung im Sinne eines Entgegenkommens des Vermieters, wenn der Mieter diesem beispielsweise in Aussicht gestellt hat, er werde in absehbarer Zeit ausziehen.[1650] Zu empfehlen ist in diesem Fall stets eine schriftliche, klare Vereinbarung. Letztlich sind im Rahmen des Ausweisungsverfahrens die Umstände, das konkludente Verhalten 601

verbleibt nach Auflösung des Mietverhältnisses sieben Monate lang in der Wohnung und bezahlt die Miete weiter ohne dass der Vermieter reagiert).

[1648] BGE 131 III 257 E. 2 m. Hinw. a. BGE 63 II 368 E. 3 und BGE 119 II 437 (= Pra 83 [1994] Nr. 226) E. 3b/bb; so auch BGer 4C.255/2005 vom 26. Oktober 2006 E. 2.1; Bger 4A_641/2011 vom 27. Januar 2012; BGer 4A_456/2012 vom 4. Dezember 2012; vgl. BGer 4A_96/2015 vom 1. Juni 2015 E. 3.3 und BGer 4D_128/2010 vom 1. März 2011 E. 2.3.

[1649] Vgl. auch BGE 119 II 147 E. 5: hier hatte der Vermieter im laufenden Ausweisungsverfahren vorbehaltlos den Mietzins entgegen genommen und auch eine Mietzinserhöhung angekündigt. Das Bundesgericht erblickte darin kein widersprüchliches Verhalten: wenn der Vermieter während rechtshängigem Ausweisungsprozess Mietzinszahlungen ohne ausdrücklichen Vorbehalt entgegennehme und vorsorglich, im Hinblick auf eine allfällige Unwirksamkeit der Kündigung eine Mietzinserhöhung ankündige, so könne sein Verhalten nicht als stillschweigende Zustimmung zum Abschluss eines neuen Mietvertrages gewertet werden. Entscheidend war, dass der Vermieter nach Ablauf der Kündigungsfrist unmittelbar das Ausweisungsbegehren gestellt hatte. Vgl. auch BGer 4A_407/2015 vom 26. Januar 2016 E. 2.2.2.

[1650] Vgl. dazu BSK OR I-WEBER, Art. 272c N 5 (2. Absatz).

oder die Erklärungen der Parteien zu beurteilen. Mit Blick auf die Voraussetzungen des Rechtsschutzes in klaren Fällen gehen Unklarheiten hier in der Regel zu Lasten des Vermieters.

IV. Parteivertretung

1. Grundsatz

602 Im kantonalen Zivilverfahren kann sich jede prozessfähige Partei von einer Person ihres Vertrauens vertreten lassen.[1651] Wird die Vertretung nicht berufsmässig ausgeübt, ist grundsätzlich jede handlungsfähige Person zur Parteivertretung zugelassen.[1652] Die berufsmässige Vertretung wird in Art. 68 Abs. 2 ZPO gesetzlich eingeschränkt. Sie ist in erster Linie den Anwältinnen und Anwälten vorbehalten.[1653] Den Kantonen steht es frei, im Rahmen der bundesrechtlichen Vorgaben Ausnahmen zu machen.[1654] Der Parteivertreter hat sich dem Gericht durch eine Vollmacht auszuweisen.[1655] Eine fehlende Vollmacht ist innert Nachfrist nachzureichen.[1656]

603 Die Eingabe eines unzulässigen Parteivertreters hat keine Wirkung für die betroffene Partei und gilt damit als nicht erfolgt.[1657] Eine nicht zur Vertretung befugte Person wird in der Verhandlung nicht gehört. Beides löst Säumnisfolgen für die nicht rechtmässig vertretene (und nicht selbst anwesende) Partei aus.

1651 Vor Bundesgericht ist die Parteivertretung in Zivil- und Strafsachen Anwältinnen und Anwälten vorbehalten (Art. 40 Abs. 1 BGG).

1652 DIKE ZPO-HRUBESCH-MILLAUER, Art. 68 N 3; KUKO ZPO-DOMEJ, Art.68 N 9; BSK ZPO-TENCHIO, Art. 68 N 1a.

1653 Art. 68 Abs. 2 lit. a ZPO.

1654 Art. 68 Abs. 2 lit. b bis d ZPO.

1655 Art. 68 Abs. 3 ZPO. Diese kann auch mündlich erteilt werden, insbesondere anlässlich der Verhandlung. Vgl. BSK ZPO-TENCHIO, Art. 68 N 14.

1656 Art. 132 Abs. 1 ZPO. Wird das Gesuch nicht von der Partei selbst eingereicht, sondern von deren Vertreter, so ist eine schriftliche Vollmacht beizulegen (Art. 221 Abs. 2 lit. a ZPO i.V.m. Art. 219 ZPO). Wird dies versäumt und die Vollmacht auch innert Nachfrist nicht nachgereicht, so gilt das Gesuch als nicht eingereicht (Art. 132 Abs. 1 ZPO i.f.).

1657 Vgl. aber unten Rz. 608 ff. zur Praxis einiger Gerichte

Das Gericht kann auch das persönliche Erscheinen einer vertretenen Partei anordnen.[1658] Im Schlichtungsverfahren gilt die Pflicht zum persönlichen Erscheinen von Gesetzes wegen als Grundsatz, von welchem nur bei Vorliegen der abschliessend aufgezählten Ausnahmen abgewichen wird.[1659] 604

Während die Kosten einer berufsmässigen Parteivertretung stets Teil einer allfälligen Parteientschädigung bilden, wird bei nicht berufsmässigen Parteivertretung (namentlich durch einen Angehörigen oder eine Vertrauensperson) nur in begründeten Fällen eine Umtriebsentschädigung zugesprochen.[1660] 605

2. Vertretung durch Liegenschaftsverwaltung

a. Vorbemerkungen

Die Liegenschaftsverwaltung ist mit dem Mietverhältnis und den Umständen, welche zur Beendigung desselben führten, besonders vertraut. Auch umfasst der Verwaltungsvertrag mit dem Vermieter häufig eine Vollmacht für alle möglichen Handlungen, die im Zusammenhang mit der Verwaltung des Mietobjekts sowie dem Abschluss und der Abwicklung des Mietverhältnisses erforderlich sein können. Oftmals findet gar kein direkter Kontakt zwischen dem Mieter und dem Vermieter statt. Bisweilen wird der Liegenschaftsverwaltung vom Vermieter weitestgehend freie Hand bei Auswahl der Mieter und auch bei Kündigung der Mietverhältnisse gelassen. In der Praxis sind Ausweisungsgesuche, die von Liegenschaftsverwaltungen im Namen des Vermieters gestellt werden, relativ häufig. 606

b. Im Schlichtungsverfahren

Gemäss Art. 204 Abs. 3 lit. c ZPO kann sich der Vermieter im Schlichtungsverfahren durch seine Liegenschaftsverwaltung vertreten lassen, sofern er diese zum Abschluss eines Vergleiches schriftlich ermächtigt hat. Hintergrund dieser Ausnahme von der Pflicht zum persönlichen Erscheinen ist, dass diejenigen Personen am Schlichtungsverfahren teilnehmen sollen, die am besten über die Streitsache Bescheid wissen.[1661] 607

1658 Art. 68 Abs. 4 ZPO; beispielsweise wenn eine förmliche Parteibefragung oder Beweisaussage durchgeführt werden soll; vgl. ZK ZPO-Tenchio, Art 68 N 20; BK ZPO-Sterchi, Art. 68 N 22.

1659 Art. 204 Abs. 1 und 3 ZPO.

1660 Art. 95 Abs. 3 lit. b und c ZPO.

1661 Expertenbericht zum VE ZPO, S. 99. Entsprechend kann sich ein Arbeitgeber oder ein Versicherer durch eine angestellte Person vertreten lassen.

c. Im Gerichtsverfahren

ca. Berufsmässige Vertretung

608 Nachfolgend ist zu prüfen, ob sich der Vermieter auch im Gerichtsverfahren durch seine Liegenschaftsverwaltung vertreten darf. Dazu ist zunächst die Frage zu klären, ob es sich bei der Vertretung durch den Liegenschaftsverwalter um eine *«berufsmässige»* im Sinne des Gesetzes handelt. Die *«berufsmässige Vertretung»* wird in der ZPO nicht definiert und auch die Gesetzesmaterialien enthalten nichts Klärendes dazu. In der Lehre wird der Begriff unterschiedlich ausgelegt. In weiter Deutung erfasst er jedes Tätigwerden gegen Entgelt.[1662] Nach anderer Ansicht wird Berufsmässigkeit (erst) bei Vorliegen der Bereitschaft zur Übernahme einer unbestimmten oder unbegrenzten Anzahl von Fällen bzw. bei einer gewissen Regelmässigkeit angenommen[1663] oder es wurde gar auf die wirtschaftliche Bedeutung für den Vertreter abgestellt.[1664] Das Bundesgericht hat die Berufsmässigkeit im Sinne von Art. 68 ZPO präzisiert und weit ausgelegt: Die Einschränkung der berufsmässigen Vertretung auf Anwältinnen und Anwälte diene allein der Qualitätssicherung. Demnach komme es nicht entscheidend darauf an, ob der Vertreter seine Tätigkeit gegen Entgelt oder zu Erwerbszwecken ausübt. Ein Schutzbedürfnis des Publikums bestehe bereits dann, wenn der Vertreter bereit ist, in einer unbestimmten Vielzahl von Fällen tätig zu werden.[1665]

1662 So definiert bei ZK ZPO-STAEHELIN/SCHWEIZER, Art. 68 N 8 (sobald die Gegenleistung nicht mehr als blosses Dankeschön angesehen werden kann); vgl. auch STAEHELIN/STAEHELIN/GROLIMUND, § 13 N 16.

1663 BSK ZPO-TENCHIO, Art. 68 N 6 (die Frage des Entgelts sei von untergeordneter Bedeutung); Stämpfli ZPO-AFFENTRANGER, Art. 68 N 6; KUKO ZPO-DOMEJ, Art. 68 N 10; vgl. auch Art. 8 Abs. 2 des Anwaltsgesetz SG (sGS 963.70): *«Berufsmässig ist die Tätigkeit mit der Bereitschaft, von unbestimmt vielen Personen Aufträge zu übernehmen. Berufsmässigkeit wird vermutet, wenn ein Entgelt verlangt oder entgegen genommen wird.»* und § 4 Abs. 2 des Anwaltsgesetzes BL (SGS 178): *«Als berufsmässig gilt die wiederkehrende Vertretung gegen Entgelt.»* – Nach der hier vertretenen Auffassung ist der bundesrechtliche Begriff *«berufsmässig»* freilich einheitlich auszulegen und nicht durch das kantonale Recht zu definieren.

1664 DIKE ZPO (1. Aufl.)-HRUBESCH-MILLAUER, Art. 68 N 5.

1665 BGE 140 III 555 E. 2.3. (ergänzend zit: *«[auf die Bereitschaft, in einer unbestimmten Vielzahl von Fällen tätig zu werden] kann – wie vorliegend – dann geschlossen werden, wenn er bereit ist, die Vertretung ohne besondere Beziehungsnähe zum Vertretenen zu übernehmen. In solchen Fällen gründet das Vertrauen in den Vertreter nicht auf seiner Person oder seiner Nähe zum Vertretenen, sondern auf anderen Eigenschaften des Vertreters (z.B. seine behauptete Fachkompetenz, Mitgliedschaft in Interessenverbänden etc.) und damit auf ähnlichen Kriterien wie bei der Auswahl eines Berufsmanns bzw. einer Berufsfrau. Da das Element des persönlichen Näheverhältnisses nicht im Vorder-*

Hinsichtlich der Tätigkeit des Liegenschaftsverwalters ist anzunehmen, dass seine Bemühungen für die Vertretung vor Gericht entweder pauschal als Teil des allgemeinen Leistungsauftrages verstanden oder im Einzelfall zusätzlich entgolten werden. Abhängig von der Anzahl der zu betreuenden Mietverhältnisse und der konkreten Umstände ist zudem von einer gewissen Regelmässigkeit auszugehen. Die Bereitschaft des vor Gericht auftretenden Liegenschaftsverwalters zur Übernahme einer unbegrenzten Anzahl entsprechender Fälle ist naheliegend. Mit Blick auf den oben zitierten Bundesgerichtsentscheid, fällt die Vertretung durch die professionelle Liegenschaftsverwaltung ohne Weiteres unter die berufsmässige Vertretung nach Art. 68 Abs. 2 ZPO. 609

cb. Ausnahmebestimmungen

Die Kantone können die Zulassung zur berufsmässigen Vertretung (nur aber immerhin) in bestimmten, gesetzlich vorgesehenen Fällen weiter öffnen.[1666] Gemäss Art. 68 Abs. 2 lit. d ZPO können vor Mietgerichten beruflich qualifizierte Vertreter zugelassen werden, soweit es das kantonale Recht vorsieht. Seinem Wortlaut nach betrifft diese Bestimmung nur die Verfahren vor *dem Mietgericht* (franz. *«devant les juridictions spéciales en matière de contrat de bail»*, ital. *«dinanzi al giudice della locazione»*). Die Schaffung eigentlicher spezieller Mietgerichte ist den Kantonen indessen – anders als die Bildung der paritätischen Schlichtungsbehörde[1667] – freigestellt.[1668] Eigentliche (paritätische) Mietgerichte bestehen in der französischsprachigen Schweiz (Genf, Waadt, Jura, Freiburg) und in Zürich.[1669] Kantonale Zulassungsnormen gestützt auf Art. 68 Abs. 2 ZPO finden sich aber auch in einigen anderen Kantonen. Dabei wird diese Bestimmung teilweise auf Mietstreitigkeiten generell ausgeweitet.[1670] Zwar erscheint diese Erweiterung zunächst teleologisch sinnvoll, ist 610

grund steht, rechtfertigt es sich, solche Vertreter den Restriktionen für berufsmässige Vertreter zu unterwerfen»).

1666 Art. 68 Abs. 2 lit. b bis d ZPO.

1667 Art. 200 Abs. 1 ZPO.

1668 Art. 4 Abs. 1 ZPO.

1669 Oben, Rz. 567

1670 Z.B. Art. 68 JG SH (Zulassung von *«Berufs- und Arbeitssekretären»* sowie *«Personen in ähnlicher Stellung»* zur berufsmässigen Vertretung von Mietern bzw. Zulassung von Liegenschaftsverwaltern zur berufsmässigen Vertretung von Vermietern in mietrechtlichen Streitigkeiten); § 83 OGB LU (wonach Liegenschaftsverwaltungen in mietrechtlichen Streitigkeiten zur Vertretung berechtigt sind, wenn sie zum Abschluss eines Vergleiches ermächtigt sind); § 100 Abs. 1 lit. b GOG ZG (Zulassung von Vertretern von Mieterverbänden und des Hauseigentümerverbands in mietrechtlichen Streitigkeiten) und Art. 15 EG ZPO GL (Zulassung der Vertretung durch eine Person mit Funktion in einem Fachverband bei mietrechtlichen Streitigkeiten im vereinfachten Verfahren). Vgl. ferner § 18 Abs. 2 EG ZPO AG, der Liegenschaftsverwaltungen explizit (und nur) doch nicht leicht ersichtlich, wieso auf die Zuständigkeit eines Spezialgerichts und nicht auf die zu behandelnde Materie abzustellen sein soll. Aus den Gesetzesmaterialien ergibt sich indessen, dass genau diese Differenzierung beabsichtigt war. Die Einführung von Art. 68 Abs. 2 lit. d ZPO sollte den Kantonen, welche vor ihren speziellen, paritätisch zusammengesetzten, Mietgerichten beruflich qualifizierte Vertreter zugelassen hatten, die Beibehaltung dieser Regelung ermöglichen.[1671] Anders als im Schlichtungsverfahren ist für das Verfahren vor Gericht nicht die besondere Nähe zur Streitsache entscheidend, sondern (im Sinne der Qualitätssicherung) die fachliche Qualität im Sinne der Kenntnis des materiellen Recht und des Verfahrensrechts. Dementsprechend und unter Berücksichtigung des klaren Wortlauts der Bestimmung, ist ein Abstellen auf Art. 68 Abs. 2 lit. d ZPO ausserhalb des Verfahrens vor einem speziellen Mietgericht abzulehnen.[1672]

611 Eine andere einschlägige Ausnahmenorm, auf welche sich die Vertretung durch einen Liegenschaftsverwalter stützen liesse, besteht nicht. So ist Art. 68 Abs. 2 lit. b ZPO zwar in sämtlichen vermögensrechtlichen Streitigkeiten des vereinfachten Verfahrens und in Angelegenheiten des summarischen Verfahrens, jedoch nur auf *«Rechtsagenten und patentierte Sachwalter»* anwendbar.

612 Demnach ist die Vertretung des Vermieters durch einen Liegenschaftsverwalter gestützt auf Art. 68 Abs. 2 lit. d ZPO nur vor speziellen Mietgerichten zulässig, vorausgesetzt letzterer ist dazu durch kantonales Recht ermächtigt.[1673] Nur wenn diese Ausgangslage vorliegt, ist schliesslich die letzte Frage zu klä-

---

im erstinstanzlichen Mietausweisungsverfahren zulässt und Art. 11 lit. c EGzZPO GR, wonach die Vertretung durch beruflich qualifizierte Personen auf begründetes Gesuch im Einzelfall mit Genehmigung des Vorsitzenden möglich ist; vgl. auch Art. 17a OJN NE, welcher das Tribunal civil als Spezialgericht in Mietsachen bezeichnet *(«Le Tribunal civil est jurisdiction spéciale en matière de contrat de bail* [...]*»):* Zweck dieser Bestimmung sei es, die Vertretung nach Art. 68 Abs. 2 lit. d ZPO zu ermöglichen (BOHNET/CONOD, Rz. 122 mit Kritik).

[1671] Art. 68 Abs. 2 lit. d ZPO wurde erst im Zuge der parlamentarischen Beratung, durch die Kommission des Nationalrates, eingeführt; AB 2008 N 649: *«dans la logique de la possibilité pour les cantons d'avoir des tribunaux paritaires et d'avoir des juges qui sont issus des partenaires sociaux, il s'agit de conserver également la faculté, pour des mandataires professionnellement qualifiés issus des partenaires sociaux, de pouvoir représenter les parties dans ces causes-là, par respect de la nature et de l'identité de ce type de juridiction paritaire.»*

[1672] Vgl. GASSER/RICKLI, Art. 68 N 7; RÜETSCHI/VETTER, S. 78; BK ZPO-STERCHI, Art. 68 N 9c ; a. A. BSK ZPO-TENCHIO, Art. 68 N 13.

[1673] Z.B. Art. 129 Abs. 1 JG FR. Vgl. aber z.B. Art. 11 LJB VD («[...] *les personnes dûment autorisées par une organisation représentative de locataires ou de bailleurs préalablement autorisée par le Tribunal cantonal peuvent assister ou représenter professionnellement les parties devant le Tribunal des baux et les commissions de conciliation.»* – also keine Liegenschaftsverwalter).

ren, ob nämlich ein Liegenschaftsverwalter die *«berufliche Qualifizierung»* im Sinne von Art. 68 Abs. 2 lit. d ZPO aufweist, so hatte jedenfalls der Gesetzgeber nicht die Liegenschaftsverwaltungen sondern vielmehr die Verbandsvertreter (Vertreter des Hauseigentümerverbands bzw. des Mieterverbands) als Parteivertreter im Blick.[1674]

cc. *Parteivertretung durch juristische Personen*

Am Beispiel der heutigen Regelung im Kanton Zürich ist sodann auf eine wei- 613
tere offene Frage hinzuweisen: In Zürich existieren Mietgerichte, welche erstinstanzlich für sämtliche Streitigkeiten aus Miete und Pacht von Wohn- und Geschäftsräumen zuständig sind.[1675] Gemäss § 11 Abs. 2 lit. a des Zürcher Anwaltsgesetzes[1676] sind *«Vertreterinnen und Vertreter im Sinne von Art. 68 Abs. 2 lit. d ZPO vor Miet- und Arbeitsgerichten bis zu einem Streitwert von CHF 30'000»* zugelassen. Somit könnten Liegenschaftsverwalter als beruflich qualifizierte Vertreter in diesem eng umrissenen Bereich als Parteivertreter auftreten. Nach der Rechtsprechung des Zürcher Obergerichts ist die Parteivertretung im Sinne von Art. 68 ZPO natürlichen Personen vorbehalten.[1677] Diese Auffassung erscheint als allgemeine Regel für die Parteivertretung indessen nicht *per se* einleuchtend und wird vom Obergericht Zürich ebenso wenig wie von der Lehre, auf welche sich das Gericht beruft, begründet.[1678] Auch den Gesetzesmaterialien ist nichts zu einer entsprechenden Einschränkung zu entnehmen.[1679] Nach der hier vertretenen Auffassung scheint es nicht ausgeschlossen, sich durch eine handlungs- und damit prozessfähige juristische Person vertreten zu lassen.[1680] Es lässt sich einwenden, juristische Personen könnten

[1674] Dies ergibt sich aus den einschlägigen Protokollen der Kommissionen für Rechtsfragen des National- und des Ständerates; vgl. oben Fn 1671.

[1675] §§ 16 und 21 GOG ZH. Jedes Bezirksgericht hat auch ein Miet- und ein Arbeitsgericht. Mietrechtliche Streitigkeiten, welche als Rechtsschutz in klaren Fällen eingereicht werden (insb. Ausweisungsverfahren) werden indessen vom Einzelgericht des Zivilgerichts entschieden (und nicht vom paritätischen Mietgericht, vgl. § 24 Abs. 1 lit. c i.V.m. §§ 26 und 21 GOG ZH).

[1676] SG 215.1.

[1677] Beschluss der II. Zivilkammer des Obergerichts vom 19.5.2011, PD110004-O/U, E. 1.; Urteil der I. Zivilkammer des Obergerichts vom 5.12.2011, RT110116-O/U; Urteil der II. Zivilkammer des Obergerichts vom 15. April 2014, PP140003-O/U, E. II.

[1678] BSK ZPO-TENCHIO, Art. 68 N 1a; DIKE ZPO-HRUBESCH-MILLAUER, Art. 68 N 2 *(«es ergibt sich aus der Natur der Sache»).*

[1679] Weder im Expertenbericht zum Vorentwurf noch in der Botschaft wurde diese Frage thematisiert. Der Vorschlag des Kantons Aargau in den Vernehmlassungen, wonach die Vertretung *«durch jede handlungsfähige natürliche Person»* möglich sein sollte, wurde soweit ersichtlich nicht weiter aufgenommen.

[1680] Vgl. Entscheid des Obergerichts Bern, ZK 11 184, vom 16.5.2011; BGE 138 III 396.

nicht *«beruflich»* i.S.v. Art. 68 Abs. 2 ZPO handeln, ist ihnen das Erlernen und Ausüben eines Berufes doch nicht möglich. Indessen ist wie gezeigt, die Definition des Begriffes *«beruflich»* auslegungsbedürftig[1681] und ein Bezug zu einem *«erlernten Beruf»* wird in der Lehre nicht gemacht und ist auch nicht sinnvoll. Ebenso wenig schliesst die Formulierung *«beruflich qualifiziert» («professionnellement qualifiés», «professionalmente qualificati»)* juristische Personen generell als Parteivertreter nach Art. 68 Abs. 2 lit. d ZPO aus. Abzustellen ist hierbei vielmehr auf das Tätigkeitsfeld bzw. das Metier des Vertreters. Indessen ist zu fordern, dass der mit der Vertretung betraute Mitarbeiter für sich genommen ebenso qualifiziert ist wie die juristische Person selbst.

cd. Fazit

614 Es ist von der Praxis des jeweiligen Gerichts abhängig, wie mit einem Ausweisungsgesuch umgegangen wird, das eine Liegenschaftsverwaltung als Vertreter des Vermieters einreicht. Nicht selten werden solche Gesuche zugelassen.[1682] Bundesrechtskonform ist dies *de lege lata* jedoch nur in Verfahren vor einem Mietgericht und auch hier nur, wenn eine kantonalgesetzliche Grundlage dafür besteht. Die Praxis zeigt ein Bedürfnis nach einer Anpassung des Art. 68 Abs. 2 lit. d ZPO.

V. Die Prozesskosten

1. Tarife

615 Während Zusammensetzung[1683], Verteilung und Liquidation der Prozesskosten einheitlich durch die ZPO geregelt werden, ist es den Kantonen überlassen, die Tarife und damit den Rahmen für die Höhe der Gerichtskosten und der Partei-

---

[1681] Vgl. oben Rz 608.

[1682] In Basel-Landschaft werden Liegenschaftsverwaltungen im summarischen Verfahren als Parteivertreter akzeptiert. In Basel-Stadt werden von Liegenschaftsverwaltungen für den Vermieter unterzeichnete Ausweisungsgesuche entgegen genommen; die Teilnahme als Parteivertreter an der Verhandlung ist ihnen aber verwehrt; sie werden vielmehr als Zustelladressat des Vermieters geführt.

[1683] Die Gerichtskosten setzen sich aus der Entscheidgebühr sowie ggf. der Schlichtungsgebühr, den Kosten für die Beweisführung (z.B. Gutachten) und den Kosten für eine allfällige Übersetzung (z.B. Dolmetscher an Verhandlung) zusammen (Art. 95 Abs. 2 ZPO). Weitere Auslagen, namentlich Zustellkosten, sind in der Entscheidgebühr enthalten.

entschädigungen festzusetzen (Art. 96 ZPO).[1684] Der Rahmen für die Gerichtsgebühren ist in den kantonalen Gesetzen in der Regel abgestuft nach Streitwert angegeben.[1685] Vereinzelt sind hierbei die Gerichtsgebühren in (bestimmten) mietrechtlichen Angelegenheiten tiefer angesetzt als die normalen Tarife.[1686] Die Kantone Genf, Waadt, Freiburg und Neuenburg verzichten sodann in allen oder bestimmten Mietstreitigkeiten auf die Erhebung von Gerichtskosten.[1687] Das mietrechtliche Schlichtungsverfahren ist von Bundesrechts wegen in der ganzen Schweiz kostenlos (Art. 113 Abs. 2 lit. c ZPO).

Für das summarische Verfahren bzw. den Rechtsschutz in klaren Fällen wird 616
in den kantonalen Gebührentarifen häufig ein streitwertunabhängiges Kostenband vorgesehen.[1688] Das Gericht kann diesfalls im summarischen Ausweisungsverfahren für die Gerichtsgebühren auch streitwertunabhängige Pauschalen verwenden.[1689]

Die Höhe der Parteientschädigung, also insbesondere der Entschädigung für 617
die anwaltliche Vertretung der obsiegenden Partei, welche der unterlegenen Partei auferlegt werden kann, ist in vermögensrechtlichen Streitigkeiten in der

[1684] Bei den Gerichtkosten ist freilich das Kostendeckungs- und Äquivalenzprinzip einzuhalten; dazu BSK ZPO-RÜEGG, Art. 95 N 7.

[1685] Z.B. Art. 36 Abs. 1 VKD BE; § 5 Abs. 1 GGR BS; § 8 Abs. 1 lit. f GebT BL; Art. 17 RTFMC; Art. 3 Zivil- und Strafprozesskostenverordnung GL; § 159 Gebührentarif SO; Art. 7 Abs. 1 LTG TI; Art. 18 ff. TFJC VD; vgl. § 4 Abs. 1 GebV OG ZH; § 7 Abs. 1 VKD AG.

[1686] So z.B. § 6 GGR BS und § 2a Abs. 2 des Gerichtsgebührengesetzes BS; § 7 lit. a GebV OG ZH; Art. 8 Abs. 2 LTG TI; Art. 19 décret fixant les émoulements judicaires JU; vgl. auch § 8 Ziff. 6 GRV TG i.V.m. § 20 ZSRG TG.

[1687] Im Kanton Genf werden in mietrechtlichen Verfahren keine Kosten erhoben (Art. 22 Abs. 1 LaCC GE, es werden auch keine Parteientschädigungen zugesprochen, dazu BGE 139 III 182 = Pra 102 [2013] Nr. 84); im Kanton Waadt ist das Verfahren vor dem Mietgericht, soweit es sich um Wohnräume handelt, grundsätzlich kostenlos (Art. 12 f. LJB VD; bei mutwilliger oder unnötig ausschweifender Prozessführung können Gebühren von maximal CHF 500 erhoben werden; auch eine Parteientschädigung von maximal CHF 1'500 kann der Gegenpartei nur in besonderen Fällen zugesprochen werden); im Kanton Freiburg ist das mietrechtliche Verfahren gratis, wenn es die Hauptwohnung des Mieters betrifft und diese keine Luxuswohnung darstellt (Art. 130 JG FR); in Neuenburg sind alle mietrechtlichen Verfahren über Wohnungsmiete kostenbefreit (Art. 53 f. TFrais NE); Art. 116 Abs. 1 ZPO.

[1688] Art. 40 VKD BE (CHF 100–20'000); § 8 Abs. 1 lit. b GebT BL (CHF 100–5'000); § 8 VKD AG (CHF 200–12'000); Art. 5 VGZ GR (CHF 100–5'000); Art. 28 TFJC VD; vgl. § 7 Abs. 2 Kostenverordnung Obergericht LU. Vgl. z.B. § 8 GebV OG ZH; Art. 9 Abs. 1 LTG TI: Reduktion der ordentlichen Gebühr auf die Hälfte bis drei Viertel.

[1689] So z.B. in den Kantonen Aargau, Basel-Landschaft oder Luzern; vgl. § 10 Abs. 2 Ziff. 11 GGR BS (§ 2a Abs. 1 des Gerichtsgebührengesetzes ist nicht anwendbar).

Regel ebenfalls in erster Linie von der Höhe des Streitwerts abhängig.[1690] Für das summarische Verfahren wird fast immer eine reduzierte Anwaltsentschädigung vorgesehen, welche sich häufig als Bruchteil des ordentlichen Ansatzes bestimmt.[1691] Vereinzelt werden die Ansätze für die Anwaltsentschädigung in bestimmten mietrechtlichen Verfahren reduziert, begrenzt[1692] oder die Parteientschädigung ganz ausgeschlossen.[1693]

2. Kostenvorschuss und Liquidation

618 Die Gerichte können vom Kläger bzw. Gesuchsteller einen Kostenvorschuss in Höhe der mutmasslichen Gerichtskosten verlangen (Art. 98 ZPO).[1694] Der Kostenvorschuss wird mit den Gerichtkosten verrechnet. Reicht er zur Deckung der Gerichtskosten nicht aus, so muss das Gericht nach Rechtskraft des Urteils den Fehlbetrag von der kostenpflichtigen Partei einfordern (Art. 111 Abs. 1 ZPO).[1695] Die geleisteten Vorschüsse werden dem Kläger auch im Falle des Obsiegens nicht zurückerstattet.[1696] Vielmehr muss dieser sich an den unterle-

[1690] Z.B. § 3 Abs. 1 lit. a Anwaltstarif AG; Art. 10 AnwHV AI; Art. 9 V Anwaltstarif AR; Art. 5 Abs. 1 PKV BE; § 7 Abs. 1 Tarifordnung BL; § 4 Abs. 1 HonorarO BS; Art. 66 JR FR; Art. 85 RTFMC GE; Art. 13 Ordonnance fixant le tarif des honoraires d'avocat JU; Art. 61 TFrais NE; Art. 42 Abs. 1 PKoG NW; Art. 14 HonO SG; § 8 GebT SZ; § 2 V Anwaltstarif TG; Art. 25 Abs. 1 Gerichtsgebührenreglement UR; Art. 32 GTar VS; § 4 Abs. 1 AnwGebV ZH. Indessen wird namentlich im Kanton Solothurn die Parteientschädigung nach Aufwand festgelegt (§ 160 Gebührentarif SO); vgl. auch Art. 2 ff. TAv VD.

[1691] Z.B. § 3 Abs. 2 Anwaltstarif AG; Art. 11 AnwHV AI; Art. 10 V Anwaltstarif AR; Art. 5 Abs. 3 PKV BE; § 10 Abs. 2 HonorarO BS; Art. 88 RTFMC GE; Art. 13 Abs. 1 lit. b Ordonnance fixant le tarif des honoraires d'avocat JU; Art. 16 HonO SG; § 10 V Anwaltstarif TG; § 9 AnwGebV ZH; vgl. Art. 35a GebO OW; § 10 GebT SZ; Art. 26 Gerichtsgebührenreglement UR.

[1692] Art. 25 Abs. 3 Gerichtsgebührenreglement UR; Art. 42 Abs. 6 PKoG NW.

[1693] Art. 22 Abs. 1 LaCC GE; dazu BGE 139 III 182 = Pra 102 (2013) Nr. 84; vgl. Art. 12 Abs. 1 und 3 LBJ VD (Parteientschädigung von maximal CHF 1'500 bei mutwilliger oder ausschweifender Prozessführung). Im Kanton Basel-Stadt werden seit Sommer 2018 keine Parteientschädigungen mehr zugesprochen in Streitigkeiten, die ihren Ausgang vor der Staatlichen Schlichtungsstelle für Mietstreitigkeiten haben (§ 2a Abs. 1 des Gesetzes über die Gerichtsgebühren, in Karft seit 5. Juli 2018); das summarische Ausweisungsverfahren fällt nicht darunter, da das Schlichtungsverfahren hier entfällt.

[1694] Kostenvorschusspflichtig ist auch die Widerklage erhebende Partei; vgl. zum widerklageweisen Ausweisungsbegehren im Rahmen des Kündigungsschutzverfahrens oben Rz. 556.

[1695] Anders z.B. § 44 ZPO BS und § 69 Abs. 1 ZPO BL (Haftung des Klägers für die erstinstanzlichen Gerichtskosten) und § 67 Abs. 4 ZPO ZH, wonach im summarischen Verfahren die Kosten auch im Falle des Obsiegens des Klägers von diesem bezogen werden konnten (unter Einräumung des Rückgriffs auf den unterlegenen Beklagten).

[1696] Anders als z.B. nach § 104 ZPO AG.

genen Beklagten halten, der ihm die Gerichtskosten zu ersetzen hat (Art. 111 Abs. 2 ZPO). Damit trägt der Kläger nach Leistung des Kostenvorschusses das Inkassorisiko für die Gerichtskosten. Wenn dem unterlegenen Beklagten aber die unentgeltliche Prozessführung bewilligt wurde und die Gerichtskosten folglich zu Lasten des Kantons gehen, so erhält der obsiegende Kläger seinen Kostenvorschuss vollumfänglich zurück (Art. 122 Abs. 1 lit. b und c ZPO).

VI. Unentgeltliche Rechtspflege

Eine Partei hat gemäss Art. 117 ZPO Anspruch auf unentgeltliche Rechtspflege, wenn sie nicht über die erforderlichen Mittel verfügt und ihr Rechtsbegehren nicht aussichtslos erscheint. Wird die unentgeltliche Rechtspflege bewilligt, so ist die betreffende Partei von Vorschuss- und Sicherheitsleistungspflichten sowie der Leistung von Gerichtskosten befreit. Die unentgeltliche Rechtspflege umfasst auch die Kosten für einen Rechtsbeistand, sofern der Beizug eines Rechtsbeistands zur Wahrung der Rechte notwendig ist.[1697] Mit dem Anspruch auf unentgeltliche Rechtspflege soll eine nicht über genügend finanzielle Mittel verfügende Partei in den Stand versetzt werden, zur Durchsetzung ihrer Rechte einen Prozess zu führen, und es soll ihr, gleich wie einer vermögenden Partei, der Zugang zum Gericht ungeachtet ihrer Bedürftigkeit möglich sein.[1698] 619

Hinsichtlich der Ermittlung der Bedürftigkeit im Sinne von Art. 117 Abs. 1 lit. a ZPO stellen sich im Ausweisungsverfahren keine besonderen Probleme. Diese Voraussetzung ist erfüllt, wenn die betroffene Person die Kosten eines Prozesses nicht aufzubringen vermag, ohne jene Mittel anzugreifen, die für die Deckung des eigenen notwendigen Lebensunterhalts und desjenigen ihrer Familie erforderlich sind. Dabei ist nicht schematisch auf das betreibungsrechtliche Existenzminimum abzustellen, sondern es ist die gesamte wirtschaftliche Situation der Person zu würdigen und den individuellen Umständen Rechnung zu tragen.[1699] Die unentgeltliche Rechtspflege kann auch teilweise gewährt werden.[1700] Die Frage des Anspruchs auf unentgeltliche Rechtspflege stellt sich im Ausweisungsverfahren wesentlich häufiger für den Gesuchsgegner als für 620

[1697] Art. 118 Abs. 1 ZPO.

[1698] BGE 142 III 131 E. 4.1.; BGE 140 III 12 E. 3.3.1. m. Hinw.

[1699] BGE 141 III 369 E. 4.1 m. Hinw. Zur Ermittlung der Bedürftigkeit ausführlich BK ZPO-BÜHLER, Art. 117 N 6–227c; ZK ZPO-EMMEL, Art. 117 N 4–12; DIKE ZPO-HUBER, Art. 117 N 15–58; KUKO ZPO-JENT-SØRENSEN, Art. 117 N 14–32; BK ZPO-RÜEGG, Art. 117 N 7–17.

[1700] Art. 118 Abs. 2 ZPO; Gewährung mit einem Selbstbehalt oder nur für bestimmte Positionen von Art. 118 Abs. 1 ZPO; zum Ganzen BGE 141 III 369 E. 4.2 und 4.3.

den Gesuchsteller. Ist der Vermieter zugleich Eigentümer des Mietobjekts, besteht regelmässig bereits aus diesem Grund kein Anspruch auf unentgeltliche Rechtspflege.[1701] Namentlich bei Untermietverhältnissen ist aber die Bedürftigkeit auch auf Seiten des Untervermieters denkbar.

621 Im Verfahren um Rechtsschutz in klaren Fällen ist auf die zweite Voraussetzung der unentgeltlichen Rechtspflege, die fehlende Aussichtslosigkeit, näher einzugehen. Nach konstanter bundesgerichtlicher Rechtsprechung sind solche Begehren als aussichtslos anzusehen, *«bei denen die Gewinnaussichten beträchtlich geringer sind als die Verlustgefahren und die deshalb kaum als ernsthaft bezeichnet werden können. Dagegen gilt ein Begehren nicht als aussichtslos, wenn sich Gewinnaussichten und Verlustgefahren ungefähr die Waage halten oder jene nur wenig geringer sind als diese. Massgebend ist, ob eine Partei, die über die nötigen Mittel verfügt, sich bei vernünftiger Überlegung zu einem Prozess entschliessen würde. Eine Partei soll einen Prozess, den sie auf eigene Rechnung und Gefahr nicht führen würde, nicht deshalb anstrengen können, weil er sie nichts kostet. Ob im Einzelfall genügende Erfolgsaussichten bestehen, beurteilt sich aufgrund einer vorläufigen und summarischen Prüfung der Prozessaussichten, wobei die Verhältnisse im Zeitpunkt der Einreichung des Gesuchs massgebend sind.»*[1702] Das Ausweisungsgesuch im Verfahren um Rechtsschutz in klaren Fällen wird gutgeheissen, wenn die Rechtslage zugunsten des Gesuchstellers klar ist und die zugrundliegenden Tatsachen unbestritten oder sofort beweisbar sind. Zweifel des Gerichts gehen zu Lasten des Gesuchstellers.[1703] Der Umkehrschluss liegt nahe, dass der Gesuchsgegner, welcher in einem Verfahren um Rechtsschutz in klaren Fällen unterliegt, eine aussichtslose Position vertreten hat. Im Summarverfahren kann der Entscheid über die unentgeltliche Rechtspflege mit dem Entscheid in der Sache beurteilt werden.[1704] Ein allfälliger Antrag des Gesuchgeg-

[1701] Vom Eigentümer einer Immobilie kann verlangt werden, dass er zur Prozessfinanzierung einen Kredit auf sein Grundstück aufnimmt, sofern dieses noch belastet werden kann und die Belastung für ihn tragbar ist; BGE 119 Ia 11 = Pra 84 (1995) Nr. 21 E. 5; für das summarische Ausweisungsverfahren ist freilich zu berücksichtigen, ob eine zusätzliche hypothekarische Belastung des Mietobjekts (soweit überhaupt) kurzfristig möglich ist. Die Veräusserung des Mietobjekts zur Finanzierung des Ausweisungsprozesses ist sodann nach der hier vertretenen Ansicht realitätsfremd und nicht zumutbar; vgl. weitergehend zur Berücksichtigung von Grundeigentüm BK ZPO-Bühler, Art. 117 N 84 ff und ZK ZPO-Emmel, Art. 117 N 8.

[1702] BGE 142 III 138 E. 5.1; BGE 139 III 475 E. 2.2; BGE 138 III 217 E. 2.2.4; BGE 133 III 614 E. 5.

[1703] Zum Ganzen oben, Rz. 433 ff. (Anforderungen an die Klarheit der Rechtslage); Rz. 440 ff. (Anforderungen an den Sachverhalt), insb. Rz. 448 f.

[1704] BSK ZPO-Rüegg, Art. 117 N 20; ZK ZPO-Emmel, Art. 119 N 14; BGer 4A_20/2011 vom 11. April 2011 E. 7.2.2.

ners auf unentgeltliche Rechtspflege wird in aller Regel mit seiner Stellungnahme zum Gesuch gestellt und nach Eingang der Stellungnahme des Gesuchsgegners ist die Sache in der Regel spruchreif.[1705] Nur wenn sich sowohl die Rechtslage als auch der Sachverhalt klar zugunsten des Gesuchstellers zeigen, wird die Ausweisung gutgeheissen. Damit ist gleichzeitig – zumindest in der Regel – erstellt, dass der Standpunkt der Gegenseite keine Aussichten hatte, mit anderen Worten das Risiko des Unterliegens für den Gesuchsgegner eindeutig überwog.[1706]

Die Natur der Sache bringt es mit sich, dass sich häufig auch ein Mieter, welcher die Kosten des Prozesses selbst zu tragen hat, allein zum Zweck der Verzögerung einem Ausweisungsgesuch des Vermieters so lange als möglich widersetzt, selbst wenn ihm bewusst ist, dass die Vertragsauflösung gültig ist und er kein Recht mehr am Verbleib im Mietobjekt hat.[1707] Nach Rechtsprechung des Bundesgerichts beurteilt sich die Aussichtslosigkeit der Rechtsbegehren des Beklagten im Grundsatz nicht anders als für den Kläger und *«auch vom Beklagten kann erwartet werden, dass er nicht sinnlos prozessiert.»*[1708] Für die Verzögerung des Verfahrens durch Aufrechterhalten aussichtsloser Begehren ist daher keine unentgeltliche Rechtspflege zu bewilligen. Es bleibt dem Gericht jedoch unbenommen, namentlich aus humanitären Gründen auf die Erhebung von Gerichtskosten zu verzichten, soweit das kantonale Recht dies ermöglicht (Art. 116 Abs. 1 ZPO).[1709] 622

[1705] Dazu oben, Rz. 503–507.

[1706] Vgl. BGer 4A_541/2015 vom 20. Mai 2016, E. 5. Das Bundesgericht wies den Antrag der Mieterin als Beschwerdeführerin auf unentgeltliche Rechtspflege ab, weil es ihre vor allen Instanzen vorgebrachte Rüge – ein Formmangel in der Kündigungsandrohung – als rechtsmissbräuchlich erkannte, da der Zahlungsausstand zum Zeitpunkt des erstinstanzlichen Urteils bereits CHF 8'700 betragen hatte und bis zum Entscheid des Bundesgerichts auf über CHF 18'000 angewachsen war. Die Beschwerdeführerin hatte von der Sozialhilfe monatlich jeweils die Hälfte des Mietzinses erhalten, aber nicht einmal diese Beträge an die Vermieterin weitergeleitet. Das Bundesgericht beurteilte das Begehren der Beschwerdeführerin zufolge offensichtlichen Rechtsmissbrauchs durch alle Instanzen als aussichtslos.

[1707] In der Praxis kommt es vor, dass auch in der Stellungnahme des Mieters keine Argumente gegen die gültige Beendigung des Mietverhältnisses vorgebracht werden, vielmehr erklärt der Mieter, er habe noch kein neues Mietobjekt gefunden.

[1708] BGE 139 III 475 E. 2.3 m. Hinw.

[1709] Wenn es das kantonale Recht erlaubt, kann der Staat trotz offensichtlicher Aussichtslosigkeit auch für die Kosten einer Rechtsvertretung aufkommen. Art. 117 ZPO bietet hier jedoch keine Grundlage dafür. BGE 139 III 182 = Pra 102 (2013) Nr. 84 hat das Bundesgericht zu Art. 17 aLaCC GE (heute Art. 22 Abs. 1 LaCC GE) festgehalten, dass das kantonale Recht gestützt auf Art. 116 Abs. 1 ZPO nicht nur die Befreiung von Gerichtskosten sondern auch von der Pflicht zur Leistung einer Parteientschädigung vorsehen können. Die aufkommende Frage, ob der Kanton diesfalls für die Anwaltskos-

623 Im Rechtsmittelverfahren werden die Erfolgsaussichten neu beurteilt. Für das Gesuch des Anfechtenden um unentgeltliche Rechtspflege im Rechtsmittelverfahren ist entscheidend, dass *«das Rechtsmittel nicht offenbar prozessual unzulässig oder aussichtslos ist.»*[1710] Dies wird anhand des angefochtenen Entscheides, der dagegen erhobenen tatsächlichen und rechtlichen Rügen und der erstinstanzlichen Akten beurteilt.[1711] Auf der anderen Seite gilt für das Gesuch des Rechtsmittelbeklagten um unentgeltliche Rechtspflege insbesondere, dass *«dieses kaum aussichtslos bezeichnet werden, wenn sie [die Position des Gesuchstellers] in erster Instanz vom Gericht geschützt worden ist.»*[1712]

ten der obsiegenden Partei aufkommen müsste, hat sich für das Bundesgericht nicht gestellt.

1710 BGer 5A_153/2014 vom 10. Juli 2014, E. 3 m. Hinw. auf BGE 60 I 179 E. 1 und BGE 78 I 193 E. 2.

1711 BK ZPO-BÜHLER, Art. 117 N 271.

1712 BGE 139 III 475 E. 2.3, wo aber sogleich relativiert wird: «*Von diesem Grundsatz rechtfertigt es sich jedoch abzuweichen, wenn der angefochtene Entscheid an einem offensichtlichen Mangel, namentlich an einem krassen Verfahrensfehler leidet, der für sich allein zur Aufhebung des Entscheids führen muss. Hier darf vom Rechtsmittelbeklagten erwartet werden, dass er sich dem Rechtsmittel des Gegners unterzieht und nicht unnötige Kosten generiert* (…)».

§ 16 Das Gesuch (resp. die Klage)

I. Die Wahl der Verfahrensart

Der Vermieter hat die Wahl des Verfahrens. Wie gezeigt, kann er das Ausweisungsbegehren im Rahmen eines Rechtsschutzes in klaren Fällen stellen oder das vereinfachte Verfahren beschreiten. In dringenden Fällen und bei Vorliegen der übrigen Voraussetzungen ist nach der hier vertretenen Auffassung auch ein Gesuch um vorsorgliche Massnahmen möglich.[1713] Einige Gerichte stellen dem Vermieter für das Ausweisungsverfahren Formulare zur Verfügung. Diese sind als Hilfe für den juristischen Laien gedacht. Heikel erscheint, wenn der Eindruck erweckt wird, dass immer das summarische Verfahren einzuschlagen ist, namentlich indem sich das einschlägige Formular nur auf den Rechtsschutz in klaren Fällen bezieht oder auf der Internetseite des Gerichts für die Ausweisung des Mieters nur auf den Rechtsschutz in klaren Fällen verwiesen wird, ohne die Voraussetzungen kurz zu umreissen und die Alternative zu nennen. 624

In der Praxis geht der ganz überwiegenden Zahl der Ausweisungsverfahren eine Kündigung wegen Zahlungsverzugs voraus und der Vermieter wird in der Regel den schnellen Rechtsschutz in klaren Fällen wählen. Das Gesuch um Rechtsschutz in klaren Fällen nach Art. 257 ZPO muss nicht zwingend als solches bezeichnet werden.[1714] Ergibt sich auch bei Fehlen eines entsprechenden Zusatzes,[1715] beispielsweise aus den in der Begründung geschilderten Umständen, dass der Gesuchsteller dieses Verfahren wählt, so kann das Gesuch als Gesuch um Rechtsschutz in klaren Fällen entgegen genommen werden.[1716] Die Wahl des Summarverfahrens kann sich bereits daraus ergeben, dass kein vorgängiges Schlichtungsverfahren vor der Mietschlichtungsstelle durchlaufen wurde bzw. keine Klagebewilligung beigelegt wird.[1717] Umgekehrt schliesst ein bereits durchlaufenes Schlichtungsverfahren ein Verfahren um Rechts- 625

1713 Dazu oben, Rz. 519 ff.

1714 BGE 138 III 728 E. 3.3 (Pra 102 [2013] Nr. 35); BGer 4A_87/2012 vom 10. April 2012 E. 3.1.1. (MRA 2012, S. 219 ff.).

1715 Bspw. Bezeichnung auf dem Gesuch oder Zusatz im Rechtsbegehren *«im Verfahren um Rechtsschutz in klaren Fällen»*.

1716 Vgl. BGer 4A_622/2013 vom 26. Mai 2014 E. 6.3.

1717 Bereits diese Tatsache würde in einem vereinfachten Verfahren zu einem Nichteintretensentscheid führen. Nicht ausgeschlossen ist aber eine kantonale Praxis der Gerichte, ein Gesuch an die richtige Behörde (hier Schlichtungsbehörde) zu überweisen (vgl. dazu BGE 140 III 636, insb. E. 3.6). Diesfalls ist vor der Überweisung beim Gesuchsteller nachzufragen (gerichtliche Fragepflicht, Art. 56 ZPO).

schutz in klaren Fällen nicht aus. Im Zweifel greift die gerichtliche Fragepflicht nach Art. 56 ZPO.[1718]

II. Die Rechtsbegehren

1. Leistungsbegehren

626 Der Gesuchsteller will einen vollstreckbaren Titel gegen den Gesuchgegner erwirken. Vollstreckbar sind nur Leistungsurteile. Das Rechtsbegehren des ehemaligen Vermieters kann entsprechend der nach Beendigung des Mietverhältnisses bestehenden Pflichten des Mieters formuliert werden.[1719] Es muss so abgefasst sein, dass es im Fall der Gutheissung ohne Weiteres zum Dispositiv des Entscheids erhoben und von der Vollstreckungsbehörde gegebenenfalls ohne Konsultation der Entscheidbegründung vollstreckt werden kann.[1720] Dazu soll namentlich auch das Mietobjekt genau bezeichnet werden. Beispielhaft kann das Rechtsbegehren wie folgt lauten:

Beispiel 1

> *«Der Gesuchgegner sei zu verpflichten, die 2-Zimmerwohnung (EG, links) inkl. Kellerabteil Nr. 6, Estrichabteil Nr. 6 und Garage Nr. 4 an der Musterstrasse 1 in Musterstadt innert 10 Tagen nach Vollstreckbarkeit des Entscheides vollständig geräumt und in gereinigtem Zustand zu verlassen und der gesuchstellenden Partei sämtliche Schlüssel auszuhändigen.»*

Beispiel 2

> *«Es sei der Gesuchsgegner gerichtlich anzuweisen, die bei der Gesuchstellerin gemieteten Räumlichkeiten (2-Zimmer Wohnung, 3. OG links, inkl. Kellerabteil Nr.6, Estrichabteil Nr. 6 und Garage Nr. 4, Muster-*

1718 BGE 138 III 728 E.3.3 (Pra 102 [2013] Nr. 35); BGer 4A_87/2012 vom 10. April 2012 E. 3.1.1. (MRA 2012, S. 219 ff.). Zum Ganzen auch oben, Rz. 491.

1719 Der beklagte Mieter soll verurteilt werden, das Mietobjekt vertragsgemäss an den klagenden Vermieter zurückzugeben. Dies umfasst in der Regel das Wegschaffen aller vom Mieter ins Mietobjekt verbrachten Gegenstände, sowie das vertragsgemässe Reinigen des Mietobjekts und die Rückgabe aller Schlüssel an den Kläger. Die Verurteilung des Mieters zur Vornahme von Instandstellungsarbeiten vor seinem Auszug geht darüber hinaus. Es steht dem Vermieter aber frei, zusätzlich zu seinem Ausweisungsbegehren solche und weitere Rechtsbegehren (z.B. auf Zahlung von ausstehendem Mietzins) zu stellen. Dazu unten, Rz. 629 f.

1720 BSK ZPO-Frei/Willisegger, Art. 221 N 4; ZK ZPO-Leuenberger, Art. 221 N 28; KUKO ZPO-Naegeli, Art. 221 N 5; vgl. Staehelin/Staehelin/Grolimund, § 14 Rz. 3.

weg 1 in Musterstadt) unter Aushändigung aller Schlüssel zu den genannten Räumlichkeiten an den Gesuchsteller per sofort zu räumen.»

Die vorgängige ausdrückliche Feststellung der gültigen Beendigung des Mietverhältnisses ist nicht notwendig. Der Ausweisungsrichter prüft dies vielmehr vorfrageweise. Von der herrschenden Lehre und Rechtsprechung wird sodann das erforderliche Feststellungsinteresse verneint, wenn ein Leistungsbegehren erhoben werden kann.[1721] Die Verpflichtung des Mieters zur Rückgabe des Mietobjekts ist ein solches Leistungsbegehren. In aller Regel wird die gleichzeitige ausdrückliche Feststellung der Beendigung eines Mietverhältnisses keinen besonderen Wert für den Gesuchsteller aufweisen.[1722] Auf ein im Ausweisungsgesuch gestelltes Feststellungsbegehren über die Beendigung des Mietvertrages ist daher mangels Rechtsschutzinteresses nicht einzutreten. 627

2. Klageänderung nach Auszug des Mieters

Der Gegenstand des Verfahrens wird durch das Rechtsbegehren definiert. Verlangt der Vermieter lediglich, der Mieter sei zu verpflichten, das Mietobjekt zu verlassen, so wird das Verfahren gegenstandslos, sobald der Mieter ausgezogen ist, namentlich auch dann, wenn er dem Vermieter die Schlüssel nicht zurückgegeben hat. Der Vermieter muss aber diesfalls nicht nur das Schloss zur Wohnung sondern bei Mehrfamilienhäusern in der Regel auch die Schliessanlage zum Eingang der Liegenschaft ersetzen. Er hat daher ein schutzwürdiges Interesse, dass das Gericht den ausgezogenen Mieter zur Herausgabe sämtlicher Schlüssel verurteilt. Ob dies schliesslich faktisch vollstreckt werden kann, ist für das Rechtsschutzinteresse des Gesuchstellers nicht entscheidend. Wird die Pflicht zur Rückgabe der Schlüssel vom ursprünglichen Rechtsbegehren 628

1721 BGE 135 III 378 (= Pra 98 [2009] Nr. 138) E. 2.2; BGE 114 II 253 E. 2a; STAEHELIN/STAEHELIN/GROLIMUND, § 14 Rz. 25; BK ZPO-MARKUS, Art. 88 N 21; vgl. ZK ZPO-BESSENICH/BOPP, Art. 88 N 12.

1722 Vgl. ZK ZPO-BESSENICH/BOPP, Art. 88 N 12, die sich nach eingehender Prüfung dafür aussprechen, auf ein Feststellungsbegehren einzutreten, auch wenn dieses die Vorfrage zu einer (allenfalls auch bereits angehobenen) Leistungsklage betrifft, sofern *«die Ungewissheit, die Unsicherheit oder die Gefährdung der Rechtstellung so stark ist, dass die Fortdauer dieser Rechtsungewissheit als unzumutbar erkannt wird, weil die Klagpartei dadurch in ihrem Handeln und/oder in ihren Entscheidungen behindert wird.»* Dies in der Regel im Ausweisungsverfahren nicht der Fall. Namentlich ist im Ausweisungsverfahren nur das Rechtsverhältnis zwischen den am Verfahren beteiligten Personen verbindlich zu beurteilen. So hätte beispielsweise im Ausweisungsverfahren des Eigentümers gegen den Untermieter die gerichtliche Feststellung, dass der Vertrag zwischen Hauptvermieter und Hauptmieter aufgelöst worden ist, gegenüber der nicht am Verfahren beteiligten Person (hier dem Hauptmieter) keine Verbindlichkeit.

nicht umfasst,[1723] so kann sie allenfalls auf dem Weg einer Klageänderung nach Art. 227 ZPO in den Prozess eingebracht werden. Die Pflicht zur Rückgabe der Schlüssel steht zweifelsohne in einem sachlichen Zusammenhang mit dem ursprünglichen Rechtsbegehren (*«Verlassen des Mietobjekts»*). Erfolgt die Klageänderung aufgrund des Auszugs des Mieters im laufenden Verfahren, so stützt sie sich zudem auf ein echtes Novum und ist daher zuzulassen.[1724]

3. Klagenhäufung

a. Objektive Klagenhäufung

629 Sind Mietzinse ausstehend, so stellt sich die Frage, ob der Vermieter im Sinne einer objektiven Klagenhäufung zusätzlich zur Ausweisung des Mieters auch die Verurteilung zur Zahlung des Mietzinsausstands verlangen kann. Eine objektive Klagenhäufung ist zulässig, wenn das gleiche Gericht sachlich zuständig und die gleiche Verfahrensart anwendbar ist.[1725] Es handelt sich um zwei mietrechtliche Ansprüche, so dass in der Regel dasselbe Gericht sachlich zuständig sein dürfte.[1726] Der Rechtsschutz in klaren Fällen steht auch für Geldforderungen zur Verfügung.[1727] Eine objektive Klagenhäufung ist im Rechtsschutz in klaren Fällen möglich, wenn dadurch das Verfahren nicht verkompliziert oder verzögert wird.[1728] Steht die Höhe des Ausstands liquide fest, so spricht aus verfahrensrechtlicher Sicht nichts dagegen, beide Ansprüche im gleichen Verfahren um Rechtsschutz in klaren Fällen anhängig zu machen und zu beurteilen. Aufgrund der klar abgegrenzten, verschiedenen Ansprüche ist diesfalls auch möglich, allenfalls das eine Rechtsbegehren gutzuheissen und auf das andere nicht einzutreten.[1729]

1723 Lautet das Rechtsbegehren beispielsweise, der Mieter haben dem Vermieter die Wohnung vertragsgemäss zurückzugeben, so beinhaltet das bereits die Rückgabe aller Schlüssel, denn damit wird der (alleinige) Besitz der Räumlichkeiten übertragen. In diesem Fall ist nach Auszug des Mieters die Beschränkung auf die Herausgabe der Schlüssel keine Klageänderung, sondern allenfalls ein *«Minus»*.

1724 Art. 230 Abs. 1 ZPO; vgl. ZK ZPO-KLINGLER, Art. 252 N 34.

1725 Art. 90 ZPO. Für die örtliche Zuständigkeit gilt Art. 15 Abs. 2 ZPO; bei mietrechtlichen Ansprüchen besteht aber ohnehin ein Gerichtsstand am Lageort des Mietobjekts (Art. 33 ZPO).

1726 Zumindest, sofern beide Ansprüche im Rechtsschutz in klaren Fällen oder beide Ansprüche im vereinfachten Verfahren zu beurteilen sind. Dazu insbesondere oben, Rz. 566 ff.

1727 Botschaft ZPO, S. 7351.

1728 Vgl. ZK ZPO-KLINGLER, Art. 252 N 13.

1729 Eine solche objektive Klagenhäufung ist daher anders zu beurteilen als der Fall, der BGE 141 III 23 (= Pra 104 [2015] Nr. 114) zu Grunde lag. Das Bundesgericht hatte

Ausserhalb des Verfahrens um Rechtsschutz in klaren Fällen wird die Klage des Vermieters um Ausweisung des ehemaligen Mieters unabhängig vom Streitwert im vereinfachten Verfahren geführt.[1730] Für den Anspruch auf ausstehenden Mietzins ist das vereinfachte Verfahren bis zu einem Streitwert von CHF 30'000 anwendbar.[1731] Auf den ersten Blick scheint es, dass der Vermieter daher zusätzlich zum Ausweisungsbegehren im vereinfachten Verfahren eine Mietzinsforderung von höchstens CHF 30'000 (allenfalls in Form einer Teilklage) geltend machen könnte, da beide Klagen für sich alleine in das vereinfachte Verfahren gehören. Nach Art. 93 Abs. 1 ZPO werden aber die Streitwerte der gemeinsam eingereichten Klagen zusammengerechnet, da sie sich nicht gegenseitig ausschliessen. Häufig wird bereits der Streitwert des Ausweisungsbegehrens (ausserhalb eines Verfahrens um Rechtsschutz in klaren Fällen) den Betrag von CHF 30'000 übersteigen.[1732] Ab einem zusammengerechneten Streitwert über CHF 30'000 ist das ordentliche Verfahren einzuschlagen.[1733] Dem hat die Klage auf Mietzinsforderung zu folgen; die Ausweisungsklage *«verbleibt»* jedoch im vereinfachten Verfahren. Dies schliesst eine Klagenhäufung nach Art. 90 lit. b ZPO aus.[1734] Das Ergebnis mag unter prozessökonomischen Aspekten stossend erscheinen, steht aber *de lege lata* aufgrund des klaren Wortlauts von Art. 93 Abs. 2 ZPO *e contrario* fest. 630

b. Subjektive Klagenhäufung

In der Praxis wird das Ausweisungsgesuch im Rechtsschutz in klaren Fällen nicht selten gegen mehrere Bewohner bzw. Benutzer desselben Objekts gemeinsam gestellt, so namentlich gegen beide Ehegatten. Es liegt dann einfache passive Streitgenossenschaft vor (Art. 71 ZPO).[1735] In der Regel führt diese subjektive Klagenhäufung zu keiner Verfahrensverzögerung und dient der 631

entschieden, dass das Gericht im Rahmen einer Klage des Arbeitgebers auf Herausgabe von Unterlagen nach Beendigung des Arbeitsverhältnisses (Art. 339a OR), die im Verfahren um Rechtsschutz in klaren Fällen eingereicht worden war, nicht Sache des Gerichts sein könne, Untersuchungen anzustrengen und eine Auswahl zwischen den behaupteten Tatsachen zu treffen, um zu bestimmen, was gutzuheissen und was abzuweisen sei. Könne das Begehren nicht vollumfänglich gutgeheissen werden, so sei auf das Gesuch insgesamt nicht einzutreten (E. 3.3 i.f. m. Hinw. a. BGer 5A_768/2012 vom 17. Mai 2013 E. 4.3).

1730 Art. 243 Abs. 2 lit. c ZPO; dazu eingehend oben, Rz. 259 ff.

1731 Art. 243 Abs. 1 ZPO bzw. Art. 243 Abs. 2 lit. c ZPO *e contrario*.

1732 Zur Streitwertberechnung oben, § 9.

1733 Art. 93 Abs. 2 ZPO *e contrario;* BSK ZPO-RÜEGG, Art. 93 N 5; BK ZPO-STERCHI, Art. 93 N 7; BK ZPO-MARKUS, Art. 90 N 14.

1734 Vgl. ZK ZPO-BESSENICH/BOPP, Art. 90 N 10; DIKE ZPO-FÜLLEMANN, Art. 90 N 6; BSK ZPO-SPÜHLER/WEBER, Art. 90 N 7.

1735 Vgl. oben, Rz. 296 ff. und 300.

Prozessökonomie. Der Gesuchsteller muss sich jedoch allenfalls gegenüber den verschiedenen Gesuchgegnern auf unterschiedliche Rechtsgrundlagen stützen.[1736] Dies schliesst eine einfache Streitgenossenschaft nicht aus, ist diese nach Art. 71 Abs. 1 ZPO doch zulässig, *«sofern Rechte und Pflichten beurteilt werden sollen, die auf gleichartigen Tatsachen oder Rechtsgründen beruhen»*. Insbesondere in Kantonen mit Mietgericht und/oder Handelsgericht kann sich die Frage stellen, ob sich das angerufene Gericht als für alle Beklagten sachlich zuständig erachtet. Nach der hier vertretenen Auffassung muss das Ausweisungsgesuch oder die Ausweisungsklage gegen alle Mitbewohner des ehemaligen Mieters im Verfahren gegen den Mieter vor dem gleichen Gericht beurteilt werden können, auch wenn dies ein Mietgericht (bzw. vorgängig die staatliche Schlichtungsbehörde für Mietstreitigkeiten) ist. Es wird sich in der Regel um Familienangehörige oder Untermieter des Mieters handeln, so dass ein genügend starker mietrechtlicher Bezug vorliegt.

632 Jeder Beklagte bzw. Gesuchgegner handelt im Prozess nur für sich und unabhängig von den andern. Er kann für sich beispielsweise eine Verhandlung verlangen oder schweigen, das Gesuch anerkennen oder einen Vergleich abschliessen. Der Entscheid muss nicht gegen alle Gesuchsgegner gleich lauten. Es können auch einzelne Teilentscheide ergehen.[1737]

4. Direkte Vollstreckung

633 Der Gesuchsteller kann sich darauf beschränken, den Gesuchsgegner durch das Gericht verpflichten zu lassen, die Wohnung bis zu einem bestimmten Zeitpunkt zu räumen bzw. ordnungsgemäss zurückzugeben. Es steht ihm jedoch auch offen, dem Gesuchsgegner gleichzeitig Konsequenzen androhen zu lassen, sollte er sich dieser gerichtlichen Anordnung widersetzen. In der Regel soll für diesen Fall die Zwangsräumung angedroht werden. Eine solche, zeitgleich mit dem Erkenntnisentscheid zu erlassende, direkte Vollstreckungsmassnahme setzt einen entsprechenden Antrag voraus (Art. 236 Abs. 3 ZPO).

634 Die von den Gerichten zur Verfügung gestellten Formulare enthalten häufig einen eigenen klar vorformulierten direkten Vollstreckungsantrag.[1738] Wird kein solches Formular benutzt, stellen Vermieter nicht selten lediglich ein einziges Rechtsbegehren, etwa: *«Der Mieter sei auszuweisen»*. Die Praxis einzel-

---

[1736] Oben, Rz. 279 ff.

[1737] Dazu ZK ZPO-D. STAEHELIN, Art. 236 N 13.

[1738] Z.B. *«Räumt die Gegenpartei die Wohnung nicht innert 10 Tagen seit Rechtskraft des Entscheids, sei die gesuchstellende Partei zu ermächtigen, auf Kosten der Gegenpartei die Wohnung mit polizeilicher Hilfe zu räumen.»*

ner Gerichte scheint die Anforderungen an die Bestimmtheit des direkten Vollstreckungsantrags tief anzusetzen und dieses Begehren auch für die Anordnung der direkten Vollstreckung – zumindest bei juristischen Laien – genügen zu lassen.[1739] Nach der hier vertretenen Auffassung ist das Rechtsbegehren *«Der Mieter sei auszuweisen»* diesbezüglich unklar, was die Pflicht des Gerichts nach sich zieht, dem Gesuchsteller durch Nachfragen Gelegenheit zur Klarstellung und Ergänzung zu geben (Art. 56 ZPO). Dabei ist freilich in aller Regel zu erwarten, dass er den Antrag auf direkte Vollstreckungsmassnahmen stellen will.

Das Gesuch kann grundsätzlich jede der in Art. 343 Abs. 2 ZPO aufgeführten 635
Vollstreckungsmassnahmen enthalten.[1740] Sinnvollerweise wird der Antrag der Vollzugspraxis im betreffenden Kanton (insb. die amtliche Räumung oder die Ermächtigung zur Ersatzvornahme) angepasst.[1741] Das Gericht ist jedoch nicht an die vom Gesuchsteller konkret verlangte Massnahme gebunden und kann daher die Anordnung auf die kantonale Praxis abstimmen.[1742] Es genügt auch ein bezüglich der konkreten Massnahme unbestimmter Antrag des Gesuchstellers.[1743]

Beispiel 1

> *«Für den Fall, dass die Gegenpartei das Mietobjekt dem Gesuchsteller nicht fristgemäss zurückgegeben hat, sei dem Gesuchsteller die direkte Vollstreckung zu bewilligen.»*

Beispiel 2

> *«Für den Fall, dass die Gegenpartei das Mietobjekt nicht fristgemäss geräumt hat, seien direkt geeignete Vollstreckungsmassnahmen anzuordnen.»*

1739 Vgl. den Entscheid des Obergerichts LU vom 17. August 2011 (1C 11 21, abgedruckt in LGVE 2011 I Nr. 27 und CAN Nr. 3/2012). Das Begehren auf *«gerichtliche Ausweisung»* des Mieters verbunden mit dem in der Begründung erwähnten Antrag auf Erlass eines Räumungsbefehls durch einen nicht anwaltlich vertretenen Vermieter wurden vor dem Hintergrund des früheren kantonalen Ausweisungsverfahren als Antrag auf direkte Vollstreckungsmassnahmen entgegen genommen. Der Räumungsbefehl hatte immer sowohl eine Erkenntnis- wie eine Vollstreckungskomponente enthalten.

1740 ZK ZPO-D. Staehelin, Art. 236 N 25; zu den einzelnen Massnahmen unten Rz. 773 ff.

1741 Vgl. Beispiele unten, Rz. 789 ff.

1742 Vgl. ZK ZPO-D. Staehelin, Art. 343 N 14 m. Hinw.

1743 ZK ZPO-D. Staehelin, Art. 236 N 26; BSK ZPO-Steck, Art. 236 N 44.

§ 17 Der Ausweisungsentscheid

I. Grundsatz

Ist das Verfahren spruchreif, wird es durch Sach- oder Nichteintretensentscheid beendet (Art. 236 Abs. 1 ZPO). Der (gutheissende) Ausweisungsentscheid ist ein Leistungsurteil und wird in der Regel – sofern der Antrag dazu gestellt wurde – mit der Anordnung einer direkten Vollstreckungsmassnahme verbunden. 636

Art. 238 ZPO enthält eine Auflistung der Elemente, die der Entscheid zu enthalten hat, namentlich die Zusammensetzung des Gerichts, Ort, Datum, Bezeichnung der Parteien und ggf. deren Vertreter, die Rechtsmittelbelehrung und die Unterschrift des Gerichts. Kern des Entscheides bildet die Urteilsformel, das Dispositiv. 637

II. Das Dispositiv

Aus der Dispositionsmaxime (Art. 58 ZPO) folgt, dass das Dispositiv nicht mehr und nichts anderes als das in den Rechtsbegehren Verlangte enthalten darf. Bei verschiedenen Gerichten und auch auf der Internetseite des Bundes existieren Formulare mit Vorschlägen für Rechtsbegehren,[1744] die ohne Weiteres in ein Dispositiv überführt werden können. Lautet das Rechtsbegehren des Vermieters lediglich, *«der Gesuchsgegner sei aus dem Mietobjekt auszuweisen»,* so stellt sich die Frage, wie weit das Gericht dieses Begehren auslegen bzw. ergänzen kann. 638

Damit der Entscheid nötigenfalls vollstreckt werden kann, muss im Dispositiv festgehalten werden, welches Mietobjekt der Mieter zu räumen hat. Dazu sind die Adresse, gegebenenfalls auch Stockwerk und Wohnungstyp anzugeben (Bsp. *«2-Zimmer-Wohnung, 3. OG rechts, an der Musterstrasse 12 in Musterhausen»*). Fehlen diese Angaben in den Rechtsbegehren, so ergeben sie sich in der Regel aus der Begründung des Gesuchs oder aus den Beilagen, insbesondere dem eingereichten Mietvertrag. Ist eindeutig, welches Objekt vom Gesuchsteller gemeint ist, so kann das Gericht das Dispositiv entsprechend ergänzen.[1745] Ob die Nebenräume zum Mietobjekt (Kellerabteil, Estrich) aus- 639

1744 Vgl. oben, Rz. 626.

1745 Vgl. BSK ZPO-Bornatico, Art. 132 N 17; BK ZPO-Frei, Art. 132 N 14; BK ZPO-Hurni, Art. 58 N 38.

drücklich aufgeführt werden (müssen), ergibt sich faktisch aus der Vollzugspraxis im jeweiligen Kanton.[1746] Sind die Nebenräume im Rechtsbegehren erwähnt, so sind sie jedenfalls in das Dispositiv des Entscheids aufzunehmen. Eine Pflicht des Gerichts zur Ergänzung besteht umgekehrt nicht.

640 Mit Blick auf die Dispositionsmaxime ist es heikel, im Dispositiv ausformulieren, welche Handlungen von dem Begriff *«Räumung»* bzw. *«Ausweisung»* erfasst sind. Die im Rechtsbegehren verwendete Formulierung ist grundsätzlich zu übernehmen.[1747] Verpflichtet das Dispositiv den Beklagten *«die Wohnung zu räumen»,* so umfasst dies die Pflicht, das Mietobjekt von Personen und Sachen frei zu machen,[1748] also den Auszug des Beklagten und gegebenenfalls anderer Bewohner, für welche dieser die Verantwortung trägt, und das Entfernen aller vom Beklagten oder von anderen Personen in das Mietobjekt verbrachten Gegenstände. Der Begriff *«Ausweisen» («der Beklagte wird aus der Wohnung XY ausgewiesen»)* hat nach der hier vertretenen Auffassung denselben Inhalt.

641 Liegt ein entsprechender Antrag vor,[1749] kann der Ausweisungsrichter in seinem Entscheid für den Fall, dass der Mieter seiner Verpflichtung nicht nachkommt, direkte Vollstreckungsmassnahmen anordnen (Art. 236 Abs. 3 ZPO). Die konkrete Vollstreckungsmassnahme steht im Ermessen des Gerichts und ist in erster Linie abhängig von der Ausgestaltung des behördlichen Vollzuges im entsprechenden Kanton oder Gerichtssprengel.[1750] Das Gericht wird dem Beklagten sinnvollerweise eine kurze aber angemessene Frist zum Auszug ansetzen.[1751] Nach bundesgerichtlicher Rechtsprechung darf das Gericht dem Mieter aus humanitären Gründen einen Aufschub gewähren, wenn ernsthafte und konkrete Anzeichen dafür bestehen, dass er seiner Pflicht innert vernünftiger Frist nachkommen wird. Der Aufschub muss jedoch relativ kurz sein und darf keinesfalls einer weiteren Erstreckung des Mietverhältnisses gleichkommen.[1752] Auch möglich ist, dass der Gesuchsteller einer längeren Frist für den

---

[1746] Dazu weiter unten, Rz. 789 ff., insb. Rz. 798.

[1747] Vgl. DIKE ZPO-Glasl, Art. 58 N 13 (m. Hinw. a. BGer 664/2013 vom 9. Februar 2014 E. 3); BK ZPO-Hurni, Art. 58 N 38; ZK ZPO-Sutter-Somm/Seiler, Art. 58 N 9 f.

[1748] So die Bedeutung von *«räumen»* gemäss Duden.

[1749] Dazu oben, Rz. 634.

[1750] Vgl. dazu beispielhaft unten, Rz. 789 ff.

[1751] ZK ZPO-D. Staehelin, Art. 236 N 25; BK ZPO-Kellerhals, Art. 337 N 6; DIKE ZPO-Kriech, Art. 236 N 21; KUKO ZPO-Naegeli, Art. 236 N 18.

[1752] BGer 4A_207/2014 vom 19. Mai 2014 (MRA 2015, S. 54 ff.), E. 3.1: «(…) *notamment si des motifs humanitaires exigent un sursis, ou lorsque des indices sérieux et concrets font prévoir que l'occupant se soumettra spontanément au jugement d'évacuation dans un délai raisonnable. En tout état de cause, l'ajournement ne peut être que relativement*

Auszug zustimmt. Zu berücksichtigen ist sodann, dass der Entscheid dem Gesuchsgegner zunächst eröffnet werden muss und dass er, sofern berufungsfähig, auch nicht bereits mit seiner Eröffnung vollstreckbar wird. Es ist sinnvoll, dem Ausgewiesenen eine Frist von mindestens zehn bis vierzehn Tagen ab Entscheiddatum einzuräumen.[1753] Im Sinne der Rechtssicherheit ist das Ansetzen eines Termins in der Regel einer Frist ab Eröffnung des Entscheides oder ab Rechtskraft des Entscheides vorzuziehen.

Der Entscheid mit direkten Vollstreckungsmassnahmen kann beispielsweise wie folgt lauten: 642

Beispiel 1

> *«1. Der Gesuchsgegner wird angewiesen, die bei der Gesuchstellerin gemieteten Räumlichkeiten (unmöblierte 2-Zimmer Wohnung, 4. OG rechts, Musterstrasse 2 in Musterstadt) bis spätestens 31. März 2017, 12:00 Uhr zu räumen und der Gesuchstellerin sämtliche Schlüssel zum Mietobjekt zurückzugeben.*
>
> *2. Wenn der Gesuchsgegner innert der gesetzten Frist nicht ausgezogen ist, wird auf Antrag der Gesuchstellerin ohne Weiteres und nach Bezahlung des Kostenvorschusses die amtliche Räumung vollzogen.»*

Beispiel 2

> *«Der Gesuchsgegner wird unter Androhung der polizeilichen Vollstreckung im Nichtbefolgungsfalle sowie unter Androhung der Verwertung zurückgelassener Sachen richterlich angewiesen, das Mietobjekt (unmöblierte Büroräumlichkeiten im 2. OG links, am Musterplatz 10 in Musterstadt) bis spätestens 31. März 2017, 12:00 Uhr, zu räumen, unter Abgabe sämtlicher Schlüssel an die Gesuchstellerin.»*

Beispiel 3

> *«Der Gesuchsgegner wird unter Androhung der polizeilichen Vollstreckung im Nichtbefolgungsfalle sowie unter Androhung der Verwertung*

---

bref et ne doit pas équivaloir en fait à une nouvelle prolongation de bail» (m. Hinw. a. BGE 117 Ia 336 E. 2b zum alten Genfer Recht (Art. 474A LPC GE).

[1753] Wird der Entscheid ohne schriftliche Begründung eröffnet, so sollte die Frist von zehn Tagen gemäss Art. 239 Abs. 2 ZPO nicht unterschritten werden. Ist der Entscheid berufungsfähig, so ist er vor Ablauf dieser Frist ohnehin nicht vollstreckbar. Ist der Entscheid beschwerdefähig, so tritt Rechtskraft und Vollstreckbarkeit zwar unmittelbar mit Eröffnung des (auch unbegründeten) Entscheids ein (dazu unten, Rz. 664), der unterlegen Partei kann aber im Beschwerdeverfahren den Aufschub der Vollstreckbarkeit beantragen (Art. 325 Abs. 2 ZPO, dazu unten Rz. 662 f.). Es sollte daher sinnvollerweise auch bei nur beschwerdefähigen Entscheiden ein Termin nach mutmasslichem Ablauf der zehntägigen Frist festgesetzt werden. Nicht erforderlich ist, im Entscheiddispositiv auch die gesamte Rechtsmittelfrist bereits zu berücksichtigen.

zurückgelassener Sachen angewiesen, das Mietobjekt (unmöblierte Wohnung, EG Mitte, Musterrain 7 in Musterhausen) innert 10 Tagen nach Vollstreckbarkeit dieses Entscheides zu räumen, unter Abgabe sämtlicher Schlüssel an die Gesuchstellerin.»

Wird ein konkreter Termin bezeichnet oder der Gesuchsgegner zur unverzüglichen Räumung verurteilt, muss sichergestellt und den Parteien kommuniziert werden, dass der Gesuchsteller bzw. Kläger den Entscheid nicht ohne Vollstreckbarkeitsbescheinigung des Gerichts vollstrecken kann.[1754] Insbesondere in Kantonen, in welchen der Gesuchsteller die Wohnung schliesslich selbst räumen muss, soll er (nicht zuletzt auch zu seinem eigenen Schutz) nicht vor Eintritt der Vollstreckbarkeit zur Vollstreckung verleitet werden.[1755]

III. Eröffnung des Entscheides

1. Eröffnungsformen nach ZPO

643 Der Entscheid entfaltet erst mit seiner Eröffnung an die Parteien seine Rechtswirkungen.[1756] Dieser Zeitpunkt ist für jede der Parteien gesondert zu beurteilen.[1757] Die ZPO kennt drei Formen der Entscheideröffnung. Findet eine Hauptverhandlung statt, kann das Gericht den Parteien das schriftliche Dispositiv aushändigen und den Entscheid kurz mündlich begründen.[1758] Der Entscheid kann aber auch durch Zustellung des schriftlichen Dispositivs eröffnet werden.[1759] In der Praxis hat es sich bewährt, den Entscheid diesfalls mit einer kurzen, laienfreundlichen Anmerkung zu versehen, die sich auf den wesentlichsten Punkt beschränkt und noch keine eigentliche Begründung im Sinne von Art. 239 Abs. 2 ZPO darstellt.[1760] Möglich ist sodann auch, den Entscheid mitsamt der schriftlichen Begründung schriftlich zu eröffnen.[1761]

1754 Dazu unten, Rz. 755 ff.

1755 Dazu unten, Rz. 818.

1756 BGE 122 I 97 = Pra 85 [1996] Nr. 209, E. 3a/bb; BGE 141 I 97 E. 7.1 m. w. Hinw. Systemwidrig ist daher Art. 61 BGG, wonach Entscheide des Bundesgerichts bereits mit ihrer Ausfällung in Rechtskraft erwachsen (vgl. dazu BSK BGG-HEIMGARTNER/WIPRÄCHTIGER, Art. 61 N 2 und BSK BGG-BÜHLER, Art. 60 N 13).

1757 ZK ZPO-D. STAEHELIN, Art. 239 N 23.

1758 Art. 239 Abs. 1 lit. a ZPO.

1759 Art. 239 Abs. 1 lit. b ZPO.

1760 So die Praxis des Zivilgerichts Basel-Stadt, zumindest in jenen Fällen, in welchen sich die Parteien haben vernehmen lassen.

1761 Art. 239 Abs. 1 lit. c ZPO.

2. Eröffnung durch Übergabe des Dispositivs an der Hauptverhandlung

Eine Eröffnung des Entscheids durch Übergabe des schriftlichen Dispositivs 644
ist möglich, wenn die Parteien an der Hauptverhandlung anwesend sind. Bei Säumnis einer der Parteien kann der Entscheid auch nur der anwesenden Partei eröffnet werden. Der säumigen Partei ist er durch Zustellung zu eröffnen. Das Bundesgericht hat die Fiktion der Übergabe des Dispositivs an eine säumige Partei für unzulässig erklärt, selbst wenn die Parteien auf der Vorladung zur Verhandlung explizit auf die Möglichkeit der Eröffnung des Entscheids durch Übergabe an die Parteien hingewiesen wurden.[1762] Es führte aus, angesichts der Bedeutung der Entscheideröffnung für die Parteien, insbesondere im Hinblick auf den Beginn der Rechtsmittelfrist, bedürfe die Eröffnung an der Hauptverhandlung gegenüber der säumigen Partei einer ausdrücklichen gesetzlichen Grundlage und diese sei nicht gegeben.[1763] Namentlich enthalte Art. 234 ZPO, welcher die Säumnis an der Hauptverhandlung regle, keine derartige Rechtsfolge. Die Gerichte könnten keine Zustellfiktionen erschaffen, die von der ZPO nicht vorgesehen seien. Ihre Aufgabe beschränke sich darauf, die Parteien auf die im Gesetz vorgesehenen Säumnisfolgen hinzuweisen.[1764]

1762 BGer Entscheid 5A_253/2013 vom 12. August 2013 E. 3. Konkret wurde in diesem Urteil die Basler Praxis für ungültig erklärt, wonach den Parteien folgender Hinweis in der Vorladung gegeben wurde: *«Das Gericht kann den Entscheid an der Verhandlung durch Übergabe des schriftlichen Dispositivs eröffnen (Art. 239 Abs. 1 lit. a ZPO). Das gilt auch, wenn eine Partei nicht zur Hauptverhandlung erscheint (Säumnis, Art. 147 ZPO). Der Entscheid gilt in diesem Fall auch der säumigen Partei gegenüber als eröffnet, womit die 10-tägige Frist für den Antrag auf eine schriftliche Begründung mit dem Tag nach der Verhandlung zu laufen beginnt. Wird innert dieser Frist keine Begründung verlangt, gilt dies als Verzicht auf eine Anfechtung des Entscheides.»* Im Ergebnis näherte sich die fingierte Eröffnung nach Art. 239 Abs. 1 lit. a ZPO der mündlichen Eröffnung an, wie sie das Basler Zivilprozessrecht gekannt hatte (§§ 163–165 ZPO BS). Der Entscheid wurde der säumigen Partei im Anschluss an die Verhandlung zur Kenntnisnahme zugestellt; in diesem Schreiben wurde darauf hingewiesen, dass die Rechtsmittelfrist bereits am Tag nach der Verhandlung zu laufen begonnen hatte.

1763 BGer 5A_253/2013 vom 12. August 2013 E. 3.2.

1764 BGer Entscheid 5A_253/2013 vom 12. August 2013 E. 3.3. Die säumige Partei kann die Entscheideröffnung am Verhandlungstag durch ihr Nichterscheinen vereiteln. Der Entscheid muss ihr dann gegen Empfangsbescheinigung zugestellt werden und gilt erst am siebten Tage nach erfolglosem Zustellversuch als eröffnet. Die beklagte Partei kann die Eröffnung so um mindestens weitere acht Tage – in der Praxis regelmässig länger – verzögern. Dies ist dann stossend, wenn sie selbst um die Durchführung einer Verhandlung ersucht hat.

3. Eröffnung durch Zustellung und Zustellfiktion

a. Zustellung

645 Wird der Entscheid nicht nach Art. 239 Abs. 1 lit. a ZPO an der Hauptverhandlung eröffnet – insbesondere weil gar keine Verhandlung stattfindet (Art. 256 Abs. 1 ZPO) – so ist er den Parteien mit oder ohne Begründung zuzustellen. Gemäss Art. 138 Abs. 1 ZPO hat die Zustellung von Entscheiden durch eingeschriebene Post oder auf andere Weise gegen Empfangsbestätigung zu erfolgen. Sie ist erfolgt, wenn sie vom Adressaten oder einer angestellten oder im gleichen Haushalt lebenden, mindestens 16 Jahre alten Person entgegen genommen wurde (Art. 138 Abs. 2 ZPO) bzw. wenn der Adressat nach erfolglosem Zustellversuch eines Einschreibens dieses innert der siebentägigen Abholfrist bei der Post abgeholt hat. Ist die Partei vertreten, so erfolgt die Zustellung an ihren Rechtsvertreter (Art. 137 ZPO).

b. Zustellfiktion bei Annahmeverweigerung und nicht abgeholtem Einschreiben

646 Verweigert der Adressat die Annahme des Schreibens, so wird die Zustellung fingiert (Art. 138 Abs. 3 lit. b ZPO). Vorausgesetzt ist, dass der Adressat oder eine andere, gemäss Art. 138 Abs. 2 ZPO zur Entgegennahme berechtigte Person vom Überbringer angetroffen wird und die Annahme verweigert und dass der Überbringer die Weigerung und das Datum schriftlich festhält. Die Zustellung gilt dann als am Tag der Weigerung erfolgt.[1765]

647 Kann das Einschreiben nicht zugestellt werden, weil niemand angetroffen wird, der zur Entgegennahme berechtigt ist, und wird es auch nicht bei der Post abgeholt, so wird die Zustellung am siebten Tag nach dem erfolglosen Zustellversuch fingiert, vorausgesetzt, dass der Adressat mit der Zustellung rechnen musste (Art. 138 Abs. 3 lit. a ZPO). Im Falle des Beklagten bedingt dies, dass er vom rechtshängigen Verfahren Kenntnis hat.[1766] Die Zustellung der verfahrenseinleitenden Verfügung kann zwar nicht nach Art. 138 Abs. 3 lit. a ZPO fingiert werden, wohl aber in Form der öffentlichen Publikation nach Art. 141 ZPO erfolgen.[1767] Mit der Publikation nach Art. 141 ZPO gilt die erste Verfügung an den Schuldner als zugestellt, unabhängig davon, ob der Schuldner auch tatsächlich Kenntnis vom Inhalt erhalten hat. Es gilt die unwi-

[1765] Zum Ganzen oben, Rz. 494, insb. Fn 1358.

[1766] Der Kläger hat naturgemäss Kenntnis vom Verfahren, das er selbst anhängig gemacht hat.

[1767] Dazu oben, Rz. 496–498.

derlegbare Vermutung, dass der Schuldner ab diesem Moment um das Verfahren gegen ihn weiss.[1768] Damit ist für den nachfolgenden Entscheid die Voraussetzung für die Zustellfiktion nach Art. 138 Abs. 3 lit. a ZPO erfüllt. Der Entscheid gilt am siebten Tag nach erfolglosem Zustellversuch als zugestellt. Eine Publikation des Entscheids ist nicht erforderlich.

Bei einer Zustellfiktion erlangt der Adressat des Entscheides tatsächlich keine 648
Kenntnis von dessen Inhalt. Das Gesetz verlangt nicht, dass dem Empfänger zusätzlich eine Kopie des Entscheides zur Kenntnisnahme mit gewöhnlicher Post zugestellt wird.[1769] In der Praxis einiger Gerichte wird dies aus praktischen Überlegungen dennoch getan, ohne dass an diese informelle Zustellung Rechtswirkungen geknüpft sein sollen. Mit Blick auf die bundesgerichtliche Rechtsprechung zur Zustellfiktion (dazu nachfolgend) sollte das Gericht die rein informelle Zustellung ausdrücklich als solche bezeichnen und den Adressaten im Begleitschreiben ausdrücklich darauf aufmerksam machen, dass (und in welchem Zeitpunkt) der Fristenlauf für den Antrag auf schriftliche Begründung oder auf Anfechtung des Entscheids bereits begonnen hat. Nach bundesgerichtlicher Rechtsprechung kann von einer nicht anwaltlich vertretenen Partei nicht verlangt werden, den Unterschied zwischen dem Ende der postalischen Abholfrist und dem Ende der Legalfrist betreffend Zustellfiktion zu kennen.[1770] Daher darf ihr daraus, dass die Post in der Abholungsaufforderung eine längere als die siebentägige Abholfrist festgehalten hat oder ihr die Sendung auch nach der siebentägigen gesetzlichen Abholfrist ausgehändigt hat, kein Nachteil erwachsen.[1771] Sie wird in ihrem Vertrauen geschützt, dass die Frist zum Ergreifen eines Rechtsmittels oder die Frist zum Antrag auf eine schriftliche Begründung erst zu laufen beginnt, wenn sie den Entscheid in Händen hält. Dieses Prinzip lässt sich grundsätzlich auf den Fall übertragen, dass das Gericht der Partei einen Entscheid durch gewöhnliche Post zustellt und damit bei ihr den Eindruck erweckt, dass dadurch der Fristenlauf ausgelöst wird.

1768 BSK ZPO-BORNATICO, Art. 141 N 9; BK ZPO-FREI, Art. 141 N 17; CR CPC-BOHNET, Art. 141 N 15.

1769 Stämpfli ZPO-STROBEL, Art. 138 N 29.

1770 BGer 5A_211/2012 vom 25. Juni 2012 E. 1.3 m. Hinw.

1771 BGer 5A_211/2012 vom 25. Juni 2012 E. 1.3, wo die Post die Abholfrist auf Gesuch des Adressaten um eine Woche verlängert hat; vgl. auch BGer 8C_655/ 2012 vom 22. November 2012 E. 4.6; die Tragweite dieser Rechtsprechung schliesslich offen gelassen in BGer 9C_923/2015 vom 9. Mai 2016, E. 4.5. Inzwischen lässt sich die siebentägige Abholfrist für Betreibungs- und Gerichtsurkunden nicht mehr verlängern.

c. Öffentliche Bekanntmachung (Publikation des Entscheides)

649 Nach Art. 141 Abs. 1 ZPO kann die Zustellung durch Publikation im kantonalen Amtsblatt oder im Schweizerischen Handelsamtsblatt erfolgen, wenn der Aufenthaltsort des Adressaten unbekannt ist und trotz zumutbarer Nachforschung nicht ermittelt werden kann (lit. a), wenn eine Zustellung unmöglich ist oder mit aussergewöhnlichen Umtrieben verbunden wäre (lit. b) oder wenn eine Partei mit Wohnsitz im Ausland entgegen der Anweisung durch das Gericht kein Zustellungsdomizil in der Schweiz bezeichnet hat (lit. c). Die Zustellung gilt am Tag der Publikation als erfolgt (Art. 141 Abs. 2 ZPO).

650 Im Verfahren um Ausweisung aus einer Wohnung hält sich der Mieter für Gewöhnlich in der besagten Wohnung auf. Die Zustelladresse ist in diesen Fällen bekannt.[1772] Konnte dem Mieter das verfahrenseinleitende Schriftstück zugestellt werden und zieht der Mieter im laufenden Verfahren aus[1773] ohne dem Gericht seine neue Anschrift mitzuteilen, so kann die Zustellung weiterhin an die alte Adresse erfolgen,[1774] denn, wenn eine Partei vom laufenden Verfahren Kenntnis hat, liegt es in ihrer Verantwortung, dafür zu sorgen, dass sie die Mitteilungen des Gerichts auch erreichen.[1775] Der Entscheid kann durch eingeschriebene Postsendung an die letzte dem Gericht bekannte Adresse zugestellt werden. Anders als noch in Art. 130 Abs. 3 lit. c VE ZPO vorgesehen,[1776] gilt die Zustellung aber nicht bereits am Tag des erfolglosen Zustellversuchs als erfolgt, sondern erst nach Ablauf der siebentägigen Abholfrist (Art. 138 Abs. 3 lit. a ZPO).

651 In der Praxis kommt es vor, dass der Mieter bereits bei Verfahrenseinleitung nicht mehr im Mietobjekt anzutreffen oder zu erreichen ist. Wenn sich nach wie vor Eigentum des Mieters im Mietobjekt befindet, ist eine Dereliktion

---

[1772] Für die Problematik der Zustellung des verfahrenseinleitenden Schriftstückes oben, Rz. 497.

[1773] Allein durch Auszug des Mieters wird das Räumungsbegehren nicht gegenstandlos, wenn der Mieter die Wohnung nicht im eigentlichen Sinne geräumt hat, insbesondere weil er seine Wohnungseinrichtung nicht wegschafft. Auch werden dem Vermieter in einem solchen Fall die Schlüssel selten ausgehändigt (dazu oben, Rz. 628).

[1774] STAEHELIN/STAEHELIN/GROLIMUND, § 17 Rz. 22; DIKE ZPO-HUBER, Art. 138 N 69 f.; BK ZPO-FREI, Art. 138 N 26; vgl. ZK ZPO-A. STAEHELIN, Art. 138 N 11.

[1775] BGE 130 III 396 E. 1.2.3 m. Hinw.; KUKO ZPO-WEBER, Art. 133 N 4 m. Hinw.; BK ZPO-FREI, Art. 133 N 13. Wird dem Gericht der Wegzug nicht mitgeteilt, so hat das Gericht auch keinen Anlass, Nachforschungen zur neuen Anschrift des Mieters vorzunehmen.

[1776] Art. 130 Abs. 3 lit. c VE ZPO lautete «[Die Zustellung] *gilt zudem als erfolgt, wenn die Person während des Verfahrens ihre Adresse ohne Mitteilung an das Gericht gewechselt hat; als Zustellungsdatum gilt der Tag des erfolglosen Zustellungsversuchs*».

nicht leichthin anzunehmen,[1777] so dass gleichwohl ein Ausweisungsverfahren notwendig ist, um die Wohnung rechtmässig räumen zu können. Auch bei Ferienwohnungen, Wohnungen von Wochenaufenthaltern, Hobbyräumen und ähnlichem ist dem Vermieter nicht immer bekannt, wo der Mieter eigentlich seinen Wohnsitz hat oder wo er sich aufhalten könnte. Ist es auch dem Gericht nicht möglich, durch entsprechende Nachforschungen den Aufenthaltsort des Mieters ausfindig zu machen,[1778] ist in diesem Fällen die verfahrenseinleitende Verfügung an den Beklagten durch öffentliche Bekanntmachung nach Art. 141 Abs. 1 lit. a ZPO zuzustellen.[1779] In diesem Fällen fragt sich, ob allfällige nachfolgenden Verfügungen und der Entscheid nach Art. 138 Abs. 3 lit. a ZPO an die Adresse des betreffenden Mietobjekts eröffnet werden können oder ob es auch hierfür der öffentlichen Bekanntmachung bedarf. Da mit der Publikation nach Art. 141 ZPO die erste Verfügung an den Schuldner als zugestellt gilt, wird Kenntnis des Schuldners um das Verfahren fingiert.[1780] Ob eine Zustellung des Entscheides auf dem Wege nach Art. 138 Abs. 3 lit. a ZPO an die Adresse des Mietobjekts erfolgen kann, hängt nun davon ab, ob das Mietobjekt als Zustelladresse in Frage kommt. Die für die gerichtliche Zustellung zu beachtende Adresse ist in der Regel die Meldeadresse der natürlichen Person bzw. die Geschäftsadresse bei juristischen Personen.[1781] Massgeblich ist nicht der Wohnsitz im Sinne von Art. 23 ZGB, sondern der Ort, an dem die Partei tatsächlich wohnt bzw. an dem sie sich tatsächlich aufhält.[1782] Handelt es sich beim streitgegenständlichen Mietobjekt um den letztbekannten solchen Aufenthaltsort, so ist nach der hier vertreten Auffassung eine Zustellung des Entscheides an diese Adresse möglich. Der Entscheid muss diesfalls nicht öffentlich publiziert werden.

Eine Publikation des Entscheides ist also erforderlich, wenn der Aufenthalt des Mieters nicht ermittelt werden kann, und auch der Lageort des Mietobjekts als letztbekannte Zustelladresse im Sinne von Art. 133 lit. a ZPO nicht in Frage kommt. Sodann ist der Entscheid in den (seltenen) Fällen zu publizieren, wo sich der Wohnsitz des Mieters im Ausland befindet und er sich entgegen der Anweisung des Gerichts weigert, ein Zustelldomizil in der Schweiz anzugeben (Art. 141 Abs. 1 lit. c ZPO). 652

[1777] Dazu unten Rz. 829.
[1778] KUKO ZPO-Weber, Art. 133 N 5; BK ZPO-Frei, Art. 133 N 13.
[1779] Dazu oben, Rz. 497.
[1780] Oben, Rz. 647.
[1781] KUKO ZPO-Weber, Art. 133 N 4.
[1782] BK ZPO-Frei, Art. 133 N 8; BSK ZPO-Bühler, Art. 133 N 11 f.

§ 18 Der Rechtsmittelweg

I. Die zweite kantonale Instanz

1. Berufung oder Beschwerde?

a. Vorbemerkung

653 Das ordentliche Rechtsmittel der Zivilprozessordnung ist die Berufung nach Art. 308 ff. ZPO. Sie hat grundsätzlich aufschiebende Wirkung und ermöglicht die zweitinstanzliche Überprüfung sowohl der Sachverhaltsfeststellung als auch der Rechtsanwendung der ersten Instanz mit voller Kognition.[1783] Gegen nicht berufungsfähige Entscheide steht der unterlegenen Partei die Beschwerde nach Art. 319 ff. ZPO zur Verfügung. Ihr kommt von Gesetzes wegen keine aufschiebende Wirkung zu. In Bezug auf die Überprüfung von Rechtsfragen hat die Beschwerdeinstanz dieselbe (volle) Kognition wie die erste Instanz bzw. die Berufungsinstanz.[1784] Erstinstanzliche Sachverhaltsfeststellungen werden im Beschwerdeverfahren hingegen nur auf offensichtliche Unrichtigkeit überprüft.[1785] Da für beide Rechtsmittel dieselben Rechtsmittelfristen[1786] gelten, die Anforderungen an die Rechtsmittelschriften in beiden Verfahren vergleichbar sind[1787] und sich auch der Verfahrensablauf aufgrund der rudimentären gesetzlichen Regelung nicht grundsätzlich unterscheiden muss,[1788] werden die Berufung und die Beschwerde nachfolgend gemeinsam dargestellt und dabei nur auf diejenigen Besonderheiten, die für das Ausweisungsverfahren von Relevanz sein können, speziell hingewiesen. Grundsätzlich stellen der

---

1783 STAEHELIN/STAEHELIN/GROLIMUND, § 26 N 5 ff.; BSK ZPO-SPÜHLER, Art. 310 N 1 f.; BK ZPO-STERCHI, Art. 310 N 1 ff.; ZK ZPO-REETZ/THEILER, Art. 310 N 5 f.; DIKE ZPO-BLICKENSTORFER, Art. 310 N 2; vgl. zu den Berufungsgründen unten, Rz. 673.

1784 Art. 320 lit. a ZPO entspricht Art. 320 lit. a ZPO; ZK ZPO-FREIBURGHAUS/ AFHELDT, Art. 320 N 4; BK ZPO-STERCHI, Art. 320 N 3; DIKE ZPO-BLICKENSTORFER, Art.320 N 4.

1785 Art. 320 lit. b ZPO im Vergleich zu Art. 310 lit. b ZPO; dazu unten, Rz. 673.

1786 Art. 312 Abs. 2 ZPO; Art. 314 Abs 1 ZPO; Art. 321 Abs. 1 und 2 ZPO; dazu unten, Rz. 665.

1787 Unten, Rz. 666 ff.

1788 Vgl. Art 312 ZPO und Art. 322 ZPO; Art. 316 ZPO und Art. 327 Abs. 1 und 2 ZPO; unten, Rz. 679 ff. Sodann ist die Zuständigkeit für Beschwerde und Berufung im kantonalem Recht geregelt (vgl. für das versehentlich bei der falschen Instanz eingereichte Rechtsmittel unten, Rz. 666, was sich grundsätzlich auf die falsche Rechtsmittelinstanz übertragen lässt).

fehlende Suspensiveffekt[1789] und die eingeschränkte Kognition bei der Sachverhaltsüberprüfung im Beschwerdeverfahren die zwei grössten Unterschiede der beiden Rechtsmittel dar.

654 Für die Frage der Berufungsfähigkeit eines Ausweisungsentscheides ist der Streitwert[1790] entscheidend.[1791] Beträgt dieser mindestens CHF 10'000, so kann Berufung erhoben werden. Nach Art. 308 Abs. 2 ZPO ist dabei auf den Streitwert der im erstinstanzlichen Verfahren zuletzt aufrechterhaltenen Rechtsbegehren abzustellen. Der Streitwert im Rechtsmittelverfahren muss daher nicht mit dem Streitwert zur Bestimmung der sachlichen Zuständigkeit oder der Kosten des erstinstanzlichen Verfahrens übereinstimmen,[1792] der sich zum Zeitpunkt des Eintritts der Rechtshängigkeit bestimmt.[1793]

b. Rechtsmittelbelehrung durch die erste Instanz

655 Anders als die Rechtsmittelinstanz[1794] ist die erste Instanz nicht verpflichtet, in ihrem Entscheid den Streitwert festzuhalten.[1795] Sie hat den Entscheid aber mit

---

1789 Auf Antrag des Beschwerdeführers kann aber die Beschwerdeinstanz die Vollstreckung (bzw. die Vollstreckbarkeit) des erstinstanzlichen Entscheides aufschieben, Art. 325 Abs. 2 ZPO, dazu unten, Rz. 662 ff.

1790 Oben, Rz. 386 ff.

1791 Noch 2005 hatte das Bundesgericht mit Blick auf das damals geltende Bundesrechtspflegegesetz (OG) und den Grundsatz der derogatorischen Kraft des Bundesrechts klargestellt, dass gegen den Ausweisungsentscheid im Falle einer Kompetenzattraktion gemäss Art. 274g aOR (wenn also ein Kündigungsschutzverfahren an den Ausweisungsrichter überwiesen worden war) ein ordentliches kantonales Rechtsmittel zur Verfügung stehen musste. Namentlich müsse dem kantonalen Rechtsmittel die aufschiebende Wirkung zukommen, andernfalls bestehe die Gefahr, dass der Ausweisungsentscheid noch im laufenden Rechtsmittelverfahren vollstreckt würde und damit die Berufung bzw. Beschwerde an das Bundesgericht mangels Rechtsschutzinteresse des beschwerdeführenden Ausgewiesenen nicht mehr möglich wäre (BGE 131 I 242 E. 3.2. und 3.3). Nach Inkrafttreten der Schweizerischen ZPO ist das Rechtsmittelsystem nun als Ganzes bundesrechtlich geregelt. Es bestehen keine Sondervorschriften für das Ausweisungsverfahren, so dass sowohl die Beschwerde als auch die Berufung in Frage kommen. Beim Ausweisungsentscheid handelt es sich um ein Leistungsurteil und nicht um einen Entscheid des Vollstreckungsgerichts, selbst wenn auf entsprechenden Antrag direkte Vollstreckungsmassnahmen angeordnet werden; Art. 309 lit. a ZPO ist daher nicht einschlägig.

1792 BK ZPO-STERCHI, Art. 308 N 29; ZK ZPO-REETZ/THEILER, Art. 308 N 42.

1793 Mit Einreichen des Schlichtungsgesuchs bzw. wo kein Schlichtungsverfahren vorgesehen ist mit Einreichen des Gesuchs bzw. der Klage bei Gericht (ZK ZPO-STEINWIGGER, Art. 91 N 12; vgl. BSK ZPO-RÜEGG, Art. 91 N 7).

1794 Art. 112 Abs. 1 lit. d BGG.

1795 Sie muss den Streitwert nur bei Entscheiden angeben, welche direkt der Beschwerde an das Bundesgericht unterliegen (Art. 112 Abs. 1 lit. d BGG). Dies ist auch bei der Ausweisung denkbar, wenn diese ausnahmsweise nur durch eine kantonale Instanz zu beureiner Rechtsmittelbelehrung zu versehen (Art. 238 lit. f ZPO) und daher insbesondere anzugeben, ob die Berufung oder die Beschwerde dagegen offen steht. Bei vermögensrechtlichen Streitigkeiten wird dabei implizit auch erklärt, ob der Streitwert von CHF 10'000 erreicht ist.

c. Streitwertfestlegung im Rechtsmittelverfahren durch die Rechtsmittelinstanz

Die Rechtsmittelinstanz ist bei der Bestimmung des Streitwerts nicht an die Annahme der Vorinstanz gebunden, sondern berechnet diesen neu.[1796] Haben sich die Parteien im erstinstanzlichen Verfahren auf einen Streitwert geeinigt (Art. 91 Abs. 2 ZPO), so gilt dieser Streitwert auch im Rechtsmittelverfahren, sofern die Rechtsmittelinstanz nicht zur Überzeugung gelangt, diese Angabe sei offensichtlich unrichtig. Auch hierbei ist die Auffassung der Vorinstanz für sie nicht verbindlich. 656

Für die Berechnung des Streitwerts wird auf die unter § 11 dargelegten Grundsätze verwiesen. Das Bundesgericht stellt auf den letzten monatlichen Bruttomietzins als Wert für den Gebrauch des Mietobjekts ab. Die für die Streitwertberechnung massgebliche Dauer entspricht in erster Linie der durch das Verfahren selbst verursachten Verzögerung. Demgegenüber stellt das Bundesgericht in seiner jüngsten Rechtsprechung auf die dreijährige Kündigungssperrfrist nach Art. 271 Abs. 1 lit. e OR ab, sofern die Gültigkeit der Kündigung des Mietverhältnisses bestritten ist.[1797] Erfolgt die Ausweisung hingegen ausserhalb eines solchen Verfahrens (allen voran im vereinfachten Verfahren), so ist die Sperrfrist nach Art. 271 Abs. 1 lit. e OR zu beachten. Die Rechtsmittelinstanz hat den Streitwert für das Rechtsmittelverfahren neu zu beurteilen. Während die erste Instanz nach der hier vertretenen Auffassung auf die Dauer des erstinstanzlichen Verfahrens abstellt, hat die Rechtsmittelinstanz dazu die mutmassliche Dauer des Rechtsmittelverfahrens zu addieren.[1798] Der Streitwert fällt daher im Rechtsmittelverfahren grundsätzlich höher aus als im 657

teilen ist, insbesondere, wenn sie in die Zuständigkeit des Handelsgerichts fällt (dazu Rz. 569 ff.) oder bei der in der Praxis bei der Ausweisung kaum je relevanten Möglichkeit der einvernehmlichen Klage beim oberen Gericht nach Art. 8 ZPO.

1796 SEILER, Rz. 651 m. Hinw.

1797 Oben Rz. 396 ff., 418 ff.

1798 Nicht aber auch die mutmassliche Dauer eines potentiellen Beschwerdeverfahrens vor Bundesgericht, vgl. oben, Rz. 416. Unklar ist, ob das Bundesgericht in BGE 144 III 346 sechs Monate nur für das kantonale Verfahren ansetzt oder für den gesamten Instanzenzug.

erstinstanzlichen Prozess.[1799] Folgt man der Sperrfristregel des Bundesgerichts, hat die Rechtsmittelinstanz sodann erneut zu beurteilen, ob die Gültigkeit der Kündigung *«strittig»* ist, und dabei insbesondere auch, ob ein im erstinstanzlichen Verfahren säumiger Beklagter mit seinen Vorbringen überhaupt noch im Rechtsmittelverfahren gehört werden kann. So ist denkbar, dass die Kündigung noch im erstinstanzlichen Verfahren als unstrittig gelten muss (namentlich dann, weil sie vom Mieter nicht angefochten wurde und sich der Mieter im erstinstanzlichen Verfahren nicht hat vernehmen lassen), wohingegen im Rahmen des zweitinstanzlichen Verfahrens die Sperrfrist allenfalls zu beachten ist.

d. Konsequenzen für die Rechtsmittelbelehrung durch die erste Instanz

658 Bei Erlass des Entscheids und Verfassen der Rechtsmittelbelehrung kann die erste Instanz in der Regel nicht wissen, ob und mit welchen Vorbringen der Unterlegene den Entscheid weiterziehen wird. Legt sie ihren Überlegungen den erstinstanzlichen Streitwert zu Grunde und erreicht dieser nicht die Grenze von CHF 10'000, so wird sie als einschlägiges Rechtsmittel die Beschwerde angeben. Ergreift der Unterlegene aber die Beschwerde, kann das obere Gericht den Streitwert neu festsetzen und hat dabei gerade die Tatsache berücksichtigen, dass ein Rechtsmittel ergriffen wurde. Allein durch den Weiterzug des Entscheides wird unter Umständen erst die Streitwertgrenze für die Berufung erreicht. Kommt die Rechtsmittelinstanz zur Auffassung, dass die Sache berufungsfähig ist, müsste sie eine Konversion der eingereichten Beschwerde vornehmen. Nach herrschender Praxis und Lehre ist dies zumindest dann möglich, wenn die Rechtsmittelbelehrung falsch war und das richtige Rechtsmittel nicht leicht zu bestimmen ist,[1800] denn den Parteien dürfen aus einer fehlerhaften Rechtsmittelbelehrung grundsätzlich keine Nachteile erwachsen.[1801] Wo

---

[1799] Nach der hier vertretenen Ansicht zumindest der für die Art des Rechtsmittels (Beschwerde oder Berufung) massgebliche Streitwert. Hingegen erscheint es denkbar, für die Prozesskosten auf die Verfahrendauer nur vor der jeweiligen Instanz abzustellen.

[1800] Vgl. ZK ZPO-D. Staehelin, Art. 238 N 27 f.; DIKE ZPO-Blickenstorfer, Vor Art. 308–334 N 84; BSK ZPO-Spühler, Vor Art. 308–334 N 13; BK ZPO-Sterchi, Art. 311 N 2.

[1801] Allerdings wird nur geschützt, wer sich nach Treu und Glauben auf die fehlerhafte Rechtsmittelbelehrung verlassen durfte. Eine grobe prozessuale Unsorgfalt der betroffenen Partei oder ihres Anwalts kann eine unrichtige Rechtsmittelbelehrung nicht aufwiegen, namentlich dann nicht, wenn der Mangel in der Rechtsmittelbelehrung allein schon durch Konsultierung der massgebenden Verfahrensbestimmung ersichtlich gewesen wäre (BGE 135 III 374 E. 1.2.2.1). Sodann kann eine falsche Rechtsmittelbelehrung kein Rechtsmittel schaffen, das im betreffenden Fall nicht offen steht (BGE 117 II 508 E. 2).

Berufung und Beschwerde bei der Rechtsmittelinstanz in unterschiedliche sachliche Zuständigkeiten fallen,[1802] müsste dann gleichzeitig auch eine Überweisung an den zuständigen Spruchkörper erfolgen.[1803] Die Lösung über die Konversion führt insgesamt zu einem unbefriedigenden Ergebnis, weckt sie doch bei den Parteien auch falsche Vorstellungen über Kognition und Verfahrensablauf. Richtigerweise verfasst das erstinstanzliche Gericht die Rechtsmittelbelehrung stets aus der Perspektive der Rechtsmittelinstanz. Die Beantwortung der Frage, welches das richtige Rechtsmittel ist, hat stets unter der Prämisse zu erfolgen, *dass* ein Rechtsmittel ergriffen wird, selbst wenn dies tatsächlich nicht geschehen sollte.[1804] Während für die Kosten des erstinstanzlichen Verfahrens auf den erstinstanzlichen Streitwert abgestellt wird, ist für die Bestimmung des Rechtsmittels auf die Dauer des erstinstanzlichen und die mutmassliche Dauer des zweitinstanzlichen Verfahrens abzustellen. Sofern im mutmasslichen Rechtsmittelverfahren der erforderliche Streitwert erreicht wird, ist in der Belehrung auf die Berufung zu verweisen.

e. Rechtsverzögerungs-/Rechtsverweigerungsbeschwerde

Lediglich die Beschwerde steht bei Rechtsverzögerung oder Rechtsverweige- 659
rung zur Verfügung, insbesondere also, wenn das erstinstanzliche Gericht über längere Zeit überhaupt nicht tätig geworden sein sollte (Art. 319 lit. c ZPO). Die Beschwerde kann diesfalls jederzeit anhängig gemacht werden (Art. 321 Abs. 4 ZPO). Die Beschwerdeinstanz prüft in freier Kognition, ob eine Rechtsverzögerung bzw. eine Rechtsverweigerung vorliegt.[1805] Dabei hat es namentlich den Gestaltungsspielraum des erstinstanzlichen Gerichts, die Prin-

---

[1802] Z.B. die Zuständigkeit des Präsidenten für Beschwerden, der Kammer für Berufungen.

[1803] Die Überweisung an den sachlich zuständigen Spruchkörper ist nach ZPO im Falle einer Erhöhung des Streitwerts durch Klageänderung (Art. 227 Abs. 2) oder durch Widerklage (Art. 224 Abs. 2 ZPO) vorgesehen. Sowohl Klageänderung als auch Widerklage sind indessen nur zulässig, wenn die gleiche Verfahrensart einschlägig ist. Daher kann dies m.E. nicht unbesehen auf einen Wechsel von Beschwerde- zu Berufungsverfahren übertragen werden. Ein anderer Ansatz führt über die analoge Anwendung von Art. 63 Abs. 2 ZPO zu einer Nachfrist für das Einreichen des richtigen Rechtsmittels beim richtigen Spruchkörper, wobei diese Frist aber mit Blick auf die unerstreckbaren Rechtsmittelfristen und der Tatsache, dass der Beschwerdeführer bereits eine Rechtsschrift ausgearbeitet hat, wesentlich kürzer als einen Monat ausfallen muss. Schliesslich kommt auch eine Wiederherstellung nach Art. 148 ZPO in Frage, wenn den Beschwerdeführer aufgrund der falschen Rechtsmittelbelehrung und den Umständen kein oder nur leichtes Verschulden daran trifft, dass er das falsche Rechtsmittel ergriffen hat; dazu Entscheid des KGer SG vom 07.08.2012 (BO.2012.34).

[1804] Der Entscheid ist berufungsfähig, selbst wenn keine Berufung erhoben wird.

[1805] STAEHELIN/STAEHELIN/GROLIMUND, § 26 Rz. 39; ZK ZPO-FREIBURGHAUS/AFHELDT, Art. 320 N 7; BSK ZPO-SPÜHLER, Art. 319 N 12.

zipien des jeweiligen Verfahrens und die Umstände des Einzelfalles zu berücksichtigen und nur in offensichtlichen Fällen einzugreifen.[1806]

2. Aufschiebende Wirkung

a. Berufung

660 Ist der Entscheid berufungsfähig, so ist er bis zum Abschluss des Berufungsverfahrens nicht vollstreckbar, denn die Berufung hat grundsätzlich aufschiebende Wirkung (Art. 315 ZPO).[1807] Eine Ausnahme besteht für die Berufung gegen vorsorgliche Massnahmen,[1808] der gemäss Art. 315 Abs. 4 lit. b ZPO keine aufschiebende Wirkung zukommt. Lediglich auf Antrag des Berufungsklägers kann die Rechtsmittelinstanz hier die aufschiebende Wirkung gewähren, sofern dem Antragsteller ein nicht leicht wiedergutzumachender Nachteil droht (Art. 315 Abs. 5 ZPO). Nach bundesgerichtlicher Rechtsprechung hat die Rechtsmittelinstanz hier *«nur in Ausnahmefällen aufschiebende Wirkung zu gewähren. Sie verfügt jedoch über einen grossen Ermessensspielraum, der es ihr erlaubt, den Umständen des konkreten Falles Rechnung zu tragen»*[1809] Für die Anordnung der aufschiebenden Wirkung im Berufungsverfahren gegen eine vorsorgliche Ausweisung gelten sinngemäss die untenstehenden Ausführungen zur Gewährung der aufschiebenden Wirkung im Beschwerdeverfahren.[1810]

661 Die Berufungsinstanz kann auf Antrag[1811] die vorzeitige Vollstreckung bewilligen (Art. 315 Abs. 2 ZPO) und damit den angefochtenen Entscheid für vollstreckbar erklären.[1812] Sie hat dazu eine Interessensabwägung anhand der Umstände des Einzelfalles vorzunehmen.[1813] Bei einer Berufung gegen einen gut-

---

[1806] Vgl. ZPO-Rechtsmittel-HOFFMANN-NOWOTNY, Art. 319 N 45; STAEHELIN/STAEHELIN/GROLIMUND, § 26 Rz. 39; ZK ZPO-FREIBURGHAUS/AFHELDT, Art. 320 N 7; BSK ZPO-SPÜHLER, Art. 319 N 12; BK ZPO-STERCHI, Art. 319 N 16.

[1807] Nach dem Wortlaut des Gesetzes hemmt die Berufung die Rechtskraft und Vollstreckbarkeit des angefochtenen Entscheides im Umfang der Anträge. Im Gesetz wird nicht ausdrücklich festgehalten, dass der berufungsfähige Entscheid in der Zeit zwischen seiner Eröffnung und dem Einreichen der Berufung, bzw. dem Ablauf der zehn- bzw. dreissigtägigen Frist ebenfalls nicht vollstreckbar ist.

[1808] Zur Ausweisung als vorsorgliche Massnahme oben, Rz. 519 ff.

[1809] BGE 138 III 565 E. 4.3.1; BGE 137 III 475 (=Pra 101 [2012] Nr. 28) E. 4.1.

[1810] Unten, Rz. 662 f.

[1811] Dies ergibt sich bereits aus dem Wortlaut *«bewilligen»* bzw. *«autoriser»/«autorizzare»*. Zum Ganzen SEILER, Rz. 1010 ff. und Rz. 1017 (Anordnung von Amtes wegen in Verfahren, die dem Offizialgrundsatz unterstehen).

[1812] BK ZPO-STERCHI, Art. 315 N 18; ZK ZPO-REETZ/HILBER, Art. 315 N 23.

[1813] Zum Ganzen SEILER, Rz. 1021 ff.

heissenden Ausweisungsentscheid dürften die Anforderungen an die Gründe des ehemaligen Vermieters mit Blick auf die Interessenlage des Mieters sehr hoch sein, zumal dann, wenn die erste Instanz bereits direkte Vollstreckungsmassnahmen angeordnet hat, die mit Bewilligung der vorzeitigen Vollstreckung sogleich ergriffen werden können.[1814] Indessen kann die Rechtsmittelinstanz auch die Erfolgsaussichten der Berufung – namentlich bei einem Rechtsschutz in klaren Fällen – berücksichtigen.[1815] In der Regel wird es aber dem Vermieter zuzumuten sein, das Berufungsverfahren abzuwarten, sofern sich die Verfahrensdauer in Grenzen hält.

b. Beschwerde

662 Steht gegen den Entscheid nur die Beschwerde offen, so ist er grundsätzlich mit seiner Eröffnung rechtskräftig und vollstreckbar,[1816] denn die Beschwerde hemmt die Rechtskraft und Vollstreckbarkeit des angefochtenen Entscheides nicht (Art. 325 Abs. 1 ZPO). Die Beschwerdeinstanz kann die Vollstreckung aber aufschieben (Art. 325 Abs. 2 ZPO). Die Voraussetzungen dafür sind im Gesetz nicht geregelt.[1817] Der Entscheid über die Gewährung der aufschiebenden Wirkung ist gleichsam ein Entscheid über eine vorsorgliche Massnahme.[1818] Nach ganz herrschender Lehre ist in Verfahren, die der Dispositionsmaxime unterstehen, ein entsprechender Parteiantrag notwendig.[1819] Allerdings erscheint es zulässig, dass die Rechtsmittelinstanz bei unvertretenen Laien in Ausübung der gerichtlichen Fragepflicht nach Art. 56 ZPO darauf hinwirkt, dass diese den Antrag stellen.[1820]

663 Die Beschwerdeinstanz entscheidet über den Antrag um aufschiebende Wirkung nach pflichtgemässem Ermessen.[1821] Dabei hat sie die mutmassliche Dauer des Beschwerdeverfahrens zu berücksichtigen und kann auch eine Ein-

---

[1814] Zum Wegfall des Rechtsschutzinteresses nach erfolgtem Vollzug der Räumung unten, Rz. 716 ff.

[1815] Stämpfli ZPO-MATHYS, Art. 315 N 7 f.; KUKO ZPO-BRUNNER, Art. 315 N 5.

[1816] Botschaft ZPO, S. 7378; BSK ZPO-SPÜHLER, Art. 325 N 1.

[1817] Anders als in Art. 315 Abs. 5 ZPO (dazu oben, Rz. 661) wird hier weder der eine Antragspflicht suggerierende Begriff *«bewilligen»* verwendet noch ein leicht wiedergutzumachender Nachteil verlangt.

[1818] Vgl. BGE 137 III 475 (=Pra 101 [2012] Nr. 28) E. 2.

[1819] ZK ZPO-FREIBURGHAUS/AFHELDT, Art. 325 N 5; BK ZPO-STERCHI, Art. 325 N 7; KUKO ZPO-BRUNNER, Art. 325 N 3; ZPO-Rechtsmittel-HOFFMANN-NOWOTNY, Art. 325 N 24; DIKE ZPO-STEININGER, Art. 325 N 2; a. A. BSK ZPO-SPÜHLER, Art. 325 N 3.

[1820] Vgl. SEILER, Rz. 1016 zu Art. 315 Abs. 5 ZPO.

[1821] Stämpfli ZPO-REICH, Art. 325 N 3; KUKO ZPO-BRUNNER, Art. 325 N 4; ZPO-Rechtsmittel-HOFFMANN-NOWOTNY, Art. 325 N 28 ff.; DIKE ZPO-STEININGER, Art. 325 N 3.

schätzung der Erfolgschancen der Beschwerde miteinfliessen lassen.[1822] Im Kern ist – soweit anhand der vorliegenden Akten[1823] möglich – eine umfassende Abwägung der Interessen beider Parteien vornehmen.[1824] Mit Blick auf die schwerwiegenden drohenden Nachteile des ausgewiesenen Mieters, die im Falle einer Zwangsvollstreckung noch im laufenden Rechtsmittelverfahren nicht wiedergutzumachen sind,[1825] werden seine Interessen diejenigen des Vermieters regelmässig überwiegen, sofern das Beschwerdeverfahren in angemessener Frist abgeschlossen werden kann.[1826] Die Rechtsmittelinstanz kann sichernde Massnahmen oder die Leistung einer Sicherheit anordnen (Art. 325 Abs. 2 ZPO). Es wäre also grundsätzlich möglich, den fällig werdenden Mietzins für die mutmassliche Dauer des Rechtsmittelverfahrens als Sicherheit zu verlangen.[1827]

664 Der lediglich beschwerdefähige Entscheid wird im Moment seiner Eröffnung rechtskräftig und vollstreckbar. Dies gilt auch, wenn er den Parteien lediglich im Dispositiv ohne schriftliche Begründung eröffnet wird.[1828] Die Rechtsmittelfrist beginnt hingegen erst ab Zustellung des schriftlich begründeten Entscheids zu laufen. Es ergibt sich eine Schwebefrist zwischen Eröffnung im Dispositiv und Zustellung der schriftlichen Begründung. Die unterlegene Partei kann in dieser Zeit den Antrag auf aufschiebende Wirkung bereits vor Zustellung der schriftlichen Begründung vorsorglich bei der Rechtsmittelinstanz

---

[1822] Stämpfli ZPO-REICH, Art. 325 N 3.

[1823] Es ist dies in der Regel der erstinstanzliche Entscheid und die Beschwerdeschrift. Grundsätzlich sollte sich auch der Beschwerdegegner zum Antrag äussern können (BGer 5A_350/2013 E. 2.2; DIKE ZPO-STEININGER, Art. 325 N 3), indessen kann die Rechtsmittelinstanz der Beschwerde auch superprovisorisch *«einstweilen»* die aufschiebende Wirkung erteilen.

[1824] ZPO-Rechtsmittel-HOFFMANN-NOWOTNY, Art. 325 N 29 f.

[1825] Zum Wegfall des Rechtsschutzinteresses nach Vollzug der Zwangsräumung unten, Rz. 716 ff.

[1826] Vgl. ZPO-Rechtsmittel-HOFFMANN-NOWOTNY, Art. 325 N 30 i.f.; BK ZPO-STERCHI, Art. 325 N 5; DIKE ZPO-STEININGER, Art. 325 N 3.

[1827] Das Entgelt für die Nutzung des Mietobjekts während der Dauer des Verfahrens ist grundsätzlich unabhängig vom Ausgang des Verfahrens geschuldet (vgl. oben, Rz. 601, Fn 1648).

[1828] STAEHELIN/BACHOFNER, Rz. 8; ZK ZPO-D. STAEHELIN, Art. 239 N 35; MARKUS/WUFFLI, ZBJV, S. 107; KAUFMANN, S. 105; KGer BL vom 19. Juni 2012, 410 12 182/LIA; a. A. DIKE ZPO-KRIECH, Art. 239 N 8 mit Hinw. auf OGer ZH RT120039 vom 11. Juni 2012 (ZR 111/2012 Nr. 70) und OGer ZH PS130222 vom 19.12.2013 (analoge Anwendung von Art. 112 Abs. 2 Satz 3 BGG); allerdings zur Aberkennungsklage OGer ZH LB140026 vom 5. Mai 2014, E. 2.2 und OGer ZH LB150035 vom 13. August 2015, E. 4; vgl. auch JENT-SØRENSEN, SJZ, S. 60; ZPO-Rechtsmittel-HOFFMANN-NOWOTNY, Art. 325 N 6; KUKO ZPO-BRUNNER, Art. 325 N 1.

einreichen.[1829] Der Aufschub der Vollstreckbarkeit wirkt *ex tunc,* also auf den Moment der Entscheideröffnung, zurück.[1830]

3. Rechtsmittelverfahren bei Berufung und Beschwerde

a. Rechtsmittelfrist

Berufung und Beschwerde unterscheiden sich nicht hinsichtlich der Rechtsmit- 665
telfrist. Ist der Ausweisungsentscheid im Rahmen eines Verfahrens um Rechtsschutz in klaren Fällen ergangen, ist das Rechtsmittel innert 10 Tagen seit Eröffnung des begründeten Entscheides bzw. seit der nachträglichen Zustellung der Entscheidbegründung einzureichen. Dasselbe gilt, wenn der erstinstanzliche Entscheid als vorsorgliche Massnahme erlassen wurde (Art. 314 Abs. 1 ZPO; Art. 321 Abs. 2 ZPO). Bei einer Ausweisung im vereinfachten[1831] Verfahren beträgt die Rechtsmittelfrist 30 Tage (Art. 311 Abs. 1 ZPO, Art. 321 Abs. 1 ZPO). Es handelt sich um gesetzliche, nicht erstreckbare Fristen. Bei einer Ausweisung im summarischen Verfahren steht die Rechtsmittelfrist während der Gerichtsferien nicht still (Art. 145 Abs. 2 lit. a ZPO); vorausgesetzt ist allerdings, dass die Parteien darauf explizit in der Rechtsmittelbelehrung hingewiesen wurden (Art. 145 Abs. 3 ZPO).[1832] Eine versäumte Rechtsmittelfrist kann unter den Voraussetzungen nach Art. 148 ZPO wiederhergestellt werden, allerdings nur innerhalb von sechs Monaten nach Eintritt der Rechtskraft des erstinstanzlichen Entscheides (Art. 148 Abs. 3 ZPO).[1833]

[1829] STAEHELIN/BACHOFNER, Rz. 14; MARKUS/WUFFLI, ZBJV, S. 114; KAUFMANN, S. 105 f.; KGer BL vom 19. Juni 2012, 410 12 182/LIA; KGer SG vom 17. Juni 2014, ZV.2014.64; OGer BE vom 6. März 2018, ZK 1893.

[1830] STAEHELIN/STAEHELIN/GROLIMUND, § 26 Rz. 43; ZK ZPO-FREIBURGHAUS/AFHELDT, Art. 325 N 4.

[1831] Oder ausnahmsweise im ordentlichen Verfahren, vgl. Rz. 262.

[1832] BGE 139 III 78 E. 5.4, wonach die Unterlassung dieser Abgabe auch bei einer anwaltlich vertretenen Partei dazu führt, dass die Rechtsmittelfrist während der Gerichtsferien stillsteht.

[1833] Zum Ganzen SEILER, Rz. 833 ff.; ZK ZPO-REETZ/THEILER, Art. 311 N 31; ZPO-Rechtsmittel-KUNZ, Art. 311 N 41 f.; DIKE ZPO-HUNGERBÜHLER/BUCHER, Art. 311 N 8; zur Wiederherstellung der Rechtsmittelfrist bei falscher Rechtsmittelbelehrung und zum Stillstand dieser Frist während der Sistierung des Rechtsmittelverfahrens, auf welches schliesslich nicht eingetreten wird: Entscheid des KGer SG vom 07.08.2012 (BO.2012.34).

b. Rechtsmittelschrift

666 Das Rechtsmittel ist innert der Rechtsmittelfrist schriftlich und begründet und unter Beilage des erstinstanzlichen Ausweisungsentscheids[1834] bei der Rechtsmittelinstanz einzureichen.[1835] Die rechtzeitige versehentliche Einreichung der Berufung oder der Beschwerde beim *iudex a quo,* also der Instanz, die den anzufechtenden Entscheid erlassen hat, schadet jedoch nicht. Auch in diesen Fällen gilt die Rechtsmittelfrist als gewahrt und die Vorinstanz hat das Rechtsmittel unverzüglich an die zuständige Rechtsmittelinstanz weiterzuleiten.[1836] Für die Formalien bzw. den Inhalt der Berufungs- oder Beschwerdeschrift sind Art. 221 bzw. Art. 244 ZPO zur erstinstanzlichen Klage analog anwendbar.[1837]

ba. Die Rechtsbegehren

i. Allgemein

667 Tritt die Rechtsmittelinstanz auf die Berufung oder die Beschwerde ein, so kann sie reformatorisch oder kassatorisch entscheiden. Bei der Berufung ist das reformatorische Urteil die Regel (Art. 318 Abs. 1 lit. a und b ZPO).[1838] Die Berufungsinstanz ersetzt den aufgehobenen erstinstanzlichen Entscheid durch einen eigenen Entscheid. Eine Rückweisung an die Vorinstanz (kassatorisches Urteil) findet nur dann statt, wenn ein wesentlicher Teil der Klage von der Vorinstanz nicht beurteilt wurde oder wenn der Sachverhalt in wesentlichen Teilen zu vervollständigen ist (Art. 318 Abs. 1 lit. c ZPO).[1839] Auch im Beschwerdeverfahren ist ein reformatorischer oder ein kassatorischer Entscheid möglich.[1840] Die Beschwerdeinstanz fällt einen reformatorischen Entscheid, wenn die Sache spruchreif ist (Art. 327 Abs. 3 lit. b ZPO). Dies ist dann der Fall,

---

[1834] Hierbei handelt es sich um eine Ordnungsvorschrift. Wird der Entscheid nicht beigelegt, so kann ihn die Rechtsmittelinstanz bei der Vorinstanz anfordern – sofern ersichtlich ist, welches Gericht den erstinstanzlichen Entscheid erlassen hat (STAEHELIN/STAEHELIN/GROLIMUND, § 26 Rz. 19; BK ZPO-STERCHI, Art. 311 N 23).

[1835] Art. 311 ZPO, Art. 321 Abs. 1 und 3 ZPO.

[1836] Zum Ganzen BGE 140 III 636 E. 3.7.

[1837] BGE 138 III 213 E. 2.3.

[1838] BK ZPO-STERCHI, Art. 318 N 4; DIKE ZPO-STEININGER, Art. 318 N 5; BSK ZPO-SPÜHLER, Art. 318 N 5; ZK ZPO-REETZ/HILBER, Art. 318 N 8.

[1839] Es wird allgemein für Zurückhaltung plädiert; BK ZPO-STERCHI, Art. 318 N 4; DIKE ZPO-STEININGER, Art. 318 N 5 ff.; BSK ZPO-SPÜHLER, Art. 318 N 5; ZPO-Rechtsmittel-STAUBER, Art. 318 N 11 i.f.; SEILER, Rz. 1518.

[1840] Art. 327 Abs. 3 ZPO; Botschaft ZPO, S. 7379; wobei Kassieren und Rückweisen als Regelfall betrachtet wird (KUKO ZPO-BRUNNER, Art. 327 N 1; DIKE ZPO-STEININGER, Art. 327 N 3; BSK ZPO-SPÜHLER, Art. 327 N 5; ZPO-Rechtsmittel-HOFFMANN-NOWOTNY/STAUBER, Art. 327 N 12 ff.; vgl. ZK ZPO-FREIBURGHAUS/AFHELDT, Art. 327 N 10).

wenn die tatsächliche Entscheidgrundlage vollständig ist, also keine weiteren tatsächlichen Abklärungen mehr nötig sind.[1841] Der Beschwerdeführer bzw. Berufungskläger kann sich daher nicht damit begnügen, lediglich die Aufhebung des erstinstanzlichen Entscheids zur verlangen; er hat vielmehr einen Antrag in der Sache zu stellen, also zu erklären, wie die Rechtsmittelinstanz im Falle der Gutheissung seines Rechtsmittels entscheiden soll.[1842] Die Rechtsbegehren sind grundsätzlich wie vor erster Instanz so zu formulieren, dass sie bei Gutheissung zum Dispositiv erhoben werden können.[1843] Zusätzlich kann mit Blick auf ein mögliches kassatorisches Urteil eventualiter der Antrag auf Rückweisung an die Vorinstanz gestellt werden.[1844] Während gegenüber berufsmässig vertretenen Parteien ein strenger Massstab gilt, werden an die Eingaben von Laien keine hohen Anforderungen gestellt. Es genügt, wenn sich nach Treu und Glauben und unter Beizug der Begründung klar ergibt, was der Beschwerdeführer oder Berufungskläger von der Rechtsmittelinstanz begehrt.[1845]

ii. Rechtsbegehren des erstinstanzlich Ausgewiesenen

Das Rechtsbegehren des vor erster Instanz unterlegenen Mieters lautet auf 668
Aufhebung des erstinstanzlichen Entscheids und Nichteintreten auf das Ausweisungsgesuch, soweit es sich um ein Verfahren um Rechtsschutz in klaren Fällen handelt, bzw. Abweisung der Ausweisungsklage, wenn der erstinstanzliche Prozess im vereinfachten oder ordentlichen Verfahren geführt wurde.[1846] Es muss kein weiterer Antrag in der Sache gestellt werden, insbesondere keine Feststellung, dass der Beschwerdeführer bzw. Berufungskläger das Recht hat, in der Liegenschaft zu verbleiben. Der Mieter kann auch nicht zusätzlich die

---

1841 BK ZPO-Sterchi, Art. 327 N 13; DIKE ZPO-Steininger, Art. 327 N 3; vgl. ZK ZPO-Freiburghaus/Afheldt, Art. 327 N 11.

1842 BGE 137 III 313 E. 1.3; BGE 133 III 489 E. 3.1; ZK ZPO-Reetz/Theiler, Art. 311 N 34.

1843 ZK ZPO-Reetz/Theiler, Art. 311 N 34.

1844 DIKE ZPO-Hungerbühler/Bucher, Art. 311 N 21; Seiler, Rz. 877.

1845 Das Verbot des überspitzten Formalismus führt zu einem grosszügigen Umgang mit Laieneingaben. So dürfte es dem nicht beruflich vertretenen Ausgewiesenen nicht zum Nachteil gereichen, wenn er lediglich die Aufhebung des Ausweisungsentscheids beantragt, da diesfalls klar ist, was er von der Rechtsmittelinstanz begehrt (vgl. BSK ZPO-Spühler, Art. 311 N 13; DIKE ZPO-Hungerbühler/Bucher, Art. 311 N 26 f.; ZK ZPO-Reetz/Theiler, Art. 311 N 34; OGer ZH LF140079-O vom 11. 11. 2014, E. 4). Sogar wenn es gänzlich an einem Antrag fehlt, kann auf das Rechtsmittel eingetreten werden, wenn sich das Begehrte aus der Begründung ergibt (DIKE ZPO-Hungerbühler/Bucher, Art. 311 N 28; Seiler, Rz. 881, 889).

1846 Grundsätzlich kann er mit Blick auf einen möglichen kassatorischen Entscheid eventualiter auch beantragen, die Sache zur Neubeurteilung an die Vorinstanz zurückzuweisen, vgl. Rechtsbegehren 4 des Vermieters, unten, Rz. 669.

Feststellung der Nichtigkeit oder Ungültigkeit der Kündigung verlangen, wenn dies im erstinstanzlichen Verfahren lediglich vorfrageweise zu beurteilen war. Er hätte dieses Begehren widerklageweise vor der ersten Instanz geltend machen können. Hat er dies nicht getan, so ist sein Vorbringen im Rechtsmittelverfahren verspätet.[1847] Unterliegt der Entscheid nur der Beschwerde,[1848] so ist der Ausgewiesene gut beraten, bei der Rechtsmittelinstanz den Aufschub der Vollstreckbarkeit nach Art. 325 Abs. 2 ZPO zu beantragen.[1849]

Beispiel (Rechtsschutz in klaren Fällen)

1. *Der Entscheid des Bezirksgerichts X vom 12. April 2016 sei aufzuheben.*
2. *Auf das Ausweisungsgesuch sei nicht einzutreten.*
3. *Eventualiter sei die Sache zur Neubeurteilung an die Vorinstanz zurückzuweisen.*
4. *Unter Kosten- und Entschädigungsfolge (inklusive der Kosten aus dem erstinstanzlichen Verfahren) zu Lasten der Gegenpartei.*

Verfahrensantrag (im Beschwerdeverfahren)

Die Vollstreckbarkeit des Entscheids des Bezirksgerichts X vom 12. April 2016 sei für die Dauer des Beschwerdeverfahrens aufzuschieben.

iii. Rechtsbegehren des erstinstanzlich unterlegenen Gesuchstellers

669 Der im erstinstanzlichen Verfahren unterlegene Vermieter bzw. Eigentümer muss in seiner Berufungs- oder Beschwerdeschrift vor der Rechtsmittelinstanz sein Ausweisungsbegehren wiederholen und eventualiter verlangen, dass die Sache zur Neubeurteilung an die Vorinstanz zurückgewiesen werde.

Beispiel

1. *Der Entscheid des Bezirksgerichts X vom 12. April 2016 sei aufzuheben.*

1847 Art. 326 Abs. 1 ZPO für das Beschwerdeverfahren (genereller Ausschluss neuer Anträge), Art. 317 Abs. 2 ZPO für die Berufung (vgl. zu den notwendigen neuen Tatsachen und Beweismitteln BGE 138 III 625 [= Pra 102 {2013} Nr. 26] E. 2.); vgl. auch ZK ZPO-REETZ/HILBER, Art. 317 N 74 (eine Klageänderung im Berufungsverfahren durch den Beklagten aus dem erstinstanzlichen Verfahren scheitert daran, dass gar keine Klage desselben vorliegt, die abgeändert werden könnte).

1848 Dies gilt sinngemäss im Falle der Berufung gegen eine als vorsorgliche Massnahme erlassene Ausweisung.

1849 Nach der hier vertreten Auffassung kann er dies unter Umständen bereits vorsorglich vor Einreichen der Beschwerdeschrift beantragen; dazu oben Rz. 664.

2. *Die Gegenpartei sei zu verpflichten, die 2-Zimmerwohnung (3. OG links) an der Musterstrasse 1 in Musterstadt innert 10 Tagen nach Vollstreckbarkeit des Entscheides vollständig geräumt und in gereinigtem Zustand zu verlassen und die Schlüssel der gesuchstellenden Partei auszuhändigen.*
3. *Für den Fall, dass die Gegenpartei das Mietobjekt nicht fristgemäss verlässt, sei der Beschwerdeführer zu ermächtigen, ohne Weiteres die amtliche Räumung zu verlangen.*
4. *Eventualiter zu Ziff. 2 und 3 sei die Sache zur Neubeurteilung an die Vorinstanz zurückzuweisen.*
5. *Unter Kosten- und Entschädigungsfolge (inklusive der Kosten aus dem erstinstanzlichen Verfahren) zu Lasten der Gegenpartei.*

Hat der Vermieter im erstinstanzlichen Verfahren noch keinen Antrag auf direkte Vollstreckungsmassnahmen gestellt,[1850] so erscheint fraglich, ob er dies im Berufungsverfahren nachholen kann. Der neue Antrag stellt eine Klageänderung dar. Eine solche ist im Beschwerdeverfahren ganz ausgeschlossen (Art. 326 Abs. 1 ZPO). Im Berufungsverfahren ist sie unter den in Art. 317 Abs. 2 ZPO genannten Bedingungen zulässig. Vorausgesetzt wird, dass das neue oder geänderte Begehren in der gleichen Verfahrensart zu beurteilen ist und mit dem bisherigen Anspruch in einem sachlichen Zusammenhang steht (Art. 227 Abs. 1 ZPO i.V.m. Art. 317 Abs. 2 lit. a ZPO). Sodann muss es auf neuen Tatsachen und Beweismitteln beruhen (Art. 317 Abs. 2 lit. b ZPO). Der Antrag auf direkte Vollstreckung kann grundsätzlich in jeder Verfahrensart gestellt werden. Die gerichtliche Räumung steht in einem derart engen Zusammenhang mit der Verpflichtung zur Rückgabe, dass in der Praxis diese beiden Begehren (Leistungsbegehren und direkte Vollstreckungsmassnahme) nicht selten sogar vermischt werden.[1851] Massgeblich für die Zulässigkeit des Antrags auf direkte Vollstreckungsmassnahmen erstmals im Rechtsmittelverfahren erscheint, ob das Rechtsmittelverfahren selbst die neue Tatsache darstellen kann, die trotz zumutbarer Sorgfalt im erstinstanzlichen Verfahren noch nicht vorgebracht werden konnte.[1852] Durch das Rechtsmittelverfahren verstreicht Zeit, die grundsätzlich für das Verfahren vor dem Vollstreckungsgericht hätte genutzt werden können. Dies wiederum veranlasst den Vermieter, 670

1850 Oben, Rz. 633 ff.

1851 Oben, Rz. 634. Vgl. ZK ZPO-D. STAEHELIN, Art. 236 N *27 («der Anspruch auf direkte Vollstreckung steht mit dem eingeklagten Anspruch in einem sachlichen Zusammenhang gemäss Art. 227 Abs. 1 Bst. a ZPO»).*

1852 Die neue Tatsache muss nach Art. 317 Abs. 1 ZPO vor der Berufungsinstanz noch zugelassen sein (ZK ZPO-REETZ/HILBER, Art. 317 N 86; SEILER, Rz. 1403). Dies ist nur der Fall, wenn sie trotz zumutbarer Sorgfalt nicht schon vor erster Instanz vorgebracht werden konnte (Art. 317 Abs. 1 lit. b ZPO).

nun die direkte Vollstreckungsmassnahme zu beantragen.[1853] Der negative erstinstanzliche Entscheid (bzw. bei einem gutheissenden Entscheid die Anfechtung desselben durch die ausgewiesene Person) kann im erstinstanzlichen Verfahren als Möglichkeit antizipiert werden; da sie sich aber erst nach der Urteilsberatung verwirklicht hat, handelt es sich um ein echtes Novum, das im erstinstanzlichen Verfahren nicht vorgebracht werden kann.[1854] Die Zulässigkeit der Klageänderung nach Art. 317 Abs. 2 ZPO setzt zwar voraus, dass der geänderte oder neue Antrag auf einer neuen Tatsache oder einem neuen Beweismittel beruht, nicht aber, dass er vor erster Instanz noch gar nicht hätte gestellt werden können. Daher erscheint der erstmals im Berufungsverfahren erhobene Antrag auf Anordnung einer direkten Vollstreckungsmassnahme zulässig. Wurde die Berufung vom im erstinstanzlichen Verfahren Ausgewiesenen erhoben, findet sich der Vermieter im Rechtsmittelverfahren also als Berufungsbeklagter wieder, so könnte er diesen Antrag nur im Rahmen einer Anschlussberufung (Art. 313 Abs. 1 ZPO) stellen. Diese ist jedoch im Berufungsverfahren gegen einen im summarischen Verfahren ergangenen Entscheid (Rechtsschutz in klaren Fällen) unzulässig (Art. 314 Abs. 2 ZPO).

bb. Die Begründung

671 Bei der Begründung der Rechtsmittelschrift ist zu berücksichtigen, dass weder bei der Beschwerde noch bei der Berufung davon ausgegangen werden kann, dass eine zweite Gelegenheit für Ausführungen besteht.[1855] Auch dienen ein allfälliger zweiter Schriftenwechsel bzw. das Replikrecht nicht dazu, die Kritik am erstinstanzlichen Entscheid zu vervollständigen.[1856] Es müssen alle Argumente gegen den erstinstanzlichen Entscheid in der ersten Rechtsmittelschrift vorgetragen werden.[1857] Nach herrschender Lehre besteht zwischen Beschwer-

---

[1853] Im Sinne der verlangten Kausalität zwischen neuer Tatsache und neuem Antrag *(«beruhen»);* vgl. ZPO-Rechtsmittel-STAUBER, Art. 317 N 48; SEILER, Rz. 1403.

[1854] Vgl. ZK ZPO-REETZ/HILBER, Art. 317 N 57; SEILER, Rz. 1261.

[1855] Unten, Rz. 686: sowohl bei der Beschwerde als auch bei der Berufung steht es im Ermessen des Gerichts, aufgrund der Akten zu entscheiden (Art. 316 Abs. 1 ZPO; Art. 327 Abs. 2 ZPO). In der Regel findet auch im Berufungsverfahren keine Verhandlung statt (BGE 142 III 413 E. 2.2.1; für die Beschwerde BGE 139 III 491 E. 4.4). Auch ein zweiter Schriftenwechsel ist nur fakultativ (Art. 316 Abs. 2 ZPO; zum Beschwerdeverfahren ZPO-Rechtsmittel-HOFFMANN-NOWOTNY/STAUBER, Art. 327 N 6; DIKE ZPO-STEININGER, Art. 327 N 2 i.f.; BK ZPO-STERCHI, Art. 327 N 4).

[1856] BGE 142 III 413 E. 2.2.4.

[1857] BGE 142 III 413 E. 2.2.4; ZPO-Rechtsmittel-KUNZ, Art. 311 N 85; DIKE ZPO-HUNGERBÜHLER/BUCHER, Art. 311 N 34.

de und Berufung kein grundsätzlicher Unterschied in den Anforderungen an die Begründung.[1858]

In der Begründung hat sich die anfechtende Partei mit den Entscheidgründen 672
der ersten Instanz im Einzelnen auseinanderzusetzen.[1859] Der Verweis auf die Vorakten oder die Beilagen allein genügt nicht.[1860] Nach der Formulierung des Bundesgerichts muss die Begründung hinreichend genau und eindeutig sein, um von der Rechtsmittelinstanz mühelos verstanden werden zu können. Dies setze voraus, dass der Berufungskläger (oder Beschwerdeführer) im Einzelnen die vorinstanzlichen Erwägungen bezeichne, die er anficht, und die Aktenstücke nenne, auf denen seine Kritik beruht.[1861] Dies gilt auch in einem von der Untersuchungsmaxime beherrschten Verfahren.[1862] Die Begründung hat sich zu allen behaupteten Mängeln des angefochtenen Entscheides zu äussern,[1863] wird also in der Regel auch rechtliche Ausführungen enthalten, wenn der Entscheid in rechtlicher Hinsicht beanstandet wird.[1864] Indessen gilt auch im Rechtsmittelverfahren der Grundsatz der Rechtsanwendung von Amtes wegen (Art. 57 ZPO).[1865] Sodann gibt es im kantonalen Rechtsmittelverfahren kein strenges *«Rügeprinzip»,*[1866] wonach die Rechtsmittelinstanz ausschliesslich die geltend

---

[1858] ZPO-Rechtsmittel-KUNZ, Art. 321 N 38; DIKE ZPO-HUNGERBÜHLER/BUCHER, Art. 321 N 17, 21; CR CPC-JEANDIN, Art. 321 N 4; a. A. BK ZPO-STERCHI, Art. 321 N 17 (höhere Anforderungen an die Beschwerdebegründung, insb. bei Anfechtung von prozessleitenden Verfügungen, da hier der nicht leicht wieder gut zu machende Nachteil dargelegt werden muss); vgl. BGer 5A_387/2016 vom 7. September 2016 E. 3.1: «(…) *Hinsichtlich der Begründungsdichte gelten für die Berufung und für die Beschwerde dieselben formellen Anforderungen. Das Bundesgericht hat es bisher offen gelassen, ob an die Beschwerde strengere Begründungsanforderungen als an die Berufung zu stellen sind, wie dies von der Lehre teils gefordert wird. Aus der Begründung muss in jedem Fall hervorgehen, inwiefern der angefochtene Entscheid als fehlerhaft erachtet wird.* (…)».

[1859] ZK ZPO-REETZ/THEILER, Art. 311 N 36 m. zahlr. Hinw.

[1860] BGer 5A_387/2016 vom 7. September 2016 E. 3.1 (für die Beschwerde); BGer 5A_438/2012 vom 27. August 2012 E. 2.2 m. Hinw. (für die Berufung).

[1861] BGE 138 III 374 E. 4.3.1 (= Pra 102 [2013] Nr. 4); BGer 5A_387/2016 vom 7. September 2016 E. 3.1; BGer 5A_751/2014 vom 28. Mai 2015 E. 2.1; BGer 5A_141/2014 vom 28. April 2014 E. 2.4.

[1862] BGE 138 III 374 E. 4.3.1 (= Pra 102 [2013] Nr. 4); BGer 4A_651/2012 vom 7. Februar 2013 E. 4.3; ZK ZPO-REETZ/THEILER, Art. 311 N 37.

[1863] BGer 5A_438/2012 vom 27. August 2012 E. 2.2.

[1864] ZK ZPO-REETZ/THEILER, Art. 311 N 36.

[1865] BGer 5A_635/2015 vom 21. Juni 2016 E. 5.2; ZPO-Rechtsmittel-KUNZ, Art. 311 N 94; BOHNET, CPC, N 278 f.; SEILER, Rz. 922; BK ZPO-STERCHI, Art. 310 N 4; KGer SG vom 23.11.2011 (BE.2011.35) E.2.

[1866] Vgl. Art. 106 Abs. 2 BGG und die Rechtsprechung zu Art. 42 BGG im Verfahren vor dem Bundesgericht.

gemachten Rügen überprüft.[1867] Nicht gerügte tatsächliche und rechtliche Mängel im erstinstanzlichen Entscheid werden aber nur bei Offensichtlichkeit berücksichtigt.[1868] An die Rechtsmittelschrift eines Laien werden weit weniger hohe Anforderungen gestellt als bei anwaltlich vertretenen Personen.[1869] Erforderlich ist aber auch bei Laieneingaben, dass aus der Begründung ersichtlich ist, warum der Entscheid der Vorinstanz nach Auffassung der Partei falsch sein soll.[1870] Enthält die Beschwerde- bzw. die Berufungsschrift überhaupt keine Begründung oder erfüllt die Begründung die dargelegten Anforderungen nicht, so wird auf das Rechtsmittel nicht eingetreten.[1871] Es besteht keine Pflicht der Rechtsmittelinstanz, die Rechtsschrift bei ungenügenden Rechtsbegehren oder ungenügender Begründung nach Art. 132 ZPO zur Verbesserung zurückzuweisen.[1872]

[1867] Für das Berufungsverfahren BGer 5A_635/2015 vom 21. Juni 2016 E. 5.2 m. Hinw.; ZK ZPO-REETZ/THEILER, Art. 311 N 36; ZPO-Rechtsmittel-KUNZ, Art. 311 N 92 ff.; für das Beschwerdeverfahren: ZK ZPO-FREIBURGHAUS/AFHELDT, Art. 321 N 15.

[1868] BGE 142 III 413 E. 2.2.4 («[…] *Dies bedeutet aber nicht, dass die Berufungsinstanz gehalten ist, von sich aus wie eine erstinstanzliche Gerichtsbehörde alle sich stellenden tatsächlichen und rechtlichen Fragen zu untersuchen, wenn die Parteien diese in oberer Instanz nicht mehr vortragen. Sie hat sich – abgesehen von offensichtlichen Mängeln – grundsätzlich auf die Beurteilung der in der schriftlichen Begründung (Art. 311 Abs. 1 und Art. 312 Abs. 1 ZPO) gegen das erstinstanzliche Urteil erhobenen Beanstandungen zu beschränken* […]»).; BGer 4A_635/2015 vom 21. Juni 2016 E. 5.2.; BGer 4A_258/2015 vom 21. Oktober 2015 E. 2.4.3.

[1869] BGer 5A_635/2015 vom 21. Juni 2016 E. 5.2. m. Hinw.; ZK ZPO-FREIBURGHAUS/AFHELDT, Art. 321 N 15; BK ZPO-STERCHI, Art. 311 N 19; Beschluss des OGer ZH vom 22. August 2011 (PF110034) E. 3.2; KGer BL Entscheid vom 11.01.2012 (410 12 209) E. 1.2; vgl. sodann den Entscheid des KGer BL vom 28.08.2012 E. 2.2., wonach die Eingabe eines anwaltlich beratenen Laien nicht wie eine Laieneingabe zu behandeln ist.

[1870] OGer ZH Beschluss vom 22. August 2011 (PF110034) E. 3.2.; vgl. OGer ZH RU160026 vom 20. Juni 2016 E. 2.2. (*«Bei Rechtsmitteleingaben von Laien genügt als Antrag eine Formulierung, aus der sich mit gutem Willen herauslesen lässt, was das Obergericht entscheiden soll. Zur Begründung reicht aus, wenn auch nur rudimentär zum Ausdruck kommt, an welchen Mängeln der angefochtene Entscheid leidet resp. weshalb der angefochtene Entscheid nach Auffassung der Beschwerde führenden Partei unrichtig sein soll.»*; vgl. AppGer BS ZB.2013.40 vom 17. Juni 2014 E. 1.4.: *«Praxisgemäss sind an von Laien formulierte Rechtsschriften weniger strenge Anforderungen zu stellen* (…). *Es genügt, dass aus der Berufungsbegründung zumindest ersichtlich wird, worum es dem Berufungskläger geht, inwiefern der erstinstanzliche Entscheid abzuändern ist und welche Argumente er berücksichtigt wissen will.»*

[1871] BGer 5A_44/2016 vom 25. April 2016 E. 3.5; BGer 4A_263/2015 vom 29. September 2015 E. 5.2.2; ZPO Rechtsmittel-KUNZ, Art. 311 N 84; ZK ZPO-REETZ/THEILER, Art. 311 N 38; vgl. SEILER, Rz. 924 (Nichteintreten nur bei Fehlen jedwelcher Begründung).

[1872] BGer 4A_258/2015 vom 21. Oktober 2015 E. 2.4.1. m. Hinw.; BGE 137 III 617 E. 6.4; SEILER, Rz. 918.

c. Berufungsgründe und Beschwerdegründe

Sowohl im Berufungs- als auch im Beschwerdeverfahren kann die unrichtige Rechtsanwendung der Vorinstanz geltend gemacht werden (Art. 310 lit. a ZPO, Art. 320 lit. a ZPO). Darunter fällt jeder Verstoss gegen geschriebenes oder ungeschriebenes Recht, sei es Verfahrens- oder materielles Recht, inländisches oder ausländisches Recht.[1873] Möglich ist, dass die erste Instanz beispielsweise eine nicht einschlägige Rechtsnorm angewendet hat oder eine einschlägige Rechtsnorm falsch ausgelegt oder gar nicht angewendet hat.[1874] Es ist nicht erforderlich, dass die Rechtsanwendung offensichtlich falsch war.[1875] 673

Bei der Rüge der falschen Sachverhaltsfeststellung unterscheiden sich Berufung und Beschwerde: Während im Berufungsverfahren jegliche, auch die *«einfache»* unrichtige Feststellung des Sachverhaltes geltend gemacht werden kann (Art. 310 lit. b ZPO), wird im Rahmen einer Beschwerde der Entscheid nur auf *offensichtlich* unrichtige Feststellung des Sachverhaltes überprüft (Art. 320 lit. b ZPO). Dies ist nach herrschender Lehre gleichbedeutend mit willkürlicher Sachverhaltsfeststellung.[1876] Indessen kann ein offensichtlicher Fehler auch dann von der Rechtsmittelinstanz beachtet werden, wenn er auf ein blosses Versehen der Vorinstanz zurückzuführen ist.[1877] Willkür liegt etwa dann vor, wenn der dem Entscheid zugrunde gelegte Sachverhalt aktenwidrig oder widersprüchlich ist.[1878] Sodann ist nicht jede offensichtlich unrichtige Sachverhaltsfeststellung relevant; massgeblich ist, dass sie für den Entscheid kausal war.[1879] 674

1873 ZK ZPO-FREIBURGHAUS/AFHELDT, Art. 320 N 3; ZK ZPO-REETZ/THEILER, Art. 310 N 13; vgl. BSK ZPO-SPÜHLER, Art. 310 N 3 und Art. 320 N 2; ZPO-Rechtsmittel-STAUBER, Art. 310 N 7; BK ZPO-STERCHI, Art. 310 N 6.

1874 BK ZPO-STERCHI, Art. 310 N 7 ff.; ZPO-Rechtsmittel-STAUBER, Art. 310 N 9; ZK ZPO-REETZ/THEILER, Art. 310 N 12.

1875 Vgl. ZK ZPO-REETZ/THEILER, Art. 310 N 18 ff. zum Unterschied im Verfahren vor Bundesgericht.

1876 STAEHELIN/STAEHELIN/GROLIMUND, § 26 Rz. 35 f.; ZK ZPO-REETZ/THEILER, Art. 310 N 29; BSK ZPO-SPÜHLER, Art. 320 N 2; ZK ZPO-FREIBURGHAUS/ AFHELDT, Art. 320 N 5; CR CPC-JEANDIN, Art. 320 N 5; KUKO ZPO-BRUNNNER, Art. 320 N 3 i.f.; ZPO-Rechtsmittel-STAUBER, Art. 320 N 13; so noch ausdrücklich Art. 317 lit. b E ZPO.

1877 Protokoll SR, AB 2007 S. 639; Stämpfli ZPO-REICH, Art. 320 N 8; DIKE ZPO-BLICKENSTORFER, Art. 320 N 12 und BK ZPO-STERCHI, Art. 320 N 4.

1878 ZPO-Rechtsmittel-STAUBER, Art. 320 N 17 m. Hinw.; BK ZPO-STERCHI, Art. 320 N 6; ZK ZPO-REETZ/THEILER, Art. 310 N 29.

1879 BK ZPO-STERCHI, Art. 320 N 9.

675 Wenn die erste Instanz zu Unrecht davon ausgeht, eine rechtserhebliche Tatsache sei behauptet oder bestritten worden (bzw. nicht behauptet oder nicht bestritten worden), liegt unrichtige Feststellung des Sachverhaltes vor.[1880] Auch die Beweiswürdigung gehört zur Sachverhaltsfeststellung.[1881] Im Beschwerdeverfahren kann dementsprechend nur offensichtlich falsche Beweiswürdigung geltend gemacht werden.[1882] Ob die erste Instanz das richtige Beweismass angelegt hat, ist hingegen eine Rechtsfrage.[1883]

676 Folgende Beispiele sollen den Unterschied und die Verwobenheit von fehlerhafter Rechtsanwendung und fehlerhafter Sachverhaltsfeststellung im Ausweisungsverfahren veranschaulichen:

> Geht die erste Instanz bei einer Ausweisung nach einer Kündigung wegen Zahlungsverzugs davon aus, dass für die Gültigkeit der Kündigung keine schriftliche Kündigungsandrohung erforderlich sei, so wendet sie das Mietrecht[1884] falsch an (unrichtige Rechtsanwendung, lit. a). Übersieht die erste Instanz hingegen, dass das eingereichte Mahnschreiben keine Kündigungsandrohung enthielt, so hat sie den Sachverhalt unrichtig festgestellt (lit. b). Hat sie nach Feststellung, dass die erforderliche Kündigungsandrohung fehlt, die Kündigung wegen Zahlungsverzugs als ordentliche Kündigung gelten lassen, so liegt wieder unrichtige Rechtsanwendung[1885] vor (lit. a).
>
> Die Frage, ob eine Kündigung auf dem amtlich genehmigten Formular erfolgen muss, ist eine Rechtsfrage.[1886] Ob das amtlich genehmigte Formular verwendet wurde, beschlägt hingegen den Sachverhalt. Ob es im konkreten Verfahren genügt, dass der Gesuchsteller lediglich behauptet, auf einem amtlich genehmigten Formular gekündigt zu haben, ist eine beweisrechtliche Frage und beinhaltet eine Rechtsfrage.[1887]
>
> Ob der Mieter eine Kündigung bei der Schlichtungsstelle angefochten hat, ist eine feststellbare Tatsache. Die Rechtzeitigkeit der Anfechtung

---

1880 LEUENBERGER/UFFER-TOBLER, Rz. 12.42; ZPO-Rechtsmittel-STAUBER, Art. 310 N 1; SEILER, Rz. 479.

1881 ZK ZPO-REETZ/THEILER, Art. 310 N 25; ZPO-Rechtsmittel-STAUBER, Art. 310 N 1; BK ZPO-STERCHI, Art. 310 N 13; ZK ZPO-FREIBURGHAUS/AFHELDT, Art. 320 N 6 i.f.

1882 BK ZPO-STERCHI, Art. 310 N 13; ZK ZPO-REETZ/THEILER, Art. 310 N 30.

1883 GULDENER, S. 483 f.; vgl. ZK ZPO-REETZ/THEILER, Art. 310 N 25; SEILER, Rz. 482; vgl. auch BK ZPO-STERCHI, Art. 310 N 12.

1884 Art. 257d OR; oben Rz. 194.

1885 BGE 135 III 441 (= Pra 99 [2010] Nr. 30) E. 3.2; vgl. oben, Rz. 126 und Rz. 197.

1886 Art. 266 Abs. 2 OR (nur die Kündigung von Wohn- und Geschäftsräumen durch den Vermieter muss auf einem genehmigten Formular erfolgen).

1887 Vgl. insb. zur Vermutung bei Einschreiben oben, Rz. 137, und zum Rechtsschutz in klaren Fällen oben, Rz. 454 f.

birgt sowohl Sachverhalts- als auch Rechtsfragen.[1888] Ob trotz rechtzeitiger Kündigungsanfechtung und rechtshängigem Kündigungsschutzverfahren eine Ausweisung im Verfahren um Rechtsschutz in klaren Fällen möglich ist, bildet wiederum eine Rechtsfrage.[1889]

d. Noven

Im Beschwerdeverfahren werden keine neuen Tatsachen oder Beweismittel zugelassen (Art. 326 Abs. 1 ZPO). Dies gilt auch, wenn der erstinstanzliche Ausweisungsentscheid im vereinfachten Verfahren gefällt wurde, welches dem sozialen Untersuchungsgrundsatz unterliegt.[1890] 677

Im Berufungsverfahren sind neue Tatsachen und Beweismittel zu berücksichtigen, wenn sie trotz zumutbarer Sorgfalt nicht schon vor der ersten Instanz vorgebracht werden konnten (Art. 317 Abs. 1 ZPO). Dabei kann es sich um Tatsachen oder Beweismittel handeln, welche erst nach dem Abschluss der erstinstanzlichen Hauptverhandlung[1891] entstanden sind (echte Noven) oder solche, die zu diesem Zeitpunkt bereits bestanden, aber der betreffenden Partei trotz Anwendung der zumutbaren Sorgfalt nicht hatten bekannt sein müssen (unechte Noven). Namentlich wenn eine Partei im erstinstanzlichen Verfahren unentschuldigt säumig[1892] war, wird sie mit denjenigen Tatsachen, welche sie im erstinstanzlichen Verfahren hätte vorbringen können, im Rechtsmittelverfahren nicht mehr gehört.[1893] So kann namentlich der erstmals im Rechtsmittelverfahren vorgebrachte Einwand des Mieters, er habe den Ausstand innert der dreissigtägigen Zahlungsfrist beglichen, oder er habe vom Vermieter einen Aufschub erhalten, unbeachtlich. Der Hinweis auf einen Formmangel in der Kündigungsandrohung oder der Kündigung ist hingegen zulässig. Allfällige zulässige neue Tatsachen und Beweismittel müssen sodann ohne Verzug vorgebracht werden. Werden solche Tatsachen oder Beweise entdeckt, während für die betreffende Partei eine Frist für eine Eingabe läuft (namentlich die Be- 678

[1888] Zum Fristenlauf nach Erhalt der Kündigung oben, Rz. 208 f.

[1889] BGer 4A_519/2015 vom 4. Februar 2016 E. 4.1; soweit es sich um eine ordentliche Kündigung handelt oben, Rz. 463; wenn der Mieter aber eine Kündigung wegen Zahlungsverzugs angefochten hat oben, Rz. 437.

[1890] Botschaft ZPO, S. 7379; ZK ZPO-FREIBURGHAUS/AFHELDT, Art. 326 N 4; BK ZPO-STERCHI, Art. 326 N 4; BSK ZPO-SPÜHLER, Art. 326 N 2; CR CPC-JEANDIN, Art. 326 N 2; DIKE ZPO-STEININGER, Art. 326 N 3.

[1891] Art. 229 Abs. 1 ZPO.

[1892] Trifft sie an ihrer Säumigkeit kein oder nur leichtes Verschulden, kann sie innert zehn Tagen seit Wegfall des Säumnisgrundes ein Wiederherstellungsgesuch vor dem erstinstanzlichen Gericht stellen (Art. 148 ZPO).

[1893] BGE 138 III 625 (= Pra 102 [2013] Nr. 26) E. 2.1 und 2.2.

rufungsfrist bzw. die Frist für die Berufungsantwort), so sind sie in der betreffenden Eingabe vorzubringen.[1894] Läuft keine Frist, so ist die Rechtsmittelinstanz unverzüglich über das Novum in Kenntnis zu setzen.[1895] Die dargelegten Grundsätze gelten auch dann, wenn die Ausweisung im vereinfachten Verfahren unter Geltung der sozialen Untersuchungsmaxime behandelt wurde. Art. 229 Abs. 3 ZPO[1896] ist nach bundesgerichtlicher Rechtsprechung im Berufungsverfahren nicht analog anwendbar.[1897]

e. Verfahrensablauf

679 Die Rechtsmittelinstanz stellt die Berufungs- oder Beschwerdeschrift der Gegenpartei zur schriftlichen Stellungnahme zu, es sei denn, sie sei offensichtlich unzulässig oder offensichtlich unbegründet (Art. 312 Abs. 1; Art. 322 Abs. 1 ZPO). Offensichtliche Unzulässigkeit liegt insbesondere dann vor, wenn das Rechtsmittel zu spät eingereicht wurde oder wenn die Beschwerde- oder Berufungsschrift den formellen Anforderungen nicht genügt, z.B. keinen Antrag oder keine hinreichend substanziierte Begründung[1898] enthält.[1899] Auf das Rechtsmittel wird diesfalls ohne Weiteres nicht eingetreten.[1900] Zur Behebung gewisser Mängel (wie fehlende Unterschrift oder fehlende Vollmacht) hat die Rechtsmittelinstanz nach Art. 132 Abs. 1 ZPO eine kurze Nachfrist zur Verbesserung anzusetzen. Diese Möglichkeit ist aber nicht dazu bestimmt, eine inhaltlich ungenügende Begründung zu ergänzen oder nachzubessern.[1901] Des Weiteren kann die Rechtsmittelinstanz von der Einholung einer Antwort der

---

[1894] BSK ZPO-Reetz/Hilber, Art. 317 N 47; Seiler, Rz. 1317; BK ZPO-Sterchi, Art. 317 N 7; DIKE ZPO-Steininger, Art. 317 N 5.

[1895] Innert weniger Tage, ausführlich Seiler, Rz. 1323 ff.; sodann ZPO-Rechtsmittel-Stauber, Art. 317 N 26; BK ZPO-Sterchi, Art. 317 N 7; BSK ZPO-Reetz/Hilber, Art. 317 N 48, welche sich grundsätzlich für eine Frist von 10 Tagen ab dem Moment des Kennenmüssens aussprechen; vgl. DIKE ZPO-Steininger, Art. 317 N 5.

[1896] Berücksichtigung neuer Tatsachen bis zur Urteilsberatung, wenn das Gericht den Sachverhalt von Amtes wegen abzuklären hat.

[1897] BGE 138 III 625 (= Pra 102 [2013] Nr. 26) E. 2.1 und 2.2. Bei Geltung der uneingeschränkten Untersuchungsmaxime (allen voran in Kinderbelangen) kann das Gericht aber jederzeit von Amtes wegen Abklärungen treffen und ist insoweit nicht an rechtzeitige Beweisanträge der Parteien gebunden (vgl. BGer 5A_528/2015 vom 21. Januar 2016 E. 2; vgl. BSK ZPO-Reetz/Hilber, Art. 317 N 14 m. zahlr. Hinw.

[1898] BGer 4A_97/2014 vom 26. Juni 2014 E. 3.3; BGer 4A_651/2012 vom 7. Februar 2013 E. 4.2; 5A_438/2012 vom 27. August 2012 E. 2.3.

[1899] Zum Ganzen eingehend Seiler, N 1077 m. Hinw.

[1900] BGer 5A_82/2013 vom 18. März 2013 E. 3.2 m. Hinw.; BGer 5A_438/2012 vom 17. August 2012 E. 2.2; statt vieler Seiler, N 1091 m. Hinw.

[1901] BGer 5A_438/2012 vom 27. August 2012 E. 2.4.

Gegenpartei absehen und das Rechtsmittel sogleich abweisen,[1902] wenn die Beschwerde bzw. Berufung offensichtlich unbegründet ist. Dies ist dann der Fall, wenn sie in materieller Hinsicht klarerweise aussichtslos erscheint.[1903]

Holt die Rechtsmittelinstanz eine Beschwerde- oder Berufungsantwort ein, so 680
hat sie diese dem Beschwerdeführer bzw. Berufungskläger vor Eröffnung des Entscheides zumindest zur Kenntnisnahme zuzustellen, um seinen Anspruch auf rechtliches Gehör zu wahren.[1904] Von einer rechtskundigen oder anwaltlich vertretenen Partei kann erwartet werden, dass sie, wenn sie ihr Replikrecht ausüben möchte, umgehend und unaufgefordert Stellung nimmt oder eine Frist für eine Stellungnahme beantragt.[1905] Sofern die Rechtsmittelinstanz die Beschwerde bzw. Berufung aufgrund der Ausführungen der Gegenpartei abweist,[1906] ohne dem Beschwerdeführer bzw. Berufungskläger die Beschwerde- bzw. Berufungsantwort vor Erlass des Entscheides zuzustellen, so ist die damit verbundene Gehörsverletzung des Beschwerdeführers bzw. Berufungsklägers im bundesgerichtlichen Verfahren grundsätzlich[1907] nicht heilbar und das Bundesgericht wird – sofern eine in diesem Punkt rechtsgenügliche Beschwerde vorliegt[1908] – die Sache zur neuen Beurteilung unter Gewährung des rechtlichen Gehörs an die Vorinstanz zurückweisen.[1909] Ergibt sich aus der Rechts-

---

1902 Statt vieler SEILER, N 1091 ff. m. zahlr. Hinw.

1903 Zum Ganzen SEILER, N 1082 ff. m. Hinw.

1904 BGE 133 I 100 E. 4.

1905 BGer 4A_581/2013 vom 7. April 2014 E. 2.2. m. Hinw. auf Rechtsprechung des BGer und des EGMR, ebenso BGer 4A_273/2012 vom 30. Oktober 2012 E. 3.2 m. Hinw. (nicht publiziert in BGE 138 III 620).

1906 Oder darauf nicht eintritt.

1907 Zur ausnahmsweisen Heilbarkeit einer nicht besonders schwerwiegenden Gehörsverletzung BGer 4A_273/2012 vom 30. Oktober 2012 E. 3.3. (nicht publiziert in BGE 138 III 620), da das Bundesgericht alle sich *in casu* stellenden rechtlichen Fragen mit voller Kognition beurteilen konnte und die beschränkte Kognition in Sachverhaltsfragen irrelevant war, da der Beschwerdeführer seiner diesbezüglichen Substanziierungspflicht (ohnehin) nicht nachgekommen war.

1908 Vgl. BGer 4A_273/2012 vom 30. Oktober 2012, E. 3.3 (nicht publiziert in BGE 138 III 620), wo dies nicht der Fall war.

1909 BGer 4A_581/2013 vom 7. April 2014 E. 2 (insb. E. 2.4. zum Einwand der Vermieterin, das Berufen auf eine Gehörsverletzung erfolge in Anbetracht der offenen Mietzinsforderungen von derzeit Fr. 37'858.10 rechtsmissbräuchlich und erfolge einzig, um Zeit bis zur Ausweisung aus der Liegenschaft zu gewinnen führte das Bundesgericht aus *«selbst wenn Letzteres nicht vollständig entkräftet werden kann und der Zeitgewinn mit ein Motiv für die Beschwerdeerhebung gewesen sein sollte, ist nicht dargetan, dass die Beschwerdeführer einzig aus diesem Grund Beschwerde erhoben und keinerlei schutzwürdiges Interesse an der Geltendmachung ihres Replikrechts hätten. Dem Recht auf ein faires Verfahren einschliesslich dem Replikrecht kommt nach der zitierten Rechtsprechung des EGMR und des Bundesgerichts eine fundamentale Bedeutung zu, so dass* mittelschrift bereits, dass das Rechtsmittel abgewiesen werden muss, so kann – nicht zuletzt im Sinne der Verfahrensbeschleunigung – auf das Einholen einer Antwort verzichtet werden.[1910]

681 Für die Beschwerde- oder Berufungsantwort gilt die gleiche nicht erstreckbare Frist wie für die Rechtsmittelschrift selbst. Im Summarverfahren sind dies zehn Tage,[1911] andernfalls 30 Tage.[1912] Für Fristenstillstand und Wiederherstellung kann auf das unter Rz. 665 Ausgeführte verwiesen werden. Auch für die Begründung der Beschwerde- oder Berufungsantwort gelten grundsätzlich sinngemäss dieselben Anforderungen wie für die Beschwerde oder Berufung.[1913] Das Rechtsbegehren des Beschwerdegegners bzw. Berufungsbeklagten lautet regelmässig auf Abweisen der Beschwerde (bzw. Berufung) und Bestätigung des erstinstanzlichen Entscheids, unter Kosten- und Entschädigungsfolge zu Lasten des Beschwerdeführers (bzw. Berufungsklägers).[1914] Bei einer Berufung des Mieters gegen seine erstinstanzliche Ausweisung kann der Vermieter zusätzlich den Antrag auf vorzeitige Vollstreckung des erstinstanzlichen Entscheids stellen.[1915]

Beispiel

1. *Die Berufung sei abzuweisen und der Entscheid des Bezirksgerichts X vom 12. April 2016 sei vollumfänglich zu bestätigen.*
2. *Unter Kosten- und Entschädigungsfolge zu Lasten der Berufungsklägerin.*

Verfahrensantrag

Es sei dem Berufungsbeklagten die vorzeitige Vollstreckung des erstinstanzlichen Entscheids zu bewilligen.

---

nicht leichthin eine rechtsmissbräuchliche Anrufung dieses Anspruchs angenommen werden darf. Vorliegend ist der Vorwurf des Rechtsmissbrauchs nicht erstellt.»).

1910 Oben, Rz. 680 i.f.

1911 Für die Berufung Art. 314 Abs. 1 ZPO; für die Beschwerde Art. 322 Abs. 2 i.V.m. Art. 321 Abs. 2 ZPO.

1912 Für die Berufung Art. 312 Abs. 2; für die Beschwerde Art. 322 Abs. 2 i.V.m. Art. 321 Abs. 1 ZPO.

1913 Oben, Rz. 672, zu Noven Rz. 677 f.; BGer 4A_580/2015 vom 11. April 2016 E. 2.2 m. Hinw.

1914 Im Berufungsverfahren könnte zudem eine Anschlussberufung erhoben werden (Art. 313 ZPO; ausgeschlossen aber im Berufungsverfahren gegen einen im summarischen Verfahren ergangenen Entscheid, Art. 314 Abs. 2 ZPO). Eine Anschlussbeschwerde ist ausgeschlossen (Art. 323 ZPO).

1915 Oben, Rz. 661.

Bleibt die Beschwerde- oder Berufungsantwort aus, entscheidet die Rechtsmittelinstanz aufgrund der Akten.[1916] Insbesondere besteht darin keine Anerkennung der Anträge der anfechtenden Partei.[1917] Die vor erster Instanz eingebrachten Vorbringen des Berufungsbeklagten bzw. Beschwerdegegners sind bereits aktenkundig und werden von der Rechtsmittelinstanz beachtet. Nur soweit der Anfechtende im Rechtsmittelverfahren mit neuen Tatsachen zugelassen wird,[1918] gelten diese mangels Bestreitung der Gegenpartei im Säumnisverfahren als zugestanden. 682

In der Regel verlangt die Rechtsmittelinstanz vom Berufungskläger bzw. Beschwerdeführer einen Kostenvorschuss für das Rechtsmittelverfahren. Wird der Kostenvorschuss nicht fristgerecht geleistet, so setzt das Gericht eine kurze Nachfrist (Art. 101 Abs. 3 ZPO). Ist diese unbenutzt verstrichen, tritt es auf das Rechtsmittel nicht ein (Art. 101 Abs. 3 ZPO; Art. 59 Abs. 2 lit. f ZPO). 683

Wird die Beschwerde- oder Berufungsschrift der Gegenpartei bereits vor Eingang des Kostenvorschusses *«einstweilen zur Kenntnis»* zugestellt, so verstösst dies nicht nur gegen den Gesetzeswortlaut[1919] sondern auch gegen den Grundsatz der Waffengleichheit, denn der Gegenpartei soll für ihre Rechtsschrift grundsätzlich nicht mehr Zeit zur Verfügung stehen als der anfechtenden Partei.[1920] Bei einer Zustellung vor Eingang des Kostenvorschusses kann sich das Ausarbeiten der gegnerischen Rechtsschrift als unnötig erweisen, wenn der Kostenvorschuss schliesslich nicht geleistet wird.[1921] Allerdings liegt es bei einem Rechtsmittel gegen einen im Summarverfahren ergangenen Entscheid 684

[1916] Es gilt die allgemeine Säumnisregel (Art. 147 Abs. 2 ZPO); BGer 5A_438/2012 vom 27. August 2012 E. 2.4. i.f. (im Berufungsverfahren kann die Rechtsmittelinstanz auch zu einer Berufungsverhandlung laden); BK ZPO-STERCHI, Art. 312 N 13 und Art. 322–324 N 7; DIKE ZPO-HUNGERBÜHLER/ BUCHER, Art. 312 N 25 f. und Art. 322 N 9; ZK ZPO-REETZ/THEILER, Art. 312 N 8.

[1917] Zum Ganzen SEILER, Rz. 1135; vgl. DIKE ZPO-HUNGERBÜHLER/BUCHER, Art. 312 N 21 mit Hinweis darauf, dass eine Anerkennung des Rechtsmittels nicht möglich ist, in der Sache würde es sich bei einer Anerkennung im Rechtsmittelverfahren um eine Anerkennung bzw. einen Rückzug der Klage handeln.

[1918] Dazu oben, Rz. 677 f.

[1919] Nach Art. 312 Abs. 1 ZPO und Art. 322 Abs. 1 ZPO wird zur schriftlichen Stellungnahme zugestellt.

[1920] Exemplarisch der Beschluss des AGer BS vom 14.01.2013 und weitergehend NATER/ RAUBER, S. 409, wonach zu wünschen sei, dass die Gerichte bei der Zustellung von Eingaben auch die Folgen allfälliger Gerichtsferien für die eine oder andere Partei beachten.

[1921] Dies ein Argument des OGer ZH gegen die Kollegialiterkopie unter Rechtsanwälten, Beschluss vom 27.08.2012 (LC120025-O/Z01).

ganz im Sinne der Prozessbeschleunigung[1922] die Eingabe nach einer kurzen Prüfung auf offensichtliche Unzulässigkeit oder offensichtliche Unbegründetheit der Gegenpartei zuzustellen und sowohl die Frist für den Kostenvorschuss als auch die Frist für die schriftliche Stellungnahme gleichzeitig anzusetzen.[1923]

685 Nach Art. 324 ZPO kann die Rechtsmittelinstanz im Beschwerdeverfahren bei der Vorinstanz eine Stellungnahme einholen. Dies ist in erster Linie auf die Beschwerde gegen prozessleitende Verfügungen zugeschnitten, welche in der Regel nicht oder kaum begründet werden.[1924] Bei der Beschwerde gegen einen Ausweisungsentscheid liegt demgegenüber stets bereits die schriftliche Entscheidbegründung vor. Dennoch kann die Rechtsmittelinstanz die Vorinstanz auffordern, sich zu bestimmten Punkten noch eingehender zu äussern.[1925] Eine Nachbesserung eines mangelhaft begründeten Entscheids auf dem Weg einer schriftlichen Stellungnahme ist freilich nicht zulässig,[1926] eine Erläuterung zu unklaren Erwägungen oder behaupteten Verfahrensmängeln aber möglich.[1927] Im Berufungsverfahren fehlt eine analoge Vorschrift.[1928] Indessen besteht im Berufungsverfahren nicht weniger Interesse an einem richtigen Rechtsmittelentscheid als im Beschwerdeverfahren. Daher kann auch im Berufungsverfahren eine Stellungnahme eingeholt werden.[1929] Falls dies geschieht, ist beiden Parteien Gelegenheit zu geben, sich zum Inhalt der Stellungnahme zu äus-

[1922] Die Frist für den Kostenvorschuss ist gesetzlich nicht vorgegeben, sondern liegt im Ermessen des Gerichts. Eine Erstreckung ist nach Art. 144 Abs. 2 ZPO grundsätzlich zulässig, im Summarverfahren aber nur ausnahmsweise zu gewähren.

[1923] Dabei ist der Vorteil der Verfahrensbeschleunigung gegen den Nachteil des Aufwands für eine möglicherweise unnötige Stellungnahme abzuwägen. Wird der Kostenvorschuss vom Beschwerdeführer bzw. Berufungskläger nicht geleistet, so sind ihm im Nichteintretensentscheid die Kosten des Rechtsmittelverfahrens aufzuerlegen und darin auch eine Parteientschädigung an die Gegenpartei festzusetzen.

[1924] Sodann ist bei einer Rechtsverweigerungs- oder Rechtsverzögerungsbeschwerde das Einholen einer Stellungnahme kaum entbehrlich. Vgl. Botschaft ZPO, S. 7378; BK ZPO-STERCHI, Art. 322–324 N 14; DIKE ZPO-HUNGERBÜHLER/BUCHER, Art. 324 N 2, 4; BSK ZPO-SPÜHLER, Art. 324 N 2.

[1925] BGer 5A_674/2012 vom 4. Februar 2013 E. 2.3; KUKO ZPO-BRUNNER, Art. 324 N 2 f.; ZPO-Rechtsmittel-KUNZ, Art. 324 N 4 (z.B. bei Rügen in Bezug auf das erstinstanzliche Verfahren).

[1926] ZK ZPO-FREIBURGHAUS/AFHELDT, Art. 324 N 4; ZPO-Rechtsmittel-KUNZ, Art. 324 N 4 (3); BK ZPO-STERCHI, Art. 324 N 15.

[1927] ZK ZPO-FREIBURGHAUS/AFHELDT, Art. 324 N 4; BSK ZPO-SPÜHLER nennt als Beispiel ein unklares Protokoll.

[1928] M. E. sollte die Qualität der Begründung des erstinstanzlichen Entscheids nicht davon abhängig sein, ob dieser berufungsfähig ist.

[1929] BSK ZPO-SPÜHLER, Vor Art. 308–334 N 4; ZK ZPO-REETZ, Vorb. zu den Art. 308–318 N 38; DIKE ZPO-HUNGERBÜHLER/BUCHER, Art. 324 N 2; SEILER, Rz. 1070 m. Hinw. auf Art. 288 VE ZPO, eine entsprechende Vorschrift unter den allgemeinen Bestimmungen zum Rechtsmittelverfahren.

sern.[1930] Obgleich ebenfalls nur für das Beschwerdeverfahren explizit vorgesehen (Art. 327 Abs. 1 ZPO), sind mit der herrschenden Lehre die Akten auch im Berufungsverfahren von Amtes wegen beizuziehen.[1931]

Sowohl bei der Beschwerde als auch bei der Berufung kann die Rechtsmittel- 686
instanz aufgrund der Akten entscheiden. Das Durchführen einer Verhandlung liegt im Ermessen des Gerichts (Art. 316 Abs. 1 ZPO; Art. 327 Abs. 2 ZPO). Sowohl das Beschwerdeverfahren als auch das Berufungsverfahren werden in der Regel rein schriftlich geführt.[1932] In beiden Verfahrensarten kann ein zweiter Schriftenwechsel angeordnet werden.[1933] Auch wenn dies nicht geschieht, hat jede Partei das Recht, sich zu jeder Eingabe der anderen Partei zu äussern (Replikrecht).[1934]

Der Entscheid der Rechtsmittelinstanz wird stets mit einer schriftlichen Be- 687
gründung eröffnet.[1935] Es ist sowohl ein reformatorischer als auch ein kassatorischer Entscheid möglich, wobei im Berufungsverfahren in der Regel ein reformatorischer Entscheid gefällt wird, die Beschwerdeinstanz hingegen grundsätzlich kassatorisch entscheidet.[1936] Bei einem reformatorischen Entscheid tritt der Entscheid der Rechtsmittelinstanz an die Stelle des erstinstanzlichen Entscheids, es ergeht ein neuer Entscheid in der Sache. Weist die Rechtsmittelinstanz die Berufung oder die Beschwerde ab,[1937] so wird dadurch – implizit oder ausdrücklich – der erstinstanzliche Entscheid bestätigt. Ob die Berufungsinstanz diesfalls den Wortlaut des erstinstanzlichen Entscheids im Dispositiv

---

[1930] DIKE ZPO-Hungerbühler/Bucher, Art. 324 N 2; BSK ZPO-Spühler, Art. 324 N 6; Seiler, Rz. 1071; BK ZPO-Sterchi, Art. 324 N 16; vgl. Staehelin/Staehelin/Grolimund, § 26 N 44; vgl. BGE 133 I 100 E. 4. und BGer 4A_581/2013 vom 7. April 2014 E. 2 zur nicht heilbaren Gehörsverletzung bei versäumter Zustellung der Berufungsantwort an den Berufungskläger.

[1931] BSK ZPO-Spühler, Vor Art. 308–334 N 4; ZK ZPO-Reetz, Vorb. zu den Art. 308–318 N 38; DIKE ZPO-Hungerbühler/Bucher, Art. 311 N 24; Seiler, Rz. 1070; ZPO Rechtsmittel-Kunz, Art. 312 N 10; a. A. CR CPC-Jeandin, Art. 311 N 15, wonach dies in der Regelungskompetenz der Kantone stehen soll (Art. 3 ZPO).

[1932] Für das Beschwerdeverfahren: Botschaft ZPO, S. 7379 und BGE 139 III 491 E. 4.4; für das Berufungsverfahren BGE 142 III 413 E. 2.2.1.

[1933] Für die Berufung explizit in Art. 316 Abs. 2 ZPO; gilt nach herrschender Lehre auch im Beschwerdeverfahren (DIKE ZPO-Steininger, Art. 327 N 2 i.f.; ZK ZPO-Freiburghaus/Afheldt, Art. 327 N 7; vgl. BK ZPO-Sterchi, Art. 322–324 N 12;

[1934] Dazu oben, Rz. 680. Zum Abbruch der *«Replikkette»* auch oben, Rz. 503.

[1935] Art. 318 Abs. 2 ZPO; Art. 327 Abs. 5 ZPO; Art. 112 Abs. 1 lit. b BGG.

[1936] Vgl. oben, Rz. 667.

[1937] Nach Ansicht BK ZPO-Sterchi, Art. 318 N 2 kann eine Berufung im Gegensatz zur Beschwerde nicht abgewiesen werden. Es habe vielmehr ein inhaltlich mit dem erstinstanzlichen Dispositiv gleichlautender Entscheid zu ergehen.

wiederholt, bleibt dabei der kantonalen Praxis überlassen.[1938] Der Berufungsentscheid ersetzt auch im Falle des Abweisens das erstinstanzliche Urteil.[1939] Er bildet den Vollstreckungstitel.[1940] Für den abweisenden Beschwerdeentscheid gilt dies nicht: Da der Beschwerde kein Suspensiveffekt zukommt, sie die Rechtskraft des erstinstanzlichen Entscheids also nicht hemmt, bleibt der erstinstanzliche Entscheid im Falle der Abweisung der Beschwerde rechtskräftig und vollstreckbar.[1941] Sodann bleibt es auch beim erstinstanzlichen Entscheid als Vollstreckungstitel, wenn die Rechtsmittelinstanz auf das Rechtsmittel nicht eintritt.[1942]

688 Heisst die Rechtsmittelinstanz das Rechtsmittel gut, erweist sich die Streitigkeit in der Sache für sie aber nicht als spruchreif,[1943] so erlässt sie einen kassatorischen Entscheid: Sie hebt das erstinstanzliche Urteil auf und weist die Streitsache an die Vorinstanz zurück, auf dass diese gegebenenfalls nach den Vorgaben der Rechtsmittelinstanz[1944] das Verfahren weiterführe und dann neu entscheide. Dieser Entscheid kann dann erneut mit Beschwerde oder Berufung angefochten werden.

1938 SEILER, Rz. 1511 und ZK ZPO-REETZ/HILBER, Art. 318 N 18.

1939 ZPO-Rechtsmittel-STAUBER, Art. 318 N 7; DIKE ZPO-STEININGER, Art. 318 N 3; BK ZPO-STERCHI, Art. 318 N 2; ZK ZPO-REETZ/AFHELDT, Art. 318 N 19; SEILER, Rz. 1511. Ob dies auch für den Beschwerdeentscheid gilt, erscheint fraglich, da – anders als im Berufungsverfahren – die Beschwerde die Rechtskraft des erstinstanzlichen Urteils nicht hemmt (Art. 326 ZPO , vgl. Art. 315 Abs. 1 ZPO). Rechtskräftig ist daher bei Abweisen und Nichteintreten auf die Beschwerde der erstinstanzliche Entscheid.

1940 Allenfalls ist der erstinstanzliche Entscheid für den Inhalt des (implizit bestätigten) Dispositivs beizuziehen.

1941 Oben, Fn 1939; BK ZPO-STERCHI, Art. 327 N 7.

1942 Rechtskräftig und vollstreckbar wird auch in diesem Fall der erstinstanzliche Entscheid; ZPO Rechtsmittel-STAUBER, Art. 318 N 26; BK ZPO-STERCHI, Art. 318 N 1; a. A. für die Berufung ZK ZPO-REETZ/AFHELDT, Art. 318 N 12, 17, 19, die davon ausgehen, dass auch im Falle des Nichteintretens der Berufungsentscheid den erstinstanzlichen Entscheid ersetzt. Rechtskraft und Vollstreckbarkeit seien aber auf den Tag nach Ablauf der Berufungsfrist oder auf den Tag der Zustellung des erstinstanzlichen Entscheids zurückzubeziehen (ZK ZPO-REETZ/AFHELDT, Art. 315 N 10); vgl. auch SEILER, Rz. 1509, 1630 und 1669 ff.

1943 Für die Beschwerde Art. 327 Abs. 3 lit. b ZPO *e contrario;* bei der Berufung ist nach Art. 318 Abs. 1 lit. c ZPO ein kassatorischer Entscheid zu fällen, wenn ein wesentlicher Teil der Klage von der ersten Instanz nicht beurteilt wurde (z.B. wenn die erste Instanz fälschlicherweise vom Fehlen einer Prozessvoraussetzung ausging und die Klage daher materiell gar nicht behandelt hat) oder der Sachverhalt in wesentlichen Teilen zu vervollständigen ist.

1944 BK ZPO-STERCHI, Art. 318 N 14 und Art. 327 N 11; ZK ZPO-REETZ/HILBER, Art. 318 N 31.

II. Die Revision

Die Revision ist ein ausserordentliches Rechtsmittel, mit welchem ein rechtskräftiger Entscheid ausnahmsweise von der mit der Sache zuletzt befassten Instanz korrigiert werden kann, sofern eine Partei darum ersucht.[1945] 689

Im kantonalen Verfahren kommen folgende Revisionsgründe in Betracht: die nachträgliche Entdeckung von erheblichen Tatsachen oder entscheidenden Beweismitteln, sofern diese bereits vor Entscheidfällung bestanden, aber nicht beigebracht werden konnten (Art. 328 Abs. 1 lit. a ZPO); das Einwirken eines Verbrechens oder Vergehens zum Nachteil der betreffenden Partei auf den Entscheid (lit. b) oder die Unwirksamkeit einer Klageanerkennung, eines Klagerückzugs oder eines gerichtlichen Vergleichs, welcher zur Abschreibung des Verfahrens geführt hat (lit. c). Unter bestimmten Voraussetzungen berechtigt auch eine durch den Europäischen Gerichtshof für Menschenrechte festgestellte Verletzung der EMRK zur Revision eines Entscheids (Art. 328 Abs. 2 ZPO). Sodann ist die Mitwirkung einer zum Ausstand verpflichteten Gerichtsperson ein Revisionsgrund, sofern dieser Ausstandsgrund erst nach Abschluss des Verfahrens entdeckt wurde (Art. 51 Abs. 3 ZPO).[1946] Wird ein Ausstandsgrund nach Eröffnung des Entscheides, aber noch vor Ablauf der Rechtsmittelfrist bekannt, ist die betroffene Partei indessen zunächst auf den Rechtsmittelweg zu verweisen. Dies gilt nicht nur im Falle der Berufung, welche die Rechtskraft des Entscheides von Gesetzes wegen ohnehin aufschiebt und damit eine Voraussetzung der Revision hemmt, sondern nach bundesgerichtlicher Rechtsprechung auch für die Beschwerde nach ZPO[1947] und die bundesge- 690

[1945] Das Revisionsgesuch kann sich auch gegen einen Rechtsmittelentscheid richten, wenn die Rechtsmittelinstanz reformatorisch entschieden hat (zum Ganzen ZK ZPO-FREIBURGHAUS/AFHELDT, Art. 328 N 7). Die Bestimmungen der ZPO sind nur im kantonalen Verfahren anwendbar. Eine Revision gegen einen Bundesgerichtsentscheid richtet sich nach Art. 121–128 BGG.

[1946] Mit BSK ZPO-WEBER, Art. 51 N 7 ist dieser Fall unter das nachträgliche Entdecken neuer Tatsachen zu subsumieren (Art. 328 Abs. 1 lit. a ZPO).

[1947] BGE 139 III 466 E. 3.4; wo zum Novenausschluss im Beschwerdeverfahren (Art. 326 ZPO) festgehalten wird, dass *«Noven in der Beschwerde zumindest so weit vorgebracht werden können, als erst der Entscheid der Vorinstanz dazu Anlass gibt* (…). *Sonst würden die möglichen Beschwerdegründe bzw. ihre Unterlegung durch Tatsachenbehauptungen vor der kantonalen Beschwerdeinstanz stärker eingeschränkt als es hernach vor Bundesgericht* (…) *der Fall ist.»* Im dem Entscheid zugrundeliegenden Fall hatte die erste Instanz die Revision als Beschwerde an die zweite Instanz überwiesen, was vom Bundesgericht geschützt wurde.

richtlichen Beschwerde in Zivilsachen.[1948] Die Revision ist damit den anderen Rechtsmitteln gegenüber grundsätzlich subsidiär.[1949]

691 Die Revision eines Ausweisungsentscheides ist grundsätzlich möglich, unabhängig davon, ob dieser im Verfahren um Rechtsschutz in klaren Fällen, im vereinfachten oder im ordentlichen Verfahren ergangen ist.[1950] Ein gutheissender rechtskräftiger Ausweisungsentscheid wird jedoch in der Regel rasch vollstreckt und der ursprüngliche Zustand lässt sich durch die Revision nicht wiederherstellen. Nach Vollstreckung des Entscheids fehlt es dem Ausgewiesenen daher am erforderlichen Rechtsschutzinteresse, weshalb auf sein Revisionsgesuch nicht eingetreten würde.[1951] Auch die Revision eines negativen Ausweisungsentscheides auf Gesuch des unterlegenen Vermieters wird nur selten praxisrelevant: Tritt das Gericht auf ein Ausweisungsgesuch im Verfahren um Rechtsschutz in klaren Fällen nicht ein, steht dem Vermieter zunächst des vereinfachte oder ordentliche Verfahren offen. *Res iudicata*-Wirkung kommt dem Nichteintretensentscheid nicht zu. Bei nachträglichem Entdecken eines Revisionsgrundes – insbesondere neuer erheblicher Tatsachen oder entscheidender Beweismittel – kann der Vermieter sodann auch ein neues Gesuch im Rechts-

---

[1948] Der Beschwerde in Zivilsachen an das Bundesgericht kommt zwar grundsätzlich keine aufschiebende Wirkung zu (Art. 103 Abs. 1 BGG). Es handelt sich aber dennoch um ein ordentliches Rechtsmittel, welches die Rechtskraft hemmt (BSK BGG-MEYER/DORMANN, Art. 103 N 5; BK ZPO-KELLERHALS, Art. 336 N 3 m. Hinw.; vgl. ZK ZPO-FREIBURGHAUS/AFHELDT, Art. 328 N 5; BGE 138 III 386 E. 7). Hierzu BGE 139 III 120 = Pra 102 (2013) Nr. 97: In einem Ausweisungsverfahren erfuhr der Vermieter mit Erhalt des zweitinstanzlichen Entscheides, dass daran ein beisitzender Richter mitgewirkt hatte, welcher in zwei anderen hängigen Verfahren des Vermieters als Rechtsvertreter der jeweiligen Gegenparteien auftrat. Die von ihm erhobene Beschwerde in Zivilsachen wurde vom Bundesgericht zugelassen und gutgeheissen (zum Verhältnis zur Revision E. 3.1.1: *«Gemäss Art. 328 Abs. 1 ZPO kann beim Gericht, welches als letzte Instanz entschieden hat, nur Revision eines «rechtskräftigen Entscheids» verlangt werden. E contrario muss ein Revisionsgrund, wenn er nach Abschluss des Verfahrens, aber vor Ablauf der Rechtsmittelfrist, also vor Rechtskraft des Entscheids, entdeckt wird, im Rahmen dieser Beschwerde geltend gemacht werden»*).

[1949] Vgl. ZK ZPO-FREIBURGHAUS/AFHELDT, Art. 328 N 5; BK ZPO-STERCHI, Art. 328 N 3; BSK ZPO-HERZOG, Art 328 N 20 ff.; BGE 138 III 382 E. 3.2.1. *(«Zweck der Revision nach Art. 328 ff. ZPO ist es, Gerichtsentscheide, die in materielle Rechtskraft erwachsen sind und deswegen nicht durch andere Rechtsbehelfe (wie Rechtsmittel, Abänderung oder Ergänzung des Entscheides, neue Klage) korrigiert werden können […] einer einer erneuten Prüfung durch das erkennende Gericht zuzuführen»).*

[1950] Die Revision eines Entscheides über eine vorsorgliche Massnahme (hierzu oben, Rz. 519 ff.) ist dagegen umstritten, vgl. BSK ZPO-HERZOG, Art. 328 N 28; ZK ZPO-FREIBURGHAUS/AFHELDT, Art. 328 N 8.

[1951] Vgl. STAEHELIN/STAEHELIN/GROLIMUND, § 26 N 50; BK ZPO-STERCHI, Art. 329 N 17; unten, Rz. 724 ff., zum Rechtsschutzinteresse im Rechtsmittelverfahren nach erfolgter Räumung.

schutz in klaren Fällen einreichen.[1952] Die Zulässigkeit der Revision erscheint daher nicht nur mangels eines materiell rechtskräftigen Entscheids in der Sache als ausgeschlossen,[1953] die Vorteile eines neuen Gesuchs um Rechtsschutz in klaren Fällen werden in einem solchen Falle häufig diejenigen eines Revisionsverfahrens überwiegen.[1954] Für den Vermieter sinnvoll erscheint die Einleitung eines Revisionsverfahren nach Entdecken eines Willensmangels oder einer Täuschung, welche zum Abschluss eines Vergleichs oder zum Rückzug des Ausweisungsgesuchs geführt hat,[1955] oder bei einem in einem vereinfachten Verfahren ergangenen rechtskräftigen abweisenden Entscheid.[1956]

Das Revisionsgesuch ist innert 90 Tagen nach Entdecken des Revisionsgrundes schriftlich und begründet einzureichen (Art. 329 Abs. 1 ZPO).[1957] Die Gegenpartei erhält vom Gericht Gelegenheit zur Stellungnahme, es sei denn, das Gesuch erweist sich als offensichtlich unzulässig oder offensichtlich unbegründet (Art. 330 ZPO). Das Revisionsverfahren hat keine aufschiebende Wirkung, sofern das Gericht diese nicht ausdrücklich anordnet (Art. 331 ZPO).[1958] 692

Wird das Revisionsgesuch abgewiesen oder nicht darauf eingetreten, bleibt der ursprüngliche Entscheid bestehen. Der Entscheid über das Revisionsgesuch ist diesfalls ein Endentscheid. Handelt es sich um ein Verfahren vor erster Instanz, kann der Entscheid mit Beschwerde nach Art. 319 ff. ZPO angefochten 693

1952 Oben, Rz. 515.

1953 Vgl. den klaren Wortlaut von Art. 328 Abs. 1 ZPO; BGE 138 III 382 E. 3.2.1; BSK ZPO-Herzog, Art. 328 N 27. Die herrschende Lehre erklärt zwar die Revision von Prozessentscheiden für zulässig, wenn der Revisionsgrund die Prozessvoraussetzung als solche betrifft (ZK ZPO-Freiburghaus/Afheldt, Art. 328 N 6; BK ZPO-Sterchi, Art. 328 N 8; DIKE ZPO-Schwander, Art. 328 N 15; BSK ZPO-Herzog, Art. 328 N 29); es erscheint aber fraglich, ob dies auf den Rechtsschutz in klaren Fällen übertragen werden kann, wenn jederzeit ein neues Gesuch eingereicht werden kann.

1954 Ein Vorteil der Revision liegt in einer allfälligen Neuverteilung der Kosten des revidierten Entscheides (dies ist allerdings abhängig von den Revisiongründen bzw. davon, wer diese zu vertreten hat).

1955 Beispielsweise, wenn der Mieter unter Vorlage einer Kopie eines neuen Mietvertrages seinen zeitnahen Auszug in Aussicht gestellt hat, diese sich in der Folge aber als gefälscht erweist.

1956 Zumal dies nach einem Kündigungsschutzverfahren eine dreijährige Kündigungssperrfrist nach Art. 271a Abs. 1 lit e OR auslöst.

1957 Die absolute Verwirkungsfrist von 10 Jahren ab Rechtskraft des Entscheids (Art. 329 Abs. 2 ZPO) ist im Ausweisungsverfahren nicht von praktischer Relevanz.

1958 Sollte der Ausweisungsentscheid tatsächlich im Zeitpunkt des Einreichens des Revisionsverfahrens noch nicht vollstreckt worden sein, muss der Ausgewiesene die aufschiebende Wirkung beantragen. Es gilt sinngemäss das oben, unter Rz. 662, 663 und für die Rechtsbegehren sinngemäss Rz. 668; vgl. DIKE ZPO-Schwander, Art. 331 N 5 ff.

werden (Art. 332 ZPO).[1959] Revisionsentscheide der zweiten Instanz unterliegen, sofern die Voraussetzungen hierzu erfüllt sind, der Beschwerde in Zivilsachen nach Art. 72 ff. BGG beziehungsweise allenfalls der subsidiären Verfassungsbeschwerde (Art. 113 ff BGG).

694 Heisst das angerufene Gericht das Revisionsgesuch gut, so hebt es den ursprünglichen Entscheid auf, wiederholt soweit erforderlich den Prozess und entscheidet neu in der Sache. Das Verfahren ist somit zweistufig. Der Entscheid über das Revisionsgesuch unterliegt auch in diesem Fall der Beschwerde, sofern er selbstständig eröffnet wird,[1960] was nicht zwingend geschehen muss.[1961] Der neue Entscheid in der Sache untersteht in der Regel[1962] dem gleichen Rechtsmittel wie der aufgehobene Entscheid.[1963] Er ist stets mit einer schriftlichen Begründung zu versehen.[1964]

III. Die Beschwerde vor Bundesgericht

1. Vorbemerkungen

695 Der Entscheid der oberen kantonalen Instanz kann bei Vorliegen der gesetzlichen Voraussetzungen mit der Beschwerde in Zivilsachen nach Art. 72 ff. BGG an das Bundesgericht weitergezogen werden. Die subsidiäre Verfassungsbeschwerde kommt lediglich dann in Frage, wenn die Beschwerde in Zivilsachen zulässig ist.[1965] Massgeblich ist in erster Linie der Streitwert. Bei Ausweisungsentscheiden ist der für die Beschwerde in Zivilsachen erforderliche Streitwert häufig bereits aufgrund der Dauer des kantonalen Verfahrens

---

[1959] BSK ZPO-HERZOG, Art. 332 N 1; ZK ZPO-FREIBURGHAUS/AFHELDT, Art. 332 N 10.

[1960] Es handelt sich hierbei um einen Zwischenentscheid, da eine abweichende Beurteilung der Revisionsgründe durch die Rechtsmittelinstanz unmittelbar zu einem Endentscheid führt (Art. 237 Abs. 1 ZPO, vgl. Art. 93 Abs. 1 lt. b BGG); BK ZPO-STERCHI, Art. 332 N 1; BSK ZPO-HERZOG, Art. 332 N 1a, 2; DIKE ZPO-SCHWANDER, Art. 332 N 3; a.A: ZK ZPO-FREIBURGHAUS/AFHELDT, Art. 332 N 9 (*«anderer erstinstanzlicher Entscheid»* im Sinne von Art. 319 lit. b ZPO).

[1961] BK ZPO-STERCHI, Art. 332 und Art. 333 N 2; BSK ZPO-HERZOG, Art. 332 N 1b.

[1962] Massgeblich ist nach Art. 308 Abs. 2 ZPO der Streitwert des zuletzt aufrecht erhaltenen Rechtsbegehrens.

[1963] ZK ZPO-FREIBURGHAUS/AFHELDT, Art. 333 N 7; BK ZPO-STERCHI, Art. 332 und Art. 333 N 12; BSK ZPO-HERZOG, Art. 332 N 4; DIKE ZPO-SCHWANDER, Art. 333 N 14.

[1964] Im Revisionsverfahren vor erster Instanz geht Art. 333 Abs. 3 ZPO als *lex specialis* dem Art. 239 Abs. 2 ZPO vor; BSK ZPO-HERZOG, Art. 333 N 8; Kritik bei BK ZPO-STERCHI, Art. 332 und Art. 333 N 18; ZK ZPO-FREIBURGHAUS/ AFHELDT, Art. 333 N 6.

[1965] Art. 113 BGG.

erreicht. Ist eine Beschwerde in Zivilsachen unzulässig, so nimmt das Bundesgericht die Beschwerde als subsidiäre Verfassungsbeschwerde entgegen. Es ist nicht notwendig, dass der Beschwerdeführer einen entsprechenden Antrag bzw. ein diesbezügliches Eventualbegehren gestellt hat. Allerdings müssen alle formellen Voraussetzungen für die subsidiäre Verfassungsbeschwerde erfüllt sein, damit das Bundesgericht darauf eintritt.[1966]

2. Die Beschwerde in Zivilsachen

a. Streitwertgrenze oder Rechtsfrage von grundsätzlicher Bedeutung

Die Streitwertgrenze für die Beschwerde in Zivilsachen beträgt grundsätzlich CHF 30'000. Bei mietrechtlichen Streitigkeiten ist sie jedoch auf CHF 15'000 reduziert.[1967] Diese herabgesetzte Streitwertgrenze gilt nicht im Pachtrecht.[1968] Sie gilt ebenfalls nicht, wenn zwischen den Parteien kein Mietvertrag bestand, sondern sich der Eigentümer auf sachenrechtliche Ansprüche stützen muss, insbesondere bei der Ausweisung von Hausbesetzern, aber beispielsweise auch bei der Ausweisung des alten Eigentümers durch den neuen Eigentümer oder nach Beendigung eines Gebrauchsleihevertrages.[1969] Indessen kann wohl auch die Ausweisung des Untermieters durch den Hauptvermieter mit Blick auf Art. 262 Abs. 3 OR[1970] als mietrechtliche Streitigkeit im Sinne von Art. 74 Abs. 1 lit. a BGG qualifiziert werden.[1971] 696

Die kantonale Rechtsmittelinstanz muss den Streitwert in der Rechtsmittelbelehrung angeben.[1972] Fehlt diese Angabe oder ist der angegebene Streitwert nach Auffassung des Beschwerdeführers höher, so obliegt es dem Beschwer- 697

1966 BGE 134 III 379 (= Pra 98 [2009] Nr. 12) E. 1.2; VON WERDT, N 287; SHK BGG-VON WERDT/GÜNGERICH, Art. 71 N 12; DIKE BGG-VOCK, Art. 74 N 13.

1967 Art. 74 Abs. 1 lit. a BGG.

1968 BGE 136 III 196 (= Pra 99 [2010] Nr. 128) E. 1.1.; vgl. auch BSK BGG-RUDIN, Art. 74 N 12, wonach die Streitwertgrenze *«eher»* nur auf Wohn- und Geschäftsräume zugeschnitten ist, nicht aber auf die Miete beweglicher Sachen; so auch DIKE BGG-VOCK, Art. 74 N 8.

1969 Zum Gebrauchsleihevertrag (obligatorischer Rückgabeanspruch des Verleihers, Art. 305 i.V.m. Art. 310 OR) BGer 4A_273/2012 vom 30. Oktober 2012 E. 1.2 (nicht publiziert in BGE 138 III 620).

1970 Hierzu oben, Rz. 99 f.; Rz. 233 ff.; Rz. 295.

1971 Vgl. BGE 120 II 112 E. 3 b) cc) ddd), wo die Auffassung, Art. 262 Abs. 3 OR gebe dem Hauptvermieter einen vertraglichen Anspruch, den Untermieter aus der Mietsache auszuweisen, als *«mindestens vertretbar»* bezeichnet wird; vgl. BSK OR I-WEBER, Art. 262 N 9 i.f.

1972 Art.112 Abs. 1 lit. d BGG.

deführer, zum Erreichen des Mindeststreitwertes nähere Angaben zu machen, so dass das Bundesgericht den Streitwert nach Ermessen festsetzen kann.[1973] An eine offensichtlich unrichtige Streitwertangabe der Vorinstanz ist das Bundesgericht nicht gebunden.[1974]

698 Wird die Streitwertgrenze nicht erreicht, so ist eine Beschwerde in Zivilsachen dennoch zulässig, wenn sich eine Rechtsfrage von grundsätzlicher Bedeutung stellt.[1975] In der Beschwerdeschrift ist diesfalls auszuführen, warum es sich bei der aufgeworfenen Frage um eine Rechtsfrage von grundsätzlicher Bedeutung handelt.[1976] Die Bestimmung wird vom Bundesgericht restriktiv ausgelegt.[1977] Soweit es bei der aufgeworfenen Frage lediglich um die Anwendung von Grundsätzen der Rechtsprechung auf einen konkreten Fall geht, handelt es sich nicht um eine Rechtsfrage von grundsätzlicher Bedeutung.[1978] Die Rechtsfrage muss von allgemeiner Tragweite sein, was vom Beschwerdeführer in der Beschwerdeschrift auszuführen ist.[1979] Ein allgemeines Interesse an der Klärung der Rechtsfrage in freier Kognition durch das Bundesgericht besteht dann, wenn sich diese Frage in der Praxis immer wieder stellt und unterschiedlich beantwortet wird, was zu einer erheblichen Rechtsunsicherheit führt, welche dringend einer Klärung durch das Bundesgericht bedarf.[1980] Dies gilt umso mehr, wenn die Wahrscheinlichkeit gering ist, dass in Verfahren, in welchen sich die entsprechende Frage stellt, die Streitwertgrenze für die Beschwerde in Zivilsachen je einmal erreicht wird.[1981] Stellt sich eine Frage nur in speziellen Konstellationen, ist darzulegen, dass ein Entscheid in dieser Konstellation für die Praxis wegleitend sein kann und die Rechtsfrage nach einer höchstrichter-

---

1973 Art. 51 Abs. 2 BGG.

1974 Zum Ganzen BGE 140 III 571 E. 1.2; BGE 136 III 60 (= Pra 99 [2010] Nr. 84) E. 1.1.1; BGer 4A_273/2012 vom 30. Oktober 2012 E. 1.2 (nicht publiziert in BGE 138 III 620).

1975 Art. 74 Abs. 2 lit. a BGG.

1976 Art. 42 Abs. 2 BGG; BGE 136 II 489 E. 2.6; 133 II 439 E. 2.2.2.1, 645 E. 2.4); BGer 4A_684/2015 vom 19. April 2016 E. 1.3. i.f.

1977 BGE 140 III 501 E. 1.3; BGE 138 I 232 E. 2.3; BGE 137 III 580 (= Pra 101 [2012] Nr. 51) E. 1.1; BGE 135 III 1 E.1.3; BGE 134 III 367 E. 1.2.; BGE 133 III 493 (= Pra 97 [2008] Nr. 30) E. 1.1.

1978 BGE 140 III 501 E. 1.3; BGE 135 III 1 E.1.3; BGE 133 III 493 (= Pra 97 [2008] Nr. 30) E. 1.

1979 BGE 137 III 580 (= Pra 101 [2012] Nr. 51) E. 1.1; BGE 136 II 489 E. 2.6.; BGE 134 III 267 E. 1.2; BGE 133 III 645 E. 2.4.

1980 BGE 138 I 232 E. 2.3; BGE 137 III 580 (= Pra 101 [2012] Nr. 51) E. 1; BGE 135 III 1 E. 1.3, je mit Hinw.

1981 BGE 134 III 267 E. 1.2.3; BGer 5A_79/2016 vom 5. Oktober 2016 E. 2; BGer 5A_517/2015 vom 7. Dezember 2015 E. 1; BGer 5A_637/2012 vom 17. Januar 2012, E. 1.2.4.

lichen Klärung ruft. Der Beschwerdeführer muss aufzeigen, dass die dem Bundesgericht unterbreitete Konstellation keinen Einzelfall darstellt.[1982]

Die Beschwerde in Zivilsachen ist schliesslich unabhängig vom Streitwert zulässig, wenn ein Bundesgesetz eine einzige kantonale Instanz vorsieht.[1983] Dies ist namentlich dann der Fall, wenn der angefochtene Entscheid von einem Handelsgericht[1984] gefällt wurde (Art. 6 ZPO).[1985] 699

b. Die Beschwerdegründe

ba. Rechtsverletzung

Mit der Beschwerde in Zivilsachen gegen einen Ausweisungsentscheid kann die Verletzung von Bundesrecht, Völkerrecht und kantonalen verfassungsmässigen Rechten gerügt werden.[1986] Die Rechtsanwendung von Bundesrecht wird vom Bundesgericht im Rahmen der Beschwerde in Zivilsachen grundsätzlich uneingeschränkt und frei geprüft.[1987] Das Bundesgericht wendet das Recht von Amtes wegen an.[1988] Die Verletzung von Grundrechten und von kantonalem und interkantonalem Recht prüft es jedoch nur insofern, als eine solche Rüge vorgebracht und begründet worden ist.[1989] Wenn aber ein Grundrecht in ein positives Recht von unterverfassungsmässiger Stufe überführt worden ist, gilt diese Einschränkung nicht mehr.[1990] 700

bb. Offensichtlich unrichtige Feststellung des Sachverhaltes

Beim Sachverhalt handelt es sich um die tatsächlichen Gegebenheiten,[1991] die das Gericht seinem Entscheid zugrunde legt. Das Bundesgericht ist grundsätzlich an die Feststellung des Sachverhaltes durch die Vorinstanz gebunden.[1992] Eine Kontrolle dieses Sachverhaltes durch das Bundesgericht erfolgt nur aus- 701

1982 BGer 4A_684/2015 vom 19. April 2016 E. 1.3; BGer 4A_290/2009 vom 12. August 2009 E. 2.2).

1983 Art. 74 Abs. 2 lit. b BGG.

1984 Dazu oben, Rz. 569 ff.

1985 BGE 138 III 799 (= Pra 102 [2013] Nr. 68) E. 1.1.

1986 Art. 95 BGG.

1987 BSK BGG-Schott, Art. 95 N 3.

1988 Art. 106 Abs. 1 BGG.

1989 Art. 106 Abs. 2 BGG.

1990 BSK BGG-Meyer/Dormann, Art. 106 N 17; beispielsweise der Anspruch auf rechtliches Gehör (Art. 29 Abs 2 BV bzw. Art. 53 ZPO).

1991 Zur Abgrenzung von Sachverhalts- und Rechtsfragen BSK BGG-Schott, Art. 95 N 28 f.

1992 Art. 105 Abs. 1 BGG.

nahmsweise.[1993] Die Feststellung des Sachverhaltes kann nur gerügt werden, wenn sie offensichtlich unrichtig ist oder auf einer Rechtsverletzung im Sinne von Art. 95 BGG beruht. Zusätzlich ist in beiden Fällen erforderlich, dass die Behebung des Mangels für den Ausgang des Verfahrens entscheidend ist.[1994]

702 Eine offensichtlich falsche Feststellung des Sachverhaltes liegt (erst) dann vor, wenn Feststellung oder Würdigung geradezu willkürlich erfolgten.[1995] Da diesfalls zugleich eine Verletzung von Art. 9 BV gegeben ist, die nur geprüft wird, wenn sie vom Beschwerdeführer qualifiziert gerügt wurde, gilt die qualifizierte Rügepflicht gemäss Art. 106 Abs. 2 BGG auch für die offensichtliche Feststellung des Sachverhaltes.[1996]

703 Auf einer Rechtsverletzung im Sinne von Art. 95 BGG beruht die Sachverhaltsfeststellung insbesondere dann, wenn sie auf eine Verletzung der entsprechenden Vorschriften der ZPO über die Feststellung des Sachverhaltes oder allgemein auf eine Verletzung des rechtlichen Gehörs zurückzuführen ist.[1997]

704 Wenn er die Sachverhaltsfeststellung der Vorinstanz anfechten will, muss der Beschwerdeführer klar und substanziiert aufzeigen, inwiefern die gerügten Feststellungen bzw. Unterlassung der von Feststellungen offensichtlich unrichtig sind oder auf einer Rechtsverletzung im Sinne von Art. 95 BGG beruhen.[1998] Soweit der Beschwerdeführer den Sachverhalt ergänzen will, hat er mit Aktenhinweisen darzulegen, dass er entsprechende rechtsrelevante Tatsachen und taugliche Beweismittel bereits bei den Vorinstanzen prozesskonform eingebracht hat.[1999] Neue Tatsachen und Beweismittel dürfen im Beschwerdeverfahren vor Bundesgericht nur so weit vorgebracht werden, als erst der Ent-

---

1993 BSK BGG-SCHOTT, Art. 95 N 27.

1994 Art. 97 Abs. 1 BGG.

1995 Kasuistik bei BSK BGG-SCHOTT, Art. 97 N 11 (u. a. Aktenwidrigkeit, widersprüchliche Sachverhaltsfeststellung, einseitige Beweiswürdigung zu Gunsten einer Partei); vgl. auch BGer 4A_447/2011 vom 20. November 2011 E. 3 m. Hinw. *(«Offensichtlich unrichtig bzw. willkürlich ist eine Feststellung nur, wenn sie unhaltbar ist, nicht hingegen, wenn ein anderer Schluss auch möglich oder gar naheliegender wäre»).*

1996 BSK BGG-SCHOTT, Art. 97 N 10 m. Hinw.; VON WERDT, N 910.

1997 Aber auch eine Verletzung der Bestimmungen der ZPO zur Sachverhaltsfeststellung kann gerügt werden. Weitere Beispiele in DIKE BGG-DOLGE, Art. 97 N 6; VON WERDT, N 914 ff.

1998 BGer 4A_273/2012 vom 30. Oktober 2012 E. 2.1. m. zahlr. Hinw. (nicht publiziert in BGE 138 III 620).

1999 BGer 4A_273/2012 vom 30. Oktober 2012 E. 2.2. mit Hinw. (nicht publiziert in BGE 138 III 620).

scheid der Vorinstanz dazu Anlass gibt. Echte Noven werden im Verfahren vor dem Bundesgericht nicht beachtet.[2000]

Für das Verfahren im Rechtsschutz in klaren Fällen hat das Bundesgericht festgehalten: *«Der Begriff der Liquidität in tatsächlicher und in rechtlicher Hinsicht im Sinne des Art. 257 ZPO ist eine Bundesrechtsfrage und wird daher vom Bundesgericht im Rahmen einer Beschwerde frei geprüft. Ob ein Beweis erbracht ist oder das Gericht aufgrund der Beweisurkunden von der Richtigkeit der Sachdarstellung voll überzeugt ist, ist hingegen eine Frage der Beweiswürdigung* (…), *die das Bundesgericht nur auf Willkür hin überprüfen kann* (…).*»*[2001] 705

c. Das Beschwerdeverfahren

Die Beschwerde ist innert dreissig Tagen nach der Eröffnung des Entscheides beim Bundesgericht einzureichen.[2002] Diese dreissigtägige Frist gilt unabhängig davon, in welcher Verfahrensart das Ausweisungsgesuch im kantonalen Verfahren behandelt wurde, also auch bei einer Ausweisung als Rechtsschutz in klaren Fällen. Die Beschwerdefrist ist nicht erstreckbar, steht aber während den Gerichtsferien nach Art. 46 Abs. 1 BGG still.[2003] 706

Vor dem Bundesgericht besteht kein Anwaltszwang. Die Parteien können den Prozess also auch selber führen.[2004] Die Parteivertretung ist jedoch Anwältinnen und Anwälten vorbehalten.[2005] Die Beschwerde muss innert der Beschwerdefrist mit den Rechtsbegehren und einer vollständiger Begründung eingereicht werden.[2006] Bei der Formulierung des Begehrens ist zu beachten, dass 707

[2000] Echte Noven, die sich also nach dem Entscheid ereignet haben oder entstanden sind, können nicht vom angefochtenen Urteil veranlasst worden sein (BSK BGG-MEYER/DORMANN, Art. 99 N 43); vgl. BGer 4A_192/2013 vom 5.8.2013 E. 2.5.

[2001] BGer 5A_710/2013 vom 17. Februar 2014 E. 2.3.

[2002] Art. 100 Abs. 1 BGG.

[2003] Art. 46 Abs. 1 BGG entspricht Art. 145 Abs. 1 ZPO.

[2004] DIKE BGG-DOLGE, Art. 40 N 1.

[2005] Art. 40 Abs. 1 BGG: *«Anwälte und Anwältinnen, die nach dem Anwaltsgesetz vom 23. Juni 2000 oder nach einem Staatsvertrag berechtigt sind, Parteien vor schweizerischen Gerichtsbehörden zu vertreten»*. Der Anwalt hat eine schriftliche Vollmacht (im Original) einzureichen; der Verweis auf die Vertretung der Partei im vorinstanzlichen Verfahren oder auf eine Vollmacht in den Akten der Vorinstanz reicht nicht aus (BSK BGG-Merz, Art. 40 N 41). Fehlt die Vollmacht, so setzt das Bundesgericht nach Art. 42 Abs. 5 BGG eine Frist, um diese nachzureichen, widrigenfalls wird die Beschwerde nicht beachtet. Auch im Falle eines unzulässigen Vertreters wird dem Vertretenen eine entsprechende Nachfrist nach Art. 42 Abs. 5 BGG gesetzt.

[2006] Art. 42 Abs. 1 BGG.

das Bundesgericht kassatorisch oder reformatorisch urteilen kann.[2007] In der Begründung ist in gedrängter Form darzulegen, inwiefern der Entscheid Recht verletzt.[2008] Der angefochtene Entscheid sowie alle verfügbaren Urkunden, auf die sich der Beschwerdeführer beruft, sind beizulegen.[2009] Mängel wie fehlende Unterschrift, fehlende Vollmacht oder das Fehlen von vorgeschriebenen Beilagen[2010] können innert einer vom Gericht anzusetzenden Frist behoben werden. Für eine fehlende oder unzureichende Begründung wird keine solche Nachfrist zur Verbesserung gesetzt.[2011] Bei offensichtlich unzureichender Begründung tritt das Bundesgericht auf die Beschwerde nicht ein.[2012]

708 Das Bundesgericht setzt dem Beschwerdegegner eine Frist zur Vernehmlassung[2013] und fordert von der Vorinstanz die Verfahrensakten an.[2014] In der Regel finden weder ein zweiter Schriftenwechsel noch eine Verhandlung statt.[2015]

d. Aufschiebende Wirkung

709 Die Beschwerde in Zivilsachen hat keine aufschiebende Wirkung.[2016] Der Instruktionsrichter kann die aufschiebende Wirkung aber vorsorglich oder superprovisorisch von Amtes wegen oder auf Antrag einer Partei anordnen.[2017] Er wird eine Interessensabwägung vornehmen und dabei insbesondere die mutmasslichen Dauer des Beschwerdeverfahrens und die Erfolgsaussichten der Beschwerde berücksichtigen.[2018] Erweist sich die Beschwerde nicht bereits anhand der Beschwerdeschrift als aussichtslos, so ist zweckmässig, auch eine

---

2007 Art. 107 Abs. 2 BGG; für die Rechtsbegehren gilt das oben in Rz. 667 ff. Ausgeführte sinngemäss.

2008 Art. 42 Abs. 2 BGG. Zum Inhalt der Begründung vgl. oben, Rz. 700 ff.

2009 Art. 42 Abs. 3 BGG.

2010 Allerdings dient die Nachfrist nicht dazu, Beweismittel erstmals zu benennen; wird aber in der Beschwerde eine Beilage aufgeführt, die der Rechtsschrift nicht beiliegt, so kann sie nachgereicht werden; BSK BGG-MERZ, Art. 42 N 96.

2011 BSK BGG-MERZ, Art. 42 N 39 und 94.

2012 Art. 108 Abs. 1 lit. a BGG (als Entscheid des Einzelrichters). Ist die Begründung nicht offensichtlich unzureichend sondern nur mangelhaft, so tritt das Gericht ein, wird die Beschwerde jedoch abweisen – sofern sich anhand den gemachten Ausführungen und der Rechtsanwendung von Amtes wegen nicht ergibt, dass die Beschwerde gutgeheissen werden muss; vgl. BSK BGG-MERZ, Art. 42 N 38.

2013 Art. 102 Abs. 1 BGG; davon kann insbesondere abgesehen werden, wenn aufgrund der Beschwerde selbst klar ist, dass diese abgewiesen wird (die Vernehmlassung wird nur *«soweit erforderlich»* eingeholt).

2014 Art. 102 Abs. 2 BGG

2015 Art. 102 Abs. 3 BGG.

2016 Art. 103 Abs. 1 BGG.

2017 Art. 103 Abs. 3 BGG.

2018 Vgl. BSK BGG-MEYER/DORMANN, Art. 103 N 35-38.

Stellungnahme der Gegenseite zum Antrag auf aufschiebende Wirkung einzuholen.

Der Beschwerde des Ausgewiesenen gegen den Ausweisungsentscheid wird vom Bundesgericht regelmässig – aber keineswegs automatisch – die aufschiebende Wirkung gewährt.[2019] Bisweilen wird über den Antrag auf aufschiebende Wirkung bis zur Eröffnung des Beschwerdeentscheids[2020] oder dem Vollzug der Räumung im laufenden Verfahren[2021] nicht entschieden. Solange die aufschiebende Wirkung nicht erteilt ist, ist der kantonale Ausweisungsentscheid vollstreckbar. 710

e. Der Entscheid

Heisst das Bundesgericht die Beschwerde gut, kann es entweder in der Sache selbst entscheiden (reformatorischer Entscheid) oder sie zur neuen Beurteilung an die Vorinstanz zurückweisen (kassatorischer Entscheid). Aus prozessökonomischen Überlegungen wird wenn möglich ein reformatorischer Entscheid ergehen.[2022] Nach Art. 61 BGG erwächst der Entscheid des Bundesgerichts am 711

[2019] Vgl. BGer 4A_509/2016 vom 1. Dezember 2016 (Beschwerde gegen einen Entscheid des Handelsgerichts, eingereicht am 12. September 2016, implizite Abweisung des Antrags um aufschiebende Wirkung am 13. und 15. September 2016, Räumung vollzogen am 28. September 2016, Abschreibung des Verfahrens zufolge Gegenstandlosigkeit); BGer 4A_447/2011 vom 20. September 2011 (Antrag um aufschiebende Wirkung abgewiesen, keine Beschwerdeantwort eingeholt); BGer 4A_697/2012 vom 22. Januar 2013 (Antrag um aufschiebende Wirkung abgewiesen); BGer 4D_83/2012 vom 25. Oktober 2012 (Antrag um aufschiebende Wirkung abgewiesen); BGer 4A_120/2011 vom 17. März 2011 (Antrag um aufschiebende Wirkung abgewiesen, Beschwerde zurückgezogen); vgl. auch BGer 4A_622/2013 vom 26. Mai 2014 (Nichteintreten auf das Gesuch um aufschiebende Wirkung, das nach Auszug der Mieter gestellt wurde). Aufschiebende Wirkung gewährt wurde z.B. in BGer 4A_306/2016 vom 5. Juli 2016; BGer 4A_541/2015 vom 20. Mai 2016; BGer 4A_583/2015 vom 8. Januar 2016; BGer 4A_184/2015 vom 11. August 2015; BGer 4A_667/2014 vom 12. März 2015; BGer 5A_178/2014 vom 26. Juni 2014; BGer 4A_581/2013 vom 7. April 2014; BGer 4A_469/2013 vom 14. November 2013; BGer 5A_302/2012 vom 4. Juni 2012; BGer 4A_519/2011;BGer 4A_451/2011 vom 29. November 2011;

[2020] Der Antrag auf aufschiebende Wirkung wird mit dann gegenstandslos; BGer 4A_193/2016 vom 12. Mai 2016; BGer 4A_193/2016 vom 12. Mai 2016 (Beschwerde eingereicht am 30. März 2016); BGer 4A_4/2016 vom 7. März 2016 (Beschwerde eingereicht am 5. Januar 2016); BGer 4D_33/2013 vom 17. Juni 2013 (Beschwerde eingereicht am 10. Juni 2013); BGer 4A_379/2013 vom 9. Oktober 2013 (Beschwerde eingereicht am 22. August 2013);BGer 4A_357/2012 vom 22. Juni 2012 (Beschwerde am 14. Juni 2012 eingereicht); vgl. auch BGer 4A_373/2016 vom 29. Juli 2016 (Vollstreckung eines gerichtlichen Vergleichs, Kleinzoo in Fliegerhalle, aus praktischen Gründen war hier wohl ohnehin keine zeitnahe Räumung zu erwarten).

[2021] Die Beschwerde wird dann gegenstandlos (dazu unten, Rz. 724).

[2022] DIKE BGG-SPÜHLER, Art. 107 N 2.

Tag seiner Ausfällung in Rechtskraft. Dies steht im Widerspruch zum Prinzip, wonach nur ein eröffneter Entscheid Rechtswirksamkeit entfaltet.[2023] Den Parteien wird der Entscheid freilich erst mit seiner Eröffnung bekannt. Gleichzeitig mit der Rechtskraft des Entscheids endet auch eine allenfalls angeordnete aufschiebende Wirkung.[2024] Wird die Beschwerde gegen einen Ausweisungsentscheid abgewiesen oder darauf nicht eingetreten, kann die Ausweisung vollstreckt werden.

712 Gegen den Entscheid des Bundesgerichts steht kein Rechtsmittel an eine höhere Instanz zur Verfügung. Die unterlegene Partei hat zwar grundsätzlich noch die Möglichkeit, den Europäischen Gerichtshof für Menschenrechte (EGMR) anzurufen.[2025] Dieser kann jedoch nur eine Verletzung der EMRK feststellen, nicht aber den Entscheid des Bundesgerichts aufheben.[2026] Auch während eines laufenden Verfahrens vor dem EGMR bleibt der Entscheid des Bundesgerichts rechtskräftig und die Ausweisung vollstreckbar.

3. Subsidiäre Verfassungsbeschwerde

713 Die subsidiäre Verfassungsbeschwerde ist zu prüfen, wenn eine Beschwerde in Zivilsachen nicht zulässig ist. Stellt das Bundesgericht fest, dass sich die eingereichte Beschwerde in Zivilsachen als nicht zulässig erweist, nimmt sie sie von Amtes wegen als subsidiäre Verfassungsbeschwerde entgegen.[2027] Nach Art. 119 Abs. 1 BGG kann der Beschwerdeführer auch beiden Beschwerden gleichzeitig und in derselben Rechtsschrift erheben. Sie werden dann im selben Verfahren verhandelt. Für das Verfahren, die aufschiebende Wirkung und den Entscheid kann auf die vorstehenden Ausführungen zur Beschwerde in Zivilsachen verwiesen werden.[2028]

[2023] BGE 122 I 97 *(«Ein Urteil erlangt erst mit der offiziellen Mitteilung an die Parteien rechtliche Existenz. Solange es nicht mitgeteilt wurde, existiert es nicht. seine Unwirksamkeit muss von Amtes wegen beachtet werden»);* BSK BGG-HEIMGARTNER/WIPRÄCHTIGER, Art. 61 N 2.

[2024] DIKE BGG-SPÜHLER, Art. 61 N 1.

[2025] BSK BGG-HEIMGARTNER/WIPRÄCHTIGER, Art. 61 N 32.

[2026] Hat der EGMR endgültig eine Verletzung der Menschenrechtskonvention festgestellt und ist eine Entschädigung nicht geeignet, die Folgen der Verletzung auszugleichen, so besteht ein Revisionsgrund nach Art. 122 BGG, sofern die Revision notwendig ist, um die Verletzung zu beseitigen. Die Gründe hierfür muss der Gesuchsteller darlegen (BSK BGG-ESCHER, Art. 122 N 6).

[2027] Oben, Rz. 695, Fn 1966.

[2028] Art. 117 BGG erklärt die Artikel 90–94 (Anfechtungsobjekt), Art. 99 (neue Tatsachen und Beweismittel nur soweit erst der Entscheid der Vorinstanz dazu Anlass gibt, neue Begehren unzulässig), Art. 100 (30 Tage Beschwerdefrist), Art. 102 (Vernehmlassung

Mit der subsidiären Verfassungsbeschwerde kann nach Art. 116 BGG nur die Verletzung verfassungsmässiger Rechte gerügt werden. Der Beschwerdeführer muss die Verletzung von Grundrechten in der Beschwerdeschrift vorbringen und präzise begründen. Die Verletzung von Grundrechten wird vom Bundesgericht nicht von Amtes wegen geprüft.[2029] Das Bundesgericht prüft nur klar und detailliert erhobene und, soweit möglich, belegte Rügen.[2030] 714

Im Vordergrund steht regelmässig die Willkürrüge. Wird eine Verletzung des Willkürverbots (Art. 9 BV) geltend gemacht, hat der Beschwerdeführer anhand der Erwägungen des angefochtenen Entscheids im Einzelnen aufzuzeigen, inwiefern diese offensichtlich unhaltbar sind.[2031] Willkür liegt nicht dann schon vor, wenn eine andere Lösung ebenfalls vertretbar erscheint oder sogar vorzuziehen wäre. Erforderlich ist, dass der Entscheid offensichtlich unhaltbar ist, mit der tatsächlichen Situation in klarem Widerspruch steht, eine Norm oder einen unumstrittenen Rechtsgrundsatz krass verletzt oder in stossender Weise dem Gerechtigkeitsgedanken zuwiderläuft. Der Entscheid muss nicht nur in der Begründung sondern auch im Ergebnis willkürlich sein.[2032] 715

---

soweit erforderlich, vorinstanzliche Akten, regelmässig kein zweiter Schriftenwechsel), Art. 103 Abs. 1 und 3 (keine aufschiebende Wirkung soweit nicht vom Instruktionsrichter angeordnet), Art. 104, Art. 106 Abs. 2 (Prüfung von Verletzung von Grundrechten nur auf entsprechende, begründete Rüge), Art. 107 (Entscheid) sowie Art. 108–112 BGG sinngemäss für anwendbar. Sodann gelten die allgemeinen Bestimmungen des 2. Kapitels des BGG (Art. 29–71 BGG) ohnehin auch bei der subsidiären Verfassungsbeschwerde.

2029 Art. 106 Abs. 2 i. V. m. Art. 117 BGG.

2030 BGer 4D_28/2014 vom 15. April 2014 E. 3 m. Hinw. auf BGE 138 I 171 E. 1.4.; BGE 136 I 332 E. 2.1. und BGE 134 II 244 E. 2.1 und 2.2, je wiederum mit Hinweisen).

2031 BGE 135 III 232 E. 1.2. m. Hinw.; BGer 4D_28/2014 vom 15. April 2014 E. 3.

2032 Zum Ganzen BGE 140 III 16 E. 2.1 m. Hinw. und BGE 139 III 334 E. 3.2.1 m. Hinw.

§ 19 Zum Rechtsschutzinteresse nach Auszug des Mieters

I. Vorbemerkung

716 Voraussetzung jedes gerichtlichen Verfahrens ist das Vorliegen eines schutzwürdigen Interesses der klagenden bzw. gesuchstellenden Partei. Für den Zivilprozess vor kantonalen Instanzen ist dies in Art. 59 Abs. 2 lit. a ZPO festgehalten. Diese Bestimmung ist auch im kantonalen Rechtsmittelverfahren anwendbar. Auch zur Beschwerde in Zivilsachen vor dem Bundesgericht ist nur legitimiert, wer durch den angefochtenen Entscheid besonders berührt ist und ein schutzwürdiges Interesse an dessen Aufhebung hat. Das Rechtsschutzinteresse nach Art. 76 Abs. 2 lit. b BGG entspricht demjenigen in den kantonalen Verfahren.[2033] Sowohl im kantonalen Rechtsmittelverfahren als auch im Beschwerdeverfahren vor Bundesgericht ist erforderlich, dass der Beschwerdeführer ein persönliches, aktuelles, schutzwürdiges Interesse an der Aufhebung des angefochtenen Entscheids hat.[2034]

II. Auszug vor Einreichen des Ausweisungsgesuchs

717 Hat der Mieter das Mietobjekt bereits vor Einreichen des Ausweisungsbegehrens geräumt, so fehlt dem Vermieter das erforderliche Rechtsschutzinteresse. Auf das Ausweisungsbegehren ist daher nicht einzutreten.

718 Das Rechtsschutzinteresse beurteilt sich anhand der gestellten Rechtsbegehren. Verlangt der Gesuchsteller lediglich, die Gegenpartei sei zu verpflichten, das Mietobjekt zu verlassen, so ist dies anders zu beurteilen, als wenn er die vertragsgemässe Rückgabe des Mietobjekts verlangt. Diese umfasst insbesondere auch die Rückgabe aller Schlüssel zu demselben. Ist dies nicht erfolgt, besteht daran auch nach dem Auszug des Mieters weiterhin ein schutzwürdiges Interesse.[2035] Er kann vom ausgezogenen Mieter – gegebenenfalls auch im Verfahren um Rechtsschutz in klaren Fällen – die Rückgabe aller Schlüssel zum Mietobjekt fordern, sofern er dies für erfolgsversprechend hält. Diesfalls handelt es sich jedoch nicht um ein *«Ausweisungsgesuch»*.

2033 Botschaft ZPO, S. 7276.

2034 BSK BGG-KLETT, Art. 76 N 4.

2035 Vgl. oben, Rz. 628.

III. Auszug während des Ausweisungsverfahrens

719 Verlässt der Mieter das Mietobjekt im laufenden Ausweisungsverfahren mit seinem Hab und Gut endgültig, so fällt das Rechtsschutzinteresse des Vermieters dahin, denn er hat erreicht, was er mit dem Gesuch bezwecken wollte. Das Verfahren wird gegenstandslos.

720 Die Prozesskosten sind nach Ermessen zu verteilen (Art. 107 Abs. 1 lit. e ZPO). Nach einer gängigen Formulierung ist hierbei etwa zu berücksichtigen, welche Partei Anlass zur Klage bzw. zum Gesuch gegeben hat, welches der mutmassliche Prozessausgang gewesen wäre und bei welcher Partei die Gründe eingetreten sind, die zur Gegenstandslosigkeit geführt haben.[2036] Dies wird in der Regel dazu führen, dass die Kosten dem ehemaligen Mieter auferlegt werden, sofern das Ausweisungsgesuch nicht offensichtlich aussichtslos gewesen ist. Abzulehnen ist es, den Auszug des Mieters als *«konkludente Klageanerkennung»* zu qualifizieren.[2037] Eine Klageanerkennung im Sinne von Art. 241 ZPO setzt eine Willenserklärung des Beklagten gegenüber dem Gericht voraus.[2038]

721 Hat der Mieter das Mietobjekt definitiv verlassen ohne aber dem Vermieter alle Schlüssel zu retournieren, so steht es dem Vermieter frei, eine entsprechende Klageänderung vorzunehmen.[2039] Diese ist auch nach Eintritt des Aktenschlusses noch möglich, da sie auf dem Auszug des Mieters beruht, einer neuen Tatsache im Sinne von Art. 230 Abs. 1 lit. b ZPO.

722 Ist der Mieter im Laufe des Verfahrens lediglich nicht mehr auffindbar, hat er aber seinen Hausrat zurückgelassen, so ist nicht leichthin davon auszugehen, dass der Mieter das Mietobjekt aufgegeben hat. Auch ist er seiner Pflicht zum Räumen des Mietobjekts und zur Rückgabe der Schlüssel nicht nachgekommen. Das Verfahren wird daher nicht gegenstandslos, sondern ist grundsätzlich durchzuführen. Ebenso ist zu verfahren, wenn der Mieter seine Wohnung im laufenden Verfahren einer Drittperson überlassen hat, sofern kein Rückzug erfolgt.[2040]

2036 Oft zitierte Botschaft ZPO, S. 7297.

2037 Vgl. KUKO ZPO-Naegeli, Art. 242 N 4; Berger/Güngerich, Rz. 882.

2038 So auch ZK ZPO-Leumann Liebster, Art. 241 N 13; BK ZPO-Killias, Art. 241 N 25; Stämpfli ZPO-Wohlmann, Art. 241 N 5; CR CPC-Tappy, Art. 241 N 23.

2039 Dazu oben, Rz. 628.

2040 Dazu oben, Rz. 319 ff.

IV. Auszug vor oder während des Rechtsmittelverfahrens

1. Fehlendes Interesse bzw. Gegenstandslosigkeit

Wurde das Ausweisungsbegehren abgewiesen bzw. darauf nicht eingetreten 723 und erhebt der Vermieter dagegen ein Rechtsmittel, so gilt das oben Ausgeführte: Sollte der Mieter trotz erstinstanzlich gescheitertem Ausweisungsbegehren des Vermieters vor Einreichen des Rechtsmittels des Vermieters aus der Liegenschaft ausgezogen sein, wird die Rechtsmittelinstanz mangels Rechtsschutzinteresse der anfechtenden Partei einen Nichteintretensentscheid fällen. Ein Auszug des Mieters im laufenden Rechtsmittelverfahren führt zur Abschreibung des Rechtsmittelverfahrens zufolge Gegenstandslosigkeit.[2041]

Nach der Rechtsprechung des Bundesgerichts gilt dies auch, wenn das Aus- 724 weisungsbegehren gutgeheissen wurde und der Mieter dagegen ein Rechtsmittel erhebt. Nachdem er das Mietobjekt definitiv verlassen hat, hat er kein aktuelles Interesse mehr an der Aufhebung des angefochtenen Ausweisungsentscheids. Zieht er vor Einreichen des Rechtsmittels aus, ist auf das Rechtsmittel nicht einzutreten; nach einem Auszug im laufenden Rechtsmittelverfahren ist dieses gegenstandslos.[2042] Nicht massgeblich ist, ob der Auszug des Mieters freiwillig erfolgte, oder ob die Räumung im laufenden Rechtsmittelverfahren mangels aufschiebender Wirkung des Rechtsmittels vollzogen wurde, wie dies grundsätzlich insbesondere im kantonalen Beschwerdeverfahren oder während des Beschwerdeverfahrens vor Bundesgericht möglich ist.[2043]

Im Verfahren vor Bundesgericht wird in Ausnahmefällen auf das Erfordernis 725 des aktuellen praktischen Interesses verzichtet, wenn sich die aufgeworfene Frage jederzeit unter gleichen oder ähnlichen Umständen wieder stellen könnte, an ihrer Beantwortung wegen der grundsätzlichen Bedeutung ein öffentli-

---

[2041] BGer 4A_34/2008 vom 9. April 2009 E. 2.4; BGE 85 II 286 E. 2.

[2042] BGer 4A_493/2011 vom 23. Januar 2012 E. 1.3; BGer 4A_352/2011 vom 5. August 2011 E. 1; BGer 4A_622/2013 vom 26. Mai 2014 E. 1; so bereits BGE 131 I 242 E. 3.3; vgl. aber BGer 4A_568/2012 vom 29. Oktober 2012 (Gegenstand des Verfahrens war nicht nur die Ausweisung, sondern die Gültigkeit der Kündigung – vgl. dazu oben, Rz. 370 f. – Gegenstandslosigkeit des parallelen Kündigungsschutzverfahrens nach rechtskräftigem Ausweisungsentscheid); vgl. auch BGer 4A_38/2007 vom 7. August 2007 E. 2.1 (dem Einwand des Vermieters, der Mieter benutze die Räumlichkeiten, aus welchen er ausgewiesen worden sei, gar nicht, hielt das Bundesgericht entgegen, dazu sei der Mieter mangels gegenteiliger vertraglicher Abmachung auch nicht verpflichtet).

[2043] Statt vieler BGer 4D_79/2015 vom 22. Januar 2016 E. 2.1; BGer 4A_364/2014 vom 18. September 2014; BGer 4A_622/2013 vom 26. Mai 2014, E. 1.

ches Interesse besteht, sie aber im Einzelfall kaum je rechtzeitig überprüft werden könnte.[2044]

2. Überprüfung des Kostenentscheids / Gewährung der unentgeltlichen Rechtspflege

726 Besteht nach Auszug des Mieters kein aktuelles Interesse mehr an einem Hauptsachenentscheid, so können die Parteien dennoch gegen den Kostenentscheid des erstinstanzlichen Verfahrens Beschwerde führen, denn dadurch werden sie nach wie vor persönlich und unmittelbar in ihren Interessen betroffen. Es ist aber nicht möglich, indirekt über den Kostenentscheid eine Überprüfung des Hauptentscheides zu verlangen. Die anfechtende Partei kann nur geltend machen, die Kostenverlegung sei aus einem anderen Grund, als dem blossen Umstand, dass sie in der Hauptsache unterlag, verfassungs- oder bundesrechtswidrig.[2045] Dies muss also besonders begründet werden.

727 Ebenfalls auch nach Auszug der Mieters einzutreten ist auf die Beschwerde gegen die Verweigerung der unentgeltlichen Rechtspflege im kantonalen Verfahren.[2046]

3. Anspruch auf Begründung des Entscheides

728 Auch wenn der Mieter das Mietobjekt vor oder kurz nach Eröffnung des erstinstanzlichen Entscheids verlassen hat, hat er Anspruch auf eine schriftliche Begründung des Entscheides, sofern er diese innert der zehntägigen Frist nach Art. 239 Abs. 2 ZPO verlangt. Das Anrecht auf eine schriftliche Entscheidbegründung ergibt sich aus dem Anspruch auf rechtliches Gehör und besteht unabhängig von der Legitimation zur Rechtsmittelerhebung. Aus demselben Grund kann auch der Vermieter die Begründung des Entscheides verlangen, unabhängig davon, ob er obsiegt hat oder unterlegen ist.

[2044] Statt vieler BGE 135 II 430 E. 2.2; BGE 116 II 721 E. 6; BGer 4A_493/2011 vom 23. Februar 2012 E. 1.2 und 1.3.

[2045] BGE 109 Ia 90; BGer 4A_364/2014 vom 18. September 2014 E. 1.2.2; BGer 4A_352/2011 vom 5. August 2011 E. 2 m. Hinw.

[2046] BGer 4A_622/2013 vom 26. Mai 2014 E. 1.

V. Klage auf Schadenersatz nach vollzogener Räumung?

Wird das Mietobjekt gestützt auf einen vollstreckbaren Entscheid geräumt und dem Vermieter übergeben, so kann der Vermieter es einem neuen Mieter zur Verfügung stellen. In den meisten Fällen ist ein Wiedereinsetzen des ursprünglichen Mieters in den Besitz nach Vollzug der Räumung illusorisch. Eine Klage auf Schadenersatz ist hingegen grundsätzlich denkbar. Fraglich erscheint, ob auf eine solche Klage eingetreten werden kann. 729

Wenn die Ausweisung als vorsorgliche Massnahme angeordnet wurde, hat der Mieter noch die Möglichkeit, in einem ordentlichen Prozess Schadenersatz vom Vermieter zu fordern und die Gültigkeit der Kündigung überprüfen zu lassen, denn über die Gültigkeit der Vertragsbeendigung und die Rechtmässigkeit der Ausweisung hat kein Gericht materiell rechtskräftig entschieden.[2047] Ebenso wenig entfällt das Rechtsschutzinteresse des Mieters in einem Kündigungsschutzverfahren nach Vollzug einer parallel dazu erwirkten vorsorglichen Ausweisung.[2048] 730

Anders zeigt sich die Situation, wenn der Ausweisungsentscheid der materiellen Rechtskraft fähig ist, wie insbesondere bei einem im Verfahren um Rechtsschutz in klaren Fällen ergangenen Entscheid. Zwar erwächst der (inzidente) Entscheid über die Gültigkeit der Kündigung als Vorfrage im rechtskräftigen Ausweisungsentscheid formell nicht in Rechtskraft. Über die Pflicht des Mieters zum Verlassen des Mietobjekts wurde aber rechtskräftig entschieden. Darauf ist auch in einem Schadenersatzprozess nicht zurückzukommen. Mit anderen Worten ist ein Schadenersatzprozess wegen unberechtigter Ausweisung nicht möglich. Das Kündigungsschutzverfahren wird mit Rechtskraft des Ausweisungsentscheids, spätestens aber mit Vollzug der Ausweisung gegenstandslos.[2049] 731

[2047] Vgl. zum alten Recht BGE 131 I 242 E: 3.3 und § 264 Abs. 4 ZPO BS (nach baselstädtischem Prozessrecht hatte der im Verfahren nach § 264 Abs. 4 ZPO BS ausgewiesene Mieter nach erfolgter Vollstreckung immer noch das Recht, in einem ordentlichen Prozess gegen den Vermieter Schadenersatz geltend zu machen).

[2048] Oben, Rz. 535; vgl. STAEHELIN, ZZZ, 290 f. Nach Auszug des Mieters besteht hingegen grundsätzlich kein Rechtsschutzinteresse des Vermieters mehr an der Prosekutionsklage, oben, Rz. 534.

[2049] Oben, Rz. 371.

Vierter Teil:

Vollstreckungsverfahren und Vollzug

§ 20 Das gerichtliche Vollstreckungsverfahren

I. Grundsatz und Zuständigkeit

Der gutheissende Ausweisungsentscheid verpflichtet den eingeklagten Benutzer der Liegenschaft, diese zu räumen. Kommt er dieser Pflicht nicht nach, muss das Urteil zwangsweise durchgesetzt werden können. Sofern der Gesuchsteller bzw. Kläger im Entscheidverfahren einen entsprechenden Antrag gestellt hat, kann das Gericht gleichzeitig mit dem Erlass des Erkenntnisentscheids direkte Vollstreckungsmassnahmen anordnen.[2050] Dies ist bei der Mieterausweisung regelmässig der Fall.[2051] Fehlen aber direkte Vollstreckungsmassnahmen im Ausweisungsentscheid, so muss der ehemalige Vermieter nach Eintritt der Vollstreckbarkeit zusätzlich ein gerichtliches Vollstreckungsverfahren einleiten, um die zwangsweise Vollstreckung des Entscheides zu erreichen. Einschlägig sind dann die Art. 335 ff. ZPO. 732

Nicht vollstreckbar sind Feststellungs- und Gestaltungsurteile, insbesondere die gerichtliche Abweisung einer durch den Mieter erhobenen Kündigungsanfechtungsklage respektive die Feststellung der Gültigkeit einer Kündigung ebenso wie eine gerichtliche Erstreckung des Mietvertrages. Der Vermieter bzw. Liegenschaftseigentümer muss auch diesfalls zunächst ein Leistungsurteil gegen denjenigen erwirken, der das Mietobjekt zu verlassen hat. 733

Gerichtlichen Entscheiden gleichgestellt sind die sogenannten Entscheidsurrogate – Klageanerkennung, Klagerückzug und Vergleich – unabhängig davon, ob diese vor Gericht[2052] oder vor der Schlichtungsbehörde[2053] protokolliert und unterzeichnet wurden. Einigen sich Vermieter und Mieter im Laufe eines Kündigungsschutz- oder Ausweisungsverfahrens auf einen definitiven Auszugstermin und verpflichtet sich der Mieter im Vergleich, das Mietobjekt spätestens bis zu einem bestimmten Zeitpunkt zu räumen, so kann der Vermieter diesen Vergleich im Unterlassungsfall ebenfalls nach Art. 335 ff. ZPO vollstrecken lassen.[2054] 734

2050 Art. 236 Abs. 3 ZPO; vgl. oben, Rz. 633 ff., Rz. 641.

2051 Dazu oben, Rz. 634.

2052 Art. 241 Abs. 2 ZPO.

2053 Art. 208 Abs. 2 ZPO; allerdings hat im Schlichtungsverfahren nur der vorbehaltlose Klagerückzug dieselbe Wirkung wie ein Klagerückzug vor Gericht. Eine Ausweisung gestützt auf einen Klagerückzug ist freilich – im Unterschied zu Klageanerkennung und Vergleich – kaum vorstellbar.

2054 Dazu oben, Rz. 330 ff., insb. Rz. 334.

735 Schliesslich sind unter ganz bestimmten Voraussetzungen auch Ausweisungsentscheide ausländischer Gerichte über Mietobjekte in der Schweiz möglich.[2055] Anerkennung und Vollstreckung eines ausländischen Entscheides richten sich ebenfalls nach dem 10. Titel der schweizerischen ZPO, soweit weder ein einschlägiger Staatsvertrag (namentlich das LugÜ) noch das IPRG etwas anderes bestimmen (Art. 335 Abs. 3 ZPO).[2056]

736 Für das Vollstreckungsverfahren zwingend örtlich zuständig sind alternativ die Gerichte am Wohnsitz bzw. Sitz der unterlegenen Partei, am Ort, wo die Vollstreckung zu vollziehen ist, oder am Ort, an welchem der Erkenntnisentscheid gefällt wurde (Art. 339 Abs. 1 ZPO). Im Falle der Mieterausweisung fallen diese drei Orte regelmässig am Lageort der Räumlichkeiten zusammen. Zwingend ist dies indes nicht, wie sich bei Geschäftsräumen oder Ferienwohnungen zeigt.[2057] Mit Blick auf die in den einzelnen Kantonen unterschiedliche Vollzugspraxis, die sich in der Wahl der Vollstreckungsmassnahmen wiederspiegeln sollte,[2058] wird mit Vorteil das Vollstreckungsgericht am Lageort des zu

---

2055 Zur internationalen Zuständigkeit nach dem LugÜ vgl. oben Rz. 583 ff. Art. 22 Abs. 1 LugÜ statuiert eine zwingende Zuständigkeit der Gerichte am Ort der gelegenen Sache. Ausnahmen bestehen nur für Miete und Pacht zum vorübergehenden privaten Gebrauch von höchstens sechs Monaten Dauer (dazu oben, Rz. 586). Entscheiden aus LugÜ-Staaten, die in Missachtung von Art. 22 Abs. 1 LugÜ ergangen sind, wird die Anerkennung und Vollstreckung in der Schweiz verweigert (Art. 35 Abs. 1 LugÜ). Die Zuständigkeit in *«Nicht-LugÜ-Staaten»* beurteilt sich nach dem im jeweiligen Staat geltenden internationalen Recht; die Anerkennung und Vollstreckbarerklärung von Entscheiden aus Drittsstaaten richtet sich nicht nach dem LugÜ sondern – wo kein anderer Staatsvertrag einschlägig – nach Art. 25 ff. IPRG. Für dingliche Rechte an Grundstücken in der Schweiz sind Schweizer Gerichte ausschliesslich zuständig. Ausländische Entscheide über dingliche Rechte an Schweizer Grundstücken werden nicht anerkannt (Art. 97 i.V.m. Art. 108 Abs. 1 IPRG). Für mietrechtliche Ansprüche besteht kein solcher Vorbehalt, so dass die Anerkennung eines ausländischen mietrechtlichen Entscheids über ein Mietobjekt in der Schweiz grundsätzlich möglich erscheint, sofern die Zuständigkeit des erlassenden Gerichts nach Art. 26 IPRG begründet war – was allerdings mit Blick auf die zwingende Zuständigkeit nach Art. 22 Abs. 1 LugÜ (vgl. aber Art. 26 lit. a IPRG) und den teilzwingenden Art. 33 ZPO (welcher nur im Binnenverhältnis gilt) stossend erscheint.

2056 Der umgekehrte Fall, die Vollstreckung eines schweizerischen Ausweisungsentscheides im Ausland, wird an dieser Stelle nicht weiter behandelt. Im Verhältnis mit den europäischen Nachbarländern (mit Ausnahme von Liechtenstein) ist für die Anerkennung und Vollstreckbarerklärung eines Ausweisungsentscheides aus der Schweiz das LugÜ anwendbar. Nach Art. 22 Abs. 5 LugÜ besteht für Zwangsvollstreckungsverfahren eine zwingende internationale Zuständigkeit am Ort der Vollstreckung. Die konkrete Vollstreckung und der Vollzug richten sich nach dem jeweiligen nationalen Recht am Vollzugsort.

2057 Vgl. oben die örtliche Zuständigkeit des Erkenntnisgerichts in Rz. 578 ff.

2058 Dazu unten, Rz. 739.

räumenden Objekts angerufen. Die sachliche Zuständigkeit bestimmt sich nach kantonalem Recht. In der Regel ist das Einzelgericht zuständig.[2059]

Nachfolgend wird das gerichtliche Vollstreckungsverfahren kurz dargestellt. 737
Anschliessend wird das unter umgekehrten Vorzeichen geführte Einstellungsverfahren erläutert, welches einschlägig ist, wenn im Erkenntnisentscheid direkte Vollstreckungsmassnahmen angeordnet wurden. Die einzelnen Vollstreckungsmassnahmen bilden Gegenstand des nächsten Kapitels.

II. Das Vollstreckungsverfahren

1. Das Vollstreckungsgesuch

Das Vollstreckungsverfahren ist ein eigenes summarisches Verfahren.[2060] Es 738
wird durch ein Vollstreckungsgesuch der obsiegenden Partei eingeleitet.[2061] Der zu vollstreckende Entscheid ist genau zu bezeichnen und in Kopie beizulegen.[2062] Eine Vollstreckbarkeitsbescheinigung des erkennenden Gerichts ist nicht zwingend erforderlich, wenn dem Vollstreckungsgericht die Voraussetzungen der Vollstreckbarkeit auf andere Weise dargelegt werden können.[2063] Bei einem Ausweisungsentscheid wird es sich regelmässig um einen Entscheid desselben Gerichts (wenn auch nicht desselben Spruchkörpers) handeln.[2064] Sollte es seit Erlass des Ausweisungsentscheides auf Seiten des Vermieters oder des Mieters[2065] zu einem Wechsel gekommen sein, so ist auch die Rechtsnachfolge durch Urkunden zu belegen.[2066]

[2059] Z.B. § 71 Abs. 1 Ziff. 1 lit. b GOG BS; § 24 lit. e GOG ZH; Art. 8 Abs. 1 EG ZSJ BE.

[2060] Art. 339 Abs. 2 ZPO; insbesondere sind die Gerichtsferien unbeachtlich (Art. 145 Abs. 2 und 3 ZPO).

[2061] Art. 335 Abs. 1 ZPO.

[2062] Das Original oder eine beglaubigte Kopie ist nur vorzulegen, wenn die Gegenpartei glaubhaft macht, dass es sich bei der eingereichten Kopie um eine Fälschung handle (Art. 180 Abs. 1 ZPO), ZK ZPO-D. STAEHELIN, Art. 338 N 6; BSK ZPO-DROESE, Art. 338 N 14; BK ZPO-KELLERHALS, Art. 338 N 10.

[2063] ZK ZPO-D. STAEHELIN, Art. 336 N 24; BSK ZPO-DROESE, Art. 338 N 17.

[2064] Oben, Rz. 736.

[2065] Insbesondere auf der Mieterseite ist zwischen der Übertragung des Besitzes auf einen Dritten und einer eigentlichen Rechtsnachfolge (z.B. durch Erbgang, Fusion) zu unterscheiden. Der Ausweisungsentscheid zeitigt seine Wirkungen nur gegen die im Entscheid genannte, unterlegene Partei und deren Rechtsnachfolger. Zur Wirkung des Ausweisungsentscheides gegen Dritte vgl. oben Rz. 276 ff.

[2066] BSK ZPO-DROESE, Art. 338 N 16; ZK ZPO-D. STAEHELIN, Art. 338 N 9.

739 Die obsiegende Partei kann[2067] dem Vollstreckungsgericht konkrete Vollstreckungsmassnahmen beantragen. Das Vollstreckungsgericht ist aber nicht an den Antrag des Gesuchstellers gebunden, sondern entscheidet von Amtes wegen unter Berücksichtigung der Umstände des Einzelfalles über die geeigneten bzw. wirksamsten und verhältnismässigen Vollstreckungsmassnahmen.[2068] Massgebend werden hierbei in erster Linie die Vollzugspraxis bzw. die Umsetzungsmöglichkeiten im betreffenden Kanton sein.[2069] Es können auch mehrere Massnahmen miteinander kombiniert werden.[2070]

740 Es ist sinnvoll, dass der Gesuchsteller allfällige besondere Umstände des konkreten Falles im Vollstreckungsgesuch darlegt und auf mögliche oder zu erwartende Schwierigkeiten hinweist. So ermöglicht er es dem Gericht, unter Berücksichtigung der kantonalen Vollzugsmöglichkeiten die geeigneten Massnahmen anzuordnen. Beispielsweise erfordert die Räumung einer Arztpraxis[2071] ein anderes Vorgehen als die Räumung einer Wohnung. Aber auch wenn dem Vermieter bekannt ist, dass der Mieter beispielsweise gefährliche Haustiere hält oder psychisch angeschlagen ist, sollte er dies mit Vorteil bereits im Vollstreckungsgesuch erwähnen.

741 Der Gesuchsteller kann zur Leistung eines Kostenvorschusses für das gerichtliche Vollstreckungsverfahren angehalten werden. Dies ist nicht zu verwechseln mit einem Kostenvorschuss für einen allfälligen amtlichen Vollzug des Entscheids.

2067 Es genügt aber auch das Rechtsbegehren *«Der Entscheid des Zivilgericht Basel-Stadt vom 31. März 2017 (Verfahren Nr. XXX) sei zu vollstrecken.»*

2068 BSK ZPO-ZINSLI, Art. 343 N 4; ZK ZPO-D. STAEHELIN, Art. 343 N 14 m. Hinw.; BK ZPO-KELLERHALS, Art. 343 N 10; KUKO ZPO-KOFMEL EHRENZELLER, Art. 343 N 4; eine Ausnahme gilt für Schadenersatz und Umwandlung der geschuldeten Leistung in eine Geldleistung nach Art. 345 ZPO, was nur auf entsprechenden Antrag der obsiegenden Partei möglich ist. BSK ZPO-DROESE, Art. 338 N 6; ZK ZPO-D. STAEHELIN, Art. 343 N 14 m. Hinw. Vereinzelt wird auch vertreten, die Anordnung einer direkten Zwangsmassnahme (Art. 343 Abs. 1 lit. d ZPO) bedürfe eines expliziten entsprechenden Antrages des Gesuchstellers: so GASSER/RICKLI, Art. 343 N 3; BSK ZPO-ZINSLI, Art. 343 N 22; DIKE ZPO-JENNY, Art. 343 N 8, 27.

2069 Hierzu unten, Rz. 789 ff.

2070 ZK ZPO-D. STAEHELIN, Art. 343 N 15; BK ZPO-KELLERHALS, Art. 343 N 10; DIKE ZPO-JENNY, Art. 343 N 6.

2071 Zu denken ist hier an mögliche Medikamentenbestände und an Patientendossiers, die besonders sensible Daten enthalten und durch das Arztgeheimnis geschützt sind.

2. Stellungnahme und Einwendungen des Vollstreckungsschuldners

Das Vollstreckungsverfahren ist ein kontradiktorisches Verfahren. Die Gegenpartei erhält eine kurze Frist zur Stellungnahme,[2072] wobei es im Ermessen des Gerichts liegt, ob es eine schriftliche Stellungnahme anordnet oder die Parteien zu einer Verhandlung lädt, damit sich die unterlegene Partei mündlich äussern kann (Art. 253 ZPO). Ein Anspruch auf Durchführung einer Verhandlung besteht nach der ZPO nicht. Ein solcher lässt sich im Vollstreckungsverfahren auch aus Art. 6 Ziff. 1 EMRK nicht ableiten.[2073] 742

Der Vollstreckungsgesuchsgegner kann zunächst formelle Einreden und Einwendungen gegen die Vollstreckung des Entscheides geltend machen, namentlich die Unzuständigkeit des angerufenen Vollstreckungsgerichts oder die fehlende Vollstreckbarkeit des Entscheides – beispielsweise aufgrund eines Eröffnungsfehlers, eines rechtshängigen Berufungsverfahrens oder einer von der Beschwerdeinstanz erteilten aufschiebenden Wirkung. Wird dem Beklagten im Ausweisungsentscheid eine Frist zum Auszug angesetzt, so ist der Entscheid zudem erst vollstreckbar, nachdem diese Frist verstrichen ist.[2074] 743

Inhaltlich und auf Verfahrensfehler im Erkenntnisverfahren darf der Ausweisungsentscheid vom Vollstreckungsgericht nicht überprüft werden.[2075] Dafür ist die Rechtsmittelinstanz zuständig, die jedoch nur bei rechtzeitigem Einreichen des einschlägigen Rechtsmittels tätig wird. Ebenso wenig kann sich der Vollstreckungsgesuchsgegner vor dem Vollstreckungsgericht im Falle eines gerichtlichen Vergleichs auf einen Willensmangel berufen. Dazu hätte er ein Revisionsverfahren einzuleiten (Art. 328 Abs. 1 lit. c ZPO) und gegebenenfalls die aufschiebende Wirkung zu beantragen (Art. 331 Abs. 2 ZPO). Im Vollstreckungsverfahren sind die materiellen Einwendungen der unterlegenen Partei auf echte Noven beschränkt. Das Gesetz zählt nicht abschliessend Tilgung, Stundung, Verjährung oder Verwirkung der geschuldeten Leistung auf. Tilgung und Stundung sind mittels Urkunden zu beweisen.[2076] 744

Beispiel 1

Wenn sich die Parteien nach Erlass des Ausweisungsentscheides auf eine weitere letzte Frist zur selbstständigen Räumung durch den (ehemaligen)

[2072] Art. 341 Abs. 2 ZPO.
[2073] BGE 141 I 97 E. 5.1.
[2074] Unten, Rz. 759.
[2075] Botschaft ZPO, S. 7384; ZK ZPO-D. STAEHELIN, Art. 341 N 9; DIKE ZPO-JENNY, Art. 341 N 20; BSK ZPO-DROESE, Art. 341 N 25.
[2076] Art. 341 Abs. 3 ZPO.

Mieter geeinigt haben, handelt sich hierbei um eine Stundung durch den (ehemaligen) Vermieter. Eine solche ist schriftlich festzuhalten, wenn sich der (ehemalige) Mieter im Vollstreckungsverfahren darauf berufen können soll.

Beispiel 2

Verstreicht zwischen dem Ausweisungsentscheid und dem Gesuch um Vollstreckung zu viel Zeit, in welcher der Mieter das Mietobjekt weiterhin benutzt und den Mietzins entrichtet, kann sich die Frage stellen, ob stillschweigend ein neuer Mietvertrag zu Stande gekommen ist.[2077] In diesem Fall ist eine Vollstreckung des Ausweisungsentscheides nicht mehr möglich, der Vermieter hat seinen Anspruch verwirkt.[2078]

745 Bleibt die Stellungnahme des Gesuchgegners aus, so entscheidet das Gericht aufgrund der Akten und somit in erster Linie anhand der Eingabe des Gesuchstellers. Neben den Prozessvoraussetzungen[2079] sollen aber auch die Voraussetzungen der Vollstreckbarkeit des Ausweisungsentscheides von Amtes wegen geprüft werden (Art. 341 Abs. 1 ZPO). Diesbezüglich herrscht ein durch die Mitwirkungspflicht beider Parteien abgeschwächter Untersuchungsgrundsatz. Das Vollstreckungsgericht hat zwar die Angaben des Gesuchstellers zu überprüfen, selbst wenn keine Einwendungen der unterlegenen Partei vorliegen, es muss aber keine regelrechten Nachforschungen anstellen, sondern ist nur gehalten, *«allfälligen eindeutigen Verdachtsmomenten nachzugehen.»*[2080] Wenn es sich beim Vollstreckungsgericht jedoch um dasselbe Gericht handelt, das den zu vollstreckenden Entscheid erlassen hat, erscheint klar, dass das Gericht, welches ja auch verpflichtet ist, auf Verlangen des Gesuchstellers die Vollstreckbarkeitsbescheinigung auszustellen,[2081] zumindest prüft, ob der Entscheid gehörig eröffnet wurde und ob die Gegenpartei rechtzeitig ein Rechtsmittel ergriffen hat. Kommt dem Rechtsmittel jedoch von Gesetzes wegen keine aufschiebende Wirkung zu, ist es nach der hier vertretenen Auffassung Sache des Beschwerdeführers, das Vollstreckungsgericht darüber zu informieren, wenn die Rechtsmittelinstanz die aufschiebende Wirkung erteilt hat. Bis zu diesem Zeitpunkt darf das Vollstreckungsgericht von der Vollstreckbarkeit des (nur beschwerdefähigen) Entscheides ausgehen.

[2077] Vgl. oben, Rz. 600 f.

[2078] Vgl. zur Befristung von Vollstreckungsmassnahmen unten, Rz. 872 ff.

[2079] Art. 60 Abs. 3 ZPO.

[2080] KUKO ZPO-KOFMEL EHRENZELLER, Art. 341 N 8; DIKE ZPO-JENNY, Art. 341 N 2; beide unter Berufung auf GASSER, Vollstreckung, S. 341; ähnlich BSK ZPO-DROESE, Art. 341 N 7; vgl. BK ZPO-KELLERHALS, Art. 341 N 4.

[2081] Art. 336 Abs. 2 ZPO.

3. Der Vollstreckungsentscheid

Liegen die Voraussetzungen für die Vollstreckbarkeit des Erkenntnisentscheides vor, bewilligt das Vollstreckungsgericht die Vollstreckung und ordnet die geeigneten Vollstreckungsmassnahmen an.[2082] Andernfalls weist es das Vollstreckungsgesuch ab. Im Vollstreckungsentscheid werden auch die Gerichtskosten und eine allfällige Parteientschädigung für das gerichtliche Vollstreckungsverfahren verteilt. 746

Auf Eröffnung und Inhalt des Entscheides sind die allgemeinen Regeln anwendbar. Der Entscheid muss nach Art. 239 Abs. 1 ZPO keine schriftliche Begründung enthalten.[2083] Eine solche ist jedoch nachzuliefern, wenn eine der Parteien sie innert Frist von 10 Tagen seit Eröffnung verlangt.[2084] Die Begründung darf knapp gehalten werden,[2085] muss aber dennoch die tatsächlichen Grundlagen und die wesentlichen Erwägungen des Gerichts darlegen.[2086] 747

In der ZPO nicht explizit geregelt ist die Frage, ob im Falle der Abweisung oder des Rückzuges eines ersten Vollstreckungsgesuchs ein weiteres Vollstreckungsgesuch über den gleichen Erkenntnisentscheid möglich ist. Dem könnte die negative Prozessvoraussetzung der abgeurteilten Sache (Art. 59 lit. e ZPO) entgegenstehen.[2087] Zieht man eine Parallele zum definitiven Rechtsöffnungsverfahren für die Vollstreckung von Geldforderungen,[2088] ist dem Vollstreckungsentscheid die *res iudicata*-Wirkung abzusprechen: Nach Rechtsprechung des Bundesgerichts steht ein abweisender definitiver Rechtsöffnungsentscheid einem erneuten Gesuch um definitive Rechtsöffnung sogar in derselben Betreibung und erst recht in einer neuen Betreibung nicht im Wege.[2089] So sollte es nach herrschender Lehre im Realvollstreckungsverfahren auch möglich sein, ein erstes, mangelhaftes Vollstreckungsgesuch in einem zweiten 748

2082 Zu den Vollstreckungsmassnahmen unten, Rz. 773 ff.
2083 Art. 239 Abs. 1 ZPO.
2084 Art. 239 Abs. 2 ZPO.
2085 Botschaft ZPO, S. 7344.
2086 ZK ZPO-KLINGLER, Art. 256 N 3.
2087 BSK ZPO-DROESE, Art. 339 N 26.
2088 So ZK ZPO-D. STAEHELIN, Art. 341 N 19; DIKE ZPO-JENNY, Art. 341 N 12; BSK ZPO-DROESE, Art. 339 N 26; HUBER, Rz. 249.
2089 BGE 140 III 456 (= Pra 104 [2015] Nr. 36) E. 2.5., *«Gemäss konstanter bundesgerichtlicher Rechtsprechung hat der Entscheid, der ein Gesuch um Rechtsöffnung abweist, keine Rechtskraft hinsichtlich des Bestehens der streitigen Forderung (…) und hindert folglich die betreibende Partei nicht, erneut um die Rechtsöffnung zu ersuchen, auch in derselben Betreibung»*, m. Hinw. auf BGer 5A_696/2012 vom 23. Januar 2013 E. 4.1.2, wiederum m. Hinw. auf BGE 65 III 49 (beide letztere zur definitiven Rechtsöffnung, allerdings hatte der definitive Rechtsöffnungstitel zunächst an einem Mangel gelitten).

Anlauf zu korrigieren.[2090] Es entspricht indessen der herrschenden Lehre, dass ein abgewiesenes Vollstreckungsgesuch einem erneuten Gesuch nur dann nicht entgegensteht, sofern sich letzteres auf Tatsachen bzw. Unterlagen stützt, die im ersten Vollstreckungsverfahren noch nicht vorgebracht wurden.[2091] Auf ein *identisches* zweites Vollstreckungsgesuch ist daher nicht einzutreten – dies mag mit einer beschränkten *res iudicata* Wirkung des ersten Vollstreckungsurteils begründet werden.

749 Einigkeit herrscht darüber, dass der Gesuchsteller jederzeit ein neues Vollstreckungsgesuch stellen kann, wenn die im ersten Entscheid angeordneten Vollstreckungsmassnahmen nicht zum Erfolg geführt haben.[2092]

4. Rechtsmittel

750 Der Entscheid des Vollstreckungsgerichts ist lediglich mit Beschwerde anfechtbar.[2093] Diese steht indessen nicht nur der im Vollstreckungsverfahren unterlegenen Partei offen, sondern nach Art. 346 ZPO auch Dritten, welche durch den Vollstreckungsentscheid in ihren Rechten betroffen sind.[2094] Die Beschwerde kann sich gegen die Bewilligung der Vollstreckung oder gegen die konkrete angeordnete Vollstreckungsmassnahme richten. So kann namentlich geltend gemacht werden, die Massnahme sei unzulässig oder unverhältnismässig. Die Beschwerdefrist beträgt 10 Tage nach Eröffnung des Vollstreckungs-

---

[2090] ZK ZPO-D. STAEHELIN, Art. 341 N 19; DIKE ZPO-JENNY, Art. 341 N 12; BSK ZPO-DROESE, Art. 339 N 26; CR CPC-JEANDIN, Art. 341 N 21; Stämpfli ZPO-BOMMER, Art. 341 N 13; HUBER, Rz. 249; a. A. BK ZPO-KELLERHALS, Art. 341 N 42; wohl auch KUKO ZPO-KOFMEL EHRENZELLER, Art. 341 N 16. Anders bei der Vollstreckbarerklärung eines ausländischen Entscheides, wenn die Anerkennung des Entscheides den Gegenstand des Verfahrens bildet (selbstständiges Exequatur, nicht inzidente [vorfrageweise] Prüfung): ein Entscheid, der ein ausländisches Urteil in der Schweiz für vollstreckbar erklärt wie auch ein Entscheid, der einem ausländischen Urteil die Anerkennung in der Schweiz verweigert, erwachsen in materielle Rechtskraft: BGE 138 III 174 (= Pra 101 [2012] Nr. 112) E. 6; zumindest fraglich erscheint indessen, ob dies auch gilt, wenn die Anerkennung und Vollstreckung nur verweigert wurde, weil notwendige Unterlagen fehlten (vgl. BGE 127 III 186 E. 4.a; offen gelassen in BGE 138 III 174 E. 6.5 *(«Nichteintreten auf das Gesuch wegen formellen Mängeln»);* zum Ganzen BSK LugÜ-HOFMANN/KUNZ, Art. 38 N 249 ff., N 262 ff.; ZK ZPO-D. STAEHELIN, Art. 341 N 26, 30; BSK ZPO-DROESE, Art. 339 N 31; BK ZPO-KELLERHALS, Art. 341 N 71, 77).

[2091] ZK ZPO-D. STAEHELIN, Art. 341 N 19; DIKE ZPO-JENNY, Art. 341 N 12; BSK ZPO-DROESE, Art. 339 N 28; KUKO ZPO-KOFMEL EHRENZELLER, Art. 341 N 16; HUBER, Rz. 249.

[2092] BK ZPO-KELLERHALS, Art. 341 N 43.

[2093] Art. 309 lit. a ZPO i.V.m. Art. 319 lit. a ZPO.

[2094] Zu den betroffenen Dritten unten, Rz. 769 ff.

entscheides. Für Dritte, in das Vollstreckungsverfahren nicht involvierte Personen, beginnt sie mit Kenntnisnahme des Vollstreckungsentscheides zu laufen, da in der Regel keine Zustellung an sie erfolgt.[2095]

Die Beschwerde hat keine aufschiebende Wirkung. Der Vollstreckungsent- 751
scheid ist daher nach seiner Eröffnung grundsätzlich sogleich umsetzbar. Die Beschwerdeinstanz kann die Vollstreckung indessen aufschieben (Art. 325 Abs. 2 ZPO). Nach der hier vertretenen Auffassung muss es dem (potentiellen) Beschwerdeführer möglich sein, den Antrag um aufschiebende Wirkung nach der Eröffnung des Vollstreckungsentscheides vorsorglich, bereits vor Einreichen der Beschwerde, zu stellen.[2096]

Der Entscheid der Beschwerdeinstanz kann schliesslich mit einer Beschwerde 752
in Zivilsachen an das Bundesgericht weitergezogen werden[2097], sofern die weiteren Voraussetzungen gegeben sind. Bei der Vollstreckung eines mietrechtlichen Ausweisungsentscheides gilt die mietrechtliche Streitwertgrenze von CHF 15'000 gemäss Art. 74 Abs. 1 lit. a BGG.[2098] Sind die Erfordernisse für die Beschwerde in Zivilsachen nicht erfüllt, ist eine subsidiäre Verfassungsbeschwerde zu prüfen.[2099] Die Beschwerde vor dem Bundesgericht hat grundsätzlich keine aufschiebende Wirkung, wenn diese nicht angeordnet wird.[2100]

III. Das Vollstreckungsverfahren bei direkter Vollstreckung

1. Direkte Vollstreckungsmassnahmen

In der Regel enthält ein Ausweisungsentscheid bereits direkte Vollstre- 753
ckungsmassnahmen. Ein zusätzliches gerichtliches Vollstreckungsverfahren ist diesfalls nicht notwendig. Sobald der Entscheid vollstreckbar ist, kann der Vermieter bei der zuständigen Behörde den Vollzug verlangen oder gegebenenfalls die ihm erlaubte Ersatzvornahme umsetzen.

2095 BK ZPO-KELLERHALS, Art. 346 N 8; ZK ZPO-D. STAEHELIN, Art. 346 N 4; DIKE ZPO-ROHNER/LERCH, Art. 346 N 8.

2096 Dazu oben, Rz. 664.

2097 Art. 72 Abs. 2 lit. b Ziff. 1 BGG (BGer 4A_269/2012 vom 7. Dezember 2012 E. 1.1; BGer 5A_754/2013 vom 4. Februar 2014 E. 1.1; BGer 4A_373/2016 vom 29. Juli 2016 E. 1).

2098 BGer 4A_373/2016 vom 29. Juli 2016 E. 2.

2099 Oben, Rz. 713.

2100 Oben, Rz. 709 f. und 713.

754 Die direkten Vollstreckungsmassnahmen müssen im Dispositiv des Erkenntnisentscheides in sachlicher, zeitlicher und persönlicher Hinsicht so genau umschrieben sein, dass die Vollzugsbehörde ihre Umsetzung selbständig durchführen kann.[2101] Ist dies nicht der Fall oder führen die angeordneten Massnahmen nicht zum Erfolg, so muss der Vermieter dennoch ein separates Vollstreckungsgesuch beim Vollstreckungsgericht einreichen, um in einem gerichtlichen Vollstreckungsverfahren andere bzw. von den Vollzugsbehörden umsetzbare Massnahmen zu erwirken.

2. Die Vollstreckbarkeitsbescheinigung

755 Für die direkte Vollstreckung benötigt der Vermieter eine Vollstreckbarkeitsbescheinigung des Gerichts, welches den zu vollstreckenden Entscheid erlassen hat.[2102] Durch die Vollstreckbarkeitsbescheinigung sollen insbesondere allfällige Zweifel der Vollzugsorgane an der Vollstreckbarkeit des Entscheides beseitigt werden.[2103] Auch im Falle der Ermächtigung zur Ersatzvornahme durch den Vollstreckungsgläubiger selbst ist zunächst eine Vollstreckbarkeitsbescheinigung einzuholen, bevor der ermächtigte Gläubiger tätig werden kann.[2104]

756 Mit der Vollstreckbarkeitsbescheinigung bestätigt das Gericht, dass der Entscheid dem Schuldner gehörig eröffnet wurde und dass er nach dem Wissen des ausstellenden Gerichts nach dem derzeitigen Stand vollstreckbar ist.[2105] Gemäss Art. 336 Abs. 1 ZPO ist der Entscheid vollstreckbar, sobald er rechtskräftig ist und die Vollstreckbarkeit nicht aufgeschoben wurde oder wenn er zwar noch nicht rechtskräftig ist, aber die vorzeitige Vollstreckung angeordnet wurde.

2101 BK ZPO-KELLERHALS, Art. 337 N 2.

2102 Liegt ein reformatorischer Entscheid einer Rechtsmittelinstanz vor, so hat diese die Vollstreckbarkeitsbescheinigung auszustellen. Wurde das Rechtsmittel abgewiesen oder nicht darauf eingetreten, so können nach herrschender Lehre sowohl das erstinstanzliche Gericht als auch die Rechtsmittelinstanz die Bescheinigung ausstellen; ZK ZPO-D. STAEHELIN, Art. 336 N 17; STAEHELIN/STAEHELIN/GROLIMUND, § 28 Rz. 34; BSK ZPO-DROESE, Art. 336 N 21; BK ZPO-KELLERHALS, Art. 336 N 20.

2103 Botschaft ZPO, S. 7383.

2104 Mit Entscheid und Vollstreckbarkeitsbescheinigung kann sich der zur Ersatzvornahme ermächtigte Gläubiger notfalls gegenüber Dritten, insbesondere der Polizei, über die Rechtmässigkeit seines Handelns ausweisen.

2105 KUKO ZPO-KOFMEL EHRENZELLER, Art. 336 N 4; BSK ZPO-DROESE, Art. 336 N 20; ZK ZPO-D. STAEHELIN, Art. 336 N 22.

Ist der Entscheid der ersten Instanz berufungsfähig, so wird er erst vollstreckbar, wenn innert zehntägiger Frist keine schriftliche Begründung verlangt wurde oder wenn nach Zustellung des begründeten Ausweisungsentscheides bzw. der schriftlichen Begründung die Frist zur Anhebung der Berufung ungenutzt verstrichen ist. Im zweiten Fall muss sich das Gericht vor Ausstellen der Vollstreckbarkeitsbescheinigung bei der Rechtsmittelinstanz über den Eingang einer Berufung erkundigen.[2106] Wurde (rechtzeitig) eine Berufung eingereicht, ist die Vollstreckbarkeitsbescheinigung zu verweigern.[2107] 757

Kann gegen den Entscheid lediglich Beschwerde erhoben werden, so treten Rechtskraft und Vollstreckbarkeit des Entscheides bereits mit seiner Eröffnung ein (Art. 325 Abs. 1 ZPO). Die Beschwerde hat keine aufschiebende Wirkung, es sei denn, diese wird von der Beschwerdeinstanz gewährt (Art. 325 Abs. 2 ZPO). Die ZPO sieht nicht vor, dass das Erkenntnisgericht mit dem Ausstellen der Vollstreckbarkeitsbescheinigung zuwarten muss oder darf, bis die Möglichkeit, eine Beschwerde einzureichen, abgelaufen ist. Da der Entscheid auch ohne schriftliche Begründung rechtswirksam eröffnet werden kann (Art. 239 Abs. 1 ZPO), ist auch eine noch laufende zehntägige Frist zum Gesuch um schriftliche Begründung unbeachtlich.[2108] Hat der Mieter Beschwerde erhoben, den Antrag auf aufschiebende Wirkung gestellt und wurde sie ihm gewährt, so tut er gut daran, das erstinstanzliche Gericht unverzüglich darüber zu informieren, um sicherzustellen, dass keine Vollstreckbarkeitsbescheinigung mehr ausgestellt wird.[2109] 758

2106 ZK ZPO-D. Staehelin, Art. 336 N 22; BSK ZPO-Droese, Art. 336 N 22.

2107 Indessen wäre die Vollstreckbarkeitsbescheinigung auszustellen, wenn die Rechtsmittelinstanz der Berufung die aufschiebende Wirkung entzogen hat. Nach herrschender Lehre ist in diesem Fall die Berufungsinstanz für das Ausstellen der Vollstreckbarkeitsbescheinigung zuständig (ZK ZPO-D. Staehelin, Art. 336 N 17; BSK ZPO-Droese, Art. 336 N 22; BK ZPO-Kellerhals, Art. 336 N 20), dies in Abweichung von Art. 336 Abs. 2 ZPO (das Gericht, das den zu vollstreckenden Entscheid getroffen hat).

2108 ZK ZPO-D. Staehelin, Art. 336 N 13; Staehelin/Bachofner, Rz. 14 ff.; oben, Rz. 664.

2109 Der Beschwerdeführer darf sich nicht darauf verlassen, dass sich das Erkenntnisgericht von Amtes wegen bei der Beschwerdeinstanz nach einer allfälligen aufschiebenden Wirkung erkundigt oder dass die Rechtsmittelinstanz die erste Instanz von Amtes wegen über die Gewährung der aufschiebenden Wirkung informiert (vgl. ZK ZPO-D. Staehelin, Art. 336 N 22; BSK ZPO-Droese, Art. 336 N 20). Wurde die Vollstreckbarkeitsbescheinigung ausgestellt und mit der Vollstreckung begonnen, kann der Vollstreckungsgegner, dessen Beschwerde die aufschiebende Wirkung eingeräumt wurde, die Einstellung der Vollstreckung beim Vollstreckungsgericht beantragen (dazu unten, Rz. 762 ff.).

759 Der Entscheid der Rechtsmittelinstanz kann sogleich vollstreckt werden. Beschwerde- oder Berufungsentscheide sind stets schriftlich begründet zu eröffnen.[2110] Einer allfälligen Beschwerde in Zivilsachen oder der subsidiären Verfassungsbeschwerde an das Bundesgericht kommt keine aufschiebende Wirkung zu.[2111]

760 Wird dem Ausgewiesenen im Erkenntnisentscheid eine letzte Frist zum Auszug gesetzt,[2112] so dürfen die Vollstreckungsmassnahmen nicht vor Ablauf dieser Frist ergriffen werden. Auf den Eintritt der Rechtskraft des Entscheides hat eine solche Schonfrist keinen Einfluss. Es handelt sich sodann nicht um einen Vollstreckungsaufschub im Sinne von Art. 336 Abs. 1 lit. a ZPO, denn dieser wird nicht durch den erstinstanzlichen Richter sondern von der Rechtsmittelinstanz im Hinblick auf ein Rechtsmittelverfahren gewährt. Auch liegt keine Bedingung gemäss Art. 342 ZPO vor, deren Eintritt vom Vollstreckungsgericht überprüft werden müsste. Die Verpflichtung zur Räumung des Mietobjekts besteht unbedingt. Dem Mieter wird jedoch die Möglichkeit gegeben, dieser Pflicht innert kurzer Frist doch noch selber nachzukommen, um das Ergreifen von Vollstreckungsmassnahmen und die damit verbundenen Kosten zu vermeiden. Vor Ablauf dieser Schonfrist ist der Entscheid aber (analog Art. 342 ZPO) nicht vollstreckbar[2113] und es kann auch keine Vollstreckbarkeitsbescheinigung ausgestellt werden.[2114]

3. Rechtliche Möglichkeiten des Vollstreckungsschuldners gegen die direkte Vollstreckung

a. Rechtsmittel gegen den Erkenntnisentscheid

761 Die unterlegene Partei kann die angeordneten direkten Vollstreckungsmassnahmen zusammen mit dem Erkenntnisentscheid, gegebenenfalls auch mit Berufung, anfechten. Die Berufung hat von Gesetzes wegen aufschiebende Wirkung,[2115] weshalb der Entscheid während eines Berufungsverfahrens grund-

[2110] Art. 318 Abs. 2 ZPO; Art. 327 Abs. 5 ZPO.

[2111] Oben, Rz. 709 f. und 713.

[2112] Bsp. *«Für den Fall, dass der Beklagte das Mietobjekt nicht bis spätestens 17. September 2017 verlassen hat, wird der Kläger ermächtigt, die amtliche Räumung zu verlangen.»*

[2113] Vgl. ZK ZPO-D. Staehelin, Art. 336 N 14, wonach auf ein verfrühtes Vollstreckungsgesuch mangels Rechtsschutzinteresses nicht eingetreten werden kann.

[2114] Vgl. auch oben, Rz. 592: Der Ausweisungsentscheid kann unter bestimmten Umständen bereits vor Fälligkeit des Rückgabeanspruches ergehen; die Vollstreckbarkeitsbescheinigung jedoch nicht.

[2115] Art. 315 Abs. 1 ZPO; dazu oben, Rz. 660 f.

sätzlich nicht vollstreckt werden kann. Richtet sich das Rechtsmittel des Ausgewiesenen aber nur gegen die im Erkenntnisentscheid angeordneten Vollstreckungsmassnahmen, so steht nach der hier vertretenen Ansicht lediglich die Beschwerde offen,[2116] denn der Erkenntnisrichter übernimmt hinsichtlich der direkten Vollstreckungsmassnahmen die Rolle des Vollstreckungsgerichts. Dessen Entscheide sind gemäss Art. 309 lit. a ZPO nur beschwerdefähig. Der unterlegenen Partei steht es offen, das Leistungsurteil anzufechten. Tut sie dies nicht, so besteht kein Grund, die im Rahmen der direkten Vollstreckung angeordneten Massnahmen anders zu behandeln als einen Entscheid des Vollstreckungsgerichts.[2117]

b. Das Einstellungsverfahren vor dem Vollstreckungsgericht

Als letztes Mittel der unterlegenen Partei gegen den Vollzug der bereits im 762
Erkenntnisentscheid angeordneten Vollstreckungsmassnahmen sieht die ZPO in Art. 337 Abs. 2 ZPO das Gesuch um Einstellung der Vollstreckung beim Vollstreckungsgericht vor.[2118] Hier kann die unterlegene Partei vorbringen, dass seit der Eröffnung des Entscheides Tatsachen eingetreten sind, die einer Vollstreckung entgegenstehen (Art. 341 Abs. 3 ZPO). Eine Einstellung der Vollstreckung ist nur möglich, solange die Vollstreckung noch nicht erfolgt bzw. abgeschlossen ist.[2119]

Das Verfahren um Einstellung der Vollstreckung ist ein kontradiktorisches 763
summarisches Verfahren vor dem Vollstreckungsgericht. Zuständig ist jedes der in Art. 339 Abs. 1 ZPO genannten Gerichte.[2120] Diese befinden sich bei der Mieterausweisung regelmässig alle am Lageort des Mietobjekts.[2121] Die Parteirollen sind spiegelbildlich zum Vollstreckungsverfahren verteilt: Gesuchsteller ist der Vollstreckungsschuldner. Das Gericht kann von ihm einen Kostenvorschuss in Höhe der mutmasslichen Gerichtskosten verlangen.[2122] Das Gesuch

---

2116 Unklar BSK ZPO-SPÜHLER, Art. 309 N 1 mit Verweis auf Stämpfli ZPO-MATHYS, Art. 309 N 3.

2117 Vgl. Art. 110 ZPO, wonach auch der Kostenentscheid selbstständig nur mit Beschwerde angefochten werden kann (selbst wenn die festgesetzten Kosten CHF 10'000 übersteigen; daher die besondere gesetzliche Regelung).

2118 Die Botschaft zur ZPO spricht in diesem Zusammenhang mit Verweis auf Art. 85 SchKG von einer *«Notbremse»*, Botschaft, S. 7383.

2119 BK ZPO-KELLERHALS, Art. 337 N 25; BSK ZPO-DROESE, Art. 337 N 21; ZK ZPO-D. STAEHELIN, Art. 337 N 13.

2120 ZK ZPO-D. STAEHELIN, Art. 337 N 12; BSK ZPO-DROESE, Art. 337 N 19.

2121 Oben, Rz. 736. Das Gesuch kann nicht gleichzeitig verschiedenen Vollstreckungsgerichten vorgelegt werden, ZK ZPO-D. STAEHELIN, Art. 337 N 12.

2122 Art. 98 ZPO. Eine Sicherheit für die Parteientschädigung ist aber ausgeschlossen (Art. 99 Abs. 3 lit. c ZPO).

ist grundsätzlich schriftlich einzureichen, kann aber in einfachen oder dringenden Fällen auch mündlich zu Protokoll gegeben werden.[2123] Art. 341 ZPO ist auf das Einstellungsverfahren sinngemäss anwendbar: Das Vollstreckungsgericht prüft die Vollstreckbarkeit von Amtes wegen. Es gilt jedoch auch hier die Mitwirkungspflicht der Parteien. Die um Einstellung ersuchende Partei hat darzulegen, weshalb der Ausweisungsentscheid noch nicht oder nicht mehr vollstreckt werden kann. Tilgung und Stundung sind mittels Urkunden zu beweisen.[2124] Dem Vollstreckungsgläubiger ist Gelegenheit zur Stellungnahme zu geben (Art. 341 Abs. 2 ZPO).

764 Grundsätzlich wird die Vollstreckung erst mit Erlass eines positiven Einstellungsentscheides eingestellt. Indessen erscheint es je nach angeordneter Vollstreckungsmassnahme und kantonaler Vollzugspraxis geboten, dass das Gericht die Vollstreckung superprovisorisch vorläufig für die Dauer des Verfahrens einstellt[2125] und den Vollstreckungsgläubiger zusammen mit der Aufforderung zur Stellungnahme darauf hinweist. Kommt das Vollstreckungsgericht indessen zum Schluss, dass das Gesuch um Einstellung offensichtlich unzulässig oder offensichtlich unbegründet ist, kann es von beidem auch absehen (Art. 253 Abs. 1 ZPO).

765 Die Einstellung der Vollstreckung ist nach dem deutschen Wortsinn[2126] erst möglich, wenn mit der Vollstreckung bereits begonnen wurde. Bei der amtlichen Zwangsräumung kann eine erste Vollzugshandlung in einer Kontaktaufnahme der Vollzugsbehörde mit dem Ausgewiesenen bestehen, anlässlich welcher diesem das Datum der Räumung mitgeteilt wird. Indessen besteht gerade in Kantonen, welche dem Vermieter das Recht zur Ersatzvornahme (also die Räumung durch den Vermieter selbst) gewähren, die Gefahr einer Überrumpelung. Die tatsächliche Zwangsräumung dauert im Normalfall wenige Stunden. Dies ist zu kurz, um rechtzeitig noch das Vollstreckungsgericht um Einstellung zu ersuchen. Es stellt sich daher die Frage, ob der Ausgewiesene das Vollstreckungsgericht auch *«vorsorglich»* anrufen kann, um damit einen ungerechtfer-

2123 Art. 252 Abs. 2 ZPO.

2124 Dazu die Beispiele oben, Rz. 744.

2125 Es handelt sich um eine vorsorgliche Massnahme im Vollstreckungsverfahren. Auch die superprovisorische vorläufige Einstellung der Vollstreckung ist vom Wortlaut des Art. 340 ZPO (Anordnung sichernder Massnahmen, nötigenfalls ohne Anhörung der Gegenpartei) abgedeckt.

2126 Der französische Begriff lautet *«suspension»*, italienisch *«sospendere»*, also die Sistierung der Vollstreckung.

tigten Vollzug zu verhindern.[2127] Nach der hier vertretenen Auffassung muss dies möglich sein.

Beispiel 1 766

Ist der Ausweisungsentscheid lediglich beschwerdefähig, so ist er grundsätzlich rechtskräftig und vollstreckbar, sobald er den Parteien eröffnet worden ist. Das Erkenntnisgericht kann dann die Vollstreckbarkeitsbescheinigung ausstellen. Legt der Mieter rechtzeitig Beschwerde ein und erteilt die Beschwerdeinstanz dieser die aufschiebende Wirkung, so kann sich der Mieter an das Vollstreckungsgericht wenden und (vorsorglich) die Einstellung der Vollstreckung beantragen. Tut er dies nicht, kann ein Risiko bestehen, dass die Ausweisung trotz laufendem Beschwerdeverfahren gestützt auf den Ausweisungsentscheid mit Vollstreckbarkeitsbescheinigung vollzogen wird.

Beispiel 2 767

Nach Eintritt der Rechtskraft des Ausweisungsentscheides einigen sich die Parteien explizit oder stillschweigend über eine letzte Frist für den Mieter oder gar über die Fortsetzung des Mietverhältnisses. Über dem Mieter schwebt aber stets das Damoklesschwert des rechtskräftigen und mit einer Vollstreckbarkeitsbescheinigung versehenen Ausweisungsentscheides, welchen der Vermieter grundsätzlich – entgegen der Vereinbarung – jederzeit vollstrecken lassen kann. Um dies auszuschliessen kann der Mieter (vorsorglich) das Vollstreckungsgericht anrufen, um einen Vollzug der Ausweisung zu verhindern.

Nach einer Ansicht in der Lehre ist ein *«vorsorgliches»* Gesuch um Einstellung der Vollstreckung nicht möglich. Der Schuldner habe vielmehr das zuständige Massnahmengericht um den Erlass einer vorsorglichen, allenfalls superprovisorischen Massnahme zu ersuchen, denn es handle sich um einen unzulässigen Eingriff in die Rechtsposition einer Person und damit um einen Verstoss gegen materielles Recht.[2128] Diese Einschränkung des Anwendungsbereichs von Art. 337 Abs. 2 ZPO ist jedoch weder zwingend noch geboten und auch nicht zweckmässig, wie an den beiden oben aufgeführten Fallbei- 768

[2127] Enthält der Erkenntnisentscheid im Sinne einer direkten Vollstreckungsmassnahme bereits eine Ermächtigung des Vollstreckungsgläubigers zur Ersatzvornahme, so stellt sich die Frage, ab welchem Zeitpunkt der Antrag auf Einstellung der Vollstreckung ein vorsorglicher ist. Mit Ausstellen der Ermächtigung (ggf. im Erkenntnisentscheid), spätestens aber mit Aushändigung der Vollstreckbarkeitsbescheinigung, hat das Gericht alle nötigen Voraussetzungen für einen Vollzug durch die ermächtigte Person geschaffen. Der Antrag um Einstellung der Vollstreckung wird daher nicht vorsorglich gestellt, sondern um eine bereits bestehende Vollstreckungssituation zu unterbrechen.

[2128] BSK ZPO-DROESE, Art. 337 N 22.

spielen veranschaulicht werden soll. Im ersten Fall wird dem Erkenntnisentscheid die Vollstreckbarkeit für die Dauer des Rechtsmittelverfahrens entzogen. Bis zu diesem Zeitpunkt war er jedoch vollstreckbar und die Vollstreckbarkeitsbescheinigung wurde zu Recht ausgestellt. An der materiellen Rechtslage hat sich nichts geändert: die Beschwerdeinstanz kann nur die Vollstreckbarkeit, nicht aber die Rechtskraft des erstinstanzlichen Entscheids aufheben. Es erscheint daher sinnvoll, dass nicht ein Massnahmengericht sondern das Vollstreckungsgericht angerufen wird, um die Vollstreckung für die Dauer des Rechtsmittelverfahrens einstellen zu lassen. Eine vorsorgliche Massnahme wäre zudem zu prosequieren, was zu stossenden Ergebnissen führen kann, wie am zweiten Beispiel gezeigt wird: Um die vereinbarungswidrige Vollstreckung zu verhindern, wäre die unterlegene Partei gezwungen, in einem Gesuch um vorsorgliche Massnahme glaubhaft zu machen, dass sie das (befristete oder unbefristete) Recht zum Verbleib im Mietobjekt hat. Das Rechtsbegehren müsste auf ein Verbot des Vollzugs des Ausweisungsentscheides lauten (Art. 262 lit. a ZPO). Gegebenenfalls wäre das Verbot auf die zwischen den Parteien vereinbarte Verbleibdauer zu befristen. Wurde keine Schonfrist vereinbart, sondern ist nach Ansicht des Mieters stillschweigend ein neues Mietverhältnis zu Stande gekommen, so wäre der Mieter verpflichtet, dieses innert Prosequierungsfrist gerichtlich feststellen zu lassen. Mieter und Vermieter würden so in ein gerichtliches Erkenntnisverfahren gezwungen. Dieses kann der Vermieter auch nicht ohne Weiteres durch Anerkennung abkürzen, denn grundsätzlich müsste die Anerkennung der Klage durch den Vermieter ebenso wie deren Gutheissung eine dreijährige Kündigungssperrfrist nach Art. 271a Abs. 1 lit. e OR auslösen. Demgegenüber ist das Gesuch um Einstellung der Vollstreckung vor dem Vollstreckungsgericht nicht als neues, mit dem Mietverhältnis zusammenhängendes Gerichtsverfahren zu qualifizieren, sondern als letzter Teil des bereits geführten Ausweisungsverfahrens. Reicht der auf Sicherheit bedachte Mieter also vorsorglich ein Gesuch um Einstellung der Vollstreckung ein, so kann der Vermieter diesem zustimmen, ohne damit eine Sperrfrist auszulösen.

4. Rechte Dritter gegen die Vollstreckung des Ausweisungsentscheides

769 Dritte, am Erkenntnisverfahren nicht beteiligte Personen, werden von einem in diesem Verfahren erwirkten Erkenntnisentscheid grundsätzlich nicht erfasst. Er kann ihnen gegenüber nicht vollstreckt werden.[2129]

[2129] Dazu oben, Rz. 276 ff.

Die zivilprozessualen Bestimmungen zum Vollstreckungsverfahren befassen sich an zwei Stellen mit Drittpersonen. Nach Art. 343 Abs. 2 ZPO haben Dritte die erforderlichen Auskünfte zu erteilen und die notwendigen Durchsuchungen zu dulden. Sodann können Dritte nach Art. 346 ZPO den Vollstreckungsentscheid mit Beschwerde anfechten. Bei direkten Vollstreckungsmassnahmen ist es schlüssig, Dritten auch das Recht zum Gesuch um Einstellung der Vollstreckung zuzubilligen (ggf. Art. 337 Abs. 2 ZPO analog).[2130] 770

Dritte vom Ausweisungsentscheid betroffene Personen können in erster Linie Mitbewohner des verurteilten Mieters sein. Wie unter § 8 III dargestellt, werden unmündige Kinder und Angestellte des Mieters vom Ausweisungsentscheid gegen denselben erfasst.[2131] Auch Gäste haben das Objekt gestützt auf den Ausweisungsentscheid zu verlassen. Gegenüber allfälligen im Mietobjekt wohnenden Ehegatten, Lebenspartnern, mündigen Kindern und Untermietern kann der Ausweisungsentscheid jedoch grundsätzlich nicht zwangsweise vollstreckt werden. Dies birgt ein gewisses Missbrauchspotential.[2132] Der ausgewiesene Mieter mag verleitet sein, immer neue Personen bei sich aufzunehmen, um die Ausweisung möglichst lange hinauszuzögern.[2133] 771

Es stellt sich die Frage, wie diesem Problem rechtlich und praktisch zu begegnen ist, insbesondere, welche Behörde für die Überprüfung eines allfälligen Rechtsmissbrauchs zuständig ist. Erschwerend wirkt sich die unterschiedliche Vollzugspraxis der Kantone aus. Relevant erscheinen zwei Aspekte, nämlich ob die Zwangsräumung amtlich organisiert ist und ob eine Aufsichtsbehörde über das Vollzugsorgan existiert. Nur wenn die Zwangsräumung durch ein amtliches Organ erfolgt, dieses Organ einer Aufsichtsbehörde untersteht und eine Beschwerde an diese Aufsichtsbehörde möglich ist, kann sich der (zu Unrecht in Anspruch genommene) Dritte an die Aufsichtsbehörde wenden, um sich gegen die Zwangsräumung zur Wehr zu setzen. In allen anderen Fällen bietet es sich an, dem renitenten Dritten eine kurze Frist anzusetzen, um beim Vollstreckungsgericht eine Einstellung der Vollstreckung zu verlangen. Das Vollstreckungsgericht hat dann zu prüfen, ob der Dritte vom Ausweisungsentscheid erfasst ist oder ob er in rechtsmissbräuchlicher Weise vorgeschoben wird. Wird beides verneint, ist eine Vollstreckung gegen den Dritten nicht 772

2130 Vgl. BSK ZPO-Droese, Art. 337 N 23; BK ZPO-Kellerhals, Art. 337 N 21.

2131 Oben, Rz. 305 ff.

2132 Oben, Rz. 310.

2133 Zwar hat der Mieter gestützt auf den Ausweisungsentscheid das Mietobjekt unter Mitnahme seiner Gegenstände zu verlassen, indessen ist es schwer, abzugrenzen, welchem Bewohner welche Gegenstände zuzuordnen sind. Zudem kann der zurückgebliebene Mitbewohner dem Mieter praktisch jederzeit wieder Zugang zum Mietobjekt verschaffen.

möglich. Der Vermieter ist in ein weiteres Erkenntnisverfahren zu verweisen, welches er nun gegen den Dritten führen muss. Zumindest ist ihm auf diese Weise aus dem Verfahren vor dem Vollstreckungsgericht der Name des Dritten bekannt.

§ 21 Die Vollstreckungsmassnahmen

I. Übersicht

1. Vollstreckungsmassnahmen nach Art. 343 ZPO

Art. 343 ZPO enthält einen abschliessenden Katalog von Vollstreckungsmassnahmen. Sie lassen sich grob in indirekten und direkten Zwang unterteilen.[2134] Mittels indirektem Zwang soll der Schuldner dazu gebracht werden, die geschuldete Leistung doch noch selbst zu erbringen. Diesem Zweck dienen die Strafandrohung nach Art. 292 StGB sowie die Ordnungsbussen nach Art. 343 Abs. 1 lit. b oder c ZPO. Bei der Mieterausweisung steht der direkte Zwang mittels amtlicher Räumung (lit. d) oder die Ermächtigung zur Ersatzvornahme (lit. e) im Vordergrund. Beides kann vom Richter mit einer Strafandrohung nach Art. 292 StGB oder einer Ordnungsbusse verbunden werden.[2135] Die Wahl der konkreten anzuordnenden Massnahme obliegt dem Vollstreckungsgericht.[2136] Es reicht daher grundsätzlich aus, wenn der Vollstreckungsgläubiger die Vollstreckung des Urteils oder die Anordnung direkter Vollstreckungsmassnahmen beantragt, ohne zu spezifizieren.[2137] Das Gericht ist auch nicht an eine beantragte Massnahme gebunden, sondern entscheidet nach eigenem Ermessen und nach dem Grundsatz der Wirksamkeit und der Verhältnismässigkeit.[2138] Es kann auch mehrere Massnahmen miteinander verbinden.[2139] 773

Die Vollstreckungsmassnahme bei der Mieterausweisung hängt in erster Linie von den Umsetzungsmöglichkeiten und der Praxis im betreffenden Kanton ab. Die kantonale Vollzugspraxis ist sehr unterschiedlich. In einigen Kantonen, darunter Zürich und Basel-Stadt,[2140] wird die Räumung vollumfänglich amtlich organisiert. Der Vollzug richtet sich nach kantonalem Recht. Dieses bestimmt, 774

2134 BSK ZPO-ZINSLI, Art. 343 N 1. Die Ersatzvornahme wird je nach Autor unter die direkten Zwangsmassnahmen subsumiert oder bildet eine dritte Kategorie.

2135 Botschaft ZPO, S. 7385; BK ZPO-KELLERHALS, Art. 343 N 9 f. In der Lehre umstritten ist die Kombination einer Ordnungsbusse mit einer Strafandrohung nach Art. 292 StGB; dazu MAISSEN, S. 38.

2136 BK ZPO-KELLERHALS, Art. 343 N 10; BSK ZPO-ZINSLI, Art. 343 N 4; ZK ZPO-D. STAEHELIN, Art. 343 N 14.

2137 Vgl. BSK ZPO-ZINSLI, Art. 343 N 4; ZK ZPO-D. STAEHELIN, Art. 343 N 14.

2138 ZK ZPO-D. STAEHELIN, Art. 343 N 14; BSK ZPO-ZINSLI, Art. 343 N 4.

2139 Botschaft ZPO, S. 7385; ZK ZPO-D. STAEHELIN, Art. 343 N 15; BK ZPO-KELLERHALS, Art. 343 N 10; BSK ZPO-ZINSLI, Art. 343 N 4.

2140 Bei Wohnräumen, dazu die Verordnung über die Räumung von Wohnräumen im Rahmen des Exmissionsverfahrens (SG 215.450).

ob und auf welche Weise eine amtliche Räumung durchgeführt werden kann – so namentlich, ob eine Möglichkeit zur Einlagerung des Mobiliars besteht – und welche Personen oder Behörden dafür zuständig sind. In anderen Kantonen wird die Räumung weitestgehend dem Vermieter selbst überlassen. Bei der Mieterausweisung sind kantonsübergreifende Urteile die absolute Ausnahme. In aller Regel entscheidet das Gericht, in dessen Sprengel sich das Mietobjekt befindet.[2141] Es wird in der Regel mit mehr oder weniger standardisierten, an die jeweilige Vollzugspraxis angepassten Vollstreckungsanordnungen gearbeitet.

2. Die Strafandrohung nach Art. 292 StGB

775 Das Gericht kann dem Ausgewiesenen eine Bestrafung nach Art. 292 StGB androhen, sollte er dem Urteil nicht Folge leisten. Bei juristischen Personen hat sich die Strafandrohung gegen ihre Organe zu richten.[2142] Ungehorsam gegen amtliche Verfügungen nach Art. 292 StGB ist ein Offizialdelikt. Allerdings setzt die Bestrafung voraus, dass ein Verstoss den Strafverfolgungsbehörden überhaupt zur Kenntnis gebracht wird.[2143] Art. 292 StGB ist mit Busse bis zu einem Höchstbetrag von CHF 10'000[2144] bewehrt. Es handelt sich somit um eine Übertretung.[2145]

776 Gemäss Art. 106 Abs. 3 StGB soll die Busse vom zuständigen Strafgericht bzw. Staatsanwalt[2146] nach den Verhältnissen des Täters so bemessen werden, *«dass dieser eine Strafe erleidet, die seinem Verschulden angemessen ist»*. Gleichzeitig wird für den Fall des schuldhaften Nichtbezahlens der Busse eine Ersatzfreiheitsstrafe von mindestens einem Tag bis höchstens drei Monaten

---

2141 Oben, Rz. 736.

2142 BGer 6B_280/2010 vom 20. Mai 2010 E. 3.1; vgl. BGer 2C_950/2012 vom 8. August 2013 E. 6.2.1 («*Juristische Personen sind grundsätzlich nicht deliktsfähig und können nur dann belangt werden, wenn das Gesetz dies für die juristischen Personen ausdrücklich vorsieht (siehe etwa Art. 102 StGB). Stattdessen ist die Strafdrohung an die zuständigen Organe bzw. Vertreter zu richten* [...]. *Dabei muss der Verfügungsadressat nicht namentlich erwähnt sein; es genügt, wenn der Adressatenkreis konkret eingrenzbar ist, was auf die Organe einer juristischen Person zutreffen kann* [...]»).

2143 Vgl. MAISSEN, S. 40; ZK ZPO-D. STAEHELIN, Art. 343 N 17; BK ZPO-KELLERHALS, Art. 343 N 29.

2144 Art. 106 Abs. 1 StGB.

2145 Art. 103 StGB.

2146 In der Regel wird eine Übertretung nach Art. 292 StGB im Strafbefehlsverfahren nach Art. 352 ff. StPO erledigt. Gegen den Strafbefehl kann bei der Staatsanwaltschaft innert 10 Tagen schriftlich Einsprache erhoben werden, andernfalls wird der Strafbefehl zum rechtskräftigen Urteil (Art. 354 Abs. 1 und 3 StPO).

ausgesprochen.[2147] Bei einer Verurteilung wegen Ungehorsams gegen eine amtliche Verfügung droht dem Fehlbaren grundsätzlich auch ein Strafregistereintrag. Indessen werden gemäss Art. 366 Abs. 2 StGB i.V.m. Art. 3 Abs. 1 lit. c der VOSTRA-Verordnung[2148] solche Verurteilungen nur eingetragen, wenn eine Busse von mehr als CHF 5'000 verhängt wurde, was in der Praxis im Falle von Art. 292 StGB eher selten vorkommen wird.

3. Ordnungsbussen

Nach Art. 343 Abs. 1 lit. b und c ZPO kann das Gericht eine einmalige Ordnungsbusse bis zu CHF 5'000 oder eine Ordnungsbusse bis zu CHF 1'000 für jeden Tag der Nichterfüllung des Entscheides anordnen.[2149] Die Bussen verfallen dem Staat. Ein Zwangsgeld, welches dem Vollstreckungsgläubiger zu Gute käme, kennt die ZPO nicht.[2150] Dieser kann sich an der Vollstreckung also nicht bereichern.[2151] 777

4. Direkter Zwang

Bei der Vollstreckung von Ausweisungsurteilen sind die direkten Zwangsmassnahmen nach Art. 343 Abs. 1 lit. d ZPO und die Ermächtigung zur Ersatzvornahme nach Art. 343 Abs. 1 lit. e ZPO von vorrangiger Bedeutung. Nach einem Teil der Lehre bedarf es hierfür eines entsprechenden ausdrücklichen Antrags des Vollstreckungsgläubigers.[2152] Begründet wird dies – soweit überhaupt – mit der Vorleistungs- bzw. Kostenvorschusspflicht des Vollstreckungsgläubigers.[2153] Dies überzeugt nicht. Die Wahl der geeigneten Vollstre- 778

2147 Art. 106 Abs. 2 StGB.

2148 Verordnung über das Strafregister vom 29. September 2006, SR 331.

2149 Zum Vorgehen siehe auch BGE 142 III 587.

2150 Botschaft ZPO, S: 7385, sogenannte *«astreinte»* nach französischem Recht.

2151 Mit der in Art. 345 ZPO vorgesehenen *«Taxation»* für den Fall einer potentiell erfolglosen Vollstreckung kann der Vollstreckungsgläubiger Schadenersatz (lit. a) oder letztlich die Umwandlung der geschuldeten Leistung in eine Geldleistung (lit. b) verlangen. Auch hier geht es nur um einen Wertersatz (vgl. BK ZPO-KELLERHALS, Art. 345 N 17; ZK ZPO-D. STAEHELIN, Art. 345 N 8; BSK ZPO-ZINSLI, Art. 345 N 8 und 10; DIKE ZPO-ROHNER/LERCH, Art. 345 N 19).

2152 GASSER, Vollstreckung, S. 342; GASSER/RICKLI, Art. 343 N 3; BSK ZPO-ZINSLI, Art. 343 N 22 und N 29; DIKE ZPO-JENNY, Art. 343 N 8, 22 und 27; differenzierend BK ZPO-KELLERHALS, Art. 343 N 60 (kein Antragserfordernis bei direkten Zwangsmassnahmen nach lit. d; hingegen Antragserfordernis bei Ersatzvornahme nach lit. e).

2153 BK ZPO-KELLERHALS, Art. 343 N 73; wohl auch GASSER, Vollstreckung, S. 342 *(«Direkter Zwang* [...] *wird nur auf Antrag (und Vorschuss der Kosten) angeordnet, denn* ckungsmassnahme im konkreten Fall liegt stets im Ermessen des Vollstreckungsgerichts.[2154] Dem Vollstreckungsgläubiger obliegt es, in seinem Antrag auf Vollstreckung konkrete Gründe darzutun, falls er eine bestimmte Vollstreckungsmassnahme als ungeeignet oder ihm selbst (namentlich aus Kostengründen) nicht zumutbar erachtet.[2155] In aller Regel ist der Vollstreckungsgläubiger aber an einer effektiven und effizienten Vollstreckung interessiert. Der Antrag, *«das Mietobjekt sei zu räumen»* bzw. *«es sei die amtliche Räumung anzuordnen»* oder auch das Gesuch *«die Ausweisung sei zu vollstrecken»* oder schlicht *«der Entscheid sei zu vollstrecken»* genügt.

II. Die amtliche Räumung

1. Vorbemerkungen

779 Der Zwangsvollzug wird bisweilen als schärfstes Mittel der Vollstreckung bezeichnet.[2156] Zumindest bei Ausweisungsentscheiden ist es das effektivste. Bei dieser Form der Realvollstreckung beauftragt der Richter eine staatliche Stelle mit dem Vollzug des Urteils. Art. 343 Abs. 1 lit. d ZPO nennt die Räumung eines Grundstückes explizit als Beispiel. Zu den Modalitäten einer Zwangsräumung enthält die ZPO keine Einzelheiten. Diese fallen unter das kantonale Vollzugsrecht und sind sehr unterschiedlich ausgestaltet. Das kantonale Recht bezeichnet auch die für die Zwangsräumung zuständige Behörde. Es kann diese Aufgabe beispielsweise dem Gerichtsdiener, dem Gemeinde- oder Stadtammann oder der Polizei zuweisen.

---

die berechtigte Partei könnte ja auch darauf verzichten. Gleiches gilt für die Ersatzvornahme [...]»).

2154 ZK ZPO-D. STAEHELIN, Art. 343 N 14; KUKO ZPO-KOFMEL-EHRENZELLER, Art. 343 N 4;

2155 Vgl. auch HUBER, S. 159 f. mit dem Hinweis, *«dass das Vollstreckungsverfahren nur auf Begehren der obsiegenden Partei durchgeführt wird [...]. Wenn [sie] die unterlegene Partei noch schonen will, kann sie sich somit stets dazu entschliessen, von einem Vollstreckungsverfahren abzusehen»;* vgl. sodann den Entscheid des KG BL (410 13 207) vom 17. September 2013 E. 3 (wobei fraglich erscheint, dass das Gericht ausgerechnet die Zwangsmassnahme und die Ersatzvornahme als die *«milderen Vollstreckungsmassnahmen»* erachtet).

2156 BSK ZPO-ZINSLI, Art. 343 N 24; vgl. KUKO ZPO-KOFMEL-EHRENZELLER, Art. 343 N 10, wonach die Zwangsmassnahme aufgrund des Verhältnismässigkeitsprinzips grundsätzlich subsidiär zu indirekten Zwangsmassnahmen sei (vgl. aber ZK ZPO-D. STAEHELIN, Art. 343 N 14; BK ZPO-KELLERHALS, Art. 343 N 10, keine Stufenfolge und keine Hierarchie der Zwangsmassnahmen).

2. Ablauf

Die Zwangsräumung einer Wohnung ist eine höchst anspruchsvolle Aufgabe, da sie für den Ausgewiesenen eine emotional sehr belastende Situation schaffen kann. Bereits im Vorfeld gilt es, die Verhältnisse abzuklären und wenn möglich geeignete Vorkehrungen zu treffen. Am Räumungstermin wird der erfahrene Räumungsbeamte mit Einfühlungsvermögen und Konsequenz vorgehen. Abgesehen von diesen professionellen Anforderungen in menschlicher Hinsicht umfasst der Vollzug der Räumung objektiv folgende Elemente. 780

Zunächst muss sich der Vollzugsbeamte Zugang zur Wohnung verschaffen. 781 Verweigert der Bewohner den Einlass oder ist er nicht anwesend, muss dazu in der Regel ein Schlüsseldienst beigezogen werden, sofern der Vermieter nicht ausnahmsweise über einen Schlüssel zum Mietobjekt verfügt.[2157]

Anschliessend hat der Vollzugsbeamte allfällige sich unberechtigt im Mietob- 782 jekt aufhaltende Personen dazu zu bewegen, dieses – möglichst unter Mitnahme ihrer gesamten Habe – nun umgehend zu verlassen und alle Schlüssel zum Mietobjekt herauszugeben. Unter Umständen wird dabei physischer Zwang gegen diese Personen erforderlich sein.[2158] Die Vollzugsbehörde kann nach Art. 343 Abs. 3 ZPO die Hilfe anderer zuständiger Behörden in Anspruch nehmen, allen voran diejenige der Polizei. Wo geboten, kann beispielsweise auch der Sozialdienst oder der Amtsarzt beigezogen werden.

Die Ausweisung ist vollzogen, wenn der Ausgewiesene aus dem Besitz gesetzt 783 worden ist, er also das Mietobjekt möglichst unter Aushändigung aller Schlüssel verlassen hat,[2159] und der unmittelbare Besitz auf den Vollstreckungsgläubiger übergegangen ist. Die Anwesenheit des Gläubigers ist dazu nicht unbedingt erforderlich.[2160] Es genügt, dass ihm die tatsächliche Gewalt über das

---

2157 Allenfalls besitzt der Vermieter (im Idealfall in Absprache mit dem Mieter) mit Blick auf allfällige Notsituationen einen Schlüssel zum Objekt oder einen Passpartout. Selbstverständlich darf sich der Vermieter während des Mietverhältnisses und auch danach ohne gerichtliche Ermächtigung nicht Zugang zum Mietobjekt verschaffen, selbst wenn er über einen Schlüssel verfügen sollte. Er würde Hausfriedensbruch begehen (vgl. Botschaft Mietrecht, S. 1431; BSK OR I-WEBER, Art. 257h N 5; SVIT, Art. 257h N 20; vorbehalten bleibt ein rechtfertigender Notstand, Art. 52 Abs. 3 OR, Art. 17 f. StGB).

2158 Vgl. PEYER, S. 182; MAISSEN, S. 61.

2159 Werden die Schlüssel nicht ausgehändigt, ist das Auswechseln der Schlösser erforderlich.

2160 In manchen Kantonen wird der Vermieter aber aufgefordert, der Räumung beizuwohnen.

Mietobjekt übertragen wird – namentlich durch Aushändigung der Schlüssel.[2161]

784 Ist es den ausgewiesenen Personen nicht möglich, ihr Hab und Gut mit sich zu nehmen, so stellt sich die Frage, was damit zu geschehen hat. Der Vollstreckungsschuldner ist verpflichtet, die Wohnung geräumt zurückzugeben. Er hat seinen Hausrat also daraus zu entfernen. Kommt er dem nicht nach, muss auch diese Pflicht grundsätzlich zwangsweise durchgesetzt werden. Das Eigentum des Ausgewiesenen sollte diesem oder einem von ihm bezeichneten Vertreter soweit möglich herausgegeben werden. Auch verliert der Ausgewiesene das Eigentum an seinem Hab und Gut nicht dadurch, dass er es notgedrungen im Mietobjekt zurücklassen muss.[2162] In der Praxis erweist es sich hier von Vorteil, wenn der Ausgewiesene und allenfalls auch der Vermieter bei der Räumung anwesend sind. Wo im kantonalem Recht bzw. in der kantonalen Praxis vorgesehen, beauftragt die Vollzugsbehörde ein Umzugs- oder Transportunternehmen und der Haushalt des Ausgewiesenen wird in ein Lager verbracht, wo ihn der Eigentümer noch während einiger Wochen (gegen Begleichung der Lagerkosten) auslösen kann. Im Rahmen der Räumung wird dann ein (rudimentäres) Inventar erstellt und eine Aufteilung vorgenommen in einzulagernde Gegenstände einerseits und zu entsorgende (wertlose, nicht einlagerbare oder verderbliche) Gegenstände andererseits. Dies ist bereits aus Gründen der Lagerkapazität geboten. Wo eine amtliche Lagerung vorgesehen ist, hat die Vollzugsbehörde die Kompetenz, diese Entscheidung autoritativ zu fällen. Ist der Ausgewiesene anwesend, so kann und muss er hierbei mitwirken.[2163] Zumindest denkbar ist auch, dass der Ausgewiesene noch anlässlich der Räumung eine Adresse oder einen Lagerort angibt, wohin sein Hausrat verbracht werden kann. Diesfalls ist freilich abzuwägen, ob dadurch nicht höhere Kosten entstehen als für einen Transport in das amtliche Lager. In vielen Kantonen wird das Aufbewahren des Eigentums des Ausgewiesenen auch bei einer amtlichen Räumung dem Vollstreckungsgläubiger überlassen, was für diesen mit erheblichem Aufwand, Unsicherheiten und Kosten verbunden ist. Hier ergeben sich Überschneidungen zwischen der Zwangsmassnahme im engeren Sinn (Art. 343 Abs. 1 lit. d ZPO) und der Ermächtigung zur Ersatzvornahme im Sinne von Art. 343 Abs. 1 lit. e ZPO.

[2161] HAUBENSAK, S. 46.

[2162] Zur vermuteten Dereliktion vgl. unten Rz. 829 ff.

[2163] Er kann diesfalls über die Konditionen einer Hinterlegung aufgeklärt werden; allenfalls erklärt er sich bereit, einen Hinterlegungsvertrag abzuschliessen oder auch eine Verzichtserklärung abzugeben. Verweigert er seine Mitwirkung, kann er sich anschliessend nicht darauf berufen, es seien die falschen Gegenstände entsorgt worden.

Der Vollzugsbehörde kommt bei der Umsetzung der Vollstreckungsmassnahme im Rahmen der konkreten gerichtlichen Anordnung ein erhebliches Ermessen zu. Sie hat indessen stets die Verhältnismässigkeit und auch den Kostenaufwand im Auge zu behalten.[2164] Jede Vollzugsbehörde entwickelt ihre eigene Praxis für den Vollzug von Räumungen. Allenfalls bestehen verwaltungsinterne Richtlinien hierzu. Kantonale Gesetzesbestimmungen zum Räumungsvollzug gibt es kaum. Dies kann nur bis zu einem gewissen Grad durch besonders detaillierte gerichtliche Anweisungen im Vollstreckungsentscheid ausgeglichen werden. Eine gesetzliche Regelung des Ablaufs einer Räumung, insbesondere der Behandlung des zurückgelassenen Hausrates, wäre nicht zuletzt im Sinne der Rechtssicherheit für alle Beteiligten wünschenswert.[2165] 785

Entgegen einer in der Literatur vertretenen Auffassung[2166] ist es nicht Sache der Vollzugsbehörde, dem Ausgewiesenen eine Alternative zu den bisherigen Räumlichkeiten zur Verfügung zu stellen.[2167] Es ist Aufgabe des Sozialstaates, entsprechende Anlaufstellen für den Bedürftigen zu schaffen, seien dies Notwohnungen, Notunterkünfte oder Notschlafstellen.[2168] Der auch für die Vollzugsbehörde geltende Verhältnismässigkeitsgrundsatz ist gewahrt, wenn dem Auszuweisenden der Räumungstermin rechtzeitig im Voraus mitgeteilt wird. Die Räumung ist dann auch zu vollziehen, wenn der Ausgewiesene angibt, über keine Anschlusslösung zu verfügen.[2169] 786

2164 Vgl. MAISSEN, S. 63.

2165 Vgl. als Beispiel für eine solche Regelung die Basler Verordnung über die Räumung von Wohnräumen im Rahmen des Exmissionsverfahrens, SG 215.450, unten, Rz. 789 ff.

2166 MEIER, Zivilprozessrecht, S. 438; unter Berufung auf denselben auch HUBER, Rz. 449.

2167 Die Vollzugsbehörden informieren jedoch in der Regel die einschlägigen Behörden (Sozialdienst, KESB, Amtsarzt) und nennt dem Ausgewiesenen allfällige Anlaufstellen.

2168 Die Praxis des Zivilgerichts Basel-Stadt sieht sich regelmässig auch mit Ausweisungsgesuchen aus Notwohnungen konfrontiert (exemplarisch dazu BGer 4A_583/2015 vom 8. Januar 2016).

2169 Es besteht keine gesetzliche Grundlage für eine Verpflichtung des Vermieters, seine Wohnung als Notwohnung zur Verfügung zu stellen (vgl. BGer 4A_207/2014 vom 19. Mai 2014 [deutsche Übersetzung in MRA 2015 S. 54 ff.] E. 3; vgl. MEIER, Zivilprozessrecht, S. 438 Fn 738 m. Hinw. zum deutschen Recht; vgl. auch § 765a ZPO DE [Vollstreckungsschutz in Härtefällen], dazu Beschluss des Bundesgerichtshofs vom 1. Oktober 2009 [VII ZB 41/08] und vom 20. November 2008 [V ZB 31/08], aber auch jüngst der Beschluss des Bundesgerichtshof vom 23. Oktober 2014 [I ZB 82/13] zur *«Berliner Räumung»*).

3. Kosten

787 Der Vermieter hat in der Regel einen Kostenvorschuss für den Vollzug der Räumung zu leisten. Dieser umfasst alle Handlungen der Vollzugsbehörde, insbesondere die Räumung und je nach Kanton auch den Transport sowie allenfalls sogar das Einlagern des Inventars,[2170] soweit dies durch die Vollzugsbehörde organisiert wird und nicht dem Vollstreckungsgläubiger selbst überlassen wird. Der Vorschuss wird im Anschluss an die Räumung mit den effektiv entstandenen Kosten verrechnet. Ist solches im kantonalen Recht vorgesehen, kann dem Ausgewiesenen angedroht werden, dass seine Habe nach einer bestimmten Hinterlegungszeit verwertet und der Erlös zur Deckung der Lagerkosten verwendet wird.[2171]

788 Die Vollzugskosten sind letztlich vom Ausgewiesenen als unterlegener Partei und Verursacher zu tragen. Dem Vermieter, welcher einen Kostenvorschuss geleistet hat, entsteht ein Rückerstattungsanspruch gegen den Ausgewiesenen. Das Vollstreckungsgericht kann nach Abschluss des Vollzugs einen ergänzenden Kostenentscheid hierüber fällen.[2172] Dazu sind ihm die entsprechenden Abrechnungen der Vollzugsbehörde vorzulegen.[2173] Der ergänzende Kostenentscheid bildet einen definitiven Rechtsöffnungstitel. In der Praxis ist der Ersatz der Räumungskosten für den Vermieter jedoch nicht selten uneinbringlich, sei es aufgrund Illiquidität des Ausgewiesenen, sei es, weil dieser unbekannt verzogen ist.

4. Umsetzung in ausgewählten Kantonen

a. Basel-Stadt

789 In den meisten Kantonen ist der Vollzug der amtlichen Räumung, soweit es eine solche überhaupt gibt, nicht oder nur rudimentär gesetzlich geregelt. Eine Ausnahme dazu bildet der Kanton Basel-Stadt für die Räumung von Wohnungen. Die Grundsätze der amtlichen Zwangsräumung sind in § 51 GOG BS

[2170] DIKE ZPO-JENNY, Art. 343 N 22 zum zürcherischen Recht; vgl. unten, Rz. 791 f. für Basel-Stadt (die Kosten für Räumung und Transport sind vom Vermieter zu bevorschussen, nicht aber das Einlagern); so auch Rz. 800 für Bern; vgl. Rz. 807 für den Kanton Solothurn.

[2171] Vgl. DIKE ZPO-JENNY, Art. 343 N 22; zur kantonalen Umsetzung unten Rz. 789 ff.

[2172] ZK ZPO-D. STAEHELIN, Art. 343 N 26; vgl. z.B. Art. 7 Abs. 2 EG SchKG BE.

[2173] Nach der hier vertretenen Auffassung können auch die Kosten, die dem Vollstreckungsgläubiger direkt entstanden sind, auf entsprechenden Antrag desselben miteinbezogen werden, soweit es sich hierbei um Ersatzvornahmen im Sinne von Art. 343 Abs. 1 lit. e ZPO handelt (Art. 345 Abs. 2 ZPO analog, dazu unten, Rz. 815).

festgehalten. Darauf gestützt regelt die *«Verordnung über die Räumung von Wohnräumen im Rahmen des Exmissionsverfahrens»* vom 20. Dezember 2011[2174] die Zuständigkeiten, den Ablauf der Räumung sowie die Einlagerung und Verwertung.

Zuständig für die eigentliche Räumung der Wohnräume und den Abtransport 790
des Hausrates ist der Weibeldienst des Zivilgerichts. Der Vollstreckungsgläubiger hat dem Gericht die Kosten für die Räumung und den Abtransport zu bevorschussen. Es handelt sich um von der Grösse des zu räumenden Objekts abhängige Pauschalen.[2175] Nach Eingang des Kostenvorschusses setzen der Weibeldienst bzw. die Gerichtskanzlei den Vollzugstag fest, informieren die Parteien und gegebenenfalls die beizuziehenden amtlichen Stellen darüber und beauftragen ein Transportunternehmen. Der Schlüsseldienst muss vom Vermieter selbst organisiert werden. Am Vollzugstag erstellt der Gerichtsweibel vor Ort ein Inventar der im Mietobjekt festgestellten Gegenstände. Darauf wird insbesondere festgehalten, was zur Einlagerung mitgenommen wird.[2176] Wertlose Gegenstände, denen es auch an einem allfälligen affektiven Wert fehlt,[2177] sowie verderbliche Waren und Pflanzen werden nicht eingelagert. Sie werden dem Vermieter zur Entsorgung überlassen.[2178] Die Verordnung enthält sodann Bestimmungen zum Vorgehen bei besonderem *«Exmissionsgut»* (Tiere, Militär- und andere Waffen, Ausweise, Bargeld, Datenträger, Tresore und *«als sehr wertvoll eingeschätzte Gegenstände»*).

2174 SG 215.450; diese Verordnung geht inhaltlich auf eine interne Weisung vom Juni 2009 zurück.

2175 Nach Vollzug der Räumung wird mit dem Vollstreckungsgläubiger abgerechnet. Ein überschiessender Kostenvorschuss wird ihm zurück erstattet, allfällige Mehrkosten hat er nachzuzahlen. Diese Nachforderung ist möglich, da es sich nicht um einen Kostenvorschuss nach ZPO handelt.

2176 § 5 Abs. 1 der Verordnung (vgl. Abs. 2 *«Als dem Transportunternehmen ausgehändigt gelten nur Gegenstände, die in der Inventarliste mit einem entsprechenden Vermerk aufgenommen sind»*).

2177 Wertlose, aber allenfalls mit einem affektiven Wert belegten Gegenstände werden nur dann eingelagert, wenn sie nicht beschädigt oder verschmutzt sind und ohne grossen Aufwand eingelagert werden können (§ 6 Abs. 1 der Verordnung). Zu denken ist insbesondere an persönliche Unterlagen oder Fotos, aber auch Kleider oder Kinderspielzeug. Im Normalfall ist der Grossteil des angetroffenen Hausrats praktisch ohne oder allenfalls von affektivem Wert.

2178 Nach § 6 Abs. 1 i.f. entscheidet die Vermieterschaft, ob die nicht einzulagernden Gegenstände ihr überlassen oder im Rahmen der Räumung zu entsorgen sind.

791 Mit der Übergabe der inventarisierten Gegenstände an das Polizeilager endet die Vorschusspflicht des Vollstreckungsgläubigers[2179] und es wechselt die Zuständigkeit: Die Einlagerung und gegebenenfalls die Verwertung des *«Exmissionsgutes»* ist Aufgabe des Bereichs Bevölkerungsdienste und Migration (BdM) des Justiz und Sicherheitsdepartements. Die Aufbewahrungsdauer beträgt drei Monate. Eine Verlängerung bis auf zwölf Monate ist möglich, wenn eine Kostengutsprache vorliegt und genügend Platz vorhanden ist. Während dieser Zeit kann der Ausgewiesene sein Hab und Gut jederzeit nach Terminvereinbarung auslösen, sofern er die entstandenen Lagerkosten in Bar begleicht.[2180] Während der Einlagerung versucht das BdM auch, Ausgewiesene unbekannten Aufenthaltes ausfindig zu machen.[2181] Wird das Exmissionsgut nicht innert Frist ausgelöst, so wird es verwertet[2182] oder entsorgt. Vom Verwertungserlös werden die dem BdM entstandenen Kosten gedeckt. Ein Defizit wird dem Ausgewiesenen in Rechnung gestellt, ein allfälliger Überschuss wird diesem ausgehändigt.[2183] Der Kanton haftet nur für vorsätzlich oder grobfahrlässig zugefügte Schäden, die beim Abtransport oder bei der Einlagerung entstanden sind.[2184]

792 Diese Verordnung und das darin beschriebene Vorgehen beziehen sich nur auf Wohnungsräumungen. Geschäftsräumlichkeiten werden in Basel-Stadt nicht amtlich zwangsgeräumt. Vielmehr wird dem Vermieter die Ermächtigung zur Räumung erteilt.

2179 Dies ist sachgerecht, denn mit der Räumung der Wohnung ist das Urteil vollzogen. Die anschliessende Einlagerung des Exmissionsgutes erfolgt einzig zu Gunsten des Ausgewiesenen.

2180 Die Lagerkosten im Polizeilager betragen CHF 10 pro m^2 Lagerfläche und Monat zzgl. MWST (§ 7 Abs. 1 der Verordnung). Drittpersonen können denjenigen Teil des eingelagerten Gutes auslösen, an dem sie ihr Eigentum nachweisen (§ 8 Abs. 3 der Verordnung).

2181 Bleibt die Suche ergebnislos, wird nach § 9 der Verordnung im Kantonsblatt unter Androhung der Verwertung des eingelagerten Gutes eine vierwöchige Frist zur Auslösung angesetzt.

2182 Dazu wird es an im Kantonsblatt ausgeschriebenen Verkaufsterminen an *«das Trödelgewerbe ausübende Personen mit Geschäftssitz im Kanton Basel-Stadt»* verkauft. Die Gegenstände eines Mietobjekts bilden dabei einen Posten und können nur gemeinsam verkauft werden. Was keinen Käufer findet, wird entsorgt (zum Ganzen §§ 10–12 der Verordnung).

2183 § 13 der Verordnung. Somit wird der Verwertungserlös weder zum Ersatz der Vorschüsse des Vollstreckungsgläubigers noch zur Deckung seiner allfälligen Parteientschädigung aus dem Ausweisungsverfahrens herbeigezogen.

2184 § 51 Abs. 4 GOG BS (Gesetz betreffend die Organisation der Gerichte und der Staatsanwaltschaft vom 3. Mai 2015, SG 154.100).

b. Zürich

Im Kanton Zürich beauftragt das Gericht den Gemeindeamman der Gemeinde, in welcher die Räumung stattzufinden hat, mit dem Vollzug.[2185] Das grundsätzliche Vorgehen ist auf dem ganzen Kantonsgebiet ähnlich. Die konkrete Umsetzung hängt jedoch von der Praxis des jeweiligen Amtes ab. 793

Der Gesuchsteller wendet sich mit dem rechtskräftigen Ausweisungsentscheid mitsamt Vollstreckbarkeitsbescheinigung direkt an die zuständige Vollzugsbehörde.[2186] Die gesamte Räumung wird vollumfänglich von der Vollzugsbehörde organisiert. Darin inbegriffen ist auch das Aufbieten eines Schlüsseldienstes und eines Transportunternehmens sowie die allfälligen Einlagerung von zurückgelassenem Gut. Der Gesuchsteller hat einen entsprechenden Kostenvorschuss zu leisten.[2187] Dieser ist in erster Linie abhängig von der Grösse der zu räumenden Wohnung. 794

Vom Eingang des Antrags auf Räumung bis zum Räumungstermin dauert es durchschnittlich etwa vier Wochen.[2188] Die Räumung findet in der Regel in Anwesenheit des Mieters und des Vermieters statt. Die Vollzugsbehörde kann die Polizei[2189] und gegebenenfalls auch andere Behörden beiziehen. 795

Dem Ausgewiesenen wird der Räumungstermin im Voraus in einem detaillierten Informationsschreiben angezeigt.[2190] Er wird darauf hingewiesen, dass zurückgebliebene Gegenstände am Tag des Räumungsvollzugs durch die Vollzugsbehörde entsorgt werden können und dass grundsätzlich davon ausgegangen wird, dass er sein Eigentum daran aufgegeben hat. Eine kurzzeitige Einlagerung des Hausrats durch die Vollzugsbehörde ist möglich.[2191] Den Entscheid, welche Gegenstände eingelagert werden, trifft der Vollzugsbeamte vor Ort.[2192] 796

2185 § 147 Abs. 1 lit. b GOG ZH.

2186 Gemeindeamman oder Stadtammannamt.

2187 § 147 Abs. 2 GOG ZH (früher § 307 Abs. 3 ZPO ZH).

2188 Angabe zur Stadt Zürich (https://www.stadt-zuerich.ch/portal/de/index/politik_u_recht/stadtammann-_undbetreibungsaemter/stadtammannamt/ausweisung_aus_mietraeumen.html#ausweisung_aus_wohnraeumen) (zuletzt besucht am 31. Juli 2018).

2189 § 147 Abs. 2 GOG ZH.

2190 Ein Muster eines solchen Schreibens findet sich auf http://www.duebendorf.ch/dl.php/de/502b913bbf2c8/Anzeige_Ausweisung.pdf (zuletzt besucht am 31. Juli 2018).

2191 Eine Pflicht zur Einlagerung besteht nicht; zur Praxis der Zürcher Vollzugsbehörden bereits OGer ZH Entscheid vom 20. Dezember 1985, ZR 85 (1986) Nr. 94.

2192 In erster Linie werden allfällige werthaltige sowie persönliche Gegenstände von mutmasslich besonderem Wert für den Ausgewiesenen (z.B. Ausweise und andere Dokumente, soweit diese ohne Aufwand gefunden werden) eine Zeit lang aufbewahrt. Zurückgelassene Haustiere werden dem Tierschutzverein übergeben, wenn sich nicht ein Nachbar anbietet, sich um sie zu kümmern. Bei Geschäftsräumen werden die verblie-

Die Entsorgung von Abfall und unbrauchbarer oder wertloser Gegenstände wird in der Regel dem Vermieter überlassen. Über die Bedingungen einer allfälligen Einlagerung wird der Ausgewiesene bereits in der Anzeige detailliert informiert. Bereits die Anzeige enthält den ausdrücklichen Hinweis, dass auch allfälliges eingelagertes Gut nach Ablauf eines Monats öffentlich versteigert oder entsorgt wird. Ein erzielter Verwertungserlös dient zunächst der Deckung der vom Vermieter bevorschussten Vollzugskosten. In der Praxis lohnt sich eine Verwertung jedoch meist nicht.

c. Bern

797 Der Vollzug der Zwangsräumung ist heute im Kanton Bern nicht gesetzlich geregelt. Art. 7 Abs. 1 EG SchKG BE[2193] weist die Aufgabe des Vollzugs von Gerichtsurteilen dem Betreibungs- und Konkursamt zu. Dies entspricht zumindest bei Räumungen heute nicht mehr den effektiven Gegebenheiten.[2194] In der Regel wird vielmehr die Gemeinde mit dem Vollzug beauftragt.[2195] Nach Art. 1 Abs. 1 lit. e des Polizeigesetzes des Kantons Bern[2196] leisten die Polizeiorgane des Kantons und der Gemeinden den Verwaltungs- und Justizbehörden Amts- und Vollzugshilfe, soweit die polizeiliche Mithilfe in der Gesetzgebung vorgesehen oder zur Durchsetzung der Rechtsordnung erforderlich ist.[2197] Zufolge Fehlens einer einheitlichen Regelung wird der Räumungsvollzug im Kanton Bern regional sehr unterschiedlich gehandhabt.[2198]

798 Verlässt der Ausgewiesene die Räume nicht bis zum im Ausweisungs- und Vollstreckungsentscheid festgesetzten Termin, so gelangt der Vollstreckungsgläubiger mit seinem Antrag auf Vollzug der amtlichen Räumung erneut an das Gericht. Dieses kann einen Kostenvorschuss für die Räumung verlangen[2199] und beauftragt anschliessend die Polizei oder die Gemeinde am Stand-

---

benen Gegenstände in der Regel nicht eingelagert, sondern grundsätzlich vor Ort veräussert.

2193 Einführungsgesetz zum Bundesgesetz über Schuldbetreibung und Konkurs vom 16. März 1995, BSG 281.1.

2194 Vortrag zur Änderung des RStG vom 19. August 2016.

2195 Nach Art. 10 Abs. 1 des Polizeigesetzes des Kantons Bern (BSG 551.1) ist die Gemeinde zuständig für die Amts- und Vollzugshilfe der örtlichen Gerichtsbehörden.

2196 BSG 551.1.

2197 Die Aufgabe der Polizei beschränkt sich hier auf die Sicherung der mit dem Vollzug betrauten Person, wenn eine Gefährdung besteht oder bestehen könnte.

2198 Vortrag RStG, S. 4, Ziff. 2.2.; es wird von jährlich ungefähr 90 Räumungsvollzügen im Kanton Bern ausgegangen, mehrheitlich im städtischen Raum (Vortrag RStG, S. 16, Ziff. 9).

2199 Dies wird unterschiedlich gehandhabt; das Regionalgericht Bern-Mittelland erhebt einen Kostenvorschuss, der sich in erster Linie nach der Anzahl Zimmer der zu räuort der Liegenschaft mit dem Vollzug.[2200] In der Stadt Bern ist das Polizeiinspektorat der Stadt Bern zuständig.[2201] Grosses Gewicht wird hier auf eine sorgfältige Abklärung der Situation, eine Einschätzung des Gefahrenpotentials, gelegt. Wenn es geboten erscheint, wird die Kantonspolizei zur Sicherung der am Vollzug beteiligten Personen beigezogen.[2202] Der Vollzug umfasst neben dem Auswechseln des Wohnungstürschlosses (soweit erforderlich) auch das Leerräumen der gemieteten Räumlichkeiten.[2203] Grundsätzlich wird nichts zurückgelassen. Der Umfang der Räumung bestimmt sich nach dem Gerichtsentscheid. Sind Nebenräume wie Keller, Estrich oder Garagen darin nicht genannt, bleiben diese grundsätzlich unangetastet. Allfälliges vom Ausgewiesenen zurückgelassenes Hab und Gut wird – soweit es sich in einem guten Zustand befindet[2204] – zwei Monate lang eingelagert unter der Androhung,[2205] dass nicht abgeholte Gegenstände nach Ablauf dieser Frist verwertet oder entsorgt werden. Nach Vollzug der Räumung erstellt das Polizeiinspektorat zuhanden des Gerichts einen Schlussbericht. Dieses erlässt daraufhin eine ergänzende Kostenverfügung über die Vollzugskosten. Der Ausgewiesene hat dem Vollstreckungsgläubiger diese Kosten zu ersetzen.

Am 19. August 2016 wurde eine einheitliche kantonale Regelung der Grund- 799
züge des Räumungsverfahrens ins Vernehmlassungsverfahren geschickt.[2206] Sie ist stellenweise an die Verordnung aus dem Kanton Basel-Stadt angelehnt und findet sich in sechs neuen Artikeln im Gesetz über die Regierungsstatthal-

menden Wohnung bemisst; andere Gerichte verzichten auf einen Kostenvorschuss, stellen die Kosten nach erfolgtem Vollzug aber dem Vollstreckungsgläubiger in Rechnung, unter Einräumung eines Ersatzanspruchs gegen den Ausgewiesenen.

2200 Die Gemeinde wiederum kann die Kantonspolizei beiziehen, wenn Hinweise auf eine Gefährdung der mit der Räumung betrauten Person bestehen. Die Polizei sorgt diesfalls für die Sicherheit dieser Person(en).

2201 Allerdings gilt dies nur, wenn ein Mietverhältnis vorliegt. bei Hausbesetzungen ist die Kantonspolizei zuständig.

2202 In Absprache mit der Kantonspolizei können Räumungen auch überraschend durchgeführt werden, wenn ein solches Vorgehen als zweckmässiger eingeschätzt wird. In den übrigen Fällen wird vorgängig der Kontakt mit der auszuweisenden Person gesucht.

2203 In Bern werden Geschäftsräume gleich behandelt wie Wohnungen.

2204 Verschmutztes, Defektes oder Verderbliches sowie beispielsweise Pflanzen werden nicht aufgehoben, sondern entsorgt. Der Entscheid darüber, was eingelagert wird, liegt beim Vollzugsbeamten. Alles wird durch Fotografien dokumentiert.

2205 Diese Androhung wird zweimal im Stadtanzeiger (Regionalzeitung) publiziert.

2206 Medienmitteilung vom 19. August 2016 unter https://www.be.ch/portal/de/index.html (Gesetz über Regierungsstatthalterinnen und Regierungsstatthalter – Gesetzliche Regelungen für die Bekämpfung der häuslichen Gewalt und die Räumung von Liegenschaften).

terinnen und Regierungsstatthalter (RStG).[2207] Demnach soll die Zuständigkeit für den Räumungsvollzug neu dem Regierungsstatthalter[2208] des Verwaltungskreises zugewiesen werden, in dem sich die Liegenschaft befindet.[2209] Dieser hat zunächst die notwendigen Abklärungen der Verhältnisse (sog. *«Umfeldabklärung»*) zu treffen.[2210] Am Vollzugstag soll der Regierungsstatthalter ein Inventar der in der Liegenschaft festgestellten Gegenstände erstellen sowie die Räumung, den Abtransport und die Einlagerung organisieren.[2211] Offensichtlich wertlose oder verderbliche Gegenstände werden nicht eingelagert. Das übrige Exmissionsgut kann nach einer Aufbewahrungsfrist von drei Monaten, während der es vom Eigentümer noch ausgelöst werden kann, verwertet oder entsorgt werden.[2212]. Die Detailregelung auf dem Verordnungswege wird dem Regierungsrat überlassen.[2213] Der Kanton Bern übernimmt die Haftung nur für vorsätzlich oder grobfahrlässig zugefügte Schäden.[2214]

800 Wie im Kanton Basel-Stadt ist vorgesehen, dass der Vollstreckungsgläubiger die Kosten für die Räumung und den Abtransport, nicht aber für die anschliessende Einlagerung bevorschussen muss. Der Regierungsstatthalter erlässt eine Schlussabrechnung durch Verfügung. Darin hält er insbesondere fest, welche Kosten die ausgewiesene Partei dem Vollstreckungsgläubiger zu ersetzen hat. Es ist vorgesehen, dass die Verfügung mit Beschwerde beim Obergericht angefochten werden kann. § 12d Abs. 3 RStG erklärt die Art. 319 ff. ZPO für anwendbar.

2207 Gesetz über die Regierungsstatthalterinnen und Regierungsstatthalter (RStG) vom 8. März 2006 (BSG 152.321); die neuem Artikel werden nachfolgend mit Art. 12a–Art. 12f E-RStG bezeichnet.

2208 Bereits heute ist in § 12 RStG vorgesehen, dass der Regierungsstatthalter *«im Rahmen der besonderen Gesetzgebung bei der Vollstreckung von gerichtlichen Urteilen»* mitwirkt.

2209 Der Kanton Bern gliedert sich in zehn Verwaltungskreise (Bern-Mittelland, Biel/ Bienne, Emmental, Frutigen-Niedersimmental, Interlaken-Oberhasli, Jura bernois, Oberaargau, Obersimmental-Saanen, Seeland und Thun). Eine Delegation des Räumungsvollzugs an die Gemeinden ist nicht vorgesehen (Vortrag RStG, Ziff. 3.2).

2210 Art. 12a E-RStG; Vortrag RStG, S. 12 f.

2211 Art. 12b E-RStG.

2212 Art. 12c E-RStG. In der Regel haben die Gegenstände keinen Wert und werden entsorgt. Kommt es zur Verwertung, so soll dies in einer amtlichen Versteigerung geschehen. Es wird auch auf die Zuständigkeit des Regierungsstatthalters für Versteigerungen nach Art. 132 EG ZGB BE verwiesen (Vortrag RStG, S. 13).

2213 Art. 12e E-RStG.

2214 Art. 12f E-RStG.

d. St. Gallen

Im Kanton St. Gallen ist die Gemeinde, in welcher sich die Liegenschaft befindet, für den Vollzug der Räumung zuständig.[2215] Die Gemeinde erhält vom Gericht bereits in den direkten Vollstreckungsanordnungen im Ausweisungsentscheid genaue Anweisungen zum Vorgehen.[2216] Sie hat nach Rechtskraft des Entscheids auf Antrag des Vollstreckungsgläubigers tätig zu werden, nötigenfalls unter Polizeibeizug.[2217] Die sich noch in den Räumen befindenden Gegenstände sollen über eine vom Gericht bereits im Ausweisungsentscheid bestimmte (kurze) Dauer aufbewahrt werden.[2218] Wenn der Ausgewiesene sein Hab und Gut innert dieser Frist nicht bei der von der Gemeinde bezeichneten Stelle abholt, wird es – soweit werthaltig – öffentlich versteigert, andernfalls entsorgt. Auch dies wird dem Ausgewiesenen bereits im Ausweisungsentscheid angedroht. 801

In der Stadt St. Gallen ist das Einwohneramt, Abteilung Gemeindamtliche Aufgaben, für den Vollzug der Räumung zuständig.[2219] Der Gesuchsteller richtet sein Vollzugsbegehren unter Beilage des mit einer Vollstreckbarkeitsbescheinigung versehenen Ausweisungsentscheides direkt an das Einwohneramt. Er hat einen Kostenvorschuss zu leisten. Das Einwohneramt setzt in Absprache mit der Stadtpolizei den Vollzugstermin fest.[2220] Dieser wird dem Ausgewiesenen zusammen mit einem Informationsschreiben per Einschreiben und per A-Post angezeigt. Eine Kopie dieser Mitteilung geht an den Gesuchsteller, die Stadtpolizei, den Sozialdienst der Stadt und – sofern minderjährige Kinder in der Wohnung leben – auch an die Kindes- und Erwachsenenschutzbehörde. Am Vollzugstermin sind stets zwei Beamte der Stadtpolizei anwesend. Der 802

2215 Nach Art. 14 EG-ZPO SG (SG 961.2) leistet die politische Gemeinde am Ort der Vollstreckung Hilfe bei Zwangsmassnahmen und Ersatzvornahmen. Sie kann für Zwangsmassnahmen die Polizei beiziehen.

2216 Für die anderen Gemeinden vgl. diverse im Amtsblatt SG publizierten Entscheide (z.B. ABl 2015 Nr. 24 vom 8. Juni 2015, S. 1381 [Kreisgericht Rorschach]; Abl Nr. 45, 2. November 2015, S. 3074 [Kreisgericht See-Gaster); ABl 2015 Nr. 48 vom 23. November 2015, S. 3396 [Kreisgericht Rheintal]; ABl 2015 Nr. 49, 30. November 2016, S. 3550 [Kreisgericht Toggenburg]; ABl 2016 Nr. 20, 17. Mai 2016, S. 1455 [Kreisgericht Werdenberg-Sarganserland]; ABl 2016 Nr. 23, 6. Juni 2016, S. 1727 [Kreisgericht Will]; ABl 2016 Nr. 27 vom 4. Juli 2016, S. 2092 [Kreisgericht Rheintal]; ABl 2017 Nr. 3 vom 16. Januar 2017, S. 270 [Kreisgericht Rorschach]).

2217 Das Antragsrecht des Gläubigers wird in der Regel auf zwei Monate ab Rechtskraft des Entscheides befristet.

2218 Die Frist beträgt je nach Praxis des jeweiligen Gerichts 14 Tage bis zwei Monate.

2219 Ein herzliches Dankeschön geht an Herrn Jörg Steiger, Leiter des Wohnungsamts der Stadt St. Gallen, für das informative und angenehme Gespräch zur Vollzugspraxis in der Stadt St. Gallen.

2220 In der Regel findet der Vollzug innerhalb von zehn Tagen nach Antragstellung statt.

Gesuchsteller selbst hat den Schlüsseldienst aufzubieten. In der zu räumenden Wohnung entscheidet der Vollzugsbeamte anhand der vorgefundenen Situation über das weitere Vorgehen. Hat der Vermieter vom Ausgewiesenen nicht sämtliche Schlüssel zurückerhalten, wird das Türschloss ausgewechselt. Befindet sich noch Einrichtung des Ausgewiesenen in der Wohnung, so erhält dieser eine letzte Frist von 14 Tagen, um sein Hab und Gut in Absprache mit dem Vermieter abzuholen, verbunden mit der Androhung, dass die verbliebenen Gegenstände nach Ablauf dieser Frist öffentlich versteigert oder entsorgt werden.[2221]

e. Aargau

803 Die elf Bezirksgerichte im Kanton Aargau verwenden unterschiedliche Formulierungen für die Anordnung von Vollstreckungsmassnahmen. Grundsätzlich wird eine polizeiliche Zwangsräumung angedroht. Hat der Ausgewiesene die Räumlichkeiten bis zum im Entscheid festgesetzten Zeitpunkt nicht verlassen, so gelangt der Vollstreckungsgläubiger erneut an das Gericht, das den Entscheid erlassen hat. Dieses beauftragt die Kantonspolizei oder die zuständige Regionalpolizei mit dem Vollzug.[2222] Sämtliche Vollzugskosten hat letztlich der Ausgewiesene zu tragen. Der Vollstreckungsgläubiger kann aber zur Leistung von Kostenvorschüssen verpflichtet werden.

804 Das konkrete Vorgehen bei der Zwangsräumung hängt von den Möglichkeiten und der Praxis des jeweils zuständigen Polizeipostens ab. Bestimmte Aufgaben können auch dem Vermieter selbst zugewiesen werden, namentlich das Aufbieten eines Schlüsseldienstes und eines Transportunternehmens sowie das allfällige Einlagern des zurückgelassenen Guts des Ausgewiesenen, wobei grundsätzlich nicht geregelt ist, wie lange die Sachen aufgehoben werden müssen. Nur selten werden solche Einzelheiten bereits in den Vollstreckungsmassnahmen des Gerichts geklärt. Der Übergang zwischen Zwangsmassnahme im Sinne von Art. 343 Abs. 1 lit. d und Ermächtigung zur Ersatzvornahme nach Art. 343 Abs. 1 lit. e ZPO unter Beizug polizeilicher Hilfe erscheint hier fliessend.

[2221] In aller Regel sind die Gegenstände faktisch nicht verwertbar oder würde die Verwertung die damit verbundenen Kosten nicht decken. Der Vermieter wird dann zum Entsorgen ermächtigt.

[2222] Nach § 11 Abs. 1 des aargauischen Polizeigesetzes (Gesetz über die Gewährleistung der öffentlichen Sicherheit, SG 531.200) leisten die Kantonspolizei und die Polizeikräfte der Gemeinden den Verwaltungs- und Justizbehörden Amts- und Vollzugshilfe.

f. Solothurn

Im Kanton Solothurn ist der Vorsteher des Oberamts die für den Vollzug von Vollstreckungsentscheiden zuständige Behörde nach Art. 343 Abs. 3 ZPO.[2223] Er koordiniert in dieser Funktion *«die Arbeiten der erforderlichen Stellen, insbesondere von Polizei, Sozialämtern, Ärzten und Ärztinnen (fürsorgerische Unterbringungen) oder Tierheimen.»*[2224] Auf entsprechenden Antrag des Gesuchstellers ordnet das Gericht im Ausweisungs- und Vollstreckungsentscheid neben der Strafandrohung nach Art. 292 StGB detailliert alle notwendigen direkten Vollstreckungsmassnahmen an. Das zuständige Oberamt[2225] wird angewiesen, umgehend die zwangsweise Räumung zu veranlassen und erhält die hierzu nötigen Befugnisse. Der Gesuchsteller wird im Ausweisungs- und Vollstreckungsentscheid aufgefordert, seinen Antrag auf Vollzug innert einer kurzen Frist direkt an das zuständige Oberamt zu stellen, sollte der Ausgewiesene dem Entscheid nicht Folge leisten. Auch der Gesuchsteller hat bei der Räumung mitzuwirken. Er hat sich namentlich um den Beizug eines Schlüsseldienstes und – soweit erforderlich – einer Transportfirma zu kümmern. 805

Der Vorsteher des zuständigen Oberamts informiert die Polizei, die sozialen Dienste sowie die Kindes- und Erwachsenenschutzbehörde über die anstehende Räumung und trifft die nötigen Abklärungen zur konkreten Situation des Ausgewiesenen. Die Räumung wird durch den Vorsteher des Oberamtes unter Beizug der Polizei sowie allfälliger anderer Behörden in Anwesenheit des Gesuchstellers und der von diesem beigezogenen Hilfspersonen vollzogen. Sie wird zuhanden des Gerichts in einem internen Rapport dokumentiert. Der amtliche Vollzug ist beendet, sobald der Vermieter wieder in den Besitz der Wohnung gesetzt worden ist. Dies geschieht entweder durch Übergabe sämtlicher Schlüssel oder durch das Auswechseln des Türschlosszylinders. Das Lagern allfälliger zurückgelassener Gegenstände des Ausgewiesenen bleibt Aufgabe des Vermieters, wobei nicht ausdrücklich geregelt ist, wie lange er das Hab und Gut seines ehemaligen Mieters noch aufbewahren muss. 806

Nach der Praxis der Solothurner Gerichte umfasst der vom Gesuchsteller im Ausweisungs- und Vollstreckungsverfahren geleistete Kostenvorschuss neben den Kosten des Gerichtsverfahrens auch bereits die Kosten des allenfalls notwendigen amtlichen Vollzugs. Entsprechend differenzierend ist der Kostenent- 807

2223 § 20 des Einführungsgesetzes zur Schweizerischen Zivilprozessordnung vom 10. März 2010 (EG ZPO SO, BGS 221.2).

2224 § 20 EG ZPO SO.

2225 Es gibt vier Oberämter: das Oberamt Region Solothurn, das Oberamt Olten-Gösgen, das Oberamt Thal-Gäu und das Oberamt Dorneck-Thierstein (§ 15 der Verordnung über die Organisation des Regierungsrates und der Verwaltung, RVOV, BGS 122.112).

scheid formuliert. Nach erfolgter Räumung erstellt das Gericht die Schlussabrechnung. War keine amtliche Räumung erforderlich, wird dem Gesuchsteller der für den Vollzug geleistete Vorschuss zurückerstattet, andernfalls hat ihm der Ausgewiesene den ganzen Kostenvorschuss zu ersetzen.[2226]

g. Genf

808 Der Kanton Genf kennt ein in der Kantonsverfassung festgehaltenes Grundrecht auf Wohnung.[2227] Entsprechend steht das gesamte Ausweisungsverfahren unter dem Primat der Vermittlung zwischen den Parteien. Die Grundzüge dazu sind in Art. 30 LaCC[2228] geregelt. Das Gericht ist bereits im Erkenntnisverfahren gehalten, alle nützlichen Schritte zu unternehmen, um eine Einigung zwischen den Parteien herbeizuführen, insbesondere um eine Vereinbarung über die Begleichung allfälliger Mietzinsausstände zu erzielen und den Vermieter zur Fortführung des Mietverhältnisses zu bewegen. Die Parteien werden dazu in eine Verhandlung geladen, das persönliche Erscheinen wird angeordnet.[2229] Mit Zustimmung der Parteien kann das Gericht die Parteien in eine weitere Verhandlung laden, an welcher auch ein Vertreter des Wohnungsamtes und des Sozialamts teilnehmen.

809 Wenn schliesslich doch ein Ausweisungsentscheid vorliegt und dessen Vollstreckung beantragt ist, hört das Gericht beide Parteien sowie je einen Vertreter der sozialen Dienste und einen Vertreter des Wohnungsamtes erneut an.[2230] Aus humanitären Gründen kann dem Mieter ein Vollstreckungsaufschub gewährt werden, um ihm zu ermöglichen, eine neue Unterkunft zu finden.[2231] Der Kanton übernimmt gegenüber dem Vermieter die Haftung für den Mietzins und allfällige Schäden während der Dauer dieses Aufschubs.[2232]

[2226] Hinzu kommen sämtliche Kosten, die dem Vermieter direkt entstehen, namentlich für Schlüsseldienst, Transport und Einlagern.

[2227] Art. 38 der Kantonsverfassung *«Droit au logement: Le droit au logement est garanti. Toute personne dans le besoin a droit d'être logée de manière appropriée.» («Das Recht auf Wohnung ist gewährleistet. Jede Person, die in Not ist, hat Anspruch auf angemessene Unterkunft»).*

[2228] Loi d'application du code civil suisse et d'autres lois fédérales an matière civile vom 11. Oktober 2012 (E 1 05).

[2229] Art. 30 Abs. 1 LaCC GE (soweit dies das Verfahren nicht wesentlich verzögert, so der Vorbehalt zugunsten von Art. 254 ZPO).

[2230] Art. 30 Abs. 3 LaCC GE.

[2231] Art. 30 Abs. 4 LaCC GE; dazu BGer 4A_207/2014 vom 19. Mai 2014 (deutsche Übersetzung in MRA 2015 S. 54 ff.) E. 3; unten, Rz. 867.

[2232] Art. 30 Abs. 5 LaCC GE (nach dem Loi sur la responsabilité de l'Etat et des communes vom 24. Februar 1989).

810 Der Vollzug der Räumung ist Aufgabe des huissier judiciaire.[2233] Er organisiert die Räumung unter Beizug der Polizei. Das zurückgelassene Eigentum des Mieters wird eine gewisse Zeit eingelagert und – sofern von diesem nicht innert Frist abgeholt – schliesslich verwertet.[2234]

h. Waadt

811 Im Kanton Waadt werden die Gemeinden am Lageort der Liegenschaft stark in den Räumungsvollzug miteingebunden. Die Räumung wird grundsätzlich vom juge de paix oder einem huissier (Gerichtsdiener) durchgeführt. Er teilt den Gemeinden den Vollzugstermin einige Wochen im Voraus mit, damit diese soweit erforderlich eine Anschlusslösung für den Ausgewiesenen organisieren können. Nach der Waadtländer Kantonsverfassung hat jede bedürftige Person einen Anspruch auf eine angemessene Notwohnung.[2235] Aus Art. 2 Abs. 2 lit. d des Gesetzes über die Gemeinden wird sodann eine Pflicht der Gemeinden abgeleitet, sich um zurückgelassenes Mobiliar eines ausgewiesenen Mieters zu kümmern,[2236] denn das bei einer Räumung auf die Strasse gestellte Gut könne ja nicht auf dem öffentlichem Grund liegenbleiben.[2237] Darüber hinaus besteht

---

2233 Nach Art. 29 Abs. 3 LaCC GE ist eine Räumung mit amtlichem Zwang nur nach Einschalten eines huissiers judiciaire möglich. Der huissier judiciaire ist eine Eigenheit des Kantons Genf. Im vorliegenden Zusammenhang ist er am ehesten wohl als Vollzugsbeamter zu bezeichnen. Seine Aufgaben gehen aber weit darüber hinaus. Er steht grundsätzlich auf derselben Stufe wie ein Notar. Es gibt neun huissiers judiciaires im Kanton Genf.

2234 Vgl. dazu die Temps Present-Fernsehreportage *«Expulsé de son appartement»* vom 14. April 2011, online unter https://pages.rts.ch/emissions/temps-present/economie/2989026-expulse-de-son-appartement.html?anchor=3081953#3081953 (zuletzt besucht am 31. Oktober 2018).

2235 Art. 33 der Kantonsverfassung *(«Toute personne dans le besoin a droit à un logement d'urgence approprié et aux moyens indispensables pour mener une existence conforme à la dignité humaine.»).* Ergänzt wird dies durch Art. 67 der Kantonsverfassung, wonach Staat und Gemeinden – ergänzend zu persönlicher Verantwortung und privater Initiative – insbesondere darauf achten, dass alle Personen über eine angemessene Wohnung zu tragbaren Bedingungen verfügen können. Nach Art. 3 des Wohnraumgesetzes (loi sur le logement vom 9. September 1975) haben sich die Gemeinden insbesondere zugunsten von Familien und Einzelpersonen, die ihre Wohnung aus Gründen ausserhalb ihres Einflussbereiches verloren haben, um entsprechende Wohnungen zu bemühen.

2236 Dieser lautet: *«Les autorités communales exercent les attributions et exécutent les tâches qui leur sont propres, dans le cadre de la constitution et de la législation cantonales. Ces attributions et tâches propres sont, notamment* (…) *les mesures propres à assurer l'ordre et la tranquillité publics, ainsi que la salubrité publique.»* (Massnahmen zur Sicherstellung der öffentlichen Ruhe und Ordnung sowie öffentliche Gesundheit).

2237 So das Emfehlungsschreiben des SeCRI, S. 7.

keine verbindliche kantonale Regelung. Der Service des communes et des relations institutionnelles (SeCRI) hat jedoch im Oktober 2011 relativ ausführliche Erläuterungen und Empfehlungen an die Gemeinden herausgegeben, um ihnen das mögliche Vorgehen aufzuzeigen.[2238] Den Gemeinden wird davon abgeraten, das aus der Wohnung geräumte Gut zu entsorgen.[2239] Vielmehr wird ihnen nahegelegt, mit dem Ausgewiesenen einen Hinterlegungsvertrag nach Art. 472 ff. OR abzuschliessen. Sei der Ausgewiesene nicht auffindbar, so komme der Vertrag auch konkludent zu Stande. Dabei dürfe die Gemeinde die Dauer der Hinterlegung bestimmen. Empfohlen wird eine Hinterlegungsdauer von ungefähr einem Jahr.[2240] Der Ausgewiesene sei notfalls durch öffentliche Publikation aufzufordern, sein Hab und Gut abzuholen, unter Androhung der Verwertung desselben.[2241] Für den Fall, dass der Ausgewiesene das eingelagerte Gut nicht herausverlangen sollte, wird auf das Vorgehen nach Art. 93 OR bei Gläubigerverzug verwiesen und dieses erklärt.[2242] Die Empfehlung enthält Hinweise zu besonderen Fällen[2243] und schliesslich auch Musterformulierungen insbesondere für die Räumungsanzeige, die Hinterlegungsvereinbarung, den Aufruf im Amtsblatt und das Verwertungsbegehren an das Gericht.

812 Auch das Bundesgericht hat sich bereits (am Rande) mit dem Räumungsvollzug im Kanton Waadt beschäftigt:[2244]

> Die Ausgewiesene war bei der Räumung im September 2009 nicht anwesend. Das in der Wohnung vorgefundene Mobiliar wurde von der Gemeinde eingelagert. Eine neue Anschrift hatte die Ausgewiesene nicht hinterlassen. Insbesondere hatte sie der Gemeinde auch nicht mitgeteilt, dass sie einen Postrückbehalteauftrag an ihrer alten Adresse eingerichtet

2238 Online abrufbar unter http://www.ucv.ch/fileadmin/documents/pdf/Th%C3%A8mes/Expulsion_locataires/Expulsions_SeCRI_recommandations2011.pdf sowie das Begleitschreiben unter http://www.vd.ch/uploads/tx_vdfilesdbsecri/secri_111024.pdf (beides zuletzt besucht am 31. Juli 2018).

2239 So das Emfehlungsschreiben des SeCRI, S. 6 f. und S. 13 *(«Il est déconseillé à la commune de jeter les biens mobiliers laissés sur la voie publique après l'exécution forcée.* (…) *La commune risque de se voir réclamer des dommages-intérêts, même si la personne expulsée a jusqu'alors semblé se désintéresser du sort de ses biens mobiliers, et même si ces biens mobiliers semblent sans valeur»).*

2240 So das Emfehlungsschreiben des SeCRI, S. 12.

2241 Emfehlungsschreiben des SeCRI, S. 5 und Muster eines solches Publikationstextes, S. 18.

2242 Vgl. dazu unten, Rz. 844 ff.

2243 So wird namentlich darauf hingewiesen, in Falle von zurückgelassenen Haustieren die kantonale Tierschutzbehörde zu verständigen. Es wird auch auf Art. 26 Abs. 1 lit. e des Tierschutzgesetzes (SR 455) verwiesen (Strafbarkeit des vorsätzlichen Aussetzens oder Zurücklassens eines Haustiers in der Absicht, sich seiner zu entledigen).

2244 BGer 4A_132/2014 vom 2. Juni 2014.

hatte. So wurde sie durch amtliche Publikation am 18. Dezember 2009 von der Gemeinde aufgefordert, ihre Habe bis am 18. Januar 2010 an sich zu nehmen, widrigenfalls würden die Sachen verwertet oder entsorgt, in der Annahme, dass sie ihr Eigentum aufgegeben habe (Art. 729 ZGB). Im Frühjahr 2010 entledigte sich die Gemeinde der eingelagerten Sachen. Erst im September 2010 erkundigte sich die Ausgewiesene bei der Gemeinde nach dem Verbleib ihrer Gegenstände und klagte schliesslich auf Schadenersatz in Höhe von CHF 70'000. Eine gegen den abweisenden erstinstanzlichen Entscheid erhobene Berufung wurde vom Kantonsgericht im Umfang von CHF 8'000 gutgeheissen, unter Annahme eines Hinterlegungsvertrags im Sinne von Art. 472 ff. OR und einer Haftung der Gemeinde nach Art. 97 Abs. 1 OR. Auf die dagegen erhobene Beschwerde der Gemeinde trat das Bundesgericht nicht ein. Es hielt indessen fest, das Verhältnis zwischen der Gemeinde und der Ausgewiesenen sei nicht privatrechtlicher, sondern öffentlichrechtlicher Natur, denn die Gemeinde handle in Erfüllung ihrer Aufgaben nach Art. 2 Abs. 2 lit. d des Gesetzes über die Gemeinden. Sie hafte sodann nach den Regeln des kantonalen Staatshaftungsgesetzes.[2245] Dieses setze im Unterschied zu Art. 41 OR kein Verschulden voraus. Erforderlich seien nur Schaden, Widerrechtlichkeit und Kausalität. Die Frage der Widerrechtlichkeit des Vorgehens der Gemeinde musste indes vom Bundesgericht nicht mehr beantwortet werden.[2246]

Nach dieser bundesgerichtlichen Klarstellung der Natur des Rechtsverhältnisses zwischen Gemeinde und Ausgewiesenem scheint der Gemeinde der Weg über ein Verwertungsbegehren nach Art. 93 OR versperrt.[2247] In Reaktion darauf wurde im März 2015 eine Motion eingereicht, mit dem Ziel eine rechtliche Grundlage für die Gemeinden zu schaffen, um zurückgelassenes Gut des 813

2245 Dem loi sur la responsabilité de l'Etat, des communes et de leurs agents (LRECA) vom 16. Ami 2961 (SG 170.11), insb. Art. 4 LRECA.

2246 Die Beschwerdeführerin hatte lediglich die Aufhebung des Berufungsentscheids und Rückweisung an das Kantonsgericht begehrt. Das Bundesgericht hielt die Sache indessen für spruchreif, denn auch wenn die Vorinstanz irrtümlich von einem privatrechtlichen Verhältnis ausgegangen sei, so hatte sie doch die Unterbrechung des Kausalzusammenhangs, die Höhe des Schadens und das Mitverschulden der Ausgewiesenen geprüft. Diesbezüglich würden aber die gleichen Regeln gelten, sei es in direkter Anwendung des OR, sei es in seiner analogen Anwendung über die kantonsrechtlichen Haftungsvorschriften. Bereits vor dem Kantonsgericht war sodann die von der ersten Instanz angenommene Widerrechtlichkeit nicht beanstandet worden. Damit musste sich die Vorinstanz also nicht auseinandersetzen. Da die Beschwerdeführerin vor Bundesgericht keine inhaltliche Kritik am vorinstanzlichen Urteil vorgebracht hatte, wurde auf die Beschwerde nicht eingetreten.

2247 Dazu die Begründung der Motion Jacques Haldy (nachfolgend, Fn 2248).

Ausgewiesenen nach angemessener Zeit verwerten oder entsorgen zu können.[2248]

III. Die Ersatzvornahme

1. Grundsatz

814 Im Rahmen der Ersatzvornahme nach Art. 343 Abs. 1 lit. e ZPO[2249] kann das Gericht den Vollstreckungsgläubiger ermächtigen, die Handlung, zu welcher der Vollstreckungsschuldner verurteilt wurde, selbst vorzunehmen oder Dritte damit zu beauftragen.[2250] Auf Antrag des Vollstreckungsgläubigers kann es den Auftrag zur Ersatzvornahme auch einem privaten Dritten direkt erteilen.[2251] Die Ersatzvornahme erfolgt stets auf Kosten des Vollstreckungsschuldners.[2252]

815 Der Vollstreckungsgläubiger hat die Kosten aber in der Regel vorzuschiessen, indem er den ausführenden Dritten direkt bezahlt oder dem Gericht einen entsprechenden Kostenvorschuss leistet.[2253] Sobald nach dem Vollzug der Ersatzvornahme die damit verbundenen Kosten feststehen, kann das Vollstreckungs-

---

2248 Motion Jacques Haldy et consorts – Pour permettre la vente par les communes des biens abandonnés par un locataire expulsé (15_MOT_063) und die Überweisung an den Grossen Rat im August 2015; beides online unter https://www.vd.ch/fileadmin/user_upload/organisation/gc/fichiers_pdf/2012-2017/15_MOT_063_RC.pdf (zuletzt besucht am 31. Juli 2018).

2249 Art. 343 Abs. 1 lit. e ZPO ist nicht neu, sondern nimmt ein bereits bestehendes Instrument des materiellen Rechts, Art. 98 OR, auf; dazu BK ZPO-KELLERHALS, Art. 343 N 67; MAISSEN, S. 69.

2250 BK ZPO-KELLERHALS, Art. 343 N 66; BSK ZPO-ZINSLI, Art. 343 N 29; Stämpfli ZPO-BOMMER, Art. 343 N 12; CR CPC-JEANDIN, Art. 343 N 17, DIKE ZPO-JENNY, Art. 343 N 26.

2251 BSK ZPO-ZINSLI, Art. 343 N 29; Stämpfli ZPO-BOMMER, Art. 343 N 12; BK ZPO-KELLERHALS, Art. 343 N 67; CR CPC-JEANDIN, Art. 343 N 17; DIKE ZPO-JENNY, Art. 343 N 26; vgl. KUKO ZPO-KOFMEL EHRENZELLER, Art. 343 N 12, wonach die Ermächtigung oder die Auftragserteilung nicht durch das Vollstreckungsgericht sondern durch das Vollstreckungsorgan (die mit der Vollstreckung betraute Person gemäss Abs. 3) erfolgt.

2252 KUKO ZPO-KOFMEL EHRENZELLER, Art. 343 N 12; BSK ZPO-ZINSLI, Art. 343 N 31; Stämpfli ZPO-BOMMER, Art. 343 N 12; MAISSEN, S. 69; Art. 98 Abs. 1 OR.

2253 BSK ZPO-ZINSLI, Art. 343 N 32; KUKO ZPO-KOFMEL EHRENZELLER, Art. 343 N 14; CR CPC-JEANDIN, Art. 343 N 18, 16; DIKE ZPO-JENNY, Art. 343 N 27; MAISSEN, S. 65, 69; GASSER, Vollstreckung, S. 342.

gericht hierüber einen ergänzenden Kostenentscheid fällen (Art. 345 Abs. 2 ZPO analog).[2254]

Im Falle der Ermächtigung des Vollstreckungsgläubigers zur Ersatzvornahme hat das Gericht im Vollstreckungsentscheid detailliert zu umschreiben, welche Handlungen vorgenommen werden dürfen. In der Regel handelt es sich dabei um Standardformulierungen. Trotzdem ist es sinnvoll, wenn die obsiegende Partei in ihrem Antrag unter Berücksichtigung der Umstände des konkreten Falles darlegt, zu welchen Handlungen sie ermächtigt werden soll und ob besondere Vorkehrungen notwendig erscheinen. Die Beauftragung eines (privaten) Dritten zur Ersatzvornahme direkt durch das Gericht dürfte in der Praxis bei Ausweisungen kaum vorkommen. Davon zu unterscheiden ist die Anweisung an die Vollzugsbehörde, also eine amtliche Räumung im Sinne einer Zwangsmassnahme nach Art. 343 Abs. 1 lit. d ZPO. Die Behörde wiederum kann Hilfspersonen beiziehen.[2255] 816

Die herrschende Lehre setzt für die Anordnung einer Ersatzvornahme einen präzisen Antrag des Vollstreckungsgläubigers voraus, in welchem die ersatzweise vorzunehmende Leistung genau umschrieben werden müsse.[2256] Das Antragserfordernis wird mit der Kostenvorschusspflicht des Vollstreckungsgläubigers begründet.[2257] Die Pflicht zur genauen Umschreibung der Ersatzvornahme, welche allenfalls bereits einen Kostenvoranschlag des zu beauftragenden Dritten enthalten sollte,[2258] steht im Zusammenhang mit der Verhältnismässigkeitsprüfung, welche das Vollstreckungsgericht vorzunehmen hat.[2259] Nach der hier vertretenen Auffassung sind jedoch an den Antrag keine hohen Voraussetzungen zu stellen. Gerade bei der Mieterausweisung verwenden die Gerichte in der Regel Standardformulierungen. Es kann vorkommen, dass der Vollstreckungsgläubiger einen Antrag auf amtliche Räumung stellt, diese aber im betreffenden Kanton so gar nicht vorgesehen ist bzw. das kantonale Recht eine mehr oder weniger umfassende Mitwirkungspflicht des Vermieters vorsieht. Die Verwendung solcher Standardformulierungen ist zulässig und aus praktischen Gründen sogar geboten. Werden darüber hinaus konkrete Anträge 817

[2254] ZK ZPO-D. STAEHELIN, Art. 343 N 28; BK ZPO-KELLERHALS, Art. 343 N 77; BSK ZPO-ZINSLI, Art. 343 N 31; STAEHELIN/STAEHELIN/GROLIMUND, § 28 Rz. 48.

[2255] Dazu ausführlich oben, Rz. 779 ff., und zur Praxis in einzelnen Kantonen Rz. 789 ff.

[2256] BSK ZPO-ZINSLI, Art. 343 N 29; BK ZPO-KELLERHALS, Art. 343 N 73, 75.

[2257] BK ZPO-KELLERHALS, Art. 343 N 73.

[2258] BK ZPO-KELLERHALS, Art. 343 N 75.

[2259] Dazu BK ZPO-KELLERHALS, Art. 343 N 72; KUKO ZPO-KOFMEL EHRENZELLER, Art. 343 N 13; Stämpfli ZPO-BOMMER, Art. 343 N 3; SPÜHLER/DOLGE/GEHRI, § 13 N 65.

vom Vermieter gestellt, ist darüber nach dem Grundsatz der Verhältnismässigkeit zu entscheiden.

818 Die Ermächtigung zur Ersatzvornahme durch den Vermieter selbst ist in verschiedener Hinsicht problematisch. Wird die Ermächtigung im Sinne einer direkten Vollstreckungsmassnahme erteilt, ist sicherzustellen, dass der Vollstreckungsgläubiger erst zur Tat schreitet, wenn der Entscheid auch tatsächlich vollstreckbar ist. Daher ist vor der zwangsweisen Durchsetzung eine Vollstreckbarkeitsbescheinigung des erkennenden Gerichts einzuholen.[2260] Der Gesuchsteller ist im Falle einer Ermächtigung zur Ersatzvornahme ausdrücklich auf diesen Umstand hinzuweisen. Es darf nicht der Eindruck erweckt werden, er sei ab einem bestimmten Zeitpunkt (insbesondere nach Ablauf eines im Entscheid festgesetzten Auszugstermins) ohne Weiteres berechtigt, das Urteil nun selbst zwangsweise zu vollziehen, zumal dann, wenn er keine Hilfe einer Vollzugsbehörde in Anspruch nehmen muss, die das Vorliegen einer Vollstreckbarkeitsbescheinigung überprüft. Die Vollstreckbarkeitsbescheinigung kann erst nach Eintritt der Vollstreckbarkeit ausgestellt werden. Bei berufungsfähigen Entscheiden tritt diese nach unbenutztem Ablauf der Rechtsmittelfrist bzw. der Frist zur Beantragung einer schriftlichen Begründung ein. Entscheide, die nur mit Beschwerde angefochten werden können, sind demgegenüber grundsätzlich sofort nach ihrer Eröffnung an beide Parteien vollstreckbar. Ergreift der Vollstreckungsschuldner Beschwerde und wird dieser die aufschiebende Wirkung erteilt, kann der Schuldner beim Vollstreckungsgericht die einstweilige Einstellung der Vollstreckung verlangen.[2261] Damit wird einer allenfalls bereits ausgestellten Ermächtigung des Vollstreckungsgläubigers die Wirksamkeit entzogen. In der Praxis können sich erhebliche Schwierigkeiten ergeben, falls dem Vollstreckungsgläubiger die Vollstreckbarkeitsbescheinigung schon vor Ablauf der Beschwerdefrist oder im laufenden Beschwerdeverfahren ausgestellt werden sollte.

2. Ermächtigung zur Räumung eines Mietobjekts?

a. Vorbemerkungen und Problematik

819 Eine Ersatzvornahme ist immer möglich, wenn die vorzunehmende Handlung nicht nur vom Schuldner selbst, sondern grundsätzlich auch von einem Dritten erbracht werden kann.[2262] Es muss sich also um eine vertretbare Handlung

[2260] Oben, Rz. 755.
[2261] Oben, Rz. 762 ff.
[2262] SPÜHLER/DOLGE/GEHRI, § 61 N 64; DIKE ZPO-JENNY, Art. 343 N 24.

handeln.[2263] Lehrbuchbeispiele sind das Fällen eines Baumes[2264] oder die Behebung von Mängeln.[2265] In der Lehre umstritten ist, ob auch Sachleistungen auf dem Wege der Ersatzvornahme vollstreckt werden können.[2266]

Das Tun, zu dem der Ausgewiesene im Urteil verpflichtet wird, besteht in der Räumung und Rückgabe des Mietobjekts. Der Ausgewiesene hat sich und seine Habe aus dem Mietobjekt zu entfernen und dem Berechtigten den unmittelbaren Besitz am Mietobjekt wieder einzuräumen. Es ist sehr fraglich, ob diese Verpflichtung im Ganzen überhaupt einer Ersatzvornahme zugänglich ist. Zwar kann der Hausrat aus dem Mietobjekt auch von einem Dritten oder vom Vermieter selbst weggeschafft werden, indessen ist die Pflicht des Ausgewiesenen, das Mietobjekt zu verlassen, keine vertretbare Handlung, sondern kann nur von ihm selbst umgesetzt werden. 820

Hinzu kommt, dass eine Ermächtigung zur Ersatzvornahme nach herrschender Lehre zwar die Berechtigung beinhaltet, nötigenfalls in die Rechtssphäre des Schuldners einzudringen (z.B. sein Grundstück zu betreten). Die ermächtigte Person darf indessen selbst keine physische Gewalt gegen den Schuldner oder andere Personen anwenden.[2267] 821

b. Ersatzweises Verschaffen von Zugang zum Mietobjekt

Das Gericht kann den Vermieter ermächtigen, die Schlösser zum Mietobjekt auszuwechseln. Damit wird dem ehemaligen Mieter der Besitz am Mietobjekt entzogen und dem Vermieter der Besitz wieder eingeräumt.[2268] Unproblematisch ist diese Ersatzvornahme, wenn das Mietobjekt bereits verlassen worden ist, ohne jedoch die Schlüssel zu retournieren. Befinden sich indessen noch Personen im Mietobjekt, müssen diese erst weggewiesen werden. Hierzu ist in der Regel der Beizug amtlicher Hilfe angezeigt. 822

[2263] MAISSEN, S. 66; BK ZPO-KELLERHALS, Art. 343 N 70.

[2264] CR CPC-JEANDIN, Art. 343 N 17; KUKO ZPO-KOFMEL EHRENZELLER, Art. 343 N 12.

[2265] BK ZPO-KELLERHALS, Art. 343 N 70; DIKE ZPO-JENNY, Art. 343 N 24.

[2266] DIKE ZPO-JENNY, Art. 343 N 25; MAISSEN, S. 68; BK ZPO-KELLERHALS, Art. 343 N 69.

[2267] PEYER, S. 184; GULDENER, S. 627 f. Fn 63; SCHMID, S. 617 f.

[2268] Ersetzt wird die Übertragung der tatsächlichen Gewalt. Geht man von einer zusätzlich notwendigen Willenserklärung zur Übertragung des Besitzes aus, so wird diese durch den Ausweisungsentscheid selbst ersetzt, vgl. Art. 344 Abs. 1 ZPO.

c. Wegweisen von angetroffenen Personen

823 Heikel wird die Situation, wenn sich im Zeitpunkt der Räumung noch Personen im Mietobjekt aufhalten. Der Vermieter kann diese mit Hinweis auf den vollstreckbaren Ausweisungsentscheid auffordern, das Mietobjekt zu verlassen. Stösst er jedoch auf Widerstand, so ist es ihm nicht erlaubt, physische Gewalt gegen die Personen anzuwenden. Dies ergibt sich bereits aus dem Vollstreckungs- bzw. Gewaltmonopol des Staates.[2269] Der Vollstreckungsschuldner kann nur mittels vom Gericht angeordnetem indirektem Zwang oder – als *ultimo ratio* – durch amtliche Gewalt zum Verlassen des Mietobjekts bewegt werden.[2270] Selbsthilfe unter Einsatz von körperlichem Zwang ist den Privaten überhaupt nur unter sehr einschränkenden Voraussetzungen erlaubt,[2271] so bei Notwehr, Notstand bzw. im Rahmen von Art. 52 Abs. 3 OR. Grundsätzlich ist der Rechtsweg zu beschreiten bzw. ist die Polizei beizuziehen.[2272] Es ist mit unserem Rechtssystem nicht vereinbar und im Interesse aller Beteiligten zu verhindern, dass Private sich – ausserhalb von Notlagen[2273] – gezwungen oder berechtigt sehen, körperlich gegen andere Personen vorzugehen.[2274]

d. Anspruch auf Beizug der Polizei

824 Gemäss Art. 343 Abs. 3 ZPO kann die mit der Vollstreckung betraute Person die Hilfe der zuständigen Behörden in Anspruch nehmen. Die Lehre verweist in diesem Zusammenhang mit Blick auf die Botschaft[2275] in erster Linie auf die

---

2269 TSCHANNEN, § 1 Rz. 13; TSCHANNEN/ZIMMERLI/MÜLLER, § 54 N 37.

2270 Zur amtlichen Räumung oben, Rz. 789 ff.

2271 TSCHANNEN, § 1 Rz. 13.

2272 Zum Anspruch auf polizeiliche Unterstützung sogleich unten, Rz. 824.

2273 Vgl. Art. 52 OR; Art. 926 ZGB; Art. 15 ff. StGB.

2274 Ein körperliches Eingreifen des ermächtigten Vermieters könnte den Tatbestand der Nötigung erfüllen. Nach Art. 181 StGB ist strafbar, wer jemanden durch Gewalt oder Androhung ernstlicher Nachteile oder durch andere Beschränkungen der Handlungsfreiheit nötigt, etwas zu tun, zu unterlassen oder zu dulden. Nach herrschender Lehre indiziert die Tatbestandmässigkeit der Nötigung die Rechtswidrigkeit noch nicht. Rechtswidrig ist eine Nötigung dann, wenn das Mittel oder der Zweck unerlaubt ist oder wenn das eingesetzte Mittel zum erstrebten Zweck nicht im richtigen Verhältnis steht oder wenn die Verknüpfung zwischen einem an sich zulässigen Mittel und einem erlaubten Zweck rechtsmissbräuchlich oder sittenwidrig ist (statt vieler BGE 129 IV 6 E. 3.4 m. Hinw.; BSK StGB-DELNON/RÜDY, Art. 181 N 57). Rechtswidrige Mittel sind insbesondere Gewalt und Drohung mit Gewalt. Die Ermächtigung durch das Gericht, die Räumung selbst zu vollziehen, berechtigt den Vollstreckungsgläubiger nicht zur Gewaltanwendung.

2275 Botschaft ZPO, S. 7385.

Polizei,[2276] aber auch andere Behörden nach kantonalem Recht kommen in Betracht.[2277] Es handelt sich um eine Ermächtigung unmittelbar gestützt auf Bundesrecht. Die zuständige Behörde hat die mit der Vollstreckung betraute Person von Bundesrechts wegen zu unterstützen.[2278]

Anders als teilweise in der Lehre vertreten,[2279] bestimmt sich die *«mit der Vollstreckung betraute Person»* im Sinne von Art. 343 Abs. 3 ZPO nicht nach kantonalem Recht, sondern ergibt sich direkt aus dem Vollstreckungsentscheid.[2280] 825
Bei der Anordnung einer Ersatzvornahme, die den Vollstreckungsgläubiger direkt ermächtigt, die geschuldete Handlung vorzunehmen, ist der Vollstreckungsgläubiger selbst die *«mit der Vollstreckung betraute Person»*. Zum einen entspricht diese Auslegung dem Wortlaut der Bestimmung. Zum anderen ergibt sie sich auch aus teleologischen Überlegungen. Würde sich Art. 343 Abs. 3 ZPO nur an die nach kantonalem Recht mit dem Vollzug betrauten Behörden oder Beamten richten, bedürfte die Möglichkeit des Beizugs (anderer?) zuständiger Behörden kaum einer bundesrechtlichen Verankerung, vielmehr wäre dies eine Frage der kantonalen Organisation. Sinnvoller erscheint daher eine Auslegung unter Einbezug der privaten Personen. Diese können so direkt gestützt auf Bundesrecht die kantonalen Behörden in Anspruch nehmen, ja sie müssen es unter Umständen sogar, da ihnen physische Gewalt gegen den Vollstreckungsschuldner (und andere Personen) nicht erlaubt ist.

Ein Beizug der Polizei als Inhaberin der staatlichen Gewalt ist daher direkt 826
gestützt auf Art. 343 Abs. 3 ZPO und die gerichtliche Ermächtigung zur Räumung möglich. Indessen empfiehlt es sich, zur Klarstellung gegenüber der örtlichen Polizei eine entsprechende Ziffer in das Dispositiv des Vollstreckungsentscheides aufzunehmen.

2276 BSK ZPO-ZINSLI, Art. 343 N 37; MAISSEN, S. 76, KUKO ZPO-KOFMEL EHRENZELLER, Art. 343 N 17.

2277 BK ZPO-KELLERHALS, Art. 343 N 94; CR CPC-JEANDIN, Art. 343 N 22; vgl. Stämpfli ZPO-BOMMER, Art. 343 N 15, wonach *«das Vollstreckungsgericht»* polizeiliche Hilfe oder die Hilfe der kantonalen Vollstreckungsbehörde in Anspruch nehmen könne. Diese Auslegung widerspricht indessen dem klaren Wortlaut der Bestimmung und findet auch in den Materialien keine Stütze.

2278 KUKO ZPO-KOFMEL EHRENZELLER, Art. 343 N 17; CR CPC-JEANDIN, Art. 343 N 22.

2279 DIKE ZPO-JENNY, Art. 343 N 29.

2280 Die *«zuständige Behörde»* bestimmt sich nach kantonalem Recht.

e. Zurückgelassene Gegenstände

ea. Vorbemerkungen

827 In den meisten Kantonen wird es dem Vermieter überlassen, die Habe des ehemaligen Mieters aus dem Mietobjekt zu entfernen und für eine gewisse Zeit aufzubewahren. Dies ist oft mit erheblichen zusätzlichen Kosten verbunden, insbesondere, wenn der Vermieter über keinen Lagerraum verfügt, sondern die Gegenstände auswärts einlagern muss.

828 Die sich im Mietobjekt befindenden Gegenstände sind nicht Gegenstand des Ausweisungsentscheides. Sie werden niemandem zugesprochen. An den Eigentumsverhältnissen ändert sich durch die Ausweisung nichts. Der Mieter, welcher sein Hab und Gut nicht rechtzeitig bis zum Räumungstermin selbst aus dem Mietobjekt entfernen kann, befindet sich nicht selten in einer Notlage. Grundsätzlich ist es ihm nach der hier vertretenen Auffassung zumutbar, nach Erlass bzw. nach Rechtskraft des Ausweisungsentscheides das Nötige zu veranlassen, um sein Eigentum zu Dritten oder in einen angemieteten Lagerraum zu schaffen. Es sind jedoch Situationen denkbar, in welchen ihm dies aus finanziellen, gesundheitlichen, psychischen oder anderen Gründen nicht möglich ist. In solchen Fällen wäre es grundsätzlich die Aufgabe des Sozialstaates – und nicht des Vermieters – die notwendige Hilfe zu leisten. Wo keine solche staatliche Unterstützung angeboten wird, bleibt das Problem faktisch am Vermieter hängen. Er kann die Habe des Mieters nicht einfach auf öffentlichem Grund deponieren. Ebenso wenig kann er sich die Gegenstände gegen den Willen ihres Eigentümers aneignen oder darüber verfügen.

eb. Dereliktion?

829 Nur unter bestimmten Voraussetzungen kann eine Dereliktion der zurückgelassenen Gegenstände angenommen werden. Das Eigentum an Fahrnis geht trotz Verlust des Besitzes erst dadurch unter, dass der Eigentümer sein Recht aufgibt (Art. 729 ZGB). Der blosse Besitzesverlust führt also noch nicht zur Dereliktion. Eine Dereliktion setzt neben der Aufgabe des Besitzes an der Sache die Willenserklärung des Eigentümers voraus, auf das Eigentum zu verzichten.[2281] Diese Erklärung kann ausdrücklich erfolgen oder sich – in der Praxis viel häufiger – aus den Umständen bzw. dem Verhalten des Eigentümers ergeben. Der Dereliktionswille wird nicht vermutet – im Zweifel ist insbesondere bei wertvollen Gegenständen vielmehr Verlust anzunehmen.[2282] Massge-

---

[2281] BSK ZGB II-SCHWANDER, Art. 729 N 2; KUKO ZGB-BAUMANN-LORANT, Art. 729 N 2.

[2282] ZK ZGB-HAAB, Art. 729 N 13.

blich sind daher die Äusserungen des Ausgewiesenen vor oder anlässlich der Räumung. Hat sich der Ausgewiesene nicht dazu vernehmen lassen oder ist er unauffindbar, ist auf die Umstände des konkreten Falles abzustellen. Während eine Dereliktion angenommen werden kann, wenn nur Unrat zurückgelassen wurde, ist dies bei einer kompletten Wohnungseinrichtung nicht der Fall.[2283]

Der Ausgewiesene kann in der Vollstreckungsanordnung, in der Vollzugsankündigung oder bereits in den Vollstreckungsmassnahmen im Ausweisungsentscheid darauf hingewiesen werden, dass bezüglich der sich am Räumungstermin noch im Mietobjekt befindlichen Gegenstände grundsätzlich angenommen werde, dass er das Eigentum daran aufgegeben habe. Kann dieser Hinweis dem Ausgewiesenen zugestellt werden, ist davon auszugehen, dass er diesen Hinweis verstanden hat und hat er nicht widersprochen, so kann nach der hier vertretenen Auffassung unter Würdigung der Umstände von einer Dereliktion ausgegangen werden.[2284] 830

Der Ausgewiesene trägt sodann die Verantwortung für das Eigentum von Dritten, welches sich im Mietobjekt befindet. Ist dem Vermieter aber bekannt, dass bestimmte Gegenstände nicht dem Mieter sondern Dritten gehören, hat er letztere zu kontaktieren und ihnen Gelegenheit zu geben, ihr Eigentum abzuholen. 831

Lassen die Umstände nicht auf eine Dereliktion schliessen oder erklärt der Ausgewiesene sogar ausdrücklich, an seinem Eigentum festhalten zu wollen, wird es schwierig für den Vermieter. Nachfolgend werden mögliche Vorgehensweisen für diesen Fall skizziert. 832

ec. Geschäftsräume: Verwertung durch Geltendmachen des Retentionsrechts und Pfandverwertung

Nach Art. 268 OR hat der Vermieter von Geschäftsräumen ein Retentionsrecht an den beweglichen Sachen, die sich im Mietobjekt befinden und zu deren Einrichtung oder Benutzung gehören. Es besteht im Umfang eines verfallenen Jahresmietzinses und eines laufenden Halbjahresmietzinses. Ebenfalls erfasst werden die Nebenkosten und die mietzinsähnlichen Forderungen für die Wei- 833

[2283] Die Abgrenzung kann in der Praxis schwierig sein. In den meisten Wohnungen, aus welchen ausgewiesen wird, weist das Mobiliar keinen nennenswerten Wert auf. Billige, gebrauchte Einrichtungsgegenstände sind häufig kaum ihre Entsorgungskosten wert. Auch Möbel weisen heute selten die Werthaltigkeit auf wie zu Eugen Hubers Zeiten. In der Praxis erscheint heute vielmehr relevant, ob persönliche Gegenstände mit einem allenfalls affektiven Wert zurückgelassen wurden.

[2284] Es handelt sich dabei lediglich um einen Hinweis, nicht um eine Verfügung: Die Dereliktion wird dadurch nicht festgestellt. Durch den Hinweis wird die Rechtslage nicht verändert. Vielmehr wird ein Indiz dafür geschaffen, dass eine Dereliktion vorliegt.

terbenützung nach Beendigung des Mietverhältnisses, nicht aber z.B. die Ausweisungskosten.[2285]

834 Handelt es sich beim Mietobjekt also um einen Geschäftsraum und bestehen noch offene Mietzinsforderungen des letzten Jahres, so kann der Vermieter auch nach Ausweisung des Mieters vom Betreibungsamt ein Retentionsverzeichnis über die zurückgelassenen verwertbaren Gegenstände erstellen lassen (Art. 283 SchKG). Er hat anschliessend innert zehn Tagen nach Zustellung des Retentionsverzeichnisses gegen den (ehemaligen) Mieter am Ort der gelegenen Sache eine Betreibung auf Pfandverwertung einzureichen (sog. Retentionsprosequierung).[2286] Dieser erhält einen besonderen Zahlungsbefehl, auf welchem die Retentionsgegenstände aufgeführt sind. Erhebt der Schuldner innert zehn Tagen nach Zustellung Rechtsvorschlag, muss der Vermieter wiederum innert zehn Tagen Rechtsöffnung verlangen oder Klage erheben.[2287] In der Regel wird eine provisorische Rechtsöffnung gestützt auf den schriftlichen Mietvertrag möglich sein.[2288] Nach Eintritt der Rechtskraft des Zahlungsbefehls und des dazugehörigen Retentionsverzeichnisses[2289] kann der Vermieter frühestens einen Monat nach Zustellung des Zahlungsbefehls[2290] das Verwertungsbegehren stellen (Art. 154 Abs. 1 SchKG). Bewegliche Sachen werden von Gesetzes wegen frühestens zehn Tage und spätestens zwei Monate nach Eingang des Verwertungsbegehrens verwertet (Art. 122 Abs. 1 SchKG). Die Verwertung geschieht durch öffentliche Versteigerung (Art. 125 SchKG). Wo die retinierten Gegenstände nach Ausweisung des Mieters bis zur Verwertung aufbewahrt werden sollen, ist durch das Betreibungsamt zu bestimmen.[2291]

ed. Hinterlegungsvertrag

835 Theoretisch denkbar ist, dass Ausgewiesener und Vermieter auch noch anlässlich der Räumung eine Vereinbarung über die Hinterlegung des Hausrates tref-

---

2285 BSK OR I-Weber, Art. 268 N 10; BGE 85 III 54.

2286 BSK SchKG II-Schnyder/Wiede, Art. 283 N 74 f. m. Hinw.; Art. 283 Abs. 3 SchKG.

2287 BSK SchKG II-Schnyder/Wiede, Art. 283 N 81 f.

2288 Zur umstrittenen Frage, ob in der Betreibung auf Pfandverwertung gestützt auf den Mietvertrag auch provisorische Rechtsöffnung für das (Retentions)Pfandrecht erteilt werden kann BSK SchKG I-D. Staehelin, Art. 82 N 170 m. Hinw.

2289 Wenn der Schuldner nach Erteilung der provisorischen Rechtsöffnung nicht fristgerecht die Aberkennungsklage einreicht; andernfalls mit Eintritt der Rechtskraft der Abweisung der Aberkennungsklage oder Gutheissung der Forderungsklage des Vermieters.

2290 Spätestens aber ein Jahr nach Zustellung des Zahlungsbefehls. Ist Rechtsvorschlag erhoben worden, steht diese Frist für die Dauer des gerichtlichen Verfahrens zur Beseitigung des Rechtsvorschlages still (Art. 154 Abs. 1 SchKG).

2291 Denkbar sind namentlich der Verbleib im Mietobjekt, die Verbringung in ein Gantlager oder die Aufbewahrung durch den Vermieter an anderem Ort.

fen, indem sich der Vermieter – evtl. auch notgedrungen – bereit erklärt, den Hausrat noch kurze Zeit aufzubewahren. Anwendbar sind die Bestimmungen zum Hinterlegungsvertrag nach Art. 472 ff. OR. Neben der Frage des Entgelts können auch die Folgen geregelt werden für den Fall, dass der Ausgewiesene die Habe nicht innert Frist abholt.

Der Aufbewahrer hat an den hinterlegten Gegenständen – soweit diese ver- 836
wertbar[2292] sind – ein Retentionsrecht (Art. 895 ZGB).[2293] Dieses sichert das vereinbarte Entgelt für die Hinterlegung. Ob die hinterlegten Gegenstände auch eine genügende Konnexität[2294] zu allenfalls noch offenen Ansprüchen aus dem Mietverhältnis inkl. Prozesskosten für das Ausweisungsverfahren aufweisen, ist umstritten,[2295] nach der hier vertretenen Auffassung aber zu bejahen: dass sich die Habe des ehemaligen Mieters im Mietobjekt befindet und auf Wunsch des Mieters auch nach Ablauf des Mietverhältnisses weiter vom Vermieter aufbewahrt wird, steht in direkten Zusammenhang zu ebendiesem Mietverhältnis.[2296]

Bestehen somit offene fällige Forderungen des Vermieters gegen den Mieter 837
aus Hinterlegung oder noch offene Mietzinsforderungen aus dem Mietverhältnis (und werden diese nicht hinreichend sichergestellt) kann der Vermieter die zurückbehaltenen Sachen nach vorgängiger Benachrichtigung des Schuldners wie ein Faustpfand verwerten lassen (Art. 898 Abs. 1 ZGB). Dazu hat er eine Betreibung auf Pfandverwertung gegen den Schuldner einzuleiten (Art. 37 Abs. 2 SchKG, Art. 41 SchKG). Ein Retentionsverzeichnis wird nicht aufgenommen.[2297] Ein allfälliger Rechtsvorschlag des Schuldners ist durch Rechtsöffnung oder Anerkennungsklage zu beseitigen. Das Verwertungsbegehren kann frühestens einen Monat nach Rechtskraft des Zahlungsbefehls gestellt werden (Art. 154 Abs. 1 SchKG). Die Verwertung erfolgt durch öffentliche

---

2292 Art. 896 Abs. 1 ZGB; BSK OR I-KOLLER, Art. 472 N 21; BSK ZGB II-RAMPINI/SCHULIN/VOGT, Art. 895 N 4 ff. m. Beispielen.

2293 BSK OR I-KOLLER, Art. 472 N 21.

2294 Nach Art. 895 Abs. 1 ZGB besteht das Retentionsrecht für Forderungen, die ihrer Natur nach mit dem Gegenstand der Retention zusammenhängen.

2295 ZK-OFTINGER/BÄR, Art. 895 N 97 verneinen mit Bezug auf BlZR 13 Nr. 111, S. 231/232 und SJZ 7, 46 Nr. 39 eine Retention der vom ausziehenden Mieter noch nicht weggebrachten Sachen, da der Besitz nicht wie die Forderung auf den Mietvertrag zurückgehe, sondern auf die Kraft besonderer Umstände erfolgte Zurücklassung der Gegenstände.

2296 Vgl. auch BK-ZOBL, Art. 895 N 207 mit Kritik an die vorstehend (Fn 2295) zitierte Meinung.

2297 BSK ZGB II-RAMPINI/SCHULIN/VOGT, Art. 895 N 6.

Versteigerung. Ein allfälliger Überschuss ist dem (ehemaligen) Eigentümer der retinierten Gegenstände herauszugeben.[2298]

ee. Hinterlegung aus Geschäftsführung ohne Auftrag

838 Ist der Ausgewiesene nicht auffindbar, das Mietobjekt aber in einem Zustand, der eine Dereliktion unwahrscheinlich erscheinen lässt, kann sich der Vermieter genötigt fühlen, die Gegenstände aufzubewahren. Er ist dazu vertraglich nicht verpflichtet, kann aber auch nicht über fremdes Eigentum verfügen, ohne Haftpflichtansprüche befürchten zu müssen. In manchen Kantonen wird er auch vom Vollstreckungsgericht oder von der Vollzugsbehörde angewiesen, die Gegenstände eine gewisse Zeit aufzubewahren oder zu hinterlegen.

839 Bewahrt der Vermieter die Gegenstände für den Ausgewiesenen auf oder lässt er sie für diesen einlagern, liegt eine echte Geschäftsführung ohne Auftrag vor (Art. 419 ff.). Nach Art. 422 Abs. 1 OR hat der Vermieter als Geschäftsführer Anspruch auf Ersatz aller notwendigen oder nützlichen Verwendungen einschliesslich Zinsen sowie auf Befreiung von übernommenen Verbindlichkeiten und Schadenersatz.[2299] Der Ausgewiesene hat für Transport- und Lagerkosten aufzukommen sowie für allen Schaden, der dem Vermieter im Zusammenhang mit der Aufbewahrung seiner Habe entstanden ist. Ein Anspruch auf Entschädigung für die eingesetzte eigene Arbeitszeit (im Sinne eines Honoraranspruchs) ist nicht vorgesehen, was von der herrschenden Lehre kritisiert wird.[2300]

840 Fraglich erscheint sodann, ob der Vermieter auch bei einer Hinterlegung aus Geschäftsführung ohne Auftrag ein Retentionsrecht gemäss Art. 895 ZGB an den zurückgelassenen Sachen geltend machen und darauf gestützt die Verwertung verlangen kann. Für ein Retentionsrecht nach Art. 895 ZGB wird vorausgesetzt, dass sich diese Sachen mit dem Willen des Ausgewiesenen im Besitz des Vermieters befinden und dass sie verwertbar sind. Mit der Räumung wird dem Vermieter wieder Besitz am Mietobjekt verschafft. Dadurch erlangt er auch Besitz an allen sich noch im Mietobjekt befindenden Gegenständen.[2301] Ob dies mit dem Willen des Ausgewiesenen geschieht, ist anhand der Umstände des Einzelfalles zu entscheiden. Grundsätzlich ist gefordert, dass der Besitzesübergang entweder mit Willen des Schuldners erfolgt oder nachträglich von ihm genehmigt wird.[2302] Nach herrschender Lehre ist keine rechtsge-

---

2298 BSK SchKG I-Bernheim/Känzig, Art. 157 N 33.

2299 Art. 422 Abs. 1 OR.

2300 Vgl. BSK OR I-Weber, Art. 422 N 9 f.; Honsell, OR BT, S. 345.

2301 Vgl. BSK ZGB II-Rampini/Schulin/Vogt, Art. 895 N 25.

2302 BSK ZGB II-Rampini/Schulin/Vogt, Art. 895 N 30.

schäftliche Übertragung erforderlich.[2303] Der Ausgewiesene hatte bis zur Ausweisung die Möglichkeit und die Pflicht, seine Habe aus dem Mietobjekt zu entfernen. Der Vermieter hat den Besitz nicht durch Zwang oder List erlangt. Sodann kann sich auch der Finder nach herrschender Lehre auf das Retentionsrecht berufen.[2304] Dies alles spricht für eine grundsätzliche Anwendbarkeit von Art. 895 ZGB.

Es stellt sich die Frage, ob im Falle von Wohnräumen ein Retentionsrecht ge- 841
stützt auf Art. 895 ZGB im Widerspruch steht zum (bei Wohnräumen nicht vorhandenen) Retentionsrecht nach Art. 268 OR. Dies ist zu verneinen. Anders als beim Retentionsrecht nach Art. 268 OR hat der Vermieter für ein Retentionsrecht nach Art. 895 ZGB zunächst den Besitz an den Gegenständen zu erlangen. Dies gelingt ihm nicht, solange die Ausweisung noch nicht vollstreckt wurde. So lange kann (und soll) der Mieter seine Habe noch aus dem Mietobjekt entfernen.

Das Retentionsrecht besteht für Forderungen, die ihrer Natur nach mit dem 842
Gegenstand der Retention zusammenhängen (Art. 895 Abs. 1 ZGB). Dies umfasst zunächst die Auslagen (Räumungs-, Aufbewahrungskosten) des Geschäftsführers. Nach der hier vertretenen Ansicht werden aber gegebenenfalls auch offene Mietzinsforderungen inkl. Ausweisungskosten gedeckt.[2305]

Der Vermieter kann sich somit mittels Verwertung gestützt auf das Retentions- 843
recht des zurückgebliebenen Inventars auf legalem Weg entledigen – und zudem einen Teil seiner Ausstände decken.[2306] Indessen sind nur verwertbare Gegenstände retinierbar, und auch diese nur bis zum Betrag der ausstehenden Forderungen des Vermieters.

ef. Gläubigerverzug und Ermächtigung zum Verkauf

Freilich kann vom Vermieter nicht verlangt werden, dass er die Habe des Mie- 844
ters über eine unbegrenzte Zeit aufbewahrt. Er muss die Möglichkeit haben, die Angelegenheit abzuschliessen. Der Weg führt nach der hier vertretenen Ansicht über den Gläubigerverzug.

Der Vermieter hat die Pflicht, die Habe des Ausgewiesenen an diesen heraus- 845
zugeben. Diese Pflicht ergibt sich aus dem Eigentumsrecht des Ausgewiesenen an seinen Gegenständen. Es handelt sich also nicht um eine Obligation im Sin-

2303 OFK ZGB-Oestmann, Art. 895 N 7; BSK ZGB II-Rampini/Schulin/Vogt, Art. 895 N 30.

2304 BSK II ZGB-Rampini/Schulin/Vogt, Art. 895 N 31 m. Hinw.

2305 Oben, Rz. 836.

2306 Zum Vorgehen oben, Rz. 837.

ne einer vertraglichen Verpflichtung. Über Art. 7 ZGB kommen die Bestimmungen des Gläubigerverzugs aber auch in zivilrechtlichen Verhältnissen zur Anwendung, namentlich beim sachenrechtlichen Herausgabeanspruch.[2307] Hinzu tritt eine quasivertragliche Herausgabepflicht des Geschäftsführers ohne Auftrag, wenn die Sachen eine Zeit lang im Interesse des Mieters eingelagert wurden.[2308] Der ausgewiesene Mieter hat nach wie vor die vertragliche Pflicht, seine Habe aus dem Mietobjekt zu entfernen. Er befindet sich damit gleichzeitig im Gläubiger- und im Schuldnerverzug.[2309] Der Vermieter hat in dieser Situation die Wahl, nach den Regeln des Gläubigers- oder des Schuldnerverzugs vorzugehen.[2310] Die Rechtsfolgen des Schuldnerverzugs sind indessen in der Situation des Vermieters nicht praxistauglich, zumal das Mietverhältnis bereits beendet wurde und ein rechtskräftiger Ausweisungsentscheid vorliegt.

846 Der Gläubiger (hier der Ausgewiesene) kommt in Verzug, wenn er die Annahme der gehörig angebotenen Leistung oder die Vornahme der ihm obliegenden Vorbereitungshandlungen, ohne die der Schuldner (hier der ehemalige Vermieter) nicht zu erfüllen im Stande ist, verweigert (Art. 91 OR). Die Rechtswirkungen des Gläubigerverzugs treten auch ein, wenn die geschuldete Leistung aus einem andern, in der Person des Gläubigers liegenden Grund nicht erbracht werden kann (Art. 96 OR), namentlich dann, wenn der Gläubiger unauffindbar[2311] oder zur Annahme nicht in der Lage ist[2312] und über keinen erreichbaren Vertreter verfügt.[2313] Der Schuldner kann die geschuldete Sache auf Gefahr und Kosten des Gläubigers hinterlegen und sich dadurch von seiner Verbindlichkeit befreien (Art. 92 Abs. 1 OR). Ist nach Beschaffenheit der Sache oder nach der Art des Geschäftsbetriebs eine Hinterlegung nicht tunlich oder ist die Sache dem Verderben ausgesetzt oder erheischt sie Unterhaltungs- oder erhebliche Aufbewahrungskosten, so kann der Schuldner nach vorgängiger Androhung mit Bewilligung des Richters die Sache öffentlich versteigern lassen und den Erlös hinterlegen. Ist die Sache im Verhältnis zu den Kosten einer Versteigerung von geringem Werte, so kann vom Richter auch ohne vorgängige Androhung der freihändige Verkauf gestattet werden (Art. 93 Abs. 2 OR).

2307 BK-WEBER, Art. 91 OR N 78; BSK OR I-BERNET, Vor Art. 91–96 N 4.

2308 Art. 400 OR analog; BSK OR I-WEBER, Art. 422 N 13; BK-GAUTSCHI, Art. 419 OR N 9a ff.

2309 Keine obligatorische, sondern eine sachenrechtliche Pflicht haben diejenigen Ausgewiesenen, mit welchen kein Mietverhältnis bestand.

2310 BK-WEBER, Art. 91 N 73; BSK OR I-BERNET, Vor Art. 91–96 N 3 2. Absatz i.f. m.w.Hinw.

2311 BSK OR I-BERNET, Art. 96 N 2; KUKO ZGB-GROSS/SPRECHER, Art. 96 N 3.

2312 BK-HAAB, Art. 96 ZGB N 14 f. mit Beispielen.

2313 BK-HAAB, Art. 96 ZGB N 16; BSK OR I-BERNET, Art. 96 N 4 i.f.

Da eine Hinterlegung der nach einer Ausweisung zurückgelassenen Gegenstände bereits gestützt auf eine Geschäftsführung ohne Auftrag erfolgen kann[2314] und sie das Dilemma des Vermieters nicht endgültig löst, da er weiterhin zumindest faktisch für die Kosten der Aufbewahrung aufkommen muss, ist für ihn die Möglichkeit der Versteigerung bzw. des freihändigen Verkaufs von Interesse, um die Angelegenheit endgültig abschliessen zu können. 847

Zweck des Selbsthilfeverkaufs nach Art. 93 OR ist es, eine nicht hinterlegungsfähige Sache durch eine hinterlegungsfähige (Geld) zu ersetzen.[2315] Durch die anschliessende Hinterlegung des Erlöses kann sich der Schuldner von seiner Verpflichtung befreien.[2316] Nicht vorausgesetzt ist, dass die betreffenden Gegenstände dem Schuldner gehören. Ein Selbsthilfeverkauf ist insbesondere auch dann möglich, wenn sie (wie hier) im Eigentum des Gläubigers (des Ausgewiesenen) stehen.[2317] 848

Voraussetzung für den Selbsthilfeverkauf ist 1) der Annahmeverzug des Gläubigers, 2) fehlende Hinterlegungsfähigkeit der Sache, 3) grundsätzlich eine vorgängige Androhung des Verkaufs und 4) die gerichtliche Bewilligung des Verkaufs. Auf die im Mietobjekt zurückgelassenen Gegenstände angewandt bedeutet dies folgendes: 849

1) Der Mieter befindet sich seit dem letzten Tag des rechtsgültig aufgelösten Mietverhältnisses (und nicht erst mit Rechtskraft des Ausweisungsentscheides) im Gläubigerverzug, wenn er seine Habe nicht spätestens am letzten Tag des Mietverhältnisses aus dem Mietobjekt entfernt hat. Solange er Zugang zum Mietobjekt hat, ist ihm das Fortschaffen seines Eigentums nach wie vor möglich. Der Vermieter kann nichts Weiteres dazu tun. Nach erfolgter Räumung hat der Vermieter dem Ausgewiesenen die Gegenstände weiter anzubieten bzw. ihm Gelegenheit zu geben, diese nach vorgängiger Terminabsprache abzuholen. Der Gläubigerverzug liegt namentlich auch dann vor, wenn der Vermieter nicht weiss, wo sich der ehemalige Mieter (oder dessen Rechtsnachfolger) befindet oder wenn der ehemalige Mieter sein Eigentum aus Gründen, die in seiner Person liegen (insb. Krankheit) nicht entgegen nehmen kann und kein Vertreter bekannt ist, an den die Gegenstände herausgegeben werden könnten (Art. 96 OR). 850

2314 Die übrigen Vorteile einer Hinterlegung als Erfüllungssurrogat nach Art. 92 OR (vgl. BK-WEBER, Art. 92 OR N 63 ff.) sind für den Vermieter nach erfolgter Ausweisung nicht relevant.

2315 BSK OR I-BERNET, Art. 93 N 1; BK-WEBER, Art. 93 OR N 6; BGE 136 III 178 E. 5.1.

2316 BK-WEBER, Art. 93 OR N 7.

2317 BK-WEBER, Art. 93 N 25; BSK OR I-BERNET, Art. 93 N 4.

851 2) Das Gesetz kennt drei Varianten, bei deren Vorliegen ein Selbsthilfeverkauf möglich ist: Wenn die Hinterlegung nach der Beschaffenheit der Sache oder der Art des Geschäftsbetriebes untunlich ist; wenn die Sache schnell verderblich ist oder wenn die Unterhalts- oder Aufbewahrungskosten in einem unverhältnismässigem Mass zum Wert der Sache stehen.[2318] In der Regel wird nach einer Mieterausweisung die dritte Variante (zu hohe Hinterlegungskosten) einschlägig sein. Freilich hat das im Verfahren nach Art. 93 OR angerufene Gericht beim Vergleich des Werts des Inventars mit den mutmasslichen Lagerkosten einigen Ermessensspielraum.[2319] Indessen darf der mutmassliche Verwertungserlös gebrauchten Mobiliars sowie Gegenstände des alltäglichen Gebrauchs nicht überschätzt werden, wie sich auch im Alltag der Betreibungs- und Konkursbeamten immer wieder zeigt. Dieser deckt häufig die Verwertungskosten nicht. Denkbar ist, dass sich die Unverhältnismässigkeit erst mit der Zeit verwirklicht, dass die Hinterlegungskosten beispielsweise erst nach ein paar Wochen oder Monaten ein unverhältnismässiges Mass erreichen.[2320] Möglich ist sodann, einzelne Gegenstände (bspw. ein Fahrzeug oder ein Gemälde) vom Selbsthilfeverkauf auszunehmen – soweit dies für den Vermieter zumutbar ist.[2321]

852 3) Der Vermieter hat dem Ausgewiesenen den beabsichtigten Verkauf vorgängig anzudrohen, um ihm die Möglichkeit zu geben, diesen abzuwenden, indem er sein Hab und Gut doch noch abholt. Dazu sollte ihm der Vermieter eine Frist ansetzen. Aus Beweisgründen sollte die Androhung schriftlich erfolgen. Nach Art. 93 Abs. 2 OR kann die vorgängige Androhung jedoch unterbleiben, wenn der Wert der Sachen im Verhältnis zu den Kosten einer Versteigerung von geringem Wert sind, so dass der Erlös die Versteigerungskosten nicht deutlich übersteigen würde. Auch hierbei handelt es sich um einen Ermessensentscheid des Gerichts.[2322] In der Regel wird der zurückgelassene Hausrat selten die Verwertungskosten decken.

853 4) Der Selbsthilfeverkauf bedarf einer vorgängigen gerichtlichen Bewilligung. Grundsätzlich ist eine öffentliche Versteigerung vorgesehen.[2323] Die Ausgestaltung dieser öffentlichen Versteigerung ist Sache der Kantone (insb. Gant). Wenn der Wert der Gegenstände nach Ermessen des Gerichts im Verhältnis zu den mutmasslichen Kosten einer öffentlichen Versteigerung zu gering ist, kann das Gericht dem Gesuchsteller auch den freihändigen Verkauf bewilligen. In

2318 Vgl. BK-WEBER, Art. 92 OR N 16 ff. mit Beispielen.
2319 BK-WEBER, Art. 93 N 21.
2320 BK-WEBER, Art. 93 N 23.
2321 Vgl. BK-WEBER, Art. 93 N 24.
2322 BSK OR I-BERNET, Art. 93 N 6.
2323 Art. 229 ff. OR.

Zeiten des online-Verkaufs lässt sich damit mit etwas Geschick und Zeiteinsatz nicht selten ein höherer Erlös als bei einer öffentlichen Versteigerung erzielen. Allerdings sind die bei einer Ausweisung zurückgelassenen Gegenstände nicht selten kaum mehr etwas wert.

Nach Art. 250 lit. a Ziff. 3 ZPO ist die Bewilligung im summarischen Verfahren zu erteilen. Es handelt sich um eine Angelegenheit der freiwilligen Gerichtsbarkeit.[2324] Daher ist nach Art. 19 ZPO der Richter am Wohnsitz bzw. Sitz der gesuchstellenden Partei zwingend zuständig, sofern das Gesetz nichts anderes bestimmt.[2325] Da es sich um bewegliche Sachen handelt, besteht eine alternative Zuständigkeit am Ort der gelegenen Sache nach Art. 30 Abs. 2 ZPO.[2326] Nach Art. 255 lit. b ZPO stellt das Gericht den Sachverhalt von Amtes wegen fest. Die Beweislast für das Vorliegen der Voraussetzungen des Selbsthilfeverkaufs liegt beim Gesuchsteller.[2327] 854

Es ist somit ein weiteres Erkenntnisverfahren notwendig. Eine Bewilligung des Selbsthilfeverkaufs durch das Vollstreckungsgericht als nachträgliche Vollstreckungsmassnahme erscheint nicht zulässig. Nach der hier vertretenen Ansicht ist es aber grundsätzlich möglich, Ausweisungsbegehren und Bewilligungsgesuch im Sinne einer objektiven Klagenhäufung gemeinsam einzureichen, sofern die Ausweisung im Rahmen eines summarischen Rechtsschutzes in klaren Fällen geltend gemacht wird und das gleiche Gericht sachlich zuständig ist (Art. 90 ZPO). Die örtliche Zuständigkeit für die Ausweisung und den Selbsthilfeverkauf liegt am Ort des Mietobjekts.[2328] Wurde das Mietverhältnis rechtsgültig aufgelöst, befindet sich der Auszuweisende bereits im Zeitpunkt der Einreichung des Ausweisungsgesuches im Gläubigerverzug. Eine Klagenhäufung wird auch nicht dadurch ausgeschlossen, dass es sich beim Bewilligungsverfahren nach Art. 93 OR um einen Akt der freiwilligen Gerichtsbarkeit handelt. Der Gläubiger (also der Mieter als Eigentümer des Hausrates) ist in diesem Verfahren nach Möglichkeit anzuhören.[2329] Freilich 855

2324 BGE 136 III 178 E. 5.2.

2325 Vgl. BGE 136 III 178 E. 5.2. i.f. zu Art. 11 GestG.

2326 ZK ZPO-SUTTER-SOMM/HEDINGER, Art. 30 N 24 f.; BSK ZPO-TENCHIO, Art. 30 N 15; vgl. DIKE ZPO-FÜLLEMANN, Art. 30 N 18; vgl. auch BSK OR I-BERNET, Art. 93 N 5.

2327 BSK-BERNET, Art. 93 N 9; BK-WEBER, Art. 93 N 32 ff.; nach BGE 136 III 178 E. 5.1 genügt Glaubhaftmachen.

2328 Art. 33 ZPO bzw. Art. 29 Abs. 1 ZPO für die Ausweisung (oben, Rz. 578 ff.), Art. 30 Abs. 2 ZPO für den Selbsthilfeverkauf des Mobiliars (oben, Rz. 854). Dieses Zusammenfallen ist zudem sachgerecht. Ein Rückgriff auf Art. 15 Abs. 2 ZPO erübrigt sich (und ist bei zwingenden Gerichtsständen nach herrschender Lehre auch nicht zulässig; ZK ZPO-SUTTER-SOMM/GRIEDER, Art. 15 N 22; BSK ZPO-WEBER, Art. 15 N 28; DIKE ZPO-BORLA-GEIER, Art. 15 N 29).

2329 BSK OR I-BERNET, Art. 93 N 9.

bestehen unterschiedliche Anforderungen an den Beweis der Anspruchsvoraussetzungen. Dies wird sich indessen nicht zum Nachteil des Auszuweisenden auswirken. Eine Bewilligung des Selbsthilfeverkaufs erscheint nur möglich, wenn auch die Ausweisung gutgeheissen wird. Sodann ist es möglich, dass der Vermieter beide Ansprüche im Rahmen eines Rechtsschutzes in klaren Fällen einreicht.

856 Das Gericht hat eine Frist festzusetzen, innert welcher der Ausgewiesene die Möglichkeit hat, sein Eigentum doch noch abzuholen und dadurch den Verkauf bzw. die Versteigerung abzuwenden.

857 Der Erlös aus der öffentlichen Versteigerung oder dem freihändigen Verkauf ist grundsätzlich für den Ausgewiesenen zu hinterlegen. Hat der Vermieter allerdings noch offene Ansprüche gegen den Ausgewiesenen (insb. Ersatz der Verfahrenskosten aus Ausweisungs- und Bewilligungsverfahren, Räumungs- und Lagerkosten, Versteigerungskosten,[2330] ausstehende Mietzinsen), darf er Verrechnung erklären.[2331] Das Verrechnungsverbot des Art. 125 Ziff. 1 OR für hinterlegte Sachen ist nach Durchführung des Verfahrens nach Art. 93 OR nicht (mehr) anwendbar.

858 Verkauft oder entsorgt der Vermieter die Gegenstände des Mieters ohne den formellen Weg über Art. 93 OR einzuhalten, setzt er sich dem Risiko einer Schadenersatzpflicht gegenüber dem Ausgewiesenen aus. Fraglich erscheint in diesen Fällen sodann, ob der Käufer der Gegenstände Eigentum daran erworben hat. Nach der hier vertretenen Auffassung sind die nach Beendigung des Mietverhältnisses im Mietobjekt zurückgelassenen Gegenstände nicht abhandengekommen, sondern haben vielmehr als anvertraut im Sinne von Art. 933 ZGB zu gelten.

859 Offen bleibt sodann, was mit Gegenständen zu geschehen hat, die keinen objektiven Wert haben oder überhaupt nicht verwertbar sind. Solche Dinge können für den Ausgewiesenen selbst von (unter Umständen auch nur affektivem) Wert sein (z.B. Fotoalben, Ausweise, Zeugnisse). Holt der Mieter diese Gegenstände nicht innert Frist ab, muss es dem Vermieter erlaubt sein, sie zu entsorgen. Das Verhalten des Mieters, der sich auf sein Eigentum beruft, dieses aber nicht an sich nimmt, obgleich es ihm möglich wäre, verdient als *venire contra factum proprium* keinen Schutz.[2332]

[2330] BK-WEBER, Art. 93 OR N 51.

[2331] BGE 136 III 178 E. 5.1; BSK OR I-BERNET, Art. 93 N 7; BK-WEBER, Art. 93 N 50 m. zahlr. w. Hinw.

[2332] Art. 2 Abs. 2 ZGB, dazu BSK ZGB I-HONSELL, Art. 2 N 44.

f. Bestellung eines Beistandes

In der Lehre[2333] wird sodann auf die Möglichkeit hingewiesen, dem Ausgewiesenen, welchem die Entsorgung oder Verwertung des zurückgelassenen Gutes nicht angedroht werden konnte, namentlich weil er unbekannten Aufenthaltes ist, einen Beistand bestellen zu lassen. Nach Art. 390 Abs. 1 Ziff. 2 ZGB kann eine Beistandschaft errichtet werden, *«wenn eine volljährige Person wegen vorübergehender Urteilsunfähigkeit oder Abwesenheit in Angelegenheiten, die erledigt werden müssen, weder selber handeln kann noch eine zur Stellvertretung berechtigte Person bezeichnet hat.»* Die KESB handelt auf Antrag einer nahestehenden Person oder von Amtes wegen.[2334] Eine Pflicht des Vermieters, die KESB zu informieren, wenn sein ehemaliger Mieter die Wohnung nachrichtenlos verlassen hat, ohne sie aber zu räumen, lässt sich weder aus dem Erwachsenenschutz- noch aus dem Mietrecht ableiten.[2335] In einigen Kantonen, welche eine amtliche Räumung kennen, wird die KESB grundsätzlich oder in bestimmten Situationen durch die Vollzugsbehörde über die anstehende Räumung informiert.[2336] Auch eine Information durch das Gericht (bereits im Ausweisungs- bzw. Vollstreckungsverfahren oder möglicherweise auch erst im Ermächtigungsverfahren nach Art. 93 OR[2337] ist denkbar.[2338] Allerdings erscheint die Bestellung eines Beistandes für den verschwundenen Ausgewiesenen nur in Ausnahmefällen geboten. Insbesondere wird durch die Bestellung eines Beistandes die Problematik lediglich verlagert. Es stellt sich dann insbesondere die Frage, ob und unter welchen Bedingungen der Beistand, welcher 860

2333 MEIER, Zivilprozessrecht, S. 438; unter Berufung auf denselben auch HUBER, Rz. 451.

2334 Art. 390 Abs. 3 ZPO.

2335 Vgl. Art. 443 ZGB (Melderechte und -pflichten nach Erwachsenenschutzrecht) und Art. 256–256b OR zu den Pflichten des Vermieters.

2336 Dies geschieht freilich nicht im Hinblick auf allfälliges zurückgelassenes Gut, sondern vielmehr, um dem Ausgewiesenen, der möglicherweise nicht oder nicht mehr in der Lage ist, sich um seine persönlichen Angelegenheiten, insbesondere um eine neue Unterkunft zu kümmern, die notwendige Unterstützung zukommen zu lassen.

2337 Dazu oben, Rz. 853 ff.

2338 Für das Zivilprozessverfahren gilt in erster Linie Art. 69 ZPO, wonach das Gericht eine Vertretung bestellen kann, wenn *«eine Partei offensichtlich nicht imstande (ist), den Prozess selbst zu führen»* und selbst auch auf entsprechende Aufforderung des Gerichts keinen Vertreter beauftragt hat. Das Gericht benachrichtigt die KESB, wenn es Schutzmassnahmen für geboten hält. Eine darüber hinausgehende Pflicht, mit Blick auf Art. 390 Abs. 1 Ziff. 2 ZGB in allen Kontumazfällen für den Abwesenden eine Meldung an die KESB zu erstatten, lässt sich mit Art. 443 Abs. 2 nicht begründen und würde den Rahmen der faktischen Möglichkeiten der KESB sprengen. Ein Einschalten der KESB erfordert besondere Umstände (vgl. BK ZPO-FREI, Art. 141 N 11, wonach ein Beistand zu bestellen ist, wenn *«damit gerechnet werden muss, dass der Empfänger einer Gerichtsurkunde verstorben ist oder durch Krankheit, Kriegsereignisse usw. verhindert ist, seinen Aufenthaltsort bekannt zu geben.»*).

die Interessen des Verbeiständeten zu wahren hat, die Zustimmung zum Entsorgen von Eigentum des Ausgewiesenen überhaupt erteilen kann, welche Gegenstände er für den Ausgewiesenen aufzubewahren hat und über welchen Zeitraum. Eine ewige Aufbewahrung ist auch hier nicht praktikabel.

3. Fazit und Stellungnahme

861 Eine Ermächtigung zur Ersatzvornahme ist als Alternative zur amtlichen Räumung grundsätzlich denkbar, allerdings mit Einschränkungen. Am wenigsten problematisch erscheint sie, wenn der Ausgewiesene das Mietobjekt bereits verlassen hat und sich der Vermieter lediglich Zugang verschaffen und allenfalls zurückgelassenen Unrat entsorgen muss.

862 Heikel wird die Situation bereits, wenn sich noch Eigentum des Ausgewiesenen im Mietobjekt befindet. Der Ausgewiesene läuft Gefahr, seine gesamte Habe zu verlieren. Der Vermieter befindet sich in einer Grauzone zwischen Dereliktion und einer zumindest faktischen Aufbewahrungspflicht. Aus Rechtssicherheitsgründen und im Interesse aller Beteiligten wäre wünschenswert, dass ein Vollstreckungsbeamter ein Inventar aufnimmt und bestimmt, welche Gegenstände aufbewahrt werden müssen und was entsorgt werden kann. So wird auch die ordnungsgemässe Behandlung und Verwahrung von besonderen Gegenständen (insb. Waffen) oder von Tieren sichergestellt. Weiter gibt es Fälle, in denen die Ermächtigung einer Privatperson zur Räumung ausgeschlossen erscheint, so namentlich bei Arztpraxen, Anwalts-, Notariats- oder auch Treuhandbüros. Hier sind die zuständigen Verbände, Kammern oder Stellen zu benachrichtigen, damit die Rechte der Patienten bzw. Mandanten des Ausgewiesenen möglichst gewahrt bleiben.

863 Befinden sich am Räumungstermin noch Personen im Mietobjekt, ist eine Räumung durch Privatpersonen höchst problematisch für alle Beteiligten. Gewaltanwendung durch Private gegen Personen ist unzulässig. Umgekehrt ist das Verhalten der Benutzer des Mietobjekts unberechenbar. Solche Situationen gilt es unbedingt zu vermeiden. In aller Regel ist die Anwesenheit eines Inhabers der staatlichen Gewalt erforderlich.

864 Nach dem Ausgeführten stellt sich die Frage, ob ein Anspruch auf staatliche Zwangsräumung besteht. Ein solcher könnte sich aus Art. 343 Abs. 1 lit. d ZPO ergeben, welcher die Räumung eines Grundstückes ausdrücklich als Beispiel für eine direkte Zwangsmassnahme nennt. Ein Zusatz *«soweit diese im kantonalen Recht vorgesehen ist»* fehlt. Aus Art. 6 Ziff. 1 EMRK[2339] und

[2339] EGMR Entscheid 19.3.1997 18357/91, Hornsby v. Griechenland.

Art. 29 Abs. 1 BV wird sodann ein Anspruch des Vollstreckungsgläubigers auf eine effektive Vollstreckung des Entscheides abgeleitet.[2340] Im Falle der Ausweisung kann sich ein solcher Anspruch auch aus der Eigentumsgarantie gemäss Art. 26 BV ergeben.[2341] Der Ausweisungsentscheid des Gerichts nützt dem Vermieter nichts, wenn er diesen nicht effektiv durchsetzen kann. Eine Ermächtigung durch das Gericht, die Räumung selbst vorzunehmen, ist mit erheblichen Schwierigkeiten für beide Parteien verbunden. Ist die Zwangsräumung in der kantonalen Praxis nicht organisiert, so hat der Vermieter zumindest ein Anrecht darauf, dass ihn eine mit staatlicher Gewalt ausgestattete Behörde bei der Durchsetzung des Entscheides unterstützt. Dies ergibt sich indirekt auch aus dem Gewaltmonopol des Staates. Umgekehrt kann eine Begleitung durch eine Amtsperson auch im Interesse des Ausgewiesenen sein, um eine Eskalation zu verhindern. Im Interesse beider Parteien wäre sodann eine – zumindest kantonale – Regelung des Vorgehens betreffend das allfällig zurückgelassene Inventar höchst wünschenswert.

IV. Vollstreckungsaufschub (Schonfrist)

1. Vorbemerkungen

Kommt das Gericht zum Schluss, dass der Mietvertrag gültig aufgelöst wurde 865
und der Auszugstermin bereits verstrichen ist, hat es den Mieter grundsätzlich zur sofortigen Räumung und Rückgabe des Mietobjekts zu verpflichten. Der Vollstreckungsschuldner soll jedoch die Möglichkeit haben, dem Ausweisungsentscheid selbst nachzukommen, also das Mietobjekt selber zu räumen und die Zwangsvollstreckung damit zu vermeiden.[2342] Dazu kann ihm das Gericht eine letzte Frist einräumen. Das Ansetzen einer Schonfrist lässt sich mit dem Argument der Verhältnismässigkeit begründen. Eine Räumung durch den Ausgewiesenen selbst ist sodann bereits aus Kostengründen in der Regel auch im Sinne des Vermieters. Die ZPO enthält dazu, insbesondere unter dem Titel zur Vollstreckung, keine Bestimmung. In der Praxis finden sich verschiedene Umsetzungsvarianten.

Grundsätzlich gilt zu beachten, dass der Ausgewiesene – gerade in klaren Fäl- 866
len des Zahlungsverzugs – nur in Ausnahmefällen tatsächlich im Zweifel über die Rechtsgültigkeit der Kündigung sein wird und somit bereits mit Ablauf des Kündigungstermins weiss, dass er das Mietobjekt verlassen muss. Gleiches

2340 BSK ZPO-Droese, Art. 335 N 7.
2341 Vgl. BGE 119 Ia 28 (= Pra 82 [1993] Nr. 206) E. 2.
2342 Vgl. ZK ZPO-D. Staehelin, Art. 336 N 14.

gilt, wenn ein befristeter Mietvertrag oder eine gerichtliche Erstreckung abgelaufen ist oder die Kündigung durch den Mieter selbst erfolgte. Dem Mieter kommt hier bereits die Dauer des Ausweisungsverfahrens zu Gute, während der er sich um eine neue Bleibe kümmern müsste.

867 Nach Rechtsprechung des Bundesgerichts darf eine Räumung nicht schonungslos vorgenommen werden. Ein Aufschub der Vollstreckung kann aus humanitären Gründen geboten sein. Allerdings darf er nur kurz ausfallen und keinesfalls einer erneuten Erstreckung des Mietverhältnisses gleichkommen.[2343]

2. *«Schonfrist»* im Erkenntnisentscheid

868 Das Einräumen einer letzten Frist zur selbstständigen Erfüllung kann bereits im Erkenntnisentscheid angesetzt werden. Grundsätzlich hat der Gesuchsteller Anspruch auf sofortige Rückgabe der Räumlichkeiten. Die Verpflichtung zur sofortigen Räumung ist daher juristisch korrekt. Allerdings kann der Entscheid vor Eintritt der Vollstreckbarkeit nicht vollstreckt werden.[2344] Faktisch hat der Ausgewiesene (zumindest bei berufungsfähigen Entscheiden) genügend Zeit, das Mietobjekt selbstständig zu räumen. Eine Frist kann auch abhängig vom Zeitpunkt der Rechtskraft (oder der Vollstreckbarkeit) des Entscheids formuliert werden. Laienfreundlicher und klarer ist das Festhalten eines Termins.

Beispiel 1 (ohne Frist)

> *«Der Gesuchgegner hat die 3-Zimmer-Wohnung (1. OG links, inkl. dazugehöriges Kellerabteil Nr. 6) an der Mustergasse 1 in Musterstadt unverzüglich zu verlassen und dem Gesuchsteller in ordnungsgemässem, geräumtem Zustand zu übergeben.»*[2345]

Beispiel 2 (mit Frist, relativ zur Rechtskraft des Entscheids)

> *«Der Gesuchgegner hat die 3-Zimmer-Wohnung (1. OG links, inkl. dazugehöriges Kellerabteil Nr. 6) an der Mustergasse 1 in Musterstadt bis*

2343 BGer 4A_207/2014 vom 19. Mai 2014 (deutsche Übersetzung in MRA 2015 S. 54 ff.) E. 3 zu Art. 30 Abs. 4 LaCC/GE (lautend *«Après leur audition et l'audition des parties, il peut, pour des motifs humanitaires, surseoir à l'exécution du jugement d'évacuation dans la mesure nécessaire pour permettre le relogement du locataire ou du fermier»*); schon BGE 117 Ia 336 E. 2b zu Art. 474A Abs. 2 LPC GE (der Vorgängerbestimmung von Art. 30 Abs. 4 LaCC).

2344 Die Vollstreckbarkeit tritt bei berufungsfähigen Entscheiden im Summarverfahren erst zehn Tage nach Eröffnung des Entscheides ein, sofern dieser schriftlich begründet eröffnet wurde oder keine schriftliche Begründung verlangt wird. Beschwerdefähige Entscheide werden demgegenüber am Tag ihrer Eröffnung rechtskräftig und vollstreckbar.

2345 Das *«unverzüglich»* wird hier lediglich zur Klarstellung verwendet.

spätestens fünf Tage nach Rechtskraft des vorliegenden Entscheids zu verlassen und dem Gesuchsteller in ordnungsgemässem, geräumtem Zustand zu übergeben.»[2346]

Beispiel 3 (mit Termin)

«Der Gesuchgegner hat die 3-Zimmer-Wohnung (1. OG links, inkl. dazugehöriges Kellerabteil Nr. 6) an der Mustergasse 1 in Musterstadt bis spätestens Freitag, 22. September 2017, 12.00 Uhr, zu verlassen und dem Gesuchsteller in ordnungsgemässem, geräumtem Zustand zu übergeben.»[2347]

3. *«Schonfrist»* in der direkten Vollstreckungsmassnahme

Eine letzte Frist zur Erfüllung durch den Ausgewiesenen kann auch über die direkte Vollstreckungsmassnahme angesetzt werden: 869

Beispiel 1 (amtliche Räumung)

«1. Der Gesuchgegner hat die 3-Zimmer-Wohnung (1. OG links, inkl. dazugehöriges Kellerabteil Nr. 6) an der Mustergasse 1 in Musterstadt unverzüglich zu verlassen und dem Gesuchsteller in ordnungsgemässem, geräumtem Zustand zu übergeben.

2. Für den Fall, dass der Gesuchsgegner das Mietobjekt bis zum 22. September 2017, 12.00 Uhr, nicht verlassen, geräumt und übergeben hat, wird [die Vollstreckungsbehörde] angewiesen, umgehend die zwangsweise Räumung zu veranlassen, […].»

Beispiel 2 (Ermächtigung zur Räumung)

«1. Der Gesuchgegner hat die 3-Zimmer-Wohnung (1. OG links, inkl. dazugehöriges Kellerabteil Nr. 6) an der Mustergasse 1 in Musterstadt unverzüglich zu verlassen und dem Gesuchsteller in ordnungsgemässem, geräumtem Zustand zu übergeben.

2. Für den Fall, dass der Gesuchsgegner das Mietobjekt bis zum 22. September 2017, 12.00 Uhr, nicht verlassen, geräumt und übergeben hat, wird der Gesuchsteller ermächtigt, die Wohnung zu räumen. Er hat dazu zunächst eine Vollstreckbarkeitsbescheinigung des erkennenden Gerichts einzuholen.» [Der Inhalt bzw. die Grenzen der Ermächtigung sind genauer zu umschreiben. Es ist auf die Möglichkeit, die Hilfe der Vollzugsbehörden (i.d.R.) Polizei in Anspruch zu nehmen, hinzuweisen.]

2346 Vgl. auch oben, Rz. 760.

2347 Vgl. auch oben, Rz. 760.

870 Im letzten Fall ist darauf zu achten, dass der Vollstreckungsgläubiger nicht *vor dem Eintritt der Vollstreckbarkeit* ermächtigt wird, die Räumung ersatzweise vorzunehmen. Mit anderen Worten soll beim Vollstreckungsgläubiger nicht der Eindruck erweckt werden, er könne zu einem bestimmten Zeitpunkt räumen, bevor die Vollstreckbarkeit eingetreten ist. Daher muss der Gläubiger darauf hingewiesen werden, dass er eine Vollstreckbarkeitsbescheinigung zum Ausweisungsentscheid einzuholen hat, bevor die Vollstreckungsmassnahmen umgesetzt werden können.[2348]

871 Wurde bereits im Erkenntnisentscheid eine letzte Frist zur selbstständigen Erfüllung des Ausweisungsentscheids gesetzt, ist eine weitere im Rahmen der Vollstreckungsmassnahme nicht mehr erforderlich. Dies gilt auch, wenn ein eigenes Vollstreckungsverfahren durchlaufen werden musste. Es ist nicht notwendig – und für den Vollstreckungsgläubiger im Übrigen auch nicht nachvollziehbar – wenn dem Ausgewiesenen zwei Schonfristen eingeräumt werden. Zumindest bei einer amtlichen Räumung kommt es bereits aus praktischen Gründen ohnehin zu einer weiteren Verzögerung: Die amtliche Räumung muss organisiert werden (Beizug eines Transportunternehmens, Koordination mit Polizeibehörde und gegebenenfalls anderen amtlichen Einrichtungen und Behörden). In der Regel wird die Vollzugsbehörde auch erst tätig, wenn der Vollstreckungsgläubiger einen (weiteren) Kostenvorschuss geleistet hat.

V. Befristung der Vollstreckbarkeit?

872 In der Praxis finden sich vereinzelt Gerichte, welche den Vollstreckungsentscheid befristen.

Beispiel

> *«Bei Nichtbefolgung ist Ziffer 1 durch unmittelbaren Zwang zu vollstrecken. Der Vollzug wird [...] übertragen und erfolgt auf Antrag des Gesuchstellers. Dieses Antragsrecht erlischt am 18. Mai 2016. (...)»*

oder

> *«Bei Nichtbefolgung ist Ziffer 1 durch unmittelbaren Zwang zu vollstrecken. Der Vollzug wird [...] übertragen und erfolgt auf Antrag des Gesuchstellers. Dieses Antragsrecht erlischt zwei Monate nach Rechtskraft dieses Entscheides (...)»*

[2348] Vgl. oben, Rz. 755.

Auch in der Literatur wird vereinzelt die Auffassung vertreten, eine Befristung des Vollstreckungsentscheides sei aus Gründen der Rechtssicherheit und zum Schutz der beklagten Partei geboten.[2349] Bei der Mieterausweisung kommt hinzu, dass unter Umständen – soweit der Vermieter untätig bleibt und der Mieter den Mietzins überweist, welcher vom Vermieter vorbehaltlos entgegen genommen wird – nach einiger Zeit ein neues Mietverhältnis angenommen werden kann.[2350] 873

Anders als im SchKG, wo der Zahlungsbefehl nach einer bestimmten Zeit *«abläuft»,* wenn das Fortsetzungsbegehren nicht gestellt wird,[2351] ist eine Befristung des Vollstreckungsentscheides in der Realvollstreckung nicht vorgesehen. Haben sich nach Erlass des Vollstreckungsentscheides neue Tatsachen zugetragen, welche einer Vollstreckung entgegenstehen, insbesondere also wenn stillschweigend ein neuer Mietvertrag zu Stande gekommen ist, kann der Vollstreckungsschuldner die Einstellung der Vollstreckung beantragen. Nach der hier vertretenen Auffassung kann er dies auch *«vorsorglich»,* also vor Einleitung der Vollstreckung, tun.[2352] Dieses Vorgehen ist indessen, wie oben gezeigt, umstritten und umständlich. Will der Mieter nach einiger Zeit Gewissheit, dass keine Ausweisung mehr erfolgen kann, kann er sich zu einem Einstellungsverfahren vor dem Vollstreckungsgericht gezwungen sehen. 874

Die Vollstreckbarkeit des materiellen Gerichtsentscheides lässt sich nicht im Voraus befristen. Die Wahl der Vollstreckungsmassnahme ebenso wie ihre Ausgestaltung stehen jedoch grundsätzlich im Ermessen des Vollstreckungsgerichts. Dieses hat hierbei auch die Verhältnismässigkeit zu beachten.[2353] Führt die gewählte Massnahme nicht zum Erfolg, kann der Vollstreckungsgläubiger für das gleiche Urteil eine andere Massnahme beantragen.[2354] Unter diesem Aspekt erscheint es zulässig und unter bestimmten Umständen auch sinnvoll, die *Vollstreckungsmassnahme* zu befristen. Die Frist ist unter Berücksichtigung der Interessen beider Parteien anzusetzen. Sinnvoll erscheinen zwei bis drei Monate. Es bleibt dem Vermieter unbenommen, nach Ablauf der befristeten Vollstreckungsmassnahme den Erlass einer neuen Vollstreckungsmassnahme zu beantragen. In diesem Verfahren hat das Vollstreckungsgericht auch zu prüfen, ob neue Tatsachen (namentlich ein neuer, allenfalls konkludenter Mietvertrag) einer Vollstreckbarkeit entgegenstehen. 875

2349 RAJOWER, S. 804.
2350 Vgl. oben Rz. 600 f., 767 f.; RAJOWER, S. 804.
2351 Art. 88 Abs. 2 SchKG.
2352 Vgl. oben, Rz. 768.
2353 Vgl. oben, Rz. 739 und 773.
2354 Vgl. oben, Rz. 749.

Fünfter Teil:

Zusammenfassung
Die wichtigsten Erkenntnisse und Thesen
«in a nutshell»

Für den Zeit sparenden Leser werden nachfolgend die wichtigsten Erkenntnisse und Thesen vorliegender Arbeit zusammengefasst:

- Grundsätzlich ist gegen jede erwachsene Person, welche Besitzeswillen am Mietobjekt manifestiert, ein eigener Ausweisungsentscheid zu erwirken (Rz. 264, 276 ff.). Massgeblich erscheint, dass der Besitzeswille nach aussen zu Tage tritt, beispielsweise durch Anschrift auf dem Türschild oder Briefkasten oder durch Meldung beim Einwohneramt (Rz. 307 ff.).
- Der Vermieter, welcher zugleich Eigentümer des Mietobjekts ist, kann sich nach Beendigung des Mietvertrages gegen seinen ehemaligen Mieter sowohl auf den mietrechtlichen Rückgabeanspruch nach Art. 267 OR als auch auf seinen dinglichen Anspruch nach Art. 641 Abs. 2 ZGB stützen. Der Besitzesschutz nach Art. 926 ff. ZGB steht ihm hingegen nicht zur Verfügung (dazu Rz. 91 ff.).
- Der Vermieter kann auch dem Untermieter und (bei der Wohnung der Familie) dem Ehegatten bzw. eingetragenen Partner seines Mieters gegenüber einen mietrechtlichen Rückgabeanspruch geltend machen. Das Verfahren ist auch diesfalls als mietrechtliches Verfahren zu qualifizieren (dazu Rz. 85 f., 99 f., 631). In allen übrigen Fällen muss ein sachenrechtlicher Anspruch dargelegt werden (Rz. 87 ff., 97 ff.).
- Mehrere Mieter bzw. Benutzer des Mietobjekts bilden im Ausweisungsverfahren keine notwendige passive Streitgenossenschaft (dazu Rz. 296 ff., 631).
- Bei mehreren Vermietern ist danach zu differenzieren, ob sie das Mietobjekt zu gesamter Hand (im Gesamteigentum) halten: Diesfalls besteht im Ausweisungsverfahren eine notwendige Streitgenossenschaft auf Klägerseite, andernfalls nicht (Rz. 267 ff.).
- Wird das Mietobjekt während eines laufenden mietrechtlichen Ausweisungsverfahrens veräussert, so tritt der Erwerber nach Art. 261 Abs. 1 OR *ipso iure* anstelle des bisherigen Vermieters in den Prozess ein (Parteiwechsel von Gesetzes wegen). Stützt sich der Gesuchsteller bzw. Kläger hingegen nicht auf einen mietrechtlichen, sondern auf einen sachenrechtlichen Anspruch, so ist nur ein gewillkürter Parteiwechsel nach Art. 83 Abs. 1 ZPO möglich (Rz. 315 ff.).
- Liegt kein klarer Fall im Sinne von Art. 257 ZPO vor, so kann der Vermieter sein Ausweisungsbegehren gegen den (ehemaligen) Mieter im vereinfachten Verfahren nach Art. 243 ff. ZPO stellen. Die Mieterausweisung fällt unter den Begriff des Kündigungsschutzes nach Art. 243 Abs. 2 lit. c ZPO, sofern vorfrageweise die Gültigkeit einer Kündigung oder die Beendigung eines Miet- oder Pachtverhältnisses zu beurteilen ist (dazu Rz. 261).

- Der Vermieter kann sein Ausweisungsbegehren widerklageweise im Kündigungsschutzverfahren des Mieters geltend machen (dazu Rz. 548 ff.), sofern ein Ausweisungsverfahren um Rechtsschutz in klaren Fällen noch nicht oder nicht mehr rechtshängig ist (dazu Rz. 361, 513).
- Macht der Vermieter sein Ausweisungsbegehren im Kündigungsschutzverfahren des Mieters bereits im Schlichtungsstadium widerklageweise rechtshängig, so ist ihm bei Scheitern des Einigungsversuchs eine eigene Klagebewilligung hierfür auszustellen (dazu Rz. 552 ff.).
- Ein laufendes Kündigungsschutzverfahren schliesst ein parallel dazu rechtshängiges Ausweisungsgesuch im Verfahren um Rechtsschutz in klaren Fällen nicht aus, solange der Vermieter sein Ausweisungsbegehren nicht widerklageweise im Kündigungsverfahren rechtshängig gemacht hat (dazu Rz. 555 f.). Eine Überweisung nach Art. 127 ZPO findet nicht statt (dazu Rz. 354). Die Sistierung des Kündigungsschutzverfahrens bis zum Abschluss des Ausweisungsverfahrens ist möglich, nach der hier vertretenen Auffassung aber im Schlichtungsstadium noch nicht geboten (dazu Rz. 361 ff., Rz. 556).
- Ein Gesuch um Rechtsschutz in klaren Fällen kann nicht abgewiesen werden (Rz. 513). Daher ist im Verfahren um Rechtsschutz in klaren Fällen das Negativum (die spiegelbildliche negative Feststellung) zum eingereichten Rechtsbegehren nicht rechtshängig, solange es von der Gegenpartei nicht widerklageweise eingebracht wird (dazu Rz. 517).
- Der Nichteintretensentscheid auf ein Ausweisungsgesuch im Verfahren um Rechtsschutz in klaren Fällen löst keine Kündigungssperrfrist nach Art. 271a Abs. 1 lit. e Ziff. 1 OR aus.
- Der Mieter kann im Ausweisungsverfahren nach Art. 257 ZPO widerklageweise die Feststellung der Nichtigkeit oder Ungültigkeit der Kündigung verlangen, sofern er nicht bereits ein Kündigungsschutzverfahren eingeleitet hat (Rz. 517). Diese Widerklage schafft die Voraussetzungen für ein materielles Unterliegen des Vermieters im Verfahren nach Art. 257 ZPO und ist daher (ebenso wie das Kündigungsschutzverfahren) geeignet, eine Kündigungssperrfrist nach Art. 271a Abs. 1 lit. e Ziff. 1 OR zu begründen (dazu Rz. 403 Fn 1139).
- Eine Ausweisung in Form einer vorsorglichen Massnahme nach Art. 261 ff. ZPO (Art. 262 lit. d ZPO) ist grundsätzlich möglich. Sie wird jedoch nur in Ausnahmefällen verhältnismässig sein (dazu Rz. 518 ff.).
- Nach der hier vertretenen Ansicht bemisst sich der Streitwert eines im Verfahren um Rechtsschutz in klaren Fällen gestellten Ausweisungsbegehrens stets anhand der mutmasslichen Verfahrensdauer, gerechnet ab Rechtshängigkeit bis zum Vorliegen eines vollstreckbaren Entscheids. Dabei ist im

erstinstanzlichen Verfahren die Dauer des erstinstanzlichen Verfahrens massgeblich, im Rechtsmittelverfahren wird die Dauer des Rechtsmittelverfahrens hinzuaddiert (Rz. 418, 424). Demgegenüber differenziert das Bundesgericht danach, ob nur die Ausweisung oder vorfrageweise auch die Kündigung des Mietverhältnisses strittig ist. Im ersten Fall beträgt der Streitwert das Sechsfache des Monatsmietzinses, im zweiten Falle das Dreifache des Jahresmietzinses (dazu Rz. 396 f. und 419 ff.).

- Der Streitwert eines Ausweisungsbegehrens im vereinfachten Verfahren berechnet sich grundsätzlich unter Berücksichtigung der dreijährigen Kündigungssperrfrist, die ausgelöst wird, falls der Vermieter in diesem Verfahren unterliegt (Rz. 411 f; 418, 426 ff., insb. 429)
- Aufgrund der geltenden Verhandlungsmaxime muss sich das Gericht im Verfahren um Rechtsschutz in klaren Fällen nicht von Amtes wegen bei der Schlichtungsbehörde nach einem laufenden Kündigungsschutzverfahren erkundigen (Rz. 451).
- Ergibt sich die Nichtigkeit bzw. Unwirksamkeit der Kündigung aus den Akten, so muss das Gericht dies auch im Verfahren um Rechtsschutz in klaren Fällen von Amtes wegen beachten. Es hat aber nicht von sich aus nach möglichen Nichtigkeits- oder Unwirksamkeitsgründen zu forschen. Ergeben die Vorbringen des Gesuchstellers ein schlüssiges Bild, so kann das Gericht bei Säumnis des Beklagten grundsätzlich auf diese Angaben abstellen, wenn es nicht aufgrund von Indizien oder Widersprüchlichkeiten in den Akten erhebliche Zweifel daran hat. In diesem Fall hat es seine gerichtliche Fragepflicht auszuüben und gegebenenfalls Beweise zu erheben (Rz. 454).
- Hat der Mieter die Kündigung rechtzeitig angefochten oder innerhalb der gesetzlichen Fristen ein Erstreckungsbegehren gestellt, so ist eine Ausweisung im Verfahren um Rechtsschutz in klaren Fällen nur möglich, wenn eine Erstreckung gesetzlich ausgeschlossen ist (Rz. 458 ff.).
- Bei einer Kündigung wegen Zahlungsausstands (Art. 257d OR) hat der Mieter eine behauptete rechtzeitige Tilgung des angemahnten Ausstands grundsätzlich nicht zu beweisen. Er muss jedoch die Umstände der behaupteten Tilgung detailliert und schlüssig darlegen. Das Gericht hat auch zu berücksichtigen, ob ihm der entsprechende Nachweis der Behauptungen grundsätzlich möglich und zumutbar wäre (Rz. 468 ff.).
- Nach einer Kündigung wegen mangelnder Sorgfalt und Rücksichtnahme (Art. 257f OR) ist eine Ausweisung im Verfahren um Rechtsschutz in klaren Fällen im Ausnahmefall möglich, wenn die Unzumutbarkeit anhand der bewiesenen oder unbestrittenen Sachverhaltsdarstellung offenkundig ist (Rz. 474 ff.).

- Eine Ausweisung im Verfahren um Rechtsschutz in klaren Fällen ist auch nach einer Kündigung aus wichtigem Grund (Art. 266g OR) oder einer Kündigung des neuen Eigentümers (Art. 261 Abs. 2 lit. a OR) in eindeutigen Ausnahmefällen möglich, sofern der Mieter die Kündigung nicht rechtzeitig angefochten bzw. nicht rechtzeitig eine Erstreckung verlangt hat (Rz. 472, 477 f.).
- Art. 234 Abs. 2 ZPO (die Abschreibung des Verfahrens bei Säumnis beider Parteien an der Hauptverhandlung) kommt im Verfahren um Rechtsschutz in klaren Fällen nicht zur Anwendung (Rz. 511).
- Ein Nichteintreten auf ein Gesuch im Verfahren um Rechtsschutz in klaren Fällen mangels Liquidität des Sachverhalts steht einem erneuten Gesuch um Rechtsschutz in klaren Fällen nicht entgegen (Rz. 515).
- Der Rückzug eines Gesuchs um Rechtsschutz in klaren Fällen hat keine weitergehende Wirkung als ein Nichteintretensentscheid (Rz. 516).
- Handelsgerichte sind für eine mietrechtliche Ausweisung im vereinfachten Verfahren nicht zuständig (Rz. 572 f.). Hingegen sind sie – unter den Voraussetzungen nach Art. 6 ZPO – zuständig für Ausweisungen im Verfahren um Rechtsschutz in klaren Fällen (Rz. 574 ff.).
- Örtlich zuständig für Ausweisungsbegehren ist das Gericht am Lageort der Liegenschaft. Alternative Gerichtsstände sind möglich bei Ferienwohnungen sowie dann, wenn zwischen den Parteien kein mietrechtliches Verhältnis zu beurteilen ist (Rz. 578 ff.).
- Das Ausweisungsgesuch kann bereits vor Ablauf des Mietverhältnisses eingereicht werden. Legt der Gesuchsteller Dokumente vor, aus welchen sich ergibt, dass der Auszuweisende den Kündigungstermin nicht einhalten wird, ist auch ein Ausweisungsentscheid vor Ablauf des Mietverhältnisses möglich. Der Ausweisungstermin lautet freilich auch diesfalls erst auf einen Zeitpunkt nach Mietende (Rz. 592 ff.).
- Wartet der Vermieter nach Verstreichen des Kündigungstermins mit seinem Ausweisungsbegehren noch einige Zeit zu, so verwirkt er dadurch seinen Ausweisungsanspruch nicht. Der Mieter kann jedoch unter Umständen die stillschweigende Fortsetzung des Mietverhältnisses geltend machen (Rz. 600 f.).
- Die Liegenschaftsverwaltung des Vermieters ist zur Ausweisung des Mieters nicht aktivlegitimiert. Ihr im eigenen Namen gestelltes Gesuch ist abzuweisen (bzw. ist darauf im Rechtsschutz in klaren Fällen nicht einzutreten), sofern keine Berichtigung der Parteibezeichnung von Amtes wegen geboten ist (dazu Rz. 273).

- Die Vertretung des Vermieters durch die Liegenschaftsverwaltung im Gerichtsverfahren ist nur vor Mietgerichten zulässig und nur, sofern das kantonale Recht dies vorsieht (Art. 68 Abs. 2 lit. d ZPO). Die Praxis ist in einigen Kantonen grosszügiger als das Gesetz (dazu Rz. 606 ff., 614).
- Wird ein Gesuch um Rechtsschutz in klaren Fällen gutgeheissen, so ist die Position des Gesuchgegners als aussichtslos zu qualifizieren. Dies schliesst einen Anspruch des Gesuchgegners auf unentgeltliche Rechtspflege aus. Ein Verzicht auf die Erhebung von Gerichtskosten ist möglich, soweit dies kantonal vorgesehen ist (Rz. 621 f.).
- Das Rechtsmittel (Beschwerde oder Berufung) gegen den erstinstanzlichen Ausweisungsentscheid ist abhängig vom Streitwert. Nach der hier vertretenen Auffassung ist im Verfahren um Rechtsschutz in klaren Fällen für die Bemessung des Streitwerts auf die mutmassliche Verfahrensdauer des gesamten kantonalen Verfahrens abzustellen, also die Zeitspanne zwischen dem Zeitpunkt der Rechtshängigkeit und dem mutmasslichen Zeitpunkt des Vorliegens eines vollstreckbaren Entscheids der Rechtsmittelinstanz (Rz. 654 ff.). Nach einem Entscheid des Bundesgerichts hat der Streitwert hingegen die Höhe von pauschal sechs Monatsmietzinsen, wenn nur die Ausweisung zu beurteilen ist, hingegen pauschal drei Jahresmietzinsen, wenn vorfrageweise die Kündigung (resp. Beendigung) des Mietverhältnisses streitig ist.
- Ist der Entscheid nur beschwerdefähig, so wird er im Zeitpunkt seiner Eröffnung rechtskräftig und vollstreckbar, unabhängig davon, ob bereits eine Begründung vorliegt. Die unterlegene Partei kann die Beschwerdeinstanz vorsorglich um die Erteilung der aufschiebenden Wirkung ersuchen (Rz. 662 ff.).
- Neue Tatsachen und Beweismittel sind im Beschwerdeverfahren ausgeschlossen. Im Berufungsverfahren werden sie nur berücksichtigt, wenn sie trotz zumutbarer Sorgfalt nicht schon vor der ersten Instanz vorgebracht werden konnten. So wird insbesondere die vor erster Instanz säumige Partei im Rechtsmittelverfahren mit denjenigen Tatsachen, welche sie im erstinstanzlichen Verfahren hätte vorbringen können, nicht mehr gehört. Ein Hinweis auf Nichtigkeits- oder Ungültigkeitsgründe, die sich bereits aus den erstinstanzlichen Akten ergeben, ist jedoch zu beachten (Rz. 678, 674 f.).
- Bei einer mietrechtlichen Ausweisung beträgt die Streitwertgrenze für eine Beschwerde in Zivilsachen CHF 15'000 (Rz. 696).
- Der Auszug des Mieters im laufenden Ausweisungsverfahren bewirkt die Gegenstandslosigkeit des Verfahrens (Rz. 719 ff.). Auch ein Kündigungsschutzverfahren wird dadurch in der Regel gegenstandslos (Rz. 371, 731).

- In der Praxis wird das Ausweisungsbegehren regelmässig mit dem Antrag auf Anordnung von Vollstreckungsmassnahmen (direkte Vollstreckung) verbunden. Die Anforderungen an diesen erforderlichen Antrag sind nicht sehr hoch (Rz. 632 f.). Wird kein Antrag gestellt, so ergeht lediglich ein Leistungsurteil. Leistet der Mieter diesem nicht Folge, so muss der Vermieter anschliessend ein gerichtliches Vollstreckungsverfahren durchlaufen (Rz. 732 ff.).
- Im Urteilsvorschlag der Schlichtungsbehörde können direkte Vollstreckungsmassnahmen angeordnet werden (Rz. 329). Demgegenüber sind die Parteien nicht in der Lage, wirksam direkte Vollstreckungsmassnahmen zu vereinbaren. Sie können dem Gericht jedoch einen entsprechenden übereinstimmenden Antrag stellen (Rz. 334).
- Enthält der Ausweisungsentscheid direkte Vollstreckungsmassnahmen so kann der Vollstreckungsschuldner das Vollstreckungsgericht um die Einstellung der Vollstreckung ersuchen, wenn seit Eröffnung des Entscheids Tatsachen eingetreten sind, die einer Vollstreckung entgegenstehen (Rz. 762). Dieses Verfahren kann er auch einleiten, wenn mit der Vollstreckung noch nicht begonnen wurde (Rz. 765 f.). Das gleiche Recht steht allfälligen betroffenen Drittpersonen zu (vgl. Rz. 769 ff.).
- Bei der Anordnung der amtlichen Räumung und der Ermächtigung zur Ersatzvornahme erscheint es sinnvoll, die Vollstreckungsmassnahme zu befristen (Rz. 872 ff.).
- Nicht alle Kantone bieten die amtliche Räumung als Vollstreckungsmassnahme für einen Ausweisungsentscheid an (Rz. 789 ff., 864).
- Die Ermächtigung des Vermieters zur Ersatzvornahme (Räumung des Mietobjekts) ist in mancher Hinsicht problematisch (Rz. 818, 861 ff.). Die Ersatzhandlungen sind im Entscheid detailliert zu umschreiben. Der Vermieter ist zu ermächtigen, polizeiliche Hilfe in Anspruch zu nehmen. Die Anwendung von physischem Zwang gegen Personen ist der Polizei vorbehalten (Rz. 823 ff.).
- Befinden sich Gegenstände des Mieters im zu räumenden Objekt, so kann eine Dereliktion nur unter bestimmten Voraussetzungen angenommen werden (Rz. 829 ff.).
- Der (ehemalige) Vermieter ist nicht verpflichtet, zurückgelassenen Hausrat des (ehemaligen) Mieters über eine unbegrenzte Zeit aufzubewahren. Der Mieter befindet sich ihm gegenüber in Gläubigerverzug: der Vermieter kann sich gerichtlich zum Selbsthilfeverkauf ermächtigen lassen (Rz. 844 ff.).

Stichwortverzeichnis

(Verwiesen wird auf Randziffern)